# Il Suono Virtuale

Riccardo Bianchini • Alessandro Cipriani

# Il Suono Virtuale

Sintesi ed Elaborazione del Suono
Teoria e Pratica con Csound

BIANCHINI R. - CIPRIANI A.
Il Suono Virtuale
ISBN 978-88-905484-1-3

Seconda Edizione riveduta ed ampliata
Copyright © 2011 - 1998 - ConTempoNet s.a.s., Roma

Capitoli 1-9: A.Cipriani
Capitoli 10-17 e appendice: R.Bianchini

Copertina Design: Alba D'Urbano e Nicolas Reichelt

ConTempoNet s.a.s., Roma
e-mail   posta@virtual-sound.com
         posta@contemponet.com
URL:     www.virtual-sound.com
         www.contemponet.com
fax      +39-06.355.020.25

# INDICE

# PREFAZIONE

La sintesi digitale del suono è arrivata da tempo ad un altissimo livello di flessibilità e raffinatezza. Questa positiva situazione si deve in buona misura agli sforzi notevoli di Barry Vercoe, l'autore di Csound e dei suoi predecessori, MUSIC360 e MUSIC11. Ora, grazie all'universalità del linguaggio C che garantisce la facile trasferibilità tra *computer* dotati di diversi sistemi operativi, Csound è diventato lo standard dovunque vi sia *computer music*.

L'adattabilità di questo linguaggio apparirà evidente in questo libro: sia il musicista che lavora con un PC sia quello che possiede un Macintosh può studiarlo. Inoltre, un compositore che impara il Csound con un suo *computer* a casa è preparato poi ad accettare un invito a lavorare altrove, per esempio in uno studio ben attrezzato con sistemi multi-tracce di registrazione e con costosissime unità periferiche per il trattamento del suono, che saranno molto probabilmente organizzati attorno a macchine UNIX che girano la loro versione di Csound. E allora l'importanza di questo libro: per imparare Csound, soprattutto se uno deve studiare da solo, ci vuole qualcuno che spieghi i come e i perché di questo programma che offre così tante possibilità per la sintesi digitale del suono.

Lo studente si trova qui nelle mani capaci di due eccellenti insegnanti, Riccardo Bianchini e Alessandro Cipriani. Questo loro libro dimostra le notevoli esperienze didattiche da essi accumulate nell'aiutare musicisti con poca o nessuna esperienza del mondo dell'informatica a superare i primi ostacoli e le confusioni iniziali e nel condurli verso una piena comprensione e maestria della *computer music*. Tutte le tecniche di base di Csound sono spiegate in questo volume attraverso dei precisi modelli di sintesi - sintesi additiva, sintesi mediante modulazione, uso di filtri e di effetti basati sulla linea di ritardo (riverbero, eco, effetto di coro), controllo dinamico dell'evoluzione del suono, interfaccia con il mondo esterno (suoni campionati, collegamento MIDI) e altro ancora: sono le basi che permettono allo studente di costruire per conto suo ulteriori esperimenti e varianti ancora più sofisticate usando gli esempi offerti dagli autori come punti di partenza. Insomma, un'approccio pienamente "*hands-on*". Ogni capitolo offre ampi suggerimenti per gli usi più avanzati; così il libro non è valido soltanto per il principiante, ma accompagnerà il musicista attraverso le varie fasi di apprendimento del materiale, dall'inizio fino allo "*state of the art*". Bianchini e Cipriani hanno chiaramente assorbito e sperimentato una vastissima gamma di tecniche proposte da molti specialisti nel campo, e forniscono delle chiare spiegazioni e suggerimenti per i loro usi ed adattamenti, sempre in termini di efficaci esempi di programmazione Csound. Troviamo qui, per esempio, un'accurata descrizione del famoso algoritmo Karplus- Strong per la sintesi della corda pizzicata, con chiare indicazioni sul come eventualmente modificarlo. Queste modificazioni suggeriscono poi nuove possibilità di sperimentazione con altri cambiamenti ancora, tutti potenzialmente affascinanti.

Seguendo le lezioni di Bianchini e Cipriani, lo studente si troverà facilitato nella comprensione di ulteriori novità nel settore, che sono pubblicate regolarmente da riviste specializzate come "Computer Music Journal", "Journal of New Music Research", ecc. Un'idea originale e di gran valore nell'organizzazione del libro è quella di completare molti capitoli con alcuni pagine di "Approfondimenti". Il musicista che è arrivato ad un buon livello di conoscenza del materiale troverà qui le informazioni tecniche che gli permetteranno di sviluppare idee originali di sintesi. Un "Approfondimento" particolarmente pertinente alla *computer music* tratta del concetto di "eventi complessi" - la possibilità di costruire uno strumento Csound per la sintesi di un insieme di più oggetti sonori nel quale la forma, la sincronizzazione e il carattere di ogni singolo oggetto sono sotto il controllo di pochi dati di partitura. Una volta costruito lo strumento per la sintesi di eventi di questo genere, il compositore può concepire la sua musica in termini di gesti complessi di larga scala anziché comporre sempre al livello di "nota per nota". Infine, il libro conclude con una scelta di letture scritte da altri utenti Csound che hanno sviluppato applicazioni molto particolari, ma allo stesso tempo utili sia per essere utilizzate come tali, sia per dare spunto al compositore per la creazione di nuove, personali procedure.

Quindi, tanto a chi è un principiante quanto a chi ha già un bel po' di esperienza con la sintesi digitale del suono, Bianchini e Cipriani propongono un manuale completo per l'apprendimento a vari livelli di Csound, un linguaggio in costante evoluzione grazie ai contributi di un piccolo gruppo internazionale di musicisti/programmatori che si dedicano all'aggiornamento del programma con nuovi metodi e con specifici adattamenti delle più recenti scoperte nel campo della *computer music*.

Benvenuti nell'universo Csound!

James Dashow

# PREFAZIONE ALLA SECONDA EDIZIONE

Il costante aggiornamento di un libro come Il Suono Virtuale è indispensabile per mantenerlo al passo, non solo con l'evoluzione di Csound, ma anche con i nuovi sviluppi dell'audio digitale e della musica elettroacustica in generale.

Questa seconda edizione, pertanto, contiene oltre che revisioni, e correzioni, anche numerosi aggiornamenti e paragrafi interamente nuovi. Essa è stata in gran parte riscritta sulla base dell'edizione inglese (uscita nel 1999), sulle nuove esperienze degli autori, e sui preziosi suggerimenti di insegnanti, allievi e studiosi di varie nazioni che l'hanno utilizzato.

Abbiamo cercato di rendere il testo e l'esposizione ancora più chiari, compatibilmente con l'oggettiva difficoltà dell'argomento, aggiungendo nuove orchestre, partiture e figure.

Per questa seconda edizione desideriamo ringraziare, in particolare, Nyssim Lefford, che ha rivisto il testo inglese, ed Emanuele Casale, Enzo Coco, Agostino Di Scipio, Javier Leichman, Dennis Miller, Jon Christopher Nelson, Russell F. Pinkston, Antonio Saccoccio, Francesco Passarelli, Barry Truax e Alvise Vidolin per i preziosi consigli; e inoltre tutti i nostri allievi delle Scuole di Musica Elettronica di Roma e Catania.

Riccardo Bianchini e Alessandro Cipriani
Roma, settembre 2001

## AVVERTENZA E DEDICA (2011)

Questa è una ristampa della seconda edizione del libro "Il Suono Virtuale" pubblicato nel 2001. In questa ristampa il CD di supporto è stato sostituito da una pagina web contenente tutto il materiale il cui indirizzo è **www.virtual-sound.com/it_support**

Inoltre è importante notare che le indicazioni sull'uso di Csound per Mac e PC nei paragrafi 1.2 e 1.3 non sono aggiornate. Le nuove versioni di Csound, per le diverse piattaforme, sono disponibili su www.csounds.com e potete usare questo libro con qualsiasi versione attuale di Csound.

Riccardo Bianchini è mancato nel 2003.

Questa ristampa è dedicata a lui e al suo impegno nell'insegnamento della musica elettronica.

# CHE COS'È CSOUND

Csound è un *software* per la sintesi digitale diretta del suono realizzato da Barry Vercoe allo M.I.T. (*Massachusetts Institute of Technology*). All'aggiornamento e allo sviluppo di questo *software* continuano a lavorare decine di persone in tutto il mondo: infatti si tratta di un *software* di pubblico dominio, e chiunque è libero non solo di utilizzarlo, ma anche di modificarlo e di ampliarlo. Con i più recenti processori (per PowerMac e per PC) Csound consente di svolgere la maggior parte delle operazioni in poco tempo o in tempo reale. CSound è scritto in linguaggio C, ma... attenzione! Non c'è bisogno che impariate il linguaggio C per usare Csound. É sufficiente che seguiate passo dopo passo questo manuale, che vi insegnerà a scrivere un'orchestra e una partitura, e vi troverete a creare suoni di ogni tipo con il vostro *computer*. L'importante è non spaventarsi all'inizio di fronte ai termini nuovi, poi tutto il processo di apprendimento diventerà più naturale e veloce.

## LA SINTESI DIGITALE DIRETTA

Ma cosa è la sintesi digitale diretta? Se nella musica elettronica analogica, a un dato momento, servivano nove oscillatori e un filtro passabasso, occorreva acquistare o costruire nove oscillatori e un filtro passabasso. Se in una fase successiva del lavoro servivano nove filtri passabasso e un oscillatore, ebbene occorreva acquistare o costruire gli otto filtri mancanti. Nella sintesi digitale diretta, invece, è possibile programmare l'*hardware* (in questo caso il vostro *personal computer*) in modo tale che simuli nove oscillatori e un filtro, e in una fase successiva riprogrammarlo in modo tale che simuli un oscillatore e nove filtri. È evidente l'economicità e la flessibilità del processo: è infatti possibile programmare qualunque unità elementare, in modo tale da implementare qualsiasi tipo di sintesi del suono, passata, presente e futura.

## CSOUND : IL MIGLIORE SINTETIZZATORE DEL MONDO

Csound è diverso da altri *software* di tipo commerciale perché, oltre ad essere gratuito, non invecchia: la sua validità è rimasta stabile perché qualunque nuovo tipo di sintesi o elaborazione del suono può essere implementato al suo interno, ed inoltre consente ogni volta al compositore di creare una macchina virtuale adatta ai suoi scopi, senza obbligarlo a quelle limitazioni cui i *software* commerciali ci hanno abituato, cioè ad avere, per esempio, 30 opzioni: efficienti e veloci, ma solo quelle 30! Imparare Csound (proprio perché è così aperto) significa, oltre a poter spaziare di più con i propri desideri sonori e musicali, anche avere le idee chiare su come funzionano i vari metodi di sintesi e di elaborazione del suono e quindi, una volta acquisite queste solide basi teoriche e pratiche, saper sfruttare al meglio anche altri tipi di *software*, compresi quelli commerciali. Questo libro si rivolge quindi non solo a chi si occupa di ricerca musicale, ma a tutti i musicisti che vogliono guardare un passo più in là. Di che cosa avete bisogno per iniziare a leggerlo? Di una conoscenza di base della musica, dell'acustica e dell'uso pratico del *computer*. Niente di più.

## QUALE COMPUTER?

Condizione necessaria perché un linguaggio per la sintesi diretta del suono abbia successo è, naturalmente, che sia disponibile sul maggior numero di macchine e sistemi operativi possibili, e che non dipenda da un particolare *hardware*. Csound è disponibile in versione per PC e Mac, per *workstation* in ambiente Unix e altre ancora. L'unico *hardware* aggiuntivo necessario (ma solo per l'ascolto del suono, non per la sintesi) è un convertitore digitale-analogico, che può benissimo essere una delle numerosissime schede audio a 16 bit oggi in commercio. Csound necessita di processori veloci, anche se l'utilizzo di processori inferiori porta agli stessi risultati, seppure ottenuti in tempi più lunghi. La scheda audio utilizzata influenza la qualità del suono riprodotto, specialmente in termini di rumore di fondo e di distorsione. Ma i *file* sonori presenti su *hard-disk* sono intrinsecamente di qualità paragonabile al CD o migliore. È anche possibile utilizzare una scheda di collegamento digitale con un DAT, e utilizzare quest'ultimo come convertitore digitale-analogico, anche se in questo modo si è legati all'uso di frequenze di campionamento standard, in pratica 32, 44.1 e 48 kHz. Csound, come tutti i linguaggi per la sintesi del suono, è nato per funzionare in tempo differito, ma con elaboratori veloci e con algoritmi di media complessità è ormai possibile, come abbiamo detto, anche la sintesi in tempo reale. Se il tempo necessario per la sintesi, per esempio, di un minuto di suono è superiore a un minuto, sarà necessario attendere il termine del processo di sintesi per l'ascolto del suono generato, e quindi si lavorerà in tempo differito. Se il tempo di sintesi è inferiore alla durata del suono, questo può essere ascoltato mentre viene generato, e quindi si lavorerà in tempo reale. Il tempo necessario per la sintesi del suono varia ovviamente a seconda della complessità del suono stesso, o meglio della complessità degli algoritmi usati per la sintesi.

## PERCHÉ "IL SUONO VIRTUALE"?

Il titolo si riferisce a quella fase un po' misteriosa della composizione elettroacustica in cui abbiamo creato un suono a partire "dal nulla", cioè da idee, formule, desideri, metodi, e questo suono non ha ancora fatto il suo ingresso nel mondo fisico: è perciò un suono virtuale. Ciò è possibile solo con la sintesi digitale diretta. In questo testo troverete non solo informazioni sul programma stesso, ma anche una guida che vi porterà attraverso la teoria e la pratica della sintesi e del trattamento del suono, nonché sui rapporti fra Csound e MIDI, e fra Csound e altri *software*. Non esistono manuali di Csound in italiano: cercheremo perciò man mano di darvi indicazioni sui termini inglesi in modo che possiate leggere, una volta finito questo testo, anche altri testi in inglese sul tema, se ne avrete voglia. Il nostro intento non è quello di esaurire tutte le informazioni su Csound ma quello di creare un ponte per chi non si è mai occupato di sintesi diretta, in modo tale che attraversare il fiume della conoscenza su questo tema non sia troppo difficoltoso. Questo libro viene da lontano: deriva dalle dispense che uno degli autori aveva realizzato nel 1977 per il corso di Musica Elettronica che a quel tempo teneva al Conservatorio "Luisa D'Annunzio" di Pescara. A tanta distanza di tempo, e visto l'enorme sviluppo che questa materia ha avuto negli ultimi anni, ben poco è rimasto del materiale originale. A quel tempo l'interfacciamento di sintetizzatori (analogici) con il calcolatore era materia di sperimentazione nei centri di calcolo universitari, e gli studi più avanzati usavano sintetizzatori MOOG ed EMS. Fare *computer music* significava recarsi in qualche grande centro di calcolo, imparare i misteri dei sistemi operativi, scrivere i programmi di sintesi, e solo al termine di una faticosa iterazione del processo scrittura/lancio del programma/correzione dai diffusori uscivano i suoni desiderati. Gli sviluppi della tecnologia tendono a nascondere la grande quantità di lavoro svolto per consentire ai musicisti di produrre facilmente musica con il proprio *personal computer*. Ma questo lavoro era guidato dal fascino e dall'entusiasmo per la ricerca: usare Csound significa potere mettere nuovamente le mani, se lo si desidera, in questa grande avventura, senza le difficoltà che le vecchie tecnologie imponevano di superare.

Desideriamo ringraziare Gabriel Maldonado, Luca Pavan, Giuseppe Emanuele Rapisarda e Fausto Sebastiani per avere letto le bozze e dato suggerimenti preziosi.

Buona lettura, e... *happy Csounding*!

# 1

---

# CSOUND: COME FUNZIONA

## 1.1 ORCHESTRE, PARTITURE, *SOUND FILE*

Per ottenere qualsiasi tipo di suono Csound richiede la scrittura di due testi che vengono denominati rispettivamente:

1) **ORCHESTRA** (ingl. *orchestra*; l'estensione del *file* è *orc*)
2) **PARTITURA** (ingl. *score*; l'estensione del *file* è *sco*).[1]

In questi due *file* di testo scriveremo le informazioni sul tipo di "macchina virtuale" che vogliamo costruire e le operazioni che questa macchina deve compiere. Una volta scritti questi due testi chiederemo al programma Csound di *eseguire* questi dati e di creare un *file audio* (*sound file*), cioè un *file* dove sono rappresentate in codifica binaria tutte le caratteristiche del suono o dei suoni che abbiamo richiesto. A questo punto non ci rimane che chiedere alla nostra scheda di conversione di "suonare" il *sound file*. La scheda dunque legge i dati digitali scritti nel *file* di suono e li trasforma in segnale elettrico che viene inviato all'amplificatore e poi agli altoparlanti. In questo caso la scheda ha operato una conversione da digitale ad analogico, cioè ci ha consentito di ascoltare suoni le cui caratteristiche erano scritte in un *file*.

---

[1] A partire dalla versione 3.50 di CSound, è possibile includere questi due testi (orchestra e partitura) in un unico *file* con estensione .csd (vedi par. 1.B.1)

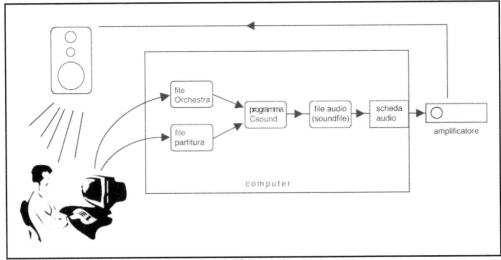

Fig. 1-1

In altri casi è possibile scrivere nei *file* orchestra e partitura (*score*) informazioni per l'elaborazione di un suono che abbiamo precedentemente campionato: per esempio, un suono di flauto può essere dapprima registrato (con un microfono collegato alla scheda

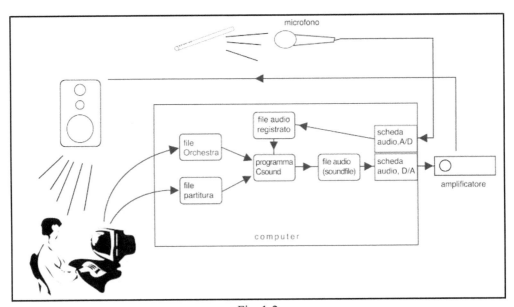

Fig. 1-2

audio che opererà una conversione analogico/digitale). Una volta che il suono è stato convertito in digitale, possiamo elaborare un'orchestra e una *score* in cui specificheremo come quel suono deve essere modificato, poi Csound eseguirà questi comandi e creerà un nuovo *sound file* che conterrà un suono di flauto, trasformato dal *computer* secondo i nostri desideri. Infine potremo ascoltare questo nuovo *sound file* operando, come prima, una conversione digitale/analogica.

## 1.2 COME SI OPERA CON WINDOWS/WCSHELL [2]

**Come eseguire un'orchestra e una *score* già pronte e ascoltare il *file* risultante**

1. Fate doppio clic sull'icona *WCShell* per entrare nel programma
2. Nella lista delle orchestre, fate clic su "oscil.orc"
3. Nella lista delle *score*, fate clic su "oscil.sco"
4. Fate clic sul pulsante *Csound* per avviare la sintesi
5. Alla fine della sintesi, chiudete Csound premendo <Invio>
6. Se tutto è andato a buon fine, fate clic sul pulsante *PLAY* per ascoltare

**Come creare ed eseguire un'orchestra e una *score***

1. Fate doppio clic sull'icona *WCShell* per entrare nel programma
2. Scegliete *New Orc* dal menu *Orc*
3. Scrivete l'orchestra e salvatela con *Save as...* dal menu *File*
4. Chiudete l'*editor* di orchestra con *Exit* dal menu *File*
5. Scegliete *New Sco* dal menu *Sco*
6. Scrivete la partitura e salvatela con *Save as...* dal menu *File*
7. Chiudete l'*editor* di partitura con *Exit* dal menu *File*
8 Fate clic sui pulsanti *Update* di orchestra e *score* per aggiornare le liste, e controllate che il nome dei nuovi *file* appena creati compaiano nelle liste
9. Fate clic sul pulsante Csound per avviare la sintesi
10. Alla fine della sintesi, chiudete Csound premendo <Invio>
11. Se tutto è andato a buon fine, fate clic sul pulsante *PLAY* per ascoltare
12. Per modificare l'orchestra scegliete *Edit Orc* dal menu *Orc*.
13. Per modificare la partitura, scegliete *Edit Sco* dal menu *Sco*.

---

[2] per usare Csound senza WCShell vedi paragrafo 1.A.5 a pag. 43.

## 1.3 COME SI OPERA CON MAC

**Come eseguire un'orchestra e una *score* già pronte e ascoltare il *file* risultante**

1. Entrate nella cartella dove sono i *file* del programma (*Csound* e *Perf*), fate doppio clic sull'icona di *Csound*, si aprirà una interfaccia grafica.

2. In alto vedrete due riquadri sopratitolati *Orchestra file* e *Score file*: lì vanno inseriti i nomi dell'orchestra e della *score* prescelti. Come vedete questi spazi sono ancora vuoti, fate clic su *Select* vicino all'icona dell'orchestra: apparirà una finestra di dialogo dove potete cercare la cartella in cui si trovano i nostri *file*. Fate doppio clic su "oscil.orc", cioè l'orchestra per fare il primo test. In questo modo ritrovate sull'interfaccia grafica il nome "oscil.orc" nello spazio del nome dell'orchestra e "oscil.sco" nello spazio del nome della *score*.

3. Fate clic su *Render*: apparirà un piccolo riquadro che avvisa che è stato lanciato il *Perfing*, cioè il *software* che genera il suono partendo da un'orchestra e da una *score*.

4. Quando il *perfing* è concluso, sul lato destro del piccolo riquadro apparirà la scritta *"close"* e contemporaneamente sulla finestra di testo troverete scritto *"0 errors in performance"* (zero errori in fase di esecuzione). A questo punto potete ascoltare il suono facendo clic sulla freccetta (come quella del tasto *play* dei registratori) che si trova sul lato sinistro del piccolo riquadro *"Perfing"*. Potete ascoltare più volte il suono cliccando sulla freccetta, dopodiché potete chiudere la fase di ascolto facendo clic su *Close*.

**Come creare ed eseguire un'orchestra e una *score***

1. Scegliete il menu *Options* e selezionate *"Auto Open File in Text Editor"* (se è selezionato quando riaprite *Options* comparirà un segno di spunta [-] accanto a questa opzione). Selezionando tale opzione compare una finestra di dialogo che vi consente di scegliere un *editor* di testo a vostro piacere con cui vanno aperti i *file* di orchestra e di partitura (ad esempio *"Simple Text"* per l'inizio può andare bene). I *file* vanno salvati con un nome che termini rispettivamente con ".orc" e ".sco".

2. Ora fate doppio clic sul nome dell'orchestra nella interfaccia grafica azzurra; si aprirà il testo contenente la vostra orchestra, che ovviamente può essere cambiato e salvato con un altro nome. Lo stesso potrete fare per la *score*.

3. Per fare una prova, fate doppio clic sul nome "oscil.sco", si aprirà una finestra con il testo della partitura: nell'ultima riga troverete scritto "i1  4  2".

4. Cancellate il numero 2 che si riferisce alla durata del suono da generare e scrivete 10, in questo modo indichiamo a Csound che il suono che desideriamo deve durare 10 secondi e non più 2 come nel suono che avete ascoltato nel test.

5.  Chiudete la finestra, comparirà una finestra di dialogo in cui vi si chiede di salvare: fate clic su *Save*.
6.  Fate ora clic su *generate* ed ascoltate, il suono generato dura ora 10 secondi

**La gestione delle cartelle**

Finché tutti i *file* (orchestre, *score*, *file* MIDI, *file* di analisi, programmi etc.) sono insieme nella stessa cartella non c'è bisogno di cambiare nulla. Se desiderate cambiare cartella, basta fare clic su *Default directories* nell'interfaccia azzurra: *Sound File Directory* (detta anche SFDIR) è la cartella dove vengono scritti i suoni da Csound; *Sound Sample Directory* (SSDIR) è la cartella dove devono essere posti i *sound file* che Csound deve leggere; *Analysis Directory* (SADIR) è la cartella dove verranno posti i *file* di analisi generati da Csound. Quando queste cartelle non sono definite, *perf* cerca tutti i *file* nella cartella dove esso stesso si trova.

## 1.4 COME SI SCRIVE UN'ORCHESTRA

Attenzione! Questa parte può risultare complessa perché si tratta di entrare a contatto con nuovi termini e un modo di pensare il suono diverso dal solito. L'importante è leggere con attenzione i prossimi paragrafi di questo capitolo, superati i quali tutto sarà più semplice e lo stesso schema si ripeterà ogni volta con aggiunte e modifiche. Procediamo per ordine:

*Un'orchestra è sempre composta di due sezioni: intestazione (header) e strumenti* [3]

| ORCHESTRA |
|:---:|
| HEADER |
| STRUMENTI |

HEADER
In inglese *header* significa intestazione o testata (come quella di un giornale). Lo *header* dà quattro informazioni di base che tutti gli strumenti dell'orchestra adotteranno.

STRUMENTI
Gli strumenti costituiscono le varie "macchine virtuali" che noi vogliamo costruire. In un'orchestra si possono scrivere uno o più strumenti.

---

[3] in realtà lo *header* può anche mancare, e in questo caso assume i valori di *default: sr=44100, kr=4410, ksmps=10, nchnls=1.*

COME SI SCRIVE UNO HEADER:

Lo *header* contiene sempre 4 informazioni:

**sr** frequenza di campionamento dei segnali audio (*sample rate*)

**kr** frequenza di campionamento dei segnali di controllo (*control rate*) (vedi anche par. 1.A.1)

**ksmps** rapporto fra sr e kr (per esempio se sr=48000 e kr=4800 allora ksmps=10); deve essere intero

**nchnls** (*number of channels*) numero di canali di uscita (1=mono, 2= stereo etc.)

Gli strumenti che seguono dipendono da queste informazioni.

Per esempio, se scriviamo nello *header* che il numero di canali è 2, non potremo scrivere strumenti quadrifonici in quell'orchestra, ma solo strumenti stereofonici.

Esempio di *header*:

```
sr    = 48000
kr    = 4800
ksmps = 10
nchnls = 1
```

COME SI SCRIVE UNO STRUMENTO

Gli strumenti sono molto più vari, perché dipendono da ciò che desideriamo creare.

La prima cosa da scrivere è il numero di strumento, con l'istruzione *instr* seguita da un numero. L'ultima è la parola *endin* (*end of instrument*) con la quale si termina uno strumento, secondo lo schema:

```
        instr 1
...
...
...
        endin
```

Per esempio:

```
        instr   1
anuovaorc oscil  10000, 220, 1
        out     anuovaorc
        endin
```

La parola *anuovaorc* indica il nome di una **variabile**.

Che cos'è una variabile?

La variabile è come un cassetto (che ha un nome, in questo caso *anuovaorc*), dove vengono depositati i risultati dell'operazione che la segue. Per esempio in questo caso abbiamo il **codice operativo** (in inglese *opcode*) *oscil* che simula un oscillatore al quale vengono assegnati alcuni valori, che in Csound vengono chiamati **argomenti**: per *oscil* il primo valore è l'ampiezza, il secondo la frequenza, il terzo il numero di funzione.

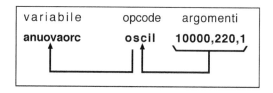

Andiamo per ordine:
come **ampiezza** nell'esempio abbiamo il valore **10000**, come **frequenza 220 Hz**, e come forma d'onda quella generata dalla **funzione numero 1** (questa funzione verrà poi definita in partitura). Tali valori vengono passati all'*opcode oscil*, il quale simula un'oscillatore che lavora con quei dati, e deposita il risultato nella variabile *anuovaorc*.
In questo caso dunque vogliamo generare suoni con ampiezza 10000 e frequenza 220 Hz. Trattandosi di suoni è bene utilizzare la frequenza di campionamento audio (*sr*), che è quella che consente una maggiore definizione.

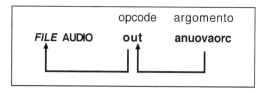

Per fare ciò chiamiamo la variabile con un nome qualunque, purché cominci con la lettera *a* (che sta per audio).
Abbiamo così creato una variabile audio (utile appunto per i suoni) che si chiama *anuovaorc* (in altri casi possiamo chiamarla *a1, averde, aquadra, atarassia* etc.). Una volta che la variabile contiene il risultato, può a sua volta essere usata come argomento per l'*opcode out*.
*out* è un *opcode* che scrive nel *file* audio il risultato depositato in *anuovaorc* per farcelo ascoltare[4].
*endin* termina lo strumento e in questo caso anche l'orchestra.

---

[4] Quando usiamo CSound in tempo reale, *out* invia il risultato direttamente alla scheda audio.

Ricapitolando:

```
            instr   1
anuovaorc   oscil   10000, 220, 1
            out     anuovaorc
            endin
```

**anuovaorc** è una **variabile audio**.

**oscil** è un *opcode* (codice operativo) che simula un oscillatore e richiede 3 argomenti: **ampiezza, frequenza, funzione**.

**out** è un *opcode* che scrive nel *file* audio il risultato depositato nell'argomento che lo segue: *anuovaorc* in questo caso diventa l'argomento dell'*opcode out*.

In pratica ogni *opcode* che esegue un'operazione richiede, per operare, alcuni dati che chiamiamo *argomenti*. Una volta eseguita l'operazione i risultati si depositano nella variabile che li precede, la quale a sua volta può diventare un argomento di un altro *opcode*, come *anuovaorc* nel caso di *out*.

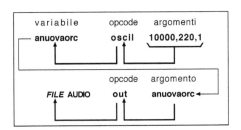

Prima di *out* non abbiamo indicato alcuna variabile perché i risultati vengono inviati direttamente all'*hard disk* o alla scheda audio, quindi l'*opcode out* non genera risultati.

## 1.5 COME SI SCRIVE UNA PARTITURA (*SCORE*)

Anche la partitura è generalmente formata da due tipi di istruzioni: *funzioni* e *note*.

| SCORE |
| --- |
| FUNZIONI |
| NOTE |

La lettera iniziale di ogni riga della partitura indica il tipo di istruzione: *f* per le funzioni, *i* per le note etc.

FUNZIONI

Le funzioni servono a creare forme d'onda di cui possiamo scegliere le caratteristiche.

Nel caso che la forma d'onda di un suono sia già definita altrove (per esempio quando vogliamo semplicemente ascoltare un suono campionato, che ha una sua forma d'onda) ci possiamo trovare a scrivere una partitura senza funzioni, cioè solo con note.

NOTE

Le note invece sono obbligatorie (beh, almeno una!). Esse non vanno pensate solo come le note di un pianoforte, bensì come eventi sonori, che possono andare da durate brevissime fino a durate di giorni interi e possono avere una altezza riconoscibile oppure no a seconda del tipo di strumento che abbiamo scritto in orchestra e del tipo di funzioni usate per la forma d'onda. L'ordine in cui vengono scritte non ha importanza, perché Csound, prima di sintetizzare il suono, esegue un riordino di tutti gli eventi.

COME SI SCRIVE UNA FUNZIONE

Le funzioni sono ovviamente molto varie. Ricordate che in orchestra avevamo stabilito che la forma d'onda era determinata dalla funzione numero 1?

```
anuovaorc  oscil 10000,220,1
```

Creiamo dunque questa funzione numero 1.

Prendiamo come primo esempio una funzione che serve a creare una forma d'onda sinusoidale:

```
f1    0    4096    10    1
```

*f1*      indica il **numero della funzione** (funzione 1).

*0*      (*creation time*) indica da che momento nella partitura viene creata la funzione: se il numero fosse 3 questa funzione verrebbe creata al terzo secondo

*4096* è in questo caso il **numero di punti** che definiscono la tabella, cioè la nostra sinusoide sarà tracciata nella tabella mediante 4096 punti. Nella maggior parte dei casi il numero di punti richiesto in una funzione è una potenza di due (256, 512, 1024, 2048, 4096 etc.), in altri casi una potenza di due più uno, come vedremo. Il massimo valore possibile è 16777216 ($2^{24}$).

*10*      Questo quarto parametro è dedicato al **metodo di generazione** di forme d'onda o di funzioni, detto **GEN**. Ogni GEN ha un suo numero con cui viene identificata (GEN01, GEN02 etc.) ed utilizza un metodo diverso per la generazione di forme d'onda. Bene, in questo caso abbiamo la GEN 10, che crea sinusoidi, perciò ogni volta che ci servirà una semplice sinusoide useremo questa GEN.

*1*     il fatto che ci sia solo un numero dopo il 10 significa che vogliamo solo una sinusoide. Se scrivessimo

```
f1    0    4096    10    1    1    1
```

creeremo tre sinusoidi in rapporto armonico tra loro (fondamentale, seconda e terza armonica) e con la stessa ampiezza (1). Per ora accontentiamoci di una sola sinusoide.

Una domanda sorge a questo punto: "perché fare tutto questo lavoro per ottenere una semplice sinusoide, quando premendo un tasto su una tastiera viene fuori un suono già complesso, intonato, che dura quanto vogliamo?". Domanda legittima. Risponderemo che se volete modificare quel suono nella tastiera e non conoscete i vari tipi di sintesi, non potrete mai farlo con cognizione di causa, e Csound è un mezzo di conoscenza straordinario che vi aiuterà a capire meglio anche la vostra tastiera o altre macchine più complesse, ma che soprattutto vi consentirà di fare cose che con il vostro campionatore o sintetizzatore non potrete mai realizzare. La risposta dunque è: avere pazienza all'inizio per acquisire strumenti di conoscenza adeguati a un compositore che voglia usare le nuove tecnologie con la consapevolezza di ciò che sta facendo.

Ricapitolando:

| Numero di funzione | *Creation time* (tempo di creazione della tabella) | numero di punti o lunghezza della tabella | GEN | ampiezza della fondamentale |
|---|---|---|---|---|
| **f1** | **0** | **4096** | **10** | **1** |

COME SI SCRIVONO LE NOTE
Le note sono composte da campi detti anche parametri (*parameter-fields* o p-*fields*). Gli unici tre parametri obbligatori per ogni nota sono:

**primo parametro** (p1): indica quale strumento dell'orchestra deve suonare, per esempio *i1* significa lo strumento numero 1

**secondo parametro** (p2): rappresenta il momento di attacco della nota, per esempio 0 sarebbe all'inizio del pezzo, 3 al terzo secondo, 3.555 a tre secondi e 555 millesimi di secondo etc.

**terzo parametro** (p3): indica la durata della nota in secondi, per esempio 2 significa 2 secondi, oppure .5 significa mezzo secondo (lo zero prima della virgola si può omettere in Csound, ma soprattutto il separatore decimale è il punto, non la virgola, perciò 4 secondi e mezzo si scrive 4.5 e non 4,5).

Potremo inventare tanti altri parametri (p4, p5, p6...) e dare loro il significato che vogliamo a seconda di come scriveremo l'orchestra (ma questo lo vedremo più avanti).

Per ora scriviamo un esempio di partitura in cui le note abbiano solo 3 parametri, commentandone a lato il significato.

(Se vogliamo scrivere **commenti in un'orchestra o in una partitura** che Csound non valuti nei suoi calcoli, ma che siano utili per ricordarci il senso della nostra programmazione, basta mettere un punto e virgola prima di ogni commento; se si va a capo ci vuole un altro punto e virgola all'inizio della riga).

Esempio:

```
out a1                          ;questo è un commento di
                                ;cui Csound non terrà conto
```

Esempio di partitura:

```
f1    0    4096  10   1   ;num.funz. - action time - num. di punti - GEN - amp.della fondamentale
i1    0    3              ;suona  lo strumento 1, la nota parte all'inizio del pezzo, dura 3 secondi
i1    4    2              ;suona  lo strumento 1, la nota parte al quarto secondo, dura due secondi
i1    6    2              ;suona  lo strumento 1, la nota parte al sesto secondo, dura due secondi
```

Fra la prima e la seconda nota c'è una pausa di un secondo: in Csound le pause non si scrivono, ma scaturiscono dai "vuoti" risultanti dalle durate e dai tempi d'attacco delle note.

Attenzione! Una partitura non vuole **mai** virgole, ma solo spazi o tabulazioni fra un parametro e l'altro. Un'orchestra richiede le virgole **solo** per separare gli argomenti l'uno dall'altro. Qualunque altra cosa a eccezione degli argomenti viene separata da spazi o tabulazioni anche in orchestra.

> *TIPS & TRICKS: è buona norma separare gli elementi di ogni riga di orchestra (variabile, opcode, argomenti) e di ogni riga di partitura (p-fields) con tabulazioni, in modo da ottenere un'orchestra ordinata e di facile lettura.*

Ricapitolando:

| ; Numero strumento | Action time della nota | Durata della nota |
|---|---|---|
| i1 | 0 | 3 |
| i1 | 4 | 2 |
| i1 | 6 | 2 |

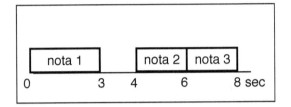

***ESERCIZIO****: Copiare l'orchestra e la partitura seguenti in due* file *diversi (il primo avrà estensione ".orc" e il secondo ".sco") e commentare ogni riga spiegando di cosa si tratta. Questo esercizio serve per memorizzare tutto ciò che è stato detto. Passate al prossimo paragrafo solo dopo aver ben capito e memorizzato header, strumenti, funzioni e note.*

Esempio di orchestra:

```
; oscil.orc

          sr    =  44100
          kr    =  4410
          ksmps =  10
          nchnls =  1

          instr   1
anuovaorc oscil   10000, 220, 1
          out     anuovaorc
          endin
```

Esempio di *score*:

```
; oscil.sco
f1   0   4096   10   1
i1   0   3
i1   4   2
```

Una volta create orchestra e *score*, eseguiamo la sintesi con Csound, seguendo le istruzioni dei paragrafi 1.2 (***Win***) o 1.3 (***Mac***). Se tutto è andato bene, nella finestra di Csound apparirà, verso la fine dei messaggi, anche la riga:

0 errors in performance

Se abbiamo commesso qualche errore, per esempio un errore di sintassi in orchestra, apparirà un messaggio simile a:

2 syntax errors in orchestra. compilation invalid

oppure

1 error in performance

In questo caso controlliamo attentamente l'orchestra o la *score*, correggiamo gli errori e rieseguiamo Csound. In fondo al libro potete trovare una lista di errori di Csound e i rimedi per correggerli.

## 1.6 LA GEN10

Fin qui abbiamo usato la GEN 10 per tracciare una sinusoide semplice, ma si può fare molto di più: per esempio, scriviamo una partitura in cui la funzione generi un suono complesso composto da cinque sinusoidi, in rapporto armonico fra loro. Basta aggiungere, dopo il numero 10 che indica la GEN, il numero 1 per cinque volte:

| funz | actime | punti | GEN | amp della. fondam. | amp. della II armonica | amp. della III armonica | amp. della IV armonica | amp. della V armonica |
|------|--------|-------|-----|--------------------|------------------------|-------------------------|------------------------|-----------------------|
| f1   | 0      | 4096  | 10  | 1                  | 1                      | 1                       | 1                      | 1                     |

In questo esempio tutte le componenti armoniche hanno la stessa ampiezza.

È da notare che non abbiamo dovuto scrivere le varie frequenze perché la GEN 10 fornisce già sinusoidi in rapporto armonico fra loro e variando la fondamentale nell'orchestra si alterano automaticamente tutte le altre componenti.

Se la fondamentale è di 220 Hz, la seconda armonica sarà di 440, la terza di 660, la quarta di 880 e la quinta di 1100 Hz. Se la fondamentale è di 100 Hz, la seconda armonica sarà di 200, la terza di 300, la quarta di 400 e la quinta di 500 Hz.

Infatti ciò che la funzione rappresenta è solo un modello: in una stessa tabella viene tracciata un'oscillazione con un periodo (la fondamentale), una con due periodi (seconda armonica), una con tre, una con quattro ed una con cinque periodi. La somma dei valori di questa tabella dà una forma d'onda risultante che fungerà da modello per qualsiasi nota della partitura. Questo modello sarà ripetuto tante volte quanti sono gli Hertz della fondamentale, perciò se chiediamo a Csound di utilizzare quella forma d'onda complessa che abbiamo nella tabella e di assegnare alla nota una fondamentale di 220 Hz, Csound non farà altro che ripetere la forma d'onda tracciata nella tabella 220 volte al secondo (vedi anche il par. 2.C.1).

Un parametro importante da valutare è l'**ampiezza** delle oscillazioni di ogni componente: più le oscillazioni di quella componente saranno ampie, più quella componente avrà peso nel determinare il timbro del nostro suono complesso. Facciamo un esempio:

```
f1   0   4096   10   1   1   1   1   15
i1   0   5
```

In questo caso la quinta armonica avrà un'ampiezza di 15 volte maggiore rispetto alla fondamentale (o rispetto alle altre armoniche). Eseguiamo e noteremo all'ascolto come sia cambiato il timbro.

Ora tracciamo una serie di funzioni e di note che si avvicendano ogni 3 secondi, avendo sempre la solita fondamentale di 220 Hz, creando timbri diversi attraverso la modifica delle varie componenti. Notiamo che la *f1* generata al *creation time* 3 **sostituisce** la *f1* precedente, e che la *f1* generata al *creation time* 6 **sostituisce** a sua volta la *f1* precedente.

Per esempio riscriviamo, utilizzando la stessa orchestra di prima, una partitura che generi diverse funzioni, una dopo l'altra con rapporti di ampiezza diversa per le varie componenti armoniche.

Esempio di partitura:

```
; oscil1.sco
f1   0   4096   10   10   9   8   7   6   5   4   3   2   1
;(con questa configurazione otteniamo una fondamentale + armoniche fino alla decima in ordine decrescente d'ampiezza)
;
f1   3   4096   10   10   5   3.3   2.5   2   1.6   1.4   1.25   1.1   1
;(con questa configurazione delle ampiezze delle componenti armoniche otteniamo un'onda a dente di sega approssimata)
;
f1   6   4096   10   10   0   3.3   0   2   0   1.4   0   1.1
;(con questa configurazione delle ampiezze delle componenti armoniche otteniamo un'onda quadra approssimata)
;
f1   9    4096   10   1                              ;(solo fondamentale, sinusoide)
f1   12   4096   10   0   1                          ;(solo II arm., sinusoide)
f1   15   4096   10   0   0   1                      ;(solo III arm.)
f1   18   4096   10   0   0   0   1                  ;(solo IV arm.)
f1   21   4096   10   1   1   1   1                  ;(fond.+ II, III e IV armonica)
f1   24   4096   10   10   0   0   0   0   0   1     ;(fondamentale + VII arm.)
f1   27   4096   10   0   0   0   0   0   0   1      ;(solo VII armonica)
```

```
i1   0   2
i1   3   2
i1   6   2
i1   9   2
i1   12  2
i1   15  2
i1   18  2
i1   21  2
i1   24  2
i1   27  2
```

**ESERCIZIO:** *utilizzando sempre l'orchestra dell'esercizio 1, eseguire ed ascoltare più volte cercando di concentrarsi sulle differenze fra i suoni, specialmente fra i suoni in cui ci sono componenti singole e quelli in cui esse sono interne al suono complesso.*

Come vediamo si possono ottenere timbri diversi sommando le componenti a partire da una stessa fondamentale di 220 Hz e da una stessa ampiezza globale 10000.

Nell'ultimo esempio infatti l'**ampiezza** di ognuno di questi suoni era sempre 10000. Essa veniva poi distribuita fra le componenti secondo la proporzione che noi le assegnavamo; per esempio, nel caso

```
f1   0   4096   10   1   1   1.   1
```

ognuna delle quattro componenti aveva ampiezza uguale. Se la funzione fosse stata:

```
f1   0   4096   10   2   1   1   1
```

la fondamentale avrebbe avuto ampiezza doppia delle altre componenti.

La **frequenza fondamentale** era fissa in tutti i casi a 220 Hz, come stabilito in orchestra, ma a volte abbiamo ascoltato altre frequenze.

Per esempio nella funzione

```
f1   0   4096   10   0   0   0   1
```

non è stata fornita alcuna energia alla fondamentale né alla II né alla III armonica (esse hanno cioè ampiezza nulla), perciò abbiamo ascoltato solo gli 880 Hz, cioè la frequenza della quarta armonica. Questa tabella contiene quattro cicli completi di sinusoide.

## 1.7 COME CAMBIARE AMPIEZZA E FREQUENZA A OGNI NOTA

E se volessimo cambiare la frequenza fondamentale e l'ampiezza a ogni nota? Non è difficile, basta tornare sull'orchestra e nel primo argomento di *oscil* che rappresenta l'ampiezza, al posto di 10000 che è un valore fisso, scriveremo p4 che rimanda ad un valore variabile che definiremo in partitura. Infatti a ogni nota che scriveremo aggiungeremo un quarto parametro che indicherà l'ampiezza di quella nota. Allo stesso modo, nel secondo argomento di *oscil,* che rappresenta la frequenza, al posto di 220 scriveremo p5. Cosa significa questo? Che l'ampiezza e la frequenza di ogni nota non saranno più fisse a 10000 e a 220 ma verranno variate a ogni nuova nota, specificandole con il 4° e il 5° parametro:

Esempio di orchestra:

```
; oscil2.orc

          sr     =  44100
          kr     =  4410
          ksmps  =  10
          nchnls =  1

          instr    1
asuoni    oscil    p4, p5, 1
          out      asuoni
          endin
```

Esempio di *score*:

```
; oscil2.sco
f1   0    4096   10    1
; p1       p2    p3    p4      p5
i1        0     2     20000   110      ;suona una nota a partire da 0 secondi, della durata di due
                                       ;secondi con ampiezza 20000 e freq. fondamentale 110 Hz
i1        3     2     8000    110      ;suona una nota a 3 secondi dall'inizio, con durata 2 sec.,
                                       ;ampiezza 8000 e freq. fondamentale 110 Hz
i1        6     2     9000    440
i1        9     2     15000   440
```

Eseguire ed ascoltare.

Possiamo anche far suonare più note contemporaneamente, dal momento che gli strumenti di Csound sono polifonici senza limitazioni di numero di voci;
per esempio

```
f1   0   4096   10   1
; p1      p2     p3   p4     p5
i1        0      3    7000   261.625        ; DO
i1        0      3    7000   329.627        ; MI
i1        0      3    7000   391.995        ; SOL
i1        1      2    7000   466.163        ; Slb
```

## 1.8 COME CREARE UN SECONDO STRUMENTO DIVERSO DAL PRIMO

Perché a questo punto non creare un secondo strumento? Potremmo assegnare per esempio al primo una sinusoide e al secondo strumento un'onda quadra:

```
;2strum.orc

            sr     =   44100
            kr     =   4410
            ksmps  =   10
            nchnls =   1


            instr     1
aprimo      oscil     p4, p5, 1
            out       aprimo
            endin


            instr 2
aquadra     oscil     p4, p5, 2
            out       aquadra
            endin
```

Esempio di *score*:

```
;2strum.sco

f1   0   4096   10   1                                    ; funzione 1 per sinusoide, strumento 1
f2   0   4096   10   1 0 .33 0 .2 0 .14 0 .11 0 .09  ; funzione 2 per onda quadra, strumento 2
```

| | | | | | |
|---|---|---|---|---|---|
| i1 | 0 | 3 | 10000 | 222 | ; strumento 1 nota di 3 secondi frequenza 222 Hz |
| i2 | 4 | 3 | 10000 | 222 | ; strumento 2 nota di 3 secondi frequenza 222 Hz |
| i1 | 8 | 3 | 8000 | 800 | ; strumento 1 nota di 3 secondi frequenza 800 Hz |
| i2 | 12 | 3 | 8000 | 800 | ; strumento 2 nota di 3 secondi frequenza 800 Hz |

Eseguire e ascoltare.

## 1.9 VARIABILI DI CONTROLLO: I GLISSANDI

Le note che abbiamo creato finora erano di frequenza fissa, cioè ogni nota aveva una sua altezza che non variava. Per creare eventi sonori che glissano da una frequenza a un'altra all'interno di una nota possiamo creare un segmento che conduca, in un determinato tempo, dal valore della frequenza iniziale a quello della frequenza finale desiderata e poi assegnare i valori di questo segmento al secondo argomento di *oscil*, quello della frequenza.
    Creiamo il nostro strumento:

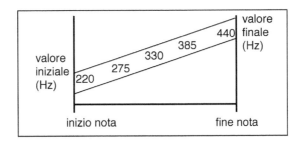

```
        instr 1
kglis   line    220, p3, 440
a1      oscil   p4, kglis, 1
        out     a1
        endin
```

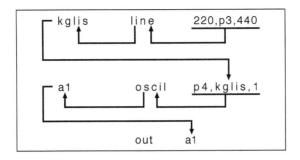

Che cosa è *kglis*? Una variabile di controllo, (comincia infatti con *k*, non con *a* come quelle audio). Possibili nomi di variabili di controllo sono: *kglis, k1, karma, kernigham* etc.

Il segmento che stiamo creando infatti non ha bisogno di una definizione molto alta, come invece succede per la forma d'onda di un suono, la quale è estremamente più complessa da definire rispetto ad una serie di valori che giacciono su un segmento di retta. Per risparmiare tempo di calcolo quindi facciamo iniziare il nome della variabile con la lettera *k*: ciò comunicherà la nostra volontà di usare la frequenza dei segnali di controllo *kr* (definita nello *header*) per quella variabile (la frequenza di controllo in genere è più bassa di quella di campionamento e quindi fa risparmiare calcoli al *computer* e tempo all'utente).

*line* è l'*opcode* che genera il segmento che va da 220 Hz a 440 Hz. Il risultato di questa operazione viene depositato in *kglis*.

Attenzione, *kglis* è un nome qualunque, l'importante è che cominci con *k*, il resto è solo un nome per identificare il "cassetto" o, più precisamente, la variabile.

Successivamente i dati contenuti in *kglis* vengono inseriti nel nostro oscillatore *oscil* quando al posto della frequenza, nel secondo argomento, scriviamo appunto *kglis*. Quindi, dal momento che questo segmento che va da 220 a 440 viene utilizzato per la frequenza, crea un glissando per ogni nota che suonerà quello strumento.

In quanto tempo arriverà da 220 Hz a 440 Hz quella nota? Nel tempo p3, che è specificato come secondo argomento di *line*. Come sappiamo, infatti, il parametro 3 in una *score* indica sempre e immancabilmente la durata della nota. Ogni nota di questo strumento glisserà dunque da 220 Hz a 440 Hz nel tempo della sua durata (p3): se la durata della nota è 0.1 glisserà molto velocemente (in un decimo di secondo), se la durata è 40 glisserà da 220 Hz a 440 Hz in 40 secondi, cioè molto lentamente. Si possono creare glissandi molto più complessi e indipendenti, ma questo lo vedremo successivamente.

*line* è dunque un codice operativo che genera un segmento. Come tutti i codici operativi *line* vuole alcuni argomenti, cioè ha bisogno di alcuni dati per operare.

Gli argomenti di *line* sono:

**valore iniziale, tempo** (per arrivare dal valore iniziale a quello finale), **valore finale**

Se chiamiamo *ia* il valore iniziale e *ib* il valore finale, gli argomenti saranno *ia, idur (durata), ib*.

Abbiamo usato nomi di variabili che iniziano con la lettera *i* perché queste non possono essere né variabili audio, né variabili di controllo, ma variabili di *inizializzazione*, che vengono definite all'inizio di ogni nota, e che non cambiano più fino alla nota successiva.

Riassumendo, nel nostro ultimo strumento il codice operativo (*opcode*) *oscil* utilizza come ampiezza p4 (cioè il quarto parametro di ogni nota in partitura), come frequenza la variabile *kglis* (cioè un segmento che "glissa" da 220 Hz a 440 Hz) e 1 come numero di funzione. Nella nostra *score* dunque avremo oltre ai tre parametri usuali (p1=numero di strumento, p2=tempo d'attacco della nota, p3=durata della nota) anche il quarto parametro che si riferisce all'ampiezza, ma non il quinto della frequenza, perchè se osserviamo da vicino vedremo che *oscil* ha come primo argomento, quello dell'ampiezza, proprio p4, mentre al posto della frequenza abbiamo *kglis*, non più dunque p5.

```
a1      oscil p4, kglis, 1
```

Se osserviamo anche *kglis* noteremo che le frequenze di inizio e di arrivo sono fisse cioè 220 Hz e 440 Hz, per cui se nell'orchestra il p5 non compare da nessuna parte significa che è inutile scriverlo nella *score*.

```
kglis   line 220, p3, 440
```

Vediamo infine l'orchestra e la *score* dei glissandi con alcuni commenti.

```
; gliss.orc
        sr    = 44100        ; (frequenza di campionamento)
        kr    = 4410         ; (frequenza di controllo)
        ksmps = 10           ; (rapporto sr/kr)
        nchnls = 1           ; (numero di canali 1)

        instr  1             ; (strumento 1)
kglis   line   220, p3, 440  ; codice operativo line, segmento che va da 220 a 440 nel tempo p3
                             ; (durata della nota). I risultati affluiscono nella variabile di controllo kglis
a1      oscil  p4, kglis, 1  ; opcode oscil, ampiezza p4, frequenza espressa dai dati di
                             ; kglis, funzione 1 (che troveremo nella score). I risultati
                             ; affluiscono nella variabile audio a1
        out    a1            ; scrittura su disco dei dati contenuti in a1
        endin
```

La partitura è:

```
; gliss.sco
f1  0   4096   10   1    ; funzione 1, attiva dall'inizio del pezzo, numero di punti della
                         ; tabella 4096, gen 10, una sola componente sinusoidale
i1  0   3      10000     ; ampiezza 10000, la nota glissa da 220 a 440 Hz in 3 secondi
i1  4   10     12000     ; amp. 12000, la nota glissa da 220 a 440 Hz in 10 secondi
```

**ESERCIZIO 1:** *Eseguire ed ascoltare.*

**ESERCIZIO 2**: *Modificare il segmento* kglis *in modo che i glissandi non siano ascendenti da 220 a 440 Hz ma discendenti da 800 a 100 Hz. Ricordate, la sintassi di* line *è*

**kglis            line            valore_iniziale, durata, valore_finale**

**ESERCIZIO 3:** *Assegnate ad* a *il valore p5 e a* b *il valore p6*
   kglis            line     p5, p3, p6
*e scrivete una partitura con note diverse assegnando ovviamente a p5 il valore di frequenza iniziale a p6 il valore di frequenza finale*

**ESERCIZIO 4:** *Utilizzando la stessa orchestra create in partitura tre note di 40 secondi che suonino contemporaneamente un glissando ascendente, un glissando discendente e una nota a frequenza fissa (cioè con inizio ed arrivo uguale) e che partano tutte e tre dalla frequenza 440 Hz.*

## 1.10 VARIABILI DI CONTROLLO: INVILUPPI DI AMPIEZZA

Cosa succede se utilizziamo un segmento per l'ampiezza invece che per la frequenza?
Vediamo un esempio di strumento:

```
        instr  1
kenv    line   0, p3, 10000      ; segmento che va da 0 a 10000 nel tempo p3. I risultati
                                 ; affluiscono nella variabile di controllo kenv
a2      oscil  kenv, 220, 1      ; oscillatore con ampiezza kenv (da 0 a 10000 per ogni nota),
                                 ; frequenza 220 Hz e funzione 1. I risultati affluiscono nella
                                 ; variabile audio a2.
        out    a2                ; scrittura su disco dei dati contenuti in a2
        endin
```

Abbiamo così creato una dinamica interna al suono, cioè un inviluppo. Vedremo nel capitolo successivo come creare glissandi e inviluppi più complessi.
Utilizzando l'*opcode oscil* ci siamo trovati di fronte alle seguenti domande: "Quale è l'ampiezza? Quale è la frequenza? Le debbo esprimere in modo fisso, oppure no?" Possiamo rispondere in diversi modi:

a. **modo fisso**: scriviamo direttamente un valore, come all'inizio quando avevamo scritto in *oscil* 10000 per l'ampiezza o 220 per la frequenza. Ciò comporta il fatto che ogni nota di quello strumento avrà la stessa ampiezza e la stessa frequenza.

b. **modo dipendente da parametri della** *score*: rimandiamo la definizione del valore a un parametro della *score* (come p4, p5, etc.). Ciò significa che ogni nota può avere un'ampiezza e una frequenza diversa, ma all'interno di ogni nota questa ampiezza e questa frequenza saranno fisse.

c. **modo dipendente da una variabile di controllo**: creiamo una variabile che contenga i valori che ci interessano e usiamo poi il nome della variabile nell'argomento in questione (se per esempio i dati della variabile vanno assegnati all'ampiezza basterà mettere il nome di quella variabile nel primo argomento di *oscil*). Ciò comporta la possibilità di variare ampiezza e frequenza all'interno di ogni nota creando così glissandi, inviluppi etc.

d. **modo dipendente da una variabile audio**: vedi par. 7.5.

**ESERCIZIO 1:** *Aggiungere lo* header *alla seguente orchestra, creare una partitura adatta, eseguire e ascoltare. Da notare che servono solo i primi tre parametri dal momento che nessun argomento in orchestra fa riferimento ad un p4 o un p5.*

```
        instr   1
kenv    line    0, p3, 10000
a2      oscil   kenv, 220, 1
        out     a2
        endin
```

**ESERCIZIO 2:** *Modificare il segmento* kenv *in modo che l'inviluppo non sia da 0 a 10000 ma da 10000 a 0. Ricordate, gli argomenti di* line *sono: valore iniziale, durata, valore finale (*a, dur, b*).*

**ESERCIZIO 3:**    *Assegnare ad* a *il valore p5 e a* b *il valore p6.*

```
;                          a,          dur,         b
kenv            line       p5,         p3,          p6
```

*e scrivere una partitura con note diverse assegnando ovviamente a p5 il valore d'ampiezza iniziale e a p6 il valore d'ampiezza finale.*

**ESERCIZIO 4:**    *scrivere un'orchestra che contenga sia una variabile di controllo per la frequenza sia una per l'ampiezza.*

## 1.11 VARIABILI DI CONTROLLO CON VALORI CHE GIACCIONO SU PIÙ SEGMENTI DI RETTA

E se volessimo un glissando ascendente e poi discendente nella stessa nota? O glissandi ancora più complessi?

Si possono realizzare glissandi e inviluppi anche molto complessi utilizzando l'*opcode linseg* che è simile a *line* ma consente di costruire più segmenti, mentre *line* ne può generare uno solo.

La sintassi di *linseg* è

**kx    linseg        ia, idur, ib, idur, ic ...**

cioè, per esempio, se vogliamo che la nota glissi da 800 Hz a 1000 Hz e poi a 400 Hz possiamo scrivere:

```
         instr   1
kglissa  linseg  800, p3/2, 1000, p3/2, 400
anew     oscil   15000, kglissa, 1
         out     anew
         endin
```

In questo caso, dato che ci sono due segmenti, uno ascendente da 800 Hz a 1000 Hz, e uno discendente da 1000 Hz a 400 Hz, dovevamo stabilire anche le durate di questi due glissandi. Abbiamo quindi diviso la durata p3 in due metà uguali e perciò, qualsiasi sia la durata di una nota, il suono glisserà in metà tempo da 800 Hz a 1000 Hz e nell'altra metà da 1000 Hz a 400 Hz. Per aggiungere un altro segmento dovremo dividere il tempo in tre:

```
          instr 1
;variabile opcode   da 800 a 1000 nel tempo p3/3,
;                           da 1000 a 400 nel tempo p3/3,
;                                   da 400 a 900 nell'ultimo terzo di p3.

kglissa   linseg   800,     p3/3,    1000,  p3/3,  400,  p3/3,  900

;                  amp    freq    funz
anew      oscil   15000, kglissa   1
          out     anew
          endin
```

In questo caso la sintassi è

**kx     linseg        ia, idur1, ib, idur2, ic, idur3, id**

Potremmo andare avanti a costruire segmenti, dato che *linseg* ce lo consente, ma forse avere tutte le note che glissano tra frequenze sempre uguali è un po' limitante; proviamo allora a sostituire le frequenze con parametri da definire nella *score* per ogni nota:

```
          instr 1
kglissa   linseg   p5,    p3/2,    p6,    p3/2,    p7
anew      oscil    p4,    kglissa, 1
          out      anew
          endin
```

La *score* in questo caso dovrà contenere per ogni nota, oltre ai tre parametri obbligatori (strumento, *action time*, durata della nota), anche p4 per definire l'ampiezza (vedi primo argomento di *oscil*), p5 per definire la frequenza iniziale di ogni nota, p6 per definire la frequenza di mezzo e p7 per la frequenza finale.

Se vogliamo creare un inviluppo (sull'inviluppo di ampiezza di un suono, vedi il paragrafo 1.C.1) con attacco, *sustain* e *decay* mantenendo anche il precedente glissando possiamo scrivere:

```
          instr  1
kglissa   linseg p5,    p3/2,   p6,     p3/2,    p7
kenv1     linseg 0,     p3/3,   10000,  p3/3,    10000,  p3/3,  0
anew      oscil  kinvil, kglissa, 1
          out    anew
          endin
```

In quest'ultimo esempio l'ampiezza parte dal valore 0, nel tempo p3/3 arriva a 10000 (*attack*), per un altro terzo della durata della nota rimane a 10000 (*sustain*), e nell'ultimo terzo di p3 torna a 0 (*decay*).

Che succede se la somma delle durate è inferiore alla durata della nota, cioè a p3? Nelle vecchie versioni di Csound il segnale generato da *linseg* continua a muoversi nella stessa direzione dell'ultimo segmento.

Se, per esempio, abbiamo:

```
k1     linseg   0, p3/3, 1, p3/3, 0
```

la durata complessiva di *linseg* è 2/3 di quella di p3. Allora i valori della variabile *k1* continueranno a scendere al di sotto dello zero, divenendo negativi. Per evitare ciò, scriveremo:

```
k1      linseg   0, p3/3, 1, p3/3, 0, p3/3, 0
```

Avremmo anche potuto scrivere:

```
k1      linseg   0, p3/3, 1, p3/3, 0, .001, 0
```

perché comunque l'ultimo segmento sarebbe stato orizzontale, e quindi la variabile *k1* avrebbe contenuto solo zeri fino alla fine della nota.

## 1.12 VARIABILI DI CONTROLLO CON VALORI CHE GIACCIONO SU UNO O PIÙ SEGMENTI DI ESPONENZIALE

Oltre a segmenti di retta è possibile "tracciare" segmenti di esponenziale. Per avere un glissando più "naturale", infatti, è bene usare un segmento di esponenziale, dato che la frequenza a ogni ottava si raddoppia e quindi cresce anch'essa in modo esponenziale. Per ottenere lo stesso rapporto intervallare di ottava, si va per esempio da 55 Hz a 110 Hz, poi a 220 Hz, a 440 Hz etc.
Il corrispettivo esponenziale di *line* è *expon*.
Il corrispettivo esponenziale di *linseg* è *expseg*.

**kx      expon        ia, idur, ib**
**kx      expseg       ia, idur1, ib, idur2, ic....**

Sostanzialmente la sintassi rimane la stessa del corrispettivo lineare. L'unica differenza è che gli *opcode* esponenziali non accettano lo 0 come valori. Nel caso in cui vogliamo assegnare un valore uguale a 0, potremo scrivere un numero molto piccolo, come .001, che viene accettato da *expon* ed *expseg*, e il risultato sarà praticamente identico. Per esempio:

```
        instr   1          ;strumento 1
kglis   expon   220, p3, 440   ;codice operativo expon, segmento di esponenziale
                           ;con valori da 220 a 440 nel tempo p3 (durata della nota)
                           ;I risultati affluiscono nella variabile di controllo kglis
a1      oscil   p4, kglis, 1   ;opcode oscil, ampiezza p4, frequenza espressa dai dati di
                           ;kglis (cioè del segmento di esponenziale), funzione 1 (che troveremo nella score).
                           ;I risultati affluiscono nella variabile audio a1
```

```
        out      a1              ; scrittura su disco dei dati contenuti in a1
        endin

        instr    2                       ;strumento 2
kglissa expseg   p5, p3/2, p6, p3/2, p7  ;segmenti di esponenziale per la frequenza
kinvil  expseg   .001, p3/3, 10000, p3/3, 10000, p3/3, .001  ;segmenti di esponenziale per l'ampiezza
anew    oscil    kinvil, kglissa, 1
        out      anew
        endin
```

## 1.13 INVILUPPI CON L'*OPCODE LINEN*

Csound mette a disposizione un *opcode* specifico per creare inviluppi di ampiezza trapezoidali, di tipo attacco-costanza-estinzione (vedi 1.C.1).

La sua sintassi è:

**kenv          linen          kamp, iattacco, idurata, iestinz**

in cui:
*kamp*          ampiezza massima raggiunta dal suono;
*iattacco*      durata della fase di attacco del suono;
*idurata*       durata complessiva della nota (di solito uguale a p3)[5];
*iestinz*       durata della fase di estinzione del suono

Per esempio:

```
        instr    1
kenv    linen    10000, .1, p3, .5       ;l'ampiezza del suono va da 0 a 10000 nel tempo di attacco
                                         ;0.1 secondi, si mantiene a 10000 per la durata della nota
                                         ;meno il tempo di attacco meno il tempo di estinzione
                                         ;(cioè per p3-0.6), e si estingue nel tempo 0.5.
a1      oscil    kenv, 440, 1            ;la variabile di controllo kenv generata da linen viene
                                         ;usata per controllare l'ampiezza di oscil

        out      a1
        endin
```

---

[5] Attenzione: se il terzo argomento di *linen* (durata) è *minore* di p3, la fase di estinzione prosegue *al di sotto dello zero* fino a che non è trascorsa l'intera durata della nota! In questo modo si creano suoni indesiderati. Un'analoga osservazione è valida anche per *line, expon, linseg* ed *expseg*. Tutti e cinque questi *opcode*, se la loro durata è minore di p3, proseguono fino a p3 nell'ultima direzione in cui si stavano muovendo. Questo comportamento può cambiare a seconda delle versioni di Csound. Si veda quanto detto a proposito di *linseg*.

Se la durata della nota viene allungata, si allungherà corrispondentemente solo la fase di *sustain*, mentre la fase di attacco e quella di estinzione manterranno i loro valori.

## 1.14 CODIFICA DELLA FREQUENZA IN OTTAVE E SEMITONI E DELL'AMPIEZZA IN DECIBEL

### Frequenza in ottave e semitoni

Csound richiede, come abbiamo visto, che la frequenza sia espressa in Hz e l'ampiezza in valori assoluti (da 0 a 32767). Se abbiamo bisogno però di esprimere l'altezza in ottave e semitoni, come sul pianoforte, possiamo chiedere in modo semplice a Csound di prendere la nostra informazione in semitoni e di fare la conversione in frequenza automaticamente.

Come si esprime l'altezza in semitoni e ottave?

Nella codifica chiamata *octave-point-pitch-class*, o d'ora in poi, più brevemente, *pitch,* i numeri interi rappresentano le ottave e i primi due decimali i semitoni. Per convenzione l'ottava numero 8 è quella che inizia con il DO centrale del pianoforte.

Perciò:

8.00 = DO centrale del pianoforte (261.63 Hz)
8.01 = DO# (277.18 Hz)
8.02 = RE (293.67 Hz)
8.03 = RE# (311.13 Hz)
7.09 = LA sotto il DO centrale (220 Hz)
8.09 = LA sopra il DO centrale (440 Hz)
9.00 = DO all'ottava sopra il DO centrale (523.25 Hz)
5.00 = DO della prima ottava del pianoforte (32.70 Hz)

Possiamo così esprimere i semitoni. Vediamo come si prepara un convertitore in uno strumento:

```
; pitch.orc
        instr   1
ifreq   =       cpspch(p5)
a1      oscil   p4, ifreq, 1
        out     a1
        endin
```

*ifreq* è una variabile di inizializzazione, che cioè viene calcolata non un certo numero di volte al secondo come per le variabili audio (*sr*) o di controllo (*kr*), bensì solo una volta per nota.

Bene: *ifreq* sarà uguale a p5 espresso in *pitch* (altezza) anziché in cicli per secondo (cps o Hz). Da qui l'espressione *cpspch* (si chiede a Csound di trasformare in cps [*cycles per second*], o Hz ciò che noi abbiamo scritto in *pitch*).

Nella *score* perciò scriveremo per esempio:

```
; pitch.sco
f1   0   4096   10      1
i1   0   1      10000   8.00
i1   1   1      10000   8.02
i1   2   1      10000   8.04
i1   3   1      10000   8.00
```

**ESERCIZIO**: *copiate questa* score *e lo strumento, aggiungete uno* header *ed eseguite. Dopo l'ascolto aggiungete altre note, salvate ed eseguite di nuovo.*

| Note | pitch (*pch*) | octave (*oct*) |
|------|---------------|----------------|
| DO   | 8.00          | 8.00           |
| DO#  | 8.01          | 8.0833         |
| RE   | 8.02          | 8.16667        |
| RE#  | 8.03          | 8.25           |
| MI   | 8.04          | 8.3333         |
| FA   | 8.05          | 8.41667        |
| FA#  | 8.06          | 8.5            |
| SOL  | 8.07          | 8.5833         |
| SOL# | 8.08          | 8.6667         |
| LA   | 8.09          | 8.75           |
| LA#  | 8.10          | 8.8333         |
| SI   | 8.11          | 8.91667        |

Nella codifica chiamata *octave-point-decimal*, o d'ora in poi, più brevemente, *octave*, i numeri interi rappresentano le ottave, e i decimali le altezze all'interno di quella ottava, considerate questa volta in modo continuo. Quindi 8 sarà ancora il DO centrale e 9 il DO all'ottava sopra, ma 8.5 sarà il FA# (dal momento che l'intervallo DO-FA# è esattamente di mezza ottava), e 8.25 il RE# (dal momento che l'intervallo DO-RE# è esattamente di un quarto di ottava). Nella tabella sono riportate le corrispondenze fra nota, codifica *pitch* e codifica *octave*.

## Ampiezza in deciBel

Per poter esprimere l'ampiezza in dB è sufficiente scrivere un'altra variabile di inizializzazione che contenga la conversione da dB a valori assoluti, che sono quelli che gli *opcode* di Csound richiedono. Da notare che la gamma di ampiezze che è possibile scrivere su un *file* audio va da 0 dB a 90 dB circa.[6]

| dB | valore | dB | valore | dB | valore | dB | valore |
|----|--------|----|--------|----|--------|----|--------|
| 90 | 31622.78 | 60 | 1000.00 | 30 | 31.62 | 0 | 1.00 |
| 88 | 25118.86 | 58 | 794.33 | 28 | 25.12 | | |
| 86 | 19952.62 | 56 | 630.96 | 26 | 19.95 | | |
| 84 | 15848.93 | 54 | 501.19 | 24 | 15.85 | | |
| 82 | 12589.25 | 52 | 398.11 | 22 | 12.59 | | |
| 80 | 10000.00 | 50 | 316.23 | 20 | 10.00 | | |
| 78 | 7943.28 | 48 | 251.19 | 18 | 7.94 | | |
| 76 | 6309.57 | 46 | 199.53 | 16 | 6.31 | | |
| 74 | 5011.87 | 44 | 158.49 | 14 | 5.01 | | |
| 72 | 3981.07 | 42 | 125.89 | 12 | 3.98 | | |
| 70 | 3162.28 | 40 | 100.00 | 10 | 3.16 | | |
| 68 | 2511.89 | 38 | 79.43 | 8 | 2.51 | | |
| 66 | 1995.26 | 36 | 63.10 | 6 | 2.00 | | |
| 64 | 1584.89 | 34 | 50.12 | 4 | 1.58 | | |
| 62 | 1258.93 | 32 | 39.81 | 2 | 1.26 | | |

```
         instr   1
iamp  =        ampdb(p4)              ;conversione da dB ad ampiezza assoluta
ifreq =        cpspch(p5)
a2    oscil    iamp, ifreq, 1
      out      a2
      endin
```

***ESERCIZIO:*** *rispondete al seguente quesito: cosa succederebbe se nello strumento appena descritto sostituissimo gli argomenti di* oscil *come segue?*

```
         instr 1
iamp  =        ampdb(p4)
ifreq =        cpspch(p5)
a2    oscil    p4, p5, 1
```

---

[6] In realtà Csound è in grado di scrivere *file* in diversi formati, ma quelli comunemente suonabili (i più comuni sono il formato WAVE di **Win** e AIFF di **Mac** in numeri a 16 bit) hanno una gamma dinamica che va appunto da 0 a 90 dB. Si veda l'Approfondimento 1.A.2

```
out       a2
endin
```

Soluzione del quesito: Csound opera la conversione di p4 da dB a valori assoluti e di p5 da *pitch* a Hz, e pone i risultati di queste conversioni rispettivamente in *iamp* e in *ifreq*, ma quando va a generare i suoni, trovando semplicemente p4 e p5 come argomenti di *oscil* per l'ampiezza e la frequenza, e non *iamp* e *ifreq*, Csound non farà altro che utilizzare p4 e p5 così come sono, dato che la loro versione convertita rimane depositata e inutilizzata nei "cassetti" *iamp* e *ifreq*.

## 1.15 ALTRE INFORMAZIONI SULLA *SCORE*

Quando si scrive un pezzo di musica utilizzando una *score* la scrittura di parametri che si ripetono può diventare noiosa. In alcuni casi c'è un modo per abbreviare la scrittura.

Se vogliamo scrivere una serie di note con uno stesso strumento che hanno tutte lo stesso valore per un certo parametro possiamo, invece di ripetere sempre lo stesso valore, scrivere un punto. Per esempio, se il nostro valore da ripetere è l'ampiezza che è indicata in p4 possiamo scrivere:

```
i1     0     1     10000     220     ;in questa nota l'ampiezza ha valore 10000
i1     2     3     .         223     ;in questa nota abbiamo la stessa ampiezza
i1     6     2     .         .       ;in questa nota anche la frequenza p5 è uguale
                                     ;a quella della nota precedente

i1     8     3     .         400
i1     8     .     .         420     ;in questa nota anche la durata p3 è uguale
                                     ;a quella della nota precedente

i1     12    .     .         227
i1     15    1     .         220
```

Attenzione: questo vale solo all'interno di uno stesso strumento; se si cambia strumento si deve riscrivere il valore anche se esso è uguale a quello della nota precedente.

```
i1     0     1     10000     220
i1     2     3     .         223
i1     5     2     .         233
i2     7     2     10000     233     ;va riscritto, perché abbiamo cambiato strumento
i2     8     .     .         .       ;(in questa nota durata ampiezza e frequenza
                                     ;sono uguali a quelle della nota precedente)
```

Un altro caso è quello in cui si vuole scrivere una serie di note senza pause, cioè la seconda nota inizia dove finisce la prima, la terza dove finisce la seconda e così via.

In questo caso possiamo aggiungere il segno + dopo la prima nota al posto del momento di attacco (*action time*).

| | | | | |
|---|---|---|---|---|
| i1 | 0 | 1 | 10000 | 220 |
| i1 | + | 3 | . | 223 |
| i1 | + | 2 | . | . |
| i1 | + | 3 | 15000 | 400 |
| i1 | + | . | . | . |
| i1 | + | . | . | . |
| i1 | 15 | 1 | 10000 | 220 |
| i1 | 15 | 1 | . | 440 |
| i1 | + | 2 | . | 427 |
| i1 | + | . | . | . |
| i1 | + | . | . | . |

L'ultima nota inizierà a 20 secondi, durerà 2 secondi, avrà ampiezza 10000 e frequenza 427.

Per generare una serie di valori che variano linearmente fra un valore iniziale e un valore finale, possiamo usare il *ramping*, che prevede l'uso del carattere ">".

La *score*:

| | | | | |
|---|---|---|---|---|
| i1 | 0 | 1 | 60 | 8.03 |
| i1 | + | 2 | > | 8.04 |
| i1 | + | 1 | > | 8.06 |
| i1 | + | 3 | > | 8.08 |
| i1 | + | 2 | 80 | 8.10 |

è equivalente a:

| | | | | |
|---|---|---|---|---|
| i1 | 0 | 1 | 60 | 8.03 |
| i1 | + | 2 | 65 | 8.04 |
| i1 | + | 1 | 70 | 8.06 |
| i1 | + | 3 | 75 | 8.08 |
| i1 | + | 2 | 80 | 8.10 |

che esprime un crescendo dal valore 60 al valore 80.

Il *ramping* realizza perciò una interpolazione lineare fra un valore di partenza e un valore di arrivo.

Un'altra informazione utile riguarda l'uso della *e* (*end*). Se scriviamo una *e* dopo una serie di note essa farà terminare la generazione di suoni dopo tali note e quelle successive alla *e* non verranno generate. Per esempio, facciamo l'ipotesi che abbiate una *score* molto lunga, avete appena cambiato la seconda e la terza nota e volete riascoltarle senza dover calcolare di nuovo tutto il pezzo. Bene, è semplice, basta mettere una *e* dopo la terza nota e Csound genererà solo i primi tre suoni.

Per esempio:

```
i1    0    1    10000    220
i1    +    3    .        223
i1    +    2    .        .
e                                  ; la generazione si ferma qui
i1    +    3    .        400
i1    +    .    .        .
i1    +    .    .        300
```

A volte risulterebbe comodo poter variare il "metronomo" di un brano; se per esempio volessimo accelerarlo o rallentarlo, senza dover riscrivere tutte le durate e gli *action time*. Csound mette a disposizione un codice di *score* apposito. La riga deve iniziare con *t* (tempo), e la sua sintassi è:

**t     p1    p2    p3    p4    ...**

Questa istruzione di *score* determina il tempo metronomico, e può anche eseguire accelerandi e rallentandi. Se non è presente, il tempo metronomico si intende uguale a 60, e quindi i valori di *action time* e durata si intendono espressi in secondi.

*p1*     deve sempre essere zero (indica infatti l'istante iniziale della *score*)
*p2*     specifica il valore metronomico iniziale
*p3, p5, ...* sono gli *action time* (in ordine non decrescente)
*p4, p6, ...* sono i valori metronomici che si riferiscono all'*action time* precedente (p4 si riferisce all'*action time* p3, p6 si riferisce a p5 etc.)

Quindi *action time* e valori metronomici vengono specificati, in una istruzione di *score t*, sempre in coppia, a definire numericamente un grafico *action-time*/metronomo. Se scriviamo, per esempio:

t0 120

allora tutta la *score* verrà eseguita a doppia velocità. Se invece scriviamo:

t0 60 5 90 5 120 9 120 15 100

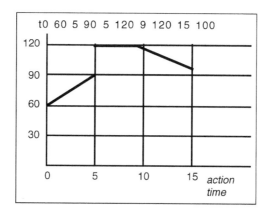

l'andamento effettivo del metronomo è una serie di segmenti che congiungono i punti del grafico, come si vede nella figura: il metronomo inizia a 60, e cresce fino all'*action time* 5, dove raggiunge il valore 90. All'*action time* 5 si porta bruscamente a 120 (ecco il significato della ripetizione dell'*action time* 5), e rimane a 120 fino all'*action time* 9, quando inizia a descrescere fino a 100, valore raggiunto all'*action time* 15.

La variazione fra valori metronomici differenti è lineare; ciò significa che, per esempio, un accelerando fra due valori metronomici viene eseguito con passi uguali di variazione di metronomo (il che, musicalmente, non è sempre ideale perché la nostra percezione di variazione di metronomo segue una curva esponenziale).

Una volta assegnato un valore metronomico, questo rimane fisso, e ciò significa che l'ultimo valore assegnato rimane valido sino alla fine della sezione.

Ma che cosa è una sezione? è una parte di una *score*, che viene eseguita a sé stante. Questo significa che verranno eseguite prima tutte le istruzioni della prima sezione; poi quelle della seconda, e così via. Anche il riordino delle istruzioni avviene all'interno di ogni sezione (ma le funzioni valgono per tutta la partitura!).

Quindi, se per esempio abbiamo questa *score*:

| | | | | | |
|---|---|---|---|---|---|
| i1 | 0 | 2 | 80 | 8 | ;prima calcola questa parte... |
| i1 | 5 | 1 | 78 | 9 | ;...di partitura... |
| i1 | 3 | 1.5 | 80 | 8.07 | ;e alla fine dell'ultima nota (cioè a 6 secondi)... |
| s | | | | | ;...dato che incontra una fine sezione... |
| i1 | 0 | 4 | 60 | 6 | ;...riparte da qua... |
| i1 | 3 | 2.7 | 65 | 6.01 | ;...e prosegue |

verranno eseguite le prime tre note, nell'ordine dato dal loro *action time*. Alla fine dell'ultima nota (cioè della seconda riga di partitura, che terminerà a 5+1 secondi), vi è una fine sezione, provocata dall'istruzione *s*. La sintesi del suono riprende dunque dalla prima nota dopo la *s*.

Anche le istruzioni *t*, che abbiamo visto poco sopra, hanno effetto solo all'interno della sezione alla quale appartengono. Se quindi definiamo un certo metronomo in una sezione, per esempio 120, all'inizio della sezione successiva il metronomo tornerà automaticamente a 60.

## 1.16 COME SI LEGGE LA SINTASSI DI UN *OPCODE*

Poiché il numero degli *opcode* è molto elevato e in continua espansione, è ovvio che anche per gli esperti è impossibile ricordarne la sintassi. Troverete alla fine di questo libro la sintassi di tutti gli *opcode* in forma abbreviata, cioè la stessa forma in cui si trovano nel *reference manual* in inglese che contiene anche alcune spiegazioni di base. Indipendentemente dalla nostra familiarità con l'inglese tecnico è comunque importante che impariamo a leggere almeno le righe che riguardano strettamente la sintassi, cioè il tipo di argomenti che ogni *opcode* richiede.

Facciamo un esempio:

```
k1      oscil    kamp, kcps, ifn[,iphs]
a1      oscil    xamp, xcps, ifn[,iphs]
```

Questa è la sintassi dell'*opcode oscil*, nelle sue due forme:

Nella prima forma *oscil* è usato come oscillatore di controllo perciò la variabile verrà denominata *k1*, dato che vogliamo generare una variabile di controllo.

Nel secondo caso invece *oscil* genera la variabile audio *a1*, dato che in questo caso vogliamo generare un suono. Vediamo le differenze:

In entrambe le situazioni *oscil* richiede obbligatoriamente 3 argomenti:

**ampiezza (amp); frequenza (cps = Hz); funzione (fn)**

in più abbiamo un argomento facoltativo che è la fase iniziale (*phs*). A questo argomento è facoltativo perché si trova fra parentesi quadre.

Notiamo però che le abbreviazioni *amp, cps, fn, phs* sono precedute da una *x,* da una *k,* o da una *i*. Cosa significa questo?

**i** significa che quell'argomento può essere espresso soltanto in modo fisso o dipendente da un parametro della *score* (vedi 1.10), per esempio da un numero o da un parametro di una nota, o da un'espressione che non contenga variabili di tipo *k* o *a*.

Quando per esempio vediamo *ifn*, questo significa che quell'argomento può rimandare solo a una variabile di inizializzazione, che viene calcolata una volta sola per ogni nota. È sbagliato pertanto, nel caso che l'argomento sia preceduto da una *i,* utilizzare una variabile di controllo o una variabile audio per definire tale argomento.

Per esempio:

```
a1    oscil    2000, 440, k1          ;sbagliato, il terzo argomento deve essere di tipo 'i'
a1    oscil    2000, 440, ijoe        ;giusto, il terzo argomento è di tipo 'i'
```

Nella sintassi degli *opcode* **k** sta ad indicare che quell'argomento può rimandare a una variabile di inizializzazione o a una variabile di controllo. É pertanto possibile nel seguente caso:

```
k1    oscil    kamp, kcps, ifn[,iphs]
```

utilizzare una variabile di controllo per definire l'ampiezza o la frequenza (come nei casi descritti nei paragrafi da 1.9 a 1.12). É invece proibito utilizzare variabili audio per definire tali argomenti.

Nella sintassi degli *opcode a* indica che si deve necessariamente utilizzare una variabile audio per definire tale argomento. Per esempio nel seguente caso

```
a1    reson    asig, kcf, kbw
```

L'argomento *asig* deve essere di tipo audio.
Una iniziale *x* sta ad indicare che non ci sono divieti, si può utilizzare qualsiasi tipo di variabile per definire quell'argomento.

## 1.17 LA GESTIONE DELLE CARTELLE

Abbiamo già accennato, nel par. 1.3, alla SFDIR, cioè la cartella nella quale Csound scrive i *file* audio generati. Ma è anche possibile definire altre cartelle, e precisamente:
SSDIR (*Sound Sample Directory*), è la cartella dove Csound cerca gli eventuali *file* audio da leggere (vedi par. 7.1)
SADIR (*Sound Analysis Directory*), è la cartella dove Csound cerca gli eventuali *file* di analisi da leggere
INCDIR (*Include Directory*), è la cartella dove Csound cerca gli eventuali *file* da includere in orchestre e *score*.

Come si definiscono queste cartelle?

***Win/WCShell***: se si usa WCShell non c'è bisogno di definire la SFDIR, perché la cartella in cui scrivere i *file* audio viene definita mediante l'interfaccia grafica, nella finestra delle cartelle dei *file* audio. Se SSDIR e SADIR non sono state definite, Csound cerca i *file* da leggere (campioni e analisi) nella cartella in cui si trova il programma Csound.

Se vogliamo comunque definire le cartelle, è necessario sapere che SFDIR, SSDIR, SADIR e INCDIR sono le cosiddette *variabili di ambiente,* e **devono** essere definite nel *file* di sistema *autoexec.bat*, che viene eseguito *prima* dell'avvio di Windows. Per fare questo, è necessario inserire in *autoexec.bat*, per esempio, le righe:

**SET SFDIR = D:\WAVE**
**SET SSDIR = C:\CSOUND\SAMPLES**
**SET SADIR = C:\CSOUND\ANALYSIS**
**SET INCDIR = C:\CSOUND\INCLUDEFILES**

Una volta modificato *autoexec.bat* si dovrà riavviare Windows per rendere effettive le modifiche.

***Win senza WCShell, LINUX e UNIX:*** se le cartelle non sono state definite, sarà necessario scrivere il percorso completo dei *file* da scrivere o da leggere. Per esempio, supponiamo di volere usare in un'orchestra il *file* audio *pippo.wav* che si trova nella cartella *d:/wave/campioni.* Dovremo scrivere in orchestra:

```
. . .
a1      soundin"d:/wave/campioni/pippo.wav"
. . .
```

Analogamente, se vogliamo usare il *file* di analisi *pluto.het* che si trova nella cartella *c:/csound/analisi,* scriveremo in orchestra:

```
. . .
a1      adsyn   1, 1, 1, "c:/csound/analisi/pluto.het "
. . .
```

Per quanto riguarda la cartella in cui scrivere il *file* audio generato, si veda il par. 1.A.5.

***Mac***: si veda il par. 1.3

# APPROFONDIMENTI

## 1.A.1 FUNZIONAMENTO DI CSOUND

Csound conserva la divisione tradizionale fra strumento e nota. Un complesso di più strumenti si chiama orchestra, e si comporta a tutti gli effetti come un programma eseguibile che utilizza un *file* di dati chiamato partitura (*score*), composto da una serie di note.

Csound utilizza due distinte frequenze di campionamento, una audio (*sr*) e una per i segnali di controllo (*kr*), di solito pari a 1/10 di *sr*. Infatti, per i segnali audio è necessaria una frequenza di campionamento almeno doppia della massima frequenza audio che interessa generare; ad esempio se desideriamo creare o elaborare un suono che contenga frequenze fino a 20.000 Hz, dovremo utilizzare una frequenza di campionamento di almeno 40.000 Hz. La frequenza di campionamento audio ha perciò un effetto sulla qualità della conversione. La frequenza di controllo servirà nel caso in cui non vogliamo creare un segnale audio, ma ad esempio solo una serie di valori che giacciono su un segmento di retta (come per esempio negli inviluppi di ampiezza o nella spazializzazione stereofonica). In questo caso il segmento che stiamo creando non ha bisogno di una definizione molto alta, come invece succede per la forma d'onda di un suono, la quale è estremamente più complessa da definire rispetto a un segmento di retta o di esponenziale. Per risparmiare tempo di calcolo quindi abbiamo bisogno di una frequenza, detta di controllo, che in genere è più bassa della frequenza di campionamento audio.

Alla partenza, Csound compie una serie di operazioni preliminari, poi inizia a leggere la partitura. Genera le eventuali tabelle di forma d'onda richieste dalla partitura, poi inizia a leggere le note. Compie quindi un passo di *inizializzazione*, cioè le operazioni che vanno svolte una sola volta all'inizio di ogni nota (conversione da *pitch* a Hertz, da deciBel ad ampiezze assolute etc.), poi calcola il primo valore di ogni segnale di controllo. Passa quindi alla generazione dei segnali audio, di cui genera un numero di valori per ogni variabile pari al rapporto *sr/kr*. Se, per esempio, *sr*=48000 e *kr*=16000, genera 48000/16000=3 campioni audio. Genera poi un successivo valore per ogni segnale di controllo, e nuovamente altri 3 valori per ogni variabile audio, e così via fino al termine della nota. In fig. 1-A-1 è mostrato il diagramma di flusso che Csound segue per l'esecuzione di una nota.

Innanzitutto viene letta la nota dalla partitura (*score*) e vengono calcolati i valori delle variabili di *inizializzazione*, cioè quelle che non cambieranno più nel corso della nota, come per esempio l'*action time*, la durata etc. Poi viene calcolato un valore di ciascuna variabile di controllo, quelle cioè che non hanno bisogno di cambiare tanto frequentemente quanto l'ampiezza istantanea del suono. Per definire un inviluppo di ampiezza, per esempio, non è necessario specificare il valore istantaneo dell'andamento

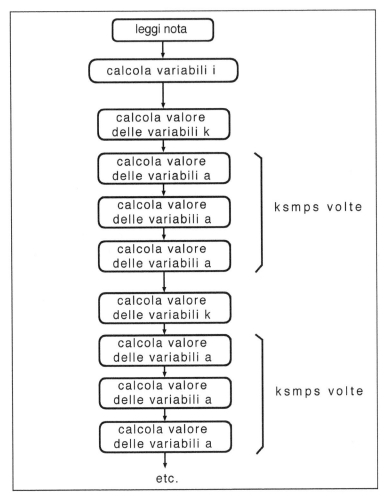

Fig. 1-A-1

dell'inviluppo alla frequenza di campionamento audio; sarà sufficiente specificare questo valore istantaneo un migliaio di volte al secondo. Viene perciò definita una frequenza di controllo (*kr*), che, nel caso della figura, è di tre volte inferiore alla frequenza di campionamento audio (*sr*).

Poi vengono calcolati un certo numero di valori (nell'esempio in figura sono tre) di ciascuna variabile audio, quelle per le quali è necessaria la frequenza di campionamento più alta. Questo calcolo viene effettuato un numero di volte pari a *sr/kr*, rapporto che in Csound ha il simbolo *ksmps*. Si passa poi a calcolare un nuovo valore di ciascuna variabile di controllo, e si prosegue così fino alla fine della nota. Il contenuto delle variabili di tipo *i* viene quindi aggiornato ad ogni nuova nota. Il contenuto delle variabili di tipo *k* viene aggiornato ad ogni periodo *kr* (perciò ogni 1/*kr* secondi) e il contenuto delle variabili di tipo *a* viene aggiornato ad ogni periodo *sr* (perciò ogni 1/*sr* secondi).

## 1.A.2 COSTANTI E VARIABILI

Csound utilizza diverse costanti, cioè valori che non cambiano nel corso dell'esecuzione, e variabili, cioè celle di memoria identificate con nomi che seguono certe convenzioni, e che contengono valori che cambiano nel corso dell'esecuzione.

Le costanti predefinite sono: la *frequenza di campionamento dei segnali audio* (*sr*) e la *frequenza di campionamento dei segnali di controllo* (*kr*), già viste nel paragrafo precedente; il *rapporto sr/kr* (che deve obbligatoriamente essere un numero intero); il *numero di canali di uscita*, che può assumere i valori 1 (suono monofonico), 2 (suono stereofonico), 4 (suono quadrifonico), etc.

Esistono tre tipi di variabili:

*di inizializzazione* - (il loro nome deve cominciare con la lettera *i*), che vengono calcolate una sola volta per ogni nota, all'inizio della stessa: per esempio, nomi validi di variabili di tipo *i* sono: *i1, ifreq, imbuto, i121*, etc.

*di controllo* - (il loro nome deve incominciare con la lettera *k*), che vengono calcolate alla frequenza *kr;* per esempio, nomi validi di variabili di tipo *k* sono: *k1, kfreq, kstart, kend, k444* etc

*audio* - (il nome deve iniziare con la lettera *a*), che vengono calcolate alla frequenza *sr*. Per esempio, nomi validi di variabili di tipo *a* sono: *a1, aout, astart, aend, a99* etc.

Tutte queste variabili sono visibili (cioè sono conosciute e utilizzabili) solo all'interno dello strumento nel quale sono definite. Vi è però un modo per passare variabili fra uno strumento e un altro. Se al nome della variabile si premette la lettera *g*, questa assume l'attributo *globale*, ed è perciò visibile da tutta l'orchestra. Nomi validi di variabili globali sono: *ga1* (variabile globale di tipo audio), *gkloop* (variabile globale di tipo controllo), *gi1* (variabile globale di tipo inizializzazione).

Riassumendo possiamo avere:

| | |
|---|---|
| variabili di inizializzazione | *i...* |
| variabili di controllo | *k...* |
| variabili audio | *a...* |
| variabili globali di inizializzazione | *gi...* |
| variabili globali di controllo | *gk...* |
| variabili globali audio | *ga...* |

Tutte le variabili vengono calcolate in *floating point*, cioè sono numeri reali a 32 bit, che possono assumere valori compresi fra $2*2^{-127}$ e $2*2^{127}$. Infatti mentre le variabili intere a 16 bit (quelle che in genere Csound scrive sul *file* audio che genera) possono assumere valori compresi fra -32768 e +32767, le variabili in *floating point* sono costituite da una *mantissa* (base) e da un *esponente*. L'esponente è un numero di 7 bit con segno, e può quindi assumere, per le regole dell'aritmetica dei numeri binari, valori compresi fra -127 e +127, mentre la mantissa o base può assumere valori compresi fra -2 e +2. è quindi possibile, durante i calcoli all'interno dell'orchestra, usare valori molto grandi o molto piccoli, ma al momento di scrivere il *file* audio, se desideriamo ascoltarlo, i valori del suono di uscita dovranno essere compresi fra -32768 e +32767.

Csound può anche scrivere *file* audio in formato *long integer* (interi a 32 bit, con gamma che va da -2147483648 a 2147483647) e in formato *floating point*. I *file* in formato *long integer* non possono essere ascoltati: servono solo per successive elaborazioni, con Csound o altri programmi. Le versioni in formato *floating point* dei *file* WAVE e AIFF possono essere suonate a condizione di disporre degli adeguati *driver* nel proprio sistema operativo.

## 1.A.3 LA SINTASSI DI CSOUND

a) Orchestra

Csound è un linguaggio di sintesi molto potente, ma richiede in cambio all'utente di seguire in modo rigido certe convenzioni sintattiche.

Un'orchestra Csound è costituita da un *file* di testo, ed è composta innanzitutto da una intestazione (*header*) nella quale vengono dichiarate *sr, kr*, il rapporto *sr/kr*, e il numero di canali di uscita. Un esempio di *header* può essere:

```
sr    = 20000      ;frequenza di campionamento audio
kr    = 1000       ;frequenza di controllo
ksmps = 20         ;rapporto sr/kr
nchnls = 2         ;numero di canali di uscita
```

Tutto ciò che, in una riga, segue un punto e virgola è un commento, e non viene considerato da Csound.

Segue poi l'orchestra vera e propria, costituita da uno o più strumenti, che devono essere compresi fra le coppie di istruzioni *instr* e *endin*.

```
instr 1
...
...
```

```
...
endin
instr 2
...
...
...
endin
```

La forma generale di un' istruzione è la seguente:

**[etichetta:] [risultato] opcode [arg1, arg2, arg3...]**

Le parentesi quadre indicano che l'elemento contenuto fra esse può esserci o no; quindi l'etichetta può mancare, così come il risultato e gli argomenti.

Le istruzioni di Csound vanno sempre lette logicamente da destra verso sinistra. é come, se per esprimere l'operazione

**2 + 3 = 5**

si scrivesse

**5 + 2, 3**

L'*opcode* è il simbolo della particolare unità generatrice utilizzata; ma alcuni esempi chiariranno questo punto.

```
a1      oscil    iamp, ifreq, itab
```

invoca l'unità generatrice *oscil* (oscillatore) che deposita il risultato nella variabile audio *a1*, e utilizza gli argomenti *iamp* (ampiezza), *ifreq* (frequenza) e *itab* (numero della tabella contenente la forma d'onda).

```
        out      a1
```

invoca l'unità generatrice *out* (uscita o scrittura dei campioni di suono su disco) con l'argomento *a1*.

```
ifreq    =    cpspch(8.09)
```

invoca la conversione da *pitch* a *cps* del valore 8.09 (440 Hz), e assegna il risultato alla variabile di inizializzazione *ifreq*.

Nel caso di errori di sintassi, quando si lancia Csound si ricevono messaggi di errore che contengono, oltre alla diagnostica, anche il numero di riga del *file* di orchestra al quale si riferiscono. In genere, se compare alla fine della sintesi il messaggio

0 errors in performance

e compare il messaggio

overall samples out of range: 0

la sintesi è stata portata a termine senza errori gravi.

b) Partitura

Anche la partitura è costituita da un *file* di testo, ma la sua sintassi è diversa. Il codice operativo è indicato dal primo carattere di ogni riga, che può assumere i valori *i, f, a, t, s* ed *e*. I più importanti sono *i* (nota) e *f* (funzione o forma d'onda). Al codice operativo seguono i parametri separati da almeno uno spazio o una tabulazione, in numero variabile, e con un massimo (in genere almeno 50) che dipende dalla particolare versione di Csound.

Esempi di righe di partitura possono essere:

```
f1 0 4096 10 1 .5
i1 9 1.5 80 6.078 1 3 6 .66
```

## 1.A.4 I "MATTONI" DI CSOUND

Scrivere un'orchestra in Csound significa essenzialmente connettere fra loro le unità elementari (*unit generators*) disponibili in questo linguaggio. Csound simula il comportamento dei classici moduli della musica elettronica analogica, e ne aggiunge altri.

Le unità elementari (*opcode*) disponibili possono essere classificate in base alle loro funzioni, e precisamente:

Unità generatrici (oscillatori, generatori di rumore, unità di ingresso da *file* audio, etc.);

Unità modificatrici (inviluppi, filtri etc.);

Unità di controllo e misura (inseguitori di inviluppo, rivelatori di ampiezza, analizzatori di spettro etc.);

Unità di ingresso e uscita.

Sono inoltre disponibili le normali operazioni aritmetiche (somma, sottrazione, moltiplicazione, divisione, valore assoluto, logaritmo, esponenziale, etc.), e operazioni logiche (uguale, maggiore, minore, diverso da, etc.). Ai tempi della musica elettronica analogica, per moltiplicare un segnale per un altro (modulazione ad anello) era necessario disporre di un apparecchio apposito detto, appunto, moltiplicatore. In Csound, per moltiplicare i segnali a1 e a2, sarà sufficiente scrivere questa riga:

```
a3 =  a1 * a2
```

Così, per miscelare (o sommare) i segnali a1, a2 e a3, ciascuno moltiplicato per un certo coefficiente, basterà scrivere:

```
a4 =  a1 * i1 + a2 * i2 + a3 * i3
```

Infatti *moltiplicare* un segnale audio per una costante significa *variarne l'ampiezza*; *sommare* due o più segnali audio significa *mixarli*.

## 1.A.5 USARE IL COMANDO CSOUND

Se non si usa WCShell né Csound per Mac, è necessario lanciare Csound scrivendo una linea di comando.

Il comando Csound ha una sintassi che comprende *flag* (opzionali) e due nomi di *file*, orchestra e *score*. La sua sintassi è:

**csound [flag]** *file_orchestra* *file_score*

I *flag* sono dati numerici o letterali preceduti da un segno - (meno), per esempio *-t60* oppure *-Fbach.mid*. Se non si usano i *flag*, Csound assume un certo numero di valori di *default*. Per esempio, se non si specifica il nome del *file* audio da generare con il *flag -onomefile*, Csound genera un *file* di nome "test".

Per usare Csound in DOS si scrive semplicemente la linea di comando. In *Win* bisogna fare clic sul pulsante *Avvio* della barra delle applicazioni, scegliere Esegui e digitare nella casella di testo la linea di comando, tenendo conto che per Csound e i *file* audio, orchestra e *score* sarà necessario specificare in quali cartelle si trovano.

Alcuni esempi di linee di comando sono:

**csound -o pippo.sf pluto.orc minnie.sco**

genera il *file* audio "pippo.sf" a partire dall'orchestra "pluto.orc" e dalla *score* "minnie.sco".

**csound -W -o goofy.wav walt.orc disney.sco**

genera il *file* audio in formato Wave "goofy.wav" a partire dall'orchestra "walt.orc" e dalla *score* "disney.sco".

**c:\audio\csound -W -o d:\soundfile\goofy.wav c:\audio\orcsco\walt.orc c:\audio\orcsco\disney.sco**

cerca Csound nella cartella "c:\audio", e genera nella cartella "\soundfile" del disco "d:" il *file* audio in formato Wave "goofy.wav" a partire dall'orchestra "walt.orc" e dalla *score* "disney.sco" entrambe contenute nella cartella "\audio\orcsco" del disco "c:".

I *flag* più importanti sono:

| | |
|---|---|
| -o fnam | dove *fnam* è il nome del *file* audio da generare |
| -A | genera un *file* audio in formato AIFF |
| -W | genera un *file* audio in formato Wave |
| -m N | livello dei messaggi visualizzati durante la sintesi. É la somma di: 1=ampiezza delle note; 2=messaggi di ampiezza fuori gamma; 4=messaggi di avvertimento |
| -d | sopprime la visualizzazione delle forme d'onda generate |
| -t MM | sintetizza il brano con metronomo MM |
| -H | stampa sullo schermo un carattere girevole (*heartbeat*) durante la sintesi |
| -z | visualizza sullo schermo la lista degli *opcode* disponibili |

I valori più importanti di default sono:

**-o test**
**-m 7**

## 1.B.1 ORCHESTRA, *SCORE* E *FLAG* IN UN UNICO *FILE*: IL FORMATO *CSD*

Abbiamo visto come per sintetizzare un brano con Csound siano necessari due *file* (orchestra e *score*), e inoltre sia necessario fornire a Csound un certo numero di *flag*. A volte i *flag* da fornire sono abbastanza complessi, e non è facile ricordarli tutti, anche perché ogni nuova versione di Csound ne aggiunge di nuovi e, purtroppo, a volte modifica il significato di quelli vecchi. Un esempio può essere rappresentato dalle recenti versioni di Csound per *Win*: i *flag* specifici di questo sistema operativo (come quelli per l'uso di *DirectX*, vedi par. 10.3) sono riuniti in un gruppo che inizia con il simbolo +; per utilizzare *DirectX* con il *device* numero 2, dovremo scrivere

-+X2

È stato perciò proposto un formato basato su un unico *file* con estensione *csd* (*Csound Structured Data file*, file strutturato di dati Csound). Questo formato contiene orchestra, *score* e *flag*, delimitati da istruzioni, dette *tag*, simili a quelle usate nel linguaggio HTML (quello usato per costruire pagine Internet). La scelta è dettata dal desiderio di incorporare suoni (ottenuti con sintesi in tempo reale eseguita da Csound) proprio nelle pagine Internet.

I *tag* sono sempre presenti a coppie: a un *tag* di apertura deve corrispondere un *tag* di chiusura; per esempio:

```
<CsoundScore>
...
...
...
</CsoundScore>
```

Un file in formato *csd* ha la struttura:

```
<CsoundSynthesizer>          ;inizia il file Csound in formato csd
      <CsoundOptions>        ;iniziano i flag
    ... ;(flag)

    ... ;(flags)
    </CsoundOptions>         ;terminano i flag
    <CsoundInstruments>      ;inizia l'orchestra
    ...
    ... ; (orchestra)
    ...
    </CsoundInstruments>     ;termina l'orchestra
    <CsoundScore>            ;inizia la score
    ...
    ...;(score)
```

```
    ...
    </CsoundScore>              ;termina la score
</CsoundSynthesizer>            ;termina il file Csound in formato csd
```

Un file in formato *csd* non ha bisogno naturalmente di altri *file*: se lanciamo Csound da linea di comando scriveremo quindi:

## Csound miofile.csd

senza specificare nulla, né i *flag*, né il nome del *file* audio da generare (che sarà incluso nei *flag*), né la *score*.

Vediamo un esempio pratico di *file csd* (per chiarezza, le diverse parti hanno rientri differenti (*indented*), ma ciò non è necessario):

```
<CsoundCsynthesizer>
; file Csound strutturato
        <CsOptions>
            ; flag: nome del file audio da generare, in formato Wave
            -oc:/wave/myfile.wav –W
        </CsOptions>
        <CsInstruments>
            ; Orchestra
                sr    =   44100
                kr    =   441
                ksmps =   100
                nchnls =  1
                instr  1
        a1  oscil      10000,440,1
                out    a1
                endin
        </CsInstruments>
        <CsScore>
            ; Score
            f1 0 4096 10 1
            i1 0 5
        </CsScore>
        </CsoundSynthesizer>
```

## 1.C.1 I TRANSITORI DI ATTACCO E DI ESTINZIONE

Qualsiasi fenomeno in cui sia in gioco una certa quantità di energia non può passare in un tempo nullo da uno stato energetico a un altro. Così un suono non può passare in un tempo nullo dal silenzio alla massima ampiezza; è necessario un tempo finito, seppure breve, in cui il fenomeno evolve gradualmente. Questo periodo si chiama transitorio di attacco del suono.

Analogamente, vi sarà un transitorio di estinzione, in cui il suono cessa gradualmente e ritorna il silenzio.

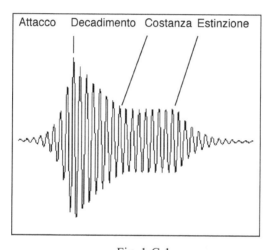

Fig. 1-C-1

In fig. 1-C-1 è mostrato l'andamento tipico di un suono strumentale; si può notare come il fenomeno sia stato diviso in quattro fasi fondamentali:

- *Attacco (attack)*: in cui l'ampiezza gradualmente varia da zero al massimo;
- *Decadimento (decay)*: in cui l'ampiezza diminuisce fino a un certo livello;
- *Costanza (sustain)*: in cui l'ampiezza si mantiene pressappoco costante;
- *Estinzione (release)*: in cui l'ampiezza gradualmente diminuisce fino a zero.

L'andamento dell'ampiezza di picco (cioè quella linea ideale che congiunge i picchi positivi) si chiama *inviluppo* dell'onda.

Oltre allo spettro, anche l'andamento dei transitori gioca un ruolo essenziale nella definizione del timbro da parte dell'ascoltatore. Suoni di spettri anche abbastanza diversi possono essere percepiti come uguali (o molto simili) perchè hanno lo stesso andamento dei transitori.

Viceversa suoni caratterizzati da spettri uguali possono essere percepiti come nettamente diversi se hanno andamento dei transitori molto differente.

Nelle figg. 1-C-2 e 1-C-3 sono schematizzati alcuni andamenti caratteristici dei transitori di ampiezza di alcuni strumenti musicali.

Con riferimento alla fig. 1-C-2 si può notare come il flauto sia caratterizzato da una salita abbastanza rapida, alla quale segue una lieve discesa (effetto dell'attacco ottenuto con il colpo di lingua), una fase di costanza e un'estinzione piuttosto rapida.

Particolarmente caratteristico è il transitorio di attacco della tromba (e in genere di tutti gli strumenti a bocchino), con il "doppio attacco".

Il pianoforte ha un attacco molto rapido, seguito da un'estinzione ad andamento esponenziale, che può essere interrotta dall'azione degli smorzatori (pianoforte smorzato).

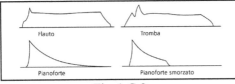

Fig. 1-C-2

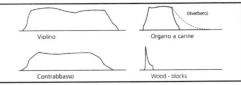

Fig. 1-C-3

In fig. 1-C-3 il violino ha un attacco abbastanza rapido, così come l'estinzione. Il contrabbasso, dotato di corde di massa molto maggiore, oppone più resistenza (l'inerzia) sia in fase di attacco che in fase di estinzione, le cui durate sono di conseguenza maggiori che nel violino.

L'organo ha attacco ed estinzione molto rapidi, ma ciò che lo caratterizza è il riverbero che è quasi sempre associato a questo strumento, e che entra a fare parte integrante della sensazione timbrica.

Non soltanto l'ampiezza varia nel corso dei transitori: anche la frequenza, sebbene in misura molto inferiore, non rimane costante. In particolare nel corso del transitorio di attacco ha un periodo di instabilità prima di assestarsi sul valore nominale.

Ciò è particolarmente evidente nelle note portate di certi strumenti e della voce cantata; ma anche nel corso dell'attacco della prima nota di una frase, o di note staccate, la frequenza tende a partire da un valore più basso, per poi stabilizzarsi.

## 1.D.1 STORIA DEI LINGUAGGI DI SINTESI

La sintesi diretta del suono via elaboratore nacque agli inizi degli anni '60, quando cioè incominciarono a essere disponibili elaboratori sufficientemente potenti per praticarla.

I primi sistemi furono *MAESTRO* (Università di Urbana, Illinois, USA) e la serie dei linguaggi *MUSIC* dovuti a Max V. Mathews, e sviluppati ai Bell Laboratories: *MUSIC III*, del 1960, *MUSIC IV* del 1963 fino al più noto (e ancor oggi in uso) *MUSIC V*, del 1966.

Hubert Howe sviluppò a Princeton nel 1965 *MUSIC4BF*, scritto in linguaggio FORTRAN, John Chowning nel 1966 sviluppò *MUS10*, mentre a Barry Vercoe (Massachussets Institute of Technology, Cambridge, Massachusets) si devono *MUSIC360* (1969) e i suoi discendenti *MUSIC11* (1973) e *Csound* (1986). Altri linguaggi per la sintesi del suono sono *Cmusic* (Moore e Loy, 1982), *Cmix* (Lansky, 1984), *Music 4Ci* (Gerrard, 1988), *Common LISP Music* (Schoettstaedt, 1991), *MUSIC30* (Dashow, 1991) etc.

Quasi tutti questi linguaggi avevano in comune due concetti: quello di orchestra separata dalla partitura, e quello di nota come evento minimo. Di fatto si tratta di un programma (l'orchestra) al quale vengono forniti dei dati (la partitura) in formato opportuno, o, se si vuole, la partitura esprime "che cosa" si debba fare, mentre l'orchestra esprime "come" debba essere fatto.

Uno dei maggiori problemi era il fatto che ciascun linguaggio di sintesi "girava" soltanto sul tipo di elaboratore per il quale era stato pensato: *MUSIC360* solo su elaboratori IBM 360 (e sui successivi IBM 370 e 83XX); *MUSIC11* solo su DEC PDP-11, eccetera. La grande diffusione, velocità e standardizzazione del linguaggio di programmazione "C", con il quale è scritto Csound, è il motivo della grandissima diffusione di questo linguaggio, disponibile praticamente su tutti i *personal computer* e *minicomputer* più diffusi (PC, MAC, SUN, SGI, HP).

Naturalmente negli anni '60 non si parlava di *personal computer* (anzi, la maggior parte delle industrie informatiche non credevano che sarebbe mai stato possibile portare macchine potenti su una scrivania, a disposizione di una sola persona), e si lavorava nei centri di calcolo delle università. Se pensiamo che la potenza di un grande elaboratore (*mainframe*) di quegli anni era di molto inferiore a quella di un *personal computer* di oggi, e che a ogni *mainframe* erano collegate decine di utenti contemporaneamente, si comprende come la vita del musicista non fosse delle più facili: anche perché ciascun utente aveva una certa priorità per l'uso della macchina, e le priorità dei musicisti non erano, di solito, fra quelle più elevate. Questo significava "lanciare" il programma la sera, e trovare il risultato al mattino, correggere gli inevitabili errori e reiterare il processo per giorni, settimane, mesi.

Contemporaneamente alla sintesi diretta del suono, si costruirono diversi sistemi "ibridi", cioè sistemi in cui la parte di controllo era affidata a un elaboratore (di solito un *minicomputer*), mentre la sintesi del suono vera e propria era compito di apparecchiature analogiche specializzate, per esempio sintetizzatori come il *MOOG*, l'*ARP*, il *Buchla*, lo *EMS*. James Gabura e Gustav Ciamaga collegarono nel 1967 un IBM 1710 ad alcuni moduli MOOG. Allo studio EMS di Londra venne progettato e costruito da Peter Zinoviev intorno al 1969 un sistema molto sofisticato, basato su un *minicomputer* DEC PDP-8 e su un grande Synthi EMS, con il quale parecchi musicisti, prevalentemente inglesi, lavorarono per diversi anni.

Nel 1982 poi un gruppo di industrie costruttrici di strumenti musicali si accordò per standardizzare il protocollo di comunicazione MIDI (*Musical Instruments Digital Interface*), che dà la possibilità di far comunicare digitalmente fra loro gli strumenti musicali elettronici, e, soprattutto, di far controllare l'esecuzione di strumenti MIDI da *personal computer*. Se da un lato il protocollo MIDI, grazie anche alla disponibilità di *personal computer* sempre più potenti e dal costo sempre più accessibile, ha messo alla portata di tutti la possibilità di fare musica con l'elaboratore, d'altro lato la standardizzazione di un protocollo nato principalmente per la musica commerciale ha limitato le possibilità compositive, per esempio inducendo spesso all'utilizzo della scala cromatica temperata (è vero che MIDI permette di utilizzare il cosiddetto *pitch-bend* per modificare l'intonazione, ma si tratta di procedimenti abbastanza macchinosi). L'introduzione del MIDI poi è coincisa con la presenza sul mercato di sintetizzatori molto potenti (il primo fu lo Yamaha DX-7), ma che a loro volta limitavano la libertà del musicista, rinchiudendolo nella vasta, ma non infinita, gabbia di possibilità che i progettisti di sintetizzatori ritenevano commerciabile.

Per questo motivo la disponibilità di elaboratori in grado di effettuare la sintesi diretta del suono in tempi accettabili (e spesso ormai in tempo reale) ha aperto una nuova era per i linguaggi di sintesi del suono, come appunto Csound. A spese di una difficoltà di uso oggettivamente maggiore, il musicista ritrova però quella libertà che aveva perduto rinunciando ai grandi sintetizzatori analogici degli anni Settanta, e in aggiunta ha a disposizione un sistema standardizzato, potente e che gli mette a disposizione strumenti compositivi in grado di riprodurre, correggere, modificare una partitura a sua completa volontà.

# LISTA DEGLI *OPCODE*

| | | |
|---|---|---|
| k1 | oscil | ampiezza, frequenza, funzione |
| a1 | oscil | ampiezza, frequenza, funzione |
| | out | segnale in uscita |
| k1 | line | valore1, durata, valore2 |
| a1 | line | valore1, durata, valore2 |
| k1 | linseg | valore1, durata1, valore2, durata2, valore3 .... |
| a1 | linseg | valore1, durata1, valore2, durata2, valore3 .... |
| k1 | expon | valore1, durata, valore2 |
| a1 | expon | valore1, durata, valore2 |
| k1 | expseg | valore1, durata1, valore2, durata2, valore3 .... |
| a1 | expseg | valore1, durata1, valore2, durata2, valore3 .... |
| a1 | linen | ampiezza, attacco, durata, estinzione |

# 2

---

# SINTESI ADDITIVA

## 2.1 SINTESI ADDITIVA A SPETTRO FISSO

La sintesi additiva è un tipo di sintesi con la quale si può creare una forma d'onda comunque complessa a partire dalla somma di forme d'onda semplici, tipicamente una somma di sinusoidi (vedi approfondimento 2.A.1 e 2.B.1).

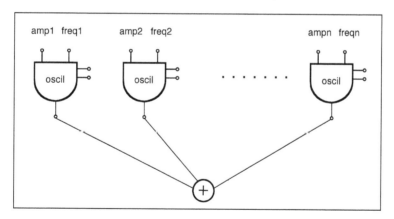

Fig. 2-1

La più semplice da realizzare è la sintesi additiva a spettro fisso con **sinusoidi in rapporto armonico fra loro**. Come abbiamo visto, questo tipo di sintesi può essere implementata tramite l'uso della GEN10. Infatti per ottenere una forma d'onda complessa si possono determinare una serie di *componenti* (armoniche in questo caso) in relazione a una fondamentale e stabilirne le ampiezze.

Per esempio, come abbiamo accennato parlando delle funzioni, è possibile ottenere un'onda a dente di sega o un'onda quadra approssimate assegnando valori di ampiezza alle componenti armoniche, determinati in modo tale che l'ampiezza di ogni armonica sia pari a 1 / l'ordine dell'armonica stessa. La differenza fra i due esempi seguenti è che nell'onda a dente di sega sono presenti tutte le armoniche, mentre nell'onda quadra sono presenti solo quelle dispari:

Esempio: onda a dente di sega (limitata alle prime 10 armoniche)

```
f1   0   4096   10   10   5   3.3   2.5   2   1.6   1.4   1.25   1.1   1
```

Esempio: onda quadra (limitata alle prime 9 armoniche)

```
f1   0   4096   10   10   0   3.3   0   2   0   1.4   0   1.1
```

Il paragrafo 2.3 servirà ad eliminare alcune delle limitazioni, date dalla armonicità delle componenti e dalla fissità dello spettro nel tempo.

Naturalmente la sintesi additiva a spettro fisso può non essere la più interessante, vediamo perciò come si può realizzare un modello più complesso.

## 2.2 SINTESI ADDITIVA A SPETTRO VARIABILE

Rendendo variabile nel tempo l'ampiezza delle componenti armoniche è possibile ottenere una grande varietà di timbri, come si può vedere nell'orchestra seguente, in cui vengono sintetizzate la prima, la terza e la quinta armonica con ampiezze relative che cambiano nel corso della nota, producendo quindi una trasformazione timbrica:

```
;additiva.orc
        sr     =  44100
        kr     =  4410
        ksmps  =  10
        nchnls =  1
        instr  1
kamp1   linseg  0, 1, 10000, p3-1, 0    ;inviluppo di ampiezza per la fondamentale
kamp2   linseg  0, 2, 6000, p3-2, 0     ;inviluppo di ampiezza per la III armonica
```

```
kamp3  linseg  0,3,8000, p3-3,0    ;inviluppo di ampiezza per la V armonica
a1     oscil   kamp1, 200, 1       ;fondamentale
a2     oscil   kamp2, 600, 1       ;III armonica
a3     oscil   kamp3, 1000, 1      ;V armonica
aout   =       a1+a2+a3            ;somma delle tre armoniche
       out aout
       endin


;additiva.sco
f1 0 4096 10 1
i1    0  8
```

Non è detto che le componenti debbano essere armoniche, anzi il contributo delle componenti inarmoniche può rivelarsi fondamentale per un timbro, anche in suoni ad altezza determinata, e si possono costruire suoni molto interessanti esclusivamente con componenti inarmoniche.

Le componenti armoniche sono in rapporto intero rispetto alla fondamentale (il segno * indica la moltiplicazione):

f (fondamentale), 2*f (seconda arm.), 3*f, 4*f, 5*f, 6*f, 7*f, 8*f, etc.

Per esempio se la fondamentale è di 200 Hz la seconda armonica sarà di 400 Hz, la terza di 600 Hz e così via.

Le componenti inarmoniche sono tutte le altre, cioè tutte quelle che non sono in rapporto intero con la fondamentale. In questo paragrafo utilizzeremo componenti inizialmente armoniche che diventano inarmoniche (e viceversa) attraverso glissandi. Anche questo modo di operare genera *spettri variabili,* cioè suoni il cui timbro cambia nel tempo.

Per creare un suono a spettro variabile in sintesi additiva avremo bisogno di variabili di controllo. Creeremo infatti inviluppi di frequenza e/o di ampiezza per ognuna delle componenti del suono. L'evoluzione temporale indipendente di ogni componente è una caratteristica fondamentale dei suoni naturali, perciò è importante, per avere un suono "vivo", imparare a gestire tali mutamenti. L'evoluzione delle ampiezze e delle frequenze può essere ricavata dall'analisi di suoni campionati (vedi Cap. 8), ma per ora ci occuperemo di come programmarla da soli senza l'aiuto dell'analisi. In questa orchestra useremo *oscili,* cioè la versione a interpolazione di *oscil.* La sintassi è la stessa di *oscil,* ma la qualità del segnale generato è migliore (per maggiori particolari vedi il par. 2.C.1).

Esempio di orchestra:

```
;additiva1.orc
        sr    =  44100
        kr    =  4410
        ksmps =  10
        nchnls =  1

        instr    1

k2arm  expseg   200, p3/2, 234, p3/2 200
k3arm  expseg   300, p3/2, 333, p3/2, 300
k4arm  expseg   400, p3/2, 376, p3/2, 400
k5arm  expseg   500, p3/2, 527, p3/2, 500
k6arm  expseg   600, p3/2, 609, p3/2, 600
k7arm  expseg   700, p3/2, 715, p3/2, 700
k8arm  expseg   800, p3/2, 853, p3/2, 800

afond  oscili   3900, 100, 1
arm2   oscili   3900, k2arm, 1
arm3   oscili   3900, k3arm, 1
arm4   oscili   3900, k4arm, 1
arm5   oscili   3900, k5arm, 1
arm6   oscili   3900, k6arm, 1
arm7   oscili   3900, k7arm, 1
arm8   oscili   3900, k8arm, 1

       out      afond+arm2+arm3+arm4+arm5+arm6+arm7+arm8
       endin
```

Partitura

```
;additiva1.sco
f1  0  4097  10 1
i1  0  30
```

In questo esempio abbiamo fatto glissare in modi diversi le varie componenti armoniche fino a farle diventare inarmoniche per poi tornare alla configurazione di partenza.

Esempio (strumento n° 2):

```
        instr  2
k2arm   expseg  200, p3/2, 220, p3/2, 200
k3arm   expseg  300, p3/2, 320, p3/2, 300
k4arm   expseg  400, p3/2, 420, p3/2, 400
k5arm   expseg  500, p3/2, 520, p3/2, 500
k6arm   expseg  600, p3/2, 620, p3/2, 600
k7arm   expseg  700, p3/2, 720, p3/2, 700
k8arm   expseg  800, p3/2, 820, p3/2, 800

afond   oscili   3800, 100, 1
arm2    oscili   1900, k2arm, 1
arm3    oscili   1900, k3arm, 1
arm4    oscili   1900, k4arm, 1
arm5    oscili   1900, k5arm, 1
arm6    oscili   1900, k6arm, 1
arm7    oscili   1900, k7arm, 1
arm8    oscili   1900, k8arm, 1
arm2b   oscili   1900, 200, 1
arm3b   oscili   1900, 300, 1
arm4b   oscili   1900, 400, 1
arm5b   oscili   1900, 500, 1
arm6b   oscili   1900, 600, 1
arm7b   oscili   1900, 700, 1
arm8b   oscili   1900, 800, 1

out  afond+arm2+arm3+arm4+arm5+arm6+arm7+arm8+arm2b+arm3b+arm4b+arm5b+arm6b+arm7b+arm8b
        endin
```

Partitura

```
;additiva2.sco
f1   0   4097   10  1
i2   0   30
```

In questo esempio abbiamo raddoppiato ognuna delle componenti armoniche, mantenendone fissa una e facendo glissare di 20 Hz l'altra, per poi tornare indietro.

Abbiamo ottenuto così un aumento del numero di battimenti fino ad arrivare a 20 al sec. per poi rallentare di nuovo e tornare alla configurazione di partenza.

Esempio (strumento n° 3):

```
        instr    3
k2arm    expseg   200, p3/4, 234, p3/4, 244, p3/4, 234, p3/4, 200
k3arm    expseg   300, p3/4, 333, p3/4, 323, p3/4, 333, p3/4, 300
k4arm    expseg   400, p3/4, 376, p3/4, 386, p3/4, 376, p3/4, 400
k5arm    expseg   500, p3/4, 527, p3/4, 517, p3/4, 527, p3/4, 500
k6arm    expseg   600, p3/4, 609, p3/4, 619, p3/4, 609, p3/4, 600
k7arm    expseg   700, p3/4, 715, p3/4, 705, p3/4, 715, p3/4, 700
k8arm    expseg   800, p3/4, 853, p3/4, 863, p3/4, 853, p3/4, 800
k2armb   expseg   200, p3/4, 234, p3/2, 234, p3/4, 200
k3armb   expseg   300, p3/4, 333, p3/2, 333, p3/4, 300
k4armb   expseg   400, p3/4, 376, p3/2, 376, p3/4, 400
k5armb   expseg   500, p3/4, 527, p3/2, 527, p3/4, 500
k6armb   expseg   600, p3/4, 609, p3/2, 609, p3/4, 600
k7armb   expseg   700, p3/4, 715, p3/2, 715, p3/4, 700
k8armb   expseg   800, p3/4, 853, p3/2, 853, p3/4, 800

afond    oscili   3800, 100, 1
arm2     oscili   1900, k2arm, 1
arm3     oscili   1900, k3arm, 1
arm4     oscili   1900, k4arm, 1
arm5     oscili   1900, k5arm, 1
arm6     oscili   1900, k6arm, 1
arm7     oscili   1900, k7arm, 1
arm8     oscil    1900, k8arm, 1
arm2b    oscili   1900, k2armb, 1
arm3b    oscili   1900, k3armb, 1
arm4b    oscili   1900, k4armb, 1
arm5b    oscili   1900, k5armb, 1
arm6b    oscili   1900, k6armb, 1
arm7b    oscili   1900, k7armb, 1
arm8b    oscili   1900, k8armb, 1

out  afond+arm2+arm3+arm4+arm5+arm6+arm7+arm8+arm2b+arm3b+arm4b+arm5b+arm6b+arm7b+arm8b
     endin
```

Partitura:

```
;additiva3.sco
f1   0   4097   10  1
i3   0   30
```

In questo esempio abbiamo combinato i primi due, dividendo ogni nota in quattro fasi: la prima, di passaggio da una configurazione armonica a una inarmonica; la seconda, di creazione di battimenti fino a 10 per secondo; la terza, di ritorno alla configurazione inarmonica senza battimenti fra le componenti simili; la quarta, di ritorno alla configurazione armonica.

Proviamo ora a pensare ad un mutamento degli inviluppi d'ampiezza delle componenti del suono, integrandolo con quello riguardante le frequenze.

Esempio:

```
          instr    4
k2arm     expseg   234, 1, 200, p3-1, 200
k3arm     expseg   333, 1, 300, p3-1, 300
k4arm     expseg   376, 1, 400, p3-1, 400
k5arm     expseg   527, 1, 500, p3-1, 500
k6arm     expseg   609, 1, 600, p3-1, 600
k7arm     expseg   715, 1, 700, p3-1, 700
k8arm     expseg   853, 1, 800, p3-1, 800


kadispari linseg   0, .1, 4000, .1, 2000, 2, 2000, 2, 7000, p3-6.2, 1000, 2, 0
kamppari  linseg   0, .1, 4000, .1, 2000, 2, 2000, 2, 0, p3-6.2, 6000, 2, 0


afond     oscili   kamppari, 100, 1
af        oscili   kadispari, 100, 1
arm2      oscili   kamppari, k2arm, 1
arm3      oscili   kadispari, k3arm, 1
arm4      oscili   kamppari, k4arm, 1
arm5      oscili   kadispari, k5arm, 1
arm6      oscili   kamppari, k6arm, 1
arm7      oscili   kadispari, k7arm, 1
arm8      oscili   kamppari, k8arm, 1


          out      afond+af+arm2+arm3+arm4+arm5+arm6+arm7+arm8
          endin
```

Partitura:

```
;additiva4.sco
f1   0   4097   10  1
i4   0   8
```

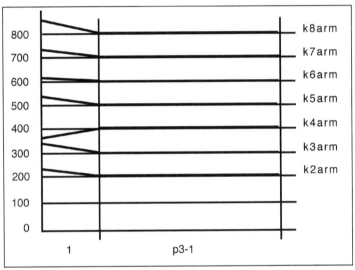

Fig. 2-2

In questo esempio abbiamo creato un suono con un attacco rapido e una estinzione lenta, e un timbro inizialmente inarmonico. Tale timbro, in un secondo, diventa armonico e da questo momento le sue componenti pari e dispari variano alternativamente le proprie ampiezze. Vediamo in dettaglio questa orchestra:

```
k2arm     expseg     234, 1, 200, p3-1, 200
```

Questo inviluppo di frequenza fa sì che la seconda componente glissi in un secondo da 234 Hz a 200 Hz, e poi rimanga stabile per tutto il resto della nota, cioè per tutta la durata di p3 meno un secondo la frequenza rimarrà a 200 Hz. Le altre componenti si comportano in modo analogo. Ovviamente questo inviluppo non ha senso se la nota non dura più di un secondo.

Questi sono gli inviluppi d'ampiezza indipendenti delle armoniche dispari e di quelle pari:

```
kadispari   linseg   0, .1,4000, .1,2000, 2, 2000, 2, 7000, p3-6.2, 1000, 2, 0
kamppari    linseg   0, .1,4000, .1,2000, 2, 2000, 2, 0, p3-6.2, 6000, 2, 0
```

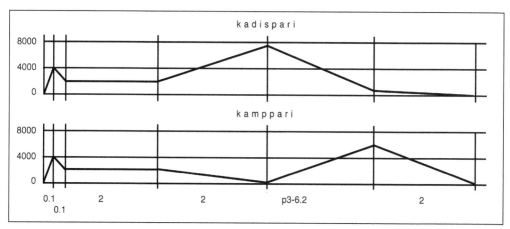

Fig. 2-3

Entrambi gli inviluppi hanno un attacco rapido (1/10 di secondo), un *decay* altrettanto rapido e un *sustain* di due secondi, dopodiché in altri due secondi:

le componenti **pari** scompaiono;

le componenti **dispari** arrivano ad ampiezza 7000.

Successivamente le ampiezze delle componenti **pari** riguadagnano ampiezza fino a 6000 mentre le **dispari** scendono a 1000.

Questo mutamento avverrà per entrambi i tipi di componenti nella durata della nota meno 6.2 secondi, che è il tempo assegnato agli altri mutamenti. Il tempo 6.2 secondi infatti è dato dalla somma delle durate di tutti gli altri mutamenti tranne quest'ultimo (.1+.1+2+2+2).

In questo modo, al variare della durata della nota (stabilita nella partitura *additiva4.sco*), le prime quattro fasi dell'inviluppo, così come l'ultima, mantengono le loro rispettive durate, mentre l'unica fase che varia è la quinta, espressa proprio in funzione della durata (*p3*)

Infine negli ultimi due secondi sia le componenti dispari sia quelle pari scenderanno dai loro rispettivi valori fino a 0.

```
arm2      oscili   kamppari, k2arm, 1
arm3      oscili   kadispari, k3arm, 1
```

Gli oscillatori delle componenti pari utilizzeranno per l'ampiezza la variabile di controllo *kamppari*, mentre quelle dispari *kadispari*. Come inviluppo di frequenza ogni componente utilizzerà la sua variabile di controllo corrispondente (*k2afreq*, *k3afreq*, etc.). Tutte le componenti utilizzeranno la funzione 1 alla quale, nella *score*, abbiamo assegnato una sinusoide.

***ESERCIZIO 1:***     *Creare un'orchestra con 4 componenti, con inviluppi d'ampiezza e di frequenza indipendenti per le varie componenti. Ogni valore delle variabili di controllo, tranne quelli delle durate, sia espresso attraverso parametri definiti nella score (p4, p5, etc.).*

***ESERCIZIO 2:***     *Creare un'orchestra con 10 componenti in cui le componenti acute dalla 5a in su siano presenti solo nell'attacco, per scomparire poi durante il decay e ricomparire nell'ultima fase della nota.*

***ESERCIZIO 3:***     *Creare un'orchestra con un attacco lento (almeno 8 secondi) e con componenti armoniche ed inarmoniche a frequenza fissa (almeno 3 e 3 oltre la fondamentale). All'inizio dell'attacco siano presenti solo le componenti armoniche, poi si realizzi un "glissando timbrico" dello spettro da armonico a inarmonico senza far glissare le singole componenti.*

***ESERCIZIO 4:***     *Realizzare un piccolo studio per sintesi additiva (un piccolo pezzo in cui vengano utilizzate alcune possibilità espressive della sintesi in questione) in cui si faccia uso delle tecniche spiegate in questi primi due capitoli.*

## 2.3 FASE E *DC OFFSET*: GEN09 E GEN19

Mentre nella GEN10 si usava un solo campo per definire una sinusoide

```
f1   0   4096   10   1
```

la GEN09 ne utilizza tre: numero della componente (1 per la prima armonica, 2 per la seconda etc.), ampiezza relativa della componente, fase iniziale della componente (espressa in gradi).
Ciò consente:

1) di scrivere le componenti in qualsiasi ordine;
2) di poter utilizzare la fase (nella GEN10 le componenti erano tutte inizialmente in fase).

Per esempio l'istruzione

```
f1   0   4096   09   1   1   180
```

crea una sinusoide che inizia con fase 180 gradi, quindi prima il semi-periodo negativo e poi quello positivo.

A che cosa serve la fase? Dall'acustica sappiamo che l'orecchio umano non è sensibile alla fase assoluta di un suono e, in generale, neanche alle differenze di fase relative fra le componenti di un suono (fa eccezione l'attacco dei suoni, che, se molto breve e complesso, può essere influenzato dalle differenze di fase fra le varie componenti). La possibilità di definire la fase torna invece molto utile nella creazione di segnali di controllo, per esempio per la spazializzazione stereofonica (vedi il par.5.2), per il vibrato (par. 5.3), per il tremolo (par. 5.4) e per i filtri (par. 5.5).

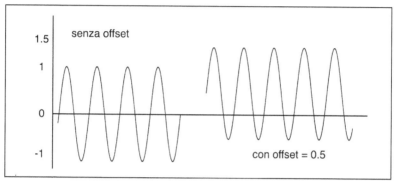

Fig. 2-4

La GEN19 consente di indicare anche il *DC offset* od *offset* di corrente continua, cioè una quantità costante sommata a tutta la funzione. Per esempio, in Fig. 2-4, a sinistra è visibile una sinusoide senza *DC offset*, cioè perfettamente simmetrica rispetto all'asse orizzontale, mentre a destra abbiamo la stessa sinusoide dopo l'applicazione di un *DC offset* di 0.5: a ogni punto che definisce la sinusoide è stata sommata la quantità 0.5, spostando di conseguenza tutta la forma d'onda verso l'alto. Vedremo un possibile utilizzo del *DC offset* nel cap. 11, dedicato alla modulazione di ampiezza.

Questo *DC offset* viene applicato dopo il riscalamento della funzione.

Che cosa è il riscalamento? Quando scriviamo la seguente funzione

```
f1   0   4096   10   1   5   2   7   10
```

generiamo 5 componenti con un certo rapporto di ampiezza, per cui la quinta armonica ha un ampiezza di 10 volte più grande rispetto alla fondamentale. In genere tutti questi valori vengono appunto riscalati in modo tale che nella tabella il valore massimo sia 1: Csound calcola la somma delle varie sinusoidi, poi ricalcola la tabella in modo che la sua ampiezza di picco sia uguale a 1. C'è un modo per non riscalare ed è quello di scrivere non già il numero di GEN, ma il suo corrispettivo negativo; in questo caso, non 10, ma -10, che dà una tabella con valori non riscalati:

```
f1   0   4096  -10 1 5  2 7  10
```

e che dà una forma d'onda la cui ampiezza di picco è di 22.108[1] (se l'avessimo riscalata, avrebbe avuto ampiezza di picco 1). Notiamo che se usiamo la precedente forma d'onda non riscalata in una istruzione come:

```
a1 oscil 10000, 500, 1
```

l'ampiezza risultante *non* sarà 10000, bensì 10000*22.108, quindi 221080!

In conclusione:

GEN09, GEN10, GEN19: generano una tabella costituita da una somma pesata di sinusoidi; per ogni sinusoide vengono usati 3 campi in GEN09, 1 campo in GEN10 e quattro campi in GEN19.

```
fn   t   d   9    h1  a1  phs1  h2     a2      phs2 ...
fn   t   d   10   a1  a2  a3    a4 ...
fn   t   d   19   h1  a1  phs1  dco1   h2 a2   phs2 dco2...
```

| | |
|---|---|
| *n* | numero della funzione; |
| *t* | tempo al quale la tabella deve essere generata (*action time*); |
| *d* | dimensioni (deve essere una potenza di 2, o una potenza di 2 più 1, per esempio 1024, 2048, 1025, 2049 etc.); |
| *9, 10, 19* | numero della GEN; se è positivo, la tabella verrà riscalata in modo che il suo valore massimo sia 1 (uno); se negativo (-9, -10, -19) non viene effettuato riscalamento. |
| *h1, h2...* | numero della componente (relativo a una fondamentale che occuperebbe tutta la tabella per ogni ciclo). Deve essere positivo, ma non obbligatoriamente intero. Le componenti possono essere in qualsiasi ordine. |
| *a1, a2...* | ampiezza relativa delle componenti. Sono ammessi valori negativi, che implicano opposizione di fase. |
| *phs1...* | fase iniziale delle componenti, espressa in gradi. |
| *dco1...* | *offset* di corrente continua delle componenti, applicato dopo il riscalamento; così, per esempio un valore di 2 porterà una sinusoide dall'ambito [-1,1] all'ambito [1,3].. |

---

[1] Ricordiamo che in tutto il volume si usa il punto come separatore decimale, secondo l'uso anglosassone.

Esempi:

```
f1  0  1024   9   1    3    0   3   1  0    9   .3333    180
f2  0  1024  10   1    .5   .33 .25    w.2
f3  0  1024  19  .5    1    270  1
```

f1 è composta dalle armoniche n. 1, 3 e 9 in cui l'ampiezza di ogni armonica è pari al reciproco dell'ordine dell'armonica (se l'armonica è la 3ª, l'ampiezza sarà 1/3). In questo caso l'armonica n.9 è in controfase.

f2 è composta dalle prime 5 armoniche di un'onda a dente di sega.

f3 è una sigmoide, cioè la metà di una sinusoide che inizia dal suo picco negativo (fase=270°).

Vediamo come è stata realizzata *f3*: se scriviamo che il numero di componente è 1 significa che verrà tracciata una sinusoide, un ciclo della quale occupa tutta la tabella. Se scriviamo che il numero di componente è 2 vuol dire che nella tabella vengono tracciati due cicli (e cioè sarà la seconda armonica). Se il numero di componente è 0.5 verrà tracciato solo mezzo ciclo. Guardiamo più da vicino questa sigmoide: essa ha una fase iniziale di 270 gradi cioè sarà quella metà di ciclo ascendente di una sinusoide che va da -1 a 1 (dato che la tabella è riscalata). Osserviamo però l'ultimo parametro, cioè l'*offset*, esso è posto a 1: questo è una quantità che va aggiunta ad ogni valore della nostra sigmoide che quindi non andrà più da -1 a 1 ma da 0 a 2.

Se scriviamo numeri di armonica non interi nella generazione di una tabella, non genereremo componenti inarmoniche, ma frammenti di sinusoide che non rientrano esattamente con un numero di cicli intero nella tabella. Questo porterà a discontinuità al passaggio da un ciclo all'altro, con conseguente introduzione di armoniche acute (distorsione armonica) in modo non controllabile, come per esempio:

```
;              fond         rapporti interi      rapporti non interi
f1  0  2048  09 1 2 0    2 1 0   3 1 0    4 1 0   3.4  2  0  9.23   1 0
```

## 2.4 OSCILLATORI COMPLESSI: *BUZZ* E *GBUZZ*

Oscilllatori particolari sono buzz e gbuzz, che generano una serie di armoniche sinusoidali della stessa ampiezza (buzz) o cosinusoidali[2] di ampiezza variabile con l'ordine dell'armonica (gbuzz), e servono principalmente per la sintesi sottrattiva (vedi Cap.3):

---

[2] Una cosinusoide non è altro che una sinusoide sfasata di 90°, e può essere ottenuta con la GEN9 in questo modo:
```
f1   0   4096   9   1   1   90.
```

**a1    buzz     xamp, xfrq, knh, ifn[, iphs]**
**a1    gbuzz    xamp, xfrq, knh, klh, km, ifn[, iphs]**

| | |
|---|---|
| *a1* | segnale di uscita |
| *xamp* | ampiezza del segnale |
| *xfrq* | frequenza in Hz |
| *knh* | numero delle armoniche desiderate (deve essere positivo) |
| *klh* | (solo in *gbuzz*) numero d'ordine della più bassa armonica desiderata. Può essere positivo, zero o negativo. Se è negativo, tutte le armoniche minori di zero si rifletteranno nella parte positiva senza cambiamento di fase (dal momento che il coseno è una funzione pari, cioè simmetrica rispetto all'asse verticale). Se è zero, vi sarà una componente continua (di frequenza 0 Hz) e le altre saranno positive. |
| *km* | (solo in *gbuzz*) moltiplicatore della serie dei coefficienti di ampiezza delle armoniche. Si tratta di una serie esponenziale: se la klh-esima armonica ha ampiezza A, la (klh+n)-esima avrà ampiezza $A*km^n$, cioè i valori di ampiezza giacciono su una curva esponenziale. L'argomento *km* può essere positivo (ampiezze crescenti), zero (ampiezze costanti) o negativo (ampiezze decrescenti) e può essere variato durante l'esecuzione con interessanti effetti. Sia *buzz* sia *gbuzz* possono essere modulati in ampiezza e in frequenza da altri segnali audio. |
| *ifn* | numero della tabella di forma d'onda contenente una sinusoide (*buzz*), o una cosinusoide (*gbuzz*). Si raccomanda di usare tabelle di grandi dimensioni (almeno 8192 punti). |
| *iphs* | fase iniziale (opzionale) della frequenza fondamentale, espressa come frazione di ciclo (fra 0 e 1). Un valore negativo impedisce l'inizializzazione della fase, così che questa continua dal valore che aveva in precedenza. |

Una istruzione

```
a1  buzz        iamp, ifrq, 10, 1
```

con una funzione

```
f1  0  8192       10   1
```

crea lo stesso effetto di

```
a1  oscil   iamp, ifrq, 2
```

con una funzione

```
f2   0   8192   10   1   1   1   1   1   1   1   1   1   1
```

in quanto il terzo argomento specifica che si vogliono 10 componenti in rapporto armonico fra loro.

Esempio di uso di *buzz*

```
;buzz.orc
        sr     =  44100
        kr     =  4410
        ksmps  =  10
        nchnls =  1
        instr     1
kharm   line      1, p3, 20          ;variabile di controllo da 1 a 20
a1      buzz      10000, 440, kharm, 1   ;buzz in cui il numero di armoniche è controllato
                                     ;dalla variabile kharm, e va da 1 a 20

        out    a1
        endin


;buzz.sco
f1      0      8192   10      1         ;onda sinusoidale
i1      0      3
```

Esempio di uso di *gbuzz*:

```
;gbuzz.orc
        sr     =  44100
        kr     =  4410
        ksmps  =  10
        nchnls =  1
        instr     1


km      line   .1, p3, .7
a1      gbuzz  10000, 440, 20, 2, km,1   ; gbuzz in cui il numero di armoniche è 20, a partire dalla seconda e il cui
                                          ; fattore di moltiplicazione delle ampiezze è controllato da km (da .1 a .7)

        out    a1
        endin
```

```
;gbuzz.sco
f1      0       8192    9 1 1 90                ;onda cosinusoidale
i1      0       3
```

Gli *opcode buzz* e *gbuzz* vengono anche e soprattutto usati nella sintesi della voce parlata con il metodo della predizione lineare (vedi il par.8.7).

# APPROFONDIMENTI

## 2.A.1 SOMMA DI ONDE

Qualunque sia il numero di sorgenti sonore presenti, al nostro orecchio giunge *una sola* onda sonora, risultato della somma delle onde sonore prodotte dalle varie sorgenti. Il sistema percettivo umano sarà poi eventualmente in grado di distinguere le differenti sorgenti sonore, come i singoli strumenti in un accordo orchestrale.

Istante per istante i valori dell'ampiezza delle diverse onde si sommano *algebricamente*, cioè con il loro segno, positivo o negativo.

In fig. 2-A-1 sono mostrate due onde sonore, A e B, e la loro somma C. Come si può facilmente verificare, l'ampiezza istantanea dell'onda C è ottenuta sommando punto per punto l'ampiezza dell'onda A a quella dell'onda B. Se in un dato punto A e B sono positive, C sarà la somma delle due ampiezze; se A è positiva ma B è negativa, l'ampiezza di C risulterà dall'ampiezza di A alla quale si sottrae l'ampiezza di B.

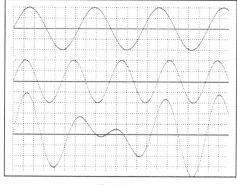

Fig. 2-A-1

## 2.A.2 TIMBRO

La maggior parte, anzi la quasi totalità, dei suoni che udiamo nel mondo reale non sono suoni *puri*, ma suoni *complessi*, cioè suoni scomponibili in una maggiore o minore quantità di suoni puri; questi vengono detti *componenti* del suono complesso. Per meglio comprendere questo fenomeno, stabiliamo un'analogia con l'ottica. È noto come alcuni colori siano *puri*, cioè non ulteriormente scomponibili (rosso, arancio, giallo, fino al violetto). A ciascuno di essi corrisponde una certa *lunghezza d'onda* del raggio luminoso, e il prisma (che scompone la luce bianca nei sette colori dello spettro luminoso) mostrerà solamente quella componente.

La medesima cosa avviene per il suono. A una certa lunghezza d'onda del suono corrisponde una certa altezza percepita. Se non è presente contemporaneamente nessun'altra frequenza, il suono sarà *puro*.

Un suono puro ha forma d'onda *sinusoidale*, ed è la rappresentazione della funzione trigonometrica

**sin (x)**

(per maggiori dettagli si veda l'Appendice, par. A.1.4). Se le componenti sono in rapporto di frequenza *intero* con la componente di frequenza più bassa, si dicono *armoniche*. La componente a frequenza più bassa si chiama *fondamentale* o *prima armonica*; la componente di frequenza doppia della fondamentale si chiama *seconda armonica*; la componente di frequenza tripla della fondamentale si chiama *terza armonica*, etc. Per la definizione dello spettro di un suono armonico, se supponiamo che siano sempre presenti **tutte** le armoniche (fino al limite superiore di udibilità, dal momento che componenti ultrasoniche non influenzano la percezione timbrica), sarà sufficiente definire le ampiezze di tutte queste armoniche, per esempio con tabelle di questo genere:

| ARMONICA | I | II | III | IV | V | VI | etc. |
|----------|---|----|-----|----|---|----|------|
| AMPIEZZA | 1 | .8 | .6 | .75 | .4 | .3 | etc. |

che può essere rappresentata in grafico come in Fig.2-A-2. Questo è lo *spettro* di un suono: sull'asse orizzontale vi sono le frequenze, sull'asse verticale le ampiezze. Si può notare come questo spettro sia di tipo armonico, in quanto le frequenze sono equispaziate: ciò significa che sono tutte in rapporto armonico con la fondamentale, infatti sono presenti le frequenze: .1, .2, .3, .4, .5, .6, .7, .8, .9, 1 kHz, che equivalgono

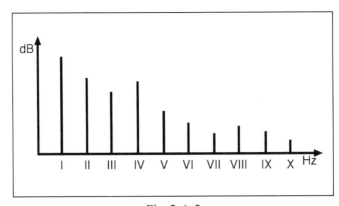

Fig. 2-A-2

a: 100, 200, 300, 400, 500, 600, 700, 800, 900, 1000 Hz. Sono quindi presenti tutte le armoniche fino alla decima

In generale la *fase* di ogni componente non è percepibile, e non influenza la percezione timbrica.

In Fig.2-A-3 è mostrato uno spettro di tipo armonico e l'onda risultante. Questo tipo di spettro dà luogo a un'onda periodica.

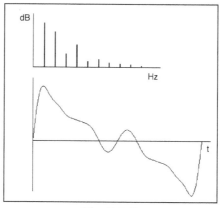

Fig. 2-A-3

Le componenti possono però essere in rapporti *non armonici*, come si può vedere in Fig.2-A-4: le frequenze non sono più equispaziate, e i rapporti di frequenza con la più bassa non sono interi, anzi sono addirittura irrazionali[3]. L'onda risultante non è periodica.

I suoni periodici (o meglio, *quasi periodici*, dal momento che in fisica si definisce periodico un fenomeno che prosegue all'infinito) vengono percepiti come dotati di

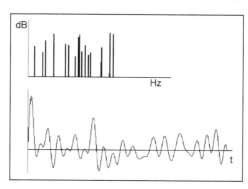

Fig. 2-A-4

_____

[3]Un numero irrazionale è un numero che non è esprimibile esattamente con una quantità finita di cifre: per esempio, 1/3, π, etc.

altezza definita, per esempio i suoni degli strumenti musicali ad altezza determinata o i suoni vocalici nella voce umana.

I suoni non periodici invece non vengono percepiti come dotati di altezza definita; al massimo è possibile individuare una *gamma* o *banda di frequenza* in cui c'è un addensamento di componenti dotate di ampiezza rilevante; per esempio i suoni degli strumenti musicali ad altezza non determinata (piatti, gong, triangolo) o i suoni consonantici della voce umana.

Abbiamo fino a qui costruito suoni complessi con la somma di suoni semplici, si è cioè svolto un processo di *sintesi*. Ma è anche possibile effettuare il cammino opposto, di *analisi*, cioè scomporre un suono complesso nelle sue componenti.

Il *teorema di Fourier* (dal filosofo e scienziato francese dell'800 Jean Baptiste Fourier) assicura che qualsiasi forma d'onda, purché periodica, è rappresentabile con una serie di armoniche, ciascuna dotata di una particolare ampiezza; è quindi possibile ricavare lo *spettro* di qualsiasi suono periodico. Da quanto si è detto è evidente la differenza del parametro timbro rispetto ai parametri frequenza e ampiezza: mentre infatti queste ultime sono grandezze unidimensionali (un solo numero è cioè sufficiente alla loro completa definizione, ed esse possono essere rappresentate da punti su una retta, così che è sempre possibile affermare per esempio che una certa frequenza è maggiore di un'altra), il timbro (o meglio, lo spettro) è una grandezza pluridimensionale (per la sua definizione è necessaria una serie di numeri, le ampiezze di ciascuna componente). Ne deriva che non è possibile organizzare gli spettri in scale, come per la frequenza e l'ampiezza, poiché un determinato spettro non è rappresentabile come punto di una retta, bensì come punto di uno spazio a $n$ dimensioni, o $n$-dimensionale, dove $n$ è il numero di componenti di ampiezza diversa da zero.

## 2.B.1 SINTESI ADDITIVA: CENNI STORICI E TEORIA

La sintesi additiva fu, storicamente, la prima a essere usata nella musica elettronica. La volontà di creare nuovi timbri spinse i primi musicisti elettronici (Herbert Eimert e Karlheinz Stockhausen soprattutto) a sperimentare la costruzione di suoni per somma di sinusoidi, in rapporti sia armonici sia, soprattutto, non armonici.

I mezzi a disposizione erano molto poveri, se paragonati a quelli di cui disponiamo oggi, e di conseguenza erano necessari parecchi passaggi da un nastro all'altro, con un conseguente scadimento della qualità sonora (che d'altra parte non era elevatissima in assoluto: si pensi che la risposta in frequenza dei registratori a nastro dell'inizio degli anni Cinquanta andava da 60 a 12000 Hz circa, e il rapporto segnale/disturbo era dell'ordine dei 50 dB). Lo scarso numero di oscillatori a disposizione rendeva necessario costruire un suono in sintesi additiva in più passaggi, per ottenere un suono sufficientemente complesso. Uno dei vanti maggiori dello Studio di Fonologia della RAI di Milano era quello di avere nove oscillatori, caso quasi unico in quegli anni, ciò che consentiva di ascoltare, diremmo oggi, in "tempo reale" il risultato della somma di nove componenti sinusoidali.

La sintesi additiva è alla base di uno dei primi (e più importanti) brani di quell'epoca, la **Komposition 1953 Nr.2 (Studie I)** di K. Stockhausen, basato su quelle che l'autore chiama *mixturen* (mescolanze) di suoni, e la cui costituzione viene regolata da un rigoroso sistema compositivo basato su una struttura seriale[4]. I suoni di base sono tratti dalla serie delle armoniche, e stanno nei rapporti 12/5, 4/5, 8/5, 5/12, 5/4; da questi rapporti Stockhausen trae, con operazioni di derivazione successiva, una quantità di altre *mixturen*. La regola di derivazione viene limitata da considerazioni legate all'udibilità dei suoni: vengono quindi fissati un limite grave e un limite acuto, così come un limite di ampiezza minimo e uno massimo. Il suono resta comunque e sempre il fine ultimo di Stockhausen, e anche le operazioni che possono apparire più astratte trovano uno sbocco musicale.

Fin dalla seconda metà dell'Ottocento, grazie al lavoro del fisico acustico H. Helmholtz, si sapeva che il timbro di un suono era definito dai rapporti di ampiezza delle sue armoniche. I primi compositori che si dedicarono alla musica elettronica partirono proprio da queste conoscenze, per accorgersi presto che i suoni del mondo reale erano ben più complessi di quelli che si potevano realizzare con la sintesi additiva di quell'epoca. Il fatto è che il lavoro di Helmholtz riguardava lo studio del suono da un punto di vista statico, cioè a regime, mentre il fenomeno sonoro è prevalentemente dinamico. Altrettanto significativi dello spettro a regime sono il transitorio di attacco, quello di estinzione, e, in generale, l'evoluzione dello spettro nel corso del suono stesso.

Forse anche per questo Stockhausen, Berio, Maderna e altri integrarono i suoni costruiti con la sintesi additiva con suoni costruiti con altri tipi di sintesi: sottrattiva in primo luogo, e poi anche con l'introduzione di suoni "concreti", più o meno trasformati.

La sintesi additiva trae origine dal *teorema di Fourier*, il quale afferma che qualsiasi funzione periodica può essere espressa come una somma di sinusoidi e cosinusoidi. Per *funzione periodica* si intende una funzione in cui la forma di un ciclo si ripete immutata in tutti i cicli seguenti. In realtà nel mondo reale questo non avviene mai, dal momento che abbiamo sempre un'evoluzione da silenzio a suono e poi da suono a silenzio. Però, se ci limitiamo a studiare brevi porzioni di suono, possiamo ritenere valido il teorema di Fourier per le onde sonore del mondo reale.

Possiamo scrivere, per il teorema di Fourier:

**onda sonora = armonica1 + armonica2 + armonica3 + armonica4 + ...**

---

[4] K.Stockhausen., "Komposition 1953 Nr.2 (Studie I)", in *Technische Hausmitteilungen des NWDR*, VI, n.1-2, Hamburg, 1954.

Ma di quante armoniche avremo bisogno per rappresentare in modo assolutamente esatto la nostra onda sonora? La risposta che ci dà la matematica è: *infinite!*

Però, se teniamo conto che le nostre orecchie non sono in grado di percepire suoni che stiano al di sotto o al di sopra di certe frequenze (infrasuoni e ultrasuoni) possiamo immediatamente limitare le armoniche necessarie a quelle che ricadono nel campo di udibilità. Inoltre certe armoniche possono contribuire alla formazione della forma d'onda in modo assolutamente trascurabile, perché non percepibile, e anche queste possono essere eliminate, senza pregiudizio per la percezione uditiva del risultato finale.

Dalla trigonometria si sa che una sinusoide è caratterizzata da tre parametri: **ampiezza, frequenza e fase.** Una sinusoide può essere espressa con la terminologia seguente (vedi par. A.2.4):

$$A = A_0 * \sin(2\pi\omega t + \phi)$$

in cui **A** è l'*ampiezza istantanea* dell'onda risultante, $A_0$ è l'*ampiezza di picco*, $2\pi\omega t$ è un termine che esprime la *frequenza*, e $\phi$ è la *fase*. Per chiarezza possiamo sostituire a $2\pi\omega t$ il simbolo **f**, per evidenziare il legame con la frequenza.

Allora possiamo anche scrivere che:

$$A = A_1 * \sin(f + \phi_1) + A_2 * \sin(2*f + \phi_2) + A_3 * \sin(3*f + \phi_3) + A_4 * \sin(4*f + \phi_4) + \dots$$

in cui $A_1$, $A_2$, $A_3$, ... sono le ampiezze di ciascuna componente armonica, **f** è la frequenza fondamentale (e **2\*f**, **3\*f**, **4\*f**, etc. le frequenze delle armoniche, cioè i multipli interi della frequenza fondamentale), e $\phi_1$, $\phi_2$, $\phi_3$, ... sono le fasi di ciascuna armonica.

Sinteticamente possiamo scrivere:

$$A = \Sigma_i^n A_i * \sin(i * f + \phi_i)$$      (il simbolo $\Sigma_1^n$ significa *sommatoria* dei termini da 1 a n)

Dal momento che l'orecchio è pochissimo o per nulla sensibile alla fase assoluta di un segnale sonoro, questa potrà essere trascurata, semplificando così la sintesi:

$$A = \Sigma_i^n A_i * \sin(i * f)$$

La sintesi additiva si presta bene sia per ottenere suoni sia a spettro armonico, sia a spettro non armonico.

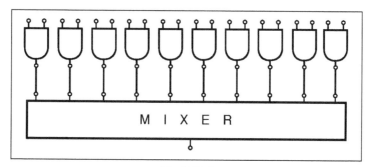

Fig. 2-B-1

Con riferimento allo schema a blocchi di fig. 2-B-1, si vedono un certo numero di oscillatori sinusoidali, l'uscita dei quali viene sommata da un miscelatore. Se le frequenze degli oscillatori sono in rapporti interi fra loro, il suono ottenuto avrà spettro armonico, altrimenti avrà spettro inarmonico.

In Fig. 2-B-2 sono mostrati quattro esempi di sintesi additiva a spettro armonico.

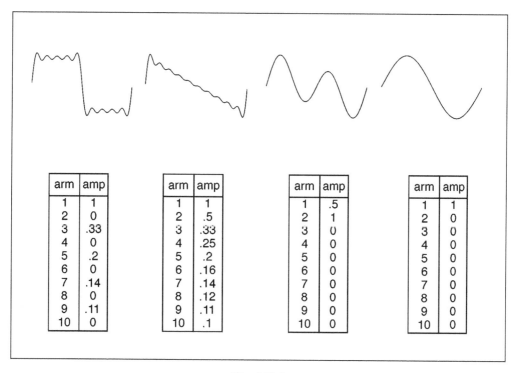

| arm | amp |
|-----|-----|
| 1 | 1 |
| 2 | 0 |
| 3 | .33 |
| 4 | 0 |
| 5 | .2 |
| 6 | 0 |
| 7 | .14 |
| 8 | 0 |
| 9 | .11 |
| 10 | 0 |

| arm | amp |
|-----|-----|
| 1 | 1 |
| 2 | .5 |
| 3 | .33 |
| 4 | .25 |
| 5 | .2 |
| 6 | .16 |
| 7 | .14 |
| 8 | .12 |
| 9 | .11 |
| 10 | .1 |

| arm | amp |
|-----|-----|
| 1 | .5 |
| 2 | 1 |
| 3 | 0 |
| 4 | 0 |
| 5 | 0 |
| 6 | 0 |
| 7 | 0 |
| 8 | 0 |
| 9 | 0 |
| 10 | 0 |

| arm | amp |
|-----|-----|
| 1 | 1 |
| 2 | 0 |
| 3 | 0 |
| 4 | 0 |
| 5 | 0 |
| 6 | 0 |
| 7 | 0 |
| 8 | 0 |
| 9 | 0 |
| 10 | 0 |

Fig. 2-B-2

## 2.C.1 L'OSCILLATORE DIGITALE: COME FUNZIONA

In questo capitolo e nel precedente abbiamo usato l'*opcode oscil*, senza chiederci come funzioni un oscillatore digitale. Con riferimento alla Fig.2.C.1, costruiamo una tabella o vettore[5] di 20 elementi, e riempiamolo con i valori, per esempio, di una sinusoide di ampiezza compresa fra -10 e +10.

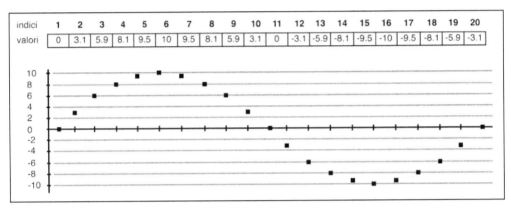

Fig. 2-C-1

Ogni elemento è identificato da un *indice* o *fase*, numerato da 1 a 20 nell'esempio. Nella parte inferiore della figura vediamo il grafico dei valori della tabella, che disegna proprio una sinusoide, o meglio, alcuni punti di essa.

Per generare una sinusoide, quindi, basterà leggere uno dopo l'altro i valori contenuti nella tabella e, una volta giunti alla fine di questa, ricominciare da capo. In termini di logica informatica possiamo chiamare l'indice $i$ e la tabella $T$. Per identificare, per esempio, il secondo valore della tabella $T$ lo indicheremo con $T(2)$. Il processo di lettura verrà allora espresso da uno pseudo-codice di questo genere (il simbolo ← significa assegnazione del valore di destra alla variabile di sinistra); ciò che segue il punto e virgola è un *commento*, e non ha influenza sul codice):

**i ← 1**                 **;assegniamo all'indice un valore iniziale**
**ripeti questo blocco**
     **uscita ← T(i)**           **;mandiamo in uscita lo i-esimo valore della tabella**
     **i ← i+1**              **;incrementiamo l'indice in modo da puntare al prossimo valore**
     **se i > 20 allora i ← 1**   **;se siamo alla fine della tabella, ricominciamo da capo**
**fine del blocco**

---

[5] Un vettore (*array*) è una serie ordinata di valori, in cui a ciascun valore è associato un indice. Per esempio, l'indice 4 nel vettore (2, 3.5, 6, 1, -12) punta al valore 1, l'indice 5 al valore -12 etc.

Questo frammento di pseudo-codice (lo chiamiamo così perché non è scritto in nessun particolare linguaggio di programmazione) realizza un oscillatore digitale che legge la forma d'onda contenuta nella tabella *T*.

Ma a quale frequenza ascolteremo questa sinusoide? Chiamiamo, come al solito, *sr* la frequenza di campionamento audio (per maggiori dettagli si veda il Cap.6) e vediamo quanti cicli di sinusoide verranno generati in un secondo. Un ciclo è costituito da 20 punti, allora possiamo scrivere:

**cicli/sec = sr / 20**

e nel nostro esempio, supponendo una *sr* di 44100 Hz:

**cicli/sec = 44100 / 20 = 2205**

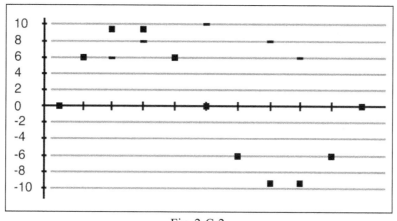

Fig. 2-C-2

Quindi la frequenza percepita sarà di 2205 Hz. Come si può fare per cambiarla? Un possibile metodo è quello di variare la lunghezza della tabella, ma ciò non sarebbe affatto pratico. Vediamo invece che succede se leggiamo un valore sì e uno no della tabella, come in Fig.2-C-2. Ora un ciclo è costituito non più da 20 valori, ma solo da 10, e quindi la frequenza percepita sarà:

**cicli / sec = 44100 / 10 = 4410**

Analogamente potremo leggere ogni valore due volte, ottenendo una frequenza di

**cicli / sec = 44100 / 40 = 1102.5**

Questo metodo non ci permette di ottenere frequenze qualsiasi. Come fare? Fin qui abbiamo calcolato l'indice come numero intero. Modifichiamo invece il nostro pseudo-codice, introducendo un nuova variabile che chiamiamo *valore della fase*, cioè un numero che possa assumere valori frazionari, e che chiamiamo *ph*; dalla fase deriveremo poi l'indice (prendendo la sola parte intera della fase stessa), con il quale accederemo ai valori della tabella. L'indice deve per forza essere un numero intero, dal momento che non è possibile richiedere, per esempio, il valore numero 2.6 di una tabella, ma solo il secondo valore oppure il terzo.

**ph ← 1.0**                            ;assegnamo alla fase un valore iniziale
**incremento ← 1.3**
**ripeti questo blocco**
    **i ← parte_ intera di ph**
    **uscita ← T(i)**             ;mandiamo in uscita lo i-esimo valore della
                                  ;tabella

    **ph ← ph + incremento**      ;incrementiamo il valore della fase
    **se ph > 20 allora ph ← ph - 20**   ;se siamo alla fine della tabella, riportiamo
                                  ;la fase all'interno della gamma ammessa,
                                  ;cioè  fra 1 e 20. A differenza del caso
                                  ;precedente ph non viene riportato a 1
                                  ;perché dobbiamo conservare la parte
                                  ;frazionaria. Se ph = 21.3, allora ph
                                  ;diventa 1.3
**fine del blocco**

In questo caso la lettura avverrà come vediamo in Fig.2-C-3. In alto l'incremento è pari a 1.3, con una frequenza risultante di **44100 / 20 * 1.3 = 2866.5**, mentre in basso l'incremento è di 0.789, con una frequenza risultante di **44100 / 20 * 0.789 = 1739.745**. Vediamo quindi come si possano ottenere frequenze qualsiasi semplicemente specificando un incremento frazionario opportuno. La formula generale (detta **freq** la frequenza risultante, **lung** la lunghezza della tabella e **incr** l'incremento) è quindi:

**freq = sr / lung * incr**

e, di conseguenza, se vogliamo determinare l'incremento in base alla frequenza desiderata:

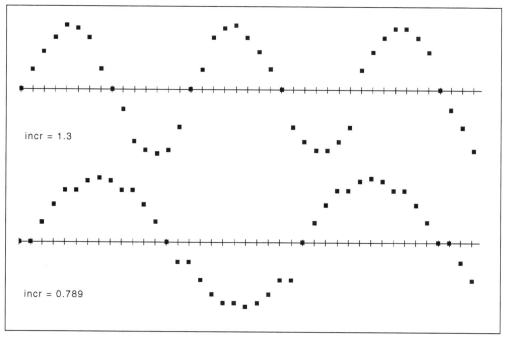

Fig. 2-C-3

**incr = freq / (sr * lung)**

Se osserviamo la Fig.2-C-3 vediamo che in basso alcuni valori della tabella vengono ripetuti (il primo e il secondo, il quinto e il sesto etc.), mentre in alto alcuni valori vengono saltati, dando alla sinusoide un aspetto "angoloso". Questo fatto si ripercuote in una distorsione armonica della sinusoide, cioè nell'introduzione di armoniche indesiderate.

Riprendiamo il secondo pseudo-codice: per trovare l'indice, abbiamo semplicemente troncato il valore di *ph*, prendendone la sola parte intera. Questo equivale a dire che, se per esempio *ph* vale 2.9, noi leggiamo il secondo valore della tabella, esattamente come se *ph* fosse stato uguale a 2.1. Quindi possiamo intanto approssimare l'indice all'intero più vicino a *ph*.

Ma questo non basta ancora, si può fare di meglio, e cioè una *interpolazione lineare* fra il valore precedente a quello indicato da *ph* e quello seguente. Vediamo la Fig.2-C-4, dove sono indicati un punto qualsiasi della tabella, che chiamiamo *k*, e il successivo, che chiamiamo *k+1*. Vediamo, fra questi due punti, il valore della fase *ph,* che cade in un punto qualsiasi fra *k* e *k+1*. I punti A, B, C definiscono un triangolo rettangolo, così come i punti A, D, E. È facile verificare che i due triangoli sono simili, e quindi i loro lati corrispondenti sono proporzionali. Possiamo allora assegnare all'uscita il valore calcolato del punto E, che cade fra *V(k)* e *V(k+1)*, e che in figura abbiamo chiamato *V(ph)*, cioè il valore interpolato della tabella per quel dato valore di *ph*. La formula è semplice.

Dato che vale la proporzione

**DE / BC = AD / AB**

possiamo scrivere che

**DE = AD / AB * BC**

ma **AB = 1**, e quindi

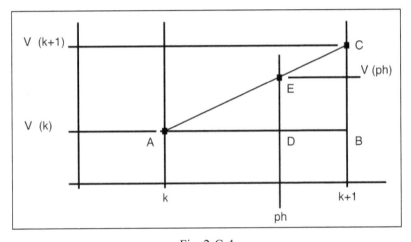

Fig. 2-C-4

**V(ph) = (ph - k) * (V(k+1) - V(k)) + V(k)**

Questa è la formula per l'interpolazione lineare. Il miglioramento in termini di qualità, cioè in termini di diminuzione della distorsione armonica, è molto grande, a spese di un tempo di calcolo leggermente maggiore. In Csound abbiamo a disposizione per molti *opcode*, la versione "normale" e quella a interpolazione. Così abbiamo *oscil* e *oscili*, *table* e *tablei*, *foscil* e *foscili* etc.

## LISTA DEGLI *OPCODE*

a1    buzz    ampiezza, frequenza, numero delle armoniche, numero della funzione
                   [, fase iniziale]

a1    gbuzz    ampiezza, frequenza, numero delle armoniche, numero d'ordine dell'armonica
                   più bassa, moltiplicatore per le ampiezze[, fase iniziale]

a1    oscili    ampiezza, frequenza, numero della funzione [, fase iniziale]

# 3

---

# SINTESI SOTTRATTIVA

## 3.1 RUMORE BIANCO E FILTRI

La sintesi sottrattiva nasce dall'idea di poter creare un suono sottraendo ampiezza ad alcune componenti di un altro suono, più complesso di quello da ottenere, attraverso l'uso di filtri. Un filtro è un dispositivo che lascia passare certe frequenze meglio di altre.

Innanzitutto vediamo come ottenere facilmente un rumore bianco[1] con Csound. L'*opcode* che useremo sarà *rand*, il quale richiede solo un argomento, cioè l'ampiezza. Perché un *opcode* come *oscili* richiede tre argomenti (ampiezza, frequenza e funzione) e un generatore di rumore bianco solo l'ampiezza? Un rumore bianco in realtà nasce dalla compresenza di tutte le frequenze udibili, perciò non sarebbe possibile definirne una in particolare. Questo implica che *rand* genera forme d'onda casuali (che non contengono cioè forme d'onda cicliche); ciò significa che la forma d'onda non ha bisogno di essere definita da una funzione esterna. L'unico argomento che ci rimane da definire è dunque l'ampiezza[2].

```
;noise.orc
        sr    =  44100
        kr    =  4410
        ksmps =  10
        nchnls =  1
```

---

[1] Viene chiamato *rumore bianco* quel suono che contiene tutte le frequenze udibili, in analogia con l'ottica, in cui il colore bianco contiene tutti i colori dello spettro visibile.

[2] Si tratta in realtà di forme d'onda pseudo - casuali, come è spiegato nel par. 3.8.

```
        instr   1
a1      rand    p4
        out     a1
        endin
```

Esempio di partitura:

```
;noise.sco
i1   0   3   20000
```

Abbiamo creato in questo modo un rumore bianco di 3 secondi di ampiezza 20000.

Vediamo ora come è possibile utilizzare filtri da applicare al suono che abbiamo creato. Cominciamo con i filtri passa-basso e passa-alto. A un filtro si invia un segnale di ingresso, cioè il suono che vogliamo modificare. Possiamo definire il modo in cui questo filtro debba operare, tipicamente quali frequenze verranno eliminate o attenuate nel nostro suono. Il risultato di questa operazione, cioè i dati che descrivono il suono modificato dal filtro, verranno depositati come al solito in una variabile audio.

Innanzitutto vediamo come si creano i filtri passa-basso e passa-alto con Csound, i loro rispettivi *opcode* e la loro sintassi (argomenti):

Filtro passa-basso

**a1      tone          segnale d'ingresso, frequenza di taglio** [3]

Filtro passa-alto

**a1      atone         segnale d'ingresso, frequenza di taglio**

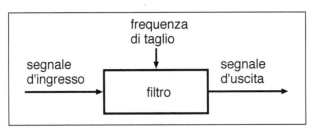

---

[3] Vi è, in *tone, atone, reson* e *areson*, un argomento opzionale, *istor* o *azzeramento memoria*, che determina se lo spazio di memoria interno al filtro vada azzerato a ogni nuova nota o no, a seconda che il suo valore sia 0 oppure 1. Un filtro infatti lavora non solo sul campione di suono corrente, ma anche su uno o più campioni precedenti, che vengono conservati proprio in uno spazio di memoria interno al filtro. Se questo spazio di memoria viene azzerato (*istor* = 0, il valore di *default*) a ogni nuova nota, il filtro "dimentica" i campioni di suono relativi alla nota precedente. Se invece non viene azzerato, in alcuni casi vi è, all'inizio di una nuova nota, una specie di "coda sonora" relativa alla nota precedente. Nella maggior parte dei casi questa "coda sonora" non è avvertibile, ma a volte (come nel caso di filtri passa-banda a banda molto stretta) si può avvertire un troncamento del suono precedente.

## 3.2 FILTRI PASSA-BASSO DEL PRIMO ORDINE

Il filtro passa-basso attenua tutte le frequenze al di sopra della frequenza di taglio: il termine passa-basso indica infatti che in uscita il nostro filtro lascerà passare le frequenze basse, o meglio, quelle al di sotto della frequenza di taglio che abbiamo specificato, mentre attenuerà secondo una certa curva le frequenze al di sopra di essa.

```
      ;filtri.orc
      instr    1
a1    rand     20000
afilt  tone     a1, 1000
      out      afilt
      endin
```

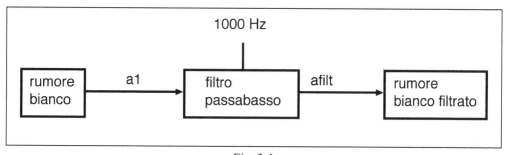

Fig. 3-1

In questo caso lo schema è quello mostrato in Fig.3-1, e in uscita dal filtro avremo un rumore bianco di cui sono state attenuate secondo una certa curva le frequenze al di sopra dei 1000 Hz, mentre le componenti al di sotto dei 1000 Hz saranno rimaste invariate (vedi par. 3.B.1). Di conseguenza avremo un suono più cupo, in cui le componenti acute avranno una ampiezza minore rispetto a quella che avevano nel rumore bianco originario.

Qual'è la curva con cui tali frequenze vengono attenuate? Dipende dall'ordine del filtro: se il filtro è del primo ordine e la frequenza di taglio è di 1000 Hz, come in questo caso, allora la frequenza di 2000 Hz (un'ottava sopra) avrà un'ampiezza ridotta di circa metà di quella che aveva originariamente, quella di 4000 Hz (due ottave sopra) avrà un'ampiezza di circa 1/4 rispetto a quella originaria e così via.

Nel caso in cui la frequenza di taglio sia di 300 Hz, allora la frequenza di 600 Hz avrà un'ampiezza ridotta di circa metà di quella che aveva originariamente (-6dB), quella di 1200 Hz avrà un'ampiezza di circa 1/4 rispetto a quella originaria (-12dB), quella di 2400 Hz avrà un'ampiezza di circa 1/8 rispetto a quella originaria (-18dB), etc. (Si veda in A.1.3 la tabella di corrispondenze dB/ampiezza assoluta). Quanto detto vale per i filtri *ideali*; per i filtri *reali* (come quelli *hardware* e quelli utilizzati in Csound) la frequenza di taglio di un filtro (passa-basso o passa-alto) è quella frequenza alla quale si ha un'attenuazione di 3 dB, mentre, per esempio, alla frequenza doppia di quella di taglio l'attenuazione è, come detto, di 6 dB.

| Ampiezza | Frequenza | Frequenza | Frequenza | Frequenza |
|---|---|---|---|---|
| 0 dB | 300 | | | |
| -6 dB | | 600 | | |
| -12 dB | | | 1200 | |
| -18 dB | | | | 2400 |

Vedremo successivamente come creare filtri d'ordine più elevato, cioè con una curva di attenuazione più ripida.

## 3.3 FILTRI PASSA-ALTO DEL PRIMO ORDINE

Il filtro passa-alto attenua tutte le frequenze al di sotto della frequenza di taglio. Il termine passa-alto indica infatti che in uscita il filtro lascerà passare invariate le frequenze al di sopra della frequenza di taglio che abbiamo specificato, mentre attenuerà secondo una certa curva le frequenze al di sotto di essa.

```
        instr    1
a1      rand     20000
afilt   atone    a1, 1000
        out      afilt
        endin
```

In uscita dal filtro avremo un rumore bianco di cui sono state attenuate le frequenze al di sotto dei 1000 Hz secondo una certa curva, mentre le componenti al di sopra dei 1000 Hz saranno rimaste invariate. Di conseguenza avremo un suono in cui le componenti gravi avranno un' ampiezza minore rispetto a quella che avevano nel rumore bianco originario. Anche l'*opcode atone* simula un filtro del primo ordine. Nel caso in cui la frequenza di taglio sia di 1000 Hz, allora la frequenza di 500 Hz (un'ottava sotto) avrà un'ampiezza ridotta di circa metà di quella che aveva originariamente (-6 dB), quella di 250 Hz (due ottave sotto) avrà un'ampiezza di circa 1/4 rispetto a quella originaria (-12 dB), quella di 125 Hz (tre ottave sotto) avrà un'ampiezza di circa 1/8 rispetto a quella originaria (-18 dB) etc. Anche in questo caso un filtro reale attenua di 3 dB alla frequenza di taglio.

| Ampiezza | Frequenza | Frequenza | Frequenza | Frequenza |
|---|---|---|---|---|
| 0 dB | | | | 1000 |
| -6 dB | | | 500 | |
| -12 dB | | 250 | | |
| -18 dB | 125 | | | |

## 3.4 FILTRI DI ORDINI SUPERIORI

Consideriamo ora un filtro passa-basso del secondo ordine: se la frequenza di taglio è di 300 Hz, allora la frequenza di 600 Hz verrà attenuata di 12 dB, la frequenza di 1200 Hz verrà attenuata di 24 dB etc. cioè l'attenuazione sarà doppia rispetto a quella di un filtro del primo ordine. Un filtro del terzo ordine avrà un'attenuazione tripla per ognuna delle frequenze considerate rispetto all'attenuazione che le stesse frequenze avevano con un filtro del primo ordine, etc. Lo stesso discorso vale per il filtro passa-alto. Vediamo ora come creare un filtro del secondo ordine:

```
        instr   1
a1      rand    20000
afilt   atone   a1, 1000
afilt2  atone   afilt, 1000
        out     afilt2
        endin
```

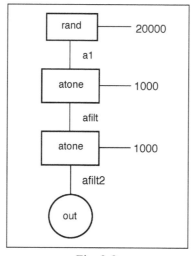

Fig. 3-2

*a1* è il nostro rumore bianco, cioè il segnale d'ingresso al primo filtro. Il segnale di uscita dal primo filtro viene utilizzato come segnale d'ingresso per un secondo filtro, che dunque attenua ulteriormente le frequenze interessate. I filtri perciò sono stati collegati *in serie*. Notiamo che in entrambi i filtri abbiamo mantenuto la stessa frequenza di taglio. Così abbiamo ottenuto un filtro passa-alto del secondo ordine. Poiché però a 1000 Hz un filtro del I ordine attenua già di 3 dB, due filtri in serie attenuano la frequenza di 1000 Hz di 6 dB. Per un'attenuazione più vicina a quella teorica è meglio utilizzare i filtri di Butterworth (vedi par. 3.7).

Ecco un esempio di filtro passa-basso del terzo ordine:

```
        instr    1
a1      rand     20000
afilt   tone     a1, 1000
afilt2  tone     afilt, 1000
afilt3  tone     afilt2, 1000
        out      afilt3
        endin
```

**ESERCIZIO**: *commentare ogni riga del seguente strumento*

```
        instr    1
a1      rand     20000
afilt   atone    a1, 1000
afilt2  tone     afilt, 2000
afilt3  tone     afilt2, 2000
        out      afilt3
        endin
```

In Fig.3-3 sono mostrate le curve di risposta per tre filtri: un passa-basso del terzo ordine, un passa-alto del terzo ordine, e un passa-banda.

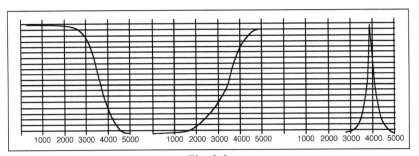

Fig. 3-3

Un modo per realizzare più rapidamente filtri di ordine superiore è quello di usare *tonex* e *atonex*, che consentono di specificare il numero di filtri in serie, (sono perciò le versioni di ordine superiore dei filtri *tone* e *atone*). La loro sintassi è:

**ar      tonex       segnale di ingresso, frequenza di taglio [,numero di filtri] [, istor]**
**ar      atonex      segnale di ingresso, frequenza di taglio [,numero di filtri] [, istor]**

il numero di filtri (terzo argomento, opzionale) indica di quanti filtri in serie debba essere costituito l'*opcode*: se vale 1, *tonex* è equivalente a *tone*, se vale, per esempio, 5, *tonex* equivale a usare 5 *tone* in serie etc.

Per l'argomento *istor* si veda la nota 3 del par. 3.1.

## 3.5 FILTRI PASSA-BANDA

Un filtro passa-banda consente di attenuare le frequenze al di sopra e al di sotto di una certa banda: se per esempio gli estremi della banda sono 1600 e 2000 Hz, il filtro passa-banda attenuerà le frequenze al di sotto di 1600 Hz e quelle al di sopra di 2000 Hz.

Ogni volta dobbiamo perciò stabilire quanto sia larga questa banda e dove sia situata nel campo delle frequenze. Nel nostro caso la banda è larga 400 Hz (da 1600 a 2000) e la sua frequenza centrale è di 1800 Hz.

Vediamo come si simula un filtro passa-banda con Csound utilizzando l'*opcode reson* (secondo ordine):

**a1      reson       segnale d'ingresso, frequenza centrale, larghezza di banda**

Proviamo a filtrare un rumore bianco:

```
        instr   1
awn     rand    20000
afilt   reson   awn, 1800, 400
        out     afilt
        endin
```

In realtà le frequenze che vanno da 1600 a 2000 Hz non rimangono inalterate. L'unica frequenza che rimane inalterata, cioè a 0 dB, è quella centrale. La larghezza di banda di un filtro passa-banda ideale prevede che i suoi estremi abbiano una ampiezza di -3 dB rispetto alla frequenza centrale. Vi è dunque una curva di attenuazione da 1800 a 2000 Hz ed una uguale ed opposta che va da 1800 a 1600 Hz: entrambe vanno da 0 a -3 dB.

| Ampiezza | Freq | Freq | Freq | Freq | Freq | Freq | Freq |
|---|---|---|---|---|---|---|---|
| 0 dB |  |  |  | 1800 |  |  |  |
| -3 dB |  |  | 1600 |  | 2000 |  |  |
| -12 dB |  | 800 |  |  |  | 4000 |  |
| -24 dB | 400 |  |  |  |  |  | 8000 |

In un filtro ideale del secondo ordine, le frequenze che si trovano rispettivamente un'ottava sotto l'estremo grave della larghezza di banda (in questo caso 800 Hz), e un'ottava sopra l'estremo acuto della larghezza di banda (in questo caso 4000 Hz) subiranno una attenuazione di 12 dB. Le frequenze che si trovano rispettivamente due ottave sotto l'estremo grave della larghezza di banda (400 Hz), e due ottave sopra l'estremo acuto della larghezza di banda (8000 Hz) subiranno una attenuazione di 24 dB. Nel caso di *reson*, un filtro passa-banda del secondo ordine che si allontana parecchio da un filtro ideale, la frequenza centrale viene amplificata, tanto più quanto maggiore è il rapporto fra frequenza centrale e larghezza di banda. Anche in questo caso è meglio usare il filtro passa-banda di Butterworth (vedi par. 3.7).

Possiamo inoltre creare un filtro passa-banda del quarto ordine collegando *in serie* due filtri passa-banda, cioè nel seguente modo:

```
          instr   1
awn       rand    20000
afilt     reson   awn, 1800, 400
afilt2    reson   afilt, 1800, 400
          out     afilt2
          endin
```

Anche per il filtro passabanda esiste un *opcode* per realizzare rapidamente un filtro di ordine superiore, *resonx*, che consente di specificare il numero di filtri in serie. La sua sintassi è:

**a1      resonx       segnale d'ingresso, frequenza centrale, larghezza di banda [, numero di filtri] [, riscalamento ampiezza] [, azzeramento memoria]**

L'unica differenza rispetto a *reson* è il numero di filtri: se vale 1, *resonx* è equivalente a *reson* (II ordine); se vale, per esempio, 3, *resonx* equivale a usare 3 *reson* in serie (VI ordine) etc.

In generale vi sono tre modi di esprimere le caratteristiche di un filtro passa-banda:
1. Specificare la *frequenza di centro banda* e la *larghezza di banda* (come abbiamo visto per *reson*)

2. Specificare la *frequenza di taglio inferiore* e la *frequenza di taglio superiore*
3. Specificare la *frequenza di centro banda* e il *fattore di risonanza* del filtro, detto Q.
Il fattore Q viene definito come:

## Q = frequenza di centro banda / larghezza di banda

Per una certa frequenza di centro banda, all'aumentare del Q diminuisce la larghezza di banda, e quindi verranno esaltate le frequenze contenute nella banda passante. Al limite, per un suono complesso, è possibile mettere in evidenza una singola componente frequenziale. Per esempio, se si filtra un rumore bianco, è possibile selezionarne una singola frequenza.

I tre sistemi sono equivalenti, e si può facilmente passare da uno all'altro. Detti *fc* la frequenza di centro banda, *lb* la larghezza di banda, *fi* la frequenza di taglio inferiore, *fs* la frequenza di taglio superiore, valgono le seguenti relazioni:

$$fi = fc - lb/2$$
$$fs = fc + lb/2$$
$$lb = fs - fi$$
$$Q = fc/lb$$
$$lb = fc/Q$$
$$fc = Q * lb$$

Cosa succede se stringiamo sempre di più la larghezza di banda? Rimarrà una parte sempre minore del rumore bianco di ingresso, e ascolteremo sempre di più la frequenza centrale, fino a ottenere un suono simile a quello di una sinusoide. Nella seguente orchestra definiamo la frequenza centrale in modo fisso e la larghezza di banda in modo dipendente da una variabile di controllo:

```
            instr   1
awhitenoise rand    20000
kbandwidth  expseg  1000, p3-2, 1 , 2, 1      ;da 1000 a 1 nel tempo p3 meno 2 secondi
                                              ;rimane a 1 fino alla fine della nota
afilt       reson   awhitenoise, 800, kbandwidth
afilt2      reson   afilt, 800, kbandwidth
            out     afilt2
            endin
```

Qui i valori della larghezza di banda sono generati dall'*opcode expseg* che fa stringere la larghezza di banda da 1000 ad 1 Hz nella durata della nota meno 2 secondi. Negli ultimi due secondi il valore rimane fisso a 1. I risultati dell'operazione di *expseg* vengono depositati nella variabile di controllo *kbandwidth* che viene utilizzata poi come terzo argomento di *reson* in entrambi i filtri.

In un filtro ideale, più la larghezza di banda si stringe, maggiore sarà l'attenuazione di tutte le frequenze tranne quella centrale, la quale viene posta sempre più in evidenza. In *reson*, invece, a seconda delle caratteristiche del segnale di ingresso, sarà necessario modificare l'ampiezza del segnale di uscita. Questo è possibile usando un argomento opzionale di *reson*, cioè il riscalamento.

**a1    reson    segnale d'ingresso, frequenza centrale, larghezza di banda [, riscalamento] [, azzeramento memoria]**

Ci sono solo tre valori codificati per il riscalamento:

0 = nessun riscalamento, quindi l'ampiezza del segnale filtrato è difficilmente prevedibile e dipende dal contenuto spettrale del segnale originale e dai parametri del filtro.

1= riscala l'ampiezza del segnale di uscita in modo tale che l'ampiezza di picco del segnale filtrato sia la stessa della parte del segnale d'ingresso che ricade nella banda passante del filtro.

2= riscala l'ampiezza del segnale di uscita in modo tale che il valore efficace (RMS) del segnale filtrato sia lo stesso del segnale d'ingresso.

---

*TIPS & TRICKS : Gli effetti dei tipi di riscalamento 1 e 2 sono validi nel caso di un segnale d'ingresso che contenga tutte le frequenze (un rumore bianco ideale). Per segnali d'ingresso diversi, l'efficacia del riscalamento non è esattamente quella teorica, e l'unica soluzione è quella di moltiplicare il segnale di uscita per una opportuna quantità, maggiore o minore di uno a seconda che si voglia aumentare o diminuire l'ampiezza.*

---

*Azzeramento memoria*        vedi nota n° 3 del par. 3.1

Ora vediamo come, mantenendo un valore minimo e fisso per la larghezza di banda, si possa realizzare un glissando mediante la modifica della frequenza centrale con una variabile di controllo. Curiosamente, questo suono assomiglierà a quello realizzato nel primo capitolo attraverso il glissando di una sinusoide, ma ciò non deve stupire: se stringiamo la nostra larghezza di banda a 1 Hz, o anche meno, solo la frequenza centrale rimarrà udibile, perciò, pur essendo partiti da un suono estremamente complesso, attraverso il filtro mettiamo in evidenza un elemento minimo di quel suono. Il glissando viene percepito in quanto ciò che si ascolta è solo la frequenza centrale e questa viene fatta glissare assegnando una opportuna variabile di controllo a tale argomento. Vediamo un esempio:

```
            instr   1
awnoise     rand    5000
kcentralfrq expseg  50, p3, 10000
afilt       reson   awnoise, kcentralfrq, 1, 2
afilt2      reson   afilt, kcentralfrq, 1, 2
            out     afilt2
            endin
```

Analogo a *resoni*, è *areson*, un filtro elimina-banda, la cui sintassi è:

**a1**              **areson**             **segnale d'ingresso, frequenza centrale, larghezza di banda [, riscalamento ampiezza] [, azzeramento memoria]**

In questo caso la larghezza di banda si riferisce alla banda di frequenza che viene attenuata.

Il suono da filtrare può ovviamente essere diverso da un rumore bianco: finora abbiamo usato tale tipo di suono perché, dal momento che esso contiene tutte le frequenze, non dobbiamo preoccuparci di analizzarlo prima di filtrarlo. Anche un suono campionato può essere filtrato, ad esempio, ma non possiamo filtrare o mettere in evidenza componenti che non esistono nel suono originario, ad esempio non possiamo usare un passa-banda per mettere in evidenza i 50 Hz se stiamo filtrando la voce di un soprano, semplicemente perché tale frequenza non è presente nel suono originario.

## 3.6 UNITÀ DI GUADAGNO: *RMS, GAIN, BALANCE*

Dal momento che non è sempre facile prevedere gli effetti di un filtro sull'ampiezza di un suono, specialmente se si usano suoni campionati, Csound mette a disposizione alcune unità per la misura e la regolazione dell'ampiezza efficace. Esse sono:

**k1**   **rms**       **asig [, ihp, istor]**
**a1**   **gain**      **asig, k1 [, ihp, istor]**
**a1**   **balance**   **asig, acomp [, ihp, istor]**

*rms* rende in uscita una variabile *k1*, che esprime il valore efficace (RMS) del segnale entrante *asig*. Il valore efficace è una espressione dell'energia associata a un suono. In

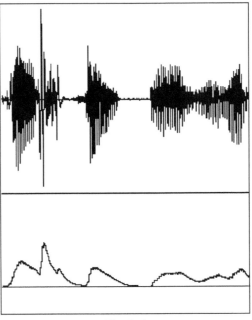

Fig. 3-4

Fig.3-4 è mostrato in alto un segnale (una voce parlata) e in basso il valore di ampiezza efficace. Si vede come questo non coincida sempre con l'ampiezza di picco, perché non vi è relazione diretta fra ampiezza di picco e ampiezza efficace: la relazione dipende dalla forma d'onda. Per esempio, nel caso di una sinusoide di ampiezza di picco 1 (uno), l'ampiezza RMS è 0.707.

L'*opcode gain* permette di modificare l'ampiezza di *asig* in modo tale che il segnale di uscita *a1* abbia ampiezza efficace uguale a *k1*. Quindi *rms* e *gain*, usati insieme, costituiscono un mezzo adeguato per il controllo dell'ampiezza efficace di un segnale audio (vedi lo strumento 1 dell'orchestra che segue).

L'*opcode balance* svolge le funzioni di *rms* e *gain* insieme: l'ampiezza del segnale di ingresso *asig* viene modificata in modo che l'ampiezza efficace del segnale di uscita *a1* sia sempre uguale all'ampiezza efficace del segnale di confronto *acomp*. Attenzione, però: *rms* ha bisogno di misurare un certo segmento del suono, perciò la sua risposta non è istantanea.

*ihp* (opzionale) è la frequenza di taglio di un filtro passa-basso interno. Il valore di *default* è 10 Hz.

*istor* (opzionale) (vedi la terza nota di questo Capitolo).

Vediamo ora un esempio di uso di *rms/gain* e di *balance*:

```
;gain.orc
        sr      =   44100
        kr      =   4410
        ksmps   =   10
        nchnls  =   1
        instr       1
a1      soundin     "voce.wav"
k1      rms         a1
afilt   reson       a1, 500, 200
aout    gain        afilt,k1
        out         aout
        endin


        instr       2
a1      soundin     "voce.wav"
afilt   reson       a1, 500, 200
aout    balance     afilt,a1
        out         aout
        endin
```

Nello strumento 1 un segnale *a1* viene preso dal *file* "voce.wav". Ne viene estratto il valore efficace *k1* con l'*opcode rms*. Il segnale *a1* viene poi filtrato con un filtro passa-banda *reson*, ottenendo il segnale *afilt*. L'ampiezza di questo viene infine modificata da *gain* in modo da riportarla allo stesso valore efficace di *a1*, cioè *k1*.

Nello strumento 2 avviene esattamente lo stesso, ma la modifica di ampiezza viene eseguita da *balance* invece che dalla coppia *rms/gain*.

## 3.7 FILTRI A PIÙ POLI E FILTRI RISONANTI

È possibile filtrare un segnale in modo più complesso di quanto abbiamo visto nel par. 3.5.

Per fare questo, introduciamo quattro nuovi tipi di filtri, i cosiddetti *Filtri di Butterworth*, dal nome del fisico che li ha proposti:

| | | | |
|---|---|---|---|
| **a1** | **butterhp** | asig, kfreq [, istor] | (passa-alto, o *high-pass*) |
| **a1** | **butterlp** | sig, kfreq [, istor] | (passa-basso, o *low-pass*) |
| **a1** | **butterbp** | asig, kfreq, kband [, istor] | (passa-banda, o *band-pass*) |
| **a1** | **butterbr** | asig, kfreq, kband [, istor] | (elimina-banda, o *band-reject*) |

Si tratta di filtri del secondo ordine, in configurazione detta appunto "di Butterworth", di tipo IIR (filtri a risposta di impulso infinita). Sono caratterizzati da una buona costanza nella banda passante, da un'ottima precisione e da un'ottima attenuazione delle frequenze fuori dalla banda passante, anche se in Csound sono leggermente più lenti di *tone*, *atone*, e *reson*.

| | |
|---|---|
| *asig* | segnale di ingresso |
| *kfreq* | frequenza di taglio (*butterhp* e *butterlp*) o di centro banda (*butterbp* e *butterbr*) |
| *kband* | larghezza di banda (*butterbp* e *butterbr*) |
| *istor* | inibisce l'inizializzazione (vedi nota n° 3 del par. 3.1) |

Li useremo per costruire un filtro a più poli, cioè un filtro con più di un picco nella sua risposta, utile nella *sintesi per formanti* (vedi anche il par. 15.4), cioè quel tipo di sintesi sottrattiva in cui si desidera "modellare" lo spettro partendo da un segnale molto ricco di armoniche. Costruiamo un filtro a due poli e filtriamo un rumore bianco. I dati dei filtri (frequenza di centro banda, larghezza di banda e ampiezza) sono specificati in partitura, nei parametri p6, p7, p8 (per il primo filtro) e p9, p10, p11 (per il secondo filtro). I filtri questa volta sono collegati *in parallelo*, e le loro uscite vengono poi sommate (cioè miscelate). In uscita potremo ascoltare due frequenze prevalenti, 330 Hz e 880 Hz nella prima nota, 500 Hz e 2470 Hz nella seconda nota.

```
;2poleswn.orc
        sr      = 44100
        kr      = 4410
        ksmps   = 10
        nchnls  = 1


        instr   1
iamp    =       p4*400 ;ampiezza della sinusoide
;------------------parametri del filtro n.1
ifilt1  =       p6  ;frequenza di centro banda in Hz
ibw1    =       p7  ;larghezza di banda in Hz
iamp1   =       p8  ;ampiezza del formante
;-----------------parametri del filtro n.2
ifilt2  =       p9  ;frequenza di centro banda in Hz
ibw2    =       p10;larghezza di banda in Hz
iamp2   =       p11;ampiezza del formante
;----------------- generazione del rumore bianco
a1      rand    iamp, .5, p12
```

```
;------------------- filtraggio:
af1      butterbp    a1,ifilt1,ibw1, 1 ;filtro n.1
af2      butterbp    a1,ifilt2,ibw2, 1 ;filtro n.2
;------------------- somma dei 2 segnali filtrati
aout     =          af1*iamp1+af2*iamp2
         out    aout
         endin
;2poleswn.sco
;        act    dur     amp        fc1    lb1    amp1    fc2    lb2    amp2  iuse31
i1       0      10      10000  0   330    .1     1       880    .1     1     1
i1       10     10      10000  0   500    .1     1       2470   .1     1     1
```

Costruiamo ora un filtro a 4 poli, e verifichiamone il funzionamento con una sinusoide la cui frequenza varia linearmente da 10 a 10000 Hz. Da notare che nella seguente orchestra non viene usato il parametro *p5*, e nella partitura il suo valore è zero. Avrebbe comunque potuto essere un altro valore, dal momento che non influenza il comportamento dell'orchestra.

```
;4poles.orc
         sr     =    44100
         kr     =    4410
         ksmps  =    10
         nchnls =    1

         instr    1
         iamp   =    p4                ;ampiezza della sinusoide
;- - - - - - - - - - - - - - - - - - parametri del filtro n.1
         ifilt1  =   p6                 ;frequenza di centro banda in Hz
         ibw1   =    p7                 ;larghezza di banda in Hz
         iamp1  =    p8                 ;ampiezza del formante
;- - - - - - - - - - - - - - - - - - parametri del filtro n.2
         ifilt2  =   p9                 ;frequenza di centro banda in Hz
         ibw2   =    p10                ;larghezza di banda in Hz
         iamp2  =    p11                ;ampiezza del formante
;- - - - - - - - - - - - - - - - - - parametri del filtro n.3
         ifilt3  =   p12                ;frequenza di centro banda in Hz
         ibw3   =    p13                ;larghezza di banda in Hz
         iamp3  =    p14                ;ampiezza del formante
;- - - - - - - - - - - - - - - - - - parametri del filtro n.4
```

```
        ifilt4   =   p15                  ;frequenza di centro banda in Hz
        ibw4    =   p16                  ;larghezza di banda in Hz
        iamp4   =   p17                  ;ampiezza del formante
;- - - - - - - - - - - - - - - - - - - segnale di controllo per la frequenza
kfrq    line        10, p3, 10000
;- - - - - - - - - - - - - - - - - - - generazione della sinusoide
a1      oscili      iamp, kfrq, 1
;- - - - - - - - - - - - - - - - - - - filtraggio :
af1     butterbp    a1, ifilt1, ibw1     ;filtro n.1
af2     butterbp    a1, ifilt2, ibw2     ;filtro n.2
af3     butterbp    a1, ifilt3, ibw3     ;filtro n.3
af4     butterbp    a1, ifilt4, ibw4     ;filtro n.4
;- - - - - - - - - - - - - - - - - - - somma dei 4 segnali filtrati
        aout     =   af1*iamp1+af2*iamp2+af3*iamp3+af4*iamp4
        out         aout
        endin
```

Proviamo questa partitura:

```
;4poles.sco
f1  0   4096   10  1
;                       fc1  lb1 amp1 fc2 lb2 amp2   fc3 lb3 amp3 fc4  lb4  amp4
i1  0   10   5000  0  400  200  1   900  300  .5   1500  200  1.5   3000  400  1
```

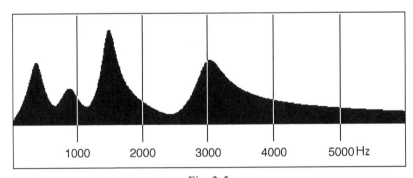

Fig. 3-5

e una volta sintetizzato il *file* possiamo esaminarlo con un *editor* di *file* audio. Vedremo un'immagine come quella di Fig.3-5. È un grafico frequenza/ampiezza, con la frequenza sull'asse orizzontale e l'ampiezza sull'asse verticale. Notiamo i quattro picchi in corrispondenza delle frequenze specificate in partitura (400 Hz, 900 Hz, 1500 Hz e 3000 Hz), e notiamo anche come le loro ampiezze siano proprio quelle richieste (1 per il picco a 400 Hz, 0.5 per il picco a 900 Hz, 1.5 per il picco a 1500 Hz, e ancora 1 per il picco a 3000 Hz).

Abbiamo costruito quello che in termini di studio audio si chiama un *equalizzatore parametrico*. La differenza è che con Csound possiamo costruire un filtro con quanti picchi vogliamo.

Un altro tipo di filtro passa-basso è quello a *risonanza variabile*, molto noto a chi ha lavorato con i sintetizzatori analogici, in particolare con il Moog a moduli. Usiamo due filtri in parallelo, un filtro passa-basso *butterlp* e un filtro passa-banda *butterbp*. Per misurare la risposta in frequenza, useremo una sinusoide lentamente variabile fra 0 e 10000 Hz. L'orchestra è:

```
;resfilt.orc
        sr     =  44100
        kr     =  4410
        ksmps  =  10
        nchnls =  1

        instr    1
        ifrq   =  p5            ;frequenza di taglio
        ibw    =  ifrq/p6       ;calcolo della larghezza di banda come frazione della frequenza di taglio
kfrq    line     0, p3, 10000   ;segnale di controllo per la frequenza dell'oscillatore
a1      oscili   p4, kfrq, 1    ;oscillatore
;- - - - - - - - - - - - - - - - - - - - filtri
af1     butterlp  a1, ifrq*2    ;filtro passa-basso
af2     butterbp  a1, ifrq,ibw  ;filtro passa-banda
;- - - - - - - - - - - - - - - - - - somma dei segnali filtrati
        aout   =  (af1+af2)/2
        out       aout
        endin
```

mentre la partitura è:

```
;resfilt.sco
f1 0 4096 10 1
;in    act dur amp     ifrq Q
i1     0   5   15000   2000  1
i1     +   .   15000   2000  2
i1     +   .   15000   2000  4
i1     +   .   15000   2000  8
```

Il parametro $Q$ o *fattore di risonanza* (*p6* nella partitura) è definito come:

## Q = frequenza di taglio / larghezza di banda

quindi bisogna calcolare la larghezza di banda *ibw* (dato necessario per il filtro *butterbp*) in funzione della frequenza di taglio. Infatti, se desideriamo una larghezza di banda costante in termini di intervallo (per esempio di 1/2 ottava), il suo valore in Hz varierà a seconda della frequenza di centro banda. Se per una *ifrq* di 100 Hz la larghezza di banda corrispondente a 1/2 ottava è di 50 Hz, per una *ifrq* di 1000 Hz la larghezza di banda corrispondente a 1/2 ottava dovrà essere, ovviamente, di 500 Hz.

In Fig.3-6 sono mostrate le curve di risposta per i differenti valori di $Q$ e per una frequenza di taglio di 2000 Hz.

Naturalmente non è difficile modificare l'orchestra in modo da ottenere frequenza di taglio e $Q$ variabili nel tempo.

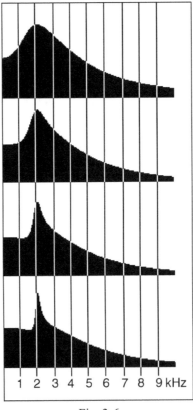

Fig. 3-6

## 3.8 I GENERATORI DIGITALI DI RUMORE E GLI ARGOMENTI OPZIONALI DI *RAND*

Il *rumore bianco,* come si è già detto, è quel segnale che contiene tutte le frequenze udibili con la stessa ampiezza. Analogamente, si chiama *rumore rosa* quel segnale che contiene tutte le frequenze udibili, ma con prevalenza di quelle gravi (in analogia con l'ottica, una prevalenza di "rosso" che è il colore di frequenza minore). In generale si chiama *rumore colorato* quel segnale che contiene tutte le frequenze, ma alcune di ampiezza maggiore di altre.

Nel par. 3.1 abbiamo visto come usare l'*opcode rand* per generare un rumore bianco, che dal punto di vista matematico è una sequenza casuale di numeri. Nel nostro caso questi numeri sono le ampiezze istantanee dell'onda sonora, e lo spettro risultante contiene, *statisticamente*, tutte le frequenze. Abbiamo detto *statisticamente* perché non è vero che in un rumore bianco siano presenti, in ogni istante, tutte le frequenze con la medesima ampiezza. È invece vero che in un intervallo di tempo sufficientemente grande (dell'ordine di qualche millisecondo) l'orecchio percepisce effettivamente tutte le frequenze udibili contemporaneamente.

In realtà *rand* (come d'altra parte tutti i generatori digitali di rumore) non genera una sequenza casuale di numeri, ma una sequenza *pseudo-casuale*, cioè una sequenza che si ripete dopo un certo intervallo di tempo. La durata di questo intervallo dipende da come è stato programmato il generatore.

La lunghezza della sequenza di numeri dipende dal *numero di bit* usato dal generatore; 16 bit produrranno una sequenza di $2^{16}$ numeri diversi, dopo di che la sequenza si ripeterà sempre uguale. La lunghezza della sequenza in questo caso sarà

$$2^{16} = 65536$$

Se generiamo con Csound un rumore bianco con *rand* (che per *default* usa proprio un generatore a 16 bit), con una sr = 44100 Hz, la sequenza pseudo-casuale dura 65536/44100 = 1.486 secondi. Osservando la forma d'onda o ascoltandone una versione filtrata si percepisce chiaramente la ricorsività del suono ogni secondo e mezzo circa.

*rand* permette anche l'uso di un generatore a 31 bit, che genera una sequenza di lunghezza

$$2^{31} = 2147483648$$

pari a una durata (con sr = 44100) di 2147483648/44100 = 48696 secondi, equivalente a circa 13 ore e 30 minuti; dal punto di vista percettivo si tratta a tutti gli effetti di un vero rumore bianco.

La sintassi completa di *rand* è:

**kr          rand          kamp [, iseed] [, iuse31]**
**ar          rand          xamp [, iseed] [, iuse31]**

in cui:

*iseed*      è il seme del generatore; se è compreso fra zero e uno, determina la sequenza di numeri, il cui primo valore sarà pari a *iseed* \* *kamp* (o *iseed* \* *xamp*). Se è pari a –1, *rand* genererà sequenze diverse a ogni successiva chiamata (per esempio, a ogni nuova nota). Il valore di *default* è 0.5.

*iuse31* se è zero (o non viene specificato), *rand* uscrà un generatore a 15 bit. Se non è zero, *rand* userà un generatore a 31 bit.

Vediamo un esempio:

```
;rand31.orc
sr       =   44100
kr       =   4410
ksmps    =   10
nchnls   =   1
instr    1
a1       rand    10000, p4, p5
out      a1
         endin
```

```
;rand31.sco
;p1    p2  p3  p4    p5
;ins   act dur iseed iuse31
```

| ;ins | act | dur | iseed | iuse31 | |
|------|-----|-----|-------|--------|---|
| i1 | 0 | 5 | .3 | 0 | ;valore iniziale della sequenza = 0.3, ;generatore a 15 bit |
| i1 | 6 | 5 | -1 | 0 | ;sequenza differente a ogni nuova nota, ;generatore a 15 bit |
| i1 | 12 | 5 | -1 | 0 | ;sequenza differente a ogni nuova nota, ;generatore a 15 bit |
| i1 | 18 | 5 | .5 | 1 | ;valore iniziale della sequenza = 0.5, ;generatore a 31 bit |

# APPROFONDIMENTI

## 3.A.1 SINTESI SOTTRATTIVA: CENNI STORICI

Come si è detto nel par. 2.B.1, la sintesi sottrattiva fu la seconda a essere usata negli anni Cinquanta, sia in ordine di importanza sia in ordine di tempo.

Anche qui il teorema di Fourier è alla base della teoria della sintesi: se prendiamo una forma d'onda complessa (a spettro armonico o non armonico, al limite anche un rumore), possiamo, mediante filtri, togliere o attenuare alcune delle componenti, modificando così lo spettro e quindi il timbro del suono.

Negli studi per musica elettroacustica degli anni Cinquanta e Sessanta i filtri a disposizione erano di tre tipi:

filtri passa-banda a ottave a frequenze fisse (in genere autocostruiti);

filtri passa-banda a terzi di ottava a frequenze fisse;

filtri passa-alto e passa-basso a frequenza di taglio regolabile.

Tutti questi filtri, naturalmente, erano comandati a mano, e ciò impediva l'attuazione di filtraggi rapidi e soprattutto riproducibili con precisione. In genere infatti la sintesi sottrattiva avveniva con frequenze di filtraggio fisse, e di conseguenza anche lo spettro risultante era di tipo statico

Sfruttando alcune caratteristiche intrinseche dei sistemi di filtraggio, era possibile anche agire sull'inviluppo e sulla durata dei suoni. Infatti un filtro passa-banda tende ad allungare i transitori di attacco e di estinzione di un segnale, tanto più quanto più piccola è la banda passante rispetto alla frequenza di centro banda (il cosiddetto $Q$ del filtro). Se in un filtro passa-banda a banda stretta introduciamo un segnale impulsivo breve (con transitori di attacco e di estinzione di durata praticamente nulla), il segnale risultante sarà molto differente. In Fig. 3-A-1 è visibile in alto il segnale originale (un breve impulso), e in basso lo stesso segnale all'uscita di un filtro passa-banda. Notiamo che, oltre a evidenziare una singola frequenza (un'onda sinusoidale), la durata stessa del segnale filtrato è molto maggiore rispetto a quella del segnale originale. Inoltre notiamo come il segnale filtrato abbia un decadimento molto evidente (di tipo esponenziale), ottenuto semplicemente con le caratteristiche intrinseche del filtro passa-banda.

Se vogliamo sperimentare questo tipo di sintesi, ecco l'orchestra e la partitura Csound che l'hanno generata (sul canale sinistro c'è l'impulso, sul canale destro l'impulso filtrato):

```
;xsubtr.orc
        sr    =   44100
        kr    =   44100  ; notare che kr = sr!
        ksmps =   1
```

```
        nchnls  =  2

        instr     1
a1      linseg    10000, 1/kr ,0, p3-1/kr, 0
a2      reson     a1, 2000, 100
        outs      a1, a2*.3
        endin

;xsubtr.sco
i1 0 1
```

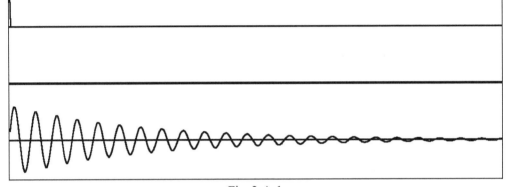

Fig. 3-A-1

L'impulso è generato dall'*opcode linseg*, che genera un impulso *a1* il più breve possibile, cioè pari a un periodo di controllo (*1/kr*). Questo impulso *a1* viene filtrato dal filtro passa-banda *reson*, con frequenza di centro banda 2000 Hz e larghezza di banda 100 Hz. Il risultato viene poi moltiplicato per 0.3 per riportarne l'ampiezza circa pari a quella dell'impulso. Nell'uscita stereo compare l'impulso originale sul canale sinistro e il suono filtrato sul canale destro.

Il timbro di questo suono è molto simile a quello di una marimba percossa con bacchetta di gomma. È interessante confrontare questo suono con i suoni di carattere percussivo usati da Stockhausen in *Gesang der Jünglinge* e *Kontakte*, che si basano prevalentemente su questo metodo di sintesi, introducendo anche tecniche audio di studio particolarmente raffinate.

Variando la frequenza di centro banda del filtro si ottengono, naturalmente, suoni intonati diversamente. Variando invece la larghezza di banda si ottengono suoni che sono brevi e "rumorosi" per frequenze di centro banda grandi, e sempre più "intonati" e lunghi per frequenze di centro banda piccole. In realtà quello che determina la qualità del suono è il rapporto fra larghezza di banda e frequenza di centro banda, o, come abbiamo detto sopra, il *Q* del filtro.

Molto usato, nella musica elettroacustica degli anni Cinquanta, era il filtraggio del rumore bianco per ottenere *rumore colorato*. I filtri a disposizione non erano particolarmente sofisticati, in confronto a quelli di Csound, e fondamentalmente erano di due tipi: filtri passa-banda (con larghezza di banda di ottava o di un terzo di ottava), e filtri passa-basso e passa-alto con frequenza di taglio regolabile.

Fra i filtri passa-banda a terzi di ottava era celebre (e molto costoso) il filtro costruito dalla ditta danese Bruel & Kjäer, che proponeva all'utilizzatore una serie di potenziometri lineari (*faders*) con i quali era possibile controllare l'ampiezza di uscita di ogni banda di un terzo di ottava.

Fra i filtri passa-alto/passa-basso a frequenza di taglio regolabile, negli studi degli anni Cinquanta e Sessanta non poteva mancare l'altrettanto costoso filtro Krohn Hite, costituito da due grandi potenziometri rotativi, che regolavano la frequenza di taglio del filtro passa-basso e quella del filtro passa-alto; costituiva insomma un filtro passa-banda con larghezza di banda regolabile, oppure (se si regolava la frequenza di taglio del filtro passa-alto in modo che fosse superiore a quella del passa-basso) costituiva un filtro elimina-banda.

Un ulteriore tipo di filtro, inventato dal Dott. Alfredo Lietti e presente solo nello Studio di Fonologia della RAI di Milano, era il filtro a banda strettissima (poteva arrivare fino a un minimo di 2 Hz), costituito da un complesso collegamento di due modulatori ad anello, un filtro principale e altri filtri accessori. Con questo apparecchio Bruno Maderna realizzò il primo suono del suo *Notturno*, che evoca atmosfere particolarissime.

## 3.B.1 SINTESI SOTTRATTIVA: TEORIA

Anche la sintesi sottrattiva deriva in certo modo dal *teorema di Fourier* citato nell'Approfondimento 2.B.1. Se si dispone di un suono a spettro complesso, cioè molto ricco, è possibile ottenere qualsiasi spettro costituito da un sottoinsieme delle componenti (armoniche o non armoniche) del suono originale. Al limite, partendo da un impulso come quello di cui si è parlato sopra, è possibile ottenere *qualsiasi* spettro. In pratica questo non è conveniente per motivi pratici, ma la sintesi sottrattiva è utilissima sia per il trattamento di suoni sintetici, sia soprattutto per la modifica di suoni presi dal mondo reale.

Dato un segnale complesso a spettro armonico

$$A = A_1 * \sin(f) + A_2 * \sin(2f) + A_3 * \sin(3f) + A_4 * \sin(4f) + ...$$

in cui $A_1$, $A_2$, etc. rappresentano le ampiezze delle singole armoniche, e *f*, *2f*, *3f*, etc. le frequenze delle armoniche stesse, se si applica un filtro, per esempio, passa-basso a ottave con pendenza di 6 dB per ottava (cioè un filtro in cui per ogni salita di ottava si ha una attenuazione di 6 dB), e con frequenza di taglio pari alla fondamentale $f$, si otterrà uno spettro pari a

$$A = A_1*\sin(f) + (A_2-6dB)*\sin(2f) + (A_3-9dB)*\sin(3f) + (A_4-12dB)*\sin(4f) + ...$$

dal momento che la frequenza *2f*, all'ottava superiore della fondamentale, viene attenuata di 6 dB, la frequenza *3f*, alla dodicesima superiore della fondamentale, viene attenuata di 9 dB (corrispondenti circa a 1,5 ottave), la frequenza *4f*, alla quindicesima (2 ottave) della fondamentale viene attenuata di 12 dB etc.

Sinteticamente, detto *P(t)* lo spettro (variabile nel tempo) del segnale originale, *W(t)* la funzione di trasferimento (o curva di risposta, eventualmente variabile nel tempo, del filtro), possiamo scrivere:

$$Z(t) = \Pi(t) \otimes \Omega(t)$$

in cui il simbolo $\otimes$ indica l'operazione di *convoluzione* (moltiplicazione di due spettri, vedi anche il par. 13.6) del segnale e della risposta del filtro.

In Fig.3-B-1 sono mostrati lo spettro del segnale originale, la curva di risposta del filtro e lo spettro risultante.

Naturalmente tutto questo si applica, senza modificazioni, a suoni con spettro non armonico, e variabile nel tempo. È anche possibile utilizzare filtri la cui caratteristica vari nel tempo (filtri dinamici) e che segua addirittura il comportamento del suono in ingresso (filtri adattivi).

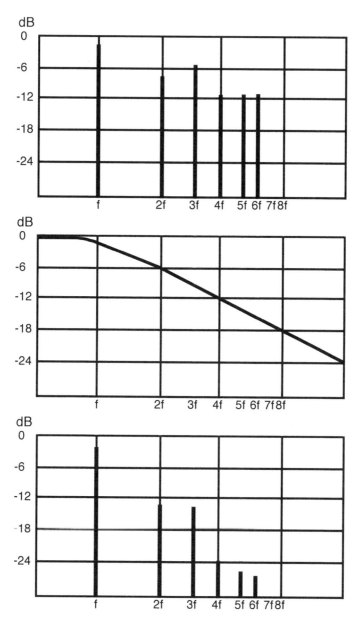

Fig. 3-B-1

## LISTA DEGLI *OPCODE*

| | | |
|---|---|---|
| k1 | rand | ampiezza |
| a1 | rand | ampiezza |
| a1 | tone | segnale d'ingresso, frequenza di taglio |
| a1 | atone | segnale d'ingresso, frequenza di taglio |
| a1 | reson | segnale d'ingresso, frequenza centrale, larghezza di banda |
| a1 | butterhp | segnale d'ingresso, frequenza di taglio (passa-alto) |
| a1 | butterlp | segnale d'ingresso, frequenza di taglio (passa-basso) |
| a1 | butterbp | segnale d'ingresso, frequenza centrale, larghezza di banda (passa-banda) |
| a1 | butterbr | segnale d'ingresso, frequenza centrale, larghezza di banda (elimina-banda) |
| k1 | rms | segnale d'ingresso |
| a1 | gain | segnale d'ingresso, ampiezza RMS |
| a1 | balance | segnale d'ingresso, segnale di confronto |

# 4

---

# DIAGRAMMI DI FLUSSO

## 4.1 RAPPRESENTAZIONE GRAFICA DI UN PROCESSO

Qualsiasi serie di eventi collegati fra loro (che chiameremo *processo*) può essere rappresentata in varie forme: testuali, grafiche, sonore etc. Un'orchestra Csound descrive appunto un processo, cioè una serie di eventi collegati fra loro il cui scopo è quello di produrre suoni. Ma la sua *leggibilità*, cioè la capacità di farci percepire a colpo d'occhio la funzione del processo che descrive, non è certo delle migliori. Inoltre chi vuole comprendere fino in fondo un'orchestra Csound scritta da un'altra persona è costretto a una fatica non indifferente, specialmente se si tratta di un'orchestra abbastanza complessa. Come si può risolvere questo problema?

Si può ricorrere a una rappresentazione non testuale, per esempio proprio a una rappresentazione grafica, che chiameremo *diagramma di flusso*. I diagrammi di flusso sono largamente usati in moltissimi campi dell'attività umana, appunto perché permettono la comprensione "a colpo d'occhio" di processi, così come un percorso segnato sulla mappa di una città è di comprensione molto più immediata di una rappresentazione testuale del tipo: "gira alla terza a destra, quando arrivi a una cabina telefonica gira a sinistra, prosegui dritto fino al distributore di benzina...".

## 4.2 ANDIAMO AL MARE

Supponiamo di trovarci di fronte a una situazione di questo tipo: un amico ci propone di andare al mare insieme domenica prossima al mattino presto, se non piove, con la nostra auto. Quali sono le operazioni da compiere e le scelte da fare? Elenchiamole, anche quelle banali ed evidenti.

       1. Mettiamo la sveglia e ci svegliamo.

       2. Guardiamo fuori: piove? Se piove torniamo a letto.

       3. Prendiamo quello che ci serve e usciamo.

       4. Avviamo l'auto. Parte? Se non parte torniamo a letto.

       5. Andiamo a prendere il nostro amico a casa sua.

       6. Il nostro amico è pronto? Se non è pronto, aspettiamo.

       7. Andiamo al mare.

Possiamo esprimere questo semplice processo con un diagramma di flusso? Proviamo. In Fig.4-1 possiamo vedere proprio il diagramma di flusso relativo al processo "Andiamo al mare". Notiamo come l'ordine cronologico sia rappresentato dall'alto al basso e da sinistra a destra (come nella nostra scrittura). Alcuni testi, per esempio "Mettiamo la sveglia e ci svegliamo", sono racchiusi in un rettangolo a bordi arrotondati, mentre altri, che terminano con un punto di domanda, per esempio "Guardiamo fuori. Piove?" sono racchiusi in un poligono con punte a destra e a sinistra. I primi sono *azioni*, e hanno un

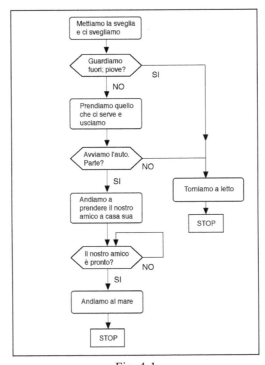

Fig. 4-1

solo punto di uscita. I secondi sono *test*, e hanno due punti di uscita, a seconda che la condizione al loro interno (cioè il risultato del test) sia vera o falsa.Quindi, se per esempio la condizione "Guardiamo fuori. Piove?" è vera, non possiamo andare al mare, quindi "Torniamo a letto", e il processo termina con l'azione "STOP". Se invece la condizione è falsa, cioè non piove, possiamo proseguire con il processo.

La rappresentazione grafica di processi legati alla musica è ormai un fatto comune, dal momento che molti *software* la utilizzano come interfaccia con l'utente, per esempio MAX, KYMA, Patchwork etc., e quindi ci sembra utile imparare a capire come tale rappresentazione funziona.

## 4.3 SIMBOLOGIA

È ovvio che per rendere leggibili i diagrammi di flusso a tutti, dovremo usare una simbologia, un codice standardizzato, in cui a un dato simbolo corrisponda uno e un solo oggetto.

Passando a Csound, ogni unità generatrice o UG (rappresentata da un *opcode*), dovrà avere un suo simbolo grafico. Poiché, data la grande quantità di unità generatrici, non è pensabile inventare una diversa forma per ogni UG, la forma sarà integrata da una scritta al suo interno.

Il percorso dei segnali, come abbiamo detto, sarà dall'alto al basso e da sinistra a destra, e, per quanto possibile, i segnali audio saranno rappresentati da collegamenti verticali (dall'alto al basso) e i segnali di controllo da collegamenti orizzontali. Se una UG accetta

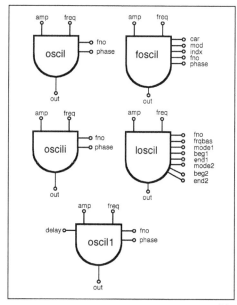

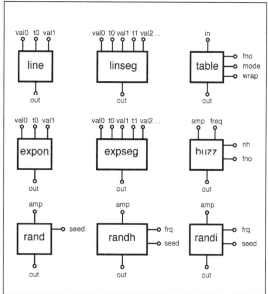

Fig. 4-2a     unità generatrici (1)     Fig. 4-2b

sia ingressi audio sia ingressi di controllo, gli ingressi audio saranno disposti sul suo lato superiore, mentre gli ingressi dei segnali di controllo saranno disposti sui lati verticali (di preferenza sul destro); le uscite saranno sempre disposte sul lato inferiore.

In Fig.4-2a e 4.2b sono mostrate una parte delle UG che producono suono (*sound generators*), e precisamente quelle più semplici.

Per esempio, nel caso di *oscil* vi sono i due ingressi (ampiezza e frequenza) sul lato superiore, contrassegnati con *amp* e *freq*; sul lato destro vi sono i due ingressi relativi agli argomenti *fno* (numero della funzione) e *phase* (fase, facoltativo). In basso vi è l'uscita.

Le cose sono più complesse nel caso di UG con numero di ingressi (argomenti) variabile, come per esempio *linseg*, per il quale si sono indicati i primi 5 argomenti *(val0, t0, val1, t1, val2)*. In questi casi è meglio rendere il diagramma di flusso un po' più complesso, ed evitare di omettere dati che ne renderebbero la lettura impossibile.

Un esempio semplice di diagramma di flusso è visibile in Fig.4-3a: si tratta di un frammento di orchestra composto da due UG: *linseg*, un generatore di spezzate, e *oscil*, un oscillatore. L'*opcode linseg* genera due segmenti, o fasi, e le cifre scritte al di sopra del simbolo grafico (0, .1, 10000, .5, 0) rappresentano gli *argomenti* così come verrebbero scritti nell'orchestra; il segnale di uscita è stato chiamato *kenv*. L'oscillatore ha frequenza fissa (440 Hz), ampiezza definita dal segnale di controllo *kenv* (dove *env* sta per *envelope*=inviluppo) e numero di funzione=3.

Il frammento di orchestra corrispondente sarà dunque:

```
kenv        linseg      0, .1, 10000, .5, 0
a1          oscil       kenv, 440, 3
```

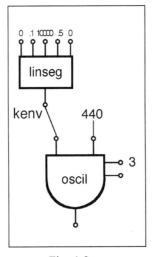

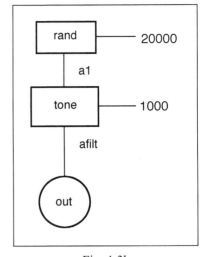

Fig. 4-3a                                   Fig. 4-3b

Rappresentiamo invece in Fig.4-3b una delle orchestre del Cap.3:

```
          instr     1
a1        rand      20000
afilt     tone      a1, 1000
          out       afilt
          endin
```

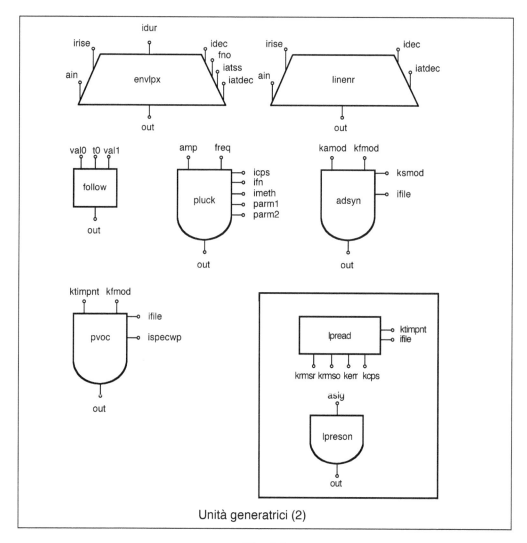

Unità generatrici (2)

Fig. 4-4

Naturalmente questi sono casi semplicissimi, e non avremmo avuto nessun bisogno di costruire diagrammi di flusso per facilitarne la comprensione. Ma vedremo più avanti esempi in cui, senza diagrammi di flusso, la comprensione delle orchestre, e soprattutto del percorso dei diversi segnali, sarebbe difficilissima o addirittura impossibile.

In Fig. 4-4 sono illustrati i simboli di altri *generatori di suono*, mentre in Fig. 4-5 sono mostrati i *modificatori di suono*. In Fig. 4-6, infine, vi sono le *unità di ingresso e uscita dei segnali*.

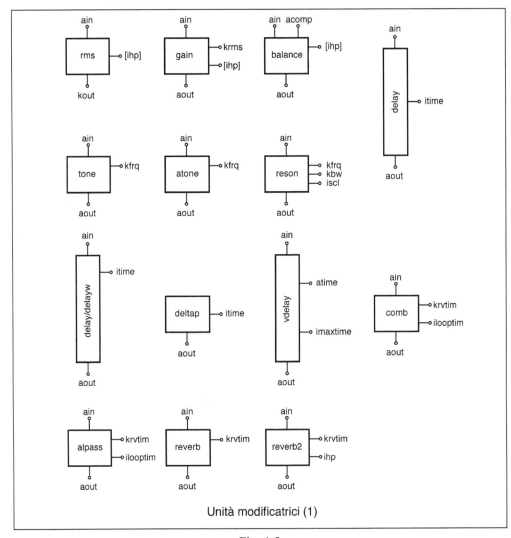

Unità modificatrici (1)

Fig. 4-5

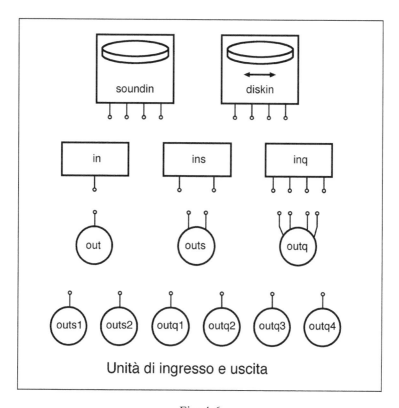

Fig. 4-6

## 4.4 DIAGRAMMI COMPLESSI

Nella Fig. 4-7 è mostrato un diagramma più complesso dei precedenti. Si tratta del modello fisico di flauto proposto da Perry Cook e codificato in Csound da Hans Mikelson, di cui proponiamo un'orchestra modificata. Parleremo in dettaglio dei modelli fisici nel Cap.16.

Un generatore di inviluppo produce il segnale *kenv1*, che viene applicato a un generatore di rumore (*rand*) e produce il segnale audio *aflow1*. A questo segnale si somma l'inviluppo *kenv1*, e l'operazione dà come risultato il segnale *asum1*.

A questo punto si somma il segnale di retroazione (*feedback*) *aflute1* (risultato delle operazioni di ritardo e filtraggio), e il risultato è *asum2*. Questo *asum2* viene immesso in una linea di ritardo *delay*, con tempo di ritardo pari a *1/ifreq\*.25*, e l'uscita si chiamerà *ax*. Questa stessa *ax* viene distorta con una funzione polinomiale *apoly* = $x - x^3$. A questa si somma il segnale *aflute1*, proveniente dall'uscita, e moltiplicato per 0.4. Questo segnale somma, chiamato *asum3*, è introdotto nel filtro passabasso *tone*, la cui frequenza di taglio è 8 volte la frequenza desiderata, e l'uscita del filtro si chiamerà *avalue*. A sua volta *avalue* costituisce l'entrata della seconda linea di ritardo *delay*, con tempo di ritardo *1/ifreq\*.75*, la cui uscita *aflute1* rientra in circolo. L'uscita dello strumento sarà *avalue* che viene moltiplicata per l'ampiezza p4 e per l'ulteriore inviluppo *kenv2*.

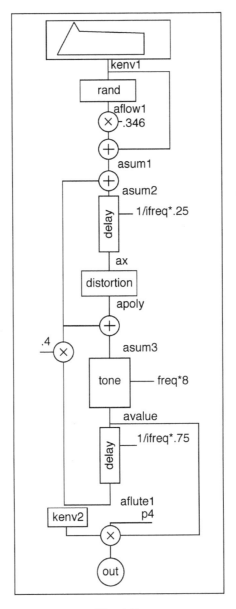

Fig. 4-7

```
            sr     =   44100
            kr     =   4410
            ksmps  =   10
            nchnls =   1

            instr      1

aflute1 init 0
; ------------ Generazione del flusso d'aria
;
kenv1      linseg     0, .05, 1.1, .1, .98, p3-.15, .95
kenv2      linseg     1, p3-.01, 1, .01, 0
aflow1     rand       kenv1
asum1          =     aflow1*.0356 + kenv1
asum2          =     asum1 + aflute1*.4
;
; ------------ Imboccatura
;
ax         delayr     1/p5/4
           delayw     asum2
apoly          =     ax - ax*ax*ax
asum3          =     apoly + aflute1*.4
avalue     tone       asum3, 8*p5
;
; ------------ Tubo
;
aflute1    delayr     1/p5*.75
           delayw     avalue
           out        avalue*p4*kenv2
           endin
```

In Fig.4-8 sono mostrati altri diagrammi di flusso complessi, che si riferiscono a due strumenti in modulazione di frequenza. Di questo metodo di sintesi parleremo nel Cap.12, ma per il momento limitiamoci a osservare i diagrammi e a confrontarli con l'orchestra *fm_2.orc*. Dopo avere studiato i Capp. 12 e 16, provate a tornare qui e a riesaminare queste orchestre.

```
;fm_2.orc
        sr      =   44100
        kr      =   4410
        ksmps   =   10
        nchnls  =   1

        instr   1                           ;FM, 1 portante e 1 modulante
iamp            =   p4
icar            =   p5
imod            =   p6
indx            =   p7
amod    oscili      imod*indx, imod, 1
acar    oscili      iamp, icar+amod, 1
        out         acar
        endin

        instr   2                           ;FM, 1 portante e 1 modulante modulata
iamp            =   p4
icar            =   p5
imod1           =   p6
indx1           =   p7
imod2           =   p8
indx2           =   p9
amod1   oscili      imod1*indx1, imod1, 1
amod2   oscili      imod2*indx2, imod2+amod1, 1
acar    oscili      iamp, icar+amod2
        out         acar
        endin
```

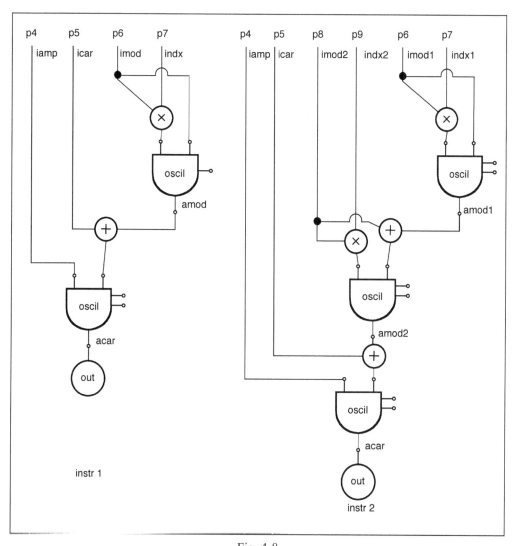

Fig. 4-8

# 5

---

# STEREO E SEGNALI DI CONTROLLO, VIBRATO, TREMOLO, SUONO IN 3D

## 5.1 ORCHESTRE STEREOFONICHE

Finora abbiamo trattato orchestre il cui *header* conteneva l'istruzione *nchnls=1*, e quindi ogni strumento doveva necessariamente essere monofonico. Introduciamo ora la possibilità di scegliere fra uno strumento stereofonico e uno monofonico variando lo *header*.

Invece di usare l'*opcode out*, useremo per l'uscita del suono l'*opcode outs*. La sua sintassi prevede due argomenti:

**outs    segnale in uscita sul canale sinistro, segnale in uscita sul canale destro**

Vediamo un esempio di orchestra:

```
;stereo.orc
        sr     =   44100
        kr     =   4410
        ksmps  =   10
        nchnls =   2          ;notiamo che nchnls=2
        instr      1
```

```
asine      oscil   10000, 1000, 1
aquadra    oscil   10000, 220, 2
           outs    asine, aquadra  ;asine sul canale sinistro, aquadra sul canale destro
           endin
;
           instr   2
awn        rand    10000
           outs    awn, awn        ;awn sia sul canale sinistro che su quello destro
           endin
```

con la *score*:

```
;stereo.sco
f1    0    4096    10    1
f2    0    4096    10    1    0    .33    0    .2    0    .14    0    .11
i1    0    5
i2    6    5
```

Abbiamo così creato un'orchestra stereofonica (*nchnls=2*) con due strumenti:

instr1:  si ascolta *asine* a sinistra e *aquadra* a destra
instr2:  si ascolta *awn* sia a sinistra che a destra, ottenendo un effetto monofonico

Vediamo ora un'altra orchestra che ci consenta di posizionare tre note nel fronte stereo, per esempio la prima nota a destra, la seconda al centro e la terza a sinistra.

```
;stereo1.orc
         sr    =    44100
         kr    =    4410
         ksmps =    10
         nchnls =   2
         instr      1
ast      oscili     p4, p5, 1
         outs       ast*(1-p6), ast*p6
         endin
```

*outs* prevede due argomenti:
il primo, cioè il segnale in uscita sul canale sinistro, sarà *ast* moltiplicato per 1 meno il valore che diamo a p6 (il segno di moltiplicazione in Csound è l'asterisco *);

il secondo, cioè il segnale in uscita sul canale di destra, sarà *ast* moltiplicato per il valore che diamo a p6.

Ed ecco un esempio di *score*:

```
;stereo1.sco
f1   0    4096   10   9   8   7    6    5   4   3   2    1
i1   0    1                10000         200           1        ;suono a destra
i1   1.1  1                10000         200               .5   ;centro
i1   2.2  1                10000         200                0   ;sinistra
```

Vediamo come mai la prima nota uscirà a destra: abbiamo assegnato al sesto parametro il valore 1 (p6=1). In base a ciò che abbiamo scritto in orchestra, in uscita sul canale sinistro avremo i valori di *ast* moltiplicati per (1-p6) cioè in questo caso dato che p6=1, otterremo *ast*\*(1-1). 1 meno 1 è uguale a 0, perciò sul canale sinistro tutti i valori di *ast* verranno annullati perché li moltiplichiamo per 0. Sul canale destro abbiamo *ast*\*p6, perciò se p6=1, i valori d'ampiezza istantanea che definiscono *ast* verranno tutti moltiplicati per 1, quindi rimarranno invariati (qualsiasi numero moltiplicato per 1 rimane invariato). Conseguenza di ciò è che tutto il suono sarà a destra.

Vediamo anche altre possibilità; lo schema generale è:

outs [variabile audio]\*(1-p6), [variabile audio]\*p6

Perciò se **p6=1**

outs [variabile audio]\*(1-1) = **0**, [variabile audio]\*1 = **variabile audio**

0 a sinistra, tutto il segnale a destra

se **p6=0**

outs [variabile audio]\*(1-0) = **variabile audio**, [variabile audio]\*0 = **0**

tutto il segnale a sinistra, 0 a destra.

se **p6=.5**

outs [variabile audio]\*(1-.5) = **variabile audio / 2**, [variabile audio]\*.5 = **variabile audio / 2** metà del segnale a sinistra, metà a destra, suono al centro

se **p6=.75**

outs [variabile audio]*(1-.75) = **variabile audio\* 1/4**, [variabile audio]*.75 = **variabile audio \* 3/4**

un quarto del segnale a sinistra, tre quarti a destra

In questo modo possiamo assegnare a ogni nota una posizione fissa nel fronte stereo.
Se vogliamo invece che nel corso della nota il suono si sposti, per esempio, da sinistra a destra e poi ritorni a sinistra, possiamo usare una variabile di controllo i cui valori vadano da 0 a 1 e poi tornino a 0.
Esempio di orchestra:

```
;spostamento fissato in orchestra
            instr   1
kstereo     linseg  0, p3/2, 1, p3/2, 0
ast         oscili  p4, p5, 1
            outs    ast*(1-kstereo), ast*kstereo
            endin
```

```
;spostamento stabilito dalla score

            instr   2
kstereo     linseg  p6, p3/2, p7, p3/2, p8
ast         oscili  p4, p5, 1
            outs    ast*(1-kstereo), ast*kstereo
            endin
```

Nel secondo strumento abbiamo previsto la possibilità di avere tre posizioni, iniziale, intermedia e finale per ogni nota e queste posizioni verranno specificate nei parametri p6, p7 e p8 della *score* con valori fra 0 e 1.
Per esempio:

```
f1    0    4096    10    1
i2    0    5       20000 500   .5   1    0     ;dal centro a destra , poi a sinistra
i2    6    5       20000 500   0    .5   .5    ;da sinistra al centro, poi rimane al centro
i2    12   4       20000 500   0    .5   1     ;da sinistra a destra
```

Il metodo appena descritto è il più semplice, ma non dà risultati del tutto soddisfacenti. Infatti ascoltando con attenzione la terza nota (quella che si sposta da sinistra a destra) si può notare come il segnale, quando si trova al centro, sia di ampiezza più bassa di quando si trova a sinistra o a destra. Questo perché l'intensità percepita è proporzionale alla potenza del segnale, la quale a sua volta è proporzionale al quadrato dell'ampiezza.

Perciò se abbiamo un'unica sorgente sonora (come nel caso che il segnale provenga solo dal canale sinistro o solo dal destro), detta P la potenza e A l'ampiezza sarà:

$$P = A^2$$

Quindi nel caso A=1 si avrà

$$P = 1^2 = 1$$

Mentre se le sorgenti sonore sono due, e per ciascuna sorgente si ha A = .5, si ottiene:

$$P_{sinistra} = A_{sinistra}^2 = .5^2 = .25$$

$$P_{destra} = A_{destra}^2 = .5^2 = .25$$

e la potenza totale sarà quindi

$$P_{totale} = P_{sinistra} + P_{destra} = .25 + .25 = .5$$

pari perciò alla metà della potenza che avevamo quando il segnale proveniva da un solo canale.

Vi sono diverse possibili soluzioni a questo problema, ma una delle più semplici, dovuta a Charles Dodge, è di definire i fattori di moltiplicazione per i due canali, sinistro e destro (quelli che nell'orchestra appena vista abbiamo chiamato *1-kstereo* e *kstereo*) come la *radice quadrata* del segnale di controllo per lo stereo. Per il calcolo della radice quadrata creeremo la funzione matematica **sqrt** (*square root*) di Csound. Una possibile orchestra sarà perciò:

```
; stereo con radice quadrata

          instr   1
kstereo   linseg  0, p3/2, 1, p3/2, 0
ast       oscili  p4, p5, 1
```

```
kleft    =    sqrt(1-kstereo)      ; radice quadrata di 1-kstereo
kright   =    sqrt(kstereo)        ; radice quadrata di kstereo
         outs  ast*kleft, ast*kright
         endin
```

Oltre all'*opcode outs* ne esistono altri due, *outs1* e *outs2* per mandare in uscita rispettivamente solo il canale sinistro o solo il canale destro. Esiste inoltre l'*opcode outq* per orchestre quadrifoniche, e i rispettivi *opcode* per i canali singoli, *outq1, outq2, outq3, outq4* (per ascoltare la quadrifonia occorre naturalmente una scheda audio quadrifonica). Ricapitoliamo la sintassi di tutti questi *opcode* (*asig* è il segnale in uscita):

| | | |
|---|---|---|
| **out** | **asig** | ; canale unico (mono) |
| **outs** | **asig1, asig2** | ; canale sinistro, canale destro |
| **outs1** | **asig** | ; solo il canale sinistro |
| **outs2** | **asig** | ; solo il canale destro |
| **outq** | **asig1, asig2, asig3, asig4** | ; I canale, II canale, III canale, IV canale |
| | | ; (quadrifonia) |
| **outq1** | **asig** | ; I canale |
| **outq2** | **asig** | ; II canale |
| **outq3** | **asig** | ; III canale |
| **outq4** | **asig** | ; IV canale |

## 5.2 SEGNALI DI CONTROLLO PER LO STEREO

Osservando l'ultima orchestra vediamo che il suono si muove nel fronte stereo con una velocità che dipende dalla durata della nota; infatti i due segmenti di retta della variabile di controllo *kstereo* durano entrambe metà del tempo p3, perciò dando a p3 un valore minore il movimento avverrà in un tempo minore. C'è un modo per fare oscillare di continuo un suono da un lato all'altro del fronte stereo con una velocità indipendente dalla durata della nota: utilizzando un oscillatore di controllo, il quale non serve a produrre suoni ma semplicemente valori che variano alternativamente da 0 a 1 con una certa velocità. Tali valori verranno poi assegnati al nostro *kstereo*, il moltiplicatore del segnale. Praticamente, invece di usare *linseg*, useremo un oscillatore che produrrà una sinusoide, o un'altra forma d'onda, per esempio triangolare, la cui ampiezza varierà fra 0 ed 1.

A questo punto occorre una precisazione: poniamo il caso che la funzione 1 contenga una sinusoide e che l'ampiezza di tale sinusoide sia 10000:

```
k1    oscili    10000, 440, 1
```

Ciò vuol dire che i valori di questa variabile oscilleranno fra 10000 e -10000 per 440 volte al secondo. Se scriviamo invece:

```
k1      oscili      .5, 2, 1
```

i valori di questa variabile oscilleranno fra .5 e -.5 per 2 volte al secondo. Noi abbiamo bisogno però di una oscillazione fra 1 e 0 perché questi sono i valori estremi per il posizionamento stereo. Per ottenere una oscillazione fra 1 e 0 basta aggiungere a ogni valore di *k1* il valore .5, ossia un *DC offset* (vedi par.2.7), e avremo ottenuto ciò che cercavamo. Infatti .5+.5=1 ; -.5+.5=0.

```
;spostamento stereo continuo con oscil
          instr     1
k1        oscili    .5, 2, 1
kstereo   =         k1+.5
asound    oscili    10000, 220, 2
          outs      asound*kstereo, asound*(1-kstereo)
          endin
```

Ovviamente un'oscillazione con un numero di cicli così basso non produrrà un segnale udibile (2 Hz!), ma la funzione di un segnale di controllo non è quella di suonare, quanto piuttosto quella di generare valori che servono a pilotare altre unità. La velocità con cui tali valori oscillano dipende dalla frequenza che assegniamo all'oscillatore di controllo. Se utilizzassimo la frequenza 1 avremmo una oscillazione fra 1 e 0 e ritorno una volta al secondo, se utilizzassimo la frequenza 220 l'oscillazione sarebbe troppo veloce per poter percepire lo spostamento da destra a sinistra e ritorno (220 volte al secondo!), inoltre questa frequenza rientrerebbe nel campo audio e l'oscillatore di controllo genererebbe suoni indesiderati.

## 5.3 SEGNALI DI CONTROLLO PER IL VIBRATO

Osservando la mano sinistra di un violinista mentre esegue una nota con vibrato, noteremo che lo spostamento del dito sulla tastiera può essere più o meno ampio. Quanto più l'oscillazione del dito sulla tastiera sarà ampia, tanto maggiore sarà la deviazione dalla frequenza della nota. Inoltre l'oscillazione può essere più o meno veloce e dunque la velocità del vibrato dipenderà dalla frequenza con cui il dito compie un ciclo (intonato/crescente/intonato/calante/intonato...).

Ricapitolando: l'ampiezza della deviazione di frequenza del vibrato dipende dall'ampiezza dell'oscillazione; la velocità del vibrato dipende dalla frequenza dell'oscillazione. Immaginiamo ora che il nostro violinista sia l'oscillatore di controllo:

```
;vibrato.orc
        sr    =  44100
        kr    =  4410
        ksmps =  10
        nchnls =  1
        instr    1
k1      oscili   2, 3, 1          ;oscillatore di controllo, ampiezza=deviazione,
                                  ;frequenza=velocità del vibrato
asuono oscili    10000, 220+k1, 1 ;variabile audio
        out      asuono
        endin


;vibrato.sco
f1    0   4096   10  1
i1    0   3
```

In questo esempio il nostro "violinista virtuale" esegue una nota di 3 secondi e la frequenza sarà di 220 Hz, deviata con un vibrato dall'oscillazione del suo dito. Come abbiamo detto, maggiore è l'ampiezza di questa oscillazione, maggiore è la deviazione dalla frequenza centrale (220 Hz), cioè più ampio è il vibrato. Osservando gli argomenti dell'oscillatore di controllo (che chiameremo modulante) notiamo che l'ampiezza dell'oscillazione è 2, cioè l'oscillatore modulante avrà come valori estremi 2 e -2. Se osserviamo ora gli argomenti dell'oscillatore audio (che chiameremo portante), noteremo che le ampiezze istantanee di *k1*, che oscillano fra 2 e -2, vengono addizionate alla frequenza centrale; allora il nostro violinista eseguirà la nota vibrando tra 218 e 222. A quale velocità? Alla velocità data dal numero di cicli che compie il suo dito in ogni secondo. In questo esempio abbiamo un numero di cicli al secondo pari a 3. Pertanto il violinista compirà un ciclo 220 Hz / 222 Hz / 220 Hz / 218 Hz / 220 Hz per 3 volte al secondo.

In Fig. 5-1 vediamo il diagramma di flusso dei due oscillatori che realizzano il vibrato. Il valore *amp* è l'ampiezza del suono (10000 nell'esempio), *freq* è la sua frequenza (220 Hz nell'esempio); *amp vibr* è l'ampiezza del vibrato (2 nell'esempio), mentre *freq vibr* è la frequenza del vibrato (3 Hz nell'esempio).

Si potrebbe pensare che questo modo di procedere sia valido per note di qualsiasi frequenza: non è così, perché il vibrato, nella musica, non è tanto una deviazione *assoluta* di frequenza, quanto una deviazione *relativa*, o *percentuale*. Se applichiamo un vibrato di ampiezza 2 Hz, come nell'esempio precedente, a una nota di 880 Hz, la

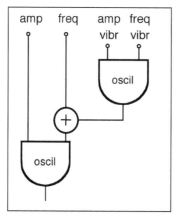

Fig. 5-1

sensazione sarà quella di un vibrato molto meno ampio. Infatti, se la nota è di 220 Hz e il vibrato di 2 Hz, la percentuale è di 0.9% circa, mentre se la nota è di 880 Hz e il vibrato sempre di 2 Hz, la percentuale in questo caso è solo di 0.23% circa. Un'orchestra più rispettosa della nostra percezione uditiva può perciò essere la seguente:

```
;vibrato1.orc
        sr      =   44100
        kr      =   4410
        ksmps   =   10
        nchnls  =   1
        instr   1
k1      oscili      .009, 3, 1          ;oscillatore di controllo, ampiezza=deviazione
                                        ;(in %), frequenza=velocità del vibrato
asuono oscili       10000, p4*(1+k1), 1 ;variabile audio
        out         asuono
        endin


;vibrato1.sco
f1   0    4096   10    1
i1   0    3      220
i1   3.1  3      440
i1   6.2  3      880
```

In questa orchestra, infatti, esprimiamo l'ampiezza del vibrato come moltiplicatore della frequenza (0.009 equivale allo 0.9%), e moltiplichiamo poi la frequenza di base per *1+k1*: in questo modo la frequenza con il vibrato varierà, qualunque sia la frequenza di base, dello 0.9% in più o in meno, conservando la percezione di un vibrato della stessa ampiezza.

## 5.4 SEGNALI DI CONTROLLO PER IL TREMOLO

Per produrre un tremolo avremo bisogno di modulare l'ampiezza (non la frequenza) del segnale portante. Pertanto i valori di *k2* (che varieranno, nell'esempio seguente, fra 0.8 e 1.2) vengono moltiplicati per *iamp*. In questo modo avremo una piccola variazione d'ampiezza cioè un tremolo il cui ciclo durerà 1/2 secondo (dato che la frequenza del segnale modulante è di due cicli al secondo).

```
;tremolo.orc
            instr   1
ifrq     =         220
iamp     =         10000
k1       oscil   .2, 2, 1              ; oscillatore di ;controllo (modulante)
k2       =         k1+1                ; oscilla fra 1+.2=1.2 e 1-.2 = .8
a1       oscili  iamp*k2, ifrq, 1      ; segnale portante con tremolo
            out     a1
            endin
```

*ESERCIZIO*: *costruire uno strumento simile al precedente, ma che contenga anche un'inviluppo del tremolo (vedi Fig.5-2), tale che ogni nota cominci senza tremolo, arrivi al massimo della modulazione d'ampiezza a metà di p3 e poi ritorni alla condizione di partenza.*

Soluzione:

```
              instr   1
ifrq       =         cpspch(p5)
iamp       =         10000
k1         oscil   .2, 2, 1            ; oscillatore di controllo (modulante)
kenvtrem   linseg  0, p3/2, 1, p3/2, 0
k2         =         k1*kenvtrem+1
a1         oscili  iamp*k2, ifrq, 2
              out     a1
              endin
```

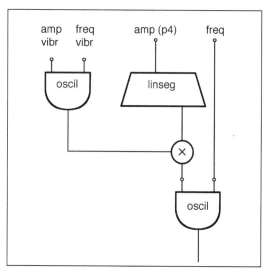

Fig. 5-2

## 5.5 SEGNALI DI CONTROLLO PER I FILTRI

È anche possibile usare i segnali di controllo per modificare il timbro di un suono, mediante l'uso di filtri. Se abbiamo bisogno di un filtraggio oscillante (come nell'effetto *wah-wah*), possiamo usare un oscillatore come segnale di controllo, specificando sia la frequenza dell'effetto di filtraggio, sia la sua ampiezza, cioè la maggiore o minore ampiezza della variazione dei parametri del filtraggio stesso.

Nell'esempio che segue scriviamo uno strumento n.1 in cui generiamo con un oscillatore la variabile *kfilt1*, che varia fra -1000 e +1000. Aggiungiamo la quantità costante 1100, e otteniamo la variabile *kfilt2*, che varia ora fra 100 e 2100. Questo segnale controlla la *frequenza di centro banda* del filtro passa-banda *reson*

```
;filtro passa-banda con frequenza centrale controllata da oscillatore,
;segnale di ingresso rand

        instr   1
a1      rand    10000
                                    ;genero una variabile di controllo per la frequenza di centro
                                    ;banda del filtro, di frequenza .1 Hz, quindi periodo = 10 sec
kfilt1  oscil   1000, .1, 1         ;kfilt1 varia fra -1000 e 1000; gli sommo 1100 e...
kfilt2  =       kfilt1 + 1100       ;...kfilt2 varia fra 100 e 2100 (segnale unipolare)
;
```

```
;               segnale di    freq.        largh.
;               ingresso      centrale     di banda
afilt    reson  a1,           kfilt2,      p4
out      afilt
         endin
```

Nello strumento 2 generiamo con un oscillatore un segnale *kbw1*, che varia fra -200 e +200. Gli aggiungiamo la quantità costante 210, ottenendo così *kbw2* che varia fra 10 e 410. Questo segnale controlla la *larghezza di banda* del filtro *reson*.

```
;filtro passa-banda con larghezza di banda controllata da oscillatore
;segnale di ingresso rand
         instr  2
a1       rand   10000
                                  ;genero una variabile di controllo per la larghezza
                                  ;di banda del filtro, di frequenza .1 Hz, quindi periodo = 10 sec
kbw1     oscil  200, .1, 1        ;kbw1 varia fra -200 e 200; gli sommo 210 e...
kbw2     =      kbw1 + 210        ;...kbw2 varia fra 10 e 410
;
;               segnale di    freq.        largh.
;               ingresso      centrale     di banda
afilt    reson  a1,           500,         kbw2
         out afilt
         endin
```

Naturalmente è possibile combinare i due effetti di controllo, della frequenza di centro banda e della larghezza di banda. Come esercizio, scrivete uno strumento in cui questi due parametri vengono controllati separatamente da due oscillatori.

## 5.6 SEGNALI DI CONTROLLO PER GLI INVILUPPI

È possibile costruire un inviluppo con attacco di forma comunque complessa utilizzando l'*opcode envlpx*. La sintassi di *envlpx* è:

**k1    envlpx       kamp, irise, idur, idec, ifn, iatss, iatdec [, ixmod]**

*kamp*    ampiezza
*irise*   tempo d'attacco in secondi. Uno 0 o un valore negativo significano un attacco di durata nulla

| | |
|---|---|
| *idur* | durata dell'inviluppo (solitamente uguale alla durata della nota, cioè *p3*) |
| *idec* | durata del decay. 0 significa un *decay* di durata nulla. *idec* maggiore di *idur-irise* provoca un *decay* tagliato prima della fine della nota. |
| *ifn* | numero di funzione che definisce l'attacco. Richiede una tabella con *extended guard point*, cioè una tabella che abbia lunghezza uguale a una potenza di 2, più 1. (per esempio 1025, 4097, 8193 etc.). È importante che l'ultimo valore della tabella generata sia 1, per evitare discontinuità nel passaggio dalla fase di attacco alla successiva. |
| *iatss* | dopo l'attacco e prima del *decay*, se *idur* è maggiore della somma di questi, avremo una fase intermedia. Con l'argomento *iatss* decideremo come deve essere questa fase intermedia dell'inviluppo. Se scriviamo il valore 1 avremo un semplice *sustain*, con un fattore maggiore di 1 avremo una crescita esponenziale dell'ampiezza, se utilizziamo un valore minore di 1 otterremo una diminuzione esponenziale dell'ampiezza. Essendo la durata di questa fase dell'inviluppo uguale a *idur-idec-irise*, tale durata sarà tanto più lunga quanto più alto sarà il valore di *idur*, a parità di *idec* e *irise*. L'uso dello zero per questo argomento è illegale. |
| *iatdec* | fattore di attenuazione per la fase di *decay*. Questo valore deve essere positivo ed è generalmente fissato intorno a .01. Valori troppo ampi o troppo piccoli creano "tagli" improvvisi. Zero e valori negativi sono illegali. |
| *ixmod* | argomento opzionale per influenzare la ripidità della curva esponenziale di *iatss*, ammesso che il valore di *iatss* sia diverso da 1. Ciò vale dunque solo per la fase intermedia, quella influenzata da *iatss*. I valori generalmente usati sono intorno a + o - 0.9. I valori minori di zero creeranno una crescita o un decadimento accelerato, i valori maggiori di 0 causeranno un ritardo della crescita o del decadimento. |

Esempio di orchestra. Uso di *envlpx* con attacco proveniente da tabella:

```
;envlpx.orc
        sr      = 44100
        kr      = 44100
        ksmps   = 1
        nchnls  = 1
        instr   1
ifrq    =           cpspch(p5)
iamp    =           ampdb(p4)
;ar     envlpx  kamp, irise, idur, idec, ifn, iatss, iatdec

k1      envlpx  iamp, .2,  p3,  .2,  2,  .5,  .01
```

```
a1      oscil   k1, ifrq, 1
        out     a1
        endin
```

Per costruire la tabella dell'inviluppo usiamo la GEN07, di cui parleremo nel par.14-3. Per ora basterà sapere che la GEN07 permette di costruire una tabella con segmenti di retta, in modo analogo a *linseg*.

Esempio di partitura:

```
;envlpx.sco
;funzione per oscil (5 armoniche)
f1   0     4096   10   1   .5   .3   .2   .1
;
;funzione per attacco di envlpx (tipo ottoni), notare la lunghezza = 4097
;e l'ultimo valore = 1
f2   0     4097   7    0   2102   .873   856   .426   1139   1
i1   0     4      80   8
```

Per generare un inviluppo si può anche usare, per esempio, l'*opcode oscil1*, che funziona esattamente come un oscillatore, ma esegue solo un ciclo della forma d'onda. Di *oscil1* esistono la versione semplice e quella a interpolazione, e la loro sintassi è:

**k1     oscil1          idel, kamp, idur, ifn**
**k1     oscil1i         idel, kamp, idur, ifn**

> *idel*      ritardo in secondi prima che *oscil1* inizi il suo compito. Per *idel* secondi, il valore in uscita è uguale a quello del primo punto della tabella *ifn* (solitamente zero)
> *kamp*     ampiezza del segnale di uscita
> *idur*      durata in secondi del ciclo che *oscil1* compie.
> *ifn*       numero della tabella contenente la forma d'onda.

Generiamo una tabella n.2 che contenga un segnale adatto per un inviluppo, per esempio di tipo *attack-sustain-release*, cioè un trapezio, e usiamolo in questa orchestra:

```
;envosc.orc
        sr    =   44100
        kr    =   4410
        ksmps =   10
```

```
        nchnls =  1
        instr     1
iamp  =         p4
ifrq  =         p5
kenv  oscil1   0, iamp, p3, 2
a1    oscil    kenv, ifrq, 1
        out      a1
        endin
```

La partitura sarà:

```
;envosc.sco
f1   0   4096   10     1
f2   0   4096   7      0     512  1  2560  1  1024  0
i1   0   2      10000  500
```

È anche possibile utilizzare l'andamento dell'attacco di un segnale campionato, ma questa operazione è abbastanza complessa. È infatti necessario scrivere un'orchestra che estragga l'inviluppo dal *file* del suono campionato (per esempio con l'*opcode follow*, vedi par. 7.5), e che scriva un *file* audio che contenga solo questo inviluppo; ma questo *file* deve essere lungo una potenza di due più uno e deve terminare con il valore di ampiezza massimo. Infine si leggerà questo *file* in una tabella da utilizzare con *envlpx*. Auguri!

## 5.7 *RANDI, RANDH, PORT*

I segnali di controllo possono anche essere segnali aleatori, cioè casuali, o *random*. Spesso infatti un segnale di controllo aleatorio aiuta a evitare quel senso di freddezza e di artificialità che caratterizza tanta musica prodotta con mezzi sintetici. Non è naturalmente possibile usare direttamente l'*opcode rand*: si sommerebbe soltanto rumore al segnale. Csound mette però a disposizione utili varianti di *rand*, e precisamente:

| | | |
|---|---|---|
| **ksig** | **randh** | **kamp, kcps[, iseed]** |
| **ksig** | **randi** | **kamp, kcps[, iseed]** |
| **asig** | **randh** | **xamp, xcps[, iseed]** |
| **asig** | **randi** | **xamp, xcps[, iseed]** |

I segnali generati, *ksig* o *asig*, contengono numeri pseudocasuali compresi fra +*xamp* e -*xamp*.

*iseed* (opzionale) è il valore di inizializzazione del generatore pseudocasuale. Un valore compreso fra 0 e +1 genera una uscita iniziale pari a *kamp* * *iseed*. Per esempio, se *iseed* = .8 e *kamp* = 10000, il primo valore generato sarà .8*10000 = 8000. Un valore negativo inibisce l'inizializzazione, quindi verranno generati valori iniziali differenti a ogni nuova nota. Il valore di *default* è .5.

*xamp* è l'ampiezza massima del segnale di uscita.

*randh* genera un nuovo numero pseudocasuale alla frequenza *xcps*.

Per esempio, l'istruzione

```
k1      randh   1,5
```

genera numeri pseudocasuali compresi fra -1 e 1 ogni 0.2 (1/5) sec.

*randi* funziona in modo simile a *randh*, ma interpola fra il valore precedente e il valore seguente: genera cioè una spezzata fra valori pseudocasuali, come si vede in Fig.5-3.

Sperimentiamo questa orchestra, in cui il vibrato è generato da un *opcode randi*:

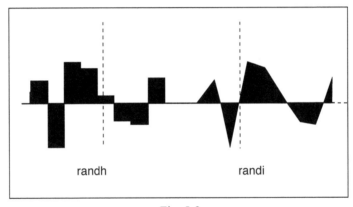

randh                    randi

Fig. 5-3

```
;randivbr.orc
        sr      =  44100
        kr      =  4410
        ksmps  =  10
        nchnls =  1
        instr   1
iamp    =       p4
ifrq    =       p5
kenv    linseg  0, p3/4, iamp, p3/2, iamp, p3/4, 0
kvibr   randi   p7, p6, -1
```

```
a1          oscili   kenv, ifrq*(1+kvibr), 1
            out      a1
            endin
```

mentre la partitura è:

```
;randivbr.sco
f1     0     4096     10         1
i1     0     3        10000     440     8     .01     ;ampiezza del vibrato...
i1     +     3        10000     440     8     .02     ;...sempre...
i1     +     3        10000     440     8     .03     ;...più...
i1     +     3        10000     440     8     .04     ;...grande
```

Un altro *opcode* che può essere utile per generare segnali di controllo è:

**k1     port   ksig, ihtim[, isig]**

*ksig* è il segnale di ingresso.

*port* applica un portamento a un segnale di controllo a gradini. A ogni suo nuovo valore, *ksig* viene introdotto in un filtro passabasso che ha lo scopo di "arrotondare" i gradini, e il movimento verso il nuovo valore avviene in un tempo determinato da *ihtim*. *Ihtim* è un parametro che determina di quanto il segnale entrante debba essere "arrotondato". Il valore iniziale (cioè il valore precedente, corrispondente a *istor* dei filtri, vedi Cap.3, nota 1) della linea di ritardo interna è *isig*. Il valore di *default* è 0. In Fig. 5-4 si vede in alto il segnale di ingresso, in basso il segnale dopo l'elaborazione da parte di *port* per valori crescenti di *ihtim*.

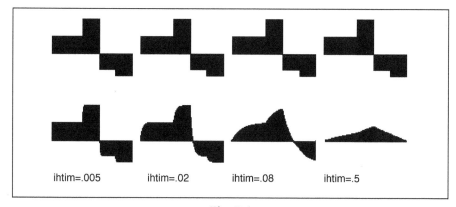

Fig. 5-4

## 5.8 SUONO IN 3D

Fin dagli inizi della musica elettronica, la spazializzazione dei suoni ha sempre destato un grande interesse nei musicisti. Anzi, per essere esatti, fin dal Cinquecento, con la disposizione di due cori e due organi contrapposti nella Basilica di San Marco a Venezia, sfruttati poi da compositori come Adrian Willaert e soprattutto Andrea e Giovanni Gabrieli. Negli anni Cinquanta Karlheinz Stockhausen usò cinque altoparlanti per l'esecuzione del brano per nastro magnetico *Gesang der Jünglinge*, quattro disposti agli angoli della sala, e uno in alto. Per motivi tecnici (i registratori a più di quattro tracce non erano standard), questa disposizione fu poi abbandonata. Il *Poème Électronique* di Edgar Varèse venne diffuso nel padiglione Philips dell'Expo di Bruxelles del 1958 da 120 altoparlanti sistemati nella struttura a conchiglia progettata da Le Corbusier. E gli esempi potrebbero continuare.

Qui ci occupiamo invece della simulazione della spazializzazione con due canali di uscita.

Eli Breder e David McIntyre hanno implementato un *opcode* per Csound, chiamato *hrtfer* che permette all'utente di spazializzare il suono in 3D ascoltando in cuffia. Il principio è quello della disposizione spaziale del suono di ingresso definita da un *azimuth* (posizione orizzontale) e da una *elevazione* (posizione verticale), usando un modello di *testa artificiale (HRTF, Head-Related Transfer Function)* che serve a definire le attenuazioni frequenziali dovute alla testa dell'ascoltatore e ai suoi padiglioni auricolari, quando il suono proviene da differenti direzioni orizzontali e verticali.

L'ascolto avviene in cuffia, perché parecchi dei dettagli dell'immagine spaziale andrebbero perduti a causa degli effetti dell'ambiente di ascolto (ulteriori filtraggi, riverberi etc.).

Il termine *3D audio* si riferisce a un sistema che simula, con filtri digitali, i mascheramenti dovuti alla testa o all'orecchio esterno con filtri digitali. Questi filtri vengono usati per disporre un suono monofonico in uno spazio virtuale che circonda l'ascoltatore. Questo trattamento del suono tiene in conto le modificazioni spettrali (dipendenti dalla direzione di provenienza del suono) provocate dalla testa e dai padiglioni auricolari. Alla base del sistema vi è la lettura di una base di dati sperimentale che contiene i parametri per il filtraggio a seconda della direzione di provenienza del suono. Questi dati vengono ottenuti suonando un segnale ad ampio spettro e misurando la risposta all'impulso con microfoni posti vicino o all'interno del canale auricolare di una testa umana o, di solito, di una testa artificiale.

La sintassi di *hrtfer* è:

**aleft, aright hrtfer asig, kazim, kelev, "HRTFcompact"**

*asig* è il segnale di ingresso da spazializzare.

*kazim* è il valore dell'azimuth in gradi. Valori positivi indicano un posizionamento alla destra dell'ascoltatore, valori negativi indicano un posizionamento a sinistra dell'ascoltatore.

*kelev* è il valore dell'elevazione in gradi. Valori positivi indicano un posizionamento in alto, valori negativi un posizionamento in basso.

"*HRTFcompact*" è il file contenente i dati di analisi, ed è l'unico che può essere attualmente usato.

*aleft* e *aright* sono i segnali di uscita. Di solito è necessario riscalare questi valori di uscita usando *balance* o moltiplicandoli per qualche costante.

La frequenza di campionamento *sr* **deve** essere di 44100 Hz, perché il *file HRTFcompact* è stato generato a questa frequenza.

Vediamo un esempio:

```
;hrtf.orc
        sr      =   44100
        kr      =   4410
        ksmps   =   10
        nchnls  =   2
        instr   1
kazim   linseg  0, p3, -360          ;muoviamo il suono in cerchio intorno all'ascoltatore...
kelev   linseg  -40, p3, 45          ;... e contemporaneamente variamone l'elevazione
ain     soundin "voce.wav"
al,ar   hrtfer  ain, kazim, kelev, "HRTFcompact"
alscl   =       al * 200
arscl   =       ar * 200
        outs    alscl, arscl
        endin
```

Con la *score*:

```
;hrtf.sco
i1      0   10
```

## 5.9 SPAZIALIZZAZIONE IN QUADRIFONIA, OTTOFONIA, SURROUND 5.1

Csound permette anche di scrivere *file* audio a più di due canali, se il formato scelto lo permette. Per esempio, sia i *file* WAVE sia gli AIFF consentono un numero di canali pari a 4, 6, 8 o più. Naturalmente per ascoltare audio con più di due canali è necessario disporre dell'*hardware* adeguato, cioè di una scheda audio a più canali, ad esempio a 4, 8, 16 etc.

Particolarmente interessanti sono i *file* a 4 canali, a 8 canali e a 6 canali; quest'ultimo può essere usato per lo standard *surround 5.1* (come per esempio Dolby Digital AC3™, DTS™ e THX™). Ovviamente il 5.1 può essere usato in diversi modi, ma lo standard dell'International Telecommunication Union Rec. 775, prevede il posizionamento di 3 canali anteriori (centrale, sinistro e destro, questi ultimi angolati di 30° rispetto al centrale), 2 canali posteriori indipendenti, detti canali *surround* (in quanto contribuiscono a creare un campo sonoro completo e quindi a circondare l'ascoltatore) e un *subwoofer*. I canali *surround* sinistro e destro sono angolati di 110° ±10° sempre rispetto al centrale. Le cinque casse principali devono in teoria rispondere nel modo più lineare possibile sull'intera banda audio da 20Hz a 20kHz. Al *subwoofer* viene inviato il segnale denominato "0.1".

Generalmente tale segnale è un LFE (*Low Frequency Effects* o *Low Frequency Enhancement*), in altri casi a questa cassa confluiscono anche i segnali gestiti dal *Bass Management System*, contenenti frequenze basse che non possono essere riprodotte correttamente dai monitor principali. Uno standard obsoleto (ma non troppo) della Dolby è il Dolby Surround™, utilizzato spesso nel cinema ed in alcune applicazioni audio (vedi *Switched On Bach 2000* di W.Carlos). Tale standard prevede due canali laterali a banda estesa, tagliati in basso per il segnale del *subwoofer*, un canale centrale (originariamente previsto espressamente per la voce) e un canale posteriore monofonico (anche se sono previste due casse) con banda passante ridotta.

| Stereo | sinistro | destro | | | | |
|---|---|---|---|---|---|---|
| 3 canali | sinistro | centrale | destro | | | |
| Quadrifonico | canale 1 | | canale 2 | canale 3 | canale 4 | |
| Dolby Surround | sinistro | centrale | destro | surround mono | | subwoofer |
| 6 canali (5.1) | posteriore sinistro | anteriore sinistro | centrale | anteriore destro | posteriore destro | surround (subwoofer) |

Per i *file* quadrifonici e ottofonici, a parte lo standard tipicamente cinematografico 7.1 Sony S.D.D.S.™ (che prevede 5 canali anteriori, 2 posteriori e un *subwoofer*), non vi è oggigiorno uno standard per la disposizione dei diffusori: quelle più usate sono mostrate in Fig. 5-5 per la quadrifonia, e in Fig. 5-6 per l'ottofonia, ma la disposizione dipende dalle scelte del compositore e del regista del suono, e dal tipo di ambiente di ascolto. Per il *surround* 5.1 la disposizione standard è illustrata in Fig. 5-7.

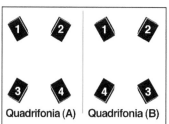

Quadrifonia (A) | Quadrifonia (B)

Fig. 5-5

Ottofonia

Fig. 5-6

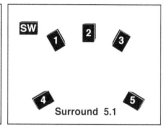

Surround 5.1

Fig. 5-7

Ma come si genera un *file* multicanale con Csound? Intanto si dovrà specificare nello *header* il numero di canali desiderato, per esempio, per 4 canali:

```
nchnls = 4
```

Per l'uscita multicanale esistono diversi *opcode*, fra cui *outq* per la quadrifonia, *outo* per l'ottofonia, *outh* per l'esafonia (e quindi utile per il surround 5.1), *outx* per i sedici canali e *out32* per i 32 canali. Questi *opcode* hanno le sintassi:

**outq**   **asig1, asig2, asig3, asig4**
**outh**   **asig1, asig2, asig3, asig4, asig5, asig6**
**outo**   **asig1, ..., asig8**
**outx**   **asig1, ..., asig16**
**out32**  **asig1, ..., asig32**

dove *asig1, asig2* ...sono i segnali da assegnare ai diversi canali di uscita.

Vediamo un esempio di orchestra e *score* per generare un *file* audio a 4 canali:

```
;quad1.orc
        sr     =   44100
        kr     =   4410
        ksmps  =   10
        nchnls =   4
        instr  1
a1      soundin    "voce.wav", p4
        outq    a1 * p5, a1 * p6, a1 * p7, a1 * p8
        endin

;quad1.sco
```

| ;p1 | p2 | p3 | p4 | p5 | p6 | p7 | p8 |
|-----|-----|-----|------|------|------|------|------|
| ;ins | act | dur | skip | ch1 | ch2 | ch3 | ch4 |
| i1 | 0 | .9 | 0 | 1 | 0 | 0 | 0 |
| i1 | + | . | 1 | 0 | 1 | 0 | 0 |
| i1 | + | . | 2 | 0 | 0 | 1 | 0 |
| i1 | + | . | 2.9 | 0 | 0 | 0 | 1 |

Come si vede, i parametri *p5, p6, p7* e *p8* della *score* non sono altro che dei moltiplicatori di ampiezza del segnale inviato a ciascuno dei quattro canali di uscita: *p5* per il canale 1, *p6* per il canale 2 etc.

Per ascoltare correttamente quello che abbiamo generato, sarà necessario disporre di una scheda audio di almeno quattro canali, e di almeno quattro diffusori disposti secondo lo schema indicato in Fig.5-5 B. Sarà necessario utilizzare un apposito programma, per esempio un *editor* multitraccia di *file* audio, che sia in grado di leggere *file* multicanale, e che sia in grado di indirizzare le diverse tracce audio sulle diverse uscite disponibili.

Nella *score* appena vista abbiamo assegnato per ciascuna nota il suono a uno solo dei quattro canali disponibili, perciò il suono proveniva da uno solo dei vertici del quadrilatero costituito dai diffusori. Ma è anche possibile posizionare il suono in un punto qualsiasi fra una coppia di diffusori, o anche da tutti e quattro. Vediamo un'altra *score* da usare con la stessa orchestra:

| ;quad2.sco | | | | | | | | |
|------------|-----|-----|------|------|------|------|------|---|
| ;p1 | p2 | p3 | p4 | p5 | p6 | p7 | p8 | |
| ;ins | act | dur | skip | ch1 | ch2 | ch3 | ch4 | |
| i1 | 0 | .9 | 0 | .5 | .5 | 0 | 0 | ;suono frontale al centro |
| i1 | + | . | 1 | 0 | 0 | .5 | .5 | ;suono posteriore al centro |
| i1 | + | . | 2 | 0 | .5 | .5 | 0 | ;suono laterale a destra |
| i1 | + | . | 2.9 | .5 | 0 | 0 | .5 | ;suono laterale a sinistra |
| i1 | + | . | 4 | .5 | .5 | .5 | .5 | ;suono da tutti i diffusori |

Abbiamo visto il funzionamento generale della quadrifonia. Possiamo adesso ridurre i dati necessari nella *score*, utilizzando uno schema simile a quello visto nel par. 5.1 per la definizione della posizione stereofonica.

L'idea è quella di dedicare un parametro della *score* al posizionamento sinistra/destra (*p5*), e uno al posizionamento fronte/retro (*p6*). L'orchestra sarà:

```
;quad3.orc
        sr   =  44100
        kr   =  4410
```

```
        ksmps  =   10
        nchnls =   4
        instr  1
a1      soundin    "voce.wav", p4
;definizione della posizione sinistra/destra
isx     =          (1-p5)
idx     =          p5
;definizione della posizione frontale/posteriore
ifront  =          (1-p6)
irear   =          p6
        outq   a1*isx*ifront, a1*idx*ifront, a1*idx*irear, a1*isx*irear
        endin
```

```
;quad3.sco
;p1   p2   p3   p4    p5     p6
;ins  act  dur  skip  sx/dx  fr/re
i1    0    .9   0     0      0          ;frontale sinistro
i1    +    .    1     1      0          ;frontale destro
i1    +    .    2     1      1          ;posteriore destro
i1    +    .    2.9   0      1          ;posteriore sinistro
i1    +    .    4     .5     0          ;frontale al centro
```

Se poi desideriamo avere sorgenti sonore in movimento, sarà sufficiente sostituire le variabili *isx, idx, ifront* e *irear* con le corrispondenti *ksx, kdx, kfront* e *krear*; questa volta le posizioni sinistra/destra e fronte/retro sono controllate da due oscillatori, le cui frequenze sono stabilite nella *score* dai parametri *p5* e *p6*, e che quindi muovono il suono nello spazio quadrifonico:

```
;quad4.orc
        sr     =   44100
        kr     =   4410
        ksmps  =   10
        nchnls =   4
        instr  1
istfrq1 =  p5                         ;frequenza del movimento sinistra/destra
istfrq2 =  p6                         ;frequenza del movimento fronte/retro
ain     diskin "voce.wav", 1, 0, 1
kste1   oscili .5,istfrq1, 1, 0       ;left/right
kste2   oscili .5,istfrq2, 1, .5      ;front/rear
kstesd  =      kste1+.5               ;riportiamo kstesd nella gamma 0...1
```

```
kstefr  =    kste2+.5              ;riportiamo kstefr nella gamma 0...1
ksx     =    (1-kstesd)            ;moltiplicatore per la posizione sinistra
kdx     =    kstesd                ;moltiplicatore per la posizione destra
kfront  =    1-kstefr              ;moltiplicatore per la posizione frontale
krear   =    kstefr                ;moltiplicatore per la posizione posteriore
a1      =    ain*ksx*(1-kstefr)
a2      =    ain*kdx*(1-kstefr)
a3      =    ain*kdx*krear
a4      =    ain*ksx*krear
        outq a1,a2,a3,a4
        endin
```

Ed ecco la *score*, in cui chiediamo che il movimento sinistra/destra avvenga in 2 secondi (p5 = .5 Hz) e il movimento fronte/retro in 4 secondi (p6 = .25 Hz):

```
;quad4.sco
f1  0   4096  10  1
;p1     p2    p3    p4    p5      p6
;ins    act   dur   amp   sx/dx   front/rear
i1      0     20    1     .5      .25
```

Csound comprende anche *opcode* specializzati nel creare il posizionamento e il movimento nello spazio quadrifonico, come *space*, la cui sintassi è:

**a1, a2, a3, a4      space      asig, ifn, ktime, kreverbsend [,kx, ky]**

in cui:
*a1, a2, a3, a4* sono i quattro segnali da inviare ai quattro canali di uscita
*asig*   è il segnale da spazializzare
*ifn*    è il numero di una tabella che contiene le posizioni nello spazio quadrifonico, nella forma:
        tempo1   x1 y1
        tempo2   x2 y2
        ...

Se *ifn* = 0, vengono considerate come posizioni direttamente i valori di *kx* e *ky*
*ktime* è un indice al contenuto della tabella *ifn*
*kreverbsend* è la parte di segnale diretto (da 0 a 1) che può essere inviata a un'unità di riverberazione (come *reverb* o *nreverb*)
*kx*     è la coordinata relativa alla posizione sinistra/destra
*ky*     è la coordinata relativa alla posizione fronte/retro.

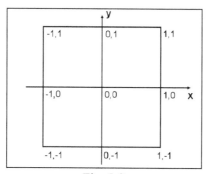

Fig. 5-8

Le coordinate dello spazio quadrifonico sono mostrate in Fig. 5-8.

Perciò, se volessimo posizionare il suono al centro, useremmo kx=0 e ky=0; per un suono al vertice frontale destro (diffusore 2), porremmo kx=1 e ky=1, etc.

Vediamo un utilizzo semplice di *space*, che non preveda la presenza della tabella, né del riverbero.

```
;space1.orc
        sr      = 44100
        kr      = 4410
        ksmps = 10
        nchnls = 4
        instr   1
;calcolo di kx e ky
kangoloinit 0
incr    =       6.2832/p3/kr
kx      =       cos(kangolo)
ky      =       sin(kangolo)
kangolo=        kangolo + incr
;ingresso del suono
ain     diskin  "voce.wav", 1, 0, 1
;spazializzazione
a1, a2, a3,a4 space  ain, 0, 0, 0, kx, ky
        outq    a1, a2, a3, a4
        endin


;space1.sco
i1      0   20
```

Analizziamo l'orchestra. Vogliamo creare un movimento circolare del suono; nel corso della durata della nota il suono dovrà ruotare di un giro completo intorno all'ascoltatore. Dobbiamo quindi far descrivere al punto definito da *kx* e *ky* un cerchio.

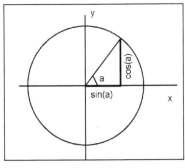

Fig. 5-9

Con un po' di trigonometria, riferendoci alla Fig. 5-9, ricordiamo che, dato un raggio di lunghezza 1 che forma un angolo *a* con l'asse delle x, la proiezione del punto di incontro del raggio con la circonferenza è dato da *sin(a)*, mentre la proiezione dello stesso punto sull'asse delle y è dato da *cos(a)*. Se immaginiamo di far ruotare di un giro completo il raggio (facendo quindi variare l'angolo a da 0 a $2\pi$, cioè da 0 a 6.2832), *kx = sin(a)* e *ky = cos(a)* sono esattamente i valori che definiscono ogni punto del cerchio, e anche i valori che dobbiamo fornire a *space* per muovere il nostro suono in cerchio.

Definiamo perciò in orchestra una variabile di controllo *kangolo*, posta inizialmente a 0, e calcoliamo il valore che a ogni periodo di controllo *1/kr* dovrà essere aggiunto a *kangolo* perché alla fine della nota assuma il valore $2\pi$.

Questo valore *incr* (=incremento) sarà pari a *6.2832/p3/kr*.

Se vogliamo che il suono inizi da un punto diverso dello spazio quadrifonico, cambieremo il valore di inizializzazione: ponendo *kangolo = 3.14159*, il suono inizierà dalla sinistra dell'ascoltatore, ponendo *kangolo = 3.14159/4*, il suono inizierà dal diffusore n.2 (frontale destro), etc. Per variare il numero di volte che il suono percorre il cerchio, potremo sostituire l'istruzione:

```
incr   =  6.2832/p3/kr
```

con l'istruzione

```
incr   =  6.2832/p3/kr * in
```

in cui *in* è il numero di giri (che potrà anche essere frazionario, e anche minore di 1).

Adattiamo ora la stessa orchestra allo standard surround 5.1.

```
;space5_1.orc
        sr     =   44100
        kr     =   4410
        ksmps  =   10
        nchnls =   6                    ;generiamo un file a 6 canali
        instr  1
;calcolo di kx e ky
kangoloinit 0
incr   =        6.2832/p3/kr
kx     =        cos(kangolo)
ky     =        sin(kangolo)
kangolo=        kangolo + incr
;ingresso del suono
ain     diskin  "voce.wav", 1, 0, 1
;spazializzazione
a1,a2,a3,a4 space   ain, 0, 0, 0, kx, ky
a1h     atonex  a1, 120, 4              ;filtrato con un passa-alto del quarto ordine
a2h     atonex  a2, 120, 4
a3h     atonex  a3, 120, 4
a4h     atonex  a4, 120, 4
asub    tonex   (a+a2+a3+a4)*.25, 120, 4   ;filtrato con un passa-basso
;del quarto ordine
acentr  =       (a1h + a2h ) * .5
        outh    a3h, a1h, acentr, a2h, a4h, asub
        endin

;space5_1.sco
i1      0   20
```

Abbiamo usato i filtri *atonex* e *tonex*, che sono rispettivamente un filtro passaalto e un filtro passabasso a più stadi, equivalenti a quattro filtri passa-alto posti in serie (vedi par. 3.4), per eliminare le frequenze più basse ai quattro segnali *a1, a2, a3,* e *a4*, ottenendo *ah1, ah2, ah3* e *ah4*. Abbiamo poi sottoposto a filtraggio passa-alto la somma dei quattro segnali *a1, a2, a3,* e *a4*, moltiplicando la somma per 0.25 (cioè dividendola per 4) per evitare ampiezza eccessiva, per ricavare il segnale *asub* da inviare al *subwoofer*. Infine abbiamo sommato i due segnali anteriori *ah1* e *ah2*, abbiamo moltiplicato la somma per 0.5 (cioè divisa per 2), ottenendo il segnale *acentr* da inviare al canale centrale.

## LISTA DEGLI *OPCODE*

| | | |
|---|---|---|
| out | asig | ; canale unico (mono) |
| outs | asig1, asig2 | ; canale sinistro, canale destro |
| outs1 | asig | ; solo il canale sinistro |
| outs2 | asig | ; solo il canale destro |
| outq | asig1, asig2, asig3, asig4 | ; I canale, II canale, III canale, IV canale (quadrifonia) |
| outq1 | asig | ; I canale |
| outq2 | asig | ; II canale |
| outq3 | asig | ; III canale |
| outq4 | asig | ; IV canale |

k1    envlpx    ampiezza, tempo d'attacco in sec., durata inviluppo, durata decay, n. funzione, pendenza curva fase intermedia dell'inviluppo, fattore di attenuazione per fase decay  [, ripidità curva fase intermedia]

k1    oscil1    ritardo in sec., ampiezza, durata del ciclo, n.funzione
k1    oscil1i   ritardo in sec., ampiezza, durata del ciclo, n.funzione

k1    randh    ampiezza, frequenza[, valore di inizializz. del generatore pseudocasuale]
k1    randi    ampiezza, frequenza[, valore di inizializz. del generatore pseudocasuale]
a1    randh    ampiezza, frequenza[, valore di inizializz. del generatore pseudocasuale]
a1    randi    ampiezza, frequenza[, valore di inizializz. del generatore pseudocasuale]

k1    port    segnale di ingresso, tempo del moto verso il nuovo valore[, valore iniziale della linea di ritardo]

aleft, aright    hrtfer    segnale di ingresso, valore dell'azimuth, valore dell'elevazione, file di analisi "HRTFcompact"

# 6

---

# AUDIO DIGITALE

## 6.1 IL SUONO DIGITALE

Quando ascoltiamo musica riprodotta che non provenga da DVD (*Digital Versatile Disc*), CD (*Compact Disc*), DAT (*Digital Audio Tape*), MiniDisc o da *computer*, ma da disco in vinile (LP), nastro analogico, audiocassetta, radio o televisione, il segnale elettrico (che viene trasformato in segnale acustico dai diffusori) è di tipo *analogico*, cioè viene rappresentato da una variazione di tensione elettrica che descrive esattamente l'andamento del suono.

Nel caso di un segnale numerico (come quello che proviene da *Compact Disc*), invece, il segnale è di tipo *digitale*, viene cioè rappresentato da una serie di *bit*, o unità minime di informazione digitale.

Dal momento che, come si sa, un suono comunque complesso viene completamente definito una volta che ne siano note le *ampiezze istantanee* [1], per riprodurre correttamente un suono mediante un segnale digitale bisognerà che la sorgente (DVD, CD, DAT, *computer* etc.) invii al sistema di riproduzione una serie di numeri, ciascuno dei quali rappresenta un valore di ampiezza istantanea.

Poiché sul supporto di memorizzazione (sia esso quello meccanico del CD, sia quello magnetico del DAT) i dati vengono scritti e letti come una serie di 1 (uno) e 0 (zero), e vengono applicate particolari correzioni degli errori di lettura, anche un moderato difetto della superficie del CD (sporcizia, graffi) o una moderata

---

[1] L'ampiezza istantanea è il valore di ampiezza dell'onda sonora istante per istante.

diminuzione del livello di magnetizzazione del nastro del DAT, non portano di solito a errori di lettura. Inoltre ogni copia è virtualmente identica all'originale, al contrario di quanto accade per i nastri magnetici analogici, in cui a ogni processo di copia corrisponde un peggioramento della qualità[2].

Anche il rapporto segnale/rumore del CD e del DAT (grosso modo equivalenti) è nettamente migliore di quello dei registratori analogici: è infatti teoricamente di circa 96 dB, contro i 60...70 dB dei registratori analogici senza riduttori di rumore.

## 6.2 CONVERSIONE ANALOGICO/DIGITALE E DIGITALE/ANALOGICA

Nell'audio digitale c'è bisogno di apparecchiature particolari, che siano in grado di tradurre i segnali da analogico a numerico, e da numerico ad analogico. Queste apparecchiature sono, rispettivamente, il *convertitore analogico/digitale*, o ADC (*Analog to Digital Converter*), e il *convertitore digitale/analogico*, o DAC (*Digital to Analog Converter*).

Esaminiamo brevemente le principali caratteristiche di funzionamento del processo di *conversione analogico/digitale*, cioè la trasformazione di un segnale da analogico a digitale. Tale conversione consiste nel trasformare una tensione elettrica in un segnale numerico, che esprima istante per istante il valore della tensione stessa.

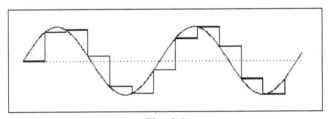

Fig. 6-1

Con riferimento alla fig. 6-1, la linea continua rappresenta il segnale analogico, cioè l'andamento della tensione elettrica. Suddividiamo ora il segnale in un certo numero di intervalli di tempo, e in ogni momento "congeliamo" il valore istantaneo del segnale stesso: otterremo un *segnale a gradini*, che assomiglia grosso modo a quello originale.

Naturalmente, più piccoli saranno gli intervalli di tempo, e più il segnale a gradini sarà simile all'originale. Al limite, per intervalli di tempo infinitamente piccoli, il segnale a gradini e quello originale coincideranno.

L'intervallo di tempo di cui abbiamo appena detto si dice *periodo di campionamento*, e il suo inverso, cioè 1/periodo, si dice *frequenza di campionamento*

---

[2] In realtà questo non è del tutto vero, dal momento che eventuali errori di lettura vengono corretti da sofisticati sistemi di correzione dell'errore.

o *sr* (*sample rate*). Per una corretta conversione è necessario che la frequenza di campionamento sia almeno doppia della massima componente frequenziale contenuta nel segnale da convertire. Se cioè desideriamo convertire un segnale che contenga frequenze fino a 20000 Hz, dovremo utilizzare una frequenza di campionamento di almeno 40000 Hz.

Se si tenta di convertire in digitale un segnale con una *sr* troppo bassa, si ha il fenomeno del *foldover* (ripiegamento): le componenti frequenziali che superano la metà della *sr* vengono *riflesse* al di sotto di questa. Per esempio, una componente frequenziale di 11000 Hz, convertita con una *sr* di 20000 Hz, darà luogo a una componente di *foldover* di 9000 Hz, non presente nel segnale analogico originale (vedi 6.B.1)

Un altro elemento che influisce sulla qualità della conversione è il numero di valori di ampiezza differenti che possono essere prodotti dal convertitore. Esso non potrà certamente produrre un numero infinito di cifre: tipicamente sarà espresso da un numero intero binario a 16 bit, che può esprimere solo numeri interi compresi nella gamma di valori che va da -32768 a +32767, quindi per un totale di 65535 valori di ampiezza differenti. Se usassimo invece numeri a 7 bit potremmo disporre solo di 127 valori di ampiezza differenti, con una pessima qualità audio (per maggiori particolari, vedi il par. 6.A.1). Per una buona qualità audio sono necessari almeno numeri interi binari a 16 bit. Esistono *standard* di qualità ancora migliore: per esempio il DVD (*digital versatile disk*) prevede codifiche a 16, 20 e 24 bit e frequenze di campionamento da 44100 Hz a 192000 Hz. Con 24 bit la gamma di valori va da -8388608 a +8388607 con 16777216 valori di ampiezza differenti.

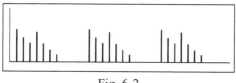

Fig. 6-2

Per quanto riguarda il processo inverso, la conversione digitale/analogica, valgono più o meno le medesime considerazioni. Dobbiamo però tenere presente che il segnale digitale convertito in analogico non è un segnale continuo, ma a gradini, che contiene più immagini dello spettro fondamentale, dette *alias*, e che sono ripetizioni dello spettro a frequenze più alte dovute alla distorsione armonica introdotta dai *gradini* (vedi fig. 6-2). Per evitare disturbi è necessario rimuovere queste immagini con un filtro analogico, che viene perciò detto *filtro anti-aliasing*. Si tratta di un filtro passabasso con frequenza di taglio pari alla massima frequenza audio che interessa, quindi, in genere

**fc = sr / 2**          (dove *fc* sta per *cutoff frequency*, o frequenza di taglio)

Poiché un filtro analogico non può avere una curva di taglio ideale (cioè lasciar passare immutate le frequenze desiderate e cancellare completamente le altre), e inoltre più è ripido e più introduce irregolarità nella risposta in frequenza (*ripple*) e distorsioni di fase, si preferisce oggi aumentare la frequenza di campionamento nel processo di conversione D/A, almeno quadruplicandola (*oversampling*), in modo tale da spostare a frequenze più alte le immagini degli spettri indesiderati, e in modo quindi da potere utilizzare filtri meno ripidi, che introducono pochissimo *ripple* e pochissima distorsione di fase (vedi fig. 6-3).

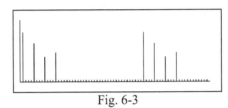

Fig. 6-3

## 6.3 SCHEDE AUDIO E FORMATO DEI *FILE* AUDIO

Alcuni *personal computer* hanno già costruito al loro interno un sistema per la registrazione e la riproduzione del suono, come per esempio il Macintosh. Altri hanno bisogno di schede audio aggiuntive, come la maggior parte dei PC. Sono disponibili sul mercato schede audio di differenti qualità, prestazioni e prezzi. Per quanto ci riguarda, gli unici aspetti importanti di una scheda audio sono le sue capacità di conversione analogico/digitale e digitale/analogica, ed eventualmente le sue capacità di interfacciarsi digitalmente con apparecchiature esterne. Non ci interessano quindi le capacità di sintesi presenti sulla scheda.

Le schede audio migliori in assoluto sono costituite da due parti: una scheda vera e propria, inserita all'interno del *computer*, e una unità di conversione (DAC e ADC) esterna. Questo perché l'interno di un *computer* è caratterizzato da un elevatissimo rumore elettrico, dovuto ai campi elettromagnetici generati dai percorsi di segnale (che si propagano a frequenze elevatissime, dell'ordine di centinaia di MHz), ed è quindi quasi impossibile trattare segnali analogici senza che questi vengano influenzati da disturbi. Esistono però anche schede di ottima qualità completamente interne, che ricorrono ad accorgimenti particolari, e soprattutto a una ingegnerizzazione particolarmente studiata.

Difficilmente i costruttori di schede a basso costo dichiarano le caratteristiche audio della parte DAC e ADC, poiché l'utilizzo prevalentemente ludico o multimediale non richiede livelli di qualità elevati. Le caratteristiche essenziali sono la *distorsione armonica* (che dovrebbe essere inferiore allo 0,5%) e il *rapporto segnale/rumore* (che dovrebbe essere di 85 dB o migliore).

Con il diffondersi di apparecchiature di registrazione audio digitali (DAT, ADAT, MiniDisc), diviene molto interessante poter disporre di ingressi e uscite digitali sulla scheda audio, che evitano il processo di doppia conversione del segnale (da digitale ad analogico in uscita, per esempio, dal *computer*, e nuovamente da analogico a digitale in ingresso al DAT) e garantiscono quindi il passaggio da un supporto all'altro senza alcuna degradazione del segnale. Naturalmente i due apparecchi devono utilizzare le stesse regole (*protocollo*) di comunicazione. Oggi esistono fondamentalmente due sistemi standard per la comunicazione di dati audio stereofonici: AES/EBU e S/PDIF. Lo standard AES/EBU è professionale, e utilizza connettori Cannon tripolari, mentre lo standard S/PDIF (*Sony/Philips Digital Interface Format*) utilizza o connettori coassiali (tipo RCA) o connettori ottici. Non è infrequente trovare nello stesso apparecchio ingressi e uscite sia AES/EBU che S/PDIF. Un altro sistema standard per la trasmissione di dati audio a 8 canali è il TOS link, su connettore ottico, comunemente chiamato ADAT, perché viene principalmente usato per lo scambio di dati fra *computer* e registratore digitale a 8 tracce, appunto ADAT.

Anche i formati per la codifica dell'audio sono differenti sulle diverse piattaforme *hardware* e *software*. Tutti usano il principio PCM (*Pulse Code Modulation*, modulazione a codifica di impulsi), ma differiscono per diversi particolari.

In ambiente **Win** lo standard è il formato wave, che in realtà è un sottoformato dello standard RIFF (*Resource Interchange File Format*, formato di *file* per lo scambio di risorse), e che prevede una intestazione (*header*), di almeno 44 byte, che contiene, fra l'altro, dati relativi all'identificazione, alla frequenza di campionamento, al numero di canali, al numero di bit per campione, e alla lunghezza dello spezzone di dati audio.

In ambiente Macintosh si usa il formato AIFF (*Audio Interchange File Format*, formato per lo scambio di *file* audio) o il formato SDII (*Sound Designer II*), che contengono dati analoghi.

In altri ambienti si trovano formati proprietari, come quello della SUN Microsystem, il cosiddetto formato IRCAM e altri.

È comunque sempre possibile convertire, con appositi programmi, un *file* audio da uno *standard* all'altro. Molti *editor* di *file* audio inoltre sono in grado di leggere e salvare *file* audio in formati diversi.

## 6.4 AUDIO PER APPLICAZIONI MULTIMEDIALI (CENNI)

Sempre maggiore importanza assumono le applicazioni multimediali, di cui l'audio è una parte essenziale. Anche nel campo multimediale esistono diversi standard per quanto riguarda l'audio, che in generale non sono gli stessi dell'audio professionale: diverse sono infatti le esigenze, per esempio lo spazio occupato.

I dati audio occupano una grande quantità di memoria di massa. Infatti, se consideriamo una *sr* di 44.100 Hz in stereofonia, ciascun secondo di suono occuperà

**2 Bytes \* 2 canali  \* 44100 campioni/sec = 176400 Bytes/sec**

quindi approssimativamente 10 MByte per ogni minuto di suono.

C'è anche da considerare che le esigenze di qualità nelle applicazioni multimediali spesso sono differenti da quelle dell'audio professionale. Frequentemente si usano campionamenti a 8 bit, con frequenze di campionamento di 22050 Hz.

Anche gli standard di codifica sono, come abbiamo accennato, differenti. Per esempio, nei filmati digitali si usa il formato AVI (*Audio Video Interleaved*, audio e video interlacciati), che alterna quadri video a spezzoni di audio, o lo standard *Real Audio*, introdotto per l'ascolto in tempo reale di audio via Internet.

Data la grande quantità di memoria necessaria per memorizzare dati audio, si stanno facendo grandi sforzi per trovare sistemi di compressione che consentano di ridurre la mole dei dati. I metodi cosiddetti *non distruttivi* (cioè quelli che sono in grado di decomprimere dati compressi in modo che corrispondano esattamente all'originale) non sono adatti in campo audio, perché consentono compressioni molto scarse. Si sono però sviluppati sistemi di tipo *distruttivo* (cioè nei quali i dati decompressi non corrispondono esattamente all'originale), che scartano una maggiore o minore quantità di dati che si ritengono poco significativi; l'utente è libero di scegliere fra compressioni basse (maggiore fedeltà) e compressioni alte (minore fedeltà). Fra questi sistemi quello di maggiore successo è lo MPEG (*Motion Picture Experts Group*), che per l'audio esiste in tre diversi formati, detti *Layer I, Layer II* e *Layer III* (quest'ultimo è il notissimo MP3), e che assicurano una limitata perdita di qualità pur permettendo compressioni dell'ordine di 10:1 (il *file* audio compresso è cioè di dimensioni pari a 1/10 di quelle del *file* originale).

# APPROFONDIMENTI

## 6.A.1 CONVERSIONE DIGITALE/ANALOGICA E ANALOGICO/DIGITALE

Supponiamo di convertire un segnale da analogico a digitale e vediamo che cosa succede al variare della frequenza di campionamento. In Fig. 6-A-1 essa viene progressivamente aumentata, e di conseguenza il periodo di campionamento viene ridotto; questo corrisponde a un gradino (o *step*) rispettivamente di 30 unità, di 10 unità e di 3 unità. È facile vedere come, al diminuire del periodo di campionamento, il segnale a gradini divenga sempre più simile al segnale analogico originale.

Ma quanto numerosi dovranno essere i gradini, o quale dovrà essere la frequenza di campionamento, per assicurare una corretta riproduzione del suono? Il *teorema di Nyquist* ci assicura che è sufficiente che la frequenza di campionamento sia *doppia* della massima frequenza che interessa riprodurre.

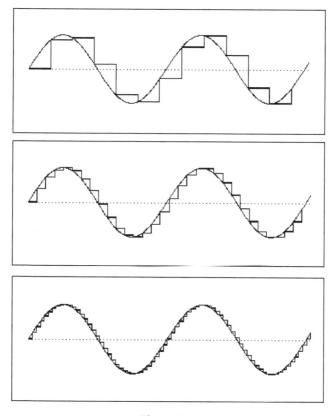

Fig. 6-A-1

Detta *fmax* questa frequenza, dunque, la frequenza di campionamento (*sr*) dovrà essere:

**sr >= 2\*fmax**

La frequenza pari alla metà della frequenza di campionamento è detta *frequenza di Nyquist*, ed è quindi la massima frequenza riproducibile.

Nel caso della banda audio, perciò, si adotteranno *sr* di almeno 40 kHz; in pratica, per motivi che tratteremo più oltre, è necessario che la *sr* sia leggermente più elevata di quella teorica. Nel caso del compact disc, ad esempio, si è adottata una *sr* di 44.1 kHz, mentre per il DAT essa è di 48 kHz.

La conversione analogico/digitale consiste nel trasformare una tensione elettrica in un segnale numerico, che esprima istante per istante (per ogni periodo di campionamento) il valore della tensione stessa. Il numero di cifre del valore numerico influisce sulla qualità del segnale, tipicamente sulla sua *gamma dinamica* e sul *rapporto segnale/rumore*. Si intende per *gamma dinamica* il rapporto fra l'ampiezza massima e l'ampiezza minima che è possibile rappresentare, mentre il *rapporto segnale/rumore* è il rapporto fra l'ampiezza massima rappresentabile e il rumore di fondo (in cui è possibile distinguere rumore *analogico* e rumore *digitale*). Il numero di cifre disponibili influenza anche la corretta rappresentazione del segnale.

Poiché non è possibile disporre di un numero infinito di cifre, la *precisione* del numero che esprime il valore di tensione è *limitata*. Questo fenomeno, che può dare luogo a imprecisioni nella conversione, viene detto *quantizzazione*. Il segnale digitale non è continuo, ma composto da gradini (nel caso di numeri a 16 bit, essi sono $32767*2+1$ [lo zero] $= 65535$), o *quanta* di valori.

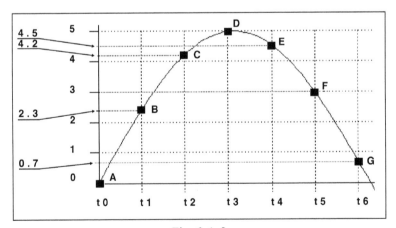

Fig. 6-A-2

Naturalmente, minore è il numero di bit del segnale digitale, maggiore sarà l'errore di quantizzazione. Ci si riferisca alla Fig. 6-A-2, in cui, per chiarezza, è mostrato il caso in cui i quanta siano solamente undici (da -5 a 5). Il segnale analogico è il semiperiodo positivo di una sinusoide, il cui valore di picco è 5, e sono stati contrassegnati con lettere maiuscole (da A a G) i punti misurati nei diversi istanti di campionamento.

Il punto A vale zero, e non pone problemi. Il punto B vale 2.3, ma essendo i valori più vicini o 2 o 3, viene approssimato a 2, con un errore del 15%. Riportiamo in tabella i valori veri, quelli quantizzati e l'errore corrispondente, percentuale e assoluto.

| Punto | Valore vero | Valore quant. | Errore (%) | Errore |
|-------|-------------|---------------|------------|--------|
| A | 0.0 | 0 | 0 | 0.0 |
| B | 2.3 | 2 | 15 | 0.3 |
| C | 4.2 | 4 | 10 | 0.2 |
| D | 5.0 | 5 | 0 | 0.0 |
| E | 4.5 | 4 | 11 | 0.5 |
| F | 3.0 | 3 | 0 | 0.0 |
| G | 0.7 | 1 | 30 | 0.3 |

Se consideriamo che l'aggiunta di un bit a un numero binario ne raddoppia la gamma di valori, ne consegue che ciò corrisponde a un aumento della gamma dinamica di 6 dB, dal momento che la gamma dinamica non è altro che l'estensione dal minimo al massimo valore rappresentabile. Allora un segnale digitale a 16 bit avrà una gamma dinamica di

**16 * 6 dB = 96 dB**

Riportiamo in tabella i valori della gamma dinamica per numeri binari di diversa lunghezza:

| **bits** | 8 | 12 | 16 | 18 | 20 | 24 |
|----------|---|----|----|----|----|----|
| **dB** | 48 | 72 | 96 | 108 | 120 | 144 |

Consideriamo perciò numeri a 16 bit. L'errore massimo di quantizzazione che si commette può essere di 1/2 bit su 16, equivalente a

**$(1/2) / 2^{16}$ = 0.5 / 65536 = 0.0008 %**

quindi di un'entità trascurabile in campo audio.

La conversione digitale/analogica non pone particolari problemi teorici. Va solamente notato che il DAC deve avere un tempo di conversione adeguato alla massima frequenza che interessa riprodurre, e soprattutto che tutti i bit devono essere convertiti allo stesso tempo.

## 6.B.1 *FOLDOVER*

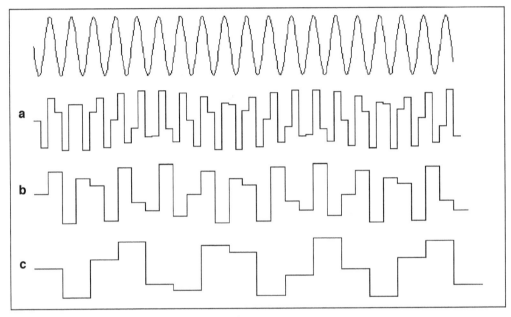

Fig. 6-B-1

Che cosa accade quando si tenta di convertire in digitale un segnale analogico che contenga frequenze superiori alla frequenza di Nyquist? Si faccia riferimento alla fig. 6-B-1, in cui viene illustrato il processo di conversione di un segnale analogico sinusoidale (in alto) in segnale digitale a gradini (a, b, c):

in *a*) la frequenza del segnale analogico è inferiore alla frequenza di Nyquist *((sr/2)/fmax = 8)*, e la conversione analogico/digitale avviene correttamente;

in *b*) la frequenza del segnale analogico è pari alla frequenza di Nyquist *(sr/2=fmax)*, e anche in questo caso si ha una conversione corretta;

in *c*) la frequenza del segnale analogico è superiore alla frequenza di Nyquist *((sr/2)/fmax = .75)*, e, come si può notare, il periodo del segnale a gradini generato è pari a tre volte il periodo del segnale sinusoidale analogico, il che significa che il segnale digitale ora ha una frequenza pari a un terzo del segnale originale.

Il fenomeno, detto *foldover* (ripiegamento), si spiega facilmente in termini intuitivi considerando che il campionamento avviene meno di due volte per ogni ciclo del segnale da convertire, e *cattura* perciò punti del segnale analogico che non riescono a ricostruirlo correttamente. Le frequenze superiori alla frequenza di Nyquist vengono perciò *riflesse* intorno a questa frequenza.

Ciò vale, naturalmente, non solo per i segnali sinusoidali, ma per qualsiasi componente di un segnale complesso. In Fig.6-B-2 è illustrato il caso di un segnale complesso di frequenza fondamentale pari a 2000 Hz: le linee continue rappresentano gli spettri risultanti, quelle tratteggiate le componenti originali, che non sono più presenti nel segnale convertito e quelle in grassetto le stesse componenti che vengono "riflesse" al di sotto della frequenza di Nyquist, in questo esempio pari a 22050 Hz. Per esempio, la frequenza di 24000 Hz (12ª armonica della fondamentale di 2000 Hz) è soggetta a *foldover* e diventa:

**22050 - (24000 - 22050) = 20100**

mentre la frequenza di 28000 Hz. (14ª armonica della fondamentale di 2000 Hz) diventa:

**22050 - (28000 - 22050) = 16100**

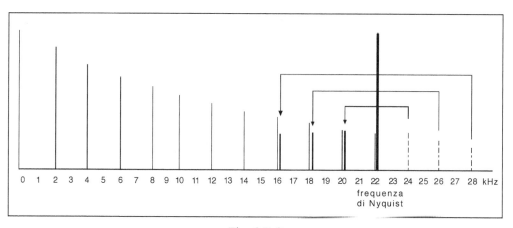

Fig. 6-B-2

A seconda della frequenza di conversione utilizzata, quindi, bisognerà accertarsi che il segnale analogico non contenga frequenze superiori alla frequenza di Nyquist (*sr/2*), ed eventualmente procedere a un filtraggio analogico (passa-basso) che rimuova le componenti indesiderate.

# 7

---

# I SUONI CAMPIONATI E LA LORO ELABORAZIONE

## 7.1 I SUONI CAMPIONATI E GLI *OPCODE SOUNDIN* E *DISKIN*

Per ascoltare un suono campionato possiamo usare l'*opcode soundin*, il quale non consente elaborazioni particolari ma è semplice da usare. L'*opcode soundin* è un generatore audio che prende i propri dati direttamente da un *file* audio preesistente, perciò nella partitura non avremo bisogno di scrivere una funzione, in quanto la forma d'onda è già quella del *file* audio. D'altra parte come argomenti non vengono indicati ampiezza e frequenza perché queste proverranno direttamente dal campionamento stesso.

Gli argomenti di *soundin* sono gli stessi per *file* audio monofonici, stereofonici o quadrifonici:

| variabile audio | *opcode* | nome del *file* audio | porzione iniziale del *file* da non leggere, in secondi [opzionale] | formato del *file* [opzionale] | commento |
|---|---|---|---|---|---|
| **a1** | **soundin** | **ifilcod** | **[, iskptim]** | **[, iformat]** | ; mono |
| **a1, a2** | **soundin** | **ifilcod** | **[, iskptim]** | **[, iformat]** | ; stereo |
| **a1,..., a4** | **soundin** | **ifilcod** | **[, iskptim]** | **[, iformat]** | ; quad |

Il primo argomento, l'unico obbligatorio, conterrà il nome del *file* da leggere:

```
a1     soundin "tappo.wav"            ;il nome del file va scritto fra virgolette
```

Un'orchestra e una *score* semplici possono essere:

```
;soundin.orc
        sr        = 44100
        kr        = 4410
        ksmps     = 10
        nchnls    = 1
        instr     1
a1      soundin   "voce.wav"
        out a1
        endin


;soundin.sco
i1      0   5
```

Il *file* viene cercato dapprima nella cartella corrente, cioè quella in cui stiamo lavorando, poi nella SSDIR e poi nella SFDIR (se sono state specificate) (vedi par. 1.17). Si può anche indicare il percorso se il *file* audio è in una cartella diversa.

```
a1      soundin "c:/corks/tappo.wav"        ;percorso e nome del file vanno scritti fra virgolette
```

In **Win** a partire dalla versione 3.50 in poi, viene usata, come divisione nell'indicazione del percorso, la barra normale o *slash* (/) invece della barra inversa o *backslash* (\). Quest'ultimo simbolo ha infatti assunto il significato di *continuazione di linea*. Nel caso di linee molto lunghe, sia nell'orchestra sia nella *score*, è possibile spezzarle nell'*editor* ma farle considerare a Csound come linea unica. Per esempio la riga:

```
f1   0   4096   10   1   2   3   4   5   6   7   8   9   10
```

può essere scritta come:

```
f1   0   4096   10   1   2   3   \
4   5   6   7   8   9   10
```

Un *file* audio può anche essere indicato mediante un numero intero; in **Win** il numero sarà dunque l'estensione del nome *soundin*.

```
a1      soundin    12            ; questa istruzione legge il file soundin.12
```

Consideriamo ora l'argomento *skiptime* (opzionale). Supponiamo che un nostro *file* audio contenga una voce che dice la parola "tarlo". Se vogliamo leggerlo per intero indicheremo solo il nome del *file*, senza aggiungere altro, dato che il valore di *default* per l'argomento *skiptime* è 0, che significa "leggi il *file* dall'inizio". Supponiamo però di volere leggere solo il frammento "arlo" escludendo la "t" . Se questa "t" dura .1 secondi possiamo scrivere

```
a1      soundin "tarlo.wav", .1     ; così viene letto solo il frammento "arlo"
```

Il terzo argomento (*iformat*) anch'esso opzionale non serve quasi mai, infatti qui si possono specificare le caratteristiche in caso di *file* senza *header*.

Possiamo scrivere quanti *opcode soundin* vogliamo all'interno di uno strumento o di un'orchestra, limitatamente alle capacità della versione di Csound utilizzata e delle impostazioni generali del sistema operativo. Tali *opcode* possono leggere *file* diversi o lo stesso *file* audio (magari con *skiptime* diversi).

Per esempio:

```
;soundin2.orc
        sr      = 44100
        kr      = 4410
        ksmps   = 10
        nchnls  = 1
        instr   1
a1      soundin     "luna.wav"
a2      soundin     "voce.wav"
aout    =   (a1 + a2) * 0.5            ;si moltiplica per 0.5 per attenuare l'ampiezza
                                       ;totale data dalla somma di due segnali, per evitare
                                       ;un'ampiezza di uscita eccessiva

        out aout
        endin
        instr   2
a1      soundin     "voce.wav"
a2      soundin     "voce.wav", 1
a3      soundin     "voce.wav", 2
kenv    linen   1, .1, p3, .1          ;l'inviluppo serve per eliminare eventuali
                                       ;"click" dovuti alla lettura del file quando
                                       ;il tempo di inizio lettura (skiptime)
                                       ;coincide con un punto in cui non c'e' silenzio
aout    =   (a1 + a2 + a3) * 0.33 * kenv   ;si moltiplica per 0.33 per attenuare l'ampiezza
```

```
                    ;totale data dalla somma di due segnali, per
                    ;evitare un'ampiezza di uscita eccessiva

        out aout
        endin


;soundin2.sco
i1      0   5
i2      5.5 5
```

Si noti, nello strumento 2, l'uso dell'inviluppo *kenv*: i *file* audio che leggiamo con *soundin* hanno già una loro ampiezza. Se vogliamo variarne l'ampiezza (e l'inviluppo è una forma di variazione dinamica dell'ampiezza) dovremo moltiplicare l'ampiezza di questi segnali per un certo fattore, che può essere una costante o una variabile (in questo caso *kenv*, variabile di controllo). Se la costante per la quale moltiplichiamo è pari a 1 (uno), non vi sarà variazione di ampiezza; se è minore di 1, l'ampiezza verrà ridotta; se è maggiore di 1, l'ampiezza verrà aumentata. Nel caso di *kenv*, il suo valore massimo è appunto pari a 1, e quindi l'ampiezza massima dei suoni letti da *soundin* non viene modificata: viene semplicemente applicato un inviluppo con tempi di attacco e di estinzione di 0.1 sec.

Attenzione, *soundin* non può essere reinizializzato (vedi 17.3).

***ESERCIZIO 1:***     *Creare un filtro passabanda che utilizzi come segnale d'ingresso un* file *audio.*

***ESERCIZIO 2:***     *Creato uno strumento che legga un* file *audio tramite* soundin, *assegnare lo* skiptime *al p4 della score e creare una score in cui per ogni nota il* file *sia letto da un punto diverso. Provare successivamente, avendo misurato la durata del* file *audio, a creare note con durata più breve di quella del* file *stesso, in modo da troncare il suono prima che esso sia terminato.*

L'*opcode diskin* è simile a *soundin*, ma consente di leggere il *file* a velocità diversa, per moto retrogrado e di realizzare *loop* (ripetizioni cicliche) semplici. La sua sintassi è la seguente:

**a1[,a2[,a3,a4]]     diskin     ifilcod, kpitch[,iskiptim][, iwraparound] [,iformat]**

| | |
|---|---|
| *ifilcod* | nome del *file*: funziona esattamente come per *soundin* |
| *kpitch* | si tratta di un rapporto fra la frequenza desiderata e quella del *file* audio: |

con *kpitch* = 1   il *file* sarà letto senza variazioni

*con kpitch* = 2     il *file* verrà letto al doppio della velocità ed una ottava sopra
*con kpitch* = .5     il *file* verrà letto alla metà della velocità ed una ottava sotto
se a *kpitch* viene dato un numero negativo il *file* verrà letto dalla fine all'inizio (dall'estinzione all'attacco)
*con kpitch* = 3     il *file* verrà letto una dodicesima sopra
con *kpitch*= -2     il *file* verrà letto al doppio della velocità ed una ottava sopra e dall'ultimo campione verso il primo

Per gli altri rapporti può essere utile consultare la tabella di corrispondenza fra semitoni e rapporti di frequenza in appendice al Cap. 8.
Si possono anche realizzare glissandi con *kpitch* variabile.

| | |
|---|---|
| *iskiptim* | (opzionale) funziona esattamente come per *soundin* |
| *iwraparound* | (opzionale) è utile per realizzare un *loop* semplice, quando ha finito di leggere il *file*; se la nota è più lunga del *file* audio, la lettura ricomincia da capo (se *kpitch* era negativo appena arriva all'inizio del *file* ricomincia dalla fine). Questo argomento accetta solo i valori 1=acceso oppure 0=spento. In questo secondo caso non ci sarà *loop*, come nell'*opcode soundin*. |
| *iformat* | (opzionale) funziona esattamente come per *soundin* |

Alcuni esempi di uso di *diskin*:

```
;diskin.orc
        sr     = 44100
        kr     = 4410
        ksmps = 10
        nchnls = 1
        instr   1
iskip   =  0                    ;inizia a leggere il file dal principio
iwrap   =  1                    ;lettura in loop
kpitch  line 1, p3, 2           ;aumento della velocita' di lettura
                                ;con glissando dall'originale a ottava sopra
a1      diskin  "voce.wav", kpitch, iskip, iwrap
        out a1
        endin
        instr   2
iskip   =  0                    ;inizia a leggere il file dal principio
iwrap   =  1                    ;lettura in loop
```

```
kpitch  line p4, p3, p5          ;p4: velocita' di lettura a inizio nota
                                 ;p5: velocita' di lettura a fine nota
                                 ;kpitch: variabile di controllo che definisce
                                 ;la velocita' di lettura
a1      diskin  "archi.wav", kpitch, iskip, iwrap
        out a1
        endin


        instr   3
a1      diskin  "archi.wav", .5
kenv    linen   1, .01, p3, .1
        out a1 * kenv
        endin
```

```
;diskin.sco
i1      0   10.5                 ;lettura ciclica di "voce.wav" con
                                 ;aumento della velocita' di lettura
                                 ;glissando dall'originale a ottava sopra
s                                ;fine sezione (vedi par.1.15)
;strum  act durata  vel. vel.
;                   inizio fine
;                   nota  nota
i2      0   3.11    1    1        ;lettura normale
i2      4   12.4    1    .5       ;glissando da normale a ottava sotto (3 ripetizioni)
i2      17  3.1    -1   -1        ;lettura retrograda
s
;strum  act durata
i3      0   1.48                  ;legge i primi 0.79 sec del file a velocità dimezzata...
i3      +   .                     ;...per quattro volte
i3      +   .
i3      +   .
```

*diskin*, come *soundin*, non può essere reinizializzato (vedi 17.3).

## 7.2 TRASFERIMENTO DEI DATI DI UN *FILE* AUDIO IN UNA TABELLA: GEN 01

Un altro modo per "suonare" un *file* audio è quello di importarlo in una tabella e usare poi l'*opcode loscil* per riprodurre, variandolo, i campioni contenuti in questa tabella. In questo paragrafo e nel successivo vedremo come.

Facciamo subito un esempio di orchestra e *score*:

```
;loscil.orc
        sr      = 44100
        kr      = 4410
        ksmps = 10
        nchnls = 1
        instr   1
ifrq    =   cpspch(p5)          ;conversione da pitch a hertz
iamp    =   ampdb(p4)           ;conversione da deciBel ad ampiezza assoluta
a1      loscil  iamp, ifrq, 1, 220   ;loscil "suona" il file "piano.wav", di frequenza
                                     ;fondamentale 220 Hz, importato nella tabella 1

        out a1
        endin
;loscil.sco
;n      creat   dimGEN   nome file   skip    formato canale
f1      0   0   1   "piano.wav"0   0   0
;strum  act dur dB  pitch
i1      0   3   80  8
i1      +   3   80  8.02
i1      +   3   80  8.03
```

La GEN01 serve a trasferire i dati da un *file* audio in una tabella. Questo trasferimento consente di eseguire sul *file* operazioni impensabili con *diskin*, in quanto la forma d'onda disponibile in tabella non rimane fissa come in *diskin*, ma diventa solo un modello che può essere utilizzato in molti modi, per esempio, nel caso più semplice, per "suonarlo" con punti di *loop* a piacere.

Quando si importa un *file* audio in una tabella, una copia dei campioni viene importata nella RAM del *computer*. Al contrario, nel caso di *soundin* e *diskin*, si accede direttamente al *file* sull'*hard disk*. Un vantaggio dell'importazione in tabella è che i valori delle ampiezze istantanee del *file* audio, una volta importati in tabella, possono essere riscalati tutti secondo la stessa proporzione in modo tale che l'ampiezza massima sia compresa fra –1 e 1. Ciò consente poi di indicare facilmente l'ampiezza voluta (ad esempio 10000) senza dover sapere qual'era l'ampiezza massima del *file* audio e senza dovere poi ricorrere ai moltiplicatori di ampiezza, come nel caso di *soundin* e *diskin*.

| n° funz | creation | dimensione | GEN | nome file | skip | formato | canale |
|---|---|---|---|---|---|---|---|
| **f #** | **time** | **(size)** | **(1)** | **(filcod)** | **(skiptime)** | **(format)** | **(channel)** |

Dopo aver specificato come al solito il numero di funzione e il tempo di creazione della tabella, ci troviamo a scrivere la dimensione. Se scriviamo zero, la tabella sarà creata con una dimensione pari al numero di campioni contenuti nel *file*, senza dover fare troppi calcoli.[1]

Dopo il numero di GEN e il nome del *file* (sempre fra virgolette), vi sono lo *skiptime* e il formato (come in *soundin*, ma qui sono obbligatori) e il numero di canale del *file* audio da trasferire nella tabella. In genere per il formato e il numero di canale si scrive 0, cioè "leggi il formato dall'*header* del *file*" e "leggi tutti i canali". Perciò con GEN01 si possono generare tabelle sia monofoniche, sia stereofoniche.

La lettura termina alla fine del *file* o quando la tabella è piena. Se la tabella è più lunga di quanto richiesto dal *file* le locazioni non utilizzate conterranno zeri fino al riempimento della tabella. Se viene specificata una tabella di lunghezza zero (*deferred allocation*), Csound calcolerà la lunghezza necessaria per leggere l'intero *file,* ma in questo caso la tabella sarà utilizzabile solo da alcuni *opcode*, come *loscil* (vedi par. 7.3).

Se il numero di GEN viene indicato come negativo (-1) non ci sarà riscalamento, se il numero è 1 la tabella verrà riscalata ad un valore assoluto massimo di 1. Nel primo caso, per la modifica dell'ampiezza si userà in orchestra un adatto fattore di moltiplicazione, maggiore di uno per aumentarla, minore di uno per diminuirla; nel secondo caso si utilizzeranno valori assoluti di ampiezza, come di consueto.

Esempi:

```
f 1 0 0 -1 "tarlo.wav" 0 0 0
```

In questo caso trasferiamo in tabella tutto il *file* "tarlo.wav" senza riscalamento, e con allocazione differita.

```
f 2 0 16384 1 14 1 0 0
```

In questa seconda tabella trasferiamo il *file* "soundin.14" con una pre-allocazione di 16384 punti e saltando il primo secondo di suono (*skiptime*=1). Da notare che per riferirci al *file* audio "soundin.14" è sufficiente indicare solo il numero (vedi par.7.1).

## 7.3 LETTURA DI UN *FILE* AUDIO IMPORTATO IN UNA TABELLA: *LOSCIL*

L'*opcode loscil* (mono o stereo) legge un *file* audio importato in una tabella.

Questo *opcode* consente di eseguire alcune delle stesse operazioni di base di un campionatore commerciale, cioè leggere il *file* audio cambiando ampiezza, frequenza e

---

[1] In realtà la dimensione della tabella sarà pari alla potenza di 2 immediatamente maggiore del numero di campioni (per esempio, se il *file* è costituito da 20000 campioni, la tabella avrà dimensione 32768). Ma gli *opcode* in grado di usare questo tipo di tabella si comportano come se la sua dimensione fosse pari al numero di campioni letti dal *file*.

punti di *loop* (cioè i punti di inizio e fine di una porzione del *file* che verrà poi letta in modo circolare finché non finisce la nota). Ciò che però in genere un campionatore non può fare è di rendere dinamici i parametri della frequenza e dell'ampiezza determinandone in modo preciso le variazioni durante la lettura del *file*. Ad esempio con *loscil* si può far glissare il suono da un'altezza all'altra durante la lettura del campionamento mutandone l'inviluppo allo stesso tempo (e magari filtrandolo in modo dinamico con un passa-banda etc.).

Vediamo la sintassi di *loscil*:

**ar1 [,ar2]    loscil  xamp, kcps, ifn , ibas [, imod1, ibeg1, iend1] [,imod2, ibeg2, iend2]**

| | |
|---|---|
| *ar1[, ar2]* | variabili audio di uscita (una se la tabella contiene un *file* monofonico, due se contiene un *file* stereo) |
| *xamp* | ampiezza |
| *kcps* | frequenza desiderata |
| *ifn* | numero della tabella che contiene la forma d'onda; è bene usare tabelle riscalate |
| *ibas* | frequenza originale del *file* campionato (vedi sotto) |
| *imod1* | modo di *loop* per la fase di *sustain*: 0 = nessun *loop*; 1 = *loop* semplice; = *loop* di tipo "avanti/indietro" |
| *ibeg1* | numero del campione dal quale fare iniziare il *loop* di *sustain* |
| *iend1* | numero del campione dal quale fare terminare il *loop* di *sustain* |
| *imod2* | modo di *loop* per la fase di *release*: 0 = nessun *loop*; 1 = *loop* semplice; 2 = *loop* di tipo "avanti/indietro" |
| *ibeg2* | numero del campione dal quale fare iniziare il *loop* di *release* |
| *iend2* | numero del campione dal quale fare terminare il *loop* di *release* |

Dopo aver indicato il nome di una o più variabili audio, l'*opcode loscil*, e gli argomenti principali (ampiezza, frequenza e funzione), troviamo un argomento chiamato frequenza originale o frequenza di base. Vi sono poi due gruppi di argomenti, che sono opzionali in ogni caso, che riguardano i possibili *loop*.

Vediamo l'uso di questi argomenti:

*ibas*   il suono che vogliamo leggere in molti casi può avere una frequenza fondamentale riconoscibile. Se noi la indichiamo in questo argomento (esistono diversi *software* in grado di analizzare un *file* audio e di ricavarne la frequenza fondamentale), ciò ci consentirà di "intonare" poi tale frequenza in ogni nota generata da Csound. Per esempio, se diamo una indicazione precisa della frequenza di base, quando la frequenza desiderata assume il valore 440 Hz, Csound calcolerà il rapporto che c'è fra la frequenza di base del *file* audio e la frequenza desiderata, e ci restituirà il *file* intonandolo proprio sul LA sopra il DO centrale (440 Hz). Nei *file* AIFF, in cui la frequenza di base può essere presente nello *header* del *file* audio, l'argomento *ibas* diventa opzionale: se non lo scriviamo, Csound considererà come valida la frequenza di base letta nello *header* (se esiste); se invece lo scriviamo, la frequenza di base sarà quella indicata da noi.

Vediamo un esempio di possibile errore: supponiamo di avere letto nella tabella n.1 un LA di 220 Hz di tromba, cioè il LA sotto il DO centrale, e di volere far generare a Csound le note DO centrale-RE-MI con quel suono di tromba.

La *score* sarà perciò:

```
i1    0    1    80    8
i1    +    1    80    8.02
i1    +    1    80    8.04
```

Se in *loscil* attribuiamo a *ibas* (sbagliando!) il valore di frequenza del SOL sopra il DO centrale (392 Hz):

```
a1    loscil    iamp, ifrq, 1, 392
```

il risultato non sarà quello atteso, ma Csound genererà le note Sib-DO-RE. Perché? Perché Csound "intona" il *file* audio sulla base delle informazioni che noi gli abbiamo dato, cioè in base al rapporto fra frequenza desiderata e frequenza di base. Se la frequenza di base non è quella giusta, Csound produce risultati che non sono quelli che ci attendevamo.

È necessario comunque fare attenzione alla determinazione della frequenza contenuta nei *file* AIFF, perché a volte non ha un esatto riscontro con la percezione uditiva, in particolare nel caso di suoni con molte componenti inarmoniche. Ascoltare e misurare, cioè **far interagire percezione uditiva e conoscenza** è il metodo migliore per determinare una frequenza di base.

Che cosa sono e a che cosa servono i *loop* di *sustain* e di *release*? Il *loop* di *sustain* serve a prolungare la durata della fase di costanza o *sustain* del suono mediante la ripetizione di un frammento del *file* stesso, di cui possiamo stabilire l'inizio e la fine tramite gli argomenti *ibeg1* e *iend1*. Il *loop* di *relea*se serve a prolungare la sola fase finale del suono, cioè quella di estinzione o *release* appunto, dopo il termine della nota (vedi par.7.4).

Vediamo come si determinano le caratteristiche dei *loop*. Torniamo al nostro *file* audio "tarlo.wav". Supponiamo che il suono intero duri un secondo e che sia campionato a 44100 Hz. Ciò significa che il *file* audio contiene 44100 campioni.

Supponiamo di volere una nota di 5 secondi. In condizioni normali (cioè senza *loop*) Csound leggerà il suono "tarlo" seguito da una pausa di 4 secondi. Se vogliamo che il suono venga ripetuto così com'è per tutta la durata della nota basterà indicare:

atarloloop   loscil   10000, 150, 1, 150, 1, 0, 44100

Abbiamo indicato, dopo ampiezza, frequenza, funzione e frequenza di base, il valore 1 per indicare il modo di *loop* che vogliamo, e i punti di inizio e di fine (0 e 44100) del *loop*. Con la nostra nota di 5 secondi ascolteremo:

0   1   2   3   4   5   sec.
"tarlotarlotarlotarlotarlo"

perché il *file* audio viene ripetuto interamente per altre 4 volte dopo la prima.

Supponiamo ora che la parte del suono che vogliamo far ripetere dopo la prima lettura completa sia "rlo" e che questa parte duri 1/2 secondo. Inseriamo un *loop* con inizio al 22051° campione e fine al 44100°:

atarloloop     loscil    10000,    150,    1,    150,    1,    22051,    44100

Con la nostra nota di 5 secondi ascolteremo:

0   1   2   3   4   5   sec.
"tarlorlorlorlorlorlorlorlorlo"

perché la porzione del *file* audio viene ripetuta finché non finisce la nota.

Ovviamente *iend* può essere posto prima della fine del *file* audio. Come si fa però a determinare quali sono il campione di inizio e quello di fine? Basta un *editor* qualunque di *file* audio, che in genere ci consente di vedere la forma d'onda e cliccare sui punti che ci interessano indicando il numero di campione di inizio e quello di fine.

C'è un altro tipo di *loop* che possiamo utilizzare se indichiamo il valore 2 nell'argomento *imod1*, quello "avanti / indietro":

atarloloop     loscil    10000,    150,    1,    150,    2,    22051,    44100

Con la nostra nota di 5 secondi ascolteremo:

0   1   2   3   4   5   sec.
"tarlorloolrrloolrrloolrrloolr"

cioè la porzione del *file* audio viene ripetuta una volta in avanti e una volta indietro finché non finisce la nota.

Il secondo gruppo di argomenti di *loop* (*imod2, ibeg2, iend2*) si riferisce a un secondo *loop* che entra in funzione durante il *release*, cioè a nota terminata. Come si fa a determinare un *release* dopo il termine delle note? Il prossimo paragrafo è dedicato a questo tema.

## 7.4 *RELEASE* DOPO IL TERMINE DELLE NOTE E *RELEASE LOOP*

L'*opcode linenr* contiene un sensore di fine nota e la capacità di estendere una nota oltre tale limite tramite un *release*.[1]

La sintassi di *linenr* è:

| k1 | linenr | kamp, irise, idec, iatdec |
|----|--------|---------------------------|
| a1 | linenr | xamp, irise, idec, iatdec |

| | |
|--------|--------|
| *irise* | tempo di attacco |
| *idec* | tempo di *decay* |
| *iatdec* | valore al quale tende il *decay*, in genere dell'ordine di .01. Zero o valori negativi sono illegali. |
| *linenr* | è un *opcode* unico in Csound, perché contiene un sensore di *note-off* e un estensore di tempo di *release*. Se nello stesso strumento vi sono due o più *linenr*, l'estensione avviene al valore di *idec* maggiore. |

Sperimentiamo l'uso di *linenr* con l'orchestra *linenr.csd*; il formato è CSD: si tratta di un unico *file* che contiene *flags*, orchestra e *score* (vedi par. 1.B.1). La *score* non contiene alcuna nota: queste vengono fornite dal *file* MIDI *bach.mid*. Tratteremo dell'uso di Csound con MIDI nel Cap.9. Per ora ci si può limitare a eseguire questo *file* con Csound per ascoltare la differenza fra note senza *release* (prima parte, strumento 1) e note con *release* realizzato tramite *linenr* (seconda parte, strumento 2). Sarà possibile comprendere appieno questa orchestra solo dopo avere studiato il Cap.9.

```
;;linenr.csd
<CsoundSynthesizer>
<CsOptions>
;"suoniamo" l'orchestra con il file "bach.mid"
-W -olinenr.wav -Fbach.mid
</CsOptions>
<CsInstruments>
```

---

[1] In Csound *linenr* funziona solamente quando la nota viene attivata da un evento MIDI, quindi da un *file* MIDI o da un dispositivo di controllo MIDI.

```
;orchestra
        sr      =   44100
        kr      =   4410
        ksmps  =   10
        nchnls =   1
        instr   1
ifrq    cpsmidi
iamp    ampmidi    10000
kenv    linenr  iamp, .01, 0, .01           ;al "noteoff" cioè alla fine della nota, il suono
                                            ;si interrompe (idec=0)
aout    oscil   kenv, ifrq, 1
        out aout
        endin
        instr   2
ifrq    cpsmidi
iamp    ampmidi    10000
kenv    linenr  iamp, .01, 2, .01           ;al "noteoff" cioè alla fine della nota, linenr
                                            ;la estende di altri due secondi (idec=2)
aout    oscil   kenv, ifrq, 1
        out aout
        endin
</CsInstruments>
<CsScore>
;score
f1      0    4096    10      1
f0      26   ;Csound rimane attivo per 26 secondi
</CsScore>
</CsoundSynthesizer>
```

Sintetizziamo il suono, e notiamo che le note si sovrappongono, anche se nella partitura una nota inizia quando è finita la precedente.

Riprendiamo le prime quattro note (distanziate) dell'esempio precedente, contenute questa volta nel *file oboe.mid*, e modifichiamo l'orchestra in modo da usare il solo *loop* di *release*:

```
;loscil1.csd
<CsoundSynthesizer>
<CsOptions>
;flags
-W -ooboe.wav -Foboe.mid
```

```
</CsOptions>
<CsInstruments>
;orchestra
        sr    = 44100
        kr    = 4410
        ksmp  = 10
        nchnls = 1
        instr  1
ifrq    cpsmidi
iamp    ampmidi   10000
kenv    linenr  iamp, .001, 1.5, .01
;                               sustain   inizio  fine   release   inizio   fine
;                               loop off  loop    loop   loop on   loop     loop
a1      loscil  kenv, ifrq, 1, 220, 0,     0      , 3    , 1,       142148, 149221
        out a1
        endin
</CsInstruments>
<CsScore>
;score
f1      0  0  1  "oboedo3.wav" 0  0  0
f0      15
</CsScore>
</CsoundSynthesizer>
```

Abbiamo cioè aggiunto i tre argomenti che riguardano il *loop* di *release* (1, 142148, 149221), chiedendo a Csound di attuare una estensione della nota di 1.5 secondi, nel quale avviene questo *loop*. Il *loop* di *sustain* qui non viene utilizzato.

È anche possibile utilizzare *oscil* con la GEN01, ma bisogna fare molta attenzione: infatti *oscil* si aspetta di trovare una tabella che contenga un solo ciclo del suono, mentre una tabella riempita con la GEN01 ne conterrà, normalmente, più di uno. Allora, se per esempio abbiamo riempito la tabella numero 1 con un *file* audio contenente una nota di flauto, costituita, supponiamo, da 300 cicli di suono, dovremo dividere la frequenza indicata in *oscil* per il numero di cicli contenuti nella tabella, per ottenere un ciclo.

---

*TIPS & TRICKS: per trovare il numero di cicli da cui è costituito un suono immagazzinato in un file Wave monofonico, nella maggior parte dei casi si può usare la seguente formula: cicli = (lunghezza del file in bytes-44) / frequenza di campionamento * frequenza del suono / 2*

## 7.5 L'*OPCODE FOLLOW*

L'*opcode follow* serve per estrarre l'inviluppo da un *file* esterno ed applicarlo ad un altro suono. La sua sintassi è:

**asig        follow        ain,        idt**

    *ain*    segnale in ingresso
    *idt*    periodo del quale viene misurata l'ampiezza
    *asig*    segnale di uscita, che conterrà quindi i valori dell'inviluppo di *ain*.

In questo esempio di orchestra:

```
;follow.orc
        sr    =  44100
        kr    =  4410
        ksmps =  10
        nchnls = 1

        instr    1
ifrq  =          cpspch(p5)
ain   soundin    "voce.wav"       ;ingresso del file esterno
aenv  follow     ain, .002        ;estrazione dell'inviluppo ogni 2/1000 di sec
aenv1 tone       aenv, 50         ;filtraggio passabasso 10 Hz per "arrotondare" il segnale
kenv  downsamp   aenv1            ;sottocampionamento per trasformare una variabile
                                  ;di tipo a in una variabile di tipo k
a1    oscil      kenv, ifrq, 1    ;sua applicazione all'ingresso di amp dell'oscil
      out        a1
      endin
```

e con la partitura:

```
;follow.sco
f1    0     4096   10    1
i1    0     3      0     8
```

si applica l'inviluppo di ampiezza estratto da un *file* audio (in questo caso "voce.wav") a un oscillatore sinusoidale.

## 7.6 *LIMIT* E *ILIMIT*

Un ultimo *opcode* che permette di modificare, fra l'altro, suoni campionati è *limit*. La sua sintassi è:

**a1     limit  asig, klow, khigh**

in cui:

| | |
|---|---|
| *a1* | segnale di uscita |
| *asig* | segnale di ingresso |
| *klow* e *khigh* | valori inferiore e superiore di ampiezza ai quali viene limitato il segnale di ingresso. |

Se *asig* ha ampiezza inferiore a *klow*, la sua ampiezza viene posta uguale a *klow*. Se *asig* ha ampiezza superiore a *khigh*, la sua ampiezza viene posta uguale a *khigh*. In altre parole, si ottiene un *clipping* del segnale, con conseguente distorsione.

Esistono anche gli *opcode* relativi a segnali di tipo *i* e di tipo *k*:

**i1     ilimit     isig, ilow, ihigh**
**k1     limit      ksig, klow, khigh**

che svolgono la stessa funzione.

Questi *opcode* operano una distorsione armonica del segnale in ingresso, aggiungendo armoniche dispari, in modo simile ai distorsori per chitarra elettrica introdotti negli anni '60.

Sperimentiamo questa orchestra:

```
;limit.orc
        sr     =  44100
        kr     =  4410
        ksmps  =  10
        nchnls =  1
        instr     1
ifrq           =  cpspch(p5)
iamp           =  ampdb(p4)
kenv   linseg     0, .01, iamp, p3-.01, 0    ;generiamo un inviluppo triangolare...
a1     oscil      kenv, ifrq, 1              ;...e un suono
krms   rms        a1                         ;misuriamone l'ampiezza efficace
```

```
a2    limit      a1, -p6, p6              ;limitiamolo fra -p6 e +p6...
a3    gain       a2, krms                 ;...e riportiamo l'ampiezza efficace al livello originale
      out   a3
      endin
```

con questa partitura:

```
;limit.sco
f1      0      4096   10      1  .5  .4  .3  .2  .1
;instr  act    dur    dB      pch    limit
i1      0      .9     90      8      30000
i1      1      .      .       .      20000
i1      2      .      .       .      10000
i1      3      .      .       .      5000
i1      4      .      .       .      1000
```

Notiamo che quanto più basso è il livello di limitazione (p6), tanto più distorto è il suono.

## LISTA DEGLI *OPCODE*

| | | |
|---|---|---|
| a1[,a2][,a3,a4] | soundin | nomefile [,tempo_di_inizio_lettura] [, formato] |
| a1[,a2][,a3,a4] | diskin | nomefile, frequenza, [,tempo_di_inizio_lettura] [, lettura_circolare][, formato] |
| a1 | loscil | amp, freq, tabella [, frequenza_di_base][modo_di_sustain_loop, inizio_loop, fine_loop] [modo_di_decay_loop, inizio_loop, fine_loop] |
| k1 | linenr | ampiezza, attacco, decay, forma_decay |
| a1 | linenr | ampiezza, attacco, decay, forma_decay |
| a1 | follow | segnale, periodo_di_misura |
| a1 | limit | segnale, limite_inferiore, limite_superiore |
| k1 | limit | ksegnale, limite_inferiore, limite_superiore |
| i1 | ilimit | segnale, limite_inferiore, limite_superiore |

# 8

## ANALISI E RISINTESI

### 8.1 INTRODUZIONE

Uno dei metodi più interessanti per l'elaborazione di un suono è quello dell'analisi e risintesi.

Vediamo a grandi linee come si svolge il processo:

1) Un *sound file* viene analizzato tramite un programma per l'analisi. I risultati vengono posti in un *file* di analisi.
2) Il *file* di analisi può essere modificato in modo che alcune caratteristiche del suono non corrispondano più a quelle originali.
3) Questo *file* di analisi viene ora utilizzato come base per risintetizzare il suono, cioè in questa fase ritorniamo da un *file* di analisi ad un *sound file*. Il nuovo suono conterrà anche le eventuali modifiche che abbiamo apportato nel *file* di analisi.

Questo tipo di elaborazione consente per esempio di allungare o abbreviare la durata di un suono senza modificarne la frequenza, o di cambiare la frequenza del suono senza modificarne la durata. Le elaborazioni possono avvenire in modo dinamico (con accelerazioni, glissandi etc.). A seconda del tipo di metodo si può agire in modi diversi sul *file* di analisi per modificarlo e si possono ottenere elaborazioni del suono molto varie e interessanti.

I metodi di analisi e risintesi sono numerosi, ma noi ci concentreremo solo su questi tre, perché sono quelli possibili con Csound:

| tipo di analisi | programma di analisi | tipo di *file* di analisi | metodo di risintesi | *opcode* Csound per la risintesi |
|---|---|---|---|---|
| *phase vocoder* (basata su FFT) | *pvanal* | fft (**Win**) o pv (**Mac**) | phase vocoder (basato su FFT inversa) | *pvoc* |
| analisi con filtro a eterodina | *hetro* | het | a banco di oscillatori o risintesi additiva (sinusoidale) | *adsyn* |
| LPC (Predizione Lineare ) | *lpanal* | lpc | a banco di filtri | *lpread/lpreson* |

Il *phase vocoder* è ormai usato in modo diffuso come metodo di analisi e risintesi anche in vari programmi commerciali per l'elaborazione del suono. In questi programmi troverete solo finestre in cui vi si chiede di fissare il valore dei vari parametri senza spiegarvi l'effetto di tali scelte. Nel prossimo paragrafo spiegheremo la teoria che vi sarà utile per il *phase vocoder* di Csound ma anche per capire meglio gli altri *phase vocoder*.

## 8.2 IL *PHASE VOCODER*: L'ANALISI

Il programma *pvanal*, contenuto in Csound, ci consente di analizzare un suono tramite una FFT (*Fast Fourier Transform*), o più esattamente attraverso una STFT (*Short-Time Fourier Transform*). La STFT consente di dividere un segnale audio in finestre di tempo (*windows*) che possono variare in genere fra 1 ms e 300 ms. In pratica il segnale viene suddiviso in piccole parti di breve durata, ciascuna della quali viene analizzata separatamente. Dopo tale divisione tutte queste finestre vengono analizzate tramite una FFT. Ogni insieme di dati che viene generato dalla FFT viene chiamato *fotogramma* (*frame*). Per riassumere, *pvanal* converte un *sound file* in una serie di fotogrammi. Il *file* di analisi sarà costituito da questi *frame*. In genere si lavora su *file* audio mono, ma è anche possibile analizzare un *file* stereo o quadrifonico. In questo caso si analizza comunque un solo canale, scelto con il *flag -c* (vedi l'elenco dei *flag* alla fine di questo paragrafo, 8.1e.)

### a. La scelta del *frame size*

Uno dei fattori determinanti per una buona analisi è il saper scegliere la giusta dimensione del *frame*, chiamata *frame size*, (in Csound viene abbreviato in *FRMSIZ*). La dimensione di un *frame* è data dal numero di punti (campioni) che lo definiscono, che deve essere sempre una potenza intera di due, quindi per esempio 64, 128, 256, 512 etc..

**Framesize = numero di punti**

Dipende da noi scegliere questa grandezza nel modo più appropriato in base al suono che dobbiamo analizzare. Migliore sarà l'analisi del suono, più vicina all'originale sarà la risintesi. Perché il *frame size* è così importante? Perché da esso dipendono:

1) la definizione in termini di frequenza (larghezza di banda dei *canali di frequenza*, o *STFT BINS*)

2) la definizione in termini di tempo (intervallo di tempo, *TIME INTERVAL*).

Purtroppo ad una maggiore risoluzione in termini di frequenza corrisponde una minore risoluzione in termini di tempo, come vedremo, perciò è molto importante trovare l'equilibrio giusto nella scelta del *frame size*. Per capire meglio come orientarsi vediamo una questione per volta.

### b. La frequenza

L'analisi viene fatta dividendo tutto lo spettro in canali di frequenza. La larghezza di banda dei canali di frequenza si ottiene dividendo la frequenza di campionamento per il *frame size*:

**SR / n_punti  =  Larghezza di  banda dei canali di frequenza**

quindi quanto più grande è il *frame size*, tanto più definita è l'analisi in termini di frequenza. Vediamo un esempio:

Abbiamo campionato un suono a 44100 Hz, e utilizziamo per l'analisi un *frame size* di 1024 punti.

| | | |
|---|---|---|
| SR / n_punti | = | Larghezza di banda dei canali di frequenza |
| 44100 / 1024 | = | 43.06 Hz |

L'analisi verrà fatta dividendo il *file* in canali di 43 Hz, a partire da 0 fino a 22050 Hz, che è la frequenza di Nyquist (*sr/2*).

| | |
|---|---|
| primo canale | 0-43 Hz |
| secondo canale | 43-86 Hz |
| terzo canale | 86-129 Hz |
| quarto canale | 129-172 Hz |
| quinto canale | 172-215 Hz |
| etc. | |

Se abbiamo un suono armonico con la fondamentale di 70 Hz, quest'ultima sarà analizzata nel secondo canale (43-86 Hz), la seconda armonica (140 Hz) nel quarto canale (129-172 Hz), la terza armonica nel quinto canale etc.

Fin qui tutto bene perché ogni armonica avrà un suo canale di analisi. Ipotizziamo ora una situazione in cui i parametri e il suono sono gli stessi, ma fissiamo il *frame size* a 256 punti.

| | |
|---|---|
| 44100 / 256  = | 172.27 Hz |
| primo canale | 0-172 Hz |
| secondo canale | 172-344 Hz |
| terzo canale | 344-516 Hz |
| etc. | |

In questo caso la fondamentale (70 Hz) e la seconda armonica (140 Hz) saranno analizzate nel primo canale (0-172 Hz), la terza e la quarta armonica (210 Hz e 280 Hz) nel secondo canale (172-344 Hz) , la quinta, la sesta e la settima armonica nel terzo canale etc., dato che nell'analisi viene fatta una media di ciò che succede nel canale per ogni *frame*, in questo modo otterremo una scarsa definizione dal punto di vista della frequenza, perché più componenti verranno calcolate nello stesso canale.

Questo ha rilevanza soprattutto per i suoni con componenti gravi, infatti 172 Hz di differenza rappresentano meno di un semitono sopra i 3000 Hz, perciò nei suoni acuti 172 Hz non costituiscono una scarsa definizione, mentre nei suoni gravi una differenza di 172 Hz può significare anche più di due ottave! Per riassumere, comunque, possiamo dire che **da un punto di vista della definizione della frequenza è bene avere un** *frame size* **grande**.

### c. Il tempo

L'analisi viene fatta dividendo il *file* audio non solo in canali di frequenza ma anche in porzioni di tempo. Ovviamente quando abbiamo diviso il campionamento in finestre di tempo (*windows*), più larghe saranno le finestre meno ce ne saranno (a parte la possibilità di sovrapporle che vedremo più avanti). Ciò vuol dire che **da un punto di vista della risoluzione temporale è bene avere un** *frame size* **basso**. La FFT analizza infatti un intervallo di tempo che si ottiene dividendo il numero di punti del *frame* per la frequenza di campionamento

**n_punti / SR = intervallo_di_tempo**

La conseguenza è che più fine è l'analisi in termini di frequenza, più grossolana sarà l'analisi in termini di tempo.

Per esempio, con una *sr* di 44100 Hz e 8192 punti, avremo un canale di analisi di 5.38 Hz e intervalli di tempo di 0.1858 secondi. Se il suono ha un attacco rapido, per esempio meno di 0.1 secondi, questo attacco sarà analizzato in modo poco preciso, perché la FFT farà una media di ciò che succede in ogni canale di analisi per ogni intervallo di tempo. Mentre dal punto di vista della frequenza avremo una buona definizione, da un punto di vista del tempo l'attacco sarà ridotto ad una media perché esso è più veloce dell'intervallo di tempo, quindi il suo percorso non può essere seguito, e in definitiva tale attacco sarà analizzato (e quindi anche risintetizzato) in modo grossolano.

**d. Una soluzione: la sovrapposizione delle finestre**

Un modo per mantenere il *frame size* grande ma non perdere troppa definizione dal punto di vista del tempo è quello di sovrapporre le finestre di analisi. Il fattore di sovrapposizione delle finestre (*Windows Overlap Factor, WINDFACT* in Csound) descrive quante finestre di analisi si coprono a vicenda. In Fig.8-1 vediamo che cosa succede: effettuiamo un'analisi con la prima finestra, poi una seconda analisi spostando la finestra un po' più avanti, poi una terza e una quarta; l'inizio della quinta finestra coincide con la fine della prima, quindi un certo tratto del *file* audio è stato coperto da quattro finestre. Allora si dice che il *WINDFACT* è 4.

In questo modo, pur avendo un *frame size* grande abbiamo una migliore definizione dal punto di vista del tempo. Riassumendo, i due *flag* importanti da considerare in Csound per l'analisi sono *FRMSIZ* e *WINDFACT*.

In realtà ci sarebbero altri due parametri nei normali *phase vocoder*, che rappresentano il tipo di finestra (Hamming, Hanning, Gauss, Blackman-Harris, Kaiser, rettangolare etc.) e la FFT *size*, che in genere viene posta alla potenza di due che sia almeno il doppio del *frame size*. In Csound comunque non c'è bisogno di specificare questi parametri perché sono già fissi all'interno del programma.

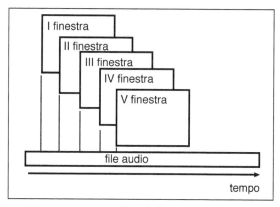

Fig. 8-1

**e. Come si fa un'analisi con** *pvanal*

Quando si clicca su *pvanal* per fare un'analisi (con WCShell o con Csound per Mac), in realtà si esegue il seguente comando:

**Csound –U pvanal [flags] fileaudio fileanalisi**

per esempio, per analizzare il *file* audio *lana.wav*, con WCShell si clicca sul *file* *lana.wav*, poi dal menu *Util/Analysis* si sceglie l'opzione *pvanal*. Il comando che verrà eseguito sarà:

**Csound –U pvanal  lana.wav lana.fft**

Con Mac, cambiano sia il formato standard del *file* audio (AIFF) sia quello del *file* di analisi (pv), e quindi verrà eseguito il comando:

**Csound –U pvanal  lana.aiff lana.pv**

In questo modo il risultato dell'analisi sarà depositato nel *file* "lana.fft" o "lana.pv" e l'analisi stessa sarà condotta secondo i parametri di *default* (*frame_size*=256, *windfact*=4 etc.), che nei casi meno complicati possono funzionare bene. Abbiamo visto però che in molti casi questi valori di *default* vanno modificati.

Gli eventuali cambiamenti che riguardano i vari parametri si realizzano inserendo i *flag* prima dell'indicazione del *file* da analizzare.

Per esempio, se vogliamo un *frame size* di 1024 e un fattore di sovrapposizione delle finestre pari a 8 scriveremo:

**Csound -U -n1024 -w8 lana.wav lana.fft** (*Win*), oppure
**Csound -U -n1024 -w8 lana.aiff lana.pv** (*Mac*)

In genere questi due sono i soli *flag* che vengono usati, diamo comunque una lista dei *flag* disponibili per *pvanal*:

*-s<srate>* (p.es. -s22050) frequenza di campionamento del *file* audio. Se è presente uno *header* (come è il caso dei *file* di tipo Wave o AIFF), non è necessario. Si noti che per la successiva risintesi non è necessario che la frequenza di campionamento del *file* audio analizzato sia la stessa dell'orchestra.

*-c<channel>* numero del canale sul quale effettuare l'analisi, nel caso di un *file* stereofonico o quadrifonico. Il valore di *default* è 1 (canale sinistro nel caso di un *file* stereo).

*-b<begin>* tempo di inizio (in secondi) del segmento audio da analizzare. Il valore di *default* è 0.0

*- d<duration>* durata (in secondi) del segmento audio da analizzare. Il valore di *default* è 0.0, e significa che l'analisi prosegue sino alla fine del *file*.

*-n<frmsiz>* numero di punti del *frame size*. Il valore di *default* è la più piccola potenza di due che corrisponda a più di 20 millisecondi (per esempio 256 a 10 KHz, che dà un *frame* di 25.6 millisecondi)

*-w<windfact>* fattore di sovrapposizione delle finestre (*default* = 4)

*-h<hopsize>* un *flag* alternativo a *-w* che indica il modo in cui si sovrappongono le finestre, in base al numero di punti di distanza fra l'inizio di una finestra e l'inizio della successiva. Non può essere usato insieme a *-w* ma solo in sua sostituzione.

Il *file* di uscita, in questo caso "lana.fft" o "lana.pv", può essere utilizzato dall'*opcode pvoc* per generare suoni basati sul campionamento originale, con durate e altezze modificabili in modo dinamico e indipendente.

---

*Win* **Come si fa un'analisi con** *pvanal*

Dal menu "*Util*" di WCShell, scegliete "*Analysis*" e "*Pvanal*". Appare una finestra di dialogo che propone la linea di comando, contenente il nome del *file* Wave corrente, e che propone, come nome del *file* di analisi da generare, lo stesso nome del *file* audio, ma con estensione *fft*. Aggiungete o cambiate i parametri desiderati, e fate clic su OK: Csound creerà il *file* di analisi.

---

***TIPS & TRICKS (Win):*** *è possibile assegnare al file di analisi un nome qualsiasi, ma per un facile riconoscimento dei file di analisi, è bene usare sempre l'estensione FFT*

---

*Mac* **Come si fa un'analisi con** *pvanal*

Dal menu "*Utility Preprocess*" scegliete "*PVANAL*" e selezionate come *input file* il *file* audio che volete analizzare. Il programma selezionerà automaticamente il nome dell'*output file* cioè del *file* di analisi che verrà generato. Se il vostro *file* di suono si chiama "tarlo", Csound chiamerà il *file* di analisi *tarlo.pv*. Ovviamente potete cambiare questo nome: per esempio, se esiste già e non volete cancellare il *file* omonimo. Sarà bene però fare attenzione a dare l'estensione *.pv* a qualsiasi *file* di analisi generato da *pvanal*. Potete definire il tipo di *frame size* desiderato (attenzione, che per valori superiori a 1024 ci possono essere problemi nella risintesi, a seconda delle versioni) e il fattore di sovrapposizione delle finestre. Per *default* Csound analizza tutto il *file* dall'inizio alla fine. Se volete cambiare questa condizione, per esempio analizzando solo una parte del *file*, potete inserire al posto degli zeri valori diversi per l'inizio e per la durata. Quando siete pronti potete fare clic su "*analyze*" e Csound creerà il *file* di analisi.

---

**f. Consigli per l'analisi**

Per un'analisi corretta, il numero di punti deve essere almeno pari al numero di campioni che definiscono un ciclo della minima frequenza presente (o la fondamentale). Ad esempio se la frequenza più grave nel suono da analizzare è di 100 Hz, la durata di un suo ciclo sarà 1/100 di secondo. Se la frequenza di campionamento è 44100 Hz, il *frame size* non deve essere minore di 441, perciò 256 non va bene, e si sceglierà una potenza di due da 512 in su.

Di nuovo l'interazione tra percezione e conoscenza diventa fondamentale. La prima cosa da fare è capire che tipo di caratteristiche ha il suono che vogliamo analizzare:

- il suono è grave con attacco lento: conviene usare un *frame size* grande;
- il suono è acuto con attacco rapido: conviene usare un *frame size* piccolo;
- il suono è grave con attacco rapido (per esempio frequenza fondamentale=65 Hz; attacco=0.01 secondi, sr=44100): provando con 512 punti abbiamo un intervallo=0.00116 (pari ad 1/9 del tempo di attacco) e una larghezza di banda del canale di analisi di 86 Hz. Se il suono è armonico, questa è una buona soluzione. Se il suono è inarmonico, come quello di una grancassa, sarà difficile risintetizzare le frequenze vicine alla fondamentale che ricadono nello stesso canale di analisi, quindi avremo bisogno di una maggiore definizione delle frequenze. Possiamo allora aumentare sia il *frame size*, magari a 2048, sia il fattore di sovrapposizione delle finestre, portandolo a 8, in modo tale che aumentando il *frame size* non venga penalizzato l'attacco del suono;
- il suono è acuto, armonico, con attacco lento (la situazione più semplice): sceglieremo le impostazioni di *default* oppure aumenteremo il *frame size* per avere una migliore definizione frequenziale;
- il suono è acuto, inarmonico, con attacco rapido: useremo un *frame size* abbastanza grande e un *windfact* alto.

## 8.3 IL *PHASE VOCODER*: LA RISINTESI

Dal punto di vista dell'utente, la risintesi con il *phase vocoder* non è così complessa come l'analisi, anche se a volte c'è da aspettare un po' perché il *computer* esegua tutti i calcoli necessari alla risintesi stessa (ovviamente dipende anche dal tipo di orchestra e di *score* che scriveremo e dalla velocità del nostro processore).

L'orchestra prevede l'uso dell'*opcode pvoc*, la cui sintassi è:

**ar pvoc   ktimpnt, kfmod, ifilcod [, ispecwp]**

*ktimpnt* (da *time pointer*) è, istante per istante, il punto in cui *pvoc* legge i dati dal *file* di analisi. Per esempio, se abbiamo fatto l'analisi di un *file* lungo 2.5 secondi, per riprodurlo tale e quale, definiremo *ktimpnt* come:

```
ktimpnt    line 0, p3, 2.5
```

*kfmod* indica il fattore di trasposizione della frequenza, per esempio:

1    = nessuna trasposizione;
1.5  = una quinta sopra;
2    = un'ottava sopra.


*ifilcod* indica il nome del *file* di analisi che vogliamo risintetizzare.

*ispecwp* (opzionale), quando non è zero, cerca di mantenere l'inviluppo spettrale mentre il suo contenuto frequenziale è modificato da *kfmod*. Il *default* è 0.

## a. ktimpnt

Vediamo alcuni esempi di uso pratico di *ktimpnt* in connessione con la partitura, scrivendo uno strumento dove non abbiamo variazioni di frequenza ma solo variazioni di tempo:

```
;pvoc.orc
          sr     =   44100
          kr     =   4410
          ksmps  =   10
          nchnls =   1
          instr    1
ktimpnt   linseg   0, p3/2, .5, p3/2, 0
aluna     pvoc     ktimpnt, 1, "luna.fft"
          out      aluna
          endin
```

In questa orchestra abbiamo utilizzato il *file* di analisi "luna.fft" e non vogliamo alcuna trasposizione di frequenza. Ipotizziamo che il *file* "luna.wav" duri 0.5 secondi: per ogni nota il *file* sarà risintetizzato in modo tale da essere letto dall'inizio alla fine (da 0 a 0.5 nel tempo p3/2) e all'indietro fino all'inizio (da 0.5 a 0 nel tempo p3/2).

Se il file "luna.wav" contiene la parola "luna", in base allo strumento appena scritto avremo:

L U N A A И U Ⴑ

A quale velocità verrà letto il *file*? Dipende da p3. Per andare da 0 a 0.5 e poi tornare a 0 ci vuole, senza alterare il rapporto di tempo di lettura, 1 secondo. Se vogliamo semplicemente leggere il *file* una volta in avanti e poi tornare indietro, senza modificarne la velocità di lettura è sufficiente dare a p3 la durata 1:

i1 0 1

risultato:

```
0     .2    .4    .6    .8     1 secondi
L   U   N   A   A   И   U    ⌐
```

Se vogliamo allungare il suono basterà dare a p3 una durata maggiore. Per esempio, con p3=2 il nostro suono durerà il doppio di quanto durava all'inizio. Viceversa con p3=0.5 il nostro *file* sarà risintetizzato nella metà del tempo. Ovviamente questi mutamenti di tempo non influiscono sulla frequenza, perciò se il suono era di 200 Hz rimarrà tale, avrà solo una durata diversa.

Esempio di *score*:

i1 0 2

```
0     .2    .4    .6    .8    1     1.2   1.4   1.6   1.8   2 secondi
L     U     N     A     A     И     U     ⌐
```

Esempio di *score*:

i1 0 .5

```
0    .1    .2    .3    .4    .5 secondi
L   U   N   A   A   И   U   ⌐
```

Vediamo questo secondo esempio:

```
;pvoc1.orc
          sr     =   44100
          kr     =   4410
          ksmps  =   10
          nchnls =   1
          instr    1
ktimpnt   line     0.5, p3, 0
aluna   pvoc    ktimpnt, 1, "luna.fft"
          out     aluna
          endin
```

```
;pvoc2.sco
i1  0  1
```

risultato:

```
0      .2      .4      .6      .8      1 secondi
A       И       U        ⌐
```

```
;pvoc2.orc
          sr     =  44100
          kr     =  4410
          ksmps  =  10
          nchnls =  1
          instr     1
ktimpnt   line      0, p3, 0.25
aluna     pvoc      ktimpnt, 1, "luna.fft"
          out       aluna
          endin
```

Esempio di *score*:

```
;pvoc2.sco
i1  0  1
```

```
0      .2      .4      .6      .8      1 secondi
L               U
```

```
;pvoc3.orc
          sr     =  44100
          kr     =  4410
          ksmps  =  10
          nchnls =  1
          instr     1
ktimpnt   line      0, p3, .5
aluna     pvoc      ktimpnt, 1, "luna.fft"
          out       aluna
          endin
```

Esempio di *score*:

```
; pvoc3.sco
i1 0 1
```

```
0      .2      .4      .6      .8      1 secondi
L       U       N       A
```

## b. kfmod

Vediamo ora come modificare la frequenza. Il secondo argomento di *pvoc*, *kfmod*, è un fattore di moltiplicazione della frequenza originale, cosicché valori inferiori a 1 (uno) produrranno frequenze più gravi di quella originale (0.5 darà l'ottava inferiore, 0.75 la quarta inferiore), mentre valori superiori a 1 produrranno frequenze più acute di quella originale. Facciamo un esempio:

```
;pvoc4.orc
          sr     =  44100
          kr     =  4410
          ksmps  =  10
          nchnls =  1
          instr  1
ktimpnt   line   0, p3, .5
aluna     pvoc   ktimpnt, 2, "luna.fft"        ; un'ottava sopra (kfmod=2)
          out    aluna
          endin
```

```
; pvoc4.sco
i1  0  .5
```

## 8.4 ANALISI A ETERODINA (*HETRO*)

Mentre l'analisi con *pvanal* è adatta per qualsiasi tipo di suono (sia a spettro armonico, sia a spettro inarmonico), ma è d'altra parte molto lenta nella risintesi con *pvoc*, l'analisi con filtro a eterodina (*hetro*) è adatta solo per suoni a spettro armonico o quasi armonico, ma in compenso è molto rapida nella risintesi.

L'analisi con filtro a eterodina ricerca un certo numero di componenti armoniche, stabilito dall'utente, e per ogni armonica misura l'ampiezza e la frequenza con un intervallo di tempo anch'esso stabilito dall'utente. Il fatto stesso che misuri anche la frequenza basta a farci capire che questa analisi è in grado di seguire anche componenti non perfettamente armoniche, come accade per esempio nella fase iniziale di un suono di pianoforte. La risintesi viene eseguita con l'*opcode adsyn*.

La sua sintassi è:

**csound -U hetro [flags] file_audio  file_di_analisi**

I *flag* sono i seguenti:

-*s*<*srate*> frequenza di campionamento del *file* audio. Se è presente uno *header* (come è il caso dei *file* di tipo Wave o AIFF), non è necessario. Si noti che per la successiva risintesi non è necessario che la frequenza di campionamento del *file* audio analizzato sia la stessa dell'orchestra.

-*c*<*channel*> numero del canale sul quale effettuare l'analisi, nel caso di un *file* stereofonico o quadrifonico. Il valore di *default* è 1.

-*b*<*begin*> tempo di inizio (in secondi) del segmento audio da analizzare. Il valore di *default* è 0.0, cioè dall'inizio del *file* audio.

- *d*<*duration*> durata (in secondi) del segmento audio da analizzare. Il valore di *default* è 0.0, e significa che l'analisi prosegue sino alla fine del *file*. La durata massima è di 32.766 secondi (poco più di mezzo minuto).

-*f*<*begfreq*> frequenza fondamentale stimata, necessaria per inizializzare i filtri usati per l'analisi. Il valore di default è 100 (Hz). Si consiglia di mettere un valore leggermente inferiore a quello della frequenza più bassa contenuta nel *file* audio da analizzare.

-*h*<*partials*> numero di armoniche da cercare. Il valore di *default* è 10, il massimo dipende dalla versione di Csound utilizzata.

-*M*<*maxamp*> ampiezza massima della somma di tutti i valori di ampiezza delle armoniche in un punto. Il valore di *default* è 32767.

-*m*<*minamp*> soglia di ampiezza al di sotto della quale il segnale trovato viene considerato rumore, e non contribuisce all'analisi. Valori tipici sono: 128 (-48 dB), 64 (-54 dB), 32 (-60 dB), 0 (nessuna soglia). Il valore di *default* è 64 (-54 dB)

-*n*<*brkpts*> (*breakpoints*) numero di analisi (equispaziate) da effettuare sul segmento da analizzare; in realtà il numero effettivo di analisi che sarà contenuto nel *file* finale può essere inferiore a *brkpts*, perché vengono eliminati i valori inferiori alla soglia desiderata (*flag -m*) e inoltre *hetro* attua una sistemazione finale dei valori dell'analisi, per esempio riunendo valori con la stessa ampiezza. Il valore di *default* è 256.

-*l*<*cutfreq*> al posto del filtro di *default* (di tipo *comb*), usa filtro passabasso Butterworth del terzo ordine (18 dB/ottava) con frequenza di taglio *cutfreq*. Questa opzione rallenta l'analisi, ma permette di ottenere risultati più precisi. Il valore di *default* è 0 (usare il filtro di *default*).

Un esempio di uso, su un *file* audio di tipo Wave di nome *pianoC3.wav*, può essere:

**csound -U** *hetro* **-f250 -h16 -n100 pianoC3.wav pianoC3.het**

In questo caso si richiede l'analisi di un *file* di nome *pianoC3.wav*, con frequenza fondamentale stimata di 250 Hz (*-f250*); la ricerca delle prime 16 armoniche (*-h16*) e 100 analisi (*-n100*) equispaziate.

---

*Win **Come si fa un'analisi con** hetro*
Dal menu "*Util*" di WCShell, scegliete "*Analysis*" e "*hetro*". Appare una finestra di dialogo che propone la linea di comando, contenente il nome del *file* Wave corrente, e che propone, come nome del *file* di analisi da generare, lo stesso nome del *file* audio, ma con estensione *het*. Aggiungete o cambiate i parametri desiderati, e fate clic su OK: Csound creerà il *file* di analisi.

---

***TIPS & TRICKS** (Win): è possibile assegnare al* file *di analisi un nome qualsiasi, ma per un facile riconoscimento dei* file *di analisi, è bene usare sempre l'estensione HET*

---

*Mac **Come si fa un'analisi con** hetro*
Dal menu "*Utility Preprocess*" scegliete "*HETRO*" e selezionate come *input file* il *file* di suono che volete analizzare. Il programma selezionerà automaticamente il nome dell'*output file* cioè del *file* di analisi da generare. Se il vostro *file* di suono si chiama *tappo*, Csound chiamerà il *file* di analisi *tappo.adsyn*. Ovviamente potete cambiare questo nome: per esempio, se questo nome di *file* esiste già e non volete cancellare un eventuale *file* omonimo. Sarà bene però fare attenzione a dare l'estensione *.adsyn* a qualsiasi *file* di analisi generato da *hetro*. Al centro potete definire la frequenza fondamentale (*beginning frequency*), subito sotto il numero delle parziali (*partials*) e a destra delle parziali il numero di finestre in cui è diviso il *file* (*breakpoints*). Più in basso troviamo l'ampiezza minima (*thresholding*). Per *default* Csound analizza tutto il *file* dall'inizio alla fine. Se volete cambiare questa condizione, per esempio analizzando solo una parte del *file*, potete inserire al posto degli zeri valori diversi per l'inizio e per la durata (entrambi in alto a destra). Quando siete pronti potete fare clic su "*analyze*" e Csound creerà il *file* di analisi.

---

È molto importante stabilire un numero adeguato di punti di analisi (*flag -n*), perché, dato che le analisi stesse sono equispaziate, nel caso di un numero troppo piccolo di punti, specialmente se il suono da analizzare è caratterizzato da un attacco rapido o complesso, si rischia di "semplificare" troppo l'analisi, perdendo dati significativi per la risintesi del suono. In Fig.8-2 vediamo, in alto, la rappresentazione di un pizzicato di viola (*file* "vlapizz.wav"), al centro l'inviluppo di ampiezza della sua prima armonica, estratto dal *file* *vpz30.het*, ottenuto con il comando

**csound -U** *hetro* **-f430 -n30 -h10 vlapizz.wav vpz30.het**

cioè eseguendo l'analisi con 30 punti (*flag -n30*), e in basso l'inviluppo di ampiezza della sua prima armonica, estratto dal *file vpz200.het*, ottenuto con il comando

**csound -U** *hetro* **-f430 -n200 -h10 vlapizz.wav vpz200.het**

Si vede chiaramente come, nell'inviluppo di 30 punti (al centro) manchino una quantità di dettagli che sono invece evidenti nell'inviluppo a 200 punti, e che portano a una sostanziale differenza nel suono risintetizzato.

Il fatto che i punti di analisi siano equispaziati costringe a definire il *flag -n* in modo che la loro densità sia ottimale nei punti più delicati del *file* audio da analizzare, cioè in modo tale che nelle fasi in cui il segnale audio cambia più velocemente vi sia un numero di punti di analisi sufficiente per una risintesi di buona qualità. Questo significa che dove il segnale cambia poco, vi sarà un numero di punti di analisi eccessivo, ma ciò non provoca danni, solo un *file* di analisi piuttosto grande.

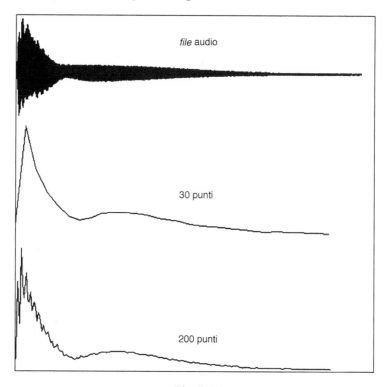

Fig. 8-2

Altri esempi di uso di *HETRO* sono:

**csound -U** *hetro* **-f250 -h16 -n100 -b1.1 -d2 vla.wav vla.het**

che richiede un'analisi del *file* "vla.wav" a iniziare dal tempo 1.1 (-*b1.1*) e per una durata di 2 secondi (-*d2*).

**csound -U** *hetro* **-f250 -h16 -n100 -l1000 vla.wav vla.het**

che richiede un'analisi del *file* "vla.wav" con l'uso del filtro alternativo e con frequenza di taglio di 1000 Hz (-*l1000*)

## 8.5 LA RISINTESI CON *ADSYN*

L'*opcode adsyn*, usato per la risintesi di *file* analizzati con *HETRO*, consiste di un banco di oscillatori controllati in ampiezza e in frequenza da un *file* di analisi. La sua sintassi è:

**ar     adsyn kamod, kfmod, ksmod, ifilcod**

in cui:
*ar*        è il segnale audio di uscita.
*kamod*   è un moltiplicatore dell'ampiezza complessiva. Se è uguale a 1 (uno) non vi è modificazione.
*kfmod*   è un moltiplicatore della frequenza. Se è uguale a 1 (uno) non vi è modificazione.
*ksmod*   è un moltiplicatore della velocità di lettura del *file* di analisi. Se è uguale a 1 (uno) non vi è modificazione. Se è uguale a 2 viene letto a una velocità doppia.
*ifilcod*   indica il *file* di analisi. Può essere un numero, per esempio 12, e allora *adsyn* cerca un *file* di analisi di nome *adsyn.12*. Oppure può essere un nome completo di *file*, fra virgolette, per esempio "*vlapizz.het*". Se non viene specificata la cartella che contiene il *file* di analisi, Csound cerca nella cartella corrente, poi in quella data dalla variabile di ambiente SADIR (se è stata definita).

Supponiamo di volere risintetizzare il suono di viola *vlapizz.wav* della durata di 1.5 secondi. Dopo avere eseguito l'analisi con *HETRO*, scriviamo l'orchestra:

```
;adsyn1.orc
      sr    =   44100
      kr    =   4410
```

```
        ksmps  =   10
        nchnls =   1
        instr      1
a1      adsyn      1, 1, 1, "vlapizz.het"
        out        a1
        endin
```

mentre la partitura sarà:

```
; adsyn1.sco
i1 0 1.5
```

Notiamo che la durata della nota definita nella partitura (1.5 secondi) è uguale alla durata del *file* audio originale.

Questa orchestra non ci permette però di modificare nulla, perché non fa altro che riprodurre, più o meno fedelmente, il suono originale. Scriviamo quindi una seconda orchestra, in cui utilizziamo la possibilità di intervenire sull'ampiezza e sulla frequenza del suono risintetizzato.

```
;adsyn2.orc
        sr     =   44100
        kr     =   4410
        ksmps  =   10
        nchnls =   1

        instr      1
ikamp          =   p4                    ;fattore di moltiplicazione dell'ampiezza
ikfrq          =   p5                    ;fattore di moltiplicazione della frequenza
a1      adsyn      ikamp, ikfrq, 1, "vlapizz.het"
        out        a1
        endin
```

mentre la partitura sarà, per esempio:

```
;adsyn2.sco
;p1   p2    p3    p4     p5
;     act   dur   kamp   kfreq
i1    0     1.5   .5     1
i1    +     1.5   2      1.5
```

La prima nota avrà ampiezza pari alla metà (p4=.5) e frequenza uguale (p5=1) rispetto al suono originale, la seconda nota avrà ampiezza pari al doppio (p4=2) e frequenza una quinta sopra (p5=1.5) rispetto al suono originale.

Vi sono però modi più comodi di esprimere ampiezza e frequenza. Se conosciamo le caratteristiche del suono originale (supponiamo che l'ampiezza sia di -12 dB e la frequenza di 440 Hz), possiamo scrivere l'orchestra:

```
;adsyn3.orc
        sr      =   44100
        kr      =   4410
        ksmps   =   10
        nchnls  =   1
        instr       1


iampor          =   ampdb(78)           ; ampiezza originale in unità assolute (78 dB)
ifrqor          =   440                 ; frequenza originale in Hz
ikamp           =   ampdb(p4)/iampor
ikfrq           =   cpspch(p5)/ifrqor
a1      adsyn       ikamp, ikfrq, 1, "vlapizz.het"
        out         a1
        endin
```

Il fattore di moltiplicazione dell'ampiezza *ikamp* viene calcolato dividendo la conversione in deciBel dell'ampiezza desiderata per l'ampiezza in unità assolute del suono originale. Il fattore di moltiplicazione della frequenza viene calcolato convertendo in Hz l'altezza (espressa in partitura in formato *pitch*) e dividendolo per la frequenza originale *ifrqor*. Se, per esempio, la frequenza desiderata in *pitch* è 8 (DO centrale), la conversione in Hz dà 261.626, che diviso per 440 (la frequenza originale) dà 0.5946, che è appunto il fattore di moltiplicazione da applicare alla frequenza originale per ottenere la frequenza del DO centrale.

La partitura sarà, per esempio:

```
;adsyn3.sco
;p1     p2      p3      p4      p5
;       act     dur     amp     pitch
i1      0       .5      80      8
i1      +       3.5     70      8.07
```

Che succede però al suono risintetizzato, dal momento che abbiamo cambiato la durata delle note? La prima nota, di durata .5 secondi, è tronca, mentre la seconda non arriva a coprire tutta la durata desiderata, 3.5 secondi. C'era da aspettarselo, dal momento che della prima nota abbiamo letto solo una parte del *file* di analisi, e poi lo strumento, dopo mezzo secondo, è stato "spento". Per la seconda nota il *file* di analisi è terminato prima della durata della nota, perché era troppo corto. Dovremo allora disporre di *file* di analisi di durate differenti? No, c'è un metodo più semplice, ed è quello di variare l'argomento *ksmod* (in questo caso *ismod*), in modo da adattare la velocità di lettura del *file* di analisi alla durata della nota. Per fare questo, dobbiamo evidentemente conoscere la durata del *file* audio originale.

Scriviamo dunque l'orchestra:

```
;adsyn4.orc
        sr    = 44100
        kr    = 4410
        ksmps = 10
        nchnls = 1
        instr  1


iduror      = 1.5                               ;durata del file originale
iampor      = ampdb(78)                          ;ampiezza originale in unità assolute
ifrqor      = 440                                ;frequenza originale in Hz
ismod       = iduror/p3                          ;calcolo di ismod, cioè della velocità di lettura
ikamp       = ampdb(p4)/iampor
ikfrq       = cpspch(p5)/ifrqor
a1   adsyn   ikamp, ikfrq, ismod, "vlapizz.het"
     out     a1
     endin
```

E la partitura (notiamo la durata della seconda nota):

```
;adsyn4.sco
;p1   p2    p3    p4    p5
;     act   dur   amp   pitch
i1    0     .5    80    8
i1    +     8     70    8.07
```

C'è ancora qualcosa che non va: nella seconda nota, di durata 8 secondi, l'attacco del suono appare "stirato", e non assomiglia più assolutamente a un suono pizzicato. È ovvio, dal momento che abbiamo modificato la velocità di lettura di tutto il *file* di analisi. In questo caso dovremo fare in modo che, nelle note lunghe, la fase di attacco sia letta alla velocità originale (cioè con *ksmod=1*), e venga poi rallentata in modo tale da coprire tutta la durata della nota. Scriviamo dunque un'altra orchestra:

```
;adsyn5.orc
        sr      = 44100
        kr      = 4410
        ksmps   = 10
        nchnls  = 1
        instr   1
iduror          = 1.5
iampor          = ampdb(78)                                      ;ampiezza originale in unità assolute
ifrqor          = 440                                            ;frequenza originale in Hz
ismod           = iduror/p3
ksmod             linseg   1, .05, 1, .001, ismod, p3-.051, ismod  ; calcolo di ksmod
ikamp           = ampdb(p4)/iampor
ikfrq           = cpspch(p5)/ifrqor
a1      adsyn   ikamp, ikfrq, ksmod, "vlapizz.het"
        out     a1
        endin
```

*ksmod* viene generato da un *linseg*, che mantiene il valore 1 (uno) per il tempo della fase di attacco (supposta qui di .05 secondi), poi cambia bruscamente al valore necessario perché il raggiungimento della fine del *file* di analisi avvenga esattamente al termine della durata della nota (vedi Fig. 8-3).

La partitura non cambia:.

```
;adsyn5.sco
;p1     p2      p3      p4      p5
;       act     dur     amp     pitch
i1      0       .5      80      8
i1      +       8       70      8.07
```

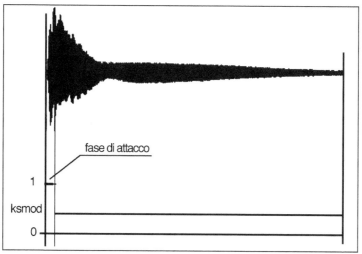

Fig. 8-3

## 8.6 SIMULAZIONE DEL TRATTO VOCALE: L'ANALISI CON *LPANAL*

Il terzo metodo di analisi/risintesi di cui ci occupiamo in questo capitolo è la cosiddetta LPC (*Linear Predictive Coding*, o codifica per predizione lineare), utilizzata principalmente per la sintesi della voce parlata, ma anche della voce cantata o di altri suoni.

Questo metodo, assimilabile a una sintesi per modelli fisici, tenta di riprodurre il comportamento del tratto vocale umano, che può essere schematizzato come illustrato in Fig.8-4. La fonte di eccitazione può essere di due tipi: armonica (corde vocali, corrispondente ai suoni vocalizzati), o inarmonica, tipicamente un rumore bianco (dato dal semplice flusso dell'aria in uscita dai polmoni, corrispondente ai suoni non vocalizzati o consonantici).

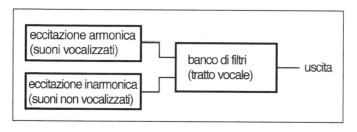

Fig. 8-4

Anche in questo caso vi è una fase di analisi e una fase di risintesi. L'analisi viene eseguita con *lpanal*, il quale genera un *file* di analisi che contiene i dati per il banco di filtri necessario alla risintesi, e inoltre calcola, per ogni finestra di analisi, l'ampiezza efficace, o RMS, del segnale, la frequenza fondamentale e l'errore commesso nel calcolo della frequenza, utile per discriminare fra suoni vocalizzati (con errore piccolo) e suoni non vocalizzati (errore grande). In realtà l'analisi LPC, oltre ad analizzare lo spettro, produce quattro tipi di risultati: a. *ampiezza efficace dei residui dell'analisi*, cioè la misura dell'imprecisione della risintesi effettuata con eccitazione armonica; b. a*mpiezza efficace del segnale originale*; c. *errore commesso nella determinazione della frequenza fondamentale*, che serve a decidere se il suono sia o no vocalizzato; d: *individuazione della frequenza fondamentale*.

La sintassi di *lpanal* è:

## Csound -U lpanal   [flags]   file_audio file_di_analisi

I *flag* sono:

-*s*<*srate*> frequenza di campionamento del *file* audio. Se è presente uno *header* (come è il caso dei *file* di tipo Wave o AIFF), non è necessario. Il valore di *default* è 10000 Hz.

-*c*<*channel*> numero del canale sul quale effettuare l'analisi, nel caso di un *file* stereofonico o quadrifonico. Il valore di *default* è 1 (canale sinistro nel caso di *file* stereo).

-*b*<*begin*> tempo di inizio (in secondi) del segmento audio da analizzare. Il valore di *default* è 0.0.

- *d*<*duration*> durata (in secondi) del segmento audio da analizzare. Il valore di *default* è 0.0, e significa che l'analisi prosegue sino alla fine del *file*.

-*p*<*npoles*> numero dei poli (corrispondente al numero dei filtri passabanda). Il valore di *default* è 34, il massimo dipende dalla versione di Csound.

-*a* richiede la stabilizzazione dei poli, e ordina a *lpanal* di scrivere un *file* contenente i valori dei poli dei filtri, invece dei coefficienti dei filtri.[1]

-*h*<*hopsize*> intervallo (in campioni) fra due analisi successive. Questo dato determina il numero di analisi per secondo di suono (*srate/hopsize*) nel *file* di analisi risultante. La dimensione della finestra di analisi è *hopsize\*2\*samples*. Il valore di *default* è 200, il massimo dipende dalla versione di Csound.

-*C*<*string*> testo da inserire nel campo "commenti" dell'intestazione del *file* di analisi. Il valore di *default* è "stringa nulla" (nessun commento).

-*P*<*mincps*> minima frequenza dalla quale iniziare il riconoscimento della frequenza fondamentale (*pitch tracking*), in Hz. -*P0* significa che non si richiede riconoscimento di frequenza fondamentale. Il valore di *default* è  70.

---

[1] Nel primo caso (valore dei poli), nel *file* di analisi vengono scritte le frequenze di centro banda dei filtri, nel secondo caso (coefficenti dei filtri) vengono scritti valori che servono all'algoritmo di calcolo dei filtri, e che non hanno significato diretto in termini di frequenza. Questo secondo metodo è migliore.

*-Q<maxcps>* massima frequenza alla quale arrivare nel riconoscimento della frequenza fondamentale, in Hz. Più stretta è la gamma di frequenza (*Q-P*), più accurato sarà il riconoscimento della frequenza fondamentale. Il valore di *default* è 200.

*-v<verbosity>* livello di informazioni fornite durante l'analisi: 0 = nessuno, 1 = medio, 2 = massimo. Il valore di *default* è 0.

Per esempio:

**lpanal -p26 -d2.5 -P100 -Q400 vox.wav vox.lpc** (*Win*)
**lpanal -p26 -d2.5 -P100 -Q400 vox.aiff vox.lp** (*Mac*)

analizza i primi 2.5 secondi (*-d2.5*) del *file voce.wav,* generando un *file* di analisi *voce.lpc* che contiene i coefficienti di un filtro a 26 poli (*-p26)* con ricerca della frequenza fondamentale fra 100 Hz (*-P100*) e 400 Hz (*-Q400*).

---

*Win **Come si fa un'analisi con** **lpanal***

Dal menu "*Util*" di WCShell, scegliete "*Analysis*" e "*Lpanal*". Appare una finestra di dialogo che propone la linea di comando, contenente il nome del *file* Wave corrente, e che propone, come nome del *file* di analisi da generare, lo stesso nome del *file* audio, ma con estensione *lpc*. Aggiungete o cambiate i parametri desiderati, e fate clic su OK: Csound creerà il *file* di analisi.

---

***TIPS & TRICKS** (Win): : è possibile assegnare al* file *un nome qualsiasi, ma per un facile riconoscimento dei* file *di analisi, è bene usare sempre l'estensione LPC.*

---

*Mac **Come si fa un'analisi con** **lpanal***

Dal menu "*Utility Preprocess*" scegliete "*LPANAL*" e selezionate come *input file* il *file* di suono che volete analizzare. Il programma selezionerà automaticamente il nome dell'*output file* cioè del *file* di analisi da generare. Se il vostro *file* di suono si chiama *timpano.aiff,* Csound chiamerà il *file* di analisi *timpano.lp*. Ovviamente potete cambiare questo nome: per esempio, se questo nome di *file* esiste già e non volete cancellare il *file* omonimo che avete in memoria. Sarà bene però fare attenzione a dare l'estensione *.lp* a qualsiasi *file* di analisi generato da *lpanal*. Si può definire il numero dei poli (*poles*), lo *hopsize* (*default* 200 campioni), la frequenza più bassa e quella più alta, nonché attivare o no il *pitch tracking*. Per *default* Csound analizza tutto il *file* dall'inizio alla fine. Se volete cambiare questa condizione, per esempio analizzando solo una parte del *file*, potete inserire al posto degli zeri valori diversi per l'inizio e per la durata (entrambi in alto a destra). Quando siete pronti potete fare clic su "*analyze*" e Csound creerà il *file* di analisi.

## 8.7 SIMULAZIONE DEL TRATTO VOCALE: LA RISINTESI CON *LPREAD/LPRESON*

Per la risintesi di *file* ottenuti con *lpanal* gli *opcode* di Csound necessari sono due: *lpread*, che legge il *file* di analisi, e *lpreson*, che implementa il banco di filtri, mentre il segnale di eccitazione dobbiamo fornirlo noi. La sintassi di *lpread* è:

**krmsr, krmso, kerr, kcps        lpread        ktimpnt, ifilcod**

in cui:
*krmsr* è l'ampiezza efficace (RMS) dei residui dell'analisi
*krmso* è l'ampiezza efficace (RMS) del segnale
*kerr* è l'errore commesso nel calcolo della frequenza fondamentale (compreso fra 0 e 1)
*kcps* è la frequenza fondamentale
*ktimpnt* è, istante per istante, il punto in cui *lpread* legge il *file* di analisi, in modo analogo a quanto abbiamo detto nel par. 8.2 per *pvoc*.
*ifilcod* indica il *file* di analisi. Può essere un numero, per esempio 12, e allora *lpread* cerca un *file* di analisi di nome *lp.12*. Oppure può essere un nome completo di *file*, fra virgolette, per esempio "voce.lpc". Se non viene specificata la cartella che contiene il *file* di analisi, Csound cerca nella cartella corrente, poi in quella data dalla variabile di ambiente SADIR (se è stata definita).

Supponiamo dunque di avere effettuato l'analisi di un *file* audio chiamato *voce.wav*, di durata 3 secondi, e di avere ottenuto il *file* di analisi *voce.lpc*. Come si fa la risintesi? Scriviamo un'orchestra in cui facciamo leggere all'*opcode lpread* il *file* desiderato, ottenendo le quattro variabili *krmsr, krmso, kerr* e *kcps*. A seconda del valore di *kerr* (errore commesso nel calcolo della frequenza fondamentale) usiamo una eccitazione di tipo armonico (se l'errore è minore di 0.3) o di tipo non armonico, in questo caso un rumore bianco (se l'errore è maggiore di 0.3).

La riga:

```
if      kerr<.3 goto    vocal
```

serve a far "saltare" l'esecuzione del programma alla etichetta *vocal* se la condizione è soddisfatta, cioè se *kerr*<0.3.
La sintassi di *lpreson* è:

**ar        lpreson            asig**

in cui *asig* è il segnale di eccitazione.

```
;lpc1.orc
        sr    =   44100
        kr    =   4410
        ksmps =   10
        nchnls =  1
        instr     1
ktimpnt           line 0, p3, 3          ;definiamo ktimpnt in modo da leggere il
                                         ;file di analisi in modo lineare
krmsr, krmso, kerr, kcps  lpread  ktimpnt, "voice.lpc"   ;facciamo leggere il file
                                         ;se l'errore è minore di 0.3 allora è un suono vocalizzato
                                         ;(errore piccolo), e l'eccitazione sarà di tipo
                                         ; armonico, altrimenti si tratta di un suono
                                         ;non vocalizzato (consonantico) e allora si usa
                                         ;una eccitazione non armonica (rumore bianco)
        if   kerr < 0.3 kgoto vocal      ;vai all'etichetta vocal
aecc    rand      krmso                  ;eccitazione non armonica
        kgoto     okecc


vocal:
aecc    oscil     krmso, kcps, 2         ;eccitazione armonica


okecc:
aout    lpreson   aecc                   ;sintesi effettiva del suono
        out       aout*.01               ;può essere necessario moltiplicare l'uscita
                                         ;per un fattore (di solito minore di uno), per evitare
                                         ;ampiezze eccessive
        endin
```

e la partitura sarà:

```
;lpc1.sco
;definiamo una funzione armonica con spettro molto ricco (20 armoniche)
f2    0   4096   10 1 1 1 1 1 1 1 1 1 1 1 1 1 1 1 1 1 1 1 1
i1    0   3
```

Se volessimo cambiare la frequenza e l'ampiezza della fondamentale, basterebbe introdurre due opportuni fattori di moltiplicazione, per esempio scrivendo l'orchestra così:

```
;lpc2.orc
           sr      =    44100
           kr      =    4410
           ksmps   =    10
           nchnls  =    1
           instr        1
ikamp              =    p4                             ;fattore di moltiplicazione delle ampiezze
ikfreq             =    p5                             ;fattore di moltiplicazione delle frequenze
ktimpnt    line         0, p3, 3
krmsr, krmso, kerr, kcps     lpread     ktimpnt, "voce.lpc"
           if           kerr<0.3    kgoto   vocal
aecc       rand         krmso
           kgoto        okecc


vocal:
aecc       oscil        krmso*ikamp, kcps*ikfreq, 2
okecc:
aout                    lpreson aecc
           out          aout*.01
           endin
```

con la partitura:

```
;lpc2.sco
;definiamo una funzione armonica con spettro molto ricco (20 armoniche)
f2     0    4096   10  1 1 1 1 1 1 1 1 1 1 1 1 1 1 1 1 1 1 1 1
i1     0    3    1   1
i1     3    3    2   .5
```

In questo caso nella prima nota non cambia nulla; nella seconda l'ampiezza è raddoppiata, mentre la frequenza è dimezzata, abbiamo cioè un abbassamento di ottava.

Anche *ktimpnt* può essere cambiato, in modo analogo a quanto si è visto nel caso di *pvoc* (vedi par. 8.3).

Possiamo anche usare come segnale di eccitazione un *sound file* che contenga un suono a spettro sufficientemente ricco (un'orchestra sinfonica, un vociare di folla etc.), ottenendo effetti di "orchestra parlante" o simili. In questo caso dovremo usare nell'orchestra la stessa frequenza di campionamento del *sound file*, e accertarci che la durata del *sound file* sia almeno pari alla massima durata desiderata in partitura (p3).

```
;lpc3.orc
        sr     =   44100
        kr     =   4410
        ksmps  =   10
        nchnls =   1
        instr      1
ifact          =   p4                    ;fattore di moltiplicazione per ridurre
                                         ;l'ampiezza  del suono sintetizzato,
                                         ;da determinare  sperimentalmente,
                                         ;ma sempre  molto piccolo.
ktimpnt  line      0, p3, 3              ;definiamo ktimpnt in modo da leggere il
                                         ;file di analisi in modo lineare
krmsr, krmso, kerr, kcps   lpread  ktimpnt, "voice.lpc"  ;facciamo leggere il file di analisi
aecc     soundin   "orchestra.wav"       ;eccitazione  da file esterno
aout     lpreson   aecc                  ;sintesi effettiva del suono
         out       aout*ifact
         endin
```

e la partitura sarà:

```
;lpc3.sco
i1  0  3  .0002
```

# APPROFONDIMENTI

## 8.A.1 *FAST FOURIER TRANSFORM (FFT)*

Si chiama *trasformata di Fourier* quell'operazione che consente di passare dalla rappresentazione di un segnale nel dominio del tempo (tempo/ampiezza) alla rappresentazione nel dominio della frequenza (frequenza/ampiezza), cioè al suo spettro (vedi anche il par. 2.A.2).

Il calcolo della trasformata di Fourier è piuttosto lungo e complesso, anche per un *computer*. Nel caso di segnali digitali, però, si è trovato un mezzo per accelerare i calcoli, la cosiddetta *Fast Fourier Transform* (trasformata veloce di Fourier), con il solo vincolo che il numero di campioni da analizzare non può essere qualsiasi, ma deve necessariamente essere una potenza intera di 2; quindi 32, 64, 128, 256, 512, 1024, 2048, 4096 etc.

Maggiore è il numero di punti, migliore è la risoluzione in frequenza, perché, detto *n* il numero di punti su cui si effettua l'analisi e *sr* la frequenza di campionamento, la larghezza di banda *bw* di ogni canale di analisi è data dalla formula:

**bw = sr/n**

Per esempio, per una frequenza di campionamento di 44100 Hz e un numero di punti pari a 256, la larghezza di banda sarà:

**44100/256=172.27 Hz**

Questo equivale a dire che, se facciamo un'analisi di un suono campionato a 44100 Hz con un numero di punti pari a 256, lo spettro risultante conterrà le ampiezze delle seguenti bande di frequenza:

**172.27, 344.5, 516.8, 689, 861.3, 1033.6, etc.**

Il fatto di essere obbligati ad analizzare un numero di punti pari a una potenza intera di 2 rende le cose un po' più complicate. Nella trasformata di Fourier si analizza un ciclo del segnale, per scomporlo in somma di seni e coseni (o seni con fase). Ora sarà ben difficile che un ciclo del segnale da analizzare sia costituito da un numero di campioni che sia una potenza di 2. E d'altra parte non possiamo pensare di troncare semplicemente il segnale all'inizio e alla fine, perché questo crea delle discontinuità, o gradini, che alterano lo spettro.

Nella Fig. 8-A-1 possiamo vedere due analisi dello stesso segnale, una sinusoide: in basso il segnale ha subito una finestratura rettangolare, cioè è stato semplicemente troncato agli estremi, mentre in alto è stato sottoposto a una finestratura cosiddetta *di Hamming*, in cui vengono attenuate le estremità destra e sinistra per ridurre i gradini iniziale e finale. Sotto a ogni segnale vediamo lo spettro risultante, ottenuto appunto con una FFT. La scala verticale dello spettro è in deciBel. Si vede bene come la finestratura rettangolare introduca nello spettro un numero di componenti spurie (cioè false) molto maggiore della finestratura di Hamming.

Esistono molti altri tipi di finestre, ciascuno dei quali ha pregi e difetti, e la scelta dell'uno o dell'altro tipo dipende da quali caratteristiche ci interessano di più in uno spettro.

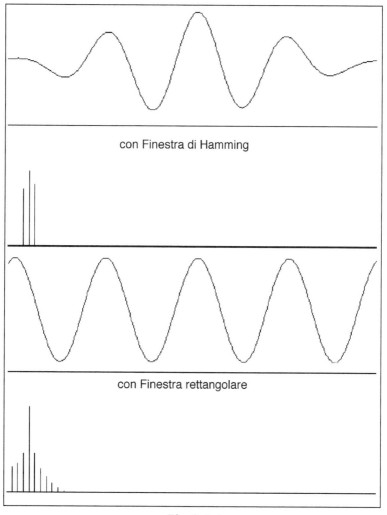

con Finestra di Hamming

con Finestra rettangolare

Fig. 8-A-1

**Appendice - Tabella di corrispondenza fra semitoni e rapporti di frequenza**

| Rapporto (semitoni) | Rapporto di frequenza |
|---|---|
| +12 | 2 |
| +11 | 1.8878 |
| +10 | 1.7818 |
| +9 | 1.6818 |
| +8 | 1.5874 |
| +7 | 1.4983 |
| +6 | 1.4142 |
| +5 | 1.3348 |
| +4 | 1.2599 |
| +3 | 1.1892 |
| +2 | 1.1225 |
| +1 | 1.0595 |
| 0 | 1 |
| -1 | 0.9439 |
| -2 | 0.8909 |
| -3 | 0.8409 |
| -4 | 0.7937 |
| -5 | 0.7492 |
| -6 | 0.7071 |
| -7 | 0.6674 |
| -8 | 0.6300 |
| -9 | 0.5946 |
| -10 | 0.5612 |
| -11 | 0.5297 |
| -12 | 0.5 |

## LISTA DEGLI *OPCODE*

**a1**      **pvoc**     **puntatore lettura file di analisi, fattore di moltiplicazione per trasposizione della frequenza, nome del file di analisi[, conservazione dell'inviluppo spettrale]**

**a1**      **adsyn**    **fattore molt. ampiezza, fattore molt. frequenza, fattore molt. velocità lettura file, nome del file di analisi**


**krmsr, krmso, kerr, kcps  lpread  puntatore lettura file di analisi, nome del file di analisi**

*krmsr* ampiezza efficace dei residui dell'analisi

*krmso* ampiezza efficace del segnale

*kerr* errore commesso nel calcolo della frequenza fondamentale

*kcps* frequenza fondamentale


**a1**      **lpreson  segnale di eccitazione**

# 9

---

# USO DI *FILE* MIDI

## 9.1 GLI STANDARD MIDI *FILE*

Nel 1982 i maggiori costruttori di strumenti musicali elettronici si misero d'accordo per stabilire uno *standard* di comunicazione fra strumenti, il cosiddetto *standard* MIDI (*Musical Instruments Digital Interface*, Interfaccia digitale per strumenti musicali), e nel 1993 si è giunti alla definizione di *Standard MIDI File*, o *SMF*, un formato per memorizzare sequenze MIDI, riconosciuto da tutti i programmi musicali (*sequencer*, programmi per la stampa della musica etc.). Uno *Standard MIDI File*, che in ambiente *Win* è caratterizzato dall'estensione MID, contiene tutte le informazioni necessarie per l'esecuzione.

Quando si parla di esecuzione nascono spesso perplessità in chi inizia a fare musica con il computer. Infatti eseguendo un *file* audio o un *file* MIDI si ottiene, apparentemente, lo stesso risultato: quello di produrre suono. Ma nel primo caso (*file* audio) abbiamo semplicemente convertito da digitale ad analogico un *file* che contiene la forma d'onda completa del suono, mentre nel secondo caso (*file* MIDI) abbiamo inviato alla scheda audio solo le istruzioni per l'esecuzione, come un direttore dà alla sua orchestra istruzioni, ma non produce suono. Nella maggior parte delle schede audio, oltre ai convertitori digitale/analogico e analogico/digitale, è presente una sezione in grado di produrre suoni in base a determinate istruzioni, che indicano alla scheda quali note produrre, quando e con quale timbro e dinamica; ma nel *file* MIDI *non è contenuto alcun suono*.

Esistono due tipi di *SMF*, il Tipo 0 e il Tipo 1, che differiscono fra loro perché il Tipo 0 contiene una sola traccia, mentre il Tipo 1 può contenere fino a 256 tracce.

Naturalmente la traccia dello *SMF* Tipo 0 può contenere messaggi MIDI indirizzati a tutti e 16 i canali. Uno *SMF* di Tipo 0 è costituito dai seguenti elementi:

**Intestazione generale** (*general header*), che contiene informazioni relative alla identificazione del *file*, alla divisione temporale, al tempo metronomico, al tempo musicale, alla tonalità etc.
**Intestazione di traccia** (*track header*), che contiene dati relativi alla traccia.
**Traccia**, che contiene i messaggi MIDI eseguibili (*Note ON, Note OFF, Program change* etc.), separati da informazioni di temporizzazione.

Uno *SMF* di Tipo 1 è costituito dagli stessi elementi, ma da più tracce, quindi, per esempio:

**Intestazione generale**
**Intestazione di traccia 1**
**Traccia 1**
**Intestazione di traccia 2**
**Traccia 2**
**Intestazione di traccia 3**
**Traccia 3**
**...**

**Intestazione di traccia 19**
**Traccia 19**
**etc.**

Quasi tutti i programmi musicali sono in grado di leggere e salvare *file*, oltre che nel formato proprietario, anche in formato *Standard MIDI File*.

## 9.2 CONTROLLARE CSOUND CON UNO STANDARD MIDI *FILE*

Perché dovremmo desiderare di controllare Csound con un *file* MIDI? Per molte ragioni: intanto, perché sono disponibili (sul mercato, in Internet etc.) molti archivi musicali in formato *SMF*; poi perché, nel caso di partiture musicali "convenzionali", è facile creare una partitura con un *sequencer* o un programma di stampa della musica e salvarla in formato *SMF*. Per questo motivo Csound ha la possibilità di leggere ed eseguire *SMF*, ma solo di Tipo 0. Il motivo è semplice: uno *SMF* di Tipo 0 contiene, nella sua unica traccia, tutti i messaggi MIDI in ordine di tempo, mentre per eseguire uno *SMF* di Tipo 1 è necessario leggerlo interamente in memoria ed eseguire poi al momento opportuno tutti i messaggi MIDI che sono distribuiti fra le varie tracce. Csound legge direttamente dal *file*, e quindi non può eseguire *SMF* di Tipo 1.

Come si dice a Csound di leggere uno *SMF*? Attraverso il *flag* di esecuzione -*F*, specificando il nome dello *SMF* da leggere.

*Win* **Come indicare il MIDI** *file*: Supponiamo di avere scritto un'orchestra *midi1.orc* e una partitura *midi1.sco*, e di avere disponibile lo SMF *bach.mid*. Il comando completo per la sintesi del suono in ambiente Windows sarà:

Csound -W -Fbach.mid -obach.wav midi1.orc midi1.sco

*Mac* **Come indicare il MIDI** *file*: Sotto l'indicazione della *score* nell'interfaccia grafica troverete la scritta MIDI *file*. A lato di questa scritta c'è una casella che si può attivare facendo clic su di essa. Quando la casella è attivata viene richiesto il nome del *file* MIDI e una volta scelto il nome appare una "x" nella casella: ciò significa che i dati verranno letti dal MIDI *file* selezionato.

Possiamo domandarci che bisogno c'è della partitura (in questo caso *midi1.sco*), dato che abbiamo già lo SMF *bach.mid*. La partitura è necessaria per due ragioni:

1. Se i metodi di sintesi degli strumenti dell'orchestra hanno bisogno di funzioni (come accade quasi sempre), queste vanno definite appunto nella partitura.
2. Csound rimane attivo solo fino a quando nella partitura vi sono eventi ancora da eseguire. Se per esempio la partitura *midi1.sco* contenesse soltanto le definizioni delle funzioni, come in questo caso:

```
f1    0      4096    10    1    .3    .5
f2    0      4096    10    .1    1    .3
```

Csound calcolerebbe le funzioni richieste, al tempo 0, e poi terminerebbe l'esecuzione senza generare nulla. Per questo motivo è necessario porre in partitura un evento fittizio che mantenga Csound in esecuzione per il tempo necessario alla sintesi del suono secondo lo *SMF* richiesto, per esempio:

```
f1    0      4096    10    1    .3    .5
f2    0      4096    10    .1    1    .3
f0    3000
```

Che cosa significa la riga "f0 3000"? È appunto un evento fittizio, che comunica semplicemente a Csound di rimanere attivo per 3000 secondi, fino a quando dovrebbe calcolare la funzione n.0 (zero), che però non ha effetto pratico, se non quello di mantenere attivo Csound.

In questo modo, rimanendo in esecuzione, Csound potrà leggere un *file* SMF che non duri oltre 3000 secondi. Se il *file* SMF dura 3030 secondi Csound suonerà comunque solo fino al 3000° secondo; in quel caso conviene cambiare il tempo a cui generare la funzione fittizia.

## 9.3 ASSEGNAZIONE AGLI STRUMENTI

Come si fa a tradurre i messaggi MIDI di uno *SMF* in valori utilizzabili da Csound? Esistono alcuni *opcode* che svolgono questo compito. Prima di esaminarli, però, risolviamo un altro problema: sappiamo che uno strumento Csound viene attivato da una riga di partitura che inizia con "i", che lo strumento attivato è quello corrispondente al primo campo (p1) della partitura, che viene attivato all'istante p2 (*action time*) e che rimane attivo per p3 secondi.

Bene, nel nostro caso uno strumento Csound viene attivato quando gli giunge un messaggio MIDI di *Note ON* e viene disattivato quando gli giunge un messaggio di *Note OFF*. Ogni messaggio MIDI contiene un numero di canale, da 1 a 16, che serve per determinare quale strumento eseguirà quel dato messaggio. Questo significa che la nostra orchestra dovrà contenere obbligatoriamente 16 strumenti? E se non è così, quale strumento eseguirà il messaggio MIDI?

Csound tenta di fare eseguire un messaggio MIDI allo strumento corrispondente al numero di canale di quel messaggio. Se lo strumento non esiste, il messaggio viene eseguito dallo strumento con il numero di canale inferiore più vicino.

Supponiamo che nella nostra orchestra vi siano 3 strumenti, numerati da 1 a 3. E supponiamo che a Csound giungano messaggi MIDI con numeri di canale da 1 a 5. L'esecuzione dei messaggi è questa:

canale  1                    → instr 1
canale  2                    → instr 2
canale  3, 4 e 5            → instr 3

## 9.4 I CONVERTITORI MIDI

Csound dispone di una grande quantità di *opcode* relativi all'ingresso di segnali MIDI. Essi sono:

| | |
|---|---|
| **ival notnum** | *ival* contiene il numero di nota MIDI (da 0 a 127; 60 è il DO centrale) |
| **ival veloc** | *ival* contiene la *key velocity* (da 0 a 127) |
| **icps cpsmidi** | *icps* contiene il valore in Hertz corrispondente al numero di nota MIDI |

| | |
|---|---|
| **icps cpsmidib** | *icps* contiene il valore in Hertz corrispondente al numero di nota MIDI, corretto con il valore del *pitch-bend* |
| **kcps cpsmidib [irange]** | *kcps* contiene il valore in Hertz corrispondente al numero di nota MIDI, corretto con il valore del *pitch-bend* e riscalato secondo il valore *irange* |
| **ioct octmidi** | *ioct* contiene il valore in *octave* corrispondente al numero di nota MIDI |
| **ioct octmidib** | *ioct* contiene il valore in *octave* corrispondente al numero di nota MIDI, corretto con il valore del *pitch-bend* |
| **koct octmidib [irange]** | *koct* contiene il valore in *octave* corrispondente al numero di nota MIDI, corretto con il valore del *pitch-bend* e riscalato secondo il valore *irange* |
| **ipch pchmidi** | *ioct* contiene il valore in *pitch* corrispondente al numero di nota MIDI |
| **ipch pchmidib** | *ioct* contiene il valore in *pitch* corrispondente al numero di nota MIDI, corretto con il valore del *pitch-bend* |
| **kpch pchmidib [irange]** | *koct* contiene il valore in *pitch* corrispondente al numero di nota MIDI, corretto con il valore del *pitch-bend* e riscalato secondo il valore *irange* |
| **iamp ampmidi iscal[, ifn]** | *iamp* contiene il valore di *key velocity*, opzionalmente tradotto secondo la tabella *ifn*, e normalizzato in modo da essere compreso fra 0 e *iscal* |
| **kaft aftouch iscal** | *kaft* contiene il valore dell'*aftertouch*, normalizzato in modo da essere compreso fra 0 e *iscal* |
| **kchpr chpress iscal** | *kchpr* contiene il valore del *channel pressure*, normalizzato in modo da essere compreso fra 0 e *iscal* |
| **kbend pchbend iscal** | *kbend* contiene il valore del *pitch-bend*, normalizzato in modo da essere compreso fra 0 e *iscal* |
| **ival midictrl inum [, initial]** | *ival* contiene il valore del *controller* numero *inum*, posto inizialmente al valore *initial* |
| **kval midictrl inum [, initial]** | *kval* contiene il valore del *controller* numero *inum*, posto inizialmente al valore *initial* |
| **kval midictrlsc inum [,iscal]** | **[, ioffset] [, initial]** *kval* contiene il valore del *controller* numero *inum*, posto inizialmente al valore *initial*, normalizzato in modo da essere compreso fra 0 e *iscal* e al quale viene sommata la quantità *ioffset*. Per esempio, se *iscal=3000* e *ioffset=1000*, *kval* potrà variare fra 1000 e 4000 (cioè fra *0+ioffset* e *iscal+ioffset*). |

A seconda delle versioni di Csound, possono essere presenti altri *opcode* riguardanti MIDI, come quelli introdotti da Gabriel Maldonado, fra i quali *midic14* e *midic21*. Questi permettono di accoppiare 2 o 3 *controller* per aumentare la gamma dei valori disponibili. Infatti la gamma di valori disponibili per un *controller* MIDI va da 0 a 127 (numero binario a 7 bit); accoppiando 2 *controller* la gamma va da 0 a 16383; accoppiandone 3 la gamma va da 0 a 2097151.

**idest midic7 ictlno, imin, imax [, ifn]** *idest* contiene il valore del *controller* MIDI *ictlno*, opzionalmente tradotto secondo la tabella *ifn* e normalizzato in modo da essere compreso fra i valori *imin* e *imax*

**kdest midic7 ictlno, kmin, kmax [, ifn]** *kdest* contiene il valore del *controller* MIDI *ictlno*, opzionalmente tradotto secondo la tabella *ifn* e normalizzato in modo da essere compreso fra i valori *kmin* e *kmax*

**idest midic14   ictlno1, ictlno2, imin, imax [, ifn]** *idest* contiene il valore del *controller* MIDI *ictlno1* moltiplicato per il valore del *controller* MIDI *ictlno2*, opzionalmente tradotto secondo la tabella *ifn* e normalizzato in modo da essere compreso fra i valori *imin* e *imax*

**kdest midic14 ictlno1, ictlno2, kmin, kmax [, ifn]** *kdest* contiene il valore del *controller* MIDI *ictlno1* moltiplicato per il valore del *controller* MIDI *ictlno2*, opzionalmente tradotto secondo la tabella *ifn* e normalizzato in modo da essere compreso fra i valori *kmin* e *kmax*

**idest midic21 ictlno1, ictlno2, ictlno3, imin, imax [, ifn]** *idest* contiene il valore del *controller* MIDI *ictlno1* moltiplicato per il valore del *controller* MIDI *ictlno2*, moltiplicato per il valore del *controller* MIDI *ictlno3*, opzionalmente tradotto secondo la tabella *ifn* e normalizzato in modo da essere compreso fra i valori *imin* e *imax*

**kdest midic21 ictlno1, ictlno2, ictlno3, kmin, kmax [, ifn] ]** *kdest* contiene il valore del *controller* MIDI *ictlno1* moltiplicato per il valore del *controller* MIDI *ictlno2*, moltiplicato per il valore del *controller* MIDI *ictlno3*, opzionalmente tradotto secondo la tabella *ifn* e normalizzato in modo da essere compreso fra i valori *kmin* e *kmax*.

Ma vediamo ora un esempio di orchestra e partitura:

```
;midi1.orc
         sr     =   44100
         kr     =   4410
         ksmps  =   10
         nchnls =   1
         instr     1
ifrq     cpsmidi
iamp     ampmidi   12000
a1       oscil     iamp, ifrq, 1
         out       a1
         endin


;midi1.sco
f1    0      4096   10    1
f0    30
```

Eseguiamole con la linea di comando:

**csound -W -Fbach.mid -obach.wav midi1.orc midi1.sco (*Win*)**

oppure

**csound -A -Fbach.mid -obach.aiff midi1.orc midi1.sco (*Mac*)**

Naturalmente il *file bach.mid* dovrà esistere nella cartella di Csound. Altrimenti dovremo dare il percorso completo, per esempio

**csound -W -F c:\midifiles\bach.mid -obach.wav midi1.orc midi1.sco**

Vedremo che, durante l'esecuzione, Csound ci darà messaggi come questo:

```
midi channel 1 using instr 1
c:/csound/bach.mid: found standard midi file header
Metrical timing, Qtempo = 120.0, Qticks = 120
kperiods/tick = 18.375
tracksize = 194
audio buffered in 1024 sample-frame blocks
SFDIR undefined. using current directory
writing 2048-byte blks of shorts to bach.WAV (WAV)
```

```
SECTION 1:
ftable 1:
new alloc for instr 1:
  rtevent        T   0.150   TT   0.150 M:   7500.0
  rtevent:       T   0.300   TT   0.300 M:   7500.0
  rtevent:       T   0.450   TT   0.450 M:   7500.0
  rtevent        T   0.600   TT   0.600 M:   7500.0

  ....

  rtevent:       T   3.000   TT   3.000 M:   7500.0
  rtevent:       T   3.150   TT   3.150 M:   7500.0
  rtevent:       T   3.300   TT   3.300 M:   7500.0
  rtevent:       T   3.450   TT   3.450 M:   7500.0
  rtevent:       T   3.750   TT   3.750 M:   7500.0
  rtevent:       T   4.050   TT   4.050 M:   7500.0
end of midi track in 'c:/csound/bach.mid'
0 forced decays, 0 extra noteoffs
B  0.000 .. 10.000  T 10.000   TT   10.000 M   0.0
end of score.         overall amps:        7500.0
        overall samples out of range:      0
0 errors in performance
431 2048-byte soundblks of shorts written to d:/csound/midi0.WAV (WAV)
```

La riga *midi channel 1 using instr 1* indica che Csound sta lavorando con uno *SMF*. Seguono informazioni tratte dallo *header* di traccia (*Metrical timing... ,kperiods/tick* etc.) e finalmente, quando inizia la sintesi, vediamo che al posto dei soliti messaggi di nota compaiono le scritte *rtevent: ....* Ogni *rtevent* (cioè *real time event*) corrisponde a un messaggio MIDI di *Note ON , Note OFF* o altri.

Per terminare l'esecuzione alla fine dello *SMF* si può usare il *flag -T*, che interrompe Csound quando non ci sono più dati nello *SMF*, altrimenti si rischia di riempire il disco con un *file* che contiene pochi secondi di suono e minuti e minuti di silenzio! Alternativamente si può interrompere manualmente Csound con la combinazione di tasti Control+C (*Win*) o facendo clic sul pulsante *Kill* del *Perfing*, cioè del piccolo riquadro che compare quando si avvia la sintesi (*Mac*).

Ascoltando il *file* audio risultante, notiamo che le note non hanno alcun tipo di inviluppo. Infatti in orchestra non l'abbiamo programmato. Sorge però un problema: nel caso di sintesi con una partitura, non appena Csound legge la riga contenente i parametri di una nota, sa quanto essa durerà. Al contrario se legge uno *SMF*, Csound attiva lo strumento quando riceve un messaggio di *Note ON*, ma non sa quando riceverà il messaggio di *Note OFF*. In altre parole, la durata della nota, che nella partitura è espressa da *p3*, non è conosciuta. Quando arriva il messaggio di *Note OFF*, Csound disattiva semplicemente lo strumento, impedendo di fare iniziare la fase di estinzione del suono, e producendo quindi un *click*. Come fare allora per creare un inviluppo quando la durata della nota non è conosciuta in anticipo?

Esiste un *opcode* apposito, chiamato *linenr*, che consente di prolungare la nota al di là della sua durata, e di iniziare la fase di estinzione del suono quando arriva il messaggio di *Note OFF*. (vedi par.7.4). Ricordiamone la sintassi:

**kr    linenr kamp, irise, idec, iatdec**

Modifichiamo dunque l'orchestra in questo modo:

```
;midi2.orc
        sr     =  44100
        kr     =  4410
        ksmps  =  10
        nchnls =  1
        instr     1
ifrq    cpsmidi
iamp    ampmidi   12000
kamp    linenr    iamp, .05, .5, .01 ;attacco=0.05 sec, estinzione=0.5 sec
a1      oscil     kamp, ifrq, 1
        out       a1
        endin
```

e risintetizziamo: questa volta le note hanno il loro inviluppo corretto, con un tempo di estinzione di mezzo secondo.

## 9.5 CONVERSIONE DA STANDARD MIDI *FILE* A PARTITURA E VICEVERSA

È anche possibile convertire uno *SMF* (anche di Tipo 1) in partitura Csound. Per questo esistono programmi non commerciali, come *MIDI2CS*, reperibile in Internet, o altri. In genere questi programmi fanno bene il loro lavoro, anche se a volte hanno bisogno di correzioni manuali. Particolarmente importante è la gamma di ampiezza: infatti mentre in MIDI ogni voce viene eseguita da un generatore di suono (ed è quindi possibile sovrapporre un grande numero di voci tutte con ampiezza massima), in Csound le ampiezze di ciascuna voce si sommano, e bisogna fare attenzione che la somma complessiva non produca un segnale audio fuori gamma, cioè di ampiezza di picco superiore a 32767.

Esistono anche programmi di conversione da partitura Csound a *SMF*, reperibili in Internet. A che cosa servono? Per importare, per esempio, in un programma di stampa della musica, la parte elettronica di brani per strumenti e nastro magnetico. Possono anche servire per preparare versioni MIDI di brani sintetizzati con Csound.

# APPROFONDIMENTI

## 9.A.1 LO STANDARD MIDI

Nel 1983 lo IMUG (*International MIDI User's Group*, un'associazione fra fabbricanti di strumenti) definì un protocollo di comunicazione fra strumenti musicali elettronici, sia sotto l'aspetto *hardware* sia sotto l'aspetto *software*. Il documento ufficiale (che porta la data del 5 agosto 1983) dice fra l'altro:

*"MIDI è un acronimo per Musical Instrument Digital Interface." [Interfaccia Digitale per Strumento Musicale] "MIDI permette a sintetizzatori, sequencer, home computers, batterie elettroniche, etc. di interconnettersi attraverso un'interfaccia standard." "Ciascuno strumento dotato di MIDI contiene, di solito, un ricevitore e un trasmettitore. Alcuni strumenti possono contenere solo un ricevitore o un trasmettitore. Il ricevitore riceve messaggi in formato MIDI ed esegue comandi MIDI. [...] Il trasmettitore genera messaggi in formato MIDI, e li trasmette...".*

Sebbene, come si vedrà più oltre, MIDI sia un protocollo limitato e poco sicuro, ha almeno il grande merito di avere reso possibile l'interscambio di partiture codificate e il pilotaggio di sintetizzatori mediante *personal computer*. Questo ha consentito in passato la migrazione della *computer music* (almeno limitatamente a certe possibilità) dai grandi centri di calcolo al laboratorio privato del compositore, dando così origine a quella che potremmo chiamare *informatica musicale distribuita*.

## 9.A.2 LE CARATTERISTICHE DI UNO STRUMENTO MIDI

Uno dei maggiori vantaggi del MIDI è che esso funziona con strumenti anche molto diversi fra loro, a patto naturalmente che obbediscano a determinate caratteristiche.

Uno strumento MIDI deve rispondere a un messaggio di tasto premuto (*Note On*) e di tasto rilasciato (*Note Off*), ed anche all'informazione di dinamica associata alla pressione del tasto. Questa viene chiamata *key velocity*, perché viene misurata come la velocità con la quale il tasto viene abbassato, che a sua volta è proporzionale alla dinamica con la quale si suonerebbe una nota sul pianoforte.

Uno strumento MIDI può essere dotato del cosiddetto *pitch bender*, un controllo (*hardware*) che permette di alterare momentaneamente l'intonazione, e deve essere in grado di rispondere al messaggio MIDI corrispondente.

Tipicamente, lo strumento avrà poi una serie di controlli che permettono modifiche momentanee del suono, e dovrà poter rispondere anche ai messaggi MIDI che riguardano questi controlli.

Inoltre è possibile scegliere fra diversi tipi di suoni (timbri o *program*) differenti, memorizzati nello strumento stesso. Anche per questo vi è un apposito messaggio MIDI per selezionare il tipo di suono (*program change*).

Se poi a uno stesso trasmettitore (per esempio un *personal computer*) è collegato più di uno strumento, ci deve essere un modo per indirizzare messaggi MIDI a uno strumento in particolare, altrimenti tutti suonerebbero la stessa "parte". Perciò a un messaggio MIDI è associato un numero di canale, e ogni strumento prende in considerazione solamente quei messaggi che lo riguardano, cioè quei messaggi che hanno lo stesso numero di canale per il quale lo strumento è stato predisposto dall'utente.

Vi sono poi diversi modi in cui lo strumento può rispondere ai messaggi, detti *channel mode*. Sul documento ufficiale si legge:

*"I sintetizzatori contengono elementi per la generazione del suono chiamati voci. L'assegnazione delle voci è il processo algoritmico di indirizzamento dei dati di Note On/Off dalla tastiera alle voci così che le note musicali vengano suonate correttamente e al momento giusto."*

*"Quando è stato implementato MIDI, si è dovuta definire la relazione fra i sedici canali MIDI disponibili e l'assegnazione alle voci del sintetizzatore. A questo scopo sono disponibili parecchi messaggi di modo. Essi sono Omni (On/Off), Poly e Mono. Poly e Mono sono mutuamente esclusivi, cioè Poly disabilita Mono e viceversa. Quando Omni è on, abilita il ricevitore a rispondere a tutti i canali, senza discriminazione. Quando Omni è off, il ricevitore accetterà i messaggi di voce solamente dai canali selezionati. Quando Mono è on, limita l'assegnazione delle voci a una sola voce per canale (monofonico). Quando Mono è off (= Poly On) qualunque numero di voci può essere allocato dal normale algoritmo di assegnazione di voce del ricevitore (polifonico)."*

## 9.A.3 I NUMERI DI MIDI

Poiché in MIDI tutto è espresso mediante numeri, bisogna conoscere la convenzione che viene adottata. A ogni nota (o meglio, a ogni tasto) corrisponde un numero, secondo la convenzione che il DO centrale è uguale a 60. Il DO# sarà quindi 61, il RE 62, il RE# 63 eccetera.

Le note ammesse sono quelle da 0 a 127, anche se non tutti gli strumenti MIDI sono in grado di produrre l'intera gamma. Se ciò non è possibile, la nota viene alzata (o abbassata) di un'ottava, fino a che rientra nell'estensione effettiva dello strumento.

Analogamente, a ogni dinamica corrisponde un numero, variabile anche qui fra 0 e 127. La variazione è di solito di tipo logaritmico, in modo tale da rispettare la percezione dell'orecchio, e da fare sì che alla stessa differenza di numero corrisponda un'uguale variazione dinamica.

Il protocollo MIDI consente anche, entro certi limiti, di superare il sistema temperato, sia utilizzando, negli strumenti appositamente predisposti, temperamenti e intonazioni differenti dal temperamento equabile (ma ciò è strettamente dipendente dallo strumento utilizzato), sia inviando, prima di ciascuna nota, un'informazione che specifica la variazione di intonazione rispetto alla frequenza nominale. Questa informazione è detta in inglese *pitch bend*, e ha lo stesso effetto di una variazione del comando fisico presente su quasi tutti gli strumenti MIDI, detto *pitch bend wheel*.

### 9.A.4 IL PROTOCOLLO MIDI

Lo *hardware* MIDI è semplice e poco costoso. Esso consiste di prese a norma DIN a 5 poli, a 180 gradi, di cui solo due sono connessi, quelli che portano il segnale. Connettori e cavi sono quindi a basso costo. Una limitazione *hardware* consiste nel fatto che i cavi non possono essere più lunghi di 15 metri.

Solitamente uno strumento MIDI è dotato di tre connettori: MIDI IN, che riceve i messaggi, MIDI OUT, che li trasmette, e MIDI THRU, che riporta i messaggi ricevuti da MIDI IN. Questo permette di pilotare più di uno strumento MIDI a partire da un unico trasmettitore (tastiera, *computer*, *sequencer*), collegando i diversi strumenti ricevitori in cascata , come si vede in Fig. 9-A-1 in alto. In pratica è meglio limitare questo sistema di collegamento a pochi strumenti (non più di tre), poiché il segnale in uscita da MIDI THRU è affetto da un lieve ritardo, che, accumulandosi, può causare inconvenienti di temporizzazione.

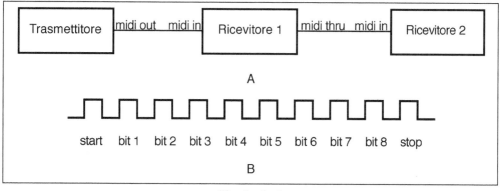

Fig. 9 - A- 1

Il protocollo di comunicazione MIDI è di tipo *seriale*, cioè vi è una sola linea per i dati, che vengono trasmessi inviando un bit dopo l'altro. Per aiutare la sincronizzazione del ricevitore rispetto al trasmettitore, oltre agli 8 bit che costituiscono un byte, viene inviato un bit in più prima dei dati (il cosiddetto *start bit*) e un bit in più dopo i dati (il cosiddetto *stop bit*).

Ogni byte di informazione è così costituito in realtà da un pacchetto di 10 bit, come illustrato in Fig.9-A-1 in basso.

Tutte le comunicazioni MIDI vengono espletate mediante messaggi costituiti da più byte, e precisamente da un byte di stato, seguito da uno o due byte di dati. Poiché la velocità di trasmissione è di 31250 Baud (o bit/secondo), il tempo necessario per trasmettere un byte di informazione MIDI è di 320 microsecondi, cioè possono essere trasmessi 3125 byte al secondo. Questa può sembrare una velocità molto alta, ma non è così. Infatti, supponiamo di voler inviare a ognuno dei 16 canali MIDI un accordo di 16 note: dovremo trasmettere

**3 byte \* 16 note \*  16 canali = 768 byte**

che verranno trasmessi in

**768 / 3125 = 0.246 secondi**

quindi in un tempo largamente sufficiente a percepire un arpeggio invece di un accordo.

I messaggi possono essere di due categorie: di canale (*channel*) e di sistema (*system*). I messaggi di canale contengono, nei quattro bit meno significativi del byte di stato, un numero che individua un determinato canale MIDI. Questi messaggi vengono perciò ricevuti ed eseguiti soltanto da quei ricevitori che sono stati predisposti su quel numero di canale. Un byte di stato di un messaggio di canale è perciò così costituito:

**m m m m c c c c**

dove m = bit di messaggio e c = bit di numero di canale

Con un numero binario di quattro cifre è possibile esprimere al massimo 16 numeri (da 0 a 15). Il numero di canali MIDI non può quindi essere superiore a 16.

I messaggi di canale sono i seguenti:

| | |
|---|---|
| *note on* (= tasto premuto) | simula l'abbassamento di un determinato tasto del sintetizzatore; |
| *note off* (= tasto rilasciato) | simula il rilascio di un determinato tasto, abbassato in precedenza; |

*after-touch* (variazione di pressione)   su alcuni sintetizzatori, invia un messaggio che informa sulla maggiore o minore pressione esercitata su un tasto abbassato;

*control change* (cambio di un controllo);

*program change* (cambio di programma)   cambia il programma (cioè il suono) corrente;

*pitch bend* (modifica di intonazione)   simula l'azionamento della iddetta *pitch bend wheel*, che modifica l'intonazione di tutte le note attive di un determinato canale MIDI.

Csound non è in grado di trattare i messaggi di sistema ma solo quelli di canale.

## LISTA DEGLI *OPCODE*

| | | |
|---|---|---|
| k1 | linen | **ampiezza, tempo di attacco, tempo di estinzione, fattore di attenuazione della curva di estinzione** |
| a1 | linenr | **ampiezza, tempo di attacco, tempo di estinzione, fattore di attenuazione della curva di estinzione** |
| kval | midictrlsc | **numero del controller [,valore massimo] [, valore minimo] [,valore iniziale]** |

**Vedi par. 9.4 per altri *opcode***

# 10

## CONTROLLI MIDI E TEMPO REALE

### 10.1 USARE CSOUND IN TEMPO REALE

Con l'aumento della potenza di calcolo dei *personal computer,* è possibile sintetizzare suono in tempo reale. La complessità del suono che è possibile produrre dipende naturalmente, oltre che dalla complessità dell'orchestra e dal numero di voci contemporanee (polifonia), anche e soprattutto dalla potenza del calcolatore a disposizione.[1]

La possibilità di sintesi in tempo reale apre naturalmente il vasto campo dell'interazione con interpreti vocali o strumentali, o comunque con eventi che per la loro imprevedibilità non consentono una sincronizzazione con il nastro magnetico: permette di iniziare un evento sonoro in sincrono con un evento esterno, permette di adattare la velocità di esecuzione a quella di uno o più strumentisti. Ora è la macchina che segue l'uomo, e non viceversa.

Si apre anche la possibilità di elaborazione del suono in tempo reale, finora riservata solo a *hardware* specializzato o a calcolatori molto costosi.

Allo stato attuale, per il controllo in tempo reale di Csound l'unico mezzo è quello di inviare messaggi MIDI, che possono provenire da uno strumento, da una MIDI *Master Keyboard*, da uno dei cosiddetti *Mixer MIDI* (cioè da un apparecchio dotato di potenziometri che generano messaggi MIDI di tipo *controller*), da un secondo

---

[1] Per potenza, in questo particolare caso, si intende la velocità delle operazioni in *floating point*, su cui si basa principalmente l'elaborazione in Csound.

calcolatore (o dallo stesso) che, contemporaneamente a Csound, esegua un programma che invia messaggi MIDI. Il limite è solo la fantasia del musicista. È necessario però, per sfruttare adeguatamente tutta la potenza di calcolo, una certa cura nella scrittura delle orchestre, evitando istruzioni inutili (specialmente quelle che coinvolgono variabili di tipo audio) e abbassando, per quanto è possibile, la frequenza dei segnali di controllo (*kr*).

Per esempio, questa riga di orchestra:

```
a2    =    a1/2
```

può essere più efficientemente riscritta come:

```
a2    =    a1*.5
```

dal momento che una moltiplicazione viene eseguita più velocemente di una divisione. Oppure il frammento:

```
aout   =    a1*kvol/4+a2*kvol/4+a3*kvol/4
```

sarà riscritto come:

```
k1     =    kvol*.25
aout   =    (a1+a2+a3)*k1
```

sostituendo a tre divisioni e tre moltiplicazioni una assegnazione e due moltiplicazioni.

Per usare Csound in tempo reale è necessario sostituire al nome del *file* audio di uscita i nomi riservati *devaudio* oppure *dac* (a seconda della piattaforma impiegata e della versione di Csound utilizzata), quindi:

**csound -W -omiofile.wav miaorc.orc miascore.sco**

genera il *file* audio *miofile.wav*, mentre

**csound -odevaudio miaorc.orc miascore.sco**

genera il suono in tempo reale.

---

**Win Come attivare il tempo reale**

Nella finestra di dialogo della sintesi, nel riquadro di testo *Wave* compare il nome del *file* da generare. Accanto c'è il pulsante *Realtime Out*: facendo clic su di esso, il nome del *file* audio cambia in *devaudio*, e la scritta sul pulsante cambia in *Audio File*. Così facendo nuovamente clic sul pulsante si torna alla generazione di un *file* audio e così via. Per modificare i valori del *buffer* per il tempo reale, bisogna agire sul *flag -b*, cambiandone opportunamente il valore (vedi par. 10.3)

---

**Mac Come attivare il tempo reale**

Se viene attivata la casella *Audio out*, il programma invia i campioni generati direttamente al *Sound Manager* per suonarli invece che scriverli in un *file*. Per modificare i valori del *buffer* per il tempo reale potete aprire *Set Buffer* nel menu *Preferences*. Vedi anche il par. 10.3.

---

## 10.2 PARTITURA E ORCHESTRA PER IL TEMPO REALE

Valgono più o meno le stesse considerazioni fatte nel par. 9.2. In effetti, per Csound, ricevere messaggi da uno *Standard MIDI File* o in tempo reale è esattamente la stessa cosa, tanto che è anche possibile ordinare a Csound di sintetizzare in tempo differito, e inviargli messaggi MIDI in tempo reale: certo, in questo caso non si ascolta quello che si sta "suonando"!

Per fare "ascoltare" a Csound i messaggi MIDI in tempo reale, è necessario aggiungere un flag ulteriore alla linea di comando, il flag -M seguito dal nome codificato del driver del dispositivo MIDI. In ambiente Win questo nome è sbmidi 2

**csound -W -Msbmidi -odevaudio miaorc.orc miascore.sco**

Ma vediamo un esempio di orchestra da "suonare" in tempo reale con una tastiera MIDI (la supporremo dotata di *controller wheel*, che può essere per esempio la *modulation wheel*, che non è altro che il *controller* n.1):

```
;midirt1.orc
    sr    = 22050          ;sr bassa, per consentire un grande numero di voci
    kr    = 441            ;kr bassa, per consentire un grande numero di voci
    ksmps = 50
    nchnls = 1
```

---

² In **Win**, se il vostro *computer* dispone di più di un *device* MIDI (*hardware* o *software*), Csound chiederà quale *device* utilizzare. Alternativamente, è possibile usare il *flag -+K* seguito dal numero del device MIDI desiderato, per esempio *-+K2*.

```
            instr   1
ifrq        cpsmidi
iamp        ampmidi  12000
kamp        linenr   iamp, .05, .5, .01        ;attacco=0.05 sec, estinzione=0.5 sec
kindmx      midictrl 1,13                       ;massimo indice di modulazione FM:controller n.1,
                                                ;max=13
kindx       linenr   kindmx, .01, .5, .01       ;inviluppo dell'indice di modulazione
a1          foscil   kamp, ifrq, 1, 1, kindx, 1
            out      a1
            endin


;midirt1.sco
f1    0     4096  10    1
f0    3600                                      ;Csound è attivo per 1 ora (=3600 secondi)
```

La prossima orchestra effettua filtraggio e spazializzazione stereofonica in tempo reale di un segnale entrante. Supponiamo di disporre di un dispositivo MIDI in grado di inviare i messaggi di *control* relativi ai *controller* 1, 2, 3 e naturalmente di inviare un messaggio di *Note ON* per attivare lo strumento:[3]

```
;midirt2.orc
            sr     =  22050
            kr     =  441
            ksmps  =  50
            nchnls =  2
            instr  1
kfilt       midic7  1, 100, 3000              ;controller 1: frequenza di centro banda
                                              ;di un filtro passabanda con gamma da 100 a 3000 Hz
kbw         midic7  2, 1, 300                 ;controller 2: banda passante con gamma da 1 a 300 Hz
kste        midic7  3, 0, 1                   ;controller 3: posizionamento stereo, gamma da 0 a 1
a1          in                                ;segnale entrante in tempo reale
aout        reson   a1, kfilt, kbw, 2         ;il segnale viene filtrato
            outs    aout*(1-kste), aout*kste
            endin


;midirt2.sco
f0    3600                                     ;Csound è attivo per 1 ora (=3600 secondi)
```

---

[3] È necessario specificare il *flag* *-I* per attivare l'ingresso audio in tempo reale.

## 10.3 QUALCHE ACCORGIMENTO PER USARE CSOUND IN TEMPO REALE

Sicuramente sperimentando la sintesi in tempo reale andremo incontro a qualche difficoltà. Una delle più comuni è di ascoltare il suono "spezzettato", con numerose brevi interruzioni. Questo si deve al fatto che non tutta la potenza del calcolatore è a disposizione di Csound: il sistema operativo prende spesso il controllo della macchina, togliendo risorse a Csound, per effettuare un gran numero di operazioni di carattere generale (*housekeeping*).

Non è possibile fare a meno del sistema operativo (anche se, in linea generale, è possibile scegliere fra sistemi operativi "migliori" e sistemi operativi "peggiori", non in senso assoluto, ma in termini di minore o maggiore "disturbo" che portano alle applicazioni in tempo reale), ma è sicuramente possibile prendere accorgimenti per limitare al massimo la sua interferenza con il processo di sintesi del suono in tempo reale. Questi accorgimenti sono:
- chiudere tutte le applicazioni attive diverse da Csound, anche quelle nascoste;
- disattivare il salvaschermo;
- disattivare (con prudenza!) programmi antivirus e programmi che operano controlli periodici (deframmentazione del disco rigido e simili).

Inoltre è possibile agire su alcuni *flag* di Csound, che intervengono sul processo di *buffering* dei dati audio in uscita. Infatti il processo di uscita del suono in tempo reale avviene in questo modo: Csound calcola un certo numero di campioni di suono, e via via li pone in una zona di memoria (*buffer*, o serbatoio). Non appena questo *buffer* è pieno, Csound avverte il *software* di gestione della scheda audio, e questo inizia l'uscita del suono, prelevando i campioni dal *buffer*. Intanto Csound calcola nuovi campioni e li pone in un secondo *buffer*, fermandosi non appena questo è pieno, e avvertendo il *software* di gestione della scheda audio. Appena il primo *buffer* è vuoto, Csound ricomincia a riempirlo con nuovi campioni di suono, e così via (doppio *buffering*). Esiste anche la possibilità di *buffering* quadruplo etc.

Il *flag -b dimensione* determina la dimensione dei *buffer* di uscita del suono. Più piccolo è *dimensione*, minore è il ritardo nell'uscita del suono, ma maggiore è la probabilità che il suono stesso venga interrotto da un intervento del sistema operativo (*buffer underrun*). A seconda della complessità della sintesi e della potenza del vostro computer, potete stabilire il valore migliore per questo *flag*. Provate inizialmente con 4410. In generale è bene usare un valore di dimensione che sia un sottomultiplo intero della frequenza di campionamento audio *sr*, e della frequenza di controllo *kr*.

Il *flag -P numero* determina invece il numero di *buffer* a disposizione.

In ambiente **Win** è ora disponibile una versione di Csound che fa uso di DirectSound[4] per l'uscita del suono in tempo reale, che consente l'uso di *buffer* molto ridotti, e perciò una risposta praticamente immediata di Csound ai comandi MIDI.

---

[4] *DirectSound* (parte di *DirectX*) è un sistema sviluppato da Microsoft per accelerare le operazioni grafiche e audio in ambiente **Win**. Ma vedi anche la lettura *DirectCsound* di Gabriel Maldonado.

# 11

---

# MODULAZIONE D'AMPIEZZA E MODULAZIONE AD ANELLO

## 11.1 INTRODUZIONE ALLA MODULAZIONE D'AMPIEZZA E AD ANELLO

"Una modulazione è l'alterazione dell'ampiezza, della frequenza o della fase di un oscillatore provocata da un altro segnale".[1] L'oscillatore che viene modulato viene detto portante (*carrier*), l'oscillatore che modula viene detto modulante (*modulator*).

Ricordate il modo in cui abbiamo prodotto il tremolo?

In quel caso abbiamo realizzato una leggera **modulazione dell'ampiezza** (tremolo) e ci siamo serviti di un segnale modulante (variabile di controllo) che faceva variare l'ampiezza del segnale portante. La caratteristica dell'oscillazione del segnale modulante era di avere una frequenza molto bassa, al di sotto della banda audio, e un'ampiezza minima: perciò l'unico effetto che l'oscillatore modulante provocava era quello di variare di poco l'ampiezza del segnale portante.

Ma che cosa succede se la frequenza dell'oscillatore modulante è più alta?

In questo caso abbiamo un fenomeno diverso, cioè la comparsa di frequenze nuove che si aggiungono allo spettro della portante. Tali frequenze vengono dette laterali, poiché appaiono in modo simmetrico sopra e sotto la frequenza della portante, come vedremo. Da qui nascono sia la tecnica della modulazione d'ampiezza (AM = *Amplitude*

---

[1] Charles Dodge e Thomas A. Jerse, *Computer Music*, Schirmer, New York, NY, 1985 p.80.

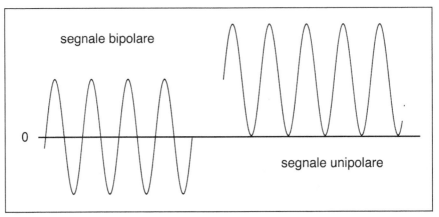

segnale bipolare

0

segnale unipolare

Fig. 11-1

*Modulation*), che quella della modulazione ad anello (RM = *Ring Modulation*). La differenza fra questi due tipi di modulazione sta nel fatto che mentre la modulazione d'ampiezza utilizza un segnale modulante unipolare, la modulazione ad anello utilizza un segnale modulante bipolare (vedi Fig.11-1).

I segnali **bipolari** sono quelli che oscillano fra valori positivi e valori negativi d'ampiezza, per esempio:

```
a1 oscili 10000, 220, 1        ;ampiezza oscillante fra 10000 e -10000
```

I segnali **unipolari** sono quelli che oscillano solo nel campo positivo (o solo nel campo negativo). Per crearli c'è bisogno di aggiungere una costante, cioè un segnale che non varia, a un'oscillazione bipolare. Tale costante viene chiamata *DC Offset* (*Direct Current Offset*, o componente di corrente continua, vedi par.2.7).

Facciamo un esempio di segnale unipolare nel campo positivo, utile per la modulazione d'ampiezza:

```
abimod    oscili 1 , 220, 1        ;ampiezza oscillante fra 1 e - 1
aunimod = abimod+1                 ;aunimod oscillerà fra 0 e 2, cioè solo nel campo positivo
```

Abbiamo dunque aggiunto una componente continua (*DC Offset*) di 1 alle oscillazioni di *abimod*, spostandole tutte nel campo positivo.

Nel Cap.5 abbiamo usato sia i segnali modulanti bipolari sia quelli unipolari, ma in quei casi tali segnali non erano nella banda audio.

## 11.2 MODULAZIONE D'AMPIEZZA (AM)

Quando abbiamo creato il segnale modulante per il tremolo abbiamo utilizzato una variabile di controllo. Per lavorare con la modulazione d'ampiezza (*amplitude modulation* o AM) dovremo utilizzare una variabile audio, in quanto anche il segnale modulante è nella banda audio; bisogna quindi che esso sia definito mediante un numero di campioni al secondo che renda bene qualsiasi frequenza udibile. Quindi useremo la frequenza di campionamento audio, non quella di controllo.

Esempio:

```
;am.orc
          sr     =  44100
          kr     =  4410
          ksmps  =  10
          nchnls =  1
          instr     1
abimod    oscili    5000, 200, 1          ;ampiezza oscillante fra 5000 e - 5000
aunimod        =   abimod+5000           ;con l'aggiunta del DC Offset 5000 avremo una
                                         ;modulante unipolare : aunimod oscillerà fra 0 e 10000
aport     oscili    aunimod, 800, 1       ;portante: l'ampiezza è data dalla oscillazione
                                         ;unipolare fra 0 e 10000.
          out       aport
          endin

;am.sco
f1   0    4096   10    1
i1   0    3
```

Se entrambi i segnali sono sinusoidali le due frequenze laterali che vengono create corrispondono a:

frequenza della portante (*carrier*) + frequenza della modulante (*modulator*) (800+200 = 1000 Hz)

frequenza della portante - frequenza della modulante  (800-200 = 600 Hz)

Inoltre avremo anche la frequenza data dalla portante. Chiameremo C (*carrier*) la portante, ed M (*modulator*) la modulante. Il risultato depositato in *aport* conterrà dunque tre frequenze, quella centrale della portante e le due laterali date dalla modulazione.

| C-M | C | C+M |
|-----|-----|------|
| **600** | **800** | **1000** |

Quali saranno le ampiezze di queste tre componenti? Dipenderanno dal rapporto fra l'ampiezza della modulante e il *DC Offset*. Questo rapporto si chiama indice di modulazione. Se il valore del *DC Offset* è uguale a quello dell'ampiezza della modulante l'indice di modulazione sarà uguale a 1. L'ampiezza della componente alla frequenza della portante, in uscita, non è influenzata dall'indice di modulazione, e rimarrà quindi fissa al valore stabilito. Il valore d'ampiezza delle bande laterali si ottiene sottraendo al valore del *DC Offset* il valore dell'indice di modulazione diviso 2*DC Offset, perciò se l'indice di modulazione sarà uguale ad 1 sottrarremo, per ottenere l'ampiezza di ognuna delle due bande laterali, la metà del valore dell'ampiezza della banda centrale.

Facciamo un esempio:

Chiamiamo l'indice di modulazione **I**, il valore del *DC Offset* **DC** e l'ampiezza delle bande laterali **Alat**:

Alat = DC*I/2

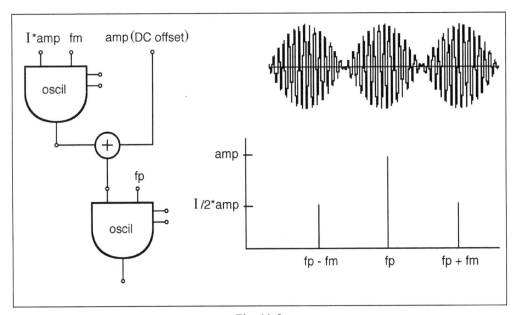

Fig. 11-2

Se I=1 e DC=x, allora Alat= 1/2*x = x/2
Se I=0.5, allora Alat = 0.5/2*x = x/4
Se I=0, allora Alat=0

In genere se la frequenza della modulante è sotto i 10 Hz l'orecchio riesce a distinguere le singole variazioni d'ampiezza (tremolo). Se la frequenza è superiore a 10 Hz e supera la metà della banda critica le frequenze laterali verranno percepite separatamente.

Il diagramma di flusso di questa AM semplice è quello mostrato in Fig.11-2, sulla sinistra. Sulla destra in alto c'è l'onda risultante, e a sinistra in basso lo spettro del suono.
In alcuni testi il *DC Offset* viene definito come "l'ampiezza della portante prima della modulazione". Questo modello non muta di molto il sistema ma può condurre a una confusione di tipo terminologico, perciò si è deciso di adottare il termine *DC Offset* che rende meglio la sua natura di componente continua.
Per verificare in pratica quello che succede con l'aumento dell'indice di modulazione da 0 a 1, sperimentiamo la seguente orchestra:

```
;am2.orc
          sr    =   44100
          kr    =   4410
          ksmps =   10
          nchnl =   1
          instr     1
kenv      linseg    0, p3, 5000            ;inviluppo dell'ampiezza della modulante da 0 a 5000,
mod       oscili    kenv, 1000, 1          ;quindi variazione dell'indice di modulazione da
aport     oscili    5000+amod, 2000, 1     ;0 a 1
          out       aport
          endin
```

con la seguente *score*:

```
;am2.sco
f1   0   4096   10   1
i1   0   4
```

## 11.3 MODULAZIONE AD ANELLO

Modifichiamo l'orchestra *am.orc* in modo da usare una modulante bipolare: basterà non sommare ad *abimod* alcun *DC Offset.*

```
;am3.sco
           sr    =  44100
           kr    =  4410
           ksmps =  10
           nchnls =  1
           instr    1
abimod     oscili   5000, 200, 1          ;ampiezza oscillante fra -5000 e 5000
                                          ;portante: l'ampiezza è data dalla oscillazione
aport      oscili   abimod, 800, 1        ;bipolare fra -5000 e 5000.
           out      aport
           endin


;am3.sco
f1   0   4096   10    1
i1   0   3
```

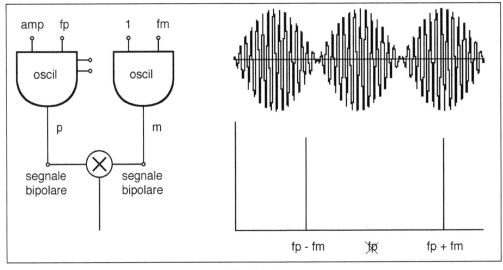

Fig. 11-3

Abbiamo ottenuto una modulazione ad anello applicando l'uscita di un oscillatore modulante direttamente all'ingresso d'ampiezza dell'oscillatore portante. "La modulazione ad anello si ottiene [anche] moltiplicando due segnali audio bipolari, cioè un segnale portante *p* viene moltiplicato per un segnale modulante *m*".[2]

---

[2] C.Roads, *Computer Music Tutorial*, MIT Press, Cambridge Mass., 1996, p.216.

Il risultato è equivalente: in entrambi i casi, se l'ampiezza dell'oscillatore modulante è 0 non ci sarà in uscita neanche la frequenza della portante. Nel caso dell'AM in cui addizioniamo una componente continua all'uscita della modulante, anche se la modulante ha ampiezza 0, l'uscita della portante non è nulla in quanto la portante stessa assume come sua ampiezza il valore del *DC Offset.*

Un'altra differenza con l'AM è che il risultato della modulazione ad anello non contiene la portante.

Se questa è la nostra orchestra (cfr. Fig.11-3):

```
        instr   1
abimod  oscili  100, 200, 1     ;modulante bipolare
aport   oscili  100, 800, 1     ;portante
amolt   =       abimod*aport    ;moltiplicazione
        out     amolt
        endin
```

e se la funzione 1 è una sinusoide, in uscita avremo:

**C-M      C+M**
**600      1000**

Possiamo però anche moltiplicare due segnali complessi: in questo caso otterremo un suono il cui spettro conterrà frequenze somma e differenza di tutte le componenti spettrali dei due suoni. Ad esempio, se ognuno dei due suoni è formato da 6 componenti, otterremo un numero di componenti pari a 6*6*2. Ovviamente alcune di queste componenti possono avere la stessa frequenza, specialmente se le frequenze della portante e quella della modulante sono in rapporto armonico fra loro.

Vediamo un esempio di modulazione ad anello con suoni complessi:

```
;ring.orc
        sr      =  44100
        kr      =  4410
        ksmps   =  10
        nchnls  =  1


        instr   1
abimod  oscili  100, 250, 1                    ;modulante bipolare
```

```
aport      oscili      100*abimod, 800, 1        ;portante
           out         aport
           endin
```

```
;ring.sco
f1   0   4096   10   3   2   1
i1   0   3
```

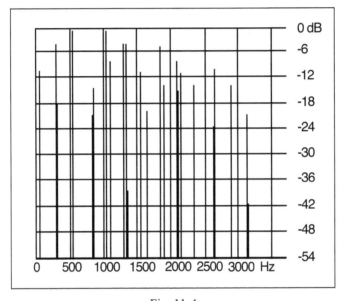

Fig. 11-4

in questo caso le componenti presenti rispettivamente nella modulante e nella portante sono:

**Portante (C)**          **Portante (C)**
**800, 1600, 2400 Hz**    **250, 500, 750 Hz**

quindi attraverso la modulazione ad anello otterremo le componenti:

**C+M = 1050, 1300, 1550, 1850, 2100, 2350, 2650, 2900, 3150 Hz**
**C-M = 50, 300, 550, 850, 1100, 1350, 1650, 1900, 2150 Hz**

che sono anche illustrate in Fig.11-4, che contiene l'analisi di spettro effettuata sul *file* audio generato dall'orchestra appena vista.

# APPROFONDIMENTI

## 11.A.1 LE FORMULE DELLA MODULAZIONE DI AMPIEZZA E DELLA MODULAZIONE AD ANELLO

La trigonometria ci fornisce i mezzi per comprendere in termini matematici che cosa succede nella modulazione di ampiezza e nella modulazione ad anello.

Le formule di *prostaferesi* dicono che:

$$\sin(\alpha) * \sin(\beta) = 1/2(\cos(\alpha - \beta) - \cos(\alpha + \beta))$$

cioè che la moltiplicazione di due sinusoidi di frequenze $\alpha$ e $\beta$, dà come risultato un segnale composto da due sinusoidi (o cosinusoidi, che non sono altro che sinusoidi di fase diversa) che hanno frequenza rispettivamente *differenza* e *somma* delle frequenze originali. Questa non è altro che la *modulazione ad anello*, come è descritta nel presente capitolo. Qui abbiamo supposto che entrambe le sinusoidi abbiano ampiezza unitaria.

Nel caso della modulazione di ampiezza, invece, la modulante $\sin(\beta)$ deve essere unipolare, quindi diventerà:

$$1 + \sin(\beta)$$

e il termine di sinistra viene così modificato:

$$\sin(\alpha) * (1 + \sin(\beta)) \qquad \text{che, sviluppando, diventa}$$

$$\sin(\alpha) * \sin(\beta) + \sin(\alpha) \qquad \text{e quindi, per rispettare le formule di prostaferesi}$$

$$\sin(\alpha) * \sin(\beta) + \sin(\alpha) = 1/2(\cos(\alpha - \beta) - \cos(\alpha + \beta)) + \sin(\alpha)$$

Vediamo quindi che nel caso della modulazione di ampiezza (modulante unipolare), nel segnale di uscita è presente anche la portante.

## 11.B.1 CENNI STORICI SULLA MODULAZIONE AD ANELLO

La modulazione ad anello, come la modulazione di ampiezza e quella di frequenza, veniva originariamente usata nella tecnica delle trasmissioni radio. Nello studio della WDR di Colonia nacque l'idea di utilizzarla per la modifica del suono. Il nome di modulazione ad anello deriva dalla configurazione del circuito elettronico che la realizzava (vedi Fig.11-B-1): quattro diodi, disposti appunto in un anello a forma di rombo, in cui a due vertici opposti veniva applicato il segnale di ingresso, mentre quello di uscita veniva prelevato agli altri due vertici.

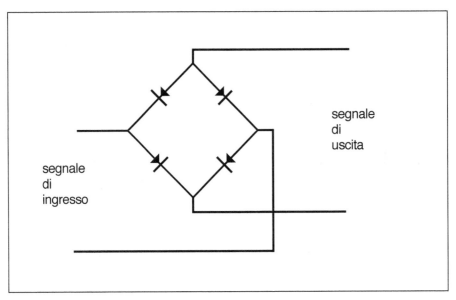

Fig. 11-A-1

Fu un procedimento largamente usato nella musica elettroacustica degli anni Cinquanta e Sessanta, sia per ottenere suoni complessi con i pochi oscillatori disponibili, sia per conseguire modificazioni timbriche del suono, sia, nell'uso dal vivo, per superare il temperamento degli strumenti a intonazione fissa.

Karlheinz Stockhausen la utilizzò in *Momente*, *Mixtur* e *Mikrophonie I*. In *Mantra*, per due pianoforti e due modulatori ad anello, Stockhausen la usa per tutti e tre gli scopi, ma principalmente per il secondo. Scrive infatti: *"... emerge l'aspetto metallico del suono, e ciò si deve al fatto che i suoni differenziali producono spettri subarmonici che vengono uditi insieme allo spettro armonico costituito dai suoni somma. E quando ritorno alla tredicesima nota, al termine dell'esposizione 'mantrica', ritorno anche alla massima consonanza: gli intervalli del mantra sono così composti che si allontanano dalla nota centrale, dando luogo sempre più a deviazioni, microintervalli e componenti di rumore - quelli che chiamiamo componenti dissonanti - e poi ritornano indietro."* [3]

[3] J.Cott, *Stockhausen. Conversations with the composer,* New York, 1973.

# 12

## MODULAZIONE DI FREQUENZA (FM)

### 12.1 TEORIA DI BASE

Come la sintesi in AM, anche quella in FM, nella sua forma semplice, si basa su un oscillatore modulante (*modulator*) e uno portante (*carrier*). In questo caso però il segnale modulante modula la frequenza e non l'ampiezza dell'oscillatore portante. Uno degli schemi più semplici per la modulazione di frequenza è quello illustrato in Fig.12-1, analogo a quello che abbiamo usato per il vibrato nel par. 5.3.

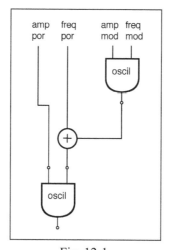

Fig. 12-1

Abbiamo dunque due oscillatori sinusoidali, uno chiamato *portante* e l'altro *modulante*. Se l'ampiezza del segnale modulante è 0, non abbiamo alcuna modulazione e ciò che rimane è solo l'oscillazione sinusoidale dell'onda portante. Se aumentiamo l'ampiezza del segnale modulante, ha luogo la modulazione di frequenza e il segnale modulante devia verso l'acuto e verso il grave la frequenza dell'oscillatore portante. Più aumentiamo l'ampiezza del segnale modulante, maggiore è la deviazione di frequenza del segnale portante. Nel momento in cui l'uscita dell'oscillatore modulante è positiva, la frequenza dell'oscillatore portante è più alta della sua frequenza di base. Nel momento in cui invece l'uscita dall'oscillatore modulante è negativa, la frequenza dell'oscillatore è più bassa della sua frequenza di base. Il massimo mutamento di frequenza che l'oscillatore portante subisce viene chiamato deviazione (*deviation*), oppure deviazione di picco (*peak frequency deviation*), ed è espresso in Hertz.

Mentre con l'AM (nel caso che portante e modulante siano due sinusoidi) otteniamo una sola coppia di bande laterali, nella FM abbiamo una serie (teoricamente infinita) di coppie di bande laterali. Il numero delle bande laterali udibili dipende dalla deviazione: più ampia è la deviazione, maggiore è il numero di bande laterali che hanno ampiezza sufficiente per poter essere udite.

Se C=1000 Hz, e M=3 Hz, otterremo dunque una serie di frequenze somma e di frequenze differenza (bande laterali):

| somma | differenza |
|---|---|
| 1003 (C+M) | 997 (C-M) |
| 1006 (C+2*M) | 994 (C-2*M) |
| 1009 (C+3*M) | 991 (C-3*M) |
| 1012 (C+4*M) | 988 (C-4*M) |
| 1015 (C+5*M) | 985 (C-5*M) |
| ...... | ....... |

Teoricamente sono *sempre* presenti tutte le frequenze somma e le frequenze differenza (C+M, C-M, C+2M, C-2M, etc....) fino all'infinito, ma per essere percepite tali componenti laterali devono avere un'ampiezza sufficiente. Il numero delle bande laterali udibili dipende dall'indice di modulazione. L'indice di modulazione (**I**) è uguale alla deviazione di picco (**D**) diviso la frequenza della modulante (**M**). Ad esempio

se D = 100 Hz e M = 100 Hz allora I = 1
se D = 200 Hz e M = 100 Hz allora I = 2

In pratica, per indici di modulazione e frequenze modulanti basse, le frequenze laterali (somma e differenza) di ordine elevato non sono udibili perché non hanno una ampiezza sufficiente. Infatti la deviazione (**D**) è uguale all'indice di modulazione (**I**) per la frequenza della modulante:

**D = I \* M**

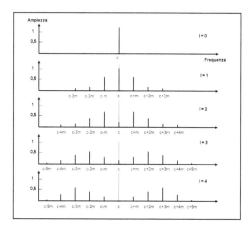

In realtà più aumenta l'indice di modulazione, più aumenta il numero delle bande udibili, ma, come notiamo nella figura, man mano che aumenta il valore dell'indice, l'energia viene "rubata" alla portante e alle frequenze laterali vicine ad essa e distribuita alle bande laterali più estreme. Per chi usa la modulazione di frequenza e vuole controllare questo meccanismo la faccenda si fa complicata: come si può sapere la larghezza di banda del suono ottenuto tramite FM? Ci vengono in aiuto due regole approssimative ma semplici:

a) il numero delle coppie che hanno più di un centesimo dell'ampiezza della portante è approssimativamente I+1 (De Poli, 1983). In pratica, se la portante ha ampiezza 0 dB, l'ampiezza di queste coppie sarà compresa fra 0 e –40 dB.

b) la larghezza di banda totale è approssimativamente uguale a due volte la somma della frequenza di deviazione più la frequenza della modulante (Chowning, 1973)

Larghezza_di_banda = ~ 2 \* (D+M)

Una delle ricchezze di questa tecnica di sintesi è dovuta al fatto che si possono produrre componenti laterali che cadono nella parte negativa della banda audio. Tali componenti negative vengono "riflesse" intorno alla frequenza 0 Hz e si miscelano con le componenti appartenenti alla parte positiva, come spiegheremo poco più avanti. Consideriamo la seguente partitura (che potremo, volendo, sperimentare con l'orchestra *fm.orc* descritta più oltre):

```
;fm.sco
f1    0      4096    10     1
;     act    dur     amp. por   frq. por   frq. mod   indice di modulazione
i1    0      2.9     10000      1000       3          10
i1    3      .       10000      1000       3          30
i1    6.     .       10000      1000       3          50
i1    9.     .       10000      1000       3          1000
;
i1    12     2.9     10000      1000       100        10
i1    15     .       10000      1000       100        30
i1    18     .       10000      1000       100        50
i1    21     .       10000      1000       100        1000
```

Nelle prime tre note dell'esempio si percepisce un glissando ascendente/discendente, perché le frequenze laterali udibili sono poche, molto vicine a 1000, quindi comprese nella stessa banda critica[1], e non influenzano la percezione timbrica (percepiamo infatti una sinusoide glissata).

Nella quarta nota la situazione si fa diversa: dato che, a parità di frequenza della modulante, più è alto l'indice di modulazione e maggiore sarà la deviazione, e dunque maggiore sarà l'ampiezza delle componenti laterali estreme, in questo caso percepiremo qualcosa di diverso dalla sinusoide che glissa.

Calcoliamo la deviazione di questa ultima nota ricordando che D = I * M:

**D = 3*1000 = 3000 Hz.**

La gamma di frequenza delle bande laterali più significative sarà compresa fra la frequenza della portante meno la deviazione (C-D=1000-3000) e la frequenza della portante più la deviazione (C+D=1000+3000), quindi fra -2000 Hz e 4000 Hz. Qui le cose sembrano complicarsi, perché abbiamo frequenze negative: cosa succede quando si hanno frequenze negative?

Tutte le frequenze sotto lo zero ricompaiono in controfase e a specchio nel campo positivo (-2000 diventa 2000 in controfase) e quindi il suono diventa più complesso ogniqualvolta la sua gamma di frequenza o anche solo le sue componenti laterali udibili si riflettono nel campo audio e dunque si sommano algebricamente con le altre. In Fig.12-2 è mostrato il caso di una portante di 2000 Hz e una modulante di 3000 Hz: Nello spettro risultante le frequenze negative -1000 Hz e -4000 Hz si riflettono nel campo positivo e in controfase, producendo così una diminuzione di ampiezza delle componenti di 1000 Hz e 4000 Hz già presenti.

---

[1] In un suono complesso la banda critica corrisponde alla più piccola differenza di frequenza fra due componenti che consenta la loro percezione come suoni separati, piuttosto che come un solo suono.

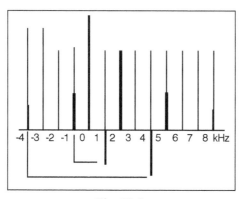

Fig. 12-2

Lo stesso effetto di riflessione nel campo udibile ha luogo nel caso che la gamma di frequenza o le componenti laterali superino la frequenza di Nyquist (*sr/2*). Per esempio, se abbiamo una frequenza di campionamento di 22050 Hz con frequenza di Nyquist pari a 11025 Hz e abbiamo una portante di 5000 Hz con frequenza modulante di 5000 Hz e indice di modulazione 3, la frequenza delle bande laterali più significative varierà fra -10000 e +20000 Hz, quindi avremo la riflessione sia delle frequenze negative, sia di quelle superiori alla frequenza di Nyquist (11025 Hz in questo caso). In Fig.12-3 è mostrato questo caso: la componente a 15000 Hz (linea tratteggiata) viene "riflessa" per effetto del *foldover*, e diventa di 11025 - (15000 - 11025) = 7050 Hz.

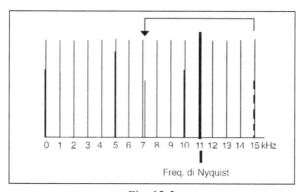

Fig. 12-3

## 12.2 ORCHESTRE PER LA FM SEMPLICE

Scriviamo ora l'orchestra relativa alla partitura e al diagramma di flusso del precedente paragrafo:

```
;fm.orc
        sr    =  44100
        kr    =  2205
        ksmps =  20
        nchnls =  1


        instr  1
icamp     =  p4                          ;ampiezza portante (unità assolute)
icfrq     =  p5                          ;frequenza portante (Hz)
imfrq     =  p6                          ;frequenza modulante (Hz)
indx      =  p7                          ;indice di modulazione

;- - - - - - - - - - - - - - - - - - - - MODULANTE
amod   oscili   indx*imfrq,imfrq,1       ;ampiezza = imfrq * indice, quindi, per esempio,
                                         ;se imfrq=1000 e indx=.5,
                                         ;l'ampiezza dell'oscillatore modulante dovrà essere indx*imfrq=500
;--------------------PORTANTE
;ampiezza   = icamp
;frequenza  = icfrq + uscita dell'oscillatore modulante (amod)
acar   oscili   icamp, icfrq+amod, 1
       out      acar
       endin
```

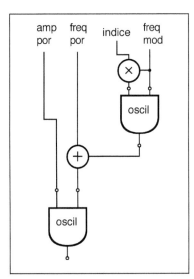

Fig. 12-4

C'è un altro modo per scrivere la stessa configurazione, ed è attraverso gli *opcode foscil* (unità Csound per FM) e *foscili* (la versione a interpolazione di *foscil*), che implementano direttamente un oscillatore in FM con una portante e una modulante. La loro sintassi è:

| | | |
|---|---|---|
| **ar** | **foscil** | **xamp, kcps, kcar, kmod, kndx, ifn[, iphs]** |
| **ar** | **foscili** | **xamp, kcps, kcar, kmod, kndx, ifn[, iphs]** |

| | |
|---|---|
| *ar* | variabile audio di uscita. |
| *xamp* | ampiezza |
| *kcps* | frequenza nominale |
| *kcar* | fattore per il quale si moltiplica la frequenza nominale per ottenere la frequenza della portante. |
| *kmod* | fattore per il quale si moltiplica la frequenza nominale per ottenere la frequenza della modulante. |
| *kndx* | indice di modulazione. |
| *ifn* | numero della tabella, che normalmente conterrà una sinusoide. |

Approfondiamo i tre argomenti *kcps*, *kcar* and *kmod* : la frequenza effettiva della portante sarà *kcps\*kcar*, mentre la frequenza effettiva della modulante sarà *kcps\*kmod*. Se, per esempio, vogliamo una portante di 200 Hz e una modulante di 350 Hz, potremo assegnare indifferentemente ai tre argomenti i seguenti valori:

| *kcps* | *kcar* | *kmod* | |
|---|---|---|---|
| 1 | 200 | 350 | (portante = 1\*200 = 200, modulante = 1\*350 = 350), oppure |
| 50 | 4 | 7 | (portante=50\*4 = 200, modulante = 50\*7 = 350), oppure |
| 200 | 1 | 1.75 | (portante=200\*1 = 200, modulante = 200\*1.75 = 350). |

ottenendo in tutti e tre i casi valori di 200 Hz per la portante e di 350 Hz per la modulante. Nel terzo caso si mette meglio in evidenza il rapporto di frequenza che esiste fra modulante e portante, cioè che la frequenza della modulante è 1.75 volte la frequenza della portante, il che aumenta la leggibilità per quanto riguarda la formazione di famiglie spettrali (vedi il par.12.3).

Possiamo perciò aggiungere all'orchestra *fm.orc* uno strumento 2 che usi *foscili*:

```
        instr   2
icamp  =  p4              ;ampiezza portante (unità assolute)
ifrq   =  p5              ;frequenza nominale
ipk    =  p6              ;fattore di moltiplicazione della frequenza portante
imk    =  p7              ;fattore di moltiplicazione della frequenza modulante
```

```
indx   =  p8                    ;indice di modulazione
aout   foscili  icamp, ifrq, ipk, imk, indx, 1
       out aout
       endin
```

e aggiungere alla *score* le righe seguenti, con le quali si ottiene lo stesso risultato dello strumento 1:

| ;p1 | p2 | p3 | p4 | p5 | p6 | p7 | p8 |
|-----|-----|-----|-------|------|------|-----|------|
| i2 | 12 | 2.9 | 10000 | 1000 | 1000 | 3 | 10 |
| i2 | 15 | . | 10000 | 1000 | 1000 | 3 | 30 |
| i2 | 18 | . | 10000 | 1000 | 1000 | 3 | 50 |
| i2 | 21 | . | 10000 | 1000 | 1000 | 3 | 1000 |

## 12.3 FAMIGLIE SPETTRALI

Nel caso che il Massimo Comun Divisore (MCD) fra frequenza portante e frequenza modulante corrisponda in valore a una frequenza udibile, il suono risultante ha **spettro armonico**, e la frequenza fondamentale apparente del suono risultante è proprio questo Massimo Comun Divisore[2]. Parliamo di fondamentale **apparente** perché essa potrebbe anche mancare, ma l'orecchio la ricostruirebbe in presenza di un adeguato numero di armoniche, tranne nei casi in cui mancassero troppe delle prime componenti dello spettro armonico, come vedremo. A determinati rapporti portante/modulante corrispondono famiglie di suoni con spettri simili.

Per esempio:

| fpor | fmod | fondamentale |
|------|------|------|
| 100100 | 100 | |

| diff | | somma | | |
|------|------|-------|------|------|
| 0 | p-m | 200 | p+m | |
| -100 | p-2m | 300 | p+2m | (-100 diventa 100 in controfase) |
| -200 | p-3m | 400 | p+3m | |
| -300 | p-4m | 500 | p+4m | |
| -400 | p-5m | 600 | p+5m | |
| ..... | | ..... | | |

---

[2] Se esiste: nel caso che la frequenza della portante o la frequenza della modulante siano numeri irrazionali (come 1/3, p etc.), il Massimo Comun Divisore non esiste, e il suono ha spettro inarmonico.

Casi particolari:

**a. fmod = fpor**  sono presenti tutte le armoniche

i1   0   2   10000   200   200   2

**b. fmod = 2\*fpor**  sono presenti solo le armoniche dispari, perché:

se fpor=100 e fmod=200

| diff | somma | fondamentale |
|------|-------|--------------|
| -100 | 300   | 100          |
| -300 | 500   |              |
| -500 | 700   |              |

Per esempio:

i1   0   2   10000   100   200   2

**c. fmod  = 11/35\*fpor**

| fpor | fmod | fond.apparente |
|------|------|----------------|
| 550  | 700  | 50             |

Per esempio:

i1   0   2   10000   550   700   1

In questo caso si generano le frequenze:

| | |
|---------|------|
| - 150   | 1250 |
| - 850   | 1950 |
| -1550   | 2650 |
| -2250   | 3350 |

che hanno MCD = 50, però mancano troppe "armoniche" basse, quindi questo suono viene percepito come accordo, e non come singolo suono a spettro armonico.

Per ottenere un suono inarmonico, nel caso di frequenze intere, si possono scegliere numeri *primi fra di loro*[3] o che abbiano un MCD < 20.

## 12.4 FM CON PORTANTI MULTIPLE

Costruiamo ora uno strumento FM basato su un oscillatore che modula allo stesso tempo tre oscillatori portanti, (ognuno con una ampiezza e una frequenza indipendente) (vedi Fig.12-5). Questo strumento genererà un suono di spettro molto più complesso rispetto a uno strumento con una sola portante. L'oscillatore in alto genera l'unica modulante che viene sommata alle tre frequenze dei tre oscillatori portanti *freq1, freq2* e *freq3*.

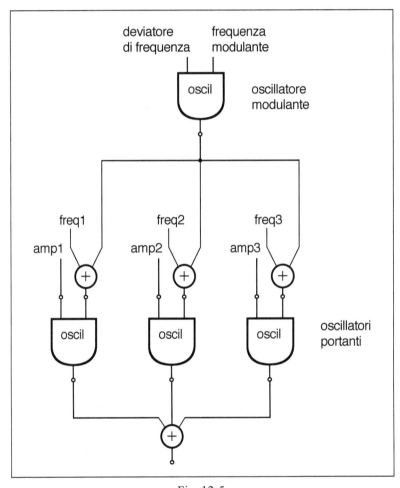

Fig. 12-5

---

[3] Si definiscono primi tra di loro due numeri interi che non hanno divisori comuni.

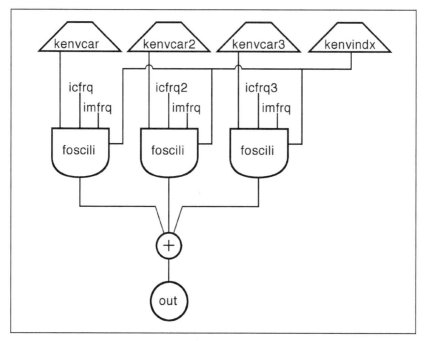

Fig. 12-6

Implementiamo però questa configurazione facendo uso dell'*opcode foscili*, come possiamo vedere nell'orchestra che segue, schematizzata in Fig.12-6. In questa orchestra facciamo uso di tre differenti inviluppi per le ampiezze dei tre *foscili* (*kenvcar, kenvcar2* e *kenvcar3*) e di un inviluppo per l'indice di modulazione, *kenvindx*). La complessità dello spettro è legata all'indice di modulazione in modo tale che, se l'indice aumenta, aumenta anche la larghezza di banda dello spettro. Se l'indice di modulazione viene fatto variare in funzione del tempo, l'evoluzione della larghezza di banda dello spettro potrà generalmente essere descritta dall'andamento di tale funzione.

```
;fm1.orc
        sr     =  44100
        kr     =  4410
        ksmps  =  10
        nchnls =  1
        instr     1


icamp          =  p4                    ;ampiezza I portante
icfrq          =  p5                    ;freq. I portante
```

```
imfrq          =    p6                              ;freq. modulante
indx           =    p7                              ;indice mod .massimo
icamp2         =    p8                              ;amp. II osc.port.
icfrq2         =    p9                              ;freq. II osc.port.
icamp3         =    p10                             ;amp. III osc.port.
icfrq3         =    p11;                            ;freq. III osc.port.


kenvcar    linseg    0, p3/2, icamp, p3/2, 0        ;inviluppo di ampiezza del I oscillatore
kenvcar2   linseg    0, p3/2, icamp2, p3/2, 0       ;inviluppo di ampiezza del II oscillatore
kenvcar3   linseg    0, p3/2, icamp3, p3/2, 0       ;inviluppo di ampiezza del III oscillatore
kenvindx   linseg    0, p3/4, indx, p3/4, 0, p3/4, indx, p3/4, 0
acar1      foscili   kenvcar, 1, icfrq, imfrq, kenvindx, 1
acar2      foscili   kenvcar2, 1, icfrq2,  imfrq, kenvindx, 1
acar3      foscili   kenvcar3, 1, icfrq3, i mfrq, kenvindx, 1
           out       acar1+acar2+acar3
           endin
```

La partitura è:

```
;fm1.sco
f1   0    4096    10    1
;ins  actime  dur        icamp   icfrq   imfrq   indx   icamp2   icfrq2   icamp3   icfrq3
i1   0      6           12000   100     100     5      12000    200      8000     300
i1   7      6           12000   100     113     5      12000    258      8000     356
i1   14     6           12000   100     107     5      12000    111      8000     117
```

## 12.5 FM CON MODULANTI MULTIPLE

Costruiamo ora invece uno strumento FM complesso, basato su due oscillatori con inviluppi d'indice di modulazione indipendenti, che modulano un oscillatore portante, con un inviluppo d'ampiezza indipendente:

```
;fm2.orc
       sr      =    44100
       kr      =    4410
       ksmps   =    10
       nchnls  =    1

       instr   1
```

;I OSCILLATORE MODULANTE

| | | | |
|---|---|---|---|
| imfrq | = | p4 | ;frequenza I osc. modulante |
| indmax | = | p5 | ;indice di modulazione massimo |
| indxatk | = | p6 | ;tempo di attacco inviluppo indice di modulazione |
| indxperc | = | p7 | ;percentuale di diminuzione di indmax durante la fase di decay. |

;Tale percentuale è espressa in decimali: es .80=80%
;Per es. se indmax =100, nella fase di attacco l'indice di modulazione
;andrà da 0 a 100 nel tempo indxatk. Se indxperc = .80, nella fase di
;decay l'indice di modulazione diminuirà a 80, se invece indxperc=1
;non vi sarà un decay ma un sustain in quanto il valore rimane
;invariato, se è indxperc=1.2, vi sarà un ulteriore aumento dell'indice,
;il cui valore crescerà fino a 120. Questa seconda fase, di decay,sustain o
;ulteriore aumento avverrà nel tempo p3-indxatk-indxrel, cioè il tempo della
;nota meno il tempo assegnato all'attacco e all'estinzione. Nell'ultima fase il
;valore ridiscende a 0 nel tempo indxrel (al posto dello 0 scriviamo 0.001
;perché abbiamo costruito questi inviluppi tramite l'opcode expseg, vedi cap.1).

| | | | |
|---|---|---|---|
| indxrel | = | p8 | ;tempo di estinzione |

;II OSCILLATORE MODULANTE
kindxenv expseg .001, indxatk, indmax, p3-indxatk, indxrel,indmax*indxperc, indxrel,.001

;II OSCILLATORE MODULANTE

| | | | |
|---|---|---|---|
| imfrq2 | = | p9 | ;frequenza II modulante |
| indmax2 | = | p10 | ;indice di modulazione massimo |
| indxatk2 | = | p11 | ;tempo di attacco inviluppo indice di modulazione II |
| indxperc2 | = | p12 | ;percentuale di diminuzione dell'indice di modulazione |
| indxrel2 | = | p13 | ;tempo di estinzione |

;inviluppo indice di modulazione
kindxenv2 expseg .001, indxatk2, indmax2, p3-indxatk2-indxrel2, indmax2*indxpcrc2, indxrel2, .001

;OSCILLATORE PORTANTE

| | | | |
|---|---|---|---|
| icamp | = | p14 | ;ampiezza portante (unità assolute) |
| icfrq | = | p15 | ;frequenza portante (Hz) |
| iatk | = | p16 | ;tempo di attacco dell'inviluppo di ampiezza |
| iperc | = | p17 | ;percentuale di diminuzione dell'ampiezza durante la seconda fase |
| irel | = | p18 | ;tempo di estinzione |

;inviluppo di ampiezza osc. portante

```
kenvc   expseg   .001, iatk, icamp, p3-iatk-irel, icamp * iperc, irel, .001

amod1        oscili   kindxenv*imfrq, imfrq, 1          ;I  OSC. MODULANTE
amod2        oscili   kindxenv2*imfrq2, imfrq2, 1       ;II OSC. MODULANTE
acar         oscili   kenvc, icfrq+amod1+amod2, 1       ;OSC. PORTANTE

out     acar
        endin
```

Esempio di *score*:

```
;fm2.sco
f1 0 4096 10 1
;p1  p2   p3   p4   p5   p6   p7   p8   p9    p10  p11  p12  p13   p14   p15   p16  p17   p18
i1   0    10   100  8    2    .80  1    125   10   2    6    2     10000 200   .1   .90   3
```

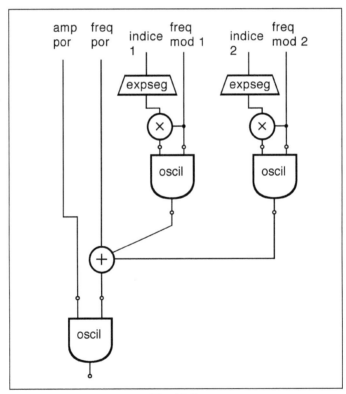

Fig. 12-7

# APPROFONDIMENTI

## 12.A.1 LE FORMULE DELLA FM

In trigonometria, la formula che ci dà l'ampiezza istantanea di una sinusoide di ampiezza di picco $A_0$, è:

$$A = A_0 * \sin(2\pi\omega t)$$

in cui $\omega$ è la velocità angolare (vedi A.II.4). Poiché il termine $2\pi\omega t$ esprime la frequenza $f$, in modo trigonometricamente scorretto, ma più adatto a noi musicisti, possiamo scrivere:

$$A' = A_1 * \sin(f_1)$$

Quando operiamo una modulazione di frequenza, non facciamo altro che modificare la frequenza $f$, cioè renderla variabile in dipendenza di una seconda sinusoide

$$A'' = A_2 * \sin(f_2)$$

e quindi possiamo scrivere:

$$A = A_1 * \sin(f_1 + A_2 * \sin(f_2))$$

che è appunto l'equazione trigonometrica della FM.

Introduciamo adesso un importantissimo parametro, l'*indice di modulazione* I. L'indice di modulazione si definisce come

$$I = d/M$$

in cui $d$ è la *deviazione di picco*, cioè la quantità massima di cui varia la frequenza della portante, e $m$ è la frequenza della modulante.
L'equazione si può dunque scrivere come:

$$A = A_1 * \sin(f_1 + I * \sin(f_2))$$

Nel caso di modulante a sua volta modulata, l'equazione diventa:

$$A = A_1 * \sin(f_1 + I_1 * \sin(f_2 + I_2 * \sin(f_3)))$$

mentre nel caso di portante modulata dalla somma di due modulanti:

$$A = A_1 * \sin(f_1 + I_1 * \sin(f_2) + I_2 * \sin(f_3))$$

Purtroppo non c'è una relazione intuitiva fra indice di modulazione e spettro del suono risultante, perché le ampiezze delle bande laterali variano, al variare dell'indice di modulazione, secondo le *Funzioni di Bessel*, che non hanno andamento semplice.

In Fig.12-A-1 vediamo l'andamento delle prime 10 risultanti di una FM con la frequenza portante uguale alla frequenza modulante, e l'indice di modulazione che cresce linearmente da 0 a 7. La frequenza cresce da sinistra verso destra, mentre il tempo cresce dall'alto verso il basso.

Si vede come all'inizio (indice = 0) sia presente solo la fondamentale, cioè la portante. Via via che l'indice di modulazione cresce, l'ampiezza della fondamentale diminuisce, a vantaggio delle ampiezze delle altre armoniche (cioè delle bande laterali). Vediamo, per esempio, l'andamento dell'ampiezza della seconda armonica, che nel corso della crescita dell'indice di modulazione da 0 a 7, cresce e cala due volte.

Lo spettro complessivo si ottiene con una ideale sezione orizzontale dell'andamento delle armoniche, ed è facile notare come l'andamento di questo spettro risultante non sia affatto intuitivo.

Una tecnica per rendere più prevedibile e quindi maggiormente controllabile la variazione delle ampiezze delle bande laterali è quella del *feedback*, introdotta dalla Yamaha, la cui implementazione esula dagli scopi di questo capitolo di introduzione alla modulazione di frequenza.

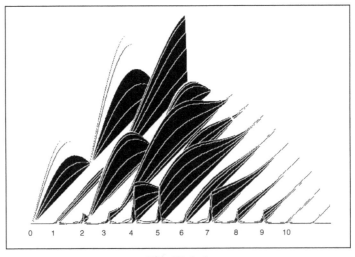

Fig. 12-A-1

## 12.A.2 SIMULAZIONE DI SUONI STRUMENTALI

Fino dai primi tempi dell'utilizzazione musicale della FM si è tentato (con un certo grado di successo) di simulare suoni strumentali con questo metodo di sintesi. Anche se non è possibile dare regole generali, dalla conoscenza della teoria della FM si possono trarre suggerimenti utili.

Per esempio, per simulare il suono di un clarinetto, partiamo dal fatto che questo strumento produce quasi esclusivamente armoniche dispari. Allora potremo partire con una modulante la cui frequenza sia il doppio di quella della portante. È facile vedere che, detta $p$ la frequenza della portante, e $2p$ quella della modulante, le frequenze che si producono sono:

| frequenze somma | frequenze differenza |
|---|---|
| p+2p=3p | p-2p=p |
| p+4p=5p | p-4p=3p |
| p+6p=7p | p-6p=5p |
| p+8p=9p | p-8p=7p |
| ... | ... |

quindi proprio la serie di armoniche dispari che volevamo ottenere.

Un secondo esempio riguarda la simulazione dei suoni degli ottoni. Sappiamo che i suoni prodotti da tromba, corno e trombone iniziano con un suono puro (sinusoide) ed evolvono poi velocemente verso uno spettro complesso. È facile simulare questo comportamento iniziando con indice di modulazione nullo e aumentandolo rapidamente fino a un valore di circa quattro durante la fase di attacco della nota, e facendolo poi decrescere fino a zero. È naturalmente possibile introdurre raffinatezze, come per esempio una certa "incertezza" di frequenza in fase di attacco.

La simulazione di strumenti a intonazione indeterminata (campane, gong, piatti) nasce dal concetto che un rapporto irrazionale fra frequenza portante e frequenza modulante produce uno spettro inarmonico. Allora, detta $p$ la frequenza della portante, si può sperimentare una frequenza modulante $m$:

$$M = \sqrt{2 * C}$$

Altre simulazioni più complesse riguardano, per esempio, la voce cantata, con l'applicazione della sintesi per formanti implementata con la FM. L'idea qui è di ricostruire i formanti caratteristici della voce cantata affidando la formazione di ogni formante a un generatore FM semplice.

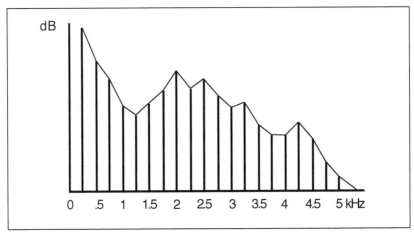

Fig. 12-A-2

Vediamo in Fig.12-A-2 lo spettro di una voce di soprano che canta la vocale "i" con fondamentale a 250 Hz. Si vedono i formanti centrati alla frequenze 250 Hz, 2000 Hz, 2500 Hz, 3250 Hz e 4250 Hz. In questo caso useremo una frequenza modulante *m=250 Hz,* e le frequenze portanti dei formanti. Quindi:

| portanti | indici |
|----------|--------|
| **$fp_1$=250** | **$I_1$=0.2** |
| **$fp_2$=2000** | **$I_2$=0.4** |
| **$fp_3$=2500** | **$I_3$=0.8** |
| **$fp_4$=3250** | **$I_4$=1** |
| **$fp_5$=4250** | **$I_5$=0.6** |

con il che si ottiene una discreta simulazione. Naturalmente, per rendere più realistico il risultato, aggiungeremo una certa quantità di vibrato e di tremolo.

Negli strumenti a corda percossa o pizzicata, in fase di attacco vi è sempre una certa componente di rumore, dovuta, per esempio, all'urto del martelletto (pianoforte) o del salterello (clavicembalo) sulla corda. È intuitivo allora separare le due componenti (rumore iniziale e suono della corda che risuona) facendole generare a due gruppi di oscillatori in FM e sommandoli con adeguati inviluppi di ampiezza, come mostrato in Fig.12-A-3, dove in alto c'è l'inviluppo della componente di rumore, e in basso l'inviluppo della componente armonica (la risonanza della corda). Non è possibile generare un vero e proprio rumore bianco con la FM, ma si può arrivare a una discreta simulazione del rumore iniziale usando un rapporto portante/modulante irrazionale e un indice di modulazione molto grande.

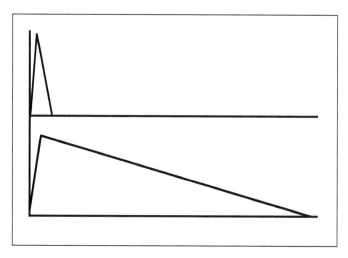

Fig. 12-A-3

## 12.B.1 CENNI STORICI

La teoria e le applicazioni della modulazione di frequenza ai sistemi di comunicazione hanno avuto sviluppo già nei primi cinquant'anni del Novecento, ma la scoperta delle possibilità che la FM poteva avere nel campo della sintesi del suono risale agli anni 70. John Chowning, sperimentando alla Stanford University su tecniche di vibrato del suono, scoprì che si potevano ottenere suoni molto complessi a partire da due sinusoidi, una portante e una modulante. Per ottenere un suono di 50 armoniche in sintesi additiva, ad esempio, c'era bisogno di 50 oscillatori. Chowning usava solo due oscillatori per ottenere qualcosa di simile. La scoperta fu molto apprezzata, dato che le tecnologie disponibili a quell'epoca nella maggior parte dei centri di ricerca non consentivano una grande variabilità del suono, e produrre spettri dinamici, interessanti, più vicini a quelli naturali usando la sintesi additiva o quella sottrattiva portava via molto tempo di calcolo e di ricerca. Chowning brevettò il sistema e questo brevetto fu poi utilizzato dalla Yamaha per costruire alcuni sintetizzatori in FM, come il GS1 e il più famoso DX7 prodotto nel 1983. Successivamente la Yamaha ha prodotto sintetizzatori in FM utilizzando come portanti e modulanti anche suoni complessi di vario genere.

## LISTA DEGLI *OPCODE*

| ar | foscil  | ampiezza, frequenza_di_base, portante, modulante, indice, tabella[, fase] |
| ar | foscili | ampiezza, frequenza_di_base, portante, modulante, indice, tabella[, fase] |

# 13

## VARIABILI GLOBALI, ECO, RIVERBERO, *CHORUS, FLANGER, PHASER*, CONVOLUZIONE

### 13.1 ECO E RIVERBERO

Eco e riverbero sono due dei cosiddetti "effetti" che si usano nella sintesi e nel trattamento del suono. L'eco simula l'effetto del suono che viene riflesso da un ostacolo, ed è percepibile se la distanza fra la sorgente sonora e l'ostacolo riflettente è tale che il segnale di eco giunge all'ascoltatore con un ritardo di almeno 1/20 di secondo (Fig. 13-1 in alto). Se gli ostacoli sono più di uno, come è il caso di una stanza a forma di parallelepipedo, vi possono essere il fenomeno di eco multipla (Fig. 13-1 in basso), o quello di riverbero, in cui le eco multiple si fondono insieme (Fig. 13-2).

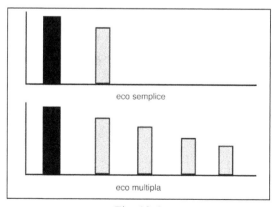

Fig. 13-1

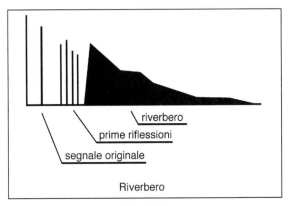

Fig. 13-2

Qualche millisecondo dopo il segnale originale si odono le prime riflessioni (*early reflections*), poi le ulteriori eco, che possono essere migliaia, si fondono insieme, e l'ampiezza complessiva di queste ultime decade in un determinato tempo, fino a scomparire. Ma perché in un ambiente si ha il fenomeno del riverbero? Vediamo in Fig.13-3 la rappresentazione in pianta di un ambiente rettangolare. All'ascoltatore arriva prima il suono diretto emesso dalla sorgente sonora, poi via via tutti i suoni riflessi, che, dovendo compiere un percorso più lungo del suono diretto, giungono più tardi. In particolare, arriveranno prima i suoni riflessi solo una volta, poi i suoni riflessi due volte, tre volte e così via. Naturalmente più volte un suono viene riflesso, e più è debole, perché a ogni riflessione cede una parte di energia alla parete.

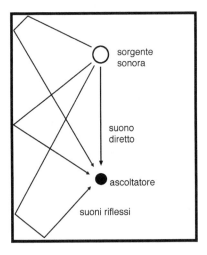

Fig. 13-3

Si definisce *tempo di riverberazione* il tempo che il segnale riverberato impiega per decrescere di 60 dB. Il tempo di riverberazione è uno dei parametri che definisce le caratteristiche acustiche di un ambiente. In realtà, poiché il fattore di assorbimento dei materiali non è costante con la frequenza, per studiare a fondo le caratteristiche di riverberazione di un ambiente bisogna effettuare le misure a varie frequenze.

Ma quali sono le influenze del tempo di riverberazione sull'ascolto? Il suo valore ottimale varia a seconda del genere di suono e del volume dell'ambiente. Più questo è grande, maggiore sarà il tempo di riverberazione ottimale, per il quale è comunque possibile dare alcuni valori indicativi: per il parlato, da 0.5 a 1 secondo; per la musica da camera, circa 1.5 secondi; per la musica sinfonica da 2 a 4 secondi; per la musica organistica 5 secondi e più.

## 13.2 L'ECO E GLI *OPCODE DELAY*

Come si simulano eco e riverbero in Csound? Vediamo un'orchestra con la sua *score* per l'eco singola:

```
;eco1.orc
        sr      =  44100
        kr      =  4410
        ksmps  =  10
        nchnls =  1
        instr    1
a1      soundin  "voce.wav"      ; supponiamo di disporre di un file "voce.wav"...
a2      delayr   .5              ;...leggiamo da una linea di ritardo di 0.5 secondi...
        delayw   a1              ;... nella quale introduciamo il segnale ....
aout    =        a1+a2           ;... e sommiamo il segnale ritardato al segnale originale
        aout
        endin

;eco1.sco
i1  0  5
```

Abbiamo introdotto due *opcode* nuovi, *delayr* e *delayw*. In realtà si tratta di una sola unità, una linea di ritardo, suddivisa in due *opcode*. Che cosa fa? Ritarda semplicemente il segnale entrante di un certo tempo. La sua sintassi è:

**ar    delayr    idlt[, istor]**
**      delayw    asig**

*delayr* legge da una linea di ritardo, in cui il segnale impiega *idlt* secondi per passare dall'ingresso all'uscita. *delayr* deve precedere l'*opcode delayw*, ma fra *delayr* e *delayw* possono esserci altre istruzioni Csound.

*delayw* scrive nella linea di ritardo "costruita" dall'*opcode delayr*.

*idlt* è il tempo di ritardo, in secondi. Il suo valore minimo deve essere almeno un periodo di controllo, cioè almeno 1/kr, mentre il valore massimo può essere grande quanto lo permette la memoria disponibile, che, per *n* secondi di ritardo, è *4n \* sr* byte.

*istor* (opzionale), è, come in *reson*, la disposizione iniziale dello spazio interno all'unità. 0 significa che questo viene inizialmente azzerato, 1 che viene lasciato immutato rispetto all'utilizzo precedente. Il valore di *default* è 0.

Una linea di ritardo digitale (come appunto quelle disponibili in Csound) è di fatto costituita da una serie di celle di memoria: il segnale entrante viene scritto nella prima, e a ogni periodo di campionamento i campioni vengono spostati in avanti di una cella. Il segnale di uscita viene letto dall'ultima cella di memoria.

È anche possibile leggere in punti intermedi di una linea di ritardo creata con la coppia di *opcode delayr/delayw*, facendo uso dell'ulteriore *opcode deltap* o della sua versione a interpolazione *deltapi*, le cui sintassi sono:

**a1      deltap      ktime**
**a1      deltapi     xtime**

*ktime* e *xtime* (espressi in secondi) sono il punto della linea di ritardo da cui prelevare il segnale. Naturalmente *ktime* e *xtime* non devono essere di valore superiore all'argomento *idlt* di *delayr*.

Attenzione, Csound non effettua alcun controllo sulla validità di questi argomenti, perciò, se si specifica un punto al di fuori dello spazio di memoria della linea di ritardo (minore di 0 o maggiore di *ktime*) si leggeranno dati che non appartengono alla linea di ritardo!

È possibile usare più di un *opcode deltap* o *deltapi*, per esempio:

```
a1      delayr      1.5
ad1     deltap      .2
ad2     deltap      .7
ad3     deltap      1.1
        delayw      asig
```

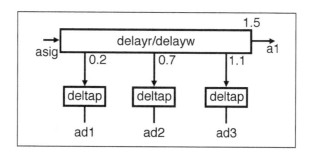

Con riferimento alla figura, i diversi *deltap* leggono il segnale ai tempi 0.2, 0.7 e 1.1 della linea di ritardo, consentendo quindi di prelevare il segnale prima dell'uscita in punti differenti della linea di ritardo. Questo permette, per esempio, di simulare eco multiple con una sola linea di ritardo (e più *deltap*). Se avessimo scritto, per esempio, 1.8, avremmo commesso un errore (anche se non rilevato da Csound) perché la linea di ritardo è lunga solo 1.5. Bisogna fare attenzione a non variare troppo velocemente *ktime* o *xtime*, poiché ciò potrebbe provocare discontinuità del segnale, con l'introduzione di disturbi (*spike*). Esiste anche un *opcode* unico che ha la stessa funzione, ed è:

**ar    delay    asig, idlt[, istor]**

Gli argomenti hanno lo stesso significato di quelli della coppia *delayr/delayw*, con l'eccezione che *idlt* non ha un valore minimo. In questo caso, però, non è possibile usare *deltap*. Ed esiste infine l'*opcode*

**ar    delay1    asig[, istor]**

*delay1* è una forma particolare di *delay* che ritarda il segnale *asig* di un campione solo, ed è quindi equivalente a

**delay    asig, 1/sr**

ma è più efficiente in termini di tempo e di spazio occupato. È particolarmente utile per creare filtri.

Con *delay* possiamo riscrivere l'orchestra *eco1.orc* in questo modo più semplice:

```
;eco2.orc
    sr    =    44100
    kr    =    4410
```

```
        ksmps  =   10
        nchnls =   1
        instr      1
a1      soundin    "voce.wav"
a2      delay      a1, .5
aout           =   a1+a2
out     aout
        endin
```

;eco2.sco
i1   0   5

Scriviamo ora un'orchestra per eco multipla con la sua *score*:

;eco3.orc
```
        sr     =   44100
        kr     =   4410
        ksmps  =   10
        nchnls =   1
        instr      1
a1      soundin    "voce.wav"
a2      delay      a1+a2*.8, .2
aout           =   a1+a2
out     aout
        endin
```

;eco3.sco
i1    0    5

eseguiamola, e Csound ci comunicherà questo messaggio di errore:

```
error: input arg 'a2' used before defined, line 8:
a2    delay  a1+a2*.8,.5
1 syntax errors in orchestra.  compilation invalid
```

Perché? Perché abbiamo usato la variabile *a2* prima di definirla, o meglio, prima di assegnarle un qualsiasi valore. Infatti Csound crea lo spazio per le variabili la prima volta che a queste viene assegnato un valore. Ma le istruzioni vengono eseguite da destra verso sinistra (ricordate?).

Per codificare in Csound

**2 + 2 = 4**

scriveremmo

**4 + 2, 2**

cioè

**risultato    opcode        argomento1, argomento2**

Allora nella riga incriminata

```
a2    delay    a1+a2*.8, .2
```

Csound tenta di usare la variabile a2, che fa parte del primo argomento, prima che essa esista.

Riscriviamo allora l'orchestra in modo corretto:

```
;eco3a.orc
        sr      =   44100
        kr      =   4410
        ksmps   =   10
        nchnls  =   1


        instr   1
a2      init    0                  ;inizializzazione: serve per  dichiarare l'esistenza della variabile a2
a1      soundin  "voce.wav"
a2      delay   a1+a2*.8, .2
aout            =   a1+a2
        out     aout
        endin

;eco3a.sco
i1   0   5
```

Abbiamo aggiunto la riga *a2 init 0*, che viene eseguita nel passo di inizializzazione, e che ha l'unico scopo di comunicare a Csound di creare questa variabile. Ora tutto

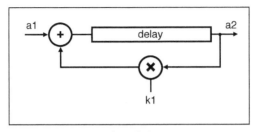

Fig. 13-4

funziona, e possiamo ascoltare il suono entrante che ogni 0.2 secondi viene ripetuto, con ampiezza sempre minore. Vediamo in Fig.13-4 il diagramma di flusso di questa orchestra, dal momento che abbiamo introdotto un concetto nuovo, quello di *feedback* (retroazione).

Il *feedback* è una tecnica che prevede l'uso di un segnale in un punto più a monte di quello nel quale esso viene prodotto, ed è largamente usato, per esempio, nella costruzione di filtri.

Nel nostro caso l'ingresso della linea di ritardo è costituito dal segnale *a1*, al quale viene sommato il segnale uscente dal *delay*, cioè *a2*, moltiplicato per un certo fattore. Dobbiamo porre molta attenzione a questo fattore di moltiplicazione, *k1* in figura, perché, dato che il segnale di *feedback* viene continuamente sommato a se stesso, un fattore di moltiplicazione eccessivo porterebbe ben presto a valori di *a2* grandissimi. Supponiamo infatti che il segnale *a1* sia di ampiezza unitaria (1), e che *k1* sia uguale a 3. Dopo .2 secondi (il tempo di ritardo) avremmo un valore di ampiezza 3, dopo .4 secondi (2 volte il tempo di ritardo) un valore di ampiezza 9, e in breve tempo il valore di ampiezza diventerebbe grandissimo, fino a non potere più essere gestito. In gergo si dice che lo strumento "esplode". Per fattori di moltiplicazione minori di uno, invece, l'ampiezza del segnale va sempre più diminuendo, fino a scomparire, il che provoca esattamente l'effetto di eco multipla che volevamo ottenere. Sperimentiamo dunque con l'orchestra modificata:

```
;eco3b.orc
          sr    =  44100
          kr    =  4410
          ksmps =  10
          nchnls =  1
          instr    1
ifeedback =       p4                ;fattore di moltiplicazione
a2        init    0                 ;inizializzazione: serve per definire la variabile a2
a1        soundin  "voce.wav"
a2        delay    a1+a2*ifeedback, .2
aout      =        a1+a2
```

```
        out       aout
        endin
```

```
;eco3b.sco
i1   0   5   .5
i1   +   5   .7
i1   +   5   .9
i1   +   5   1.5
```
;qui l'ampiezza decade velocemente...
;... qui meno velocemente...
;... qui ancora meno...
;... e qui l'ampiezza va sempre aumentando, fino alla "esplosione"

## 13.3 IL RIVERBERO

Vediamo ora come si ottiene il riverbero. Csound ci fornisce due *opcode* già pronti:

| | | |
|---|---|---|
| **ar** | **reverb** | **asig, krvt [, iskip]** |
| **ar** | **nreverb** | **asig, ktime, khdif [, iskip] [,** *inumCombs, ifnCombs***]** |
| | | **[,** *inumAlpas, ifnAlpas***]** |

| | |
|---|---|
| *asig* | è il segnale da riverberare |
| *ar* | è il segnale riverberato |
| *krvt* (o *ktime*) | è il tempo di riverberazione in secondi, cioè il tempo che il segnale riverberato impiega per diminuire di 60 dB |
| *khdif* | (solo per *nreverb*) è un parametro che controlla la riverberazione delle frequenze alte, e può assumere valori fra 0 e 1. Se *khdif* è 0, tutte le frequenze vengono riverberate allo stesso modo. Se *khdif* è 1, le frequenze alte avranno un tempo di riverberazione minore delle frequenze basse. |
| *iskip* | (opzionale), è, come in *reson*, la disposizione iniziale dello spazio interno all'unità. Il valore 0 (zero) provoca un azzeramento iniziale, 1 (uno) significa che viene lasciato immutato rispetto all'utilizzo precedente. Il valore di *default* è 0. |

In *nreverb* vi sono altre due coppie di argomenti opzionali, che servono a specificare la costituzione interna del riverbero. Per maggiori informazioni, si veda il par. 13.A.1

L'occupazione di memoria, per *reverb*, è proporzionale solo alla frequenza di campionamento *sr*, e a 44100 Hz è di circa 27 KByte.

Scriviamo ora un'orchestra che faccia uso dell'*opcode reverb*:

```
;reverb1.orc
     sr    =   44100
```

```
        kr      =    4410
        ksmps   =    10
        nchnls  =    1
        instr        1
ifrq    =            cpspch(p5)
iamp    =            ampdb(p4)
kenv    linseg       0, .01, iamp, .1, 0, p3-.11, 0   ;inviluppo triangolare
a1      oscili       kenv, ifrq, 1                    ;suono da riverberare
ar      reverb       a1, 3                            ;riverbero con 3 secondi di tempo di riverberazione
        out          a1+ar                            ;uscita: somma del suono originale più il suono riverberato
        endin
```

e sintetizziamo con questa partitura:

```
;reverb1.sco
f1   0    4096  10  1
i1   0    1     80  8
i1   +    .     .   8.04
i1   +    .     .   8.07
i1   +    .     .   9
```

Notiamo subito che c'è qualcosa che non va: il riverbero viene troncato alla fine di ogni nota. Perché? Perché lo strumento 1 viene disattivato dopo che è trascorsa la durata indicata in partitura, e quindi *prima* che il suono riverberato sia diminuito fino al limite di udibilità (in questo caso 3 secondi).

Allora bisognerà usare un altro metodo, e cioè mettere il riverbero in un altro strumento che verrà attivato all'inizio della partitura e mantenuto attivo fino alla fine dei suoni da riverberare, più il tempo di riverberazione. In questo caso avevamo quattro suoni di un secondo ciascuno, quindi lo strumento che effettua la riverberazione dovrà rimanere attivo per 4 + 3 = 7 secondi. Ma prima dobbiamo conoscere le variabili globali.

## 13.4 VARIABILI LOCALI E VARIABILI GLOBALI

Quando definiamo una variabile all'interno di uno strumento, quella variabile è valida solo all'interno di quello strumento, e questo si esprime anche dicendo che la sua visibilità è limitata al contesto di quello strumento. Ciò significa che, in una stessa orchestra, possiamo usare, in strumenti diversi, variabili con lo stesso nome, che non interferiscono, cioè non si disturbano a vicenda. Per esempio, in questo frammento di orchestra:

```
        instr   1
...
a1      oscil   k1, ifrq, 1
...
        endin

        instr   2
a1      soundin    "miofile.wav"
        ...
        endin
```

la variabile *a1* dello strumento 1 e la variabile *a1* dello strumento 2 possono coesistere e sono, a tutti gli effetti, variabili diverse che assumono valori diversi.

Come è possibile allora passare valori da uno strumento all'altro, cioè definire variabili note a tutti gli strumenti dell'orchestra?

Csound ci mette a disposizione le variabili globali (cfr. par.1-A-2), che svolgono appunto questo compito. Facendo iniziare il nome della variabile con la lettera *g*, la definiamo come globale. Esistono variabili globali audio, di controllo e di inizializzazione, i cui nomi iniziano, rispettivamente, con le coppie di lettere *ga*, *gk* e *gi*. Quindi:

| tipo di variabile | variabile locale | variabile globale |
|---|---|---|
| di inizializzazione | i... | gi... |
| di controllo | k... | gk... |
| audio | a... | ga... |

Per esempio:

*giovane, gi1, gialias, giout* sono variabili globali di inizializzazione;
*gkytr, gk34, gkenv* sono variabili globali di controllo;
*gatto, garage, ga2, gaoutput* sono variabili globali audio.

Riscriviamo allora l'orchestra per la riverberazione con il riverbero posto in uno strumento differente:

```
;reverb2.orc
        sr     =  44100
        kr     =  4410
        ksmps  =  10
        nchnls =  1
```

```
garev    init 0

         instr    1
ifrq            =    cpspch(p5)
iamp            =    ampdb(p4)
kenv     linseg   0, .01, iamp, .1, 0, p3-.11, 0    ;inviluppo
a1       oscili   kenv, ifrq, 1                     ;segnale da riverberare
garev           =    garev+a1                       ;assegnazione della variabile globale garev
         out      a1                                ;uscita del solo suono non riverberato
         endin


         instr    99
arev     reverb   garev, 3
         out      arev                              ;uscita del solo suono riverberato
garev           =    0                              ;azzeramento di garev, per evitare effetti di accumulazione
         endin
```

e sintetizziamo con questa partitura:

```
;reverb2.sco
f1   0    4096  10   1
i1   0    1     80   8
i1   +    .     .    8.04
i1   +    .     .    8.07
i1   +    .     .    9
i99  0    10
```

Analizziamo l'orchestra. Possiamo notare che:

1. *Al di fuori* di tutti gli strumenti vi è l'istruzione *garev init 0*; come abbiamo visto nel par. 13.2, tale istruzione serve a definire la variabile *garev*.

2. Nello strumento 1, dopo avere creato la variabile *a1*, sommiamo il suo valore al valore corrente di *garev*. In questo modo possiamo suonare polifonicamente lo strumento 1, sommando al valore di *garev* i successivi valori che *a1* può assumere contemporaneamente in ogni copia attiva dello strumento 1. Infatti, se lo strumento 1 stesse suonando più di una nota, quindi se fossero contemporaneamente attive più copie dello stesso strumento 1, usando l'istruzione *garev = a1*, sostituiremmo il contenuto di *garev* con *a1*, e quindi *garev* conterrebbe solo il suono generato dall'ultima copia dello strumento 1. Se per esempio lo strumento 1 suonasse polifonicamente le frequenze 100, 250 e 300, usando l'istruzione

*garev* = *a1* verrebbe riverberato solo il suono di 300 Hz. Accumulando invece i suoni polifonici in *garev*, quindi usando l'istruzione *garev* = *garev* + *a1*, si conserva il contenuto precedente, ossia i suoni di 100 e 250 Hz.

3. *garev* viene poi usata come suono da riverberare nello strumento 99.

4. *garev*, dopo essere stata usata, viene azzerata, altrimenti vi sarebbe un accumulo di valori in *garev* da un campione di suono all'altro.

L'uso di un buon riverbero permette anche di simulare la distanza di un suono. Infatti, in un ambiente più o meno riverberante, la percezione della distanza della sorgente sonora è data dal rapporto fra suono diretto e suono riverberato: il suono diretto prevale per suoni vicini, mentre per suoni lontani l'ampiezza del suono riverberato è maggiore di quella del suono diretto.

## 13.5 ALTRI USI DELLE UNITÀ DI RITARDO: *FLANGING, PHASING, CHORUS*

Gli *opcode delayr/delayw, delay* e *delay1* possono servire, oltre che a produrre echi, a realizzare altri effetti, come quelli di *flanging, phasing* e *chorus*.

Il *flanging* consiste nel sommare a un suono lo stesso suono, sottoposto a un ritardo variabile ciclicamente. Ai tempi della musica elettronica analogica veniva ottenuto registrando contemporaneamente un suono su due registratori a bobine, e rallentando a tratti uno dei due registratori, come si vede in Fig. 13-5.

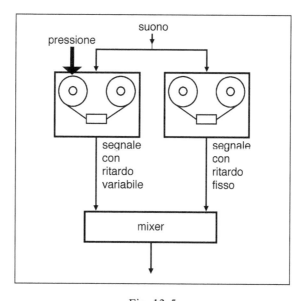

Fig. 13-5

I due registratori registrano lo stesso suono, ma la bobina debitrice del registratore di sinistra viene rallentata, premendola a tratti con la mano. In questo modo il segnale uscente dal registratore di destra ha un ritardo fisso (dato dalla distanza fra la testina di registrazione e quella di lettura), mentre il segnale uscente dal registratore di sinistra ha un ritardo variabile. L'effetto è quindi di un leggero sfasamento, variabile nel tempo, fra i due segnali, e quindi di sottrazioni o somme di ampiezza dovute allo sfasamento fra i due suoni. Queste sottrazioni e somme agiscono differentemente sulle diverse frequenze costituenti il suono, e quindi con un effetto di filtraggio continuamente variabile nel tempo.

Come si può simulare questo effetto con Csound? Attraverso l'uso di due linee di ritardo, e dell'ulteriore *opcode deltap* (o *deltapi*). Introduciamo anche l'ultimo *opcode* che implementa linee di ritardo,

**ar    vdelay        asig, adel, imaxdel [, iskip]**

*vdelay* è un *delay* variabile a interpolazione, ed è funzionalmente identico (ma più facile da usare) del terzetto *delayr/delayw/deltap*.

*asig* è il segnale di ingresso
*adel* è il valore corrente del ritardo in *millisecondi*.
*imaxdel* è il valore massimo del ritardo in *millisecondi* (Attenzione, non in secondi).
*iskip*, se è diverso da zero, inibisce l'azzeramento dell'area di memoria interna. Il valore di *default* è 0.

Se *adel* cambia molto velocemente vi possono essere discontinuità nel segnale di uscita, che provocano rumori indesiderati

Implementiamo dunque il *flanging* con questa orchestra e questa *score*:

```
;flanger.orc
        sr    =  44100
        kr    =  4410
        ksmps =  10
        nchnls =  1
        instr  1
idel          =  .008              ;tempo di ritardo
a1    soundin  "voce.wav"          ;suono entrante
k1    oscil    idel/2.5, .2, 1     ;oscillatore di controllo per il tempo variabile di ritardo

;- - - - - - - - - - - - - - - - - - - -ritardo variabile
```

```
a0       delayr    idel
ar1      deltapi   idel/2+k1
         delayw    a1
;- - - - - - - - - - - - - - - - - - - - - -ritardo fisso
ar       delayr    idel/2
         delayw    a1
;- - - - - - - - - - - - - - - - - - - - - -somma dei due suoni
aout     =         ar+ar1
         out       aout/2
         endin

;flanger.sco
f1   0   4096   10   1
i1   0   5
```

Oppure, più semplicemente, usando *delay* e *vdelay*:

```
;flanger1.orc
         sr      =   44100
         kr      =   4410
         ksmps   =   10
         nchnls  =   1
         instr       1
idelm            =   8                    ;tempo di ritardo in millisecondi
a1       soundin     "voce.wav"           ;suono entrante
k1       oscil       idelm,.2,1           ;oscillatore di controllo per il tempo variabile di ritardo
;- - - - - - - - - - - - - - - - - - - - - -ritardo variabile
ar       vdelay      a1, idelm+k1, 1000
;- - - - - - - - - - - - - - - - - - - - -ritardo fisso
ar1      delay       a1, idelm/1000
;- - - - - - - - - - - - - - - - - - - - - -somma dei due suoni
aout     =           ar+ar1
         out         aout/2
         endin

;flanger.sco
f1   0   4096   10   1
i1   0   5
```

Vediamo un esempio più complesso, dovuto a Hans Mikelson, che sfrutta anche l'effetto di *feedback*, cioè il riportare una parte del segnale di uscita all'ingresso, (vedi par. 13.2) come accade nel caso della chitarra elettrica, in cui i *pickup* delle corde riprendono anche una parte del suono emesso dall'amplificatore:

```
;feedback.orc
        sr    =   44100
        kr    =   4410
        ksmps =   10
        nchnls =  1


ga1     init 0


        instr     1                     ;genera un suono con pluck (vedi Cap.16)
ifrq          =   cpspch(p5)
iamp          =   ampdb(p4)
ga1     pluck     iamp, ifrq, ifrq, 0, 1
        endin


        instr     2
kamp    linseg 0, .002, 1, p3-.004, 1, .002, 0
irate         =   p4                    ;frequenza dell'oscillatore per il flanging
idepth        =   p5/10000              ;profondità dell'effetto
ifeed         =   p6                    ;quantità di feedback
ideloff       =   p7/10000              ;ritardo fisso
adel1   init      0


;ritardiamo il segnale d'ingresso, moduliamo il delay di circa .001 sec. e sommiamo
;il segnale originale a quello ritardato, e reimmettiamo questo nuovo segnale nel loop di feedback


asig1     =       ga1 + ifeed*adel1
aosc1   oscil   idepth, irate, 1
aosc1     =       aosc1+idepth+ideloff/2
atemp   delayr  2*idepth+ideloff
adel1   deltapi aosc1
        delayw  asig1
        out     ga1+adel1
ga1       =       0
        endin
```

```
;feedback.sco
f1      0       4096    10      1
;ins    act     dur     dB      pitch
i1      0       .5      80      8                       ;generiamo due arpeggi maggiori
i1      +       .       .       8.04
i1      +       .       .       8.07
i1      +       .       .       9
i1      +       .       .       8
i1      +       .       .       8.04
i1      +       .       .       8.07
i1      +       .       .       9
;ins    act     dur     rate    depth   feedb   deloff
i2      0       5       .5      10      .5      10
s                                               ;fine sezione

i1      0       .5      80      8
i1      +       .       .       8.04
i1      +       .       .       8.07
i1      +       .       .       9
i1      +       .       .       8
i1      +       .       .       8.04
i1      +       .       .       8.07
i1      +       .       .       9
;ins    act     dur     rate    depth   feedb   deloff
i2      0       5       .5      10      .8      20
```

**ESERCIZIO:** *sperimentate con diversi valori dei parametri (attenzione al feedback, che può portare, se è troppo alto, alla "esplosione" dello strumento).*

Il *chorus* è invece un effetto che simula, a partire da una sola sorgente sonora, la presenza di molte sorgenti che emettono più o meno lo stesso suono: la stessa differenza che c'è fra una voce sola e un coro all'unisono. Tale effetto viene creato tramite la sovrapposizione di più copie di uno stesso suono con sfasamenti variabili. Nell'orchestra che segue lo strumento 1 implementa l'effetto di *chorus* con gli *opcode delayr/delayw* e *deltapi*, mentre lo strumento 2 usa *vdelay*

```
;chorus.orc
        sr      =       44100
        kr      =       4410
```

```
            ksmps  =  10
            nchnls =  1
            instr     1
idel             =  .02                          ;ritardo in secondi
a1      soundin    "voce.wav"
ar0     delayr     idel
        delayw     a1
;- - - - - - - - - - - - - - - - - - - - - coppia randi/deltapi n.1
k1      randi      idel/2, 3, 1
ar1     deltapi    idel/2+k1
;- - - - - - - - - - - - - - - - - - - - -coppia randi/deltapi n.2
k2      randi      idel/2, 3.5, .5
ar2     deltapi    idel/2+k2
;- - - - - - - - - - - - - - - - - - - - -coppia randi/deltapi n.3
k3      randi      idel/2, 2.9, .3
ar3     deltapi    idel/2+k3
;- - - - - - - - - - - - - - - - - - - - -coppia randi/deltapi n.4
k4      randi      idel/2, 2.1, .1
ar4     deltapi    idel/2+k4
;- - - - - - - - - - - - - - - - - - - - -somma dei 4 suoni ritardati
aout             =  ar1+ar2+ar3+ar4
        out        aout/4
        endin


instr  2
idel             =  20                   ;ritardo in millisecondi
a1      soundin    "voce.wav"
;- - - - - - - - - - - - - - - - - - - - - coppia randi/vdelay n.1
k1      randi      idel/2, 3, 1
ar1     vdelay     a1, idel/2+k1, 1000
;- - - - - - - - - - - - - - - - - - - - - coppia randi/vdelay n.2
k2      randi      idel/2, 3.5, . 5
ar2     vdelay     a1, idel/2+k2, 1000
;- - - - - - - - - - - - - - - - - - - - -coppia randi/vdelay n.3
k3      randi      idel/2, 2.9, .3
ar3     vdelay     a1, idel/2+k3, 1000
;- - - - - - - - - - - - - - - - - - - - -coppia randi/vdelay n.4
k4      randi      idel/2, 2.1, .1
ar4     vdelay     a1, idel/2+k4, 1000
```

```
;- - - - - - - - - - - - - - - - - - - - - somma dei 4 suoni ritardati
aout           =   ar1+ar2+ar3+ar4
     out           aout/4
     endin


;chorus.sco
f1  0   4096   10   1
i1  0   5
i2  6   5
```

Come si vede, vi sono quattro voci ritardate, ognuna delle quali ha un ritardo variabile. È naturalmente possibile introdurre più di quattro ritardi, per ottenere un effetto di *chorus* più denso.

## 13.6 LA CONVOLUZIONE

Si è accennato nel par. 3-B-1 all'operazione di convoluzione. Essa è la moltiplicazione di due spettri, cioè una moltiplicazione di due segnali *nel dominio della frequenza*, così come la modulazione ad anello è una moltiplicazione di due segnali *nel dominio del tempo* (vedi par. 8.A.1).

La differenza tra la moltiplicazione *nel dominio del tempo* e la convoluzione consiste nel fatto che mentre nel primo caso (la moltiplicazione di un segnale A per un segnale B) ciascun campione di *A* viene moltiplicato per il corrispondente campione di *B*, nella convoluzione ogni campione di *A* viene moltiplicato per *tutti* i campioni di *B,* creando un vettore che ha la stessa lunghezza del numero di campioni di *B* per ogni campione di *A*. La convoluzione è la somma di tutti questi vettori, ciascuno spostato di un campione.

Se abbiamo due segnali *A* e *B* variabili nel tempo, possiamo, con l'analisi di Fourier (FFT), calcolarne i due spettri (variabili nel tempo), *A'* e *B'*; moltiplicare istante per istante i due spettri con l'operazione

**Z' = A' x B'**

ottenendo un terzo spettro *Z'* ; infine, mediante l'operazione di *Inverse Fast Fourier Transform* o *IFFT* (cioè l'operazione inversa all'analisi di spettro), riottenere dallo spettro *Z'* un segnale *Z* nel dominio del tempo. Questo segnale *Z* sarà la convoluzione dei due segnali *A* e *B*.

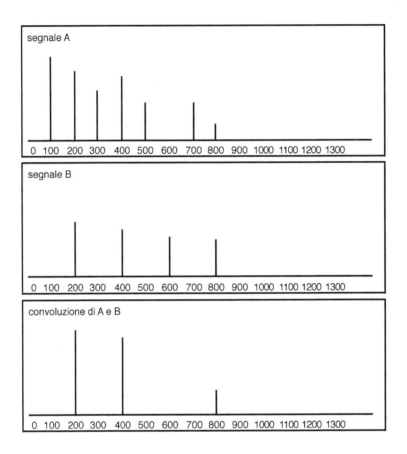

Fig. 13-6

Riferendoci alla Fig.13-6, il segnale *A* è un suono a spettro armonico con frequenza fondamentale di 100 Hz, in cui manca la VI armonica; il segnale *B* è un suono anch'esso a spettro armonico, con frequenza fondamentale di 200 Hz. La convoluzione di *A* e *B* conterrà le frequenze 200, 400 e 800 Hz, presenti in entrambi gli spettri. Non conterrà invece né le frequenze 100, 300, 500 e 700 Hz, perché non sono presenti in *B*, né la frequenza 600 Hz, perché è presente in *B* ma non in *A*. Ma a che cosa serve tutto questo?

La convoluzione è un'operazione fondamentale nel campo del DSP (*Digital Signal Processing*), e i suoi effetti sono abbastanza conosciuti: per esempio, si può ottenere un effetto di filtraggio operando la convoluzione fra il suono entrante e la "risposta all'impulso" del filtro. In questo paragrafo ci limiteremo a usare la convoluzione per applicare una riverberazione a un segnale, ma il campo di applicazione della convoluzione è molto più ampio e, per larga parte, ancora da sfruttare musicalmente.

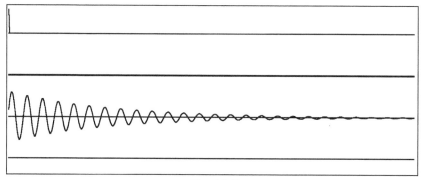

Fig. 13-7

Vediamo in Fig. 13-7 nella parte alta un segnale impulsivo e nella parte bassa la risposta all'impulso (nel dominio del tempo) di un filtro passabanda, mentre in Fig. 13-8 vi è in alto lo spettro dell'impulso unitario e in basso lo spettro della risposta all'impulso (quindi il segnale rappresentato nel dominio della frequenza). Moltiplicando lo spettro di un segnale qualsiasi per la risposta all'impulso del

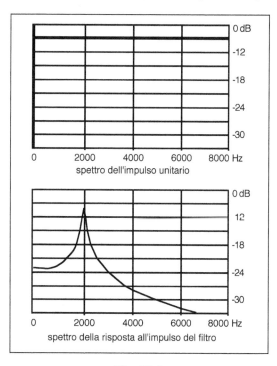

Fig. 13-8

filtro, e operando la IFFT, si ottiene un segnale nel dominio del tempo, che è il segnale originale filtrato da quel filtro passabanda.

In Csound vi è un operatore specializzato per la convoluzione, *convolve*, e un programma di analisi che, dato un *file* audio, prepara un *file* di dati pronto per essere usato da *convolve*.

L'analisi si effettua con *cvanal*, la cui sintassi è:

**csound -U cvanal [flags] infilename outfilename**

I *flag* sono:

| | |
|---|---|
| -s<srate> | frequenza di campionamento del *file* audio. Se è presente uno *header* (come è il caso dei file di tipo Wave o AIFF), non è necessario. Si noti che per la successiva risintesi non è necessario che la frequenza di campionamento del *file* audio sia la stessa dell'orchestra |
| -c<channel> | numero del canale sul quale effettuare l'analisi, nel caso di un *file* stereofonico o quadrifonico. Il valore di *default* è 1 (canale sinistro in un *file* stereo). |
| -b<begin> | tempo di inizio (in secondi) del segmento audio da analizzare. Il valore di *default* è 0.0 |
| -d<duration> | durata (in secondi) del segmento audio da analizzare. Il valore di *default* è 0.0, e significa che l'analisi prosegue fino alla fine del *file*. |

Supponiamo, per esempio, di avere il *file* audio "*berliner.wav*", che contiene un segnale impulsivo registrato nella sala dei Berliner Philarmoniker, e che perciò sarà stato riverberato con le caratteristiche proprie di quella sala. Per queste prove solitamente si usa un colpo di pistola (a salve!). Analizziamolo con *cvanal*:

**Csound -U cvanal berliner.wav berliner.cnv**

producendo così il *file* "berliner.cnv" (*Win*) o "berliner.cv" (*Mac*).

*TIPS & TRICKS (Win): è possibile assegnare al* file *di analisi un nome qualsiasi, ma per un facile riconoscimento dei* file *di analisi, è bene usare sempre l'estensione cnv.*

*TIPS & TRICKS: il* file *di analisi NON è indipendente dal sistema operativo usato. Assicuratevi di conservare il* file *audio originale, in modo da poterlo rianalizzare se cambiate sistema operativo*

Ora vogliamo applicare la convoluzione a un *file* audio: supponiamo che si chiami, come al solito, "voce.wav". Useremo l'*opcode convolve*, la cui sintassi è:

**ar1[,...[,ar4]]   convolve   ain, ifilcod, channel**

*ar1, ar2, ar3, ar4* sono i segnali di uscita, che possono essere 1, 2 o 4
*ain* è il segnale al quale applicare la convoluzione
*ifilcod* è un numero intero o una stringa di caratteri fra virgolette che indica un *file* di risposta all'impulso (ottenuto con *cvanal*). Se è un numero *n*, *convolve* cerca un *file* di nome *convolve.n*.
*channel* è un numero (da 0 a 4) che indica quale canale della risposta all'impulso verrà usato per l'operazione di convoluzione. Con il valore 0 (zero) si usano *tutti* i canali.

L'uscita di *convolve* è ritardata rispetto all'ingresso, e per calcolare questo ritardo si possono usare le seguenti formule:

se **1/kr ≤ IRDur**

dove *IRDur* è la durata, in secondi, della risposta all'impulso

allora  **Delay = ceil(IRdur * kr) / kr**

dove *kr* è la frequenza di controllo, e *ceil(n)* indica il più piccolo numero intero maggiore o uguale a *n*. Per esempio, se *n* = 1.3, allora *ceil(n)* = 2

Se invece   **(1/kr) > IRDur,**

allora  **Delay = IRdur * ceil(1/(kr*IRdur))**

Il calcolo del ritardo è indispensabile nelle operazioni di riverberazione per convoluzione, dal momento che di solito il segnale di uscita comprende sia il segnale originale sia quello riverberato. Allora è necessario ritardare il segnale originale prima di sommarlo al segnale riverberato.[1] Supponiamo che il *file* "berliner.wav" abbia durata 1.379 secondi (che è il nostro *IRDur*). Calcoliamo il ritardo necessario, supponendo kr=441.

**1/kr = 0.0023,** che è <= **IRDur   (1.379),** così che:

---

[1] Naturalmente ciò significa che in Csound non è possibile la convoluzione in tempo reale.

**Delay1** = ceil(IRDur * kr) / kr =
     = ceil(1.379 * 441)/441 =
     = ceil(608.14) / 441 =
     = 609/441 =
     = 1.38095 secondi

```
;convolve.orc
        sr    =  44100
        kr    =  441
        ksmps =  100
        nchnls = 1
        instr  1
imix          =  .22              ;fattore di moltiplicazione di ampiezza del segnale riverberato
idel          =  1.38095          ;ritardo necessario per allineare i due segnali
adry  soundin "voce.wav"          ;ingresso del segnale
awet1 convolve adry, "berliner.cnv"  ;convoluzione
adrydel delay  adry, idel         ;ritardo del segnale originale
        out    adrydel+ awet1 * imix  ;somma dei due segnali e uscita
        endin
```

La *score* conterrà una durata (p3) pari alla lunghezza del *file* "voce.wav" più il ritardo necessario per l'allineamento dei segnali, e sarà, per esempio:

```
;convolve.sco
i1  0  7
```

Alcune versioni di Csound presentano problemi con *convolve*. A partire dalla versione 4.12, è presente un nuovo *opcode* per la convoluzione, chiamato *dconv*, che consente la convoluzione diretta fra un qualsiasi segnale e un *file* audio importato in una tabella. La sua sintassi è

**ar     dconv** asig, isize, ifn

*asig* è il segnale di ingresso
*isize* è la dimensione del *buffer* (zona di memoria) usato per la convoluzione. Dovrebbe essere uguale o maggiore della dimensione (in campioni) del *file* importato nella tabella. Se è minore, per la convoluzione verranno usati solo i campioni di tabella corrispondenti alla dimensione del *buffer*. Di solito andrà posto uguale alla lunghezza effettiva (in campioni) del *file* importato.

*ifn* è il numero della tabella contenente il *file* audio che si desidera convolvere. La lunghezza deve essere una potenza di due o una potenza di due, più uno.

Invece di usare il metodo di analisi e risintesi (*cvanal/convolve*), *dconv* opera una convoluzione diretta. Con tabelle di grandi dimensioni (*file* più lunghi di 1 secondo) *dconv* è uno degli *opcode* più lenti di Csound, anche se la sua qualità è migliore di *convolve*.

Vediamo un esempio:

```
;dconv.orc
        sr      =  44100
        kr      =  441            ;kr bassa per accelerare il calcolo
        ksmps   =  100
        nchnls  =  1
        instr 1
k1   init  0                      ;questa istruzione e la successiva hanno il solo
                                  ;scopo di monitorare il tempo di calcolo: stampano
                                  ;sullo schermo il tempo ogni
        printk    .1, k1          ;1/10 di secondo del file generato
ain  soundin    "voce.wav"

a1   dconv      ain, 65536, 1
     out        a1*.05
     endin


;dconv.sco
f1   0    65537 1  "berliner.wav" 0 0 0
i1   0    7
```

Questo *opcode* calcola *isize* * *ksmps* moltiplicazioni alla frequenza *kr*. Perciò, se non vi sono controindicazioni, è bene usare un valore basso per *kr* .

# APPROFONDIMENTI

## 13.A.1 COSTRUZIONE DI RIVERBERI

Vi sono molti casi in cui *reverb* e *nreverb* non sono soddisfacenti, sia perché la riverberazione è uno degli aspetti in cui il gusto personale del compositore gioca un ruolo importantissimo, sia perché, oggettivamente, la qualità delle due unità lascia a desiderare. Csound permette però di costruirsi i propri riverberi, a partire da *opcode* di base, che sono:

**ar    comb        asig, krvt, ilpt[, iskip]**
**ar    alpass      asig, krvt, ilpt[, iskip]**

*comb* è un riverberatore "unitario" (cioè una unità elementare che in genere si utilizza per costruire unità più complesse) con risposta in frequenza "colorata", *alpass* invece è un riverberatore "unitario" con risposta in frequenza piatta. Per esempio, *reverb* è composto da quattro *comb* in parallelo seguiti da due *alpass* in serie,

*asig* è il segnale entrante

*krvt* è il tempo di riverberazione, in secondi

*ilpt* è la lunghezza (in secondi) della linea di ritardo interna, che determina la "densità di eco" della riverberazione, cioè la distanza temporale fra le numerosissime riflessioni che costituiscono la riverberazione. La "densità di eco", a sua volta, caratterizza il "colore" di *comb*. Il valore di *ilpt* può essere tanto grande quanto lo permette la memoria disponibile, e lo spazio occupato per n secondi è *4 * n * sr* Byte.

*iskip* (opzionale) indica se la memoria interna debba essere azzerata (valore 0) o no (valore 1). Il valore di *default* è 0

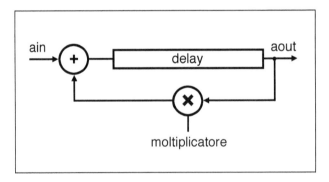

Fig. 13-A-1

*comb* è una delle forme più semplici di filtro, e consiste semplicemente in una linea di ritardo con *feedback*, come si vede in Fig.13-A-1. Il moltiplicatore (cioè il fattore di *feedback*) viene calcolato da Csound in base a *ilpt* e a *krvt*: a parità di *ilpt* (la lunghezza della linea di ritardo, che determina il "colore" del suono uscente), la riverberazione sarà tanto più lunga quanto maggiore è l'ampiezza del segnale rimandato all'ingresso della linea di ritardo stessa. Al limite, se il fattore di *feedback* fosse zero, l'effetto sarebbe di un semplice ritardo, senza alcuna riverberazione. La curva di risposta di *comb* (cioè il grafico frequenza/ampiezza del segnale uscente) è illustrata in Fig. 13-A-2, dove si possono notare un certo numero di picchi di ampiezza equispaziati. Il numero di picchi presenti fra 0 Hz e la Frequenza di Nyquist (*sr/2*), si può calcolare moltiplicando *ilpt* per la frequenza di Nyquist stessa. Se *ilpt* = 0.01 secondi e la frequenza di campionamento audio è di 44100 Hz, allora il numero di picchi sarà 0.02 * 22050 = 441.

Il grafico di Fig.13-A-2 è stato ottenuto con la seguente orchestra in cui non viene usato l'*opcode comb*, ma esso viene simulato da un *delay*, in modo che sia possibile specificare separatamente *ilpt* (0.005) e il fattore di *feedback* (0.8):

```
;myrev.orc
        sr      =   44100
        kr      =   4410
        ksmps   =   10
        nchnls  =   1
        instr   1
a2      init 0
kfrq    line       10, p3, 10000
a1      oscili     5000, kfrq, 1
a2      delay      a1+a2*.8, .005          ;delay che simula comb
        out        a2
        endin
```

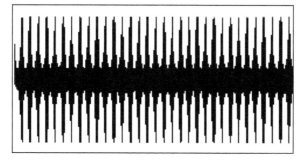

Fig. 13-A-2

L'orchestra seguente mostra un effetto analogo, ottenuto questa volta proprio con *comb*:

```
;comb.orc
        sr    =  22050
        kr    =  2205
        ksmps =  10
        nchnls = 1
        instr  1
kfreq   line     10, p3, 10000
a1      oscili   1000, kfreq, 1
acomb   comb     a1, . 5, .001
        out      acomb
        endin


;comb.sco
f1   0    4096  10   1
i1   0    5
```

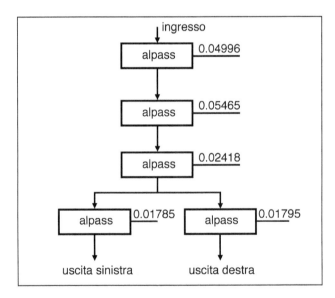

Fig. 13-A-3

L'uscita da un filtro *comb* inizia ad apparire solo dopo un tempo uguale a *ilpt*.

L'*opcode alpass*, a differenza di *comb*, lascia passare ugualmente bene tutte le frequenze, ma introduce uno sfasamento dipendente dalla frequenza. Tutti i filtri introducono uno sfasamento variabile a seconda della frequenza, effetto che si aggiunge a quello principale di attenuare o esaltare certe frequenze, ma lo scopo principale di un filtro *alpass* è proprio quello che riguarda la fase. Se il segnale di ingresso non è assolutamente costante, *alpass* lo "colora", e questa colorazione è particolarmente evidente nei transitori rapidi, in cui i rapporti di fase sono essenziali per la definizione della qualità sonora.

Esaminate brevemente le caratteristiche principali di *comb* e di *alpass*, vediamo come essi possono essere usati per la costruzione di riverberi "personalizzati".

```
;myrev1.orc

      instr   99

;ain = segnale di ingresso
;irevt=tempo di riverberazione


a1      alpass  ain, 5, .04996
a2      alpass  a1*.72, 5, .05465
a3      alpass  a2*.961, 5, .02418
aoutl   alpass  a3*.649, 5, .01785
aoutr   alpass  a3*.646, 5, .01795
        outs    aoutl, aoutr
        endin
```

Questa orchestra (modifica di un riverbero proposto da James A. Moorer[2]) è costituita da cinque unità *alpass* collegate secondo lo schema a blocchi di Fig.13-A-3, in cui a fianco di ogni *alpass* è indicato il rispettivo *ilpt*. Una corretta scelta di *ilpt* è molto importante per evitare effetti di risonanza multipla: è essenziale che i valori dei diversi *ilpt* abbiano il minor numero possibile di divisori comuni.

È anche possibile costruirsi un riverbero "personalizzato" con *nreverb*, utilizzando le due coppie di argomenti opzionali *inumCombs*, *ifnCombs*, *inumAlpas* e *ifnAlpas*. Vediamone il significato:

*inumCombs* numero dei filtri *comb* inclusi in *nreverb*. Se non viene specificato, vengono usati i valori di *default* di *nreverb*.

*ifnCombs*     numero della tabella contenente i tempi di riverberazione dei filtri *comb*, seguiti da un ugual numero di valori di guadagno. La tabella non deve essere riscalata. I numeri positivi sono interpretati come secondi, e vengono convertiti

---

[2] J.A.Moorer, "Signal processing aspects of computer music", in J.Strawn (a cura di) *Digital audio signal processing. An anthology*, William Kaufmann Inc., Los Altos, Ca. 1985

internamente in numero di campioni, approssimato all'intero maggiore più vicino. Se i numeri sono negativi, vengono interpretati direttamente come numero di campioni.

*inumAlpas, ifnAlpas* analogo a *inumCombs/ifnCombs*, per i filtri *alpass* inclusi in *nreverb*.

Costruiamo ora lo stesso riverbero dell'orchestra *myrev1.orc* utilizzando *nreverb* (strumento 100), e, per confronto, ripetiamo anche il riverbero di *myrev1.orc* (strumento 99). Nelle tabelle *f10* e *f11 time1, time2...* sono i tempi di riverberazione dei quattro *alpass*, mentre *gain1, gain2...* sono i guadagni all'uscita di ogni *alpass*

```
;mynrev.orc
        sr     = 44100
        kr     = 4410
        ksmps  = 10
        nchnls = 2
ga1     init 0
        instr   1
a1      soundin    "voce.wav"
ga1     =          ga1 + a1*.3
        endin
;*******************************
; riverbero con myrev
;*******************************
        instr   99
a1      alpass  ga1, p4, .04996
a2      alpass  a1*.72, p4, .05465
a3      alpass  a2*.961, p4, .02418
aoutl   alpass  a3*.649, p4, .01785
aoutr   alpass  a3*.646, p4, .01795
        outs       aoutl*4, aoutr*4
ga1     =  0
        endin
;*******************************
; riverbero con nreverb
;*******************************
        instr   100
;nreverb costituito da nessun comb e 4 alpass
;             in    ktime  khdif  skip   incmb  fcmb  inalp  falp
a1      nreverb  ga1,   p4,    0,     0,     0,     0,    4,     10
a2      nreverb  ga1,   p4,    0,     0,     0,     0,    4,     11
```

```
        outs    a1, a2
ga1     =   0
        endin
```

```
;mynrev.sco
;
;               time1       time2       time3       time4       gain1   gain2   gain3   gain4
f10 0 16   -2   .04996      .05465      .02418      .01785      .72     .961    .649    1
f11 0 16   -2   .04996      .05465      .02418      .01795      .72     .961    .649    1
;riverbero con myrev
i1       0    5
i99      0    10  5
;riverbero con nreverb
i1       10   5
i100     10   10  5
```

Vediamo adesso un'unità di riverbero costruita con *delayr/delayw* e quattro *deltapi*, per simulare le riflessioni multiple delle pareti di un ambiente chiuso. Notiamo come ciascuna delle uscite delle unità *deltapi* venga reimmessa nel ritardo, così come i suoni riflessi da una coppia di pareti vengono successivamente riflessi anche dalle altre coppie di pareti.

```
;myrev2.orc

        instr   99
                                              ;il segnale entrante è ga1
afeed   init    0                             ;definizione della variabile afeed di feedback
iloop   =       1
ar      delayr  .2                            ;costruzione" della linea di ritardol
                                              ;che si assegna, come tempo nei deltapi


        delayw  ga1+afeed
ar1     deltapi .063*iloop
ar2     deltapi .071*iloop
ar3     deltapi .107*iloop
ar4     deltapi .129*iloop
afeed   =       (ar1+ar2+ar3+ar4)*.2          ;tutti i segnali riflessi vengono sommati
                                              ;insieme e reimmessi nel ritardo
aout    =       ar+ar1+ar2+ar3+ar4
```

```
           out       aout
ga1        =         0
           endin
```

Una terza unità di riverbero, sviluppata all'Università di Stanford (CA., USA), molto più complessa, è implementata nella seguente orchestra, e fa uso sia di *comb* sia di *alpass*; inoltre filtra con un filtro passa-basso il segnale di riverbero, per ridurre la riverberazione alle alte frequenze:

```
;myrev3.orc

           instr   99

;- - - - - - - - - - - - - - - - - - - - - definizione dei dati
;ga1        =   ingresso sinistro, ga2=ingresso destro
irevfactor  =   p4                              ;tempo di riverbero complessivo
ilowpass    =   9000                            ;frequenza di taglio di un filtro passa-basso
ioutputscale=   p5                              ;fattore di moltiplicazione dell'ampiezza del riverbero

;- - - - - - - - - - - - - - - - - - - - - ilpt per comb e alpass
idel1       =   1237.000/sr
idel2       =   1381.000/sr
idel3       =   1607.000/sr
idel4       =   1777.000/sr
idel5       =   1949.000/sr
idel6       =   2063.000/sr
idel7       =   307.000/sr
idel8       =   97.000/sr
idel9       =   71.000/sr
idel10      =   53.000/sr
idel11      =   47.000/sr
idel12      =   37.000/sr
idel13      =   31.000/sr

;- - - - - - - - - - - - - - - - - - - - - tempi di riverbero per comb e alpass (espressi come frazione
; del tempo di riverbero complessivo)
icsc1       =   .822 * irevfactor
icsc2       =   .802 * irevfactor
icsc3       =   .773 * irevfactor
```

```
icsc4       =  .753 * irevfactor
icsc5       =  .753 * irevfactor
icsc6       =  .753 * irevfactor
icsc7       =  .7 * irevfactor


;- - - - - - - - - - - - - - - - - - - - - sezione comb per canale sinistro
acomb1      comb   ga1, icsc1, idel1
acomb2      comb   ga1, icsc2, idel2
acomb3      comb   ga1, icsc3, idel3
acomb4      comb   ga1, icsc4, idel4
acomb5      comb   ga1, icsc5, idel5
acomb6      comb   ga1, icsc6, idel6


acomball    =   acomb1 + acomb2 + acomb3 + acomb4 + acomb5 + acomb6


;- - - - - - - - - - - - - - - - - - - - - sezione alpass per canale sinistro
allp1       alpass  acomball, icsc7, idel7
allp2       alpass  allp1, icsc7, idel8
allp3       alpass  allp2, icsc7, idel9
alow        tone    allp3, ilowpass
allp4       alpass  alow, icsc7, idel10
allp5       alpass  allp4, icsc7, idel12
arevout1    =       allp5 * ioutputscale


;- - - - - - - - - - - - - - - - - - - - - sezione comb per canale destro
acomb1      comb   ga2, icsc1, idel1
acomb2      comb   ga2, icsc2, idel2
acomb3      comb   ga2, icsc3, idel3
acomb4      comb   ga2, icsc4, idel4
acomb5      comb   ga2, icsc5, idel5
acomb6      comb   ga2, icsc6, idel6


acomball    =   acomb1 + acomb2 + acomb3 + acomb4 + acomb5 + acomb6


;- - - - - - - - - - - - - - - - - - - - - sezione alpass per canale destro
allp1       alpass  acomball, icsc7, idel7
allp2       alpass  allp1, icsc7, idel8
allp3       alpass  allp2, icsc7, idel9
alow        tone    allp3, ilowpass
```

```
allp4      alpass  alow, icsc7, idel10
allp6      alpass  allp4, icsc7, idel13
arevout2   =  allp6 * ioutputscale


;- - - - - - - - - - - - - - - - - - - - - - uscita
           outs       arevout1, arevout2

;- - - - - - - - - - - - - - - - - - - - - - riazzeramento delle variabili globali
ga1        =  0
ga2        =  0
           endin
```

La costruzione di riverberi può diventare una vera e propria arte. Una buona riverberazione ha un'influenza decisiva sulla qualità di un brano di musica sintetizzata con Csound (o con altri linguaggi per la sintesi del suono).

## LISTA DEGLI *OPCODE*

| | | |
|---|---|---|
| ar | delayr | tempo di ritardo [, disposizione iniziale della memoria interna] |
| | delayw | segnale di ingresso |
| a1 | deltap | tempo di ritardo |
| a1 | deltapi | tempo di ritardo |
| ar | delay | segnale di ingresso, tempo di ritardo [, disposizione iniziale della memoria interna] |
| ar | delay1 | segnale di ingresso [,disposizione iniziale della memoria interna] |
| ar | reverb | segnale di ingresso, tempo di riverberazione [,disposizione iniziale della memoria interna] |
| ar | nreverb | segnale di ingresso, tempo di riverberazione, riverberazione delle alte frequenze [,disposizione iniziale della memoria interna] [, numero dei filtri *comb*, numero della tabella contenente i dati dei filtri *comb*] [, numero dei filtri *alpass*, numero della tabella contenente i dati dei filtri *alpass*] |
| ar | vdelay | segnale di ingresso, tempo di ritardo, tempo massimo di ritardo [,disposizione iniziale della memoria interna] |
| ar1[,...[,ar4]]] | convolve | segnale di ingresso, nome del file, canale |
| ar | dconv | segnale di ingresso, dimensione del *buffer*, numero della tabella |
| ar | comb | segnale di ingresso, tempo di riverberazione, tempo di *loop* [,disposizione iniziale della memoria interna] |
| ar | alpass | segnale di ingresso, tempo di riverberazione, tempo di *loop* [,disposizione iniziale della memoria interna] |

# 14

---

# SINTESI PER DISTORSIONE NON LINEARE (DNL), COMPRESSORI E SINTESI VETTORIALE

La maggior parte dei tipi di sintesi e trattamento del suono che vedremo in questo capitolo fa uso dell'*opcode table*. Prima di passare alle applicazioni, è quindi necessario approfondire le conoscenze su questo *opcode* e sulla generazione di tabelle con metodi diversi da quelli finora visti.

## 14.1 GEN02 E CONSIDERAZIONI AGGIUNTIVE SULLE FUNZIONI

La GEN02 copia semplicemente nei punti di una tabella i valori dei campi che scriviamo dopo i primi quattro parametri, cioè dopo il numero di funzione, il *creation time*, le dimensioni e il numero della GEN.

| fn | t | s | 2 | v1 | v2 | v3 | ... |
|----|---|---|---|----|----|----|-----|

| | |
|---|---|
| *n* | numero della tabella |
| *t* | tempo al quale la tabella deve essere generata |
| *s* | dimensioni |
| 2 | numero della GEN; se è positivo, la tabella verrà riscalata in modo che il suo valore massimo sia 1 (uno); se negativo (-2) non viene effettuato riscalamento |
| *v1*, *v2*, ... \ | valori da inserire in tabella |

Facciamo un esempio:

f1 0 16 2 0 1 2 3 4 5 6 7 8 9 10 9 8 7 6 5
;riscala  con valori fra 0 e 1

f1 0 16 -2 0 1 2 3 4 5 6 7 8 9 10 9 8 7 6 5
;non riscala (val. fra 0 e 10)

Entrambe le tabelle hanno una dimensione di 16 punti, quindi abbiamo 16 indici che identificano locazioni da riempire con altrettanti valori

| Indici | 1 | 2 | 3 | 4 | 5 | 6 | 7 | 8 | 9 | 10 | 11 | 12 | 13 | 14 | 15 | 16 |
|---|---|---|---|---|---|---|---|---|---|---|---|---|---|---|---|---|
| Valori tabella | 0 | 1 | 2 | 3 | 4 | 5 | 6 | 7 | 8 | 9 | 10 | 9 | 8 | 7 | 6 | 5 |

Nel caso della prima funzione abbiamo scritto 2 come numero di GEN, perciò tutti i valori vengono riscalati fra 0 e 1 come segue:

| Indici | 1 | 2 | 3 | 4 | 5 | 6 | 7 | 8 | 9 | 10 | 11 | 12 | 13 | 14 | 15 | 16 |
|---|---|---|---|---|---|---|---|---|---|---|---|---|---|---|---|---|
| Valori tabella | .0 | .1 | .2 | .3 | .4 | .5 | .6 | .7 | .8 | .9 | 1 | .9 | .8 | .7 | .6 | .5 |

Nel secondo caso i valori rimarranno quelli da noi specificati, perché quando si indica un numero di GEN negativo Csound non riscala i valori, cioè li mantiene come sono.

Un altro esempio sul riscalamento con la GEN 10 può essere:

f1 0 4096 10 2       ;riscala fra -1 e 1
f1 0 4096 -10 2      ;NON riscala (val. fra -2 e 2)

Sarà bene riassumere meglio il significato di alcuni termini riguardanti le funzioni, prima di passare al prossimo paragrafo.

### a. Funzioni

Una **funzione** è un metodo matematico di generazione di valori di una variabile (dipendente) a seconda dei valori assunti da un'altra variabile (indipendente). Per esempio:

$$y = f(x)$$

in cui:

x = variabile indipendente (assume valori a piacere)
y = variabile dipendente (assume valori dipendenti da x)
(altri esempi: $y = 2*x$,     $y = sin(x)$,     $y = 4*x2 + 3$ ...)

## b. GEN

Una **GEN** è un **numero di metodo** di generazione di una tabella di valori, cioè contiene l'implementazione di una funzione.

## c. Tabelle

Una **tabella** è un insieme monodimensionale di valori (vettore) accessibile con un **indice**. Per esempio:

| Indice | 0 | 1 | 2 | 3 | 4 | 5 | 6 | 7 | 8 |
|--------|---|---|---|---|---|---|----|---|----|
| Tabella | | 1 | 5 | 7 | 3 | 7 | 9 | 56 | 3 | 12 |

quindi all'**indice** 4 corrisponde il **valore** 7.

In Csound le tabelle vengono organizzate secondo un criterio particolare: esse occupano spazi *numerati* da 1 a un numero dipendente dalla particolare versione di Csound utilizzata; ciascuno spazio può contenere, in tempi diversi, tabelle diverse, cioè una tabella può sostituirne un'altra nello stesso spazio.

Per esempio:

```
f 1 0  4096 10 1              ;questa tabella 'vive' da 0 a 10 sec, perché...
f 1 10 4096 10 1 .5 .4 .3 .2 .1   ;...quest'altra tabella SOSTITUISCE la precedente al 10° secondo,
                             ;e quindi "nasce" a 10 sec, e "vive" fino a che non viene a sua volta
                             ;sostituita, o fino alla fine della partitura, o fino a una istruzione che
                             ;richiede la "distruzione" della tabella, p.es.:
f -1 20                      ;in questo modo la tabella precedente cessa di esistere a 20 secondi
```

## 14.2 USO DELL'*OPCODE TABLE*

Gli *opcode table* generano segnali che possono essere audio, di controllo o di inizializzazione, sulla base della lettura di una tabella.

Sebbene vengano classificate fra i generatori di segnale, le unità della famiglia *table* possono essere usate per molti scopi: generazione di scale personalizzate, sintesi per distorsione non lineare, spazializzazione del suono etc.

Le unità disponibili sono:

```
ir    table     indx, ifn[, ixmode][, ixoff][, iwrap]
ir    tablei    indx, ifn[, ixmode][, ixoff][, iwrap]
kr    table     kndx, ifn[, ixmode][, ixoff][, iwrap]
kr    tablei    kndx, ifn[, ixmode][, ixoff][, iwrap]
```

| ar | table | andx, ifn[, ixmode][, ixoff][, iwrap] |
| ar | table | andx, ifn[, ixmode][, ixoff][, iwrap] |

| *indx/kndx/andx* | indice a cui corrispondono valori indicati in tabella |
| *ifn* | numero della tabella (*tablei*, come *oscili*, richiede una tabella di lunghezza pari a una potenza intera di 2 più 1, in cui quest'ultimo valore deve essere uguale al primo valore, cioè il cosiddetto *extended guard point*). |
| *ixmode* | (opzionale) modo di interpretazione dell'indice: 0 specifica un indice "grezzo" (*raw*) (compreso quindi fra 0 e la lunghezza della tabella usata), 1 specifica un indice "normalizzato", cioè compreso fra 0 e 1. Il valore di *default* è 0 (indice "grezzo"). |
| *ixoff* | (opzionale) quantità da aggiungere all'indice (*offset*). Per una tabella con l'origine al centro si userà uno *ixoff* pari alla metà della lunghezza della tabella (indice "grezzo") o pari a 0.5 (indice "normalizzato"). Il valore di *default* è 0. |
| *iwrap* | (opzionale) *flag* che specifica, se diverso da zero, che la tabella è da considerarsi "circolare", ossia eventuali indici superiori alla lunghezza della tabella "ritornano" dal lato opposto. Il valore di *default* è 0, cioè senza circolarità. |

Vediamo un uso semplice di questo *opcode* per la costruzione di scale non equabili (cioè scale in cui il rapporto intervallare fra i vari gradi non è costante).

Esempio di orchestra:

```
;scale.orc
       sr    =  22050
       kr    =  2205
       ksmps =  10
       nchnls =  1

       instr    1

;innanzitutto dividiamo la parte intera (le ottave) dalla parte frazionaria di p5
;(i semitoni)

ioct   =    int(p5)          ;ottava=parte intera di p5
isem   =    frac(p5)*100     ;semitono=parte decimale di p5, moltiplicata per 100
```

```
                                      ;così con 8.01 otteniamo 1, con 8.11 otteniamo 11 etc., e questi valori
                                      ;diventano gli indici della tabella, a cui corrisponderanno nuovi valori
                                      ;indicati nella funzione 2. In questo modo a ognuna delle 'vecchie' note
                                      ;temperate sostituiremo l'equivalente non equabile stabilendo
                                      ;i nuovi dodici valori nella funzione.

isem1           table   isem, 2, 0    ;prende l'indice,poi legge in tabella 2 il NUOVO valore del "semitono"
                                      ;senza riscalare. Dato che il III arg=0, l'indice è "raw"=grezzo:
                                      ;con isem=0 leggo il primo valore, con isem =1 leggo il secondo valore,
                                      ;con isem =3 leggo il quarto valore etc.
ifrq    =       cpspch(ioct+isem1)    ;converte il valore ottava+"semitono" in Hertz
iamp    =       ampdb(p4)
a1      oscili  iamp, ifrq, 1
        out     a1
        endin


instr   2
;uso di table per costruzione di scale non equabili, con interpolazione

ioct    =       int(p5)               ;ottava=parte intera di p5
isem    =       frac(p5)*100          ;semitono=parte decimale di p5, moltiplicato per 100

isem1   tablei  isem, 2, 0            ;come instr 1, ma con tabella a interpolazione, che
                                      ;permette anche che isem1 sia NON INTERO.
ifrq    =       cpspch(ioct+isem1)    ;converte il valore ottava+"semitono" in Hertz
iamp    =       ampdb(p4)             ;converte i dB in ampiezza assoluta
a1      oscil   iamp, ifrq, 1
        out     a1
        endin
```

## Esempio di partitura:

```
;scale.sco
f1 0 4097 10 1 ;(sinusoide per oscili)
f2  0  17 -2 0 .015 .02 .035 .04 .055 .06 .075 .08 .095 .10 .115 0 0 0 0 0
;GEN02, negativa per inibire il riscalamento fra 0 e 1
;nuovi valori che si sostituiscono al DO-DO#-RE-....fino al SI. Dato che la tabella è lunga
;17 punti (potenza di 2+1), bisogna aggiungere 5 valori nulli per occupare i cinque valori
;inutilizzati (ci servono solo i valori da sostituire alle vecchie 12 note)
```

| i1 | 0 | .5 | 80 | 8 | ;lo strumento 1 è costruito con table che non interpola, |
| | | | | | ;cioè non crea i valori intermedi fra i valori indicati in |
| | | | | | ;tabella, perciò si possono indicare come dati di partenza |
| | | | | | ;da sostituire solamente i 12 semitoni) |
| i1 | + | .5 | 80 | 8.04 | |
| i1 | + | .5 | 80 | 8.07 | |
| i1 | + | .5 | 80 | 8.10 | |
| i2 | 3 | .5 | 80 | 8 | ;lo strumento 2 è costruito con tablei che interpola, |
| | | | | | ;perciò è possibile indicare come dati di partenza da |
| | | | | | ;sostituire anche dati intermedi fra i semitoni, |
| | | | | | ;(nell'esempio quarti di tono) |
| i. | + | . | 80 | 8.005 | |
| i. | + | . | 80 | 8.01 | |
| i. | + | . | 80 | 8.015 | |
| i. | + | . | 80 | 8.02 | |
| i. | + | . | 80 | 8.025 | |
| i. | + | . | 80 | 8.03 | |
| i. | + | . | 80 | 8.035 | |
| i. | + | . | 80 | 8.04 | |
| i. | + | . | 80 | 8.045 | |

## 14.3 TABELLE COSTITUITE DA SPEZZATE DI RETTA, ESPONENZIALI E *SPLINE* CUBICI: GEN05, GEN07, GEN08

GEN05, GEN07, GEN08 generano una tabella costituita da spezzate di retta (GEN07), di esponenziali (GEN05) o *spline* cubici, cioè segmenti di polinomio cubico collegati in modo da ottenere la curva più dolce possibile che passi per i punti dati (GEN08); ciascun segmento è espresso in punti della tabella. Nel caso di esponenziale, non sono ammessi valori uguali a zero.

| fn | t | s | 5 | val0 | lung0 | val1 | lung0 | val2 ... |
| fn | t | s | 7 | val0 | lung0 | val1 | lung0 | val2 ... |
| fn | t | s | 8 | val0 | lung0 | val1 | lung0 | val2 ... |

| *n* | numero della tabella |
| *t* | tempo al quale la tabella deve essere generata (*creation time*) |
| *s* | dimensione |

| | |
|---|---|
| *5,7,8* | numero della GEN; se è positivo, la tabella verrà riscalata in modo che il suo valore massimo sia 1 (uno); se negativo (-5, -7 o -8) non viene effettuato riscalamento |
| *val0* | valore iniziale del primo segmento |
| *lung0* | lunghezza (in punti) del primo segmento |
| *val1* | valore finale del primo segmento, uguale al valore iniziale del secondo segmento |
| *lung1* | lunghezza (in punti) del secondo segmento |
| *val2* | valore finale del secondo segmento, uguale al valore iniziale del terzo segmento (se presente) |
| etc. | |

Nella GEN05 (esponenziale) per i valori (*val0, val1,val2* etc.) non può essere usato lo 0 e tali valori debbono avere lo stesso segno (tutti positivi o tutti negativi). Nel caso della GEN07 e della GEN08 non ci sono restrizioni di questo tipo.

La lunghezza in punti dei segmenti (*lung0, lung1, lung2*, etc.) non può essere negativa.

In genere la somma di *lung0 + lung1 + lung2*... corrisponderà al numero di punti della tabella. Se la somma è minore, le locazioni della funzione non incluse saranno poste a zero; se la somma è maggiore, verranno costruiti solo i primi segmenti, fino al raggiungimento del numero di punti in tabella.

Nel caso delle GEN05 e GEN07 una lunghezza del segmento uguale a zero può essere utile per creare forme d'onda discontinue, come in questo esempio:

```
f1  0  512  7  0  256  1  0  -1  256  0
```

(Questa tabella descrive un solo ciclo di un'onda a dente di sega la cui discontinuità è posta al centro della funzione). Nel caso invece della GEN08 sono possibili valori frazionari.

GEN08 costruisce una tabella costituita da segmenti di funzioni polinomiali cubiche. Ogni segmento congiunge due punti, ma dipende anche dal punto precedente e dal punto seguente. I segmenti contigui coincidono, in valore e pendenza, nel loro punto comune. La pendenza nel primo e nell'ultimo punto della tabella viene forzata a zero (pendenza nulla, cioè orizzontale).

Esempi:

```
f1  0  65  8  0  16  0  16  1  16  0  16  0
```

In questo esempio si crea una curva con una gobba nel mezzo, e che raggiunge per un breve tratto valori negativi all'esterno della gobba, poi si appiattisce alle due estremità, perché l'obbligo di mantenere la maggiore "dolcezza" possibile della curva obbliga, una volta raggiunto lo zero, e dovendo passare nuovamente per lo zero prima di assumere valori positivi, a passare a valori negativi per non introdurre discontinuità nella curvatura.

f2  0  65  8  0  16  0  .1  0  15.9  1  15.9  0  .1  0  16  0

Questo esempio crea una curva simile alla precedente, ma che non diventa mai negativa.

## 14.4 SINTESI PER DISTORSIONE NON LINEARE (*WAVESHAPING*)

Uno degli usi più interessanti dell'*opcode table* è quello di leggere la funzione distorcente di un segnale audio nella sintesi per distorsione non lineare (DNL o *waveshaping*).

La *distorsione non lineare* è un metodo di sintesi che si presta bene a ottenere spettri dinamici. Il *clipping* è la forma più semplice di distorsione non lineare, largamente usata nella musica *pop* degli anni Sessanta, e praticata probabilmente per la prima volta da Karlheinz Stockhausen in *Kontakte*: consiste nel saturare l'ingresso di uno stadio di amplificazione (cioè nel presentare all'ingresso stesso un segnale di ampiezza maggiore di quella accettabile), tagliando così i picchi dell'onda in ingresso, e approssimandola a un'onda rettangolare; ciò produce la formazione di armoniche di ordine dispari, non presenti nel segnale originale.

Nella sua forma più controllabile la sintesi per distorsione non lineare consiste nella lettura di una tabella, che contiene una funzione apposita, chiamata *funzione distorcente*,

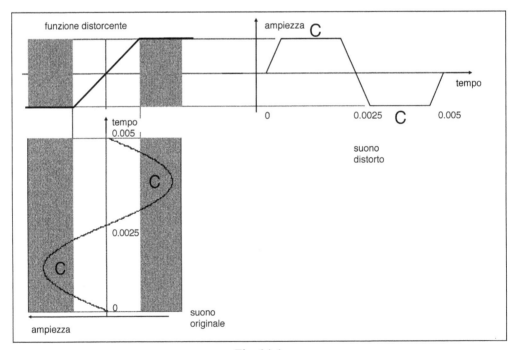

Fig. 14-1

in cui l'indice di lettura è costituito dall'ampiezza istantanea del segnale di ingresso. Se la funzione distorcente fosse una retta inclinata a 45°, l'uscita sarebbe identica all'ingresso; se l'inclinazione fosse diversa, l'uscita sarebbe uguale all'ingresso, a parte l'ampiezza differente; se non è una retta, l'uscita sarà distorta, e avrà perciò un contenuto armonico diverso dall'ingresso. È facile verificare poi che, per ampiezze diverse, anche la distorsione sarà diversa. Si veda la fig. 14-1, in cui la funzione distorcente è in alto a sinistra, il segnale d'ingresso è in basso a sinistra, e il segnale distorto in alto a destra.

Le zone del suono originale (che si è supposto di frequenza 200 Hz, pari a un periodo di 0.005 secondi) contrassegnate con "C" sono quelle che cadono nelle parti orizzontali della funzione distorcente, e che sono quindi sottoposte a *clipping*. Le zone in grigio sono quelle in cui vi è *clipping*, cioè distorsione. Nel guardare la figura, per il suono originale il tempo scorre dal basso verso l'alto, e non appena la sua ampiezza istantanea raggiunge la zona di *clipping*, non cresce più, ma viene mantenuta a quel livello fino a che l'ampiezza del suono originale non ridiscende al di sotto del livello di *clipping*. Questo vale sia per la parte positiva sia per la

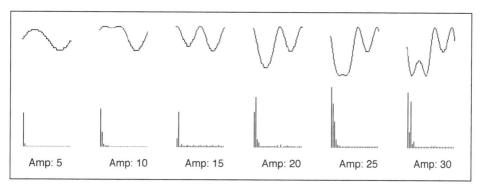

Fig. 14-2

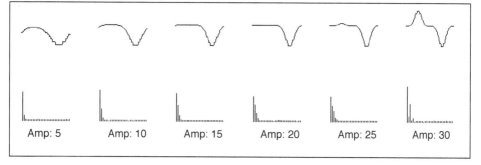

Fig. 14-3

parte negativa del suono originale. Da qui vediamo come la forma della funzione distorcente sia fondamentale per il risultato che si ottiene. Il suono distorto, come è evidente dalla figura, ha forma d'onda diversa dal suono originale, quindi avrà anche spettro diverso. In questo caso particolare vi è una aggiunta di armoniche di ordine dispari.

Nelle figg. 14-2 e 14-3 sono invece mostrate le forme d'onda ottenute per ampiezze diverse di un segnale sinusoidale di ingresso, e gli spettri corrispondenti; in fig. 14-2 la funzione distorcente è una sinusoide, in fig. 14-3 una parabola.

Scriviamo un'orchestra per la distorsione non lineare:

```
;dnl0.orc
        sr      =   44100
        kr      =   4410
        ksmps   =   10
        nchnls  =   1

        instr   1

        ifrq    =   p5
        iamp    =   ampdb(p4)

kenv    linseg      0, .1, .5, p3-.1, 0
a1      oscil       kenv, ifrq, 1       ;generiamo una sinusoide con inviluppo, fra -.5 e .5
        a2      =   a1 + .5             ;sommiamo .5, così ora è fra 0 e 1
        a3  table   a2, 2, 1            ;la sinusoide fra 0 e 1 viene usata come indice per la
                                        ;tabella (modo dell'indice=1, quindi indice fra 0 e 1)
        a4      =   a3 * iamp           ;moltiplico per iamp per ottenere l'ampiezza voluta
        out         a4
        endin
```

```
;dnl0.sco
f1 0 4096 10 1                     ;sinusoide
f2 0 4096 7 -1 1635 -1 827 1 1635 1   ;funzione distorcente (vedi fig.14-4)
i1   0 3 80 200
```

In Fig.14-4 è illustrata la corrispondenza fra la sinusoide *a2* (la cui ampiezza varia fra 0 e 1) e il suo uso come indice della funzione distorcente: il valore di ampiezza 0 corrisponde al primo punto della funzione distorcente; il valore di ampiezza 0.5 al 2048° punto della funzione distorcente (metà tabella), e così via.

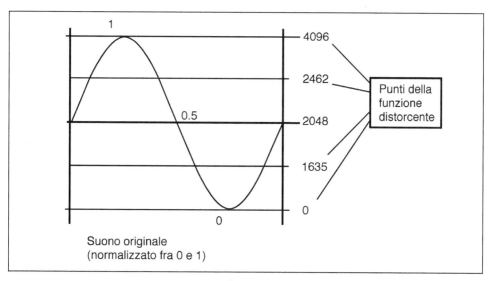

Fig. 14-4

Abbiamo definito la *f2* con una GEN07, in modo tale da costruire la funzione illustrata in Fig.14-5. Su una tabella di 4096 punti, per valori del segnale di ingresso *a2* (che vanno da 0 a 1, ma che vengono internamente tradotti da 0 a 4096) compresi fra 0 e 1635 il segnale viene distorto (*clipping*) e posto uguale a -1; per valori compresi fra 1635 e 2462, l'uscita segue l'ingresso senza distorsioni; per valori compresi fra 2462 e 4096, il segnale viene distorto (*clipping*) e posto uguale a 1. L'effetto è quello illustrato in Fig.14-1.

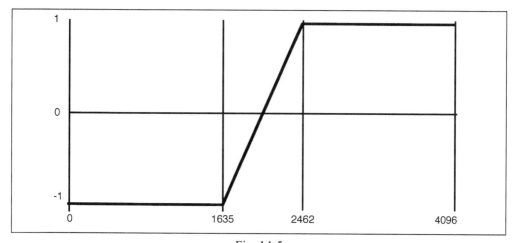

Fig. 14-5

## 14.5 USO DEI POLINOMI DI CHEBISHEV (GEN13)

È possibile calcolare lo spettro risultante dalla DNL facendo uso dei *polinomi di Chebishev* come funzione distorcente. Si tratta di una serie di funzioni di cui si riportano le equazioni fino all'ordine 5:

$$T_0(x) = 1$$
$$T_1(x) = x$$
$$T_2(x) = 2x^2 - 1$$
$$T_3(x) = 4x^3 - 3x$$
$$T_4(x) = 8x^4 - 8x^3 + 1$$
$$T_5(x) = 16x^5 - 20x^3 + 5x$$

A seconda della presenza o meno del polinomio di Chebishev di ordine *n*, nella funzione di uscita sarà o meno presente la *n*-esima armonica. Per una trattazione completa del calcolo dello spettro di uscita si rimanda alla bibliografia, in particolare a [De Poli, 1981].

La GEN usata di solito per calcolare i polinomi di Chebishev è la GEN13, che usa i coefficienti di Chebishev per generare funzioni polinomiali, le quali, mediante il metodo della distorsione non lineare, generano, a partire da una sinusoide, armoniche con l'ampiezza desiderata

| numero | tempo di gene- razione | dimen- sione | GEN | valore minimo della x | ampiezza | ampiezza della armonica n. 0 | ampiezza della armonica n. 1 | ampiezza della armonica n. 2 | ... | ampiezza della armonica n. N |
|--------|------|------|-----|-------|----------|----------|----------|----------|-----|----------|
| f# | time | size | 13 | xint | xamp | h0 | h1 | h2 | ... | hn |

*size*      numero dei punti della tabella. Deve essere una potenza di 2, o una potenza di 2 più 1.

*xint*      valori limite destro e sinistro (-*xint*, +*xint*) per i quali si calcola il polinomio, cioè il polinomio viene calcolato fra -*xint* e *xint*. Il valore normale è 1.

*xamp*      fattore di riscalamento dell'ampiezza della sinusoide di ingresso che produce lo spettro desiderato.

*h0, h1, h2, .... hn* ampiezze relative delle armoniche che verranno generate (0 o componente continua, 1 o fondamentale, 2 o seconda armonica, etc.) quando viene usata una sinusoide di ampiezza *xamp* * *int(size/2)/xint*.

Notiamo che l'evoluzione dello spettro risultante non è, in generale, lineare con l'aumento di ampiezza della sinusoide da distorcere, ma le armoniche tendono a comparire in ordine ascendente. Valori negativi dei coefficienti *h1, h2* etc. significano una inversione di fase delle armoniche corrispondenti. Per minimizzare il problema del *DC Offset* risultante, si può usare questo schema di segni per i coefficienti:

+,+,-,-,+,+,...

cioè:

**h0 positivo; h1 positivo; h2 negativo; h3 negativo; h4 positivo etc.**

Per esempio:

f  1  0  1025  13  1  1  0  5  0  3  0  1

genera una tabella che, con il metodo della DNL, produrrà un suono la cui fondamentale avrà ampiezza relativa 5, la terza armonica avrà ampiezza relativa 3 e la quinta armonica avrà ampiezza relativa 1.

Sperimentiamo questa orchestra:

```
;dnl.orc
        sr      =  44100
        kr      =  4410
        ksmps   =  10
        nchnls  =  1
        instr   1
        ifrq    =  cpspch(p5)
        iamp    =  ampdb(p4)
kenv    linen   .5, p3/2, p3, p3/2      ;inviluppo fra 0 e .5
a1      oscil   kenv, ifrq, 1           ;sinusoide fra -.5 e .5

;DNL

a2      table   a1, 2, 1, .5            ;a1=segnale entrante
                                        ;2=numero della tabella distorcente
                                        ;1=modo dell'indice (fra 0 e 1)
```

```
                                    ;.5 offset da sommare al segnale entrante
      a2        =   a2 * iamp
;se si sceglie un polinomio a coefficienti a segni alternati a 2 a 2,
;per evitare il DC offset, è necessario interporre un filtro passaalto
;che elimini (o attenui) la componente DC all'inizio e alla fine della nota


;aout   atone        a2, 30


      out            a2                    ;oppure aout, se filtrato
      endin
```

Con questa partitura:

```
;dnl.sco
f1 0 4096 10 1
;ESEMPIO 1: prime 5 armoniche tutte della stessa ampiezza
;        xmin/max xamp coefficienti
f2 0 4096 13    1    1    0 1 1 1 1 1
i1     0    3    80  7
;ESEMPIO 2:
;oppure, per ridurre il DC offset nel corso della nota, segni alternati a 2 a 2:
f2 3 4096 13 1 1    0 1 0 .33 0 .2 0 .14 0 .11 0 .09 0 .0769 0 .067 0 .0588
i1 3 3 80 7
;ESEMPIO 3: configurazione delle armoniche pari a onda quadra (non risulta
; graficamente un'onda quadra perché le armoniche NON SONO IN FASE)
f2 6 4096 13    1    1    0 1 0 .33 0 .2 0 .14 0 .11 0 .09 0 .0769 0 .067 0 .0588
i1 6 3 80 7
```

## 14.6 *TABLE*: APPLICAZIONI PER COMPRESSORI ED ESPANSORI DI DINAMICA

Un'altra applicazione di *table* è nella realizzazione di compressori ed espansori di dinamica. Un compressore è un dispositivo in grado di attenuare un segnale quando la sua ampiezza efficace (RMS) supera un certo valore, detto soglia. Mediante questa riduzione, che di fatto comprime l'ampiezza dei segnali più forti, si può ottenere una riduzione complessiva della gamma dinamica (vedi par. 6-A-1). Esprimendo il concetto in altri termini, possiamo dire che l'amplificazione non è costante, ma dipende dall'ampiezza efficace del segnale di ingresso.

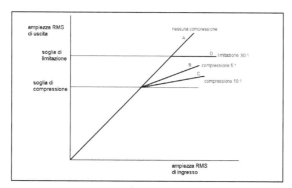

Fig. 14-7

Vediamo in Fig.14-6 un grafico ampiezza di ingresso/ampiezza di uscita (espresse in dB). La linea A rappresenta il livello di un segnale non compresso. La linea B rappresenta una situazione di compressione di 5:1, applicata solo al di sopra della soglia di compressione. La linea C rappresenta una compressione maggiore, di 10:1. La linea D, infine, rappresenta una limitazione, cioè una compressione molto alta (30:1) applicata solo al di sopra della soglia di limitazione.

A che cosa serve un compressore? Un compressore può servire per diminuire la gamma dinamica di un segnale, cioè per attenuare le parti più forti senza che le parti più deboli del segnale divengano inudibili. Ma può anche servire per ottenere effetti musicali, ben noti nel *rock*, come per esempio la compressione molto spinta di un suono di chitarra elettrica, che al limite fa scomparire l'attacco della nota, togliendole la caratteristica di corda pizzicata. Attualmente uno degli usi più frequenti è quello di comprimere la gamma dinamica e successivamente aumentare il livello complessivo del segnale per ottenere un'ampiezza efficace maggiore. I limitatori invece vengono solitamente usati per evitare distorsioni in fase di registrazione dovute a picchi improvvisi (e imprevisti).

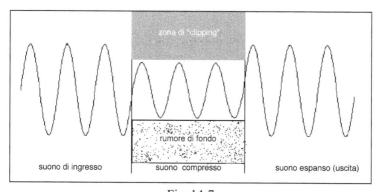

Fig. 14-7

Un espansore può servire per aumentare la gamma dinamica di un suono troppo "schiacciato", e per ridargli una certa "aggressività". Ma può anche servire a deformare un suono a fini musicali.

Compressore ed espansore insieme, poi, erano comunemente usati per aumentare la gamma dinamica dei registratori a nastro. I sistemi *Dolby*™ e *dbx*™ si basavano appunto su questo principio. Vediamo in Fig.14-7 il funzionamento di un compressore/espansore (o *compander*): a sinistra c'é il suono di ingresso. Al centro vediamo in alto la zona del *clipping*, cioè quella zona di ampiezza elevata che non è registrabile su nastro senza distorsione, e in basso la zona in cui il suono verrebbe coperto dal rumore di fondo del nastro. Il suono viene quindi compresso in fase di registrazione per rientrare nella zona utile, e poi, in fase di riproduzione, viene espanso per riportarlo ai livelli originali.

Esistono naturalmente infinite curve caratteristiche di un compressore/espansore, che svolgono compiti ben precisi.

Vediamo un esempio di compressore semplice realizzato con Csound, e che fa uso degli *opcode rms, table* e *gain*:

```
;compress.orc
          sr     =  44100
          kr     =  4410
          ksmps  =  10
          nchnls =  1
          instr  1
a1        soundin   "voce.wav"       ;ingresso del suono
krmsin    rms        a1              ;estrazione dell'ampiezza efficace
kdbin     =  dbamp(krmsin)           ;conversione da amp a dB
kdbout    tablei    kdbin, 1         ;lettura in tabella
krmsout   =  ampdb(kdbout)           ;conversione da dB a amp
aout      gain      a1, krmsout      ;applicazione dell'ampiezza
          out       aout             ;uscita
          endin
```

Mentre la *score* è:

```
;compress.sco
f1    0     129   -7    30    128   60    1    60
i1    0     5
```

Quindi leggiamo un *file* presente su disco con *soundin*, ne estraiamo l'ampiezza efficace *krmsin* con *soundin*, la convertiamo in deciBel con *dbamp()*, la modifichiamo leggendo i valori corrispondenti con *tablei* (a interpolazione), riconvertiamo in ampiezza assoluta con *ampdb*(), e modifichiamo l'ampiezza del segnale *a1* con *gain*, applicandogli l'ampiezza efficace trovata in tabella.In partitura definiamo un segmento di retta che, per variazioni di entrata (in dB) che vanno da 0 a 128, comprime questi valori fra 30 e 60. In Fig.14-8 vediamo gli andamenti di ampiezza del segnale originale e del segnale compresso: la scala orizzontale è in secondi (ogni divisione verticale corrisponde a 1 secondo), mentre quella verticale è in dB (ogni divisione corrisponde a 10 dB). Notiamo come il segnale compresso sia tutto più "schiacciato", con minori differenze di ampiezza fra le zone con più segnale e quelle con meno segnale.

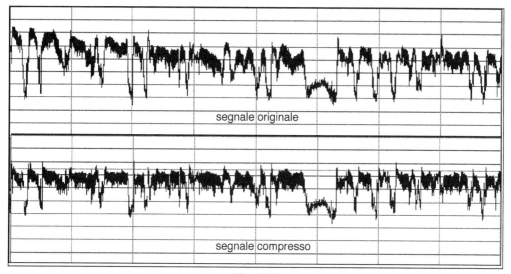

Fig. 14-8

## 14.7 GEN03

La GEN03 genera una tabella con un polinomio della variabile *x*, in un intervallo specificato, e con coefficienti espressi dai valori dei campi dal settimo in poi.

| fn | t | s | 3 | xval1 | xval2 | c0 | c1 | c2 | ... |
|---|---|---|---|---|---|---|---|---|---|

| | |
|---|---|
| *n* | numero della tabella |
| *t* | tempo al quale la tabella deve essere generata |
| *s* | dimensioni (se non sono note in anticipo, è possibile scrivere qui uno zero) |
| *3* | numero della GEN; se è positivo, la tabella verrà riscalata in modo che il suo valore massimo sia 1 (uno); se negativo (-3) non viene effettuato riscalamento |

*xval1*          valore iniziale di *x* nel calcolo del polinomio
*xval2*          valore finale di *x* nel calcolo del polinomio
*c0, c1, c2*...   coefficienti del polinomio ($c^0$=coefficiente di $x^0$, $c^1$=coefficiente di $x^1$ etc.).

Così, per esempio, l'istruzione

f1 0 1024 3 -1 1 0 3 2

calcolerà il polinomio di secondo grado (parabola)

**y = 3x + 2x²**

per valori di *x* compresi fra -1 e 1

La GEN03 può essere usata per la sintesi per distorsione non lineare (DNL), ma l'effetto è molto meno prevedibile di quando si usano i Polinomi di Chebishev. È invece possibile costruire un grande numero di funzioni che possono tornare utili in applicazioni di tipo compressore/espansore.

## 14.8 DISSOLVENZA INCROCIATA DI TABELLE: LA SINTESI VETTORIALE

Finora abbiamo utilizzato tabelle singole per la generazione dei segnali audio o di controllo; introduciamo in questo paragrafo la dissolvenza incrociata di tabelle come metodo per generare suoni a spettro variabile. Con questo metodo, anziché utilizzare come unico modello quello presente in una tabella, utilizzeremo diverse tabelle in dissolvenza incrociata, ognuna con un suo diverso modello timbrico. Ad esempio, possiamo utilizzare l'attacco di un pianoforte che diventa poi un suono in FM, il quale "sfuma" in un suono preso dal *decay* di un'arpa.

In questo modo, nel corso di un evento, cioè nel corso di una nota possiamo generare un suono che si trasforma nel tempo, passando attraverso metodi di generazione diversi. Al contrario, per un suono sinusoidale di 440 Hz della durata di un secondo, il modello sinusoide in tabella veniva utilizzato in modo fisso per 440 volte. In realtà scrivere un'orchestra di questo tipo è piuttosto semplice, in quanto si tratta di sommare suoni diversi che hanno inviluppi scritti in modo tale che i suoni stessi siano in dissolvenza incrociata, si tratta solo di studiare da quale tabella prendere l'attacco, quanto deve durare, in quanto tempo si svolge la dissolvenza incrociata con il secondo suono, qual'è il secondo suono, qual'è il suo inviluppo successivamente alla fine della dissolvenza, quando entra il terzo suono e di che suono si tratta etc. In fondo stiamo parlando di una variante della sintesi additiva. Se si opera una dissolvenza incrociata fra più di due tabelle, si parla di *sintesi vettoriale*, concettualmente identica anche se più complessa.

Se, nel caso di due sorgenti, il passaggio fra l'una e l'altra è dato dal movimento su un segmento di retta che ha per estremi il 100% di un suono e il 100% dell'altro, quando le sorgenti sono più di due il movimento avviene su un piano o nello spazio. Spesso infatti nella sintesi vettoriale implementata in *hardware* viene usato un *joystick* come controllo del "missaggio" fra le diverse sorgenti (vedi anche il par. 4.6 della lettura di G.Maldonado). Vediamo un esempio con quattro sorgenti nei due strumenti dell'orchestra *vector1.orc*, nella quale il movimento fra le sorgenti è ciclico ed è calcolato realizzando un controllo "circolare", supponendo le sorgenti disposte ai quattro "punti cardinali" di un cerchio.

```
;vector1.orc
          sr     =   44100
          kr     =   4410
          ksmps  =   10
          nchnls =   1
          instr      1
ifrq      =        200
iamp      =        10000
ka        init     0
kenv      linen    iamp, 1,p3, 1
a1        oscili   kenv, ifrq, 1      ;tabella 1=sinusoide
a2        oscili   kenv, ifrq, 2      ;tabella 2
a3        oscili   kenv, ifrq, 3      ;tabella 3
a4        oscili   kenv, ifrq, 4      ;tabella 4
kx        =        sin(ka)            ;componente x (a1/a2, a3/a4)
ky        =        cos(ka)            ;componente y (a1/a3, a2/a4)
ka        =        ka + .0002         ;incremento per sin, cos
k1        =        (1-kx)*(1-ky)      ;componenti di ampiezza dei singoli suoni
k2        =        kx*(1-ky)
k3        =        (1-kx)*ky
k4        =        kx*ky
aout      =        a1*k1 + a2*k2 + a3*k3 + a4*k4
          out      aout
          endin


          instr    2
ifrq      =        200
```

```
iamp    =      5000
ka      init   0
kenv    linen  iamp, 1,p3, 1
a1      oscili kenv, ifrq*2.5, 1              ;tabella 1=sinusoide
a2      foscili kenv, ifrq, 1, 1.13, 5, 1  ;FM
a3      loscil kenv, ifrq, 5, 220, 1, 0, 40000  ;piano.wav
a4      oscili kenv, ifrq*1.5, 4             ;tabella 4
kx      =      sin(ka)                        ;componente x (a1/a2, a3/a4)
ky      =      cos(ka)                        ;componente y (a1/a3, a2/a4)
ka      =      ka + .0002                     ;incremento per sin, cos
k1      =      (1-kx)*(1-ky)                  ;componenti di ampiezza dei singoli suoni
k2      =      kx*(1-ky)
k3      =      (1-kx)*ky
k4      =      kx*ky
aout    =      a1*k1 + a2*k2 + a3*k3 + a4*k4
        out    aout
        endin


;vector1.sco
f1   0   4096   10    1
f2   0   4096   10    1    0    .6   0    .4   0   .3
f3   0   4096   10    0    .7   .6   .5   .4   .3  .2
f4   0   4096   10    0    0    0    0    0    0   1
f5   0   0      1     "piano.wav"  0    0    0


i1   0   20


i2   21  10
```

## LISTA DEGLI *OPCODE*

| | | |
|---|---|---|
| i1 | table | indice, funzione [, modo][, offset][, wrap] |
| k1 | table | indice, funzione [, modo][, offset][, wrap] |
| a1 | table | indice, funzione [, modo][, offset][, wrap] |
| i1 | tablei | indice, funzione [, modo][, offset][, wrap] |
| k1 | tablei | indice, funzione [, modo][, offset][, wrap] |

# 15

---

# SINTESI GRANULARE E SINTESI PER FORMANTI

## 15.1 CHE COSA È LA SINTESI GRANULARE

Il suono, come sappiamo, è un fenomeno dinamico, in continua evoluzione. Ma, in certi casi, lo si può suddividere in piccoli periodi nei quali i suoi parametri non variano, un po' come accade nel cinema o nella televisione, dove il susseguirsi di immagini statiche, purché di durata abbastanza piccola, danno l'impressione del movimento. La sintesi granulare attua qualcosa di analogo per quanto riguarda il suono: è cioè un metodo di sintesi nel quale il suono viene considerato come un susseguirsi di piccoli "quadri" statici.

La sintesi granulare nasce dalla possibilità di generare un'alta densità di piccoli eventi acustici, detti appunto grani, la cui durata in genere varia da 10 a 100 millisecondi. La caratteristica di un grano di suono è quella di avere un inviluppo generalmente simmetrico, che può variare da una forma a campana di tipo Gaussiano ad un inviluppo costituito da un attacco, un *sustain* e un *decay* o anche solo un attacco e un *decay* (vedi Figg.15-1 e 15-2). I grani possono essere intervallati da pause, e allora verranno percepiti come eventi singoli; oppure possono essere accostati o addirittura sovrapposti, e verranno uditi come un flusso di suono ininterrotto, all'interno del quale potremo percepire una "granularità", cioè una discontinuità, una continua variabilità. Se stabiliamo un parallelo con la visione, il suono al suo interno non è "liscio", ma piuttosto "rugoso".

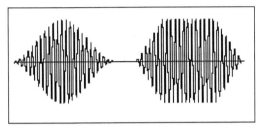

Fig. 15-1

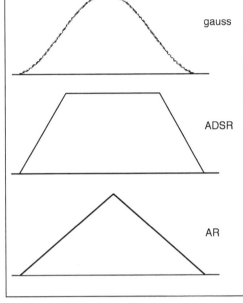

Fig. 15-2

Ascoltiamo l'esempio sonoro generato con la seguente coppia orchestra/*score* senza analizzare, per il momento, come essa sia costruita, in quanto gli *opcode timout, reinit* e *rireturn* verranno trattati nel par. 17.3. Basterà dire che la forma d'onda contenuta nei grani è una sinusoide:

```
;gran0.orc
          sr    =   22050
          kr    =   22050
          ksmps =   1
          nchnls =  1
          instr  1
iskip1    init   0
iskip2    init   0
iamp   =       p4
ifrq   =       p5
ifrqrnd =      p5/p11          ;variazione random di frequenza
idur1  =       p6              ;durata iniziale dei grani
idur2  =       p7              ;durata finale dei grani
ifase  =       p12             ;serve solo con la score "granvoce.sco"
```

```
kdur     line     idur1, p3, idur2
iatkdec  =        p8                          ;tempo d'attacco e di decay del grano (qualsiasi inviluppo
                                              ;del grano sarà simmetrico)
idel1    =        p9                          ;delay iniziale
idel2    =        p10                         ;delay finale
kdel     expon    idel1+.001, p3, idel2+.001  ;delay variabile
kfrqrnd rand      ifrqrnd,-1                   ;generazione della variazione random di frequenza
tutto:
irand    =        i(kfrqrnd)         ;trasformazione della componente random della frequenza da k a i
idur     =        i(kdur)                      ;trasformazione della durata dei grani da k a i
kenv1             linseg  0,iatkdec,iamp,idur-iatkdec*2,iamp,iatkdec,0,idur,0
                              ;all'inviluppo del grano segue una pausa pari alla durata complessiva del grano
a1                oscili   kenv1, ifrq+irand, 1, rnd(ifase)   ;generazione del suono
idel     =        i(kdel)                      ;trasformazione dei valori di delay da k a i
                  timout  0,idur+idel,contin   ;queste istruzioni hanno lo scopo di...
                                              ;... "reinizializzare" l'inviluppo ogni idur+idel...
                  reinit   tutto              ;...secondi, in modo da generare più grani...
contin:                                        ;...all'interno di ogni nota (vedi par.17.3)
                  rireturn
kenvt             linseg  0,.01,1,p3-.02,1,.01,0  ; inviluppo complessivo della nota
                  out a1 * kenvt
                  endin
;gran0.sco
f1 0 4096 10 1
```

| ;p1 | p2 | p3 | p4 | p5 | p6 | p7 | p8 | p9 | p10 | p11 |
|-----|-----|-----|-----|-----|--------|--------|-----|--------|--------|--------|
| ;ins | act | dur | amp | frq | dur.g1 | dur.g2 | atk | delay1 | delay2 | rndfrq |
| ;I evento | | | | | | | | | | |
| i1 | 0 | 5 | 7000 | 1000 | .02 | .02 | .005 | .5 | .5 | 2000 |
| ;II evento | | | | | | | | | | |
| i1 | 6 | 5 | 7000 | 1000 | .02 | .02 | .005 | .5 | 0 | . |
| ;III evento | | | | | | | | | | |
| i1 | 12 | 5 | 7000 | 1000 | .02 | .02 | .005 | 0 | 0 | 20 |
| ;IV evento | | | | | | | | | | |
| i1 | 18 | 5 | 7000 | 1000 | .02 | .02 | .005 | .02 | .02 | 20 |
| i1 | 18.1 | 5 | . | 1000 | . | . | .005 | .023 | .023 | . |
| i1 | 18.2 | 5 | . | 1000 | . | . | .005 | .018 | .018 | . |
| i1 | 18.3 | 5 | . | 1000 | . | . | .005 | .015 | .015 | . |
| i1 | 18.4 | 5 | . | 1000 | . | . | .005 | .011 | .011 | . |
| ;V evento | | | | | | | | | | |

| i1 | 24   | 5 | . | 1000 | .02 | .02 | .005 | .02  | .02  | 2 |
| i1 | 24.1 | 5 | . | 1000 | .   | .   | .005 | .023 | .023 | . |
| i1 | 24.2 | 5 | . | 1000 | .   | .   | .005 | .018 | .018 | . |
| i1 | 24.3 | 5 | . | 1000 | .   | .   | .005 | .015 | .015 | . |
| i1 | 24.4 | 5 | . | 1000 | .   | .   | .005 | .011 | .011 | . |

Nel primo evento (da 0 a 5 sec) ascoltiamo singoli grani intervallati da pause e percepiti come eventi singoli. Il parametro che indica il tempo che intercorre fra la fine di un grano e l'inizio del successivo viene chiamato *delay*, e in questo primo evento è stato posto a 0.5 secondi.

Nel secondo evento (da 6 a 11 sec) i grani vanno via via avvicinandosi, perché il *delay* diminuisce da 0.5 a 0 sec. Notiamo che si passa dalla percezione di eventi discreti, isolati, a un evento continuo "rugoso". Verso la fine dell'evento si può percepire un secondo suono di frequenza che si sposta verso l'acuto: è l'effetto della modulazione di ampiezza dovuta all'inviluppo di ogni singolo grano; infatti la durata di ogni grano qui è di 0.02 sec, e perciò, via via che il *delay* tende a zero, la "frequenza" dei grani (numero di grani al secondo, o densità) aumenta, arrivando fino a 50 Hz, frequenza perfettamente udibile, che va a sovrapporsi alla frequenza della sinusoide contenuta nei grani, e che è dell'ordine di 1000 Hz.

Nel terzo evento (da 12 a 17 sec) il *delay* è sempre nullo (un grano inizia non appena termina il precedente), ma la frequenza di ogni grano può assumere valori leggermente diversi (dal 95% al 105% della frequenza nominale, cioè in questo caso 1000 Hz).

Nel quarto evento (da 18 a 23.4 sec) generiamo più note (cinque) simili a quella del terzo evento, che iniziano a 0.1 sec di distanza, in modo da creare un suono più ricco; in termini tecnici ogni nota rappresenta una "voce" della sintesi granulare.

Anche nel quinto evento (da 24 a 29.4 sec) generiamo cinque voci, ma le frequenze possono variare dal 50% al 150%. In realtà a ogni nuovo grano la frequenza assume valori casuali (*random*) compresi fra questi due estremi. Il parametro si chiama *variazione random della frequenza*.

Se aumentiamo la durata dei grani, il tessuto sonoro si fa in qualche modo più "liscio" e più continuo. Consideriamo per esempio la seguente *score*, sempre da utilizzare con l'orchestra precedente (*gran0.orc*):

```
;gran01.sco
f1 0 4096 10 1
;p1    p2    p3    p4    p5    p6      p7      p8    p9      p10     p11
;ins   act   dur   amp   frq   dur.g1  dur.g2  atk   delay1  delay2  rndfrq
;I evento
```

| i1 | 0 | 6 | 7000 | 1000 | .02 | .5 | .005 | .5 | .5 | 2000 |
|----|---|---|------|------|-----|-----|------|-----|-----|------|

;II evento

| i1 | 7 | 8 | 6000 | 1000 | .02 . | 2 | .005 | .02 | .02 | 2 |
|----|---|---|------|------|-------|---|------|------|------|---|
| i1 | 7.1 | 8 | . | 1000 | . | . | .005 | .023 | .023 | . |
| i1 | 7.2 | 8 | . | 1000 | . | . | .005 | .018 | .018 | . |
| i1 | 7.3 | 8 | . | 1000 | . | . | .005 | .015 | .015 | . |
| i1 | 7.4 | 8 | . | 1000 | . | . | .005 | .011 | .011 | . |

Nel primo evento (da 0 a 6 sec) il *delay* è di 0.5 sec. la durata dei grani aumenta da 0.02 a 0.5 sec.

Nel secondo evento (da 7 a 15.4 sec) il *delay* è molto minore e quindi percepiamo un flusso sonoro in cui i singoli componenti interni (i grani) hanno una durata sempre maggiore (da 0.02 a 0.2 sec)

Non è obbligatorio utilizzare per i grani suoni sintetici, come la sinusoide che abbiamo usato finora: è possibile utilizzare suoni campionati, come per esempio il *file* audio *voce.wav*. Sempre con la stessa orchestra *gran0.orc*, usiamo questa *score*:

;granvoce.sco
f1 0 262144 1 "voce.wav"   0 0 0          ;carichiamo nella tabella 1 l'intero file voce.wav

| ;p1 | p2 | p3 | p4 | p5 | p6 | p7 | p8 | p9 | p10 | p11 | p12 |
|-----|-----|-----|-----|--------|--------|--------|------|--------|--------|-------|--------|
| ;ins | act | dur | amp | frq | dur.g1 | dur.g2 | atk | delay1 | delay2 | rndfrq | fasernd |

;I evento

| i1 | 0 | 5 | 7000 | 0.1675 | .2 | .2 | .005 | .02 | .02 | 20 | 0 |
|----|---|---|------|--------|-----|-----|------|-----|-----|----|---|

;II evento

| i1 | 6 | 6 | 7000 | 0.1675 | .2 | .2 | .005 | .02 | .02 | 20 | 0 |
|----|---|---|------|--------|-----|-----|------|-----|-----|----|---|
| i1 | 6.1 | 6 | 7000 | 0.1675 | .2 | .2 | .005 | .02 | .02 | 20 | . |
| i1 | 6.2 | 6 | 7000 | 0.1675 | .2 | .2 | .005 | .02 | .02 | 20 | . |
| i1 | 6.3 | 6 | 7000 | 0.1675 | .2 | .2 | .005 | .02 | .02 | 20 | . |
| i1 | 6.4 | 6 | 7000 | 0.1675 | .2 | .2 | .005 | .02 | .02 | 20 | . |

;III evento

| i1 | 13 | 6 | 7000 | 0.1675 | .2 | .2 | .005 | .02 | .02 | 20 | 1 |
|----|----|---|------|--------|-----|-----|------|-----|-----|----|---|

;IV evento

| i1 | 20 | 6 | 7000 | 0.1675 | .02 | .02 | .005 | .02 | .02 | 20 | 1 |
|----|----|---|------|--------|------|------|------|-----|-----|----|---|

;IV evento

| i1 | 27 | 6 | 7000 | 0.1675 | .02 | .02 | .005 | .02 | .02 | 20 | 1 |
|----|----|---|------|--------|------|------|------|-----|-----|----|---|
| i1 | 27.1 | 6 | 7000 | 0.1675 | .02 | .02 | .005 | .02 | .02 | 20 | . |
| i1 | 27.2 | 6 | 7000 | 0.1675 | .02 | .02 | .005 | .02 | .02 | 20 | . |
| i1 | 27.3 | 6 | 7000 | 0.1675 | .02 | .02 | .005 | .02 | .02 | 20 | . |
| i1 | 27.4 | 6 | 7000 | 0.1675 | .02 | .02 | .005 | .02 | .02 | 20 | . |

Nel primo evento (da 0 a 5 sec) vengono generati dei grani che contengono i primi 2/10 di secondo del *file* audio (in questo caso la <u> della parola "uno"), con una frequenza che può variare dal 95% al 105% della frequenza originale. Il suono viene ripetuto sempre simile perché il puntatore della tabella (cioè l'indice che dice a *oscil* da quale posizione della tabella debba iniziare a leggere) è fisso al valore zero, e quindi leggerà sempre dall'inizio del suono originale.

Nel secondo evento (da 6 a 12.4 sec) vengono sovrapposte più voci (in questo caso cinque) dello stesso frammento audio del primo evento, che generano così un flusso sonoro granulare.

Il terzo evento (da 13 a 19 sec) è simile al primo, ma questa volta il puntatore (e perciò la posizione di lettura) viene variato in modo casuale, secondo il parametro p12 della *score*. Si possono perciò ascoltare frammenti casuali del suono originale.

Il quarto evento (da 13 a 19 sec) è simile al terzo, ma le durate dei grani sono molto più piccole. La sensazione di "granulosità" è molto maggiore.

Il quinto evento (da 27 a 33.4 sec) è costituito dalla sovrapposizione di cinque voci con gli stessi parametri del quarto evento.

La sintesi granulare implementata in Csound è uno dei casi in cui a una "nota", cioè a una riga di partitura, corrisponde un grande numero di eventi sonori semplici. La tecnica della sintesi granulare ci può consentire dunque di generare, per esempio in un secondo, una quantità di grani variabile fino a qualche migliaio, arrivando perciò a costruire trame sonore estremamente ricche e complesse partendo da un microevento di complessità minima.

Ogni grano ha un proprio contenuto timbrico che può essere derivato, come abbiamo visto, da un campionamento oppure da un altro tipo di sintesi (additiva, FM etc.). Per questo abbiamo bisogno di tabelle che contengono la forma d'onda che ci interessa usare nei singoli grani. Come al solito in una tabella è contenuto un modello, una forma d'onda costruita attraverso una funzione o importata da un *file* audio, mentre il singolo grano contiene in genere una parte di quella forma d'onda (o anche tutta) nello spazio di pochi millisecondi, sempre con un inviluppo che lo caratterizza in quanto grano.

Il grano quindi costituisce una specie di cellula, di micro-evento sonoro che ha una sua durata, un suo inviluppo, una sua frequenza, una sua localizzazione nello spazio, una sua distanza temporale dal grano successivo, una sua forma d'onda. Il numero di calcoli che il compositore dovrebbe fare, nel caso in cui volesse creare migliaia di grani al secondo, sarebbe enorme; perciò in genere vengono definiti alcuni parametri di controllo a livello più alto, per non dover specificare tutti questi dati al livello del singolo grano.

Si può, per esempio, stabilire che la frequenza di base dei grani sia 220 Hz, ma che tale frequenza possa essere modificata di grano in grano in modo casuale dal *computer* stesso; per esempio possiamo dire che ci può essere una variazione *random* (cioè casuale) di +/-10 Hz intorno alla frequenza centrale, per cui ogni singolo grano avrà una frequenza diversa scelta a caso nell'ambito che va da 210 a 230 Hz. Sono "randomizzabili" (possono cioè essere resi casuali) anche altri parametri come la durata dei grani, l'ampiezza, la posizione del puntatore e il *delay*. Il *delay* può anche essere specificato come densità (numero di grani al secondo); a densità alta e durata dei grani anch'essa alta, può corrispondere una sovrapposizione fra la fine di un grano e l'inizio del successivo, il che corrisponde a un *delay* negativo. Se, per esempio, ogni grano dura 50 millisecondi e la densità è di 15 grani al secondo, fra un grano e l'altro c'è un *delay* di 16.7 millisecondi (Fig. 15-3a); se la densità è di 20 grani al secondo, si ha un *delay* uguale a zero, cioè ogni grano inizia appena termina il precedente (Fig. 15-3b). Se la densità sale a 30 grani al secondo, si ha sovrapposizione (Fig. 15-3c), il che, come abbiamo detto, corrisponde a un *delay* negativo.

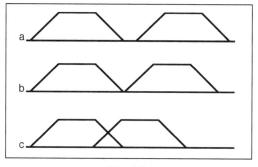

Fig. 15-3

Esistono poi diversi software, sia per **Win** sia per **Mac** e LINUX che permettono la sintesi granulare in tempo reale, con il controllo grafico dei parametri, e che possono essere di utilizzo più semplice e intuitivo degli *opcode* di Csound, che comunque vedremo nei prossimi paragrafi.

## 15.2 L'*OPCODE GRAIN*

L'*opcode grain* è stato pensato appositamente per la sintesi granulare, e prevede un grande numero di argomenti. È possibile usare tabelle sia sintetizzate, sia costruite con *file* esterni mediante la GEN01, ma quest'ultima possibilità pone molti problemi; quando desidereremo usare suoni esterni, ricorreremo all'*opcode granule*, che vedremo nel prossimo paragrafo

**ar     grain xamp, xpitch, xdens, kampoff, kpitchoff, kgdur, igfn, iwfn, imgdur**

    *xamp*          ampiezza in valori assoluti
    *xpitch*        frequenza in Hz
    *xdens*        densità (numero di grani al secondo)

| *kampoff* | *range* (ambito) di ampiezza in valori assoluti che viene sommata a *xamp*. Se per esempio *xamp*=10000 e *kampoff*=3000, l'ampiezza varia fra 10000 e 13000 |
|---|---|
| *kpitchoff* | *range* (ambito) di frequenza in Hz che viene sommata a *xpitch*. Se per esempio *xpitch*=500 e *kpitchoff*=200, la frequenza varia fra 500 e 700 |
| *kgdur* | durata del grano in secondi |
| *igfn* | funzione di forma d'onda del grano: la tabella deve essere di lunghezza uguale a una potenza di 2, o potenza di 2 più 1; non sono ammesse tabelle ad allocazione differita (vedi par. 7.2) |
| *iwfn* | funzione di inviluppo del grano |
| *imgdur* | massima durata del grano in secondi |

Esempio di orchestra:

```
;gran2.orc
        sr    =  44100
        kr    =  4410
        ksmps =  10
        nchnls = 2


        instr    1
iamp     =  p4      ;ampiezza
ipitch   =  p5      ;frequenza
idens    =  p6      ;densità dei grani
iampoff  =  p7      ;p7=gamma d'ampiezza
ifrqoff  =  p8      ;p8=gamma di frequenza
igdur    =  p9      ;durata del grano
;stereo  =  p10     ;(1=sinistra, 0=destra, .5=centro)
igfn     =  1       ;igfn = funzione di inviluppo del grano
iwfn     =  2       ;iwfn = funzione di forma d'onda del grano
imgdur   =  .5      ;imgdur = massima durata del grano
a1       grain  iamp, ipitch, idens, iampoff, ifrqoff, igdur, igfn, iwfn, imgdur
         outs   a1*p10, a1*(1-p10)
         endin
```

Esempio di *score*:

```
;gran2.sco
f1 0 4096 10 1
```

```
f2 0 4096 19 1 .5 270 .5
;ins    act    dur    amp    hz    dens    ampoff    frqoff    dur    st
i1      0      5      10000  500   30      10000     200       .05    .5
```

Da un punto di vista percettivo può essere utile organizzare la variazione d'ampiezza e di frequenza intorno a un'ampiezza e una frequenza centrali, invece che ampiezza e frequenza minimi, come abbiamo visto nel precedente esempio. Proponiamo pertanto un esercizio.

**ESERCIZIO 1**: *scrivere un'orchestra in cui* kampoff *e* kpitchoff *costituiscano il* range *di variazione* random *di ampiezza e frequenza rispettivamente intorno all'ampiezza centrale* iamp *(p4) e intorno alla frequenza centrale* ipitch *(p5), in modo tale cioè che la variazione* random *avvenga in modo uguale al di sopra e al di sotto dei valori centrali.*

Soluzione:

```
          sr     =   44100
          kr     =   4410
          ksmps  =   10
          nchnls =   2


          instr      1
iamp      =    p4              ;ampiezza centrale in unità assolute
ifreq     =    cpspch(p5)      ;frequenza centrale in oppc (pitch)
idens     =    p6              ;densità dei grani
iampoff   =    p7              ;gamma di variazione d'ampiezza in unità assolute
ifreqoff  =    cpspch(p8)      ;gamma di variazione della frequenza in pitch
igdur     =    p9              ;durata del grano
;stereo   =    p10             ;(1=sinistra, 0=destra, .5=centro)


kamprnd   rand   iampoff/2     ;variazione random dell'ampiezza +/- kampoff/2 intorno all'ampiezza centrale iamp
kfrqrnd   rand   ifreqoff/2    ;variazione random della frequenza +/- kampoff/2 intorno alla frequenza centrale ipitch
igfn      =    1               ;igfn = funzione di inviluppo del grano
iwfn      =    2               ;iwfn = funzione di forma d'onda del grano
imgdur    =    .5              ;imgdur = massima durata del grano


a1        grain  iamp, ipitch, idens, kamprnd, kfrqrnd, igdur, igfn, iwfn, imgdur
          outs   a1*p10, a1*(1-p10)
          endin
```

*ESERCIZIO 2: scrivere un'orchestra in cui l'offset di frequenza sia controllato da un segnale di controllo generato da un opcode linseg che inizi da zero, si porti a un massimo, e ritorni poi a zero.*

Soluzione:

```
    sr    =  44100
    kr    =  4410
    ksmps =  10
    nchnls =  2

         instr    1
iamp          =  p4           ;ampiezza centrale in unità assolute
ifreq         =  cpspch(p5)   ;frequenza centrale in oppc (pitch)
idens         =  p6           ;densità dei grani
iampoff       =  p7           ;gamma di variazione d'ampiezza in unità assolute
ifreqoff      =  cpspch(p8)   ;massima variazione della frequenza in pitch
igdur         =  p9           ;durata del grano
;stereo       =  p10          ;(1=sinistra, 0=destra, .5=centro)
igfn          =  1            ;igfn = funzione di inviluppo del grano
iwfn          =  2            ;iwfn = funzione di forma d'onda del grano
imgdur        =  .5           ;imgdur = massima durata del grano
kfrq    linseg  0, p3/2, ifreqoff, p3/2, 0
a1      grain   iamp, ipitch, idens, iampoff, kfrq, igdur, igfn, iwfn, imgdur
        outs    a1*p10, a1*(1-p10)
        endin
```

## 15.3 L'*OPCODE GRANULE*

L'*opcode granule* è più recente, e consente un tipo di sintesi più raffinata, anche se il numero di parametri comincia a diventare scomodo da leggere. È adatto all'utilizzo di suoni contenuti in un *file* audio. La sua sintassi è:

**ar granule**     **xamp, ivoice, iratio, imode, ithd, ifn, ipshift, igskip, igskip_os, ilength, kgap, igap_os, kgsize, igsize_os, iatt, idec [,iseed] [,ipitch1] [,ipitch2] [,ipitch3] [,ipitch4] [,ifnenv]**

*xamp*          ampiezza

*ivoice*           numero di voci, cioè numero dei grani che possono essere presenti contemporaneamente in ogni nota.

*iratio*           rapporto fra la velocità di spostamento del puntatore e la frequenza di campionamento audio: serve per modificare la durata del suono senza alterare la sua frequenza. Per esempio, 1 sarà la stessa velocità, 0.5 metà della velocità etc.

*imode*          ci sono tre possibilità: 1, -1 e 0: con 1 il puntatore dei grani si muoverà nella stessa direzione del puntatore *igskip*; con -1 si muoverà nella direzione opposta; con 0 si sposterà in modo *random*.

*ithd*             soglia d'ampiezza: vengono utilizzati dal puntatore solo i campioni al di sopra di tale soglia, quelli con ampiezza minore di *ithd* vengono saltati.

*ifn*              numero della tabella contenente il suono originale.

*ipshift*          controllo per il trasporto d'altezza (*pitch shift*). Se *ipshift* è posto a 0, l'altezza varierà in modo *random* nella gamma tra un'ottava sopra e una sotto. Se *ipshift* è posto ad 1, 2, 3 o 4 si possono aggiungere fino a 4 differenti altezze oltre a tutte le voci di *ivoice*; per stabilire a quali altezze debbono essere poste tali voci aggiuntive si usano i parametri opzionali *ipitch1, ipitch2, ipitch3* e *ipitch4*.

*igskip*          *skiptime*, porzione iniziale da non leggere della tabella contenente il suono, in secondi (vedi anche il par.7.1).

*igskip_os*     variazione *random* in secondi di spostamento del puntatore rispetto a *igskip*: per esempio, 0 non produrrà nessuno spostamento *random*

*ilength*         durata in secondi della parte di tabella da usare a partire da *igskip*.

*kgap*             pausa fra un grano e il successivo, in secondi.

*igap_os*      variazione *random* di *kgap*, espressa come frazione di *kgap*. Se per esempio *kgap*=0.1, un valore di *i-gap_os*= 0.5 significa che *kgap* varierà fra 0.05 e 0.15. 0 significa nessuna variazione.

*kgsize*          durata del grano, in secondi.

*igsize_os*     variazione *random* della durata del grano, espressa come frazione di *kgsize*

*iatt*              durata dell'attacco dell'inviluppo del grano, espressa come frazione di *kgsize*.

*idec*             durata del *decay* dell'inviluppo del grano, espressa come frazione di *kgsize*.

*[iseed]*         opzionale, seme per il generatore di numeri casuali, il valore di *default* è 0.5.

*[ipitch1]*, *[ipitch2]*, *[ipitch3]*, *[ipitch4]* (opzionali) se *ipshift* è posto ad 1, 2, 3 o 4 si possono aggiungere fino a 4 differenti altezze oltre a tutte le voci di *ivoice*; per stabilire a quali altezze debbono essere poste tali voci aggiuntive si usano i parametri opzionali *ipitch1, ipitch2, ipitch3* e *ipitch4*, espressi come moltiplicatori della frequenza originale: 1 significa la frequenza originale, 1.5 una quinta sopra etc.

*[ifnenv]*      opzionale, numero della tabella contenente la funzione da usare per generare l'inviluppo dell'attacco e del *decay*, come in *envlpx*

Ecco un esempio:

```
;granule.orc
        sr    =  44100
        kr    =  4410
        ksmps =  10
        nchnls =  1
        instr    1

;p4 xamp
;p5 ivoice
;p6 iratio
;p7 imode
;p8 ithd
;p9 ifn
;p10 ipshift
;p11 igskip
;p12 igskip_os
;p13 ilength
;p14 kgap
;p15 igap_os
;p16 kgsize
;p17 igsize_os
;p18 iatt
;p19 idec
;p20 [iseed]
;p21, 22, 23, 24 [ipitch1], [ipitch2], [ipitch3], [ipitch4]
;p25 [ifnenv]

k1 linseg  0, 0.5, 1, (p3-p2-1), 1, 0.5, 0
a1 granule p4*k1, p5, p6, p7, p8, p9, p10, p11, p12, p13, p14, p15, p16, p17, p18, p19,p20, p21, p22, p23, p24
        out       a1
        endin

;granule.sco

f 1 0 131072 1 "voce.wav" 0 0 0
;1  2  3  4  5  6  7  8  9  10  11  12  13  14  15  16  17  18  19  20  21  22  23  24  25
i1  0 6 2000 12 .33 0 0 1 4  0 .005 2 0.01 50 0.05 50 30    30 .39 1 1.42 1.29 1.32 2
```

Per iniziare potete sperimentare variazioni di *kgap* (la pausa fra un grano e il successivo) , e di *iratio* (facendola variare fra valori inferiori e superiori a uno).

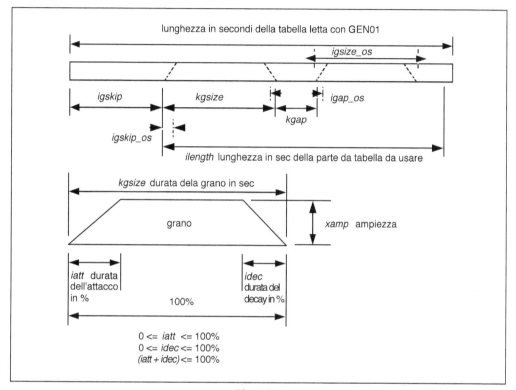

Fig. 15-4

## 15.4 SINTESI PER FORMANTI: FOF

La sintesi prodotta da generatori FOF (*Fonction d'onde formantique*) è un metodo per ottenere formanti spettrali di caratteristiche ben definite.

Un formante è una regione caratteristica di risonanza, o una zona di particolare energia nella banda audio, caratterizzata da una frequenza centrale, una larghezza di banda e un'ampiezza, in modo assolutamente analogo a quanto visto per i filtri passabanda (par. 3.5). Il timbro di uno strumento musicale è caratterizzato da formanti causati dalla forma e dalle proprietà dello strumento stesso: il tubo per i fiati, la cassa armonica per gli archi, il tratto vocale (faringe, laringe e fosse nasali) per i suoni vocalici della voce umana. Le caratteristiche dei formanti non dipendono dalla frequenza fondamentale, ma dalla costituzione della sorgente sonora.

La tecnica FOF può essere usata sia con metodo sottrattivo (utilizzando filtri passabanda che vengono eccitati da impulsi) sia con metodo additivo, attraverso l'uso di generatori di treni di onde sinusoidali smorzate (cioè una serie di sinusoidi di ampiezza sempre minore) che generano appunto grani FOF. Vediamo questo secondo caso: i grani FOF sono costituiti da treni di onde sinusoidali smorzate e hanno un attacco variabile e un *decay* quasi-esponenziale.

Dal momento che i grani FOF durano pochi millisecondi, si crea una modulazione di ampiezza fra l'inviluppo del grano e la sinusoide, per cui si creano una serie di bande laterali intorno alla frequenza della sinusoide, che producono un formante. Sommando più generatori FOF si può ottenere uno spettro con diversi picchi formantici.

Ogni generatore FOF è controllato da alcuni parametri, compresi la frequenza fondamentale e l'ampiezza:

1) frequenza centrale del formante

2) larghezza di banda del formante, definita come la larghezza i cui estremi si trovano a -6dB dal picco del formante

3) ampiezza di picco del formante

4) la larghezza del formant *skirt* (letteralmente, "gonna del formante") che costituisce la parte più bassa del picco formantico, intorno a -40 dB rispetto all'ampiezza di picco. Il parametro "gonna" è indipendente dalla larghezza di banda del formante e definisce la curva che va da 0 a - 40 dB. (Roads, 1996).

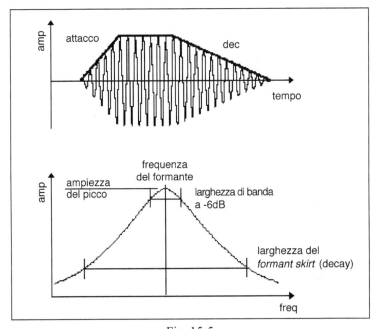

Fig. 15-5

Consideriamo il *file CSD* seguente, nel quale generiamo molti brevissimi suoni ripetuti senza pause intermedie, costituiti da una sinusoide con tempi di attacco e di estinzione molto corti, dell'ordine dei millesimi di secondo, specificati dai parametri *p6* e *p7* della score. Questi gruppi di suoni prendono il nome di treni. A causa della modulazione di ampiezza dell'inviluppo, si creano frequenze laterali (al di sopra e al di sotto della frequenza nominale) che simulano appunto un formante, le cui caratteristiche dipendono, oltre che dalla frequenza nominale (che diviene la frequenza centrale del formante stesso), soprattutto dai tempi di attacco e di estinzione, che determinano numero e ampiezze delle frequenze laterali. Nel *file CSD* la differenza fra il primo e il secondo treno di suoni sta proprio nei tempi di attacco (0.003 sec per il primo treno e 0.001 sec per il secondo treno) e di estinzione (rispettivamente 0.003 e 0.001 sec). Per brevità si sono riportate solo le prime tre note di ogni treno.

```
;fofx.csd
<CsoundSynthesizer>
<CsOptions>
-W -od:\wave\fofx.wav
</CsOptions>
<CsInstruments>
        sr     = 44100
        kr     = 44100
        ksmps  = 1
        nchnls = 1
        instr  1
iamp    =      ampdb(p4)
iatk    =      p6
idec    =      p7
kenv    linseg 0,iatk,iamp,p3-iatk-idec,iamp,idec,0
a1      oscil  kenv, p5, 1
        out    a1
        endin
</CsInstruments>
<CsScore>
f1 0 4096 10 1
;ins    act    dur    dB     freq    att     dec
;primo treno
i1      0      .006   70     1000    .003    .003
i.      +      .      .      .
i.      +      .      .      .
```

```
;(ripetere l'ultima nota per 104 volte)
;secondo treno
i1    1     .003   70     1000   .001   .001
i.    +      .      .      .
i.    +      .      .      .
;(ripetere l'ultima nota per 161 volte)
</CsScore>
</CsoundSynthesizer>
```

In Csound esiste uno specifico *opcode* che implementa la sintesi FOF. La sua sintassi è:

**ar fof    xamp, xfund, xform, koct, kband, kris, kdur, kdec, iolaps, ifna, ifnb, itotdur[, iphs][, ifmode]**

| | |
|---|---|
| *xamp* | ampiezza di picco di ogni treno di sinusoidi. Nel caso di banda molto larga, il valore reale dell'ampiezza può superare *xamp*, specialmente in caso di sovrapposizione di treni di sinusoidi. |
| *xfund* | frequenza fondamentale, in Hz, dell'impulso che crea nuovi treni di sinusoidi. |
| *xform* | frequenza del formante |
| *koct* | indice di ottavizzazione, solitamente zero. Se è maggiore di zero, traspone verso il grave la frequenza fondamentale *xfund* attenuando i treni di sinusoidi dispari. È possibile usare sia numeri interi (che indicano le ottave), sia numeri frazionari. |
| *kband* | larghezza di banda del formante (calcolata a -6dB), espressa in Hz. La larghezza di banda determina la velocità di *decay* esponenziale del treno di sinusoidi, prima dell'applicazione dell'inviluppo (vedi Fig.15-3). |
| *kris, kdur, kdec* | tempi di attacco, di durata totale e di *decay* (in secondi) del treno di sinusoidi. Ogni treno di sinusoidi viene inviluppato, in modo simile all'*opcode linen*, ma la forma dell'attacco e del *decay* deriva dalla tabella *ifnb*; *kris* determina la larghezza della "gonna" del formante (*formant skirt,* vedi Fig. 15-3) mentre *kdur* determina la densità di sovrapposizione dei treni di sinusoidi, e influenza perciò la velocità della sintesi. Valori tipici per l'imitazione della voce sono rispettivamente 0.003, 0.02, 0.007. |
| *iolaps* | numero di spazi (preallocati nella memoria) necessari a contenere i dati dei treni che si sovrappongono. Il numero delle sovrapposizioni dipende dalla frequenza *xfund*, e lo spazio richiesto dipende dal massimo valore di *xfund* * *kdur*. Conviene richiedere un valore di *iolaps* abbastanza grande, |

perché non influenza il tempo di sintesi, e usa meno di 50 Byte di
memoria per ogni sovrapposizione.

*ifna, ifnb*   numeri di tabella per le funzioni; *ifna* deve essere una sinusoide di
dimensione almeno pari a 4096; *ifnb* è una tabella che contiene la forma
da attribuire all'attacco e al *decay* di ogni treno di sinusoidi: può essere
lineare (GEN07), una sigmoide (GEN19) o altro.

*itotdur*   tempo totale durante il quale *fof* rimane attivo. Normalmente viene posto
uguale a p3.

*iphs*   (opzionale) fase iniziale della fondamentale, espressa come frazione di un
ciclo (da 0 a 1). Il valore di *default* è 0.

*ifmode*   (opzionale) modo di frequenza del formante. Se è zero, ogni treno di
sinusoidi mantiene la frequenza *xform* con la quale ha iniziato. Se è
diverso da zero, all'interno di ogni treno *xform* cambia continuamente. Il
valore di *default* è 0.

Vediamo un semplice esempio che produce un solo picco formantico centrato a 600
Hz e con le componenti spaziate di 200 Hz:

```
;fof1.orc
        sr    =  44100
        kr    =  4410
        ksmps =  10
        nchnls =  1
        instr   1
;    xamp, xfund, xform, koct, kband, kris, kdur, kdec, iolaps, ifna, ifnb, itotdur
a1    fof  15000, 200, 650, 0, 40, .003, .02, .007,  5, 1, 2, p3
        out      a1
        endin

;fof1.sco
f1 0 4096 10 1
f2 0 1024 19 .5 .5 270 .5
i1 0 3
```

Il risultato è abbastanza povero, e c'era da aspettarselo: abbiamo creato un solo
formante, mentre per una discreta imitazione di un suono vocale ne servono almeno
cinque. Ma possiamo esplorare alcune delle possibilità di *fof* assegnando alcuni dei suoi
parametri in partitura, come nell'orchestra che segue:

```
;fof2.orc
        sr    =   44100
        kr    =   4410
        ksmps =   10
        nchnls =  1
        instr     1
iamp          =   p4
ifund         =   p5
iform         =   p6
;ar     fof xamp, xfund, xform, koct, kband, kris, kdur, kdec, iolaps, ifna, ifnb, itotdur
a1      fof iamp, ifund, iform, 0,  40,   .003, .02, .007,  5,  1,  2,  p3
        out       a1
        endin
;fof2.sco
f1 0 4096 10 1
f2 0 1024 19 .5 .5 270 .5
;in     act    dur    amp    fund   form
i1      0      3      15000  200    650
i1      +      3      15000  200    1300
i1      +      3      15000  100    400
i1      +      3      15000  100    1200
```

Nel manuale e nell'*help* di Csound c'è un ottimo *tutorial* (in inglese) su *fof* di J.M.Clarke, che vi conduce passo dopo passo a esplorare una gran parte delle sue possibilità.

## 15.5 *STRETCHING* DEL SUONO: *SNDWARP*

L'*opcode sndwarp* e la sua versione stereofonica *sndwarpst* permettono di modificare indipendentemente l'altezza e la durata di un suono precedentemente letto in una tabella con la GEN01, facendo uso della sintesi granulare. In breve, il suono di ingresso viene "finestrato", ottenendo "grani" del suono stesso, e le singole finestre vengono poi sovrapposte secondo gli argomenti definiti dall'utente. La loro sintassi è:

**asig [, acmp] sndwarp xamp, xtimewarp, xresample, ifn1, ibeg, iwsize, irandw, ioverlap, ifn2, itimemode**

**asig1, asig2 [, acmp1, acmp2] sndwarpst xamp, xtimewarp, xresample, ifn1, ibeg, iwsize, irandw, ioverlap, ifn2, itimemode**

*asig, asig1, asig2*    è il segnale di uscita (*asig1* e *asig2* nel caso di *sndwarpst*)

*acmp, acmp1, acmp2* in *sndwarp* (e *acmp1, acmp2* in *sndwarpst*) sono versioni senza sovrapposizione e non finestrate del segnale di uscita. Possono venire usate per adattare l'ampiezza del segnale di uscita (che conterrà molte sovrapposizioni di grani) all'ampiezza "pulita". L'azione di *sndwarp* può produrre notevoli cambiamenti di ampiezza, sia aumentandola che diminuendola. È allora possibile usare l'*opcode balance* per riadattare l'ampiezza del segnale di uscita

*xamp*    è il valore di riscalamento dell'ampiezza.

*xtimewarp*    (in combinazione con *itimemode*) determina se e di quanto il segnale d'ingresso verrà modificato nella durata. Ci sono due modi possibili di usare questo argomento, a seconda del valore di *itimemode*. Quando il valore di *itimemode* è 0, *xtimewarp* riscala la durata del suono. Per esempio, *xtimewarp* = 2 aumenterà la durata di 2 volte; *xtimewarp* = 0.5 dimezzerà la durata. Se *itimemode* non è zero, allora *xtimewarp* viene usato come puntatore (indice temporale in secondi) all'interno della tabella che contiene il suono da modificare (come avviene per *ktimpnt* in *lpread* e *pvoc*, cfr. par. 8.3 e par. 8.7), e verrà quindi definito, per esempio, con *line*. In entrambi i casi, l'altezza del suono non viene alterata. La modifica dell'altezza viene effettuata con l'argomento *xresample*.

*xresample*    è il fattore di moltiplicazione dell'altezza. Per esempio, *xresample* =2 produrrà un suono all'ottava sopra rispetto all'originale.

*ifn1*    è il numero di tabella contenente il suono da modificare.

*ibeg*    è il tempo (in secondi) dove iniziare a leggere la tabella. Se *itimemode* non è zero, al valore di *xtimewarp* viene sommato il valore di *ibeg*

*iwsize*    la dimensione della finestra da usare nell'algoritmo di modifica della durata.

*irandw*    è il massimo numero casuale generato. Il numero viene aggiunto al valore di *iwsize*.

*ioverlap*    determina la densità di sovrapposizione delle finestre.

*ifn2*    è una tabella che contiene la forma della finestra. Una mezza sinusoide, per esempio, (f1 0 16384 9 .5 1 0) funziona benissimo, ma si possono usare anche altre forme.

*itimemode*    (vedi *xtimewarp*)

Possiamo iniziare con *iwsize*=*sr*/10, *ioverlap*=15, e *irandw*=*iwsize*\*.2. Minore è il numero di sovrapposizioni (*ioverlap*) e più veloce sarà l'elaborazione, ma un valore troppo basso provoca fluttuazioni udibili di ampiezza. È difficile prevedere l'effetto preciso di *sndwarp*, perché molto dipende dalle caratteristiche del suono originale.

**Esempio 1.** Rallentamento di un suono contenuto nella tabella *ifn1*. Durante la nota, si passa da nessun rallentamento (*awarp*=1) a un rallentamento di 10 volte (*awarp*=0.l). Contemporaneamente l'altezza cresce di un'ottava. Notiamo l'uso di *itimemode*=0.

```
;sndwrp1.orc
            sr      =   44100
            kr      =   4410
            ksmps   =   10
            nchnls  =   1
            instr   1
iwindfun            =   1    ;tabella contenente la forma della finestra
isampfun            =   2    ;tabella contenente il suono da modificare
ibeg                =   0
iwindsize           =   2000
iwindrand           =   400
ioverlap            =   10
itimemode           =   0
awarp      line         1, p3, .1
aresamp    line         1, p3, 2
kenv       line         1, p3, .1

asig sndwarp kenv, awarp, aresamp, isampfun, ibeg, iwindsize, iwindrand, ioverlap, \
iwindfun, itimemode
            out     asig*10000
            endin
;sndwrp1.sco
f1    0     16384 9      .5     1      0      ;mezza sinusoide
f2    0     1310721      "voce.wav"   0      0      0
i1    0     2
```

> *TIPS & TRICKS: nella riga dell'orchestra che contiene* sndwarp *troviamo un* backslash *(barra inversa, o '\') per indicare una continuazione sulla riga successiva. In molte versioni di Csound questo è ammesso (vedi par.7.1).*

**Esempio 2.** Usiamo *xtimewarp* come indice temporale (*itimemode* diverso da zero), in stereofonia.

*atime* avanza l'indice temporale usato in *sndwarpst* da 0 a 10 nel corso della nota. Se p3=20, allora il suono sarà il doppio più lento dell'originale. Naturalmente è possibile usare una funzione più complessa per il controllo dell'indice temporale.

```
;sndwrp2.orc
              sr     =   44100
              kr     =   4410
              ksmps  =   10
              nchnls =   2
              instr      1
iwindfun             =   1    ;tabella contenente la forma della finestra
isampfun             =   2    ;tabella contenente il suono da modificare
ibeg                 =   0
iwindsize            =   2000
iwindrand            =   400
ioverlap             =   10
aresamp      line        1, p3, 2
kenv         line        1, p3, .1
itimemode            =   1
atime        line        0, p3, 10
asig1,  asig2    sndwarpst  kenv, atime, aresamp, isampfun, ibeg, iwindsize,\
iwindrand, ioverlap, iwindfun, itimemode
              outs     asig1*10000, asig2*10000
              endin
;sndwrp2.sco
f1      0       16384       9           .5      1       0           ;mezza sinusoide
f2      0       262144      1           "voce.wav"   0       0   0
i1      0       2
```

**Esempio 3**. Come l'esempio 2, ma usiamo ora la funzione di *balance*.

```
;sndwrp3.orc
              sr     =   44100
              kr     =   4410
              ksmps  =   10
              nchnls =   2
              instr      1
iwindfun             =   1    ;tabella contenente la forma della finestra
isampfun             =   2    ;tabella contenente il suono da modificare
ibeg                 =   0
iwindsize            =   2000
iwindrand            =   400
ioverlap             =   10
```

```
aresamp   line       1, p3, 2
kenv      line       1, p3, .1
itimemode       =   1
atime     line       0, p3, 10
asig1, asig2, acmp1,acmp2   sndwarpst 1, atime, aresamp, sampfun, \
          ibeg, iwindsize, iwindrand, ioverlap, iwindfun, itimemode
abal1   balance      asig1, acmp1
abal2   balance      asig2, acmp2
          outs       abal1*10000, abal2*10000
          endin


;sndwrp3.sco
f1    0    16384     9      .5    1     0            ;mezza sinusoide
f2    0    262144    1      "voce.wav"   0     0  0
i1    0    2
```

# APPROFONDIMENTI

## 15.A.1  SINTESI GRANULARE: CENNI STORICI

Nel 1947 Dennis Gabor fu il primo a pensare ad un approccio di tipo granulare al suono, nel suo articolo "Acoustical Quanta and the Theory of Hearing". Dopo alcuni lavori importanti come l'articolo di Norbert Wiener sulla teoria dei *quanta* in relazione al suono (1964) e una rappresentazione fisica dei *quanta* sonori da parte di Moles (1969), Iannis Xenakis, nel suo libro *Musiques formelles* (1963) fu il primo a definire una vera teoria compositiva per grani di suono. Fu solo nel 1975 che Curtis Roads ideò un sistema con cui cominciò a sperimentare un metodo per ottenere suoni complessi attraverso la generazione di flussi di grani ad alta densità, utilizzando tale tecnica nella sua composizione *prototype* (1975) e scrivendo poi due importanti articoli, nel 1978 e nel 1985. L'enorme numero di calcoli che il *computer* doveva eseguire per poter generare un tale flusso di grani rendeva però questo metodo compositivo estremamente scomodo da usare. Nel 1986 Barry Truax fu il primo a implementare un sistema per la sintesi granulare in tempo reale, affidando i calcoli al *Digital Signal Processor* (DSP) DMX-1000, e anche il primo a realizzare una composizione in tempo reale con questa tecnica (*Riverrun*, 1986). In questo brano l'autore ha voluto paragonare il grano alla singola goccia d'acqua, fino ad arrivare al flusso di un intero fiume. (per l'implementazione in Csound del modello di Truax, vedi la lettura *GSC4 - Sintesi granulare per Csound*).

## LISTA DEGLI *OPCODE*

ar          grain     ampiezza,     frequenza,     densità,     offset_di_ampiezza, offset_di_frequenza, funzione_di_forma_d'onda, funzione_di_inviluppo, durata_massima_grani

ar          granule     ampiezza, num_voci, velocità_di_lettura, modo, soglia_ampiezza, tabella, trasposizione, porzione_di_file_da_saltare, variazione_random_da_saltare, durata_da_usare, pausa_fra_grani, variazione_random_di_pausa, durata_grano, variazione_random_durata_grano, attacco, decay [,seme_random] [,altezza1] [,altezza 2] [,altezza 3] [,altezza 4] [,tabella_di_inviluppo]

ar          fof ampiezza,     fondamentale,     formante,     ottavizzazione, larghezza_di_banda_formante, attacco, durata, decay, sovrapposizioni, funzione_seno,     tabella_di_inviluppo,     durata[,     fase_iniziale]     [, modo_di_frequenza]

asig[, acmp] sndwarp ampiezza, modifica_di_durata, modifica_di_frequenza, tabella_suono, inizio_tabella,     dimensione_finestra,     variazione_random_finestra, sovrapposizione_finestre, tabella_forma_finestra, itime_mode

# 16

## LA SINTESI PER MODELLI FISICI

### 16.1 INTRODUZIONE

La sintesi per modelli fisici (*physical modeling*) è un potente mezzo per la produzione (o riproduzione) di suoni che possiedono un alto grado di similitudine con suoni reali, e, più in generale, di suoni caratterizzati da un elevato "realismo" anche quando non imitano suoni già esistenti.

A differenza di altri tipi di sintesi, che hanno come obiettivo quello di riprodurre le caratteristiche del suono, la sintesi per modelli fisici prende come punto di partenza le caratteristiche fisiche dello strumento che genera un dato suono, e ne costruisce un modello matematico.

### 16.2 L'ALGORITMO DI KARPLUS E STRONG

Uno dei primi algoritmi di sintesi per modelli fisici proposti è la simulazione di corda pizzicata dovuta ad Alex Karplus e Kevin Strong. Anche se, a stretto rigore, non rientra nella sintesi per modelli fisici, la si può considerare un antenato di questa.

L'idea di base fu di partire da un rumore e di operare una sorta di filtraggio ricorsivo di questo rumore fino a ottenere un suono a spettro molto più semplice, al limite una sinusoide. Poiché Karplus e Strong cercavano di mettere a punto un algoritmo che potesse essere facilmente implementato in *hardware* (in particolare sui *microcomputer* degli inizi degli anni Ottanta), dovevano limitare al massimo il numero delle operazioni.

Pensarono quindi di iniziare da una tabella, riempita con valori casuali, e di leggerla, facendo, a ogni lettura, la media fra il valore corrente e quello precedente.

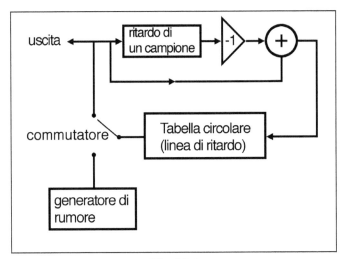

Fig. 16-1

Con riferimento alla Fig.16-1, vi è un generatore di rumore, attivo solo in fase di inizializzazione della nota, che, prima che il suono abbia inizio, riempie la tabella circolare (implementata con una semplice linea di ritardo) con una serie di valori casuali. Quindi il commutatore rappresentato in figura collega la tabella con il generatore di rumore. Appena la tabella è stata riempita, può iniziare il suono. Il commutatore scatta, e il segnale inizia a circolare. Viene prelevato dalla tabella il primo valore, il quale è poi inviato all'uscita. Ma viene anche ritardato di un campione, invertito di segno, e sommato al campione successivo, facendo così una media, il cui valore viene scritto nella tabella. Dopo un certo tempo il segnale si attenua, perdendo armoniche alte, fino a scomparire.

Più in dettaglio, il calcolo di un campione di suono avviene secondo la formula:

**C(n) = (C(n) + C(n-1)) / 2**

in cui C(n) è il campione corrente, C(n-1) è il campione precedente. L'operazione realizza una media, che in termini audio non è altro che un semplice filtro passa-basso. Per calcolare il primo campione si fa la media fra esso e l'ultimo campione della tabella, poiché la tabella stessa è circolare.

Se per esempio la tabella (qui di lunghezza 12) contiene inizialmente i valori

| 0 | 1 | 2 | 3 | 2 | 1 | 0 | -1 | -2 | -3 | -2 | -1 |
|---|---|---|---|---|---|---|---|---|---|---|---|

l'applicazione della formula darà:

| -0.5 | 0.25 | 1.125 | 2.063 | 2.031 | 1.516 | 0.758 | 0.121 | 1.061 | -2.03 | -2.015 | -1.508 |
|---|---|---|---|---|---|---|---|---|---|---|---|
| -1.004 | -0.377 | 0.374 | 218 | 1.625 | 1.57 | 1.164 | 0.521 | -0.27 | -1.15 | -1.583 | -1.545 |
| -1.274 | -0.826 | -0.226 | 0.496 | 1.061 | 1.315 | 1.24 | 0.881 | 0.306 | -0.422 | -1.002 | -1.274 |
| -1.274 | -1.05 | -0.638 | -0.071 | 0.495 | 0.905 | 1.072 | 0.976 | 0.641 | 0.109 | -0.446 | -0.86 |
| -1.067 | -1.058 | -0.848 | -0.459 | 0.018 | 0.461 | 0.767 | 0.872 | 0.756 | 0.433 | -0.007 | -0.433 |
| -0.75 | -0.904 | -0.876 | -0.668 | -0.325 | 0.068 | 0.418 | 0.645 | 0.7 | 0.567 | 0.28 | -0.077 |
| -0.414 | -0.659 | -0.768 | -0.718 | -0.521 | -0.227 | 0.095 | 0.37 | 0.535 | 0.551 | 0.415 | 0.169 |
| -0.122 | -0.391 | -0.579 | -0.648 | -0.585 | -0.406 | -0.155 | 0.107 | 0.321 | 0.436 | 0.426 | 0.298 |
| 0.088 | -0.151 | -0.365 | -0.507 | -0.546 | -0.476 | -0.315 | -0.104 | 0.109 | 0.272 | 0.349 | 0.323 |
| 0.206 | 0.027 | -0.169 | -0.338 | -0.442 | -0.459 | -0.387 | -0.246 | -0.068 | 0.102 | 0.226 | 0.274 |
| 0.24 | 0.134 | -0.018 | -0.178 | -0.31 | -0.384 | -0.386 | -0.316 | -0.192 | -0.045 | 0.09 | 0.182 |
| 0.211 | 0.172 | 0.077 | -0.05 | -0.18 | -0.282 | -0.334 | -0.325 | -0.258 | -0.152 | -0.031 | 0.076 |

Come si può vedere, i valori assoluti tendono a diminuire costantemente, fino ad arrivare a zero dopo un numero (teoricamente) infinito di cicli.

La simulazione del suono di una corda pizzicata è abbastanza realistica, e il tempo di calcolo molto basso. La frequenza del suono prodotto dipende dalla lunghezza della tabella e dalla frequenza di campionamento (si veda anche il par. 2-C-1).

Csound comprende un *opcode* che implementa l'algoritmo di Karplus e Strong, con alcune aggiunte; si tratta di *pluck*, e la sua sintassi è:

**ar     pluck        kamp, kcps, icps, ifn, imeth [, iparm1, iparm2]**

*kamp*  ampiezza del suono.

*kcps*  frequenza desiderata (in Hz).

*icps*  valore in Hertz che determina la lunghezza della tabella. Solitamente è uguale a *kcps*, ma può essere posto maggiore o minore, per ottenere effetti timbrici differenti.

*ifn*  numero della funzione usata per inizializzare la tabella. Se *ifn* = 0, la tabella verrà riempita con una sequenza casuale di valori (algoritmo originale di Karplus e Strong).

*imeth*  metodo usato per la modifica dei valori della tabella durante la generazione del suono. Ve ne sono sei, alcuni dei quali utilizzano gli argomenti aggiuntivi *iparm1* e *iparm2*:

> *imeth* = 1: media semplice (algoritmo originale). Non utilizza gli argomenti aggiuntivi.

*imeth* = 2: media "forzata". La media viene influenzata dal valore di *iparm1* (che deve essere ≥1).

*imeth* = 3: "tamburo". La transizione da rumore a suono intonato è controllata da *iparm1* (che deve essere compreso fra 0 e 1). Zero dà un effetto di corda pizzicata, mentre 1 inverte la polarità dei campioni, producendo un suono all'ottava bassa e con sole armoniche dispari. Il valore 0.5 genera un suono di tamburo militare (rullante) abbastanza realistico.

*imeth* = 4: "tamburo forzato". Utilizza i due argomenti aggiuntivi: *iparm1* deve essere compreso fra 0 e 1, *iparm2* deve essere >1.

*imeth* = 5: media pesata (o modificata). Come nel metodo 1, ma *iparm1* è il coefficiente attribuito al campione corrente, mentre *iparm2* è il coefficiente attribuito al campione precedente. La somma di *iparm1* e *iparm2* deve essere <1.

*imeth* = 6: filtro passa-basso ricorsivo del I ordine. Non utilizza gli argomenti aggiuntivi.

Non vi è una corrispondenza intuitiva fra valori dei parametri ed effetto acustico risultante, perciò vi consigliamo di sperimentare.

Un esempio di orchestra e di *score* che fanno uso di *pluck* è:

```
;pluck.orc
        sr    =  44100
        kr    =  4410
        ksmps =  10
        nchnls = 1
        instr  1
ifrq          =  cpspch(p5)
iamp          =  ampdb(p4)
a1      pluck    iamp, ifrq, ifrq, 0, 1 ;Karplus e Strong originale
        out      a1
        endin
```

```
;pluck.sco
i1    0    1    80    8
i1    +    .    .     8.04
i1    +    .    .     8.07
i1    +    2    .     9
```

Si può notare che il suono si interrompe bruscamente: per evitare questo effetto si può applicare al suono generato da *pluck* un inviluppo che forzi a zero gli ultimi campioni, per esempio usando *linseg* in questo modo:

kenv    linseg   1, p3*.75, 1, p3*.25, 0

e moltiplicando poi il segnale *a1* per *kenv.*

## 16.3 CORDA PIZZICATA

Fondamentalmente una corda pizzicata (o una colonna d'aria posta in vibrazione) può essere descritta da un modello algoritmico sufficientemente semplice:

Il segnale di eccitazione *aecc* viene generato da *linseg:* infatti le spezzate sono segnali a pieno titolo, che possono essere usati sia per il controllo di altri *opcode*, sia come segnali audio. In questo caso generiamo un segnale composto da un breve impulso, seguito da silenzio, per simulare la forza applicata per pizzicare una corda. Il segnale *aecc* viene immesso in una linea di ritardo (*delay*) che simula il comportamento di una corda che trasmette l'eccitazione. La durata del ritardo determina la periodicità con la quale l'eccitazione ritorna dopo essere stata riflessa all'estremità (cioè la formazione di un'onda stazionaria), e avere perduto una certa parte di energia. Queste perdite viscose e di dissipazione in calore dovute alla corda e ai suoi vincoli (ponticello e cordiera) sono simulate dal filtro passa-basso *tone*.

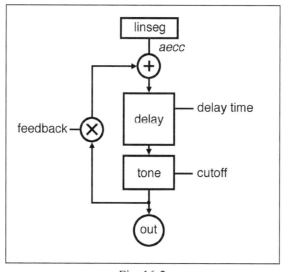

Fig. 16-2

L'eccitazione riflessa e modificata viene poi sommata all'ingresso del ritardo, moltiplicata per una quantità *feedback*: se *feedback*=1, non vi sono ulteriori perdite di energia; se *feedback*<1, avviene uno smorzamento ulteriore, come quando su una corda di pianoforte agisce lo smorzatore.

L'*orchestra* e la *score* che seguono simulano il comportamento di una corda pizzicata (ma il modello si adatta anche a una colonna d'aria posta in vibrazione da una funzione di eccitazione):

```
;phmod1.orc
            sr      =   44100
            kr      =   44100
            ksmps   =   1
            nchnls  =   1
            instr       1
            ifrq    =   cpspch(p5)
            iamp    =   ampdb(p4)
afilt       init        0           ;inizializzazione della variabile afilt che verrà utilizzata successivamente
            ifeed   =   p6
            ieccdur =   p8
aecc        linseg 1, ieccdur, 0, p3-ieccdur, 0   ;dal valore 1 decade a 0 nel tempo ieccdur
                                                  ;e rimane a zero per il resto della nota
asum    = aecc+afilt*ifeed             ;ad aecc viene sommata l'uscita del filtro afilt,
                                       ;moltiplicata per un fattore di feedback ifeed, dato da p6.
                                       ;Qui avviene la retroazione (feedback)
adel        delay       asum,1/ifrq   ;il tempo di ritardo è pari all'inverso della frequenza desiderata,
                                      ;perché maggiore é la frequenza e minore dovrà essere il tempo
                                      ;che il segnale impiega per percorrere la lunghezza della corda,
                                      ;che equivale alla durata di un ciclo del segnale
afilt       tone        adel, p7      ;afilt è il segnale ritardato passato in un filtro
                                      ;passa-basso, il quale simula le perdite viscose e di dissipazione
                                      ;in calore
aout        atone       afilt*iamp, 30   ;filtro passa-alto per bloccare il DC Offset
            out         aout
            endin
```

Notiamo che il segnale di uscita dal filtro, *afilt*, viene moltiplicato per l'ampiezza desiderata, *iamp*. Non è in generale indispensabile specificare un tempo di attacco, dal momento che il filtro passabasso provvede naturalmente a crearne uno (vedi par. 3.A.1).

```
;phmod1.sco
;ins    act    dur    dB    pitch    feed    fcutoff    ieccdur
i1      0      3      80    7        1       500        .01
i1      +      3      80    7        1       1000       .
i1      +      3      80    7        1       2000       .
i1      +      3      80    7        1       4000       .
i1      +      3      80    7        1       8000       .
```

Con questa *score* abbiamo sperimentato gli effetti dell'aumento della frequenza di taglio del filtro *fcutoff*, da 500 Hz a 8000 Hz. Al crescere di *fcutoff* il suono passa da smorzato a risonante, e crescono l'ampiezza complessiva e la durata del suono (dal momento che viene sottratta sempre meno energia all'anello di retroazione).

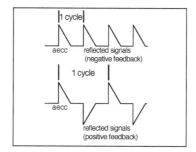

Invertendo la fase della retroazione (cioè ponendo $p6 = feed = -1$) la fondamentale si abbassa di un'ottava, perché il segnale di retroazione è ora in controfase rispetto a quello di eccitazione, e il ciclo risulta essere di durata doppia rispetto al caso precedente (vedi figura). Cambia anche il tipo di spettro, che diviene simile a quello generato in un tubo aperto a un'estremità, come nel clarinetto: le componenti presenti corrispondono alle armoniche di ordine 1, 3, 5, 7, 9, 11, 13, 15, 17. Le ampiezze risultano essere:

| Armonica | Ampiezza |
|----------|----------|
| 1 | -9.5 dB |
| 3 | -9.7 dB |
| 5 | 0.0 dB |
| 7 | -8.9 dB |
| 9 | -21.9 dB |
| 11 | -34.2 dB |
| 13 | -51.0 dB |
| 15 | -41.0 dB |
| 17 | -31.0 dB |

Un ulteriore fattore che può influenzare le caratteristiche del suono è la durata dell'eccitazione. Se invece di usare la spezzata come segnale di eccitazione usiamo un rumore bianco (con inviluppo di ampiezza dato da una spezzata uguale a quella dell'orchestra *phmod1.orc*), possiamo controllare la quantità di rumore in fase di eccitazione, con effetti molto interessanti. Con la seguente coppia orchestra/*score* si esplorano le variazioni del suono al crescere della durata dell'eccitazione (con inviluppo a forma di triangolo rettangolo) da 0.01 s fino a 2 s. Più lunga è l'eccitazione, più evidente sarà la componente di rumore nel suono generato

```
;phmod1b.orc
                sr     =  44100
                kr     =  44100
                ksmps  =  1
                nchnls =  1
        instr   1
ifrq    =       cpspch(p5)
iamp    =       ampdb(p4)
afilt   init    0                       ;inizializzazione della variabile afilt
                                        ;che verrà utilizzata successivamente

ifeed   =       p6
ieccdur =       p8
kecc    linseg  1, ieccdur, 0, p3-ieccdur, 0   ;dal valore 1 decade a 0 nel tempo ieccdur
                                        ;e rimane a zero per il resto della nota
aecc    rand    kecc                    ;l'eccitazione viene generata da rand, con inviluppo
                                        ;di ampiezza kecc
asum    =       aecc+afilt*ifeed        ;ad aecc viene sommata l'uscita del filtro afilt,
                                        ;moltiplicata per un fattore di feedback ifeed, dato da p6.
                                        ;Qui avviene la retroazione
adel    delay   asum,1/ifrq             ;il tempo di ritardo è pari all'inverso della frequenza
                                        ;desiderata, perché maggiore é la frequenza e minore
                                        ;dovrà essere il tempo che il segnale impiega per
                                        ;percorrere la lunghezza della corda, che equivale
                                        ;alla durata di un ciclo del segnale
afilt   tone    adel,p7                 ;afilt è il segnale ritardato  passato in un filtro
                                        ;passa-basso, il quale simula le perdite viscose e
                                        ;di dissipazione in calore
aout    atone   afilt*iamp,30           ;filtro passa-alto per bloccare il DC Offset
        out     aout
        endin
```

```
;phmod1b.sco
;ins   act    dur    dB     pitch   feed   fcutoff   iexcdur
i1     0      3      80     7       -1     4000      .01
i1     +      3      80     7       -1     4000      .05
i1     +      3      80     7       -1     4000      .1
i1     +      3      80     7       -1     4000      .2
i1     +      3      80     7       -1     4000      .4
```

Una variazione significativa, che avvicina il modello al comportamento fisico di una corda reale, è il lieve ritardo con cui il suono stabilizza la sua frequenza. Infatti quando pizzichiamo una corda, prima di rilasciarla in realtà ne aumentiamo la tensione. Questo fa sì che la frequenza nei primi istanti di suono sia leggermente più alta di quella voluta, che viene raggiunta e si stabilizza in seguito al rilascio. È come se in fase di attacco la lunghezza della corda venisse ridotta di una piccola quantità (e quindi la sua lunghezza divenisse, per esempio, del 95% rispetto alla lunghezza effettiva). La frequenza viene stabilita tramite la spezzata *kdel*, il tempo di ritardo, che inizia con un valore pari al 95% del ritardo a regime (corrispondente a una frequenza di circa il 5% maggiore), e poi nel tempo *initdel* dato da p7 arriva al valore sul quale si stabilizza, cioè *idel = 1/ifrq*.

```
;phmod2.orc
               sr     =   44100
               kr     =   44100   ;notare sr = kr!
               ksmps  =   1
               nchnls =   1
        instr  1
ifrq    =      cpspch(p5)
iamp    =      ampdb(p4)
ifeed   =      p6
initdel =      p7                           ;durata della stabilizzazione della frequenza
ieccdur =      p8
icutoff =      8000
afilt   init   0
kenvx   linseg 1, p3-. 1, 1, .1, 0
idel    =      1/ifrq
kdel    linseg idel*.95, initdel, idel, p3-initdel,idel   ;si definisce kdel, funzione che
                                            ;determina il ritardo variabile fra il 95% del ritardo
                                            ;corrispondente alla frequenza a regime, e il 100%.
                                            ;Il passaggio avviene in initdel secondi
aecc    linseg iamp, ieccdur, 0, p3-ieccdur, 0
```

```
asum    =       aecc+afilt*ifeed
a0              delayr  1                        ;sostituiamo delay con il terzetto delayr/delayw/deltapi
        delayw asum
adel    deltapi kdel                             ;adel viene ora prelevata da deltapi, con tempo di
                                                 ;ritardo variabile secondo il segnale di controllo kdel
afilt   tone    adel, icutoff
aout    atone   afilt*kenvx,30                   ;filtro passa-alto per bloccare il DC Offset
        out     aout
        endin
```

```
;phmod2.sco
;ins    act     dur     dB      pitch   feed    initdel ieccdur
i1      0       3       80      7       1       .05     .01
i1      +       3       80      7       1       .08     .
i1      +       3       80      7       1       .1      .
```

È anche possibile fare dipendere la durata della variazione del ritardo dall'altezza della nota: a note più gravi corrisponderanno durate maggiori della stabilizzazione del ritardo, data la maggiore inerzia della corda simulata; a questo scopo si potrebbe modificare la riga che definisce *kdel*.

Nell'orchestra seguente vediamo come è possibile passare da un suono simile a quello di una corda pizzicata a un suono simile a quello di un flauto, solamente cambiando l'inviluppo dell'eccitazione. Più lunga è l'eccitazione, più evidente sarà la componente di rumore nel suono generato: si passa da un effetto di corda pizzicata (per durate dell'eccitazione molto brevi) a un effetto di flauto "soffiato" (per durate dell'eccitazione lunghe). I parametri *p8* e *p9* contengono il tempo di attacco e quello di decadimento dell'eccitazione. Se la somma di questi tempi è minore della durata della nota, l'eccitazione (di durata *p8+p9*) avrà un inviluppo triangolare seguito da una parte di segnale nulla, nella quale il suono in uscita è dovuto solo al *feedback*. Se l'attacco è molto breve, come nella prima nota della *score phmod2b.sco*, l'effetto è quello di corda pizzicata. All'aumentare del tempo di attacco e del *decay* dell'eccitazione il suono diventa sempre più simile a quello dato dall'aria posta in vibrazione in un tubo. Nelle prime tre note il *feedback* è posto a −0.995. Già nella quarta nota vi è una sua diminuzione, in modo che il contributo sonoro dovuto all'eccitazione diventi prevalente rispetto a quello dato dal *feedback*. Qui infatti, non appena l'eccitazione è terminata non vi è più alcuna coda sonora. Nell'ultima nota la durata dell'eccitazione copre l'intera durata della nota.

Si noti anche che, per evitare la ricorsività del suono di *rand*, si è usato il terzo argomento opzionale *iuse31*, che produce una sequenza di numeri pseudocasuali molto lunga.

```
;phmod2b.orc
                sr     =   44100
                kr     =   44100
                ksmps  =   1
                nchnls =   1
        instr   1
ifrq    =       cpspch(p5)
iamp    =       ampdb(p4)
afilt   init    0                       ;inizializzazione della variabile afilt
                                        ;che verrà utilizzata successivamente

ifeed   =       p6
iatkecc =       p8                      ;tempo di attacco dell'eccitazione
idececc =       p9                      ;tempo di decay dell'eccitazione
kecc    linseg  0, iatkecc, 1, idececc, 0, p3-iatkecc-idececc, 0   ;l'inviluppo dell'eccitazione
                                        ;e' un triangolo dato da iatkecc (attacco) e
                                        ;idececc (decay), seguito da una parte di silenzio
aecc    rand    kecc, .5, p10           ;l'eccitazione viene generata da rand, con inviluppo di ampiezza kecc
asum    =       aecc+afilt*ifeed        ;ad aecc viene sommata l'uscita del filtro afilt,
                                        ;moltiplicata per un fattore di feedback ifeed, dato da p6
                                        ;Qui avviene la retroazione
adel    delay   asum,1/ifrq             ;il tempo di ritardo è pari all'inverso della frequenza
                                        ;desiderata, perché maggiore é la frequenza e minore
                                        ;dovrà essere il tempo che il segnale impiega per
                                        ;percorrere il corpo dello strumento, che equivale
                                        ;alla durata di un ciclo del segnale
afilt   tone    adel, p7                ;afilt è il segnale ritardato  passato in un filtro
                                        ;passa-basso, il quale simula le perdite viscose e
                                        ;di dissipazione in calore
aout    atone   afilt*iamp, 30          ;filtro passa-alto per bloccare il DC Offset
        out     aout
        endin
```

```
;phmod2b.sco
```

| ;ins | act | dur | dB | pitch | feed | fcutoff | iatkecc | idececc | |
|------|-----|-----|----|-------|------|---------|---------|---------|---|
| i1 | 0 | 3 | 85 | 8 | -.995 | 3000 | .001 | .01 | 1 |
| i1 | + | 3 | 80 | . | . | 3000 | .002 | .1 | . |
| i1 | + | 3 | 75 | . | . | 3000 | .005 | .4 | . |
| i1 | + | 3 | 70 | . | -.98 | 3000 | .2 | .8 | . |
| i1 | + | 5 | 65 | . | -.98 | 3000 | .4 | 4.6 | . |

## 16.4 PIASTRA PERCOSSA

L'algoritmo deriva dal precedente, con l'aggiunta di una seconda linea di ritardo, che simula l'ulteriore modo di vibrazione di una piastra. Mentre infatti, in prima approssimazione, si può tenere in conto solo il modo di vibrazione trasversale di una corda, in una piastra vi sono almeno due modi importanti di propagazione delle onde, di direzioni ortogonali l'uno all'altro.

Come mostrato in Fig. 16-3, la fonte di eccitazione viene applicata a due linee di ritardo con tempi *delay1* e *delay2*, le cui uscite, filtrate dai filtri passabasso *tone*, con frequenze di taglio *cutoff1* e *cutoff2*, vengono risommate all'eccitazione e

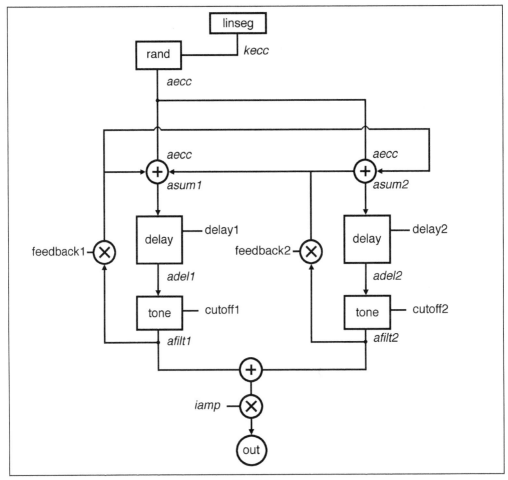

Fig. 16-3

reimmesse nelle linee di ritardo. Si genera così una catena complessa di ritardi che arricchisce il suono. Naturalmente, per ottenere i risultati voluti, i tempi delle linee di ritardo non dovranno essere in rapporto semplice fra loro, altrimenti le risonanze dell'una coincideranno con le risonanze dell'altra. Bisognerà anche fare attenzione che la somma dei due *feedback* non superi l'unità, altrimenti l'orchestra "esplode" a numeri molto grandi. In generale l'uso del *feedback* negativo può evitare questo problema.

L'orchestra Csound che segue simula il comportamento di una piastra percossa:

```
;phmod3.orc
        sr      =   44100
        kr      =   44100  ;notare kr=sr
        ksmps   =   1
        nchnls  =   1
        instr       3
        ifrq    =   cpspch(p5)
        idel1   =   1/ifrq
        idel2   =   1/ifrq*p7
        iamp    =   ampdb(p4)
afilt1  init        0
afilt2  init        0
        ifeed   =   p6
kexc    linseg      1, .01, 0, p3-.01, 0
aexc    rand        kexc
        asum    =   aexc+afilt1*ifeed+afilt2*ifeed
adel1   delay       asum, idel1
afilt1  tone        adel1, p8
adel2   delay       asum, idel2
afilt2  tone        adel2, p9
        aout    =   (afilt1+afilt2)*iamp
aout    atone       aout, 30
        out         aout
        endin
```

Si è espresso indipendentemente solo il tempo della prima linea di ritardo, *idel1* (pari al reciproco della frequenza desiderata), mentre quello della seconda è espresso in rapporto alla prima, con il coefficiente p7. Con la partitura seguente si sperimenta l'influenza del rapporto fra i due tempi di ritardo sulle caratteristiche del suono prodotto.

;phmod3.sco
;strumento 3: piastra percossa

| ;ins | act | dur | dB | pitch | feed | delay2/delay1 | cutoff1 | cutoff2 |
|------|-----|-----|-----|-------|------|---------------|---------|---------|
| i3 | 0 | 3 | 86 | 7 | .5 | 1.02 | 18000 | 18000 |
| i3 | + | . | . | 7 | . | 1.07 | . | . |
| i3 | + | . | . | 7 | . | 1.11 | . | . |
| i3 | + | . | . | 7 | . | 1.17 | . | . |
| i3 | + | . | . | 7 | . | 1.27 | . | . |
| i3 | + | . | . | 7 | . | 1.47 | . | . |
| i3 | + | . | . | 7 | . | 1.77 | . | . |
| i3 | + | . | . | 7 | . | 1.87 | . | . |
| i3 | + | . | . | 7 | . | 2.17 | . | . |

Mantenendo costante il valore del rapporto a 2.77 e ponendo la frequenza di taglio dei due filtri passabasso a 18000 Hz (per ottenere suoni che non si estinguano troppo rapidamente), ma richiedendo note sempre più acute (da 7.00 a 10.00 con salti di ottava), si ottengono suoni sempre più "sordi" e più brevi, che conservano comunque il carattere di oggetto metallico percosso.

;phmod3a.sco

| ;ins | act | dur | dB | pitch | feed | delay2/delay1 | cutoff1 | cutoff2 |
|------|-----|-----|-----|-------|------|---------------|---------|---------|
| i3 | 0 | 3 | 90 | 7 | .63 | 1.77 | 250 | 250 |

(Variando la frequenza di taglio dei filtri passabasso (da 250 Hz a 82000 Hz) si nota che per frequenze di taglio basse il suono ha un carattere fra il legno e la pelle, mentre da valori di 2000 Hz in poi appare la caratteristica "metallica".

;phmod3b.sco

| ;ins | act | dur | dB | pitch | feed | delay2/delay1 | cutoff1 | cutoff2 |
|------|-----|-----|-----|-------|------|---------------|---------|---------|
| i3 | 1 | 3 | 96 | 7 | .5 | 2.77 | 250 | 250 |
| i3 | + | . | 93 | 7 | . | . | 500 | 500 |
| i3 | + | . | 90 | 7 | . | . | 1000 | 1000 |
| i3 | + | . | 87 | 7 | . | . | 2000 | 2000 |
| i3 | + | . | 84 | 7 | . | . | 4000 | 4000 |
| i3 | + | . | 81 | 7 | . | . | 8000 | 8000 |

Per prolungare il suono si può agire sul *feedback,* aumentandolo oltre il valore di .5, dal momento che il filtraggio elimina gran parte dell'energia, ma con cautela, perché già con questa partitura

;phmod3c.sco

| ;ins | act | dur | dB | pitch | feed | delay2/delay1 | cutoff1 | cutoff2 |
|------|-----|-----|-----|-------|------|---------------|---------|---------|
| i3   | 0   | 3   | 90  | 7     | .63  | 1.77          | 250     | 250     |

(quindi con un *feedback* di .63) lo strumento produce oscillazioni crescenti, ed "esplode".

## 16.5 TUBO CON ANCIA SINGOLA

L'algoritmo è sempre dello stesso genere, ma questa volta vi sono due linee di ritardo, che realizzano separatamente il modello di un'onda, la quale viene riflessa nelle due direzioni, cioè dall'ancia verso la campana e dalla campana verso l'ancia. Questo modello è quello proposto da J.O.Smith (vedi Bibliografia).

Nel diagramma a blocchi in fig. 16.4 è illustrato il principio di funzionamento del modello: le fonti di eccitazione o di modificazione sono:

*amouthp*, funzione di pressione dell'aria nell'ancia

*kembofs*, *offset* dell'imboccatura, cioè la maggiore o minore pressione delle labbra intorno all'imboccatura (*embouchure*) e la loro posizione

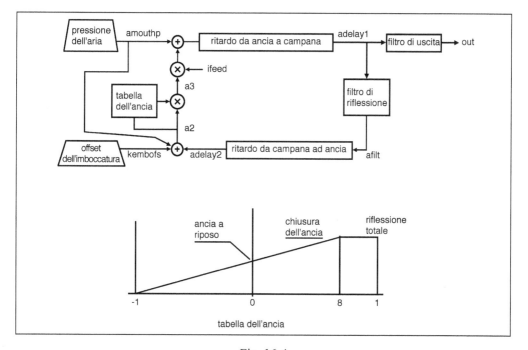

Fig. 16-4

Il segnale *amouthp* viene applicato alla prima linea di ritardo, che simula il ritardo intercorrente dall'ancia alla campana. Il segnale in uscita da questa linea di ritardo, *adel1*, viene filtrato in un filtro passa-basso che simula le perdite alla riflessione da parte della campana (*afilt*), e riapplicato a una seconda linea di ritardo che simula il ritardo intercorrente dalla campana all'ancia (che sarà ovviamente uguale a quello della prima linea di ritardo).

A questo segnale (*adel2*) viene sommato l'*offset* dell'imboccatura, *kembofs*, e il risultato (*a2*) viene utilizzato (in valore assoluto) come indice nella tabella dell'ancia. L'uscita della tabella serve da moltiplicatore al segnale *a2*, e opera contemporaneamente una limitazione che simula il caso di ancia completamente chiusa. Infatti se la pressione dell'aria supera un certo valore, anche in uno strumento reale l'ancia si chiude e non lascia più passare il flusso d'aria; si ha in questo caso l'onda viene completamente riflessa indietro nel tubo (riflessione totale).

Il segnale *a3*, moltiplicato per un fattore di retroazione (*ifeed*), viene infine sommato ad *amouthp* chiudendo il circuito.

Il segnale di uscita è *adelay1*, che viene filtrato da un filtro passa-alto per simulare l'effetto della campana.

Si noti che, per semplificare, nel diagramma a blocchi non sono stati inseriti né i filtri passa-alto *atone* (che hanno il solo scopo di bloccare l'eventuale componente continua che potrebbe far "esplodere" lo strumento), né gli inviluppi dei segnali *kembofs* e *amouthp*. Ma ciò non toglie nulla alla validità del diagramma a blocchi.

L'orchestra Csound che implementa il modello è la seguente:

```
;phmod4.orc
        sr       =  44100
        kr       =  44100     ;da notare sr=kr!
        ksmps    =  1
        nchnls   =  1
        instr       1


adelay1 init        0         ;inizializzazione della variabile adelay1 che verrà utilizzata successivamente
a3      init        0


ifrq             =  cpspch(p5) ;conversione da pitch a Hz
idelay1          =  1/ifrq     ;calcolo della durata del ritardo
iamp             =  ampdb(p4)*10
iatk             =  p6         ;durata dell'attacco
ifeed            =  p7         ;feedback
imaxemb          =  p8         ;massimo valore dell'imboccatura
```

```
icutoff              = p9          ;frequenza di taglio del filtro passa-basso

kembofs linseg       0, .1, imaxemb, p3-.1, 0 ; valore della pressione sull'imboccatura
amouthp linseg       0, iatk, 1, p3-iatk, 1, .001, 0 ; valore  della pressione dell'aria
avibr   oscil        .05, 5, 1    ;oscillatore per il vibrato
        amouthp  =   amouthp+avibr
        a1       =   amouthp - a3 * ifeed
adelay1 delay        a1, idelay1
ahp1    atone        adelay1, 50 ;quattro filtri passa-alto ...
ahp2    atone        ahp1, 50    ;...in serie ...
ahp3    atone        ahp2, 50    ;...equivalenti a un filtro ...
ahp     atone        ahp3, 50    ;...passa-alto del quarto ordine
afilt   tone         adelay1, icutoff ;segnale dopo le perdite alla riflessione
adelay2 delay        afilt, idelay1
        a2       =   adelay2 + amouthp + kembofs
k2      downsamp     a2          ;perché Csound non permette la funzione abs a frequenza audio!
                                 ;per l'opcode downsamp vedi il par. 17.2
ktab    table        abs(k2), 99, 2
        a3       =   a2 * ktab
kenv    linseg       1, p3-.1, 1, .1, 0
        aout     =   ahp*iamp*kenv
        out      aout
        endin
```

e le funzioni sono:

```
f 1   0   4096   10 1
f 99  0   4096   7  0  3072  1  1024  1
```

La funzione 1 implementa semplicemente una sinusoide per il vibrato, mentre la funzione 99 implementa la tabella dell'ancia (parte inferiore della Fig. 16-4).

Una possibile partitura può quindi essere:

```
;phmod4.sco
;clarinet.sco:
;incipit da "Pierino e il lupo - Il Gatto" di Sergeij Prokof'ev
f 1   0     4096   10    1
f 99  0     4096   7     0     3072  1     1024   1
```

```
t0    80
;
                              atk  feedback  imboccatura  cutoff
i 1   0.     0.25   90.   8.07   0.05  1.        0.         6000.
i 1   0.5    0.25   90.   9      .     .         .          .
i 1   1.     1.     90.   9.04   .     .         .          .
i 1   2.     0.25   90.   9      .     .         .          .
i 1   2.5    0.25   90.   8.07   .     .         .          .
i 1   3.     1.     90.   8.06   .     .         .          .
i 1   4.     0.25   90.   8.07   .     .         .          .
i 1   4.5    0.25   90.   9      .     .         .          .
i 1   5.     0.25   90.   9.04   .     .         .          .
i 1   5.5    0.25   90.   9.07   .     .         .          .
i 1   6.     1.25   90.   9.05   .     .         .          .
i 1   7.5    0.25   90.   9.04   .     .         .          .
i 1   8.     0.25   90.   9.07   .     .         .          .
i 1   8.5    0.25   90.   9.05   .     .         .          .
i 1   9.     0.25   90.   9.04   .     .         .          .
i 1   9.5    0.25   90.   9.02   .     .         .          .
i 1   10.    0.25   90.   9.05   .     .         .          .
i 1   10.5   0.25   90.   9.04   .     .         .          .
i 1   11.    0.25   90.   9.02   .     .         .          .
i 1   11.5   0.25   90.   9      .     .         .          .
i 1   12.    0.25   90.   9.04   .     .         .          .
i 1   12.5   0.25   90.   9.02   .     .         .          .
i 1   13.    1.     90.   8.11   .     .         .          .
i 1   14.    1.     90.   9      .     .         .          .
e
```

Modificando l'*offset* di imboccatura si ottiene una variazione spettrale, e precisamente, per valori di *offset* di imboccatura variabili fra 0 e 0.3, si ottengono gli spettri illustrati in Fig. 16-5 (la divisione verticale è di 6 dB):

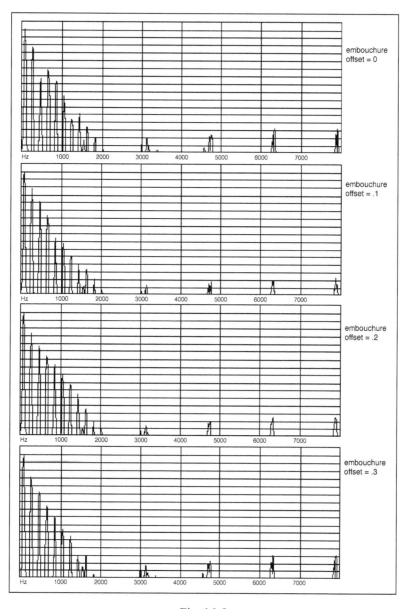

Fig. 16-5

# APPROFONDIMENTI

Diversi studiosi (fisici e matematici) si sono dedicati negli ultimi decenni alla sintesi del suono tramite modelli fisici, e vi sono diverse "scuole" che usano metodi differenti. I principali sono:

1. **Paradigma della massa e della molla** (Hiller e Ruiz, 1971): consiste nello specificare le *dimensioni fisiche* e le *caratteristiche* degli oggetti vibranti: lunghezza, larghezza, spessore, massa, elasticità etc. Poi si specificano quelle che in fisica si chiamano *condizioni al contorno*, cioè il modo in cui questi oggetti vibranti sono vincolati fra loro e ai loro supporti (che si suppongono fissi). Poi si specificano le *condizioni iniziali*, come per esempio la posizione di partenza di una corda. Finalmente, si applica una *eccitazione* (cioè una forza), descritta matematicamente, e si studia il suo effetto sul sistema, per mezzo di uno strumento matematico, le *equazioni differenziali*, ottenendo l'*equazione d'onda*, cioè il suono risultante.

2. **Sintesi modale** (Calvet, Laurens e Adrien, 1990): parte dalla premessa che un oggetto continuo vibrante può essere rappresentato da un insieme di sottostrutture semplici, come il ponticello del violino, l'archetto, la mazza di tamburo etc. Questo tipo di approccio caratterizza ciascuna sottostruttura con un insieme di *dati modali,* che consistono dei seguenti due elementi: a. frequenze proprie e coefficienti di smorzamento dei modi di risonanza della struttura; b. insieme di coordinate che rappresentano la forma dei modi di vibrazione della sottostruttura. Il vantaggio di questo approccio è nella *modularità* delle sottostrutture, per cui possiamo per esempio sperimentare l'effetto di una corda di violoncello percossa con una mazza da tamburo etc. Questo metodo è stato implementato nei programmi di sintesi *MOSAIC* e *MODALYS* realizzati all'IRCAM.

3. **Modello di McIntyre, Schumacher e Woodhouse** (MSW) (1983): studia in dettaglio la nascita e l'evoluzione delle forme d'onda e i meccanismi fisici che le governano. La sintesi che ne deriva presuppone una eccitazione *non lineare* (per esempio un sistema composto da un oscillatore e un blocco di distorsione, il quale simula il comportamento di un'ancia, che oltre a generare un segnale, lo distorce) e un risuonatore lineare (un filtro più o meno complesso).

4. **Modello a guida d'onda** (*waveguide*) (Smith, Cook e altri, 1982-1993): questo approccio è finora l'unico che ha trovato applicazioni commerciali, perché è alla base dei sintetizzatori *hardware* a modelli fisici, introdotti da Yamaha, Korg e Roland. La teoria che sta dietro a questo modello è piuttosto complessa, ed esula dagli scopi di questo volume. Rimandiamo perciò alla bibliografia chi fosse interessato ad approfondire la questione.

# 17

---

# CSOUND COME LINGUAGGIO DI PROGRAMMAZIONE

## 17.1 CSOUND È UN LINGUAGGIO DI PROGRAMMAZIONE

Csound è, a tutti gli effetti, un linguaggio di programmazione. Certo, è particolarmente orientato alla sintesi del suono (è stato concepito per questo), ma in linea di principio nulla vieta di utilizzarlo, per esempio, per eseguire calcoli. Avviamo Csound con questa orchestra:

```
;calcola.orc
        sr      =   100
        kr      =   1
        ksmps   =   100
        nchnls  =   1

        instr      1
        i1      =   log(10)  ;calcola il logaritmo naturale di 10 e pone il risultato in i1
        print      i1        ;l'opcode print visualizza valori, in questo caso visualizza  i1
                             ;(riguardo l'opcode print vedi par. 17.5)
        endin
```

e questa partitura:

```
;calcola.sco
i1    0   .01
```

Csound visualizzerà sullo schermo il valore 2.303, il logaritmo naturale di 10. Notiamo alcune anomalie: la frequenza di campionamento *sr* è di soli 100 Hz: ma sono anche troppi, dal momento che non ci interessa sintetizzare alcun *file* audio. La frequenza di controllo è addirittura di 1 Hz: ma nell'orchestra non c'è traccia di segnali di controllo, quindi anche questo valore (come qualsiasi altro) va benissimo. La durata della nota in partitura è di 1/100 di secondo soltanto, ma poiché non ci interessa il suono, va bene così.

Come tutti i linguaggi di programmazione, Csound ha campi in cui è molto efficace (la sintesi) e campi in cui è debole (la gestione dei dati, la strutturazione etc.). Ci interessa però sottolineare che Csound permette anche di scrivere programmi (cioè orchestre) dotate di una certa "intelligenza", orchestre in grado di reagire differentemente a seconda dei dati che ricevono. Avremmo anche potuto eseguire Csound con il *flag -n (nosound)* per non generare alcun *file* audio.

## 17.2 MODIFICA DEL FLUSSO DI PROGRAMMA E OPERATORI DI CONVERSIONE

Normalmente le istruzioni di un'orchestra Csound vengono eseguite sequenzialmente, dalla prima all'ultima. È possibile però modificare il flusso del programma, cioè l'ordine in cui le istruzioni vengono eseguite. Inoltre è possibile eseguire un particolare frammento di codice o un altro a seconda del verificarsi di determinate condizioni.

Le più importanti istruzioni che permettono di modificare il flusso di programma sono le *istruzioni di salto*:

**igoto        etichetta**
**kgoto        etichetta**
**goto         etichetta**

*igoto*  fa saltare[1] l'esecuzione del programma alla riga contrassegnata da *etichetta*, ma solo durante il passo di inizializzazione (vedi par.1.A.1).

*kgoto*  fa saltare l'esecuzione del programma alla riga contrassegnata da *etichetta*, ma solo durante il passo di calcolo dei segnali di controllo.

*goto*  fa saltare l'esecuzione del programma alla riga contrassegnata da *etichetta*, sia durante il passo di inizializzazione sia durante il passo di calcolo dei segnali di controllo.

---

[1] Si definisce *salto* l'azione per la quale non viene eseguita la riga successiva di un programma, ma una riga diversa indicata nell'istruzione di salto, e l'esecuzione continua da quella riga in poi.

Un'etichetta *(label)* è un identificatore alfanumerico (cioè una stringa di caratteri) seguito da ":", che deve essere il primo elemento di una riga di orchestra; per esempio

```
pippo: a1   oscil    10000, 440, 1
```

Non esiste invece alcuna istruzione di salto durante il passo di calcolo dei segnali audio.

Vi sono poi istruzioni che modificano il flusso di programma solo al verificarsi di una determinata condizione logica *COND*, i cosiddetti *salti condizionali,* e sono:

| **if** | **ia COND ib** | **igoto** | **etichetta** |
| **if** | **ka COND kb** | **kgoto** | **etichetta** |
| **if** | **ia COND ib** | **goto** | **etichetta** |

*ia* e *ib* sono espressioni, e *COND* è uno degli *operatori logici* permessi in Csound. Questi sono

|  |  |
|---|---|
| > | (maggiore di) |
| < | (minore di) |
| >= | (maggiore o uguale a) |
| <= | (minore o uguale a) |
| == | (uguale a) |
| != | (diverso da) |

Si noti che il simbolo "=" indica l'assegnazione a una variabile (per esempio *ia = 12*, mentre il simbolo "==" è un operatore di confronto (*13==13* dà VERO, *12==13* dà FALSO).

Quindi nel frammento di orchestra:

```
...
      if      i1>i2   goto salto
a1    rand    iamp
      goto    ok
salto:
a1    oscil   iamp, ifrq, 1
ok:
...
```

se *i1* è maggiore di *i2*, allora si salta all'etichetta *salto*, e e la variabile audio *a1* viene definita come uscita di un oscillatore; se *i1* è minore o uguale a *i2*, allora non vi è salto e alla variabile audio *a1* viene assegnato un rumore bianco.

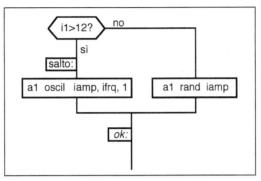

Fig. 17-1

Notiamo il salto incondizionato *goto ok,* che serve a impedire l'esecuzione della riga

a1      oscil   iamp,ifrq,1

dopo la prima assegnazione con *rand.*

In Fig.17-1 è illustrato il diagramma di flusso di questo frammento di orchestra.
Ripetiamo che, per motivi di velocità di esecuzione, non sono previsti *test* condizionali
sulle variabili audio, cioè non è possibile scrivere:

if       a1<a2        goto   pippo

Se ne abbiamo proprio bisogno, anche a costo di una certa lentezza di esecuzione, come
facciamo? Poniamo semplicemente la frequenza di controllo uguale a quella audio, e usiamo
gli operatori che permettono di convertire un tipo di variabile in un altro, in questo modo:

```
        sr      =   44100
        kr      =   44100
        ksmps   =   1
        nchnls  =   1
        instr   1
a1      oscil   10000, 440, 1
a2      oscil   10000, 458, 1
k1      downsamp a1
k2      downsamp a2
        if      k1<k2   goto    pippo
        ...
```

Gli operatori che permettono di convertire un tipo di variabile in un altro sono:

| | | |
|---|---|---|
| **i1** | **=** | **i(ksig)** |
| **i1** | **=** | **i(asig)** |
| **k1** | **downsamp** | **asig[, iwlen]** |
| **a1** | **upsamp** | **ksig** |
| **a1** | **interp** | **ksig[, istor]** |

*i(ksig)* e *i(asig)* convertono rispettivamente la variabile di controllo *ksig* e la variabile audio *asig* in una variabile di inizializzazione, "fotografandone" il valore in un dato istante e mantenendolo fisso per tutta la durata della nota.

*downsamp* converte un segnale audio *asig* in un segnale di controllo *k1*.

*upsamp* e *interp* convertono un segnale di controllo *ksig* in un segnale audio *a1*. L'*opcode upsamp* ripete semplicemente il valore di *ksig* per *ksmps* volte, mentre *interp* opera una interpolazione lineare fra valori successivi di *ksig*.

*iwlen* (opzionale) è la lunghezza di una finestra (in campioni) all'interno della quale si calcola una media del segnale audio. Il valore massimo è *ksmps*. I valori 0 e 1 significano "nessuna media" (infatti non è possibile calcolare la media di un solo campione); per richiedere il calcolo della media sarà necessario specificare un valore maggiore di uno. Per *default* non viene calcolata alcuna media.

## 17.3 REINIZIALIZZAZIONE

Un altro metodo per modificare il flusso di programma è quello di rieseguire, a nota già in corso, un passo di reinizializzazione, che normalmente avviene solamente all'inizio di ogni nota.

Supponiamo di volere ripetere ciascuna nota di una partitura ogni decimo di secondo, cioè di desiderare uno schema di ampiezza/frequenza del genere mostrato in Fig.17-2.

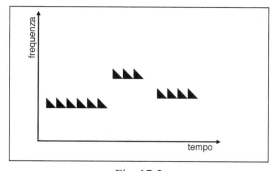

Fig. 17-2

Potremmo scrivere un'orchestra di questo tipo:

```
;reinit.orc
        sr     =   44100
        kr     =   4410
        ksmps  =   10
        nchnls =   1
        instr      1
        iamp   =   ampdb(p4)
        ifrq   =   cpspch(p5)
kenv    linseg     0, .01, iamp, p3-.01, 0
a1      oscili     kenv, ifrq, 1
        out        a1
        endin
```

```
;reinit.sco
f1    0    4096   10    1
i1    0    .1     80    8      ;6 ripetizioni per il primo schema
i1    +    .      .     .
i1    +    .      .     .
i1    +    .      .     .
i1    +    .      .     .
i1    +    .      .     .
i1    .7   .1     80    9      ;3 ripetizioni per il secondo schema
i1    +    .      .     .
i1    +    .      .     .
i1    1.1  .1     80    8.04   ;4 ripetizioni per il terzo schema
i1    +    .      .     .
i1    +    .      .     .
i1    +    .      .     .
```

Oppure potremmo fare in modo di definire la durata totale di ogni schema, e ripetere l'inviluppo all'interno della nota stessa. Come? Con gli *opcode*:

**reinit**          **etichetta**
**rireturn**

*reinit* quando Csound incontra questo *opcode*, l'esecuzione viene temporaneamente sospesa, e viene eseguito un ulteriore passo di inizializzazione (vengono cioè ricalcolate tutte le variabili di tipo *i*) che inizia con l'istruzione contrassegnata da *etichetta* e termina quando si incontra l'istruzione *rireturn* oppure *endin*. L'esecuzione continua poi da dove era stata interrotta.

*rireturn* conclude un passo di reinizializzazione avviato da *reinit*.

Noi però non vogliamo reinizializzare l'inviluppo a ogni campione di suono, ma solo a un certo intervallo di tempo. Ci viene in aiuto un altro *opcode* in grado di modificare il flusso di programma:

**timout**      **istrt, idur, etichetta**

*timout* esegue un salto condizionale che dipende da quanto tempo è passato dall'inizio della nota corrente. Gli argomenti *istrt* e *idur* sono rispettivamente un tempo e una durata (in secondi). Al tempo *istrt* si salta all'istruzione contrassegnata da *etichetta*, e si continua a saltare per *idur* secondi. Notiamo anche che *timout* può essere reinizializzato quante volte si vuole nel corso della stessa nota.

Riscriviamo dunque l'orchestra con i nuovi *opcode*:

```
;reinit1.orc
        sr     =  44100
        kr     =  4410
        ksmps  =  10
        nchnls =  1
        instr     1
        iamp   =  ampdb(p4)
        ifrq   =  cpspch(p5)
        idur   =  .1            ;tempo dopo il quale eseguire la reinizializzazione,
                                ;cioè la generazione di un nuovo inviluppo
daqua:
kenv    linseg    0, .01, iamp, .09, 0
        timout    0, idur, continua   ;se non è ancora trascorso il tempo idur, salta all'etichetta
                                      ; "continua", altrimenti...
        reinit    daqua               ;... reinizializza tutte le istruzioni comprese fra l'etichetta "daqua" e
                                      ;questa continua:
        rireturn                      ;esce dal passo di reinizializzazione...
a1      oscili    kenv, ifrq, 1       ;... e genera il suono
        out       a1
        endin
```

Mentre la partitura diviene semplicemente:

```
;reinit1.sco
f1    0      4096   10     1
i1    0      .6     80     8      ;6 ripetizioni per il primo schema
i1    .7     .3     80     9      ;3 ripetizioni per il secondo schema
i1    1.1    .4     80     8.04   ;4 ripetizioni per il terzo schema
```

## 17.4 PROLUNGARE LA DURATA DI UNA NOTA

In Csound è possibile prolungare la durata di una nota anche oltre il valore di durata *p3* espresso in partitura. È sufficiente che nello strumento vi sia l'istruzione

**ihold**

che trasforma una nota di durata finita in una *nota tenuta*. Lo stesso effetto si può ottenere, anche solo in alcune note, con un *p3* negativo in partitura. Naturalmente ciò avviene (in entrambi i casi) fino a che Csound rimane attivo, cioè fino a quando qualche altro strumento sta suonando.

Lo strumento può essere disattivato con l'istruzione

**turnoff**

oppure da un'altra nota con lo stesso numero di strumento. Questo significa che uno strumento in cui è stato eseguito *ihold* cessa di essere polifonico, non può cioè suonare più di una nota contemporaneamente. L'istruzione *turnoff* provoca la disattivazione di uno strumento.

Per esempio, questo frammento di orchestra interrompe la nota se il segnale di controllo *kfreq* oltrepassa la frequenza di Nyquist (sr/2):

```
k1     expon  440, p3/10, 880      ;inizia un glissando esponenziale
       if   k1 < sr/2 kgoto contin ;se si raggiunge la frequenza di Nyquist...
       turnoff                     ;...lo strumento si disattiva
contin:
a1     oscil  a1, k1, 1            ;altrimenti si genera il suono
```

## 17.5 *DEBUGGING*

Csound offre alcune possibilità per il *debugging* (ricerca degli errori), fondamentalmente istruzioni che visualizzano valori numerici e istruzioni che scrivono dati su disco. Iniziamo con la più semplice:

**print    iarg[, iarg,...]**

*iarg* è una variabile di inizializzazione. Il suo valore viene stampato sullo schermo a ogni passo di inizializzazione, compresi quelli eventualmente richiesti da *reinit*. Per esempio, con il frammento di orchestra:

```
...
ifrq    =  cpspch(p5)
iamp    =  ampdb(p4)
print      ifrq, iamp
...
```

si ottiene questo risultato (le parti dovute a *print* sono in grassetto):

```
new alloc for instr 1:
instr 1:  ifrq = 261.626  iamp = 9999.996
B 0.000 .. 0.100 T 0.100 TT 0.100 M:            0.0
instr 1:  ifrq = 130.813  iamp = 3162.277
B 0.100 .. 0.200 T 0.200 TT 0.200 M:            0.0
instr 1:  ifrq = 277.167  iamp = 1000.000
B 0.200 .. 0.300 T 0.300 TT 0.300 M:            0.0
instr 1:  ifrq = 293.657  iamp = 6309.571
B 0.300 .. 0.400 T 0.400 TT 0.400 M:            0.0
instr 1:  ifrq = 311.101  iamp = 12589.249
B 0.400 .. 0.500 T 0.500 TT 0.500 M:            0.0
instr 1:  ifrq = 329.609  iamp = 31622.764
B 0.500 .. 0.600 T 0.600 TT 0.600 M:            0.0
end of score.        overall amps:    0.0
          overall samples out of range:    0
```

Vi sono ancora:

**display          xsig, iprd[, iwtflg]**
**dispfft          xsig, iprd, iwsiz[, iwtyp][, idbouti][, iwtflg]**

*display*   produce un grafico del segnale *xsig* ogni *iprd* secondi.

*dispfft*   produce un grafico della trasformata di Fourier (FFT) del segnale *xsig* ogni *iprd* secondi, con dimensione della finestra di analisi di *iwsiz* campioni.

*iwtyp*   (opzionale) determina il tipo della finestra: 0 = rettangolare, 1 = Hanning. Il valore di *default* è 0.

*idbouti*   (opzionale) stabilisce le unità di misura: 0 = ampiezza assoluta, 1 = dB. Il valore di *default* è 0.

*iwtflg*   (opzionale) è un *flag* di attesa. Se non è zero, ferma la visualizzazione fino alla pressione di un tasto. Il valore di *default* è 0.

Quasi tutte le versioni di Csound rappresentano i grafici con caratteri ASCII (o ANSI).

Altri *opcode* sono:

**printk**          **itime, kval [, ispace]**
**printk2**         **kval [,ispace]**

*printk*   visualizza il valore della variabile di controllo *kval* ogni *itime* secondi, e aggiunge *ispace* spazi dopo la stampa.

*printk2*   visualizza il valore della variabile di controllo *kval* solo quando il suo valore cambia, e aggiunge *ispace* spazi dopo la stampa.

La prima visualizzazione avviene durante il primo passo di calcolo dei segnali di controllo. L'*opcode printk* può visualizzare valori ogni periodo di controllo, ponendo *itime=0*.

## 17.6 FUNZIONI MATEMATICHE E TRIGONOMETRICHE

Csound mette a disposizione un certo numero di funzioni matematiche e trigonometriche: alcune servono per convertire valori, altre sono di uso generale. Queste funzioni (a differenza degli *opcode*) possono essere usate all'interno di espressioni, per esempio:

```
a1    oscil   2000, 4+   int(k3), 1
```

Le funzioni più importanti sono:

**ftlen(ifno)**   dà la lunghezza della tabella *ifno*. Per esempio:

```
if2   =   ftlen(2)
```

dà la lunghezza della tabella n. 2. Non è utilizzabile con tabelle costruite con GEN01 e lunghezza zero, (*deferred time allocation*).

**int(kx)**          dà la parte intera della variabile *kx* (di controllo o di inizializzazione).

Per esempio:

i1      =   int(4.32)

   in questo caso *i1* assumerà il valore 4

**frac(kx)**          dà la parte decimale o frazionaria della variabile *kx* (di controllo o di inizializzazione). Per esempio, in:

i1      =   frac(4.32)

   *i1* assumerà il valore 0.32

**dbamp(kx)**      converte l'ampiezza assoluta *kx* (di controllo o di inizializzazione) in dB
**i(kx)**              converte la variabile di controllo *kx* in variabile di inizializzazione, "fotografandone" il valore (cfr: par. 17.2)
**abs(x)**            dà il valore assoluto della variabile (qualsiasi) *x*. Per esempio:

i1      =   abs(-3.1)
   *i1* assumerà il valore 3.1, mentre:

i1      =   abs(2.5)
   *i1* assumerà il valore 2.5

**exp(x)**        dà l'esponenziale della variabile (qualsiasi) *x* (cioè $e^x$)
**log(x)**        dà il logaritmo naturale della variabile (qualsiasi) *x*
**sqrt(x)**       dà la radice quadrata della variabile (qualsiasi) *x*
**sin(x)**        dà il seno della variabile (qualsiasi) *x*
**cos(x)**        dà il coseno della variabile (qualsiasi) *x*
**ampdb(x)**    converte il valore in dB della variabile (qualsiasi) *x* in ampiezza assoluta

   Le funzioni relazionate con l'elevazione a potenza sono:

| | | |
|---|---|---|
| **ir** | **ipow** | **iarg, kpow** |
| **kr** | **kpow** | **karg, kpow, [inorm]** |
| **ar** | **apow** | **aarg, kpow, [inorm]** |

*iarg*, *karg* e *aarg* sono la base, *kpow* è l'esponente.

*inorm* (opzionale) è un fattore di normalizzazione, per il quale viene diviso il risultato. Il valore di *default* è 1.

Per esempio, se scriviamo:

```
i2alla3  ipow   2, 3
```

*i2alla3* assumerà il valore 8 (cioè $2^3$). Se invece scriviamo:

```
i2alla3  ipow   2, 3, 4
```

*i2alla3* assumerà il valore 2 (cioè $2^3 / 4$).

Esiste anche la possibilità di elevare direttamente a potenza una variabile (di tipo *i*, *k* o *a*) con l'operatore $\wedge$.

Quindi, per esempio, la coppia di istruzioni:

```
i2alla3  ipow isig, 3
k1       line 0, p3, i2alla3
```

può essere sostituita dall'unica istruzione:

```
k1       line 0, p3, isig^3
```

## 17.7 ASSEGNAZIONE CONDIZIONALE

Csound mette a disposizione un modo particolarmente compatto per assegnare un valore a una variabile, a seconda che sia verificata o no una certa condizione; si tratta dell'assegnazione condizionale, che si scrive:

```
(a > b  ? v1 : v2)
(a < b  ? v1 : v2)
(a >= b  ? v1 : v2)
(a <= b  ? v1 : v2)
(a == b  ? v1 : v2)
(a != b  ? v1 : v2)
```

in cui *a*, *b*, *v1* e *v2* possono essere costanti, variabili o espressioni, ma non a frequenza audio (non devono cioè contenere variabili audio).

Innanzitutto vengono confrontati i termini *a* e *b*. Se la condizione è vera, (*a* maggiore di *b*, *a* minore di *b*, *a* maggiore o uguale a *b*, *a* minore o uguale a *b*, *a* uguale a *b*, *a* diverso da *b*), allora l'espressione condizionale assume il valore *v1*; se la condizione è falsa, l'espressione condizionale assume il valore *v2*. Se *v1* o *v2* sono a loro volta espressioni, vengono calcolate prima di verificare la condizione.

Per esempio:

```
k0    =   (k1 < p5/2 + p6 ? k1 : p7)
```

calcola il risultato dell'operazione *p5/2+p6*. Assegna a *k0* il valore *k1* se la condizione è verificata, altrimenti gli assegna il valore *p7*.

# APPROFONDIMENTI

## 17.A.1 GENERAZIONE DI EVENTI COMPLESSI

Di solito a ogni riga di partitura, o meglio, a ogni riga che inizia con l'*opcode i*, corrisponde una nota, cioè un evento semplice. Ma non è sempre così. Possiamo desiderare di specificare, con una sola riga di partitura, un evento complesso: una scala, un arpeggio, un complesso di suoni qualsiasi.

Nel par. 17.3 abbiamo già visto come si può reinizializzare uno strumento in modo da fare ripartire un inviluppo nel corso di una nota. Ora vediamo qualche applicazione più complessa. Supponiamo di voler scrivere uno strumento che generi un frammento di scala cromatica ascendente compreso fra due altezze definite in partitura, e questa volta iniziamo proprio dalla partitura:

```
;scalacr.sco
f1      0      4096   10    1      .3     .3     .2     0     .4
;p1     p2     p3     p4    p5     p6
;ins    act    dur    dB    start  end
i1      0      3      80    8      8.07
```

Poniamo in *p5* la nota di partenza (in questo caso 8.00), e in *p6* la nota di arrivo (in questi caso 8.07).

Scriviamo dunque l'orchestra:

```
;scalacr.orc
        sr        =   44100
        kr        =   4410
        ksmps     =   10
        nchnls    =   1
        instr     1
iamp              =   ampdb(p4)
ipitch            =   p5                                    ;pitch di partenza
ioctst            =   int(p5)                               ;ottava di partenza
ioctend           =   int(p6)                               ;ottava di arrivo
isemist           =   frac(p5)*100                          ;semitono di partenza
isemiend          =   frac(p6)*100                          ;semitono di arrivo
isemirng          =   (ioctend-ioctst)*12+(isemiend-isemist)+1   ;semitoni da suonare
idur              =   p3/isemirng                           ;durata di ogni semitono
daqua:
```

```
ifrq              =   cpspch(ipitch)              ;conversione da pitch a Hz
kenv     linseg       0, .01, iamp, idur-.01, 0   ;inviluppo di ogni semitono
         timout       0, idur, continua           ;reinizializzare ogni idur secondi
;idur seconds
         ipitch =     ipitch+.01                  ;incremento di ipitch per suonare
                                                  ;il semitono successivo
reinit daqua
continua:
         rireturn
a1       oscili       kenv, ifrq, 1               ;generazione del suono
         out          a1
         endin
```

Che cosa abbiamo fatto? Abbiamo memorizzato nella variabile di servizio *ipitch* la nota iniziale della scala, in formato *pitch*. Abbiamo poi calcolato l'ottava di partenza *ioctst* e quella di arrivo *ioctend* con l'*opcode int()*. Abbiamo calcolato il semitono di partenza *isemist* e quello di arrivo *isemiend* con l'*opcode frac()*. E abbiamo calcolato la gamma di semitoni, che è uguale all'ottava di arrivo meno quella di partenza, moltiplicato dodici, più la differenza dei semitoni, più uno.

Abbiamo poi calcolato la durata *idur* di ogni semitono, dividendo la durata dell'intera nota, *p3*, per il numero di semitoni da suonare, e definito un inviluppo triangolare *kenv* per ogni semitono.

Abbiamo fatto reinizializzare le unità comprese fra l'etichetta *daqua* e l'istruzione *reinit*, e a ogni reinizializzazione abbiamo incrementato *ipitch* di un semitono, cioè di 0.01.

E infine abbiamo generato il suono.

Supponiamo ora di volere generare un gruppo di suoni compreso fra una frequenza minima e una frequenza massima, e di fare in modo che ogni suono abbia durata compresa fra una durata minima e una durata massima. Frequenze e durate sono specificate in partitura. Iniziamo proprio da questa:

```
;gruppi.sco
f1    0    4096   10    1        .3         .3       .2       0     .4
;p1   p2   p3     p4    p5       p6
;ins  act  dur    dB    min.freq max.freq   min.dur  max.dur
i1    0    3      80    400      600        .1       .2
```

Poniamo in *p5* la frequenza minima, in p6 la frequenza massima, in *p7* la durata minima e in *p8* la durata massima, e scriviamo l'orchestra:

```
;gruppi.orc
        sr      =   44100
        kr      =   4410
        ksmps   =   10
        nchnls  =   1
        instr   1
        iamp    =   ampdb(p4)
        ifrmin  =   p5
        ifrmax  =   p6
        ifrrng  =   ifrmax-ifrmin      ;gamma di frequenza
        idurmin =   p7
        idurmax =   p8
        idurrng =   idurmax-idurmin    ;gamma di durata

daqua:
;- - - - - - - - - - - - - - - - - - - - - - - - - - - - - calcolo della frequenza
kfrq    rand        ifrrng, -1        ;il secondo argomento, iseed, è posto a -1 per
                                      ;evitare la generazione di numeri casuali sempre uguali
        kfrq    =   abs(kfrq)
        ifrq    =   ifrmin+i(kfrq)
;- - - - - - - - - - - - - - - - - - - - - - - - - - - - calcolo della durata
kdur    rand        idurrng, -1
        kdur    =   abs(kdur)
        idur    =   idurmin+i(kdur)
;- - - - - - - - - - - - - - - - - - - - - - - - - - - - - calcolo dell'inviluppo
kenv    linseg      0, .01, iamp, idur-.01, 0
;- - - - - - - - - - - - - - - - - - - - - - - - - - - - - istruzioni di reinizializzazione
        timout      0, idur, continua
        reinit      daqua
continua:
        rireturn
;- - - - - - - - - - - - - - - - - - - - - - - - - - - - - generazione del suono
a1      oscili      kenv, ifrq, 1
        out         a1
        endin
```

Analizziamo l'orchestra.

Abbiamo prima di tutto calcolato la gamma di frequenza *ifrrng* sottraendo *ifrmin* (p5) da *ifrmax* (p6), e la gamma di durate *idurrng* sottraendo *idurmin* (p7) da *idurmax* (p8).

Poi abbiamo calcolato una quantità casuale, compresa fra *-ifrrng* e *+ifrrng*, con l'*opcode rand,* l'abbiamo resa positiva applicando l'*opcode abs(),* e abbiamo fatto lo stesso per la durata. Sommando la quantità *kfrq* (convertita in variabile di inizializzazione con l'*opcode i()* ) a *ifrmin*, abbiamo determinato la frequenza *ifrq* di ogni notina (considerando come nota tutto l'evento). Un calcolo analogo ci ha dato la durata di ogni notina, *idur*. Abbiamo poi calcolato un inviluppo triangolare di durata *idur*, e il suono *a1*. Lo strumento viene reinizializzato ogni *idur* secondi; in questo caso, però, *idur* non è una quantità fissa, come nell'orchestra precedente, ma viene a sua volta ricalcolata a ogni passo di reinizializzazione.

Notiamo che l'ultima notina è troncata. Questo perché, arrivati verso la fine della durata *p3*, il tempo rimanente non coinciderà mai, se non per un puro caso, con la durata *idur*. Correggiamo quindi l'orchestra, inibendo la generazione dell'ultima notina se il tempo rimanente è minore di *idur*. Le righe aggiunte sono in grassetto:

```
;gruppi1.orc
        sr       =   44100
        kr       =   44100
        ksmps    =   1
        nchnls   =   1
        instr        1
        iamp     =   ampdb(p4)
        irem     =   p3                  ;tempo rimanente
        ifrmin   =   p5
        ifrmax   =   p6
        ifrrng   =   ifrmax-ifrmin       ;gamma di frequenza
        idurmin  =   p7
        idurmax  =   p8
        idurrng  =   idurmax-idurmin     ;gamma di durata
daqua:
        kfrq   rand   ifrrng/2, -1
        kfrq     =   abs(kfrq)
        ifrq     =   ifrmin+i(kfrq)
        kdur   rand   idurrng/2, -1
        kdur     =   abs(kdur)
        idur     =   idurmin+i(kdur)
        irem     =   irem-idur           ;calcolo del tempo rimanente
        if   irem<idur goto nosound      ;se non c'è abbastanza tempo, niente suono
        kenv     linseg  0, .01, iamp, idur-.01, 0
                 timout  0, idur, continua
```

```
            reinit      daqua
continua:
            rireturn
a1          oscili      kenv, ifrq, 1
nosound:
            out         a1
            endin
```

## LISTA DEGLI *OPCODE*

|       |           |                                                                                      |        |           |
|-------|-----------|--------------------------------------------------------------------------------------|--------|-----------|
|       | igoto     | etichetta                                                                            |        |           |
|       | kgoto     | etichetta                                                                            |        |           |
|       | goto      | etichetta                                                                            |        |           |
|       | if        | ia COND ib                                                                           | igoto  | etichetta |
|       | if        | ka COND kb                                                                           | kgoto  | etichetta |
|       | if        | ia COND ib                                                                           | goto   | etichetta |
| i1    | =         | i(variabile di controllo)                                                            |        |           |
| i1    | =         | i(variabile audio)                                                                   |        |           |
| k1    | downsamp  | variabile audio [, lunghezza della finestra]                                         |        |           |
| a1    | upsamp    | variabile di controllo                                                               |        |           |
| a1    | interp    | variabile di controllo [, inizializzazione della memoria]                           |        |           |
|       | reinit    | etichetta                                                                            |        |           |
|       | rireturn  |                                                                                      |        |           |
|       | timout    | tempo di inizio, durata, etichetta                                                   |        |           |
|       | ihold     |                                                                                      |        |           |
|       | turnoff   |                                                                                      |        |           |
|       | print     | variabile di inizializzazione [,variabile di inizializzazione2,...]                  |        |           |
|       | display   | variabile, periodo [, flag di attesa]                                                |        |           |
|       | dispfft   | variabile, periodo, dimensione della finestra[,tipo di finestra][, unità di misura di ampiezza] [, flag di attesa] | | |
|       | printk    | periodo, variabile di controllo [, numero di spazi]                                  |        |           |
|       | printk2   | variabile di controllo [, numero di spazi]   printks                                 |        |           |
|       |           | "testo", periodo, variabile di controllo1, ..., variabile di controllo4              |        |           |
| ir    | pow       | base, esponente                                                                      |        |           |
| kr    | pow       | base, esponente, [fattore di normalizzazione]                                        |        |           |
| ar    | pow       | base, esponente, [fattore di normalizzazione]                                        |        |           |

|          |                                            |
|----------|--------------------------------------------|
| i(kx)    | conversione in variabile i                 |
| int(x)   | parte intera                               |
| frac(x)  | parte decimale                             |
| abs(x)   | valore assoluto                            |
| sqrt(x)  | radice quadrata                            |
| exp(x)   | esponenziale                               |
| log(x)   | logaritmo naturale                         |
| log10(x) | logaritmo in base 10                       |
| ampdb(x) | conversione da dB a ampiezza assoluta      |
| dbamp(x) | conversione da ampiezza assoluta a dB      |

| | |
|---|---|
| **sin(x)** | **seno** |
| **sininv(x)** | **arcoseno** |
| **sinh(x)** | **seno iperbolico** |
| **cos(x)** | **coseno** |
| **cosinv(x)** | **arcocoseno** |
| **cosh(x)** | **coseno iperbolico** |
| **tan(x)** | **tangente** |
| **taninv(x)** | **arcotangente** |
| **tanh(x)** | **tangente iperbolica** |

# APPENDICE

---

# MATEMATICA E TRIGONOMETRIA

## A.1.1 FREQUENZE DELLA SCALA CROMATICA TEMPERATA

| ottave | 0 | 1 | 2 | 3 | 4 | 5 | 6 | 7 |
|--------|---|---|---|---|---|---|---|---|
| DO | 32.7032 | 65.4064 | 130.8128 | 261.6256 | 523.2511 | 1046.5023 | 2093.0045 | 4186.0090 |
| DO# | 34.6478 | 69.2957 | 138.5913 | 277.1826 | 554.3653 | 1108.7305 | 2217.4610 | 4434.9221 |
| RE | 36.7081 | 73.4162 | 146.8324 | 293.6648 | 587.3295 | 1174.6591 | 2349.3181 | 4698.6363 |
| RE# | 38.8909 | 77.7817 | 155.5635 | 311.1270 | 622.2540 | 1244.5079 | 2489.0159 | 4978.0317 |
| MI | 41.2034 | 82.4069 | 164.8138 | 329.6276 | 659.2551 | 1318.5102 | 2637.0205 | 5274.0409 |
| FA | 43.6535 | 87.3071 | 174.6141 | 349.2282 | 698.4565 | 1396.9129 | 2793.8259 | 5587.6517 |
| FA# | 46.2493 | 92.4986 | 184.9972 | 369.9944 | 739.9888 | 1479.9777 | 2959.9554 | 5919.9108 |
| SOL | 48.9994 | 97.9989 | 195.9977 | 391.9954 | 783.9909 | 1567.9817 | 3135.9635 | 6271.9270 |
| SOL# | 51.9131 | 103.8262 | 207.6523 | 415.3047 | 830.6094 | 1661.2188 | 3322.4376 | 6644.8752 |
| LA | 55.0000 | 110.0000 | 220.0000 | 440.0000 | 880.0000 | 1760.0000 | 3520.0000 | 7040.0000 |
| LA# | 58.2705 | 116.5409 | 233.0819 | 466.1638 | 932.3275 | 1864.6550 | 3729.3101 | 7458.6202 |
| SI | 61.7354 | 123.4708 | 246.9417 | 493.8833 | 987.7666 | 1975.5332 | 3951.0664 | 7902.1328 |

## A.1.2 CENNI DI MATEMATICA - LOGARITMI

Si definisce *logaritmo in base b* di un numero *a* quel numero che elevato alla base *b* dà il numero in questione, cioè

se $c = \log_b a$  allora  $b^c = a$.

I logaritmi possono essere in qualsiasi base, ma per scopi musicali quelli più utilizzati sono quelli in *base 2* e quelli in *base 10*. I logaritmi in base 2 trovano applicazione nella conversione tra frequenza (in Hz) e altezza (in intervallo) dei suoni.

Infatti si ha

**altezza = $\log_2$ (frequenza / frequenza del $DO_0$)**

e

**frequenza = (frequenza del $DO_0$) * $2^{\text{altezza}}$**

Se si vuole, per esempio, calcolare l'altezza di un suono di 440 Hz:

**altezza = $\log_2$ (440 / 32.703) = $LA_3$**

E, viceversa, per calcolare la frequenza di un $LA_3$:

**frequenza($LA_3$) = 32.703 * $2^{3.75}$ = 440 Hz**

## A.1.3 CENNI DI MATEMATICA - DECIBEL

L'orecchio è sensibile a grandissime variazioni di intensità sonora. Per evitare allora numeri con troppi zeri, si ricorre alla forma esponenziale di quei numeri.

Dato che, per esempio, il numero

**0.00000000000001**

è esprimibile come

**$1 * 10^{-14}$**

se consideriamo il solo esponente, avremo a che fare con sole due cifre invece che con 15. Si definisce allora un comodo modo per esprimere grandezze che possono assumere valori molto diversi fra loro (cioè variabili entro una vasta gamma) mediante l'uso del **deciBel** (1/10 di **Bel**, dal fisico americano Alexander Graham Bell, simbolo **dB**), che è definito come:

$$dB = 20 * \log (A) / \log (A_0)$$

in cui **A** è il valore sottoposto a misura, e $A_0$ è il valore di riferimento, ossia il valore preso convenzionalmente come zero.

Il deciBel non è quindi una unità di misura, come l'Hertz o il metro, ma solo un modo convenzionale per esprimere il *rapporto fra due grandezze*. Anche se, in genere, in acustica viene impiegato per esprimere l'ampiezza o l'intensità sonora di un segnale, nulla vieta di applicare questo metodo di misurazione alla frequenza o ad altre grandezze.

Un semplice calcolo permette di compilare la seguente tabella di corrispondenza fra deciBel e grandezze assolute:

| dB | valore | dB | valore | dB | valore | dB | valore |
|----|--------|----|--------|----|--------|----|--------|
| 0 | 1 | -30 | .032 | -60 | .001 | -90 | .000032 |
| -2 | .794 | -32 | .025 | -62 | .00079 | -92 | .000025 |
| -4 | .631 | -34 | .02 | -64 | .00063 | -94 | .00002 |
| -6 | .501 | -36 | .016 | -66 | .0005 | -96 | .000016 |
| -8 | .398 | -38 | .013 | -68 | .0004 | -98 | .0000126 |
| -10 | .316 | -40 | .01 | -70 | .000316 | -100 | .00001 |
| -12 | .251 | -42 | .008 | -72 | .00025 | | |
| -14 | .200 | -44 | .006 | -74 | .0002 | | |
| -16 | .158 | -46 | .005 | -76 | .00016 | | |
| -18 | .126 | -48 | .004 | -78 | .000125 | | |
| -20 | .1 | -50 | .0032 | -80 | .0001 | | |
| -22 | .079 | -52 | .0025 | -82 | .000079 | | |
| -24 | .063 | -54 | .002 | -84 | .000063 | | |
| -26 | .05 | -56 | .0016 | -86 | .00005 | | |
| -28 | .04 | -58 | .00125 | -88 | .00004 | | |

## A.1.4 CENNI DI TRIGONOMETRIA - MISURA DEGLI ANGOLI

Un qualsiasi angolo può essere misurato utilizzando due diverse unità di misura: il grado sessagesimale (la trecentosessantesima parte di un cerchio o angolo giro) oppure il radiante, che è quell'angolo per cui l'arco sotteso uguaglia il raggio (fig.A-1-1), cioè per il quale AB = OA. Questo angolo vale dunque:

**1 rad = 57.2988°**

e il suo valore può essere ricavato ricordando che la circonferenza del cerchio vale:

**2 \*π\* r = 6.2831853 \* r**

se *r* = 1 allora l'angolo per cui l'arco sotteso vale 1 sarà appunto:

**180°/π = 180°/3.1415927 = 57.2988°**

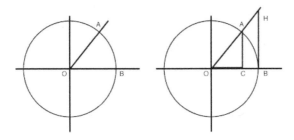

Fig. A-1-1

## A.1.5 CENNI DI TRIGONOMETRIA - FUNZIONI TRIGONOMETRICHE

Dato un certo angolo α (fig. A-1-1), il rapporto fra AC e *r* (=OA) si chiama seno dell'angolo e si indica con sin(α), mentre il rapporto fra OC e *r* si chiama coseno dell'angolo, e si indica con cos(α). Il rapporto fra AC ed OC (uguale al rapporto fra HB e OH) si chiama tangente dell'angolo, e si indica con tg(α). Per *r* = 1, si ottengono i seguenti valori fondamentali di queste tre funzioni trigonometriche:

| gradi | sin(α) | cos(α) | tg(α) | gradi | sin(α) | cos(α) | tg(α) |
|-------|--------|--------|-------|-------|--------|--------|-------|
| 0 | 0 | 1 | 0 | 180 | 0 | -1 | 0 |
| 5 | .2588191 | .9659258 | .2679492 | 195 | -.2588191 | -.9659258 | .2679492 |
| 30 | .5 | .8660254 | .5773503 | 210 | -.5 | -.8660254 | .5773502 |
| 45 | .7071068 | .7071068 | 1 | 225 | -.707107 | -.7071066 | 1.000001 |
| 60 | .8660254 | .5 | 1.732051 | 240 | -.8660256 | -.4999999 | 1.732052 |
| 75 | .9659258 | .2588191 | 3.732051 | 255 | -.9659259 | -.258819 | 3.732052 |
| 90 | 1 | 0 | ∞ | 270 | -1 | 0 | -∞ |
| 105 | .9659258 | -.2588191 | -3.732051 | 285 | -.9659259 | .258819 | -3.732051 |
| 120 | .8660254 | -.5000001 | -1.732051 | 300 | -.8660256 | .5 | -1.732051 |
| 135 | .7071068 | -.7071068 | -1 | 315 | -.707107 | .7071067 | -1 |
| 150 | .5000001 | -.8660254 | -.5773504 | 330 | -.4999998 | .8660256 | -.5773499 |
| 165 | .2588189 | -.9659259 | -.2679491 | 345 | -.2588188 | .9659259 | -.267949 |

## A.1.6 CENNI DI TRIGONOMETRIA - ESPRESSIONE IN RADIANTI

Con riferimento a quanto detto in A.1.4, per un angolo di 360° l'arco coincide con l'intera circonferenza, che equivale a $2\pi$; quindi

$$360° = \frac{2 * \pi * r}{r} \ rad = 2 * \pi \ rad$$

Riportiamo in tabella la corrispondenza fra radianti (misurati in frazioni di $\pi$) e angoli sessagesimali:

| gradi | rad | gradi | rad | gradi | rad | gradi | rad |
|-------|-----|-------|-----|-------|-----|-------|--------|
| 0 | 0 | 90 | $\pi/2$ | 180 | $\pi$ | 180 | $3/2\pi$ |

## A.1.7 CENNI DI TRIGONOMETRIA - LEGAME CON IL TEMPO

È possibile costruire per via grafica le funzioni trigonometriche descritte, semplicemente misurando sul cerchio trigonometrico di fig. A-1-1 i valori delle funzioni stesse in corrispondenza di intervalli regolari di un angolo $\theta$.

Se poi si immagina che il raggio che forma l'angolo $\theta$ ruoti in senso antiorario con velocità costante, è possibile legare le funzioni trigonometriche al tempo. Detta infatti $\omega$ la velocità angolare, cioè l'angolo che il raggio descrive in 1 secondo, l'angolo descritto in un tempo qualsiasi $t$ sarà:

$$\theta = \omega * t$$

Se il raggio descrive l'intera circonferenza $f$ volte al secondo, l'angolo (espresso in radianti) percorso in 1 secondo sarà:

$$\theta = 2 * \pi * f * t$$

dove $f$ è precisamente la frequenza del moto armonico.

Se si sceglie un raggio di dimensione arbitraria A, A sarà la massima ampiezza del moto armonico, e l'espressione dell'ampiezza istantanea (l'ampiezza in un qualsiasi momento) sarà dunque:

$$I = A * \sin ( 2*\pi*f*t )$$

È questa l'equazione del moto armonico sinusoidale.

Se poi, invece di iniziare all'istante 0, il moto inizia all'istante $t_0$, anche questo ritardo può essere espresso in funzione di un angolo, che solitamente si indica con $\varphi$. L'equazione del moto armonico sinusoidale, completa del ritardo di fase, è quindi:

**I = A \* sin (2\*π\*f\*t + φ)**

# LETTURE

# CSOUND E GNU/LINUX

**di Nicola Bernardini**

## 1. INTRODUZIONE: CHE COS'È GNU/LINUX

GNU/Linux[1] è un sistema operativo (come Windows e MacOs, per intenderci) completamente Libero (con la "L" maiuscola), nato su piattaforme *hardware* Intel (486 e Pentium) e oggi disponibile anche su DEC Alpha, su PowerMac (PowerPC) e su Sun SPARC.

Il *Software Libero* è quel programma la cui licenza d'uso rispetti i seguenti quattro principi fondamentali:

- 1.  la libertà di esecuzione del programma per qualsivoglia scopo

- 2.  la libertà di studiare il funzionamento del programma e di adattarlo ai propri scopi

- 3.  la libertà di ridistribuire copie del programma

- 4.  la libertà di apportare miglioramenti al programma e di ridistribuire pubblicamente questi miglioramenti in modo che la comunità ne possa beneficiare

Ci sono alcune licenze d'uso studiate per favorire lo sviluppo del *Software Libero*.Tra queste le più note sono la licenza GNU/GPL (General Public License) e la licenza Free/BSD. In aggiunta alle quattro libertà fondamentali, la licenza GNU/GPL garantisce anche l'inviolabilità presente e futura delle libertà sopracitate per il *software* con essa licenziato.

Tecnicamente, questo significa anche che:

- 1.  GNU/Linux è garantito contro le "incompatibilità" ingenerate da classiche strategie commerciali truffaldine (ad es.: "la nuova versione del *software xy* non gira più sul vecchio hardware", ecc.); per questo motivo GNU/Linux viene utilizzato, tra l'altro, in numerosi progetti di "ecologia informatica" (riciclaggio di *hardware* obsoleto, ecc.)

- 2.  GNU/Linux è disponibile in numerosissimi siti Internet in tutte le forme (eseguibili binari per macchine Intel, Alpha, PowerPC, ecc.; *tutto* il codice in

---

[1] il prefisso *GNU* (un acronimo ricorsivo che sta per *GNU's Not Unix*™)è utilizzato nel software prodotto o patrocinato dalla FSF (*Free Software Foundation*), la prima e la maggiore coalizione di programmatori dedicata alla produzione di *Software Libero*.

forma sorgente; documentazione e così via) ed è disponibile inoltre in numerose distribuzioni su CD-ROM a prezzi estremamente contenuti

- 3.  la disponibilità delle sorgenti di GNU/Linux rende agevole (a chi lo desideri) il controllo del funzionamento dei programmi, la loro eventuale modifica per soddisfare esigenze diverse

- 4.  l'utilizzazione diffusa da parte di numerosi specialisti (dell'ordine di qualche milione di persone) consolida molto rapidamente il *software* utilizzato permettendogli di evolvere alla stessa velocità dell'*hardware*; il *software* così prodotto e verificato è, generalmente, di qualità notevolmente superiore ai corrispondenti pacchetti commerciali ed evolve a ritmi molto elevati; naturalmente, non essendoci necessità commerciali da soddisfare, è possibile rimanere indietro con le versioni senza problemi (le nuove versioni servono in generale per correggere problemi, aggiungere funzionalità e gestione di nuovo *hardware*)

- 5.  la non-commerciabilità del *software* spinge GNU/Linux a comunicare con tutti i sistemi operativi in commercio (Windows, DOS, MacOs, OS/2, ecc.) attraverso l'adozione di qualsiasi standard di fatto (sia commerciale che di ricerca) reputato utile o interessate dalla comunità; GNU/Linux può quindi leggere qualsiasi *file system* e possiede numerosi emulatori per i sistemi più diffusi

Inoltre GNU/Linux è, a tutti gli effetti, un sistema completo di tipo Unix™[2] quindi si tratta di un sistema realmente *multitasking* (cioè che può eseguire numerosi programmi contemporaneamente) e multi-utente (cioè permette a numerosi utenti, attraverso diversi terminali, di lavorare sullo stesso elaboratore).

## 2. CSOUND E GNU/LINUX - I PRO

Essendo stato creato, inizialmente, su un sistema Unix™, Csound è adattabile senza alcuno sforzo a GNU/Linux (ne esistono quindi alcune versioni già compilate e disponibili su rete, vedi in fondo per gli indirizzi e i nomi). Data la buona copertura dell'*hardware* multimediale disponibile attualmente sui *personal computers*, GNU/Linux consente oltretutto l'utilizzazione delle schede audio *half-duplex* e *full-duplex*[3] per usare, quando la potenza di calcolo lo consente, il sistema come elaboratore di suoni in tempo reale.

---

[2] In effetti, GNU/Linux si chiama così per evitare problemi di *copyright* sul marchio Unix™ e anche perché l'iniziatore del progetto si chiama Linus Torvalds).

[3]. che permettono, rispettivamente, l'acquisizione o la riproduzione alternate oppure l'acquisizione e la riproduzione contemporanee

L'utilizzazione estesa del *linking* dinamico dei vari programmi che compongono il pacchetto permette di ottenere eseguibili di taglia estremamente ridotta (dell'ordine di 5-10 KBytes) con una libreria dinamica grande qualche centinaio di kilobytes.

Ci sono numerosi motivi per usare GNU/Linux come piattaforma di lavoro per Csound:

- 1. innanzitutto, Csound è un sistema di elaborazione indirizzato verso il *batch processing* in tempo differito, vale a dire: si preparano orchestra e partitura e poi si lancia l'elaborazione; questa elaborazione può durare a lungo ed è utile, in questi casi, avere un sistema operativo che permetta di continuare ad operare su altre applicazioni (*multi-tasking*) — se non altro per il controllo dell'elaborazione stessa; i sistemi Unix™ nascono con un multi-tasking di estrema efficienza che permette di utilizzare le risorse *hardware* (disco, DMA, CPU, ecc.) in maniera ottimale; su sistemi GNU/Linux di media potenza possono girare alcuni processi Csound senza sostanziale degrado di prestazioni, permettendo quindi di continuare a operare su altre applicazioni;

- 2. la disponibilità di tutte le sorgenti per qualsiasi applicazione (Csound incluso) congiunta ad un sistema di sviluppo sofisticato (compilatori, librerie, ecc. per qualsiasi linguaggio) installato "di serie", si può dire, sulle macchine GNU/Linux permette ai più intrepidi di avvicinarsi alla modifica, al miglioramento ed alla costruzione di nuovi moduli di Csound con gli strumenti più adeguati; l'alta qualità e la disponibilità gratuita di questi ultimi li sta trasformando, inoltre, in veri e propri standard di fatto - migliorando così la portabilità e la riutilizzabilità dei moduli;

- 3. ma il motivo più importante è legato alla natura intrinsecamente testuale di Csound: l'orchestra e la partitura – cioè l'interfaccia del programma – sono *file* di testo; questa natura è la chiave dell'utilità di Csound che così si adatta particolarmente bene alle pratiche musicali e compositive (le quali sono, malgrado tutto, sempre legate alla creazione di "testi"); naturalmente, il trattamento di testi può risultare estremamente tedioso e laborioso se non è assistito da strumenti adeguati, ma la pratica odierna delle interfacce completamente grafiche ha spinto gli utenti ad abbandonare questo tipo di strumenti; i sistemi Unix™, nati in epoche in cui gli schermi con capacità grafiche non erano nemmeno pensabili (era l'epoca dei terminali *hard-copy*, per intenderci) possiedono (sempre "di serie") numerosi strumenti per il trattamento testuale interattivo ed in linea (i cosiddetti "filtri di testo"); questi strumenti sono talmente importanti che abbiamo dedicato a essi un paragrafo a parte (naturalmente, con l'avvento della grafica, Unix™ si è evoluto integrando il carattere testuale con interfacce grafiche estremamente sofisticate - vedi sotto)

- 4. GNU/Linux, in particolare, è servito da una *shell* (`bash`, anche se ve ne sono numerose altre disponibili) estremamente versatile che si presta bene all'elaborazione di sequenze complesse di operazioni distribuite nel tempo quali quelle richieste da Csound

- 5. infine, l'interfaccia grafica standard per Unix™, denominata *X windows* (o anche *X11*) e naturalmente disponibile sui sistemi GNU/Linux, è una interfaccia distribuita, cioè è possibile lanciare una applicazione su una macchina e controllarne l'*output* grafico o interagire graficamente su un'altra macchina o terminale grafico collegato alla prima via rete ethernet (TCP/IP); questo permette di utilizzare in maniera completamente trasparente una rete di calcolatori in parallelo; questa capacità risulta particolarmente utile in applicazioni come Csound, che utilizzano a fondo risorse *hardware* quali dischi, CPU, ecc.

## 3. CSOUND E GNU/LINUX - I CONTRO,  E UNA PICCOLA DIGRESSIONE

Date queste premesse, sorge spontanea la domanda: perché un sistema come GNU/Linux, gratuito, sofisticato e completo, non è lo standard operativo di riferimento? A questa domanda ci sono numerose risposte che possono essere considerate la lista dei "contro" di questo sistema operativo (incidentalmente, modificandole lievemente queste risposte si adattano anche alla domanda: perché Csound non è il sistema di sintesi di riferimento per il mondo musicale?):

- 1. innanzitutto, malgrado la relativa semplicità di utilizzazione, GNU/Linux è un sistema sofisticato e altamente personalizzabile, il che significa che la sua messa in opera è piuttosto complicata; la documentazione è particolarmente abbondante e ben organizzata su ogni aspetto del sistema: ciò nonostante, la necessità di essere in possesso di una forma di alfabetizzazione non primitiva limita la base effettiva degli utenti;

- 2. nato negli ambienti universitari per gli universitari, GNU/Linux (come del resto la stragrande maggioranza del *Software Libero*) è orientato verso applicazioni di tipo universitario e scientifico; le applicazioni per l'automazione degli uffici sono meno diffuse e non presentano alternative valide ai pacchetti ed ai sistemi operativi commerciali (con l'eccezione di *file* e *network servers*, vedi sotto)[4]

---

[4] questo difetto sta rapidamente scomparendo: a partire dal 1998 sono apparsi alcuni importanti pacchetti applicativi per ufficio in grado di competere con gli standard di mercato

• 3.  in un mercato come quello del *software*, che rasenta spesso il monopolismo, i mezzi di informazione (sia specialistici che divulgativi) sono scandalosamente appiattiti sulla valorizzazione di prodotti commerciali di qualità decisamente mediocre invece di mettere in luce le realtà sofisticate esistenti nel campo del *Software Libero*; anzi, fatte salve alcune rare eccezioni, su di esso è in atto una vera e propria campagna di disinformazione (a questo proposito si veda ad es.: http://www.linux.it/GNU/nemici/disinformazione.shtml)

Malgrado tutto ciò, ci sono numerosi elementi che indicano un cambiamento di rotta del mercato del *software* in direzione del *Software Libero* ed in definitiva di GNU/Linux. Alcuni di questi elementi sono:

• 1.  L'accresciuta importanza delle reti (sia locali che geografiche), dei loro servizi e delle loro funzioni rende Unix™ (il server di rete per eccellenza) il sistema operativo di riferimento: in questo comparto, GNU/Linux occupa, per le sue caratteristiche, un posto di rilievo.

• 2.  Cominciano ad essere disponibili pacchetti GNU/Linux "chiavi-in-mano" di facile installazione e manutenzione semplificata; come il resto delle altre applicazioni, questi pacchetti sono disponibili gratuitamente in rete o su CD-ROM a prezzi estremamente contenuti.

• 3.  Oltre a FSF c'è una proliferazione di altre iniziative dedicate alla creazione di strumenti informatici ex-novo e soprattutto alla replica protetta dalla licenza GNU/GPL di strumenti informatici commerciali reputati utili (come gli *Hungry Programmers* che hanno replicato l'interfaccia *Motif* il word-processor *AbiWord* che intende diventare una replica di *Word*, *Cygnus* che ha realizzato un *layer* di interfaccia per gli strumenti di sviluppo GNU su Windows95/NT, *DJ Delorie* che ha portato tutti gli strumenti di sviluppo GNU sotto MsDos, ecc.)

L'idea di un futuro libero dalle imposizioni commerciali dei monopoli del *software* non sembra più così peregrina, tanto più che gli stessi produttori si stanno accorgendo che il *Software Libero* è una poderosa leva commerciale per l'indotto che crea (si veda la recente adesione di IBM, Sun e SGI, ad esempio, ad una logica "libera" di produzione del *software*).

## 4. UTILIZZAZIONE

I principi di utilizzazione standard di Csound sono pressoché identici su tutte le piattaforme, e GNU/Linux non fa eccezione. Dalla linea di comando, è sufficiente digitare:

bash$ csound [opzioni] <file.orc> <file.sco>

dove bash$ è un possibile *prompt* di una *shell* GNU/Linux. L'applicazione produrrà un *file* di suono depositandolo nella *directory* corrente oppure in quella indicata dalla variabile d'ambiente SFDIR (similmente, i *file* di suoni aperti in lettura vengono ricercati nella *directory* corrente, poi in quella indicata dalla variabile d'ambiente SSDIR, poi in quella indicata dalla variabile d'ambiente SFDIR; mentre i *file* di analisi vengono ricercati nella *directory* corrente, poi in quella indicata dalla variabile d'ambiente SADIR).

Quando si opera in ambiente *X Windows* e non viene utilizzato l'opzione -*d*, Csound produce una finestra grafica per le tavole interne, più una finestra per ciascuna istruzione *display* presente in ciascuno strumento. Quando vengono utilizzati le opzioni -*i devaudio* e -*o devaudio* (l'ingresso e l'uscita *hardware*, rispettivamente, del computer) Csound acquisisce e produce suono in tempo reale, come pubblicizzato nella documentazione ufficiale (ma non sempre vero su tutte le piattaforme operative). Per il resto, Csound su GNU/Linux funziona identicamente a tutti gli altri Csound.

## 5. STRUMENTI AUSILIARI SPECIFICI

Su GNU/Linux esistono, inoltre, alcuni strumenti ausiliari di notevole utilità in talune situazioni.

Tra questi vale la pena di citare:
1. *Cecilia* e *Cybil*
2. *midi2cs*
3. *CSFE*
4. *snd* e *MixViews*

oltre a numerosi altri.

• ***Cecilia* e *Cybil*** Scritti in linguaggio tcl/tk da Jean Piché e Alexandre Burton all'Università di Montreal, Cecilia e Cybil sono due utilità semi-grafiche di pubblico dominio per l'assistenza alla composizione con Csound.

***Cecilia*** è un *manager* di orchestre e partiture che permette di scrivere queste ultime in un *browser* unico e semplifica le operazioni di scrittura con alcuni accorgimenti semplici ma efficaci (colorazione degli *opcodes*, creazione grafica delle tabelle, gestione centralizzata dei parametri globali, ecc.). Di grande utilità è l'*help* ipertestuale in linea su tutti gli aspetti di Csound, sempre aggiornato all'ultima versione.

***Cybil*** è un pre-processore di partiture Csound che è mirato ad allontanare la barriera della complessità di scrittura della maggior parte degli eventi sonori generati nel linguaggio Csound. Si tratta di un vero e proprio linguaggio che permette di realizzare, con il minimo delle indicazioni, partiture sofisticate e complesse.

*Cecilia* e *Cybil* possono essere eseguiti su tutte le piattaforme che supportano il linguaggio tcl e le estensioni tk (grafiche).

• **midi2cs** è identico alle versioni esistenti su altre piattaforme operative, quali DOS/Windows 95, SunOs e NeXTStep. Si tratta di un convertitore di MIDI *files* a Csound *score file*, compito più facile a dirsi che a farsi. In effetti, midi2cs affronta le numerose problematiche generate dalla primordialità del protocollo MIDI e riesce, nella maggior parte dei casi, a produrre un risultato sensato in termini musicali.

• **CSFE** sta per *Csound Front-End* ed è, appunto, una interfaccia grafica per Csound sviluppata da Maurizio Umberto Puxeddu la quale permette il controllo interattivo, attraverso il protocollo di rete OSC (*Open Sound Control*) con copie multiple di Csound anche distribuite su più elaboratori.

• **snd e MixViews**
**snd**, scritto da Bill Schottstaedt al CCRMA dell'Università di Stanford e **MixViews**, creato da Douglas Scott, sono due programmi di *editing* grafico di *files* sonori funzionanti su GNU/Linux e X Windows. Entrambi i programmi sono ancora da considerarsi "in crescita" pur essendo già dei buoni strumenti di lavoro, essendo orientati all'*editing*, all'elaborazione (snd) e all'analisi (MixViews).

## 6. STRUMENTI AUSILIARI GENERICI

In realtà, però, ciò che fa la forza di tutti i sistemi Unix™ è lo stuolo praticamente sterminato di strumenti per l'elaborazione *on-line* di caratteri e testi ASCII (comunemente chiamati *filtri di testo*).

Questi risultano utilissimi nella preparazione delle partiture di Csound perché permettono, come vedremo, di ridurre indefinitamente la complessità di scrittura. Inoltre, essendo numerosi e completamente generici, essi non implicano in alcun modo una "visione compositiva" o una "estetica", come la maggior parte dei pacchetti di CAC (*Computer Assisted Composition*). Il compositore si trova quindi a lavorare con strumenti che egli può modellare come desidera secondo le proprie esigenze. E se uno strumento non si adatta bene alla bisogna ce n'è sempre un altro che soddisferà meglio gli scopi prefissati. Infine, al posto di programmoni completamente integrati – lenti, mastodontici, difficili da gestire e sempre e comunque mancanti di qualcosa – si ha a che fare, in questo caso, con una panoplia di piccoli strumenti rapidi e leggeri dal ruolo semplice e ben definito, combinabili insieme in infiniti modi con il meccanismo dei *pipes* (= tubi, per cui l'uscita di un programma può diventare direttamente l'ingresso di un altro programma e così via) che nei sistemi Unix™ è praticamente la chiave inglese universale.

É impossibile fornire un elenco esaustivo e tantomeno una descrizione completa di questi strumenti. Ne sceglieremo quindi alcuni utili al caso nostro a titolo di esempio, suddivisi nelle seguenti categorie:

1. filtri di testo
2. elaboratori di dati
3. interpreti
4. utilità varie

É interessante notare come questi strumenti, nati su sistemi Unix™, siano poi stati adattati a quasi tutti i sistemi esistenti.

### • Filtri di testo

Altro meccanismo universale nei sistemi Unix™ sono le *espressioni regolari*. Estensioni del concetto di meta-caratteri (i cosiddetti caratteri *jolly*, come il carattere asterisco '*' e il carattere punto interrogativo '?'), le espressioni regolari sono un potente meccanismo per definire collezioni anche molto sofisticate di caratteri. Per esempio, la stringa [A-Za-z_][A-Za-z0-9_]* utilizza 4 meta-caratteri (rispettivamente ([, -, ] e *) e significa "tutte le stringhe con almeno un carattere, il cui primo carattere è alfabetico oppure '_' e gli eventuali caratteri seguenti sono: un carattere alfabetico, un carattere numerico oppure il carattere '_'". Questa espressione regolare corrisponde alla collezione di caratteri permessi per definire una variabile simbolica in linguaggio C. Applicata ad un comando di ricerca (vedi sotto), essa è in grado di rilevare tutte le variabili simboliche valide per il linguaggio C esistenti in un testo. Questo è soltanto un esempio ed è molto semplice, tanto per dare una idea della potenza delle espressioni regolari.

Detto questo, sulle espressioni regolari sono costruiti la maggior parte dei filtri di testo, i quali possono essere suddivisi come segue:

• 1. strumenti semplici: per esempio ricercatori di espressioni regolari (*pattern matchers*) come quelli della famiglia dei **grep**, sino all'*editor* in linea **sed** che permette di apportare cambiamenti automatizzati all'interno di un testo

• 2. strumenti composti: come **awk** ed i suoi successori **perl** e **python**, interpreti che permettono di generare delle azioni in base all'espressione regolare riconosciuta e/o ad operazioni logiche; inoltre *awk* utilizza una sintassi di programmazione vicinissima al linguaggio C e può gestire solo testi ASCII (niente caratteri speciali), mentre *perl*, un misto di C, BASIC e *awk*, e *python*, un linguaggio completamente *object-oriented*, possiedono tutte le caratteristiche di linguaggi sistemistici (puntatori, *hash tables* ecc.) e permettono di utilizzare praticamente tutte le chiamate sistema standard (permettendo quindi ai programmi di connettersi via rete, per esempio, oppure di agire sui *device drivers*, ecc.)

## • Elaboratori di dati

Un'altra tipologia di programmi riguarda la generazione, l'analisi e la visualizzazione di insiemi di dati. Con questi è possibile creare e/o visualizzare tavole basate su un vasto assortimento di funzioni matematiche e su misurazioni sperimentali. Tra questi, **gnuplot** permette la visualizzazione in 2D e 3D in un'ampia varietà di formati, mentre **octave** (il quale è, a tutti gli effetti, un sostituto di Matlab™ con licenza GNU/GPL) è dedicato al calcolo vettoriale ed a tutte le applicazioni numeriche oggi conosciute, e può utilizzare tutte le librerie di funzioni scritte per il pacchetto Mathlab™.

Con questi strumenti è possibile, tra le altre cose, verificare il funzionamento degli algoritmi Csound in congiunzione con l'*opcodes dumpk*, analizzando l'andamento di variabili di controllo ecc.

## • Interpreti

Naturalmente, GNU/Linux è una piattaforma ideale per lo sviluppo *software* e su di essa sono implementati (e sempre nell'ambito del pubblico dominio) tutti i linguaggi di programmazione esistenti.

Tra questi, particolarmente interessanti al nostro caso sono le numerose varianti del linguaggio **lisp** e del linguaggio **prolog**, linguaggi *object-oriented* come **Eiffel**, e varianti specificamente dedicate a problematiche musicali come **Common Music** e **Nyquist**.

Questi linguaggi permettono di estendere indefinitamente le modalità di approccio, e la loro combinazione con i filtri di testo permette di risolvere qualsiasi problema di tipo musicale e non, passando da sistemi esperti di tipo inferenziale a sistemi intelligenti per arrivare infine a costruire partiture Csound.

Un altro tipo di linguaggi e di interpreti riguarda invece le *shell*, vale a dire i programmi di gestione delle linee di comando. Ve n'è un'abbondante varietà nei sistemi Unix™: oltre a **bash** citata poc'anzi, vale la pena di citare **tcl** (che si pronuncia *ti-kl*, come *tickle* in inglese) che è una *shell* estensibile dinamicamente e che in congiunzione con la libreria **tk** ed il sistema **X Windows** diventa un vero e proprio interprete grafico alla stregua dei vari Visual Basic ecc., pur continuando a mantenere tutte le prerogative delle *shell (job control, pipe,* chiamate al sistema, ecc.). Con le *shell* è possibile costruire combinazioni complesse di comandi che possono essere eseguite sia in modalità interattiva che in parallelo ad altre attività dell'utente (i cosiddetti *batch job*).

### • Utilità varie

Oltre a questi strumenti vi sono una miriade di utilità varie per la conversione di formati, la masterizzazione di CD e CD-ROM, la registrazione/riproduzione con i *device drivers* standard di GNU/Linux, ecc. ecc.

A titolo di esempio citeremo qui un'ennesima utilità nata sui sistemi Unix™ e poi portata su tutte le altre piattaforme, usata per la gestione delle versioni di *file*. Si tratta del pacchetto **RCS** (*Revision Control System*) che permette, appunto, di mantenere un unico *file* per tutte le versioni di ciascun documento dando quindi la possibilità di realizzare versioni diverse, mettere identificatori automatici nei *file*, recuperare vecchie versioni, analizzare le differenze e così via. Questo pacchetto risulta molto utile nell'amministrazione dei *file* di Csound, la cui complessità di scrittura porta spesso a difficili sessioni di *debugging* che si estendono su numerose versioni di uno stesso testo.

## 7. INDIRIZZARIO INTERNET PER CSOUND E GNU/LINUX

I sorgenti di Csound e, dove specificato, gli eseguibili Csound per GNU/Linux possono essere trovati nei siti seguenti:

[1]  ftp://cecelia.media.mit.edu/pub/Csound Questo è il sito ufficiale di Csound versione 2 (la cosiddetta versione "americana"); pur essendo l'indirizzo originale,questo sito contiene versioni ormai considerate "invecchiate", mentre

[2]  ftp://ftp.maths.bath.ac.uk/pub/dream/ contiene le ultime versioni (cosiddette "inglesi"), portate su tutte le piattaforme operative (in particolare la sotto-directory "*newest*" contiene sorgenti e binari per l'ultimissima versione)

[3]  versioni ufficiose di Csound specialmente ottimizzate per GNU/Linux sono disponibili via "anonymous CVS" (una forma di gestione distribuita delle sorgenti che permette di accedere alle ultimissime versioni del *software*, molto usato nel mondo GNU/Linux); le istruzioni per l'accesso sono contenute nel sito http://aimi.dist.unige.it/AIMICSOUND/AIMICSOUND_home.html

Il sistema operativo GNU/linux e le sue applicazioni sono praticamente onnipresenti sulla rete internet. I siti principali sono sunsite.unc.edu

e

tsx-11.mit.edu

Su questi siti (e sulle loro repliche distribuite in tutto il mondo) è possibile recuperare tutte le versioni più recenti del sistema operativo, tutte le applicazioni generiche, ecc. Sono anche disponibili tutte le versioni del **LDP** (*Linux Documentation Project*) che è un progetto indipendente di documentazione del sistema. Particolare attenzione va posta al sito di Dave Phillips che è dedicato alle applicazioni musicali di GNU/Linux e che contiene informazioni importanti sulla disponibilità di queste ultime:

http://sunsite.univie.ac.at/Linux-soundapp/linux_soundapps.html

# GENERAZIONE E MODIFICA DI PARTITURE CON ALTRI LINGUAGGI

di Riccardo Bianchini

## 1. SCELTA DEL LINGUAGGIO DI PROGRAMMAZIONE

Se vogliamo generare o modificare una partitura con un linguaggio di programmazione di uso generale, la prima scelta da operare sarà, ovviamente, quale linguaggio usare. Vi sono linguaggi più adatti e linguaggi meno adatti; linguaggi facili da apprendere e linguaggi che prima di essere usati hanno bisogno di un periodo di studio abbastanza lungo; linguaggi, infine, che sono disponibili su una determinata piattaforma e linguaggi che non lo sono.

Si ottengono in genere risultati interessanti usando i cosiddetti linguaggi per l'intelligenza artificiale (LISP, PROLOG etc.), perché permettono di definire regole di generazione di una partitura in forma complessa e abbastanza vicina al linguaggio umano.

In questa lettura useremo invece il linguaggio BASIC, perché è di facile apprendimento ed è disponibile praticamente su tutti i *personal computer*. Il particolare dialetto che useremo è il Microsoft™ Quick Basic. Se vogliamo sostituirlo con Visual Basic, basterà scrivere i programmi che troverete in questa lettura all'interno di *Form Load*, sostituendo alle righe contenenti le istruzioni *PRINT USING* le righe commentate che le seguono.

## 2. CHE COSA CI SERVE?

Un linguaggio di programmazione come il Microsoft™ Quick Basic è molto ricco di istruzioni. Quali caratteristiche del linguaggio ci serviranno? Ben poche: la capacità di leggere e scrivere un file di testo, la capacità di formattare l'*output*, alcune strutture di controllo (*FOR...NEXT, WHILE...WEND* e *DO...LOOP*) e la capacità di eseguire calcoli semplici.

Utile, ma non indispensabile, è la possibilità di richiamare *subroutine* con argomenti.

## 3. SCRIVIAMO UNA SCALA

Il primo programma che scriveremo genera semplicemente una scala cromatica. Vediamolo:

```
ACT = 0                              ' azzeramento della variabile contenente l'action time
DUR = 1                              ' assegnazione della durata di ogni nota
AMP = 80                             ' assegnazione dell' ampiezza in dB di ogni nota
OPEN "SCORE1.SCO" FOR OUTPUT AS #1   ' apertura del file in scrittura
```

```
FOR I = 0 TO 11                                          ' ciclo
    PITCH = 8 + I / 100                                  ' assegnazione del pitch
    PRINT #1, "i1 "; ACT; " "; DUR; " "; AMP; " "; PITCH ' scrittura sul file
    ACT = ACT + DUR                                      ' aggiornamento dell'action time
NEXT I
CLOSE 1                                                  ' chiusura del file
```

ATTENZIONE: in molti BASIC la parola chiave REM (*remind*) serve, in genere, a iniziare un commento. Ma Microsoft™ Quick Basic non la accetta, e quindi tutte le REM sono state sostituite con un apostrofo (').

Questo programma genera una partitura di nome "SCORE1.SCO", il cui contenuto è:

```
i1    0    1    80    8
i1    1    1    80    8.01
i1    2    1    80    8.02
i1    3    1    80    8.03
i1    4    1    80    8.04
i1    5    1    80    8.05
i1    6    1    80    8.06
i1    7    1    80    8.07
i1    8    1    80    8.08
i1    9    1    80    8.09
i1   10    1    80    8.1
i1   11    1    80    8.11
```

Si può fare di meglio. Nella scrittura su *file* abbiamo separato ogni parametro con uno spazio. Proviamo a usare caratteri di tabulazione (in BASIC, *chr$(9)*):

```
ACT = 0                                    ' azzeramento della variabile contenente l'action time
DUR = 1                                    ' assegnazione della durata di ogni nota
AMP = 80                                   ' assegnazione dell' ampiezza in dB di ogni nota
OPEN "SCORE1.SCO" FOR OUTPUT AS #1         ' apertura del file in scrittura
FOR I = 0 TO 11                            ' ciclo
    PITCH = 8 + I / 100                    ' assegnazione del pitch
    PRINT #1, "i1"; CHR$(9); ACT; CHR$(9); DUR; CHR$(9); AMP; CHR$(9); PITCH    ' scrittura sul file
    ACT = ACT + DUR                        ' aggiornamento dell'action time
NEXT I
CLOSE 1                                    ' chiusura del file
```

La nostra partitura adesso ha un aspetto migliore:

```
i1     0      1      80     8
i1     1      1      80     8.01
i1     2      1      80     8.02
i1     3      1      80     8.03
i1     4      1      80     8.04
i1     5      1      80     8.05
i1     6      1      80     8.06
i1     7      1      80     8.07
i1     8      1      80     8.08
i1     9      1      80     8.09
i1    10      1      80     8.01
i1    11      1      80     8.11
```

E se volessimo una scala cromatica accelerata? E una scala in cui l'ampiezza di ogni nota decresce di 2 dB? Riscriviamo il programma in questo modo:

```
ACT = 0                                        ' azzeramento della variabile contenente l'action time
DUR = 1                                        ' assegnazione della durata di ogni nota
AMP = 80                                       ' assegnazione dell' ampiezza in dB di ogni nota
OPEN "SCORE1.SCO" FOR OUTPUT AS #1             ' apertura del file in scrittura
FOR I = 0 TO 11                                ' ciclo
    PITCH = 8 + I / 100                        ' assegnazione del pitch
    PRINT #1, "i1"; CHR$(9); ACT; CHR$(9); DUR; CHR$(9); AMP; CHR$(9); PITCH
                                               ' scrittura sul file
    ACT = ACT + DUR                            ' aggiornamento dell'action time
    DUR = DUR * 0.9                            ' diminuzione della durata o ogni nota
    AMP = AMP - 2                              ' diminuzione dell'ampiezza di 2 dB per ogni nota
NEXT I
CLOSE 1                                        ' chiusura del file
```

La nostra partitura diventerà:

```
i1     0         1           80     8
i1     1         0.9         78     8.01
i1     1.9       0.81        76     8.02
i1     2.71      0.729       74     8.03
i1     3.439     0.6561      72     8.04
```

| i1 | 4.0951 | 0.59049 | 70 | 8.05 |
|----|--------|---------|-----|------|
| i1 | 4.68559 | 0.531441 | 68 | 8.06 |
| i1 | 5.217031 | 0.4782969 | 66 | 8.07 |
| i1 | 5.6953279 | 0.43046721 | 764 | 8.08 |
| i1 | 6.12579511 | 0.387420489 | 62 | 8.09 |
| i1 | 6.513215599 | 0.3486784401 | 60 | 8.1 |
| i1 | 6.8618940391 | 0.31381059609 | 58 | 8.11 |

Che cosa abbiamo combinato? Semplicemente, non abbiamo detto al BASIC di formattare la scrittura su *file* in modo da limitare il numero dei decimali. Allora modifichiamo ancora una volta il programma:

```
Open "SCORE1.SCO" for output as #1
Act    =  0
Dur    =  1
Amp    =  80
For i = 0 To 11
        Pitch = 8 + i / 100
        PRINT #1, USING "i1 ###.### ###.### ### ##.##"; ACT; DUR; AMP; PITCH
                ' L'istruzione PRINT #1, USING permette di scrivere sul file con
                ' il numero di cifre richieste (in questo caso, 3 interi e 3
                ' decimali per ACT e DUR, 3 interi per AMP e 2 interi e 2 decimali
                ' per PITCH
'    PRINT #1, "i1"+Format$(ACT," ###.###")+ Format$(DUR," ###.###")+ Format$(AMP,
" ###.###")+ Format$(PITCH,"##.##")
        Act = Act + Dur
        Dur = Dur * .9
        Amp = Amp - 2
Next i
Close #1
```

che ci darà questa partitura, ben allineata e con il numero di decimali richiesto:

| i1 | 0.000 | 1.000 | 80 | 8.00 |
|----|-------|-------|-----|------|
| i1 | 1.000 | 0.900 | 78 | 8.01 |
| i1 | 1.900 | 0.810 | 76 | 8.02 |
| i1 | 2.710 | 0.729 | 74 | 8.03 |
| i1 | 3.439 | 0.656 | 72 | 8.04 |
| i1 | 4.095 | 0.590 | 70 | 8.05 |

```
i1    4.686  0.531   68    8.06
i1    5.217  0.478   66    8.07
i1    5.695  0.430   64    8.08
i1    6.126  0.387   62    8.09
i1    6.513  0.349   60    8.10
i1    6.862  0.314   58    8.11
```

## 4. COMPONIAMO UN BRANO

Che cosa significa comporre un brano con metodi algoritmici? In linea generale significa darsi delle regole e procedere seguendo queste regole.

Se le regole sono formalizzate in un linguaggio comprensibile al computer, possiamo far comporre il brano al programma stesso.

Iniziamo con un brano casuale. La funzione *RND* del BASIC produce un numero pseudocasuale compreso fra 0 e 1. La useremo per determinare *action time*, durate, ampiezze e *pitch* del nostro brano, limitando le scelte possibili fra certi minimi e certi massimi.

Se in BASIC scriviamo:

x = Rnd

la nostra variabile *x* potrà assumere un qualunque valore compreso fra 0 e 1. Allora possiamo scrivere:

x = 8 + Rnd * 0.11

e la variabile *x* assumerà un qualunque valore compreso fra 8 e 8.11, perché 8 è la parte fissa, alla quale si aggiunge un numero compreso fra 0 * 0.11 e 1 * 0.11.

Scriviamo allora il programma:

```
Open "c:\score1.sco" For Output As #1
Act    =  0
For i = 1 To 20                              ' generazione di 20 note
       Dur = 0.1 + Rnd * 0.4                 ' durata compresa fra 0.1 e 0.5
       Amp = 60 + Rnd * 30                   ' ampiezza in dB compresa fra 60 e 90
       Pitch = 8 + Rnd * 0.11                ' picth compreso fra 8 e 8.11
       PRINT #1, USING "i1 ###.### ###.### ### ##.##"; ACT; DUR; AMP; PITCH
'   PRINT #1, "i1"+Format$(ACT," ###.###")+ Format$(DUR," ###.###")+ Format$(AMP,
" ###.###")+ Format$(PITCH,"##.##")
```

```
        Act = Act + Dur                    ' aggiornamento dell'action time
Next i
Close 1
```

E otterremo la partitura:

```
i1  0.000  0.382  76  8.06
i1  0.382  0.216  69  8.09
i1  0.598  0.106  83  8.09
i1  0.704  0.384  61  8.05
i1  1.087  0.445  84  8.04
i1  1.532  0.485  86  8.01
i1  2.017  0.480  71  8.06
i1  2.497  0.407  62  8.07
i1  2.904  0.287  69  8.07
i1  3.191  0.359  68  8.03
i1  3.550  0.432  85  8.06
i1  3.982  0.494  87  8.02
i1  4.477  0.378  89  8.03
i1  4.855  0.314  63  8.11
i1  5.168  0.370  60  8.06
i1  5.539  0.140  63  8.09
i1  5.679  0.214  61  8.03
i1  5.893  0.253  69  8.10
i1  6.145  0.400  72  8.03
i1  6.545  0.312  78  8.11
```

Aggiungiamo la definizione di una tabella, per esempio sinusoidale, e sintetizziamola con una semplice orchestra, come per esempio:

```
sr          =   44100
kr          =   4410
ksmps       =   10
nchnls      =   1
        instr   1
ifrq        =   cpspch(p5)
iamp        =   ampdb(p4)
kenv    linseg  0, .01, iamp, p3-.01, 0
```

```
a1      oscil   kenv, ifrq, 1
        out     a1
        endin
```

e ascolteremo un semplice brano, in uno stile che potremmo definire "alla John Cage".

Con una semplice modifica al programma, possiamo ottenere una partitura "polifonica". Basterà infatti non fare aggiornare la variabile ACT, ma farla generare direttamente da un'istruzione contenente RND:

```
Open "c:\score1.sco" For Output As #1
For i = 1 To 20                               ' generazione di 20 note
        Act = Rnd * 20                        ' action time compreso fra 0 e 20 secondi
        Dur = 0.1 + Rnd * 0.4                 ' durata compresa fra 0.1 e 0.5
        Amp = 60 + Rnd * 30                   ' ampiezza in dB compresa fra 60 e 90
        Pitch = 8 + Rnd * 0.11                ' picth compreso fra 8 e 8.11
        PRINT #1, USING "i1 ###.### ###.### ### ##.##"; ACT; DUR; AMP; PITCH
'   PRINT #1, "i1"+Format$(ACT," ###.###")+ Format$(DUR," ###.###")+ Format$(AMP,
" ###.###")+ Format$(PITCH,"##.##")
Next i
Close 1
```

## 5. MODIFICHIAMO UNA PARTITURA ESISTENTE

Un po' più complesso è il compito di modificare una partitura esistente perché dobbiamo prima di tutto leggerla dal *file*, separare i vari parametri, modificarla secondo qualche regola, e scrivere un nuovo *file* con la partitura così modificata.

Se le modifiche richieste sono limitate a ogni singola nota, cioè non dipendono dalle note precedenti o dalle note seguenti. possiamo leggere una nota alla volta, modificarla e scrivere la nota modificata sul nuovo *file*.

Altrimenti dovremo leggere tutte le note, memorizzarle in tanti vettori quanti sono i parametri, modificare ogni nota e scriverla sul *file*.

Supponiamo di dovere ridurre tutte le ampiezze delle note contenute nel *file* "score1.sco" del 20%, e di volere scrivere le note così modificate nel *file* "score2.sco".

```
Open "c:\score1.sco" For Input As #1
Open "c:\score2.sco" For Output As #2
While not Eof(1)                              ' poiché non sappiamo quanto è lungo il file che leggiamo,
                                             ' usiamo l'istruzione "fino a che il file 1 non è finito..."
        Input #1, a$                         ' "legge" la parte "i1" e la scarta
```

```
      Input #1, Act                    ' legge l'action time
      Input #1, Dur                    ' legge la durata
      Input #1, Amp                    ' legge l'ampiezza
      Input #1, Pitch                  ' legge il pitch
      Amp = Amp * 0.8                  ' diminuisce l'ampiezza del 20%
PRINT #2, USING "i1 ###.### ###.### ### ##.##"; ACT; DUR; AMP; PITCH
'    PRINT #1, "i1"+Format$(ACT," ###.###")+ Format$(DUR," ###.###")+ Format$(AMP,
" ###.###")+ Format$(PITCH,"##.##")
Wend                                   ' quando il file 1 è finito, passa all'istruzione seguente,
                                       ' altrimenti ripete il blocco di istruzioni comprese
                                       ' fra WHILE e WEND

Close 1
Close 2
```

# SINTESI ADDITIVA CONTROLLATA DA DIADI

**di James Dashow**

(traduzione di Riccardo Bianchini)

Lo straordinario incremento di potenza delle ultime CPU nei *personal computer* ha portato nuova vita all'uso della sintesi additiva come strumento pratico per la generazione di suoni elettronici complessi e dinamici. Per essere efficace, la sintesi additiva ha spesso bisogno di un grande numero di oscillatori, o, nei linguaggi più avanzati, di unità composte da oscillatori multipli che svolgono lo stesso compito per mezzo di strutture di programmazione ottimizzate.

Rimane però il problema di pilotare ogni oscillatore con un inviluppo di ampiezza e di frequenza, e questo richiede al compositore di preparare un enorme numero di dati: al limite, differenti tabelle di ampiezze, di frequenze e di forma d'onda per ciascun oscillatore.

Naturalmente il compositore può anche progettare *routine* che generino tutti questi parametri basandosi su variabili globali di ingresso, definite ad alto livello; il gruppo di oscillatori e i loro inviluppi di ampiezza possono essere considerati come una sola entità, e accetteranno una piccola quantità di dati, che saranno poi elaborati dalle *routine* e genereranno tutte le informazioni necessarie per la sintesi additiva. Ma anche in questo caso il compositore dovrà specificare in qualche modo le singole frequenze, e mentre la sintesi additiva permette una combinazione infinita di combinazioni di frequenze, questa stessa infinità diventa un ostacolo al suo uso compositivo pratico.

Il metodo suggerito qui considera parecchi oscillatori come se fossero un'unità singola, e la frequenza di ogni oscillatore viene determinata dall'applicazione di processi matematici che generano un risultato (interpretato qui in termini di componenti frequenziali) a partire da un piccolo numero di variabili (non più di 5, e spesso meno). Non vi è, in questo tipo di approccio, controllo separato di ampiezza, ma solo un riscalamento della somma delle uscite degli oscillatori. Quindi uno degli obblighi di questa concezione è quello di accettare che le ampiezze delle diverse frequenze siano uguali (numericamente, non percettivamente), e questa è una caratteristica del suono che viene generato, nello stesso modo in cui è obbligatorio accettare le ampiezze delle singole componenti di un suono di oboe o di flauto, perché sono proprio queste che ne caratterizzano il timbro. Diventerà chiaro più oltre che questa particolare limitazione non porta gravi svantaggi per quanto riguarda la varietà dei suoni ottenibili con questo metodo. Ciononostante, un utente dotato di spirito di avventura potrà facilmente applicare ampiezze differenti a ogni oscillatore, o raggruppare gli oscillatori in zone frequenziali (per mezzo di filtri o di logica di programmazione) a applicare inviluppi di ampiezza alle zone invece che a ogni singolo oscillatore.

Un utilizzo standard della sintesi additiva è quello di dichiarare certe frequenze, o anche una sola frequenza, insieme ad altre che possono avere particolari rapporti (elaborati sotto il controllo di un programma) con le frequenze principali; queste frequenze derivate costituiranno il contesto timbrico delle frequenze principali. Un'ulteriore manipolazione timbrica si può ottenere variando la tabella (o le tabelle) di forma d'onda usate per i diversi oscillatori che formano lo spettro. Il compositore può progettare combinazioni di frequenze armoniche, e specialmente inarmoniche, al fine di caratterizzare specifici intervalli musicali, così che ogni intervallo abbia i suoi timbri caratteristici. Lo sviluppo musicale di questo concetto può avvenire attraverso il mutuo scambio, la condivisione o l'esclusione di componenti timbriche, mentre si odono varie combinazioni di intervalli.

L'approccio suggerito qui si basa su *diadi*, intervalli specifici (in questo caso gli intervalli della scala cromatica occidentale) che generano complessi di frequenze, spesso con rapporti inarmonici, come risultato di processi algoritmici. Naturalmente le diadi, o intervalli, non sono necessariamente limitate alla scala cromatica, ma poiché i complessi di frequenze risultanti sono generalmente inarmonici, non vi è necessità di pensarle in termini di intervalli che non siano temperati. In questo caso il vantaggio è che i suoni hanno almeno due frequenze, la diade, che può in qualche modo essere ripresa da strumenti tradizionali che suonino dal vivo. Non c'è bisogno di notare che qualsiasi intervallo, temperato o no, può essere usato come ingresso per l'algoritmo descritto più avanti.

Il compositore sceglie o inventa un algoritmo che possa generare un complesso di frequenze. Le equazioni che costituiscono l'algoritmo vengono manipolate in modo tale che sia l'intervallo, o quello che è anche chiamato "diade generatrice", a determinare il modo in cui l'algoritmo genera le componenti frequenziali. L'intervallo stesso determina il contenuto frequenziale prodotto dall'esecuzione dell'algoritmo, e perciò è l'intervallo che determina il suo stesso timbro. Le due frequenze della diade sono sempre presenti, e sono due delle componenti del complesso frequenziale che viene generato. Come vedremo, per ciascuna diade generatrice esiste una varietà di componenti frequenziali disponibili (anche in dipendenza dal tipo di algoritmo), così che esistono molti gruppi di frequenze diversi generati dalla stessa diade; e dal momento che le frequenze della diade sono sempre due delle componenti, abbiamo un metodo che serve non solo a generare una varietà di timbri, ma anche a relazionare strutturalmente i timbri per mezzo delle frequenze comuni, cioè la stessa diade generatrice. L'uso della stessa diade con differenti algoritmi conduce a una grande quantità di suoni elettronici, che hanno tutti in comune almeno la diade generatrice.

Questo rappresenta un'utilissima riduzione dei dati che il compositore deve trattare. Una volta che il processo di sintesi del suono sia stato programmato per mezzo di questo algoritmo, il compositore si interfaccia con la sintesi additiva in termini di informazioni musicali piuttosto che numeriche, cioè la diade generatrice (sia essa un intervallo musicale o una coppia di altezze), e le informazioni sussidiarie di "orchestrazione": il punto dello spettro in cui deve essere prodotta la diade generatrice (registro) e la qualità timbrica, influenzata da non più di due fattori aggiuntivi (la tabella di forma d'onda e/o un fattore timbrico per l'algoritmo). Il compositore non ha bisogno di conoscere tutte le frequenze generate dal processo; al contrario, ciò che veramente conta è la varietà di sonorità, di timbro, che può essere fatta produrre a una diade generatrice: musica per l'orecchio.

Il primo algoritmo, e il più semplice da implementare, è il complesso frequenziale generato dalla seguente equazione:

$$f(N) = f(0)+N*A \quad [1] \text{ per } N = 1,2,3....$$

che significa: la N-esima frequenza $f(N)$ è generata da una frequenza di partenza $f(0)$ più N volte un certo fattore A. Se $f(0) = 100$ e $A = 75$, allora

$$f(0) = 100 + 0 * 75$$
$$f(1) = 100 + 1 * 75 = 175$$
$$f(2) = 100 + 2 * 75 = 275$$
$$f(3) = 100 + 3 * 75 = 375$$

Si noti il rapporto intervallare fra i componenti frequenziali. Fra la frequenza di partenza $f(0)$ e $f(1)$ l'intervallo è $175/100 = 1$-$75$; fra $f(2)$ e $f(1)$ l'intervallo è $250/175 = 1.4286$; fra $f(3)$ e $f(2)$, $325/250 = 1.3$; gli intervalli diventano sempre più piccoli al crescere di N. Questo algoritmo genera frequenze con uguali differenze fra le componenti. Il che significa che gli intervalli musicali diventano sempre più piccoli al crescere di N. Si tratta, ovviamente, degli stessi rapporti di frequenza delle bande laterali superiori della sintesi FM. Qui, però, non vi è un rapporto algoritmico di cambiamento di ampiezza o fase delle componenti, come nella FM, salvo che il compositore desideri aggiungerla egli stesso con inviluppi appropriati, e questi controlli possono essere liberamente costruiti e manipolati, in contrasto con l'evoluzione fissa implicita nell'algoritmo della FM.

Per utilizzare l'idea della diade generatrice, diciamo: supponiamo che due delle frequenze generate dall'equazione (1) siano le frequenze della diade. Per esempio, usiamo un intervallo di ottava più terza minore, che ha un rapporto frequenziale di 2.3784; se $f(0)$ è di 100 Hz, la componente un'ottava e una terza minore superiore è di 237.84 Hz. Possiamo quindi avere questa componente come $f(2)$, o come $f(3)$ o come $f(4)$ o come numero qualsiasi. Supponiamo che essa sia $f(2)$. Dal momento che conosciamo la frequenza di $f(0)$ (100 Hz) e di $f(2)$ (237.84 Hz), otteniamo:

$$f(0) = 100 = 100 + 0 * A$$
$$f(1) = \quad ? \quad = 100 + 1 * A$$
$$f(2) = 237.84 = 100 + 2 * A$$

e possiamo calcolare il fattore A dall'espressione di f(2):

A = (237.84 - 100) / 2= 68.92

Ora possiamo generare un insieme di frequenze f(N) = 100 + N *68.92 che produrrà 100 Hz come f(0) e 237.84 Hz come f(2):

f(0) = 100 = 100 + 0 * 68.92 f(1) = 168.92 = 100 + 1 * 68.92 f(2) = 237.84 = 100 + 2 * 68.92 f(3) = 306.76 = 100 + 3 * 68.92 etc.

Lo stesso possiamo fare se 100 Hz fosse f(0) e 237.84 Hz fosse f(5):

f(5) = 237.84 = 100 + 5 * A
A = (237.84 - 100) / 5 = 27.568

E l'insieme di frequenze f(N) con la diade generatrice nelle posizioni 0 e 5 (f(0) e f(5)) dello spettro viene generato applicando l'equazione generale (1) con appropriati valori di A e di f(0),

f(N) = 100 + N * 27.568.

Questo ci darà un insieme di frequenze diverso, ma sempre con le frequenze 100 e 237.84 in comune. Viene prodotto un timbro diverso, ma che conserva una continuità con il precedente, quella della diade generatrice comune.

Si noti, comunque, che il modo in cui abbiamo calcolato A è stato quello di dividere la differenza fra le due frequenze della diade generatrice per i loro numeri posizionali. Così possiamo generalizzare scrivendo che il fattore A risulta da:

A = (UP - LP) / (NU - NL)     [2]

in cui UP (*Upper Pitch* o frequenza superiore) e LP (*Lower Pitch* o frequenza inferiore) sono le frequenze dei due membri della diade generatrice, e NU (*Upper component Number* o numero della componente superiore) e NL (*Lower component Number* o numero della componente inferiore) sono le posizioni della diade (in termini più musicali, i loro "registri") nell'insieme delle frequenze, o spettro.
In questi due esempi abbiamo sempre imposto che LP, la frequenza più grave della diade, fosse generata come f(0), la frequenza fondamentale dello spettro. Ma non ce n'è sempre bisogno: possiamo facilmente richiedere che LP = 100 Hz sia f(1) e UP = 237.84 Hz sia f(3). In questo caso:

$f(0) = f(0) + 0 * A$
$f(1) = 100 = f(0) + 1 * A$
$f(2) = ? = f(0) + 2 * A$
$f(3) = 237.84 = f(0) + 3 * A$

Ora abbiamo due incognite nell'espressione di f(3), ma con qualche passaggio possiamo eliminarne una; sottraiamo

$f(3) - f(1) = (f(0) + 3 * A) - (f(0) + A)$
$f(3) - f(1) = 2*A$

poiché f(3) e f(1) sono le frequenze generatrici della diade,

$237.84 - 100 = 2*A$

$A = 68.92$

e per trovare f(0) possiamo ritornare alla f(1)

$f(1) = 100 = f(0) + 68.92$
$f(0) = 100 - 68.92 = 31.08$

Così l'insieme di frequenze per la diade generatrice nelle posizioni 1 e 3 sarà

$f(N) = 31.08 + N * 68.92,$

e l'espressione generale per f(0) è allora

$f(0) = LP - NL*A,$      [3]

o, la frequenza iniziale dell'insieme frequenziale è la frequenza più bassa della diade generatrice meno il suo numero posizionale moltiplicato la differenza costante fra le frequenze contigue dell'insieme. Se NL è 0, allora f(0) = LP, come abbiamo visto nei primi esempi.

Allora per ogni diade, ogni intervallo, ogni coppia di frequenze, le equazioni (2) e (3) danno i valori di A e di f(0), che sono poi usati ripetutamente nell'equazione (1) per generare un insieme di frequenze f(N) che avrà la diade nelle posizioni volute all'interno del suo spettro. Un cambio di posizione delle frequenze della diade cambia f(0) e A, e quindi cambia il timbro. Si può sperimentare a piacere con altre frequenze, sopra, e a volte anche sotto la diade generatrice, a seconda del timbro che si desidera ottenere. Se la diade generatrice coincide con le componenti 3 e 7, per esempio, si potrebbe decidere di "suonare" le frequenze da f(2) a f(8), o da f(0) a f(11), a seconda del suono richiesto dallo specifico contesto musicale.

È possibile ottenere un'ulteriore varietà timbrica usando forme d'onda complesse per gli oscillatori. Questo metodo implica il vincolo che tutti gli oscillatori usino la stessa forma d'onda; la somma degli oscillatori qui è considerata un unico strumento, per mantenere i dati della partitura in dimensioni pratiche da gestire. Certamente, il compositore può specificare una forma d'onda diversa per ogni oscillatore, e insieme a un controllo variabile per l'ampiezza o alla modifica delle forme d'onda nel corso dell'esecuzione, raggiungere un alto grado di controllo sull'evoluzione timbrica.

In prima istanza possiamo non solo generare una forma d'onda con diverse armoniche, per esempio la somma delle prime 4 armoniche dispari (usando la GEN10: 1 0 0 .333 0 0.3 0 0.167), ma possiamo anche generare un insieme arbitrario di componenti con relazioni inarmoniche fra loro, per esempio usando la GEN09: 6 1 0 11 0.3 0 19 0.15 0. Qui la tabella contiene la VI, XI e XIX armonica (con ampiezze sempre decrescenti) i cui rapporti 11/6, 19/6 e 19/11 non sono quelli della scala temperata.

Per usare questa tabella di forma d'onda in uno strumento per la sintesi additiva, il compositore decide a quale delle 3 armoniche vada affidata la frequenza assegnata a ogni oscillatore, e poi divide questa frequenza per il numero dell'armonica. Le altre due armoniche avranno quella stessa frequenza (f(N) diviso il numero dell'armonica) , cioè il rapporto fra le componenti che generano rapporti inarmonici di frequenza, per ciascuna frequenza f(N) dell'insieme. Se richiediamo la generazione di 5 frequenze, da f(0) a f(4), e sintetizziamo ogni frequenza con la forma d'onda che contiene le armoniche 6, 11 e 19, il suono risultante conterrà 15 frequenze, e non solo cinque, con rapporti reciproci complessi, armonici e inarmonici. La varietà timbrica è così assicurata.

Nel primo esempio citato sopra, se decidiamo di "suonare" le frequenze di ogni oscillatore con la sesta armonica (la più grave di questa tabella), possiamo modificare l'insieme frequenziale dividendo ciascuna frequenza per 6, quindi f(N) = f(N)/6. Ma, per risparmiare tempo di calcolo, risulta più efficiente dividere per 6 (il numero di armonica voluto) le frequenze della diade generatrice prima di iniziare il calcolo delle f(N). Possiamo anche "suonare" le f(N) frequenze con l'armonica XI o XIX (magari modificandone l'ampiezza), dividendo le frequenze della diade generatrice per 11 o per 19; ciò produrrà frequenze più gravi della f(N) (la frequenza generata sulla VI armonica sarà 6/11 più grave di quella generata dall'armonica XI (etc.), il che porterà a timbri molto ricchi e musicalmente utili. Quindi la generazione di diverse forme d'onda per ogni diade e di diversi algoritmi porta a una ricca varietà di timbri, tutti generati a partire dalla stessa coppia di frequenze, cioè la diade generatrice.

A partire da questa equazione possiamo costruire un piccolo strumento Csound con il codice seguente; qui il massimo numero di oscillatori è 6, ma è facile aumentarlo.

```
        sr      =   44100
        kr      =   44100  ;<- notare  sr=kr!!!!
        ksmps =   1
        nchnls =   1
        instr    1
; p4    = ampiezza, in valori assoluti
; p11   = fattore di riscalamento da applicare dopo avere ridotto
;l'ampiezza a seconda del numero di oscillatori
;il valore di p11 è fra 1.3 e 1.6
; p5    = UP, p6 = LP, p7 = NU, p8 = NL
; p9    = numero dell'armonica
; p10   = numero della tabella di forma d'onda
        iup     =   cpspch(p5)/p9
        ilp     =   cpspch(p6)/p9
        iafac   =   (iup-ilp)/(p7-p8)
        if0     =   ilp - iafac*p8
        inf     =   p10;
; p11 = massimo numero di oscillatore, qui 6
; p12 = minimo numero di oscillatore, qui 1
        inum    =   p11 - p12 + 1
;ora riscaliamo l'ampiezza per il numero di oscillatori
        iamp    =   p4 * inum * p11
;calcoliamo le componenti per num Hz all'inizializzazione
        kcount      init inum
        atotsig =   0             ;variabile audio in cui si accumulano i
                                  ;risultati della somma degli oscillatori per ogni campione
        if  p11 == 0   goto   x0
        if  p11 == 1   goto   x1
        if  p11 == 2   goto   x2
        if  p11 == 3   goto   x3
        if  p11 == 4   goto   x4
x5:
;questo è l'algoritmo, equazione (1) con specifici
;valori per la f(5), la sesta componente
        if5     =   if0 + 5*iafac
        asig5       oscili   1, if5, inf, iphs
```

```
        atotsig  =    asig5;
;il PRIMO punto di ingresso non ha bisogno di contatore,
;oscili sta suonando
x4:
        if4     =    if0 + 4*iafac    ;questo è l'algoritmo (1) che genera f(4)
        asig4        oscili   1, if4, inf
        atotsig =    atotsig + asig4
        kcount  =    kcount - 1
        if   kcount == 0  goto xend
x3:
        if3     =    if0 + 3*iafac     ; etc.
        asig3        oscili   1, if3, inf
        atotsig =    atotsig + asig3
        kcount  =    kcount - 1
        if   kcount == 0  goto xend
x2:
        if2     =    if0 + 2*iafac
        asig2        oscili   1, if2, inf
        atotsig =    atotsig + asig2
        kcount  =    kcount - 1
        if   kcount == 0  goto xend
x1:
        if1     =    if0 + iafac
        asig1        oscili   1, if1, inf
        atotsig =    atotsig + asig1
        kcount  =    kcount - 1
        if   kcount == 0  goto xend
x0:
        asig0        oscili 1, if0, inf
        atotsig =    atotsig + asig0
xend:
;qui si può riscalare atotsig e controllarlo con un inviluppo di ampiezza.
        atotsig =    atotsig * iamp  ; etc.
        out          atotsig
        endin
```

È possibile usare una partitura come questa, che usa un intervallo di ottava più settima minore. Si noti la differenza di timbro fra f1 e f2:

| f1 | 0 | 4096 | 9 | 6 | 1 | 0 | 11 | 1 | 0 | 19 | 1 | 0 |
|----|---|------|---|---|---|---|----|---|---|----|---|---|
| f2 | 0 | 4096 | 9 | 7 | 1 | 0 | 11 | 1 | 0 | 18 | 1 | 0\ |
|    |   | 26   | 10 |  |  |  |    |   |   |    |   |   |

| ;1 | 2 | 3 | 4 | 5 | 6 | 7 | 8 | 9 | 10 | 11 | 12 |
|------|-----|-----|-----|-------|------|----|----|-------|-----|--------|--------|
| ;ins | act | dur | amp | up | lp | nu | nl | parts | fno | maxosc | minosc |
| i1 | 0 | 5 | 100 | 10.00 | 8.02 | 4 | 1 | 6 | 1 | 6 | 1 |
| i1 | + | 5 | 100 | 10.00 | 8.02 | 4 | 1 | 7 | 2 | 6 | 1 |

Poiché l'algoritmo può anche essere espresso nella forma

$$f(N) = f(N-1) + A \qquad [1b]$$

si può programmare lo strumento Csound in modo leggermente più efficiente evitando la moltiplicazione per ogni f(N).

Si possono anche usare valori di frequenza molto piccoli, come 1.1 Hz, per ottenere effetti di *phasing* e di *chorus*. Si deve sempre dividere per il numero di armonica usato nella tabella di forma d'onda, anche per questi piccoli valori di frequenza.

Oppure si può usare *linseg* o una tabella per controllare una successione di intervalli basata sullo stesso LP; le variabili f1, f2, f3, f4 etc. saranno allora controllate dall'uscita di *linseg* (a frequenza di controllo) oppure reinizializzate (*reinit*) con nuovi valori per ogni intervallo letto in una tabella. È facile inventare altre varianti.

Un algoritmo simile produce frequenze spaziate in modo proporzionale, cioè

$$f(N) = f(0) * M^N \qquad [4a]$$

che può anche essere scritta nella forma

$$f(N) = f(N-1) * M, \qquad [4b]$$

dove M è una costante moltiplicativa.

L'uso della forma (4b) nello strumento evita il problema di avere a che fare con operazioni di esponenziazione per ogni f(N), il che non sarebbe un processo efficiente.

Questa equazione è un prototipo per la scala temperata, e anche per qualunque tipo di scala. Nella scala cromatica temperata occidentale, la frequenza dei semitoni si calcola con

$$f(N) = f(0) * 1.0594631^N$$

oppure
f(N) = f(N-1) * 1.0594631

Il fattore di moltiplicazione M è semplicemente la radice dodicesima di 2. Se usiamo il metodo della diade generatrice, in effetti generiamo "scale" con rapporti intervallari inarmonici fra i gradi della scala. Il procedimento è quello di sostituire i valori noti nella diade generatrice, UP e LP, insieme con le loro posizioni (scelte dal compositore), NU e NL all'interno dell'insieme frequenziale, o spettro, f(N); applicare qualche semplice regola di algebra e derivare le espressioni, come abbiamo visto sopra, per i valori f(0) e M, che vengono poi usati nell'equazione (4b), implementata nello strumento Csound.

UP = f(0) * M^NU
LP = f(0) * M^NL

Ora eliminiamo la variabile f(0) dividendo

UP/LP = M^NU/M^NL = M^(NU-NL)

e risolviamo trovando M (*ln* è il logaritmo naturale, cioè in base e):

M = exp( ln( UP/LP ) / ( NU-NL ) ).        [5]

Ora possiamo trovare

f(0) = LP/M*NL            [6]

Nello strumento Csound visto sopra, dove abbiamo scritto *iafac* e f(0), equazioni (2) e (3), sostituiamo

imfac = exp(log(iup/ilp))/(p7-p8))
if0 = ilp/(imfac^p8)

e sostituiamo *imfac* in tutte le occorrenze di *iafac*

Infine, dove l'algoritmo (3) è stato scritto specificamente per ogni f(N), sostituiamo la (4a) – o sostituiamo la (4b) alla (1b) se abbiamo usato questa versione:

if5 = if0 * pow(imfac^5)
    etc.

Si possono esplorare molti altri algoritmi. Per esempio, sperimentate un adattamento dell'algoritmo di "compressione delle armoniche" suggerito da Steve McAdams. L'equazione della serie delle armoniche è:

$$f(N) = f(0) * N.$$

McAdams ha sviluppato la nozione di "compressione delle armoniche" scrivendo l'equazione in questo modo:

$$f(N) = f(0) * N^S \qquad [7]$$

in cui S è il "fattore di compressione". Usando valori diversi da 1 per S, si generano gruppi di frequenze i cui rapporti diventano rapidamente inarmonici, e producono alcuni timbri interessanti, specialmente se ogni f(N) ha a sua volta un timbro complesso, ottenuto usando forme d'onda complesse.

Le equazioni della diade generatrice vengono scritte in questo modo:

$$UP = f(0) * NU^S$$
$$LP = f(0) * NL^S$$

$$UP/LP = NU^S / NL^S = (NU/NL)^S$$

$$S = \ln( UP/LP ) / \ln( NU/NL ) \qquad [8]$$

e poi

$$f(0) = LP / NL^S. \qquad [9]$$

Di nuovo, sostituiamo la (2) e la (3) con la (8) e la (9) nello strumento Csound, e la forma appropriata della (7) alla (1b), il calcolo dell'algoritmo per ogni specifica frequenza.

Si può lavorare con più di una variabile extra; una serie di algoritmi usa un processo di moltiplicazione/addizione, un altro un processo di addizione/moltiplicazione. Entrambi questi algoritmi possiedono un fattore moltiplicativo A e un fattore additivo M, il che richiede al compositore di specificare non solo la diade generatrice e la posizione delle sue frequenze nello spettro, ma anche il fattore additivo A (e l'algoritmo troverà il fattore moltiplicativo M), e il contrario, cioè la specifica del fattore moltiplicativo M, lasciando all'algoritmo il compito di trovare quello additivo, A.

Il più semplice algoritmo moltiplicazione/addizione è

f(N) = f(0)*M^N + N*A          [10]

mentre il più semplice algoritmo addizione/moltiplicazione è

f(N) = M^N * (f(0) + N*A)          [11]

Ora ci sono due equazioni della diade generatrice per la (10) e due per la (11), a seconda che il compositore fornisca il fattore M o il fattore A. L'equazione (11) può essere risolta solamente nella modalità "dato A, trovare M", se la frequenza più grave della diade, LP, coincide con f(0), la frequenza più grave dello spettro. Si noti che in quasi tutti questi casi, dove si devono specificare gli LP e UP della diade, dalla posizione 1 in su (dove 1 è la frequenza più grave dello spettro), ci si deve riferire alla posizione più bassa come 0 (zero), perché la matematica funzioni correttamente. In altre parole, si deve sottrarre 1 dai valori dati di NU e NL (a meno che non si stiano già usando i valori da 0 a N-1 per indicare i valori da 1 a N).

Per (10): dato M (il fattore moltiplicativo), trovare A (il fattore additivo), le equazioni per lo strumento Csound (in cui *mx* è una variabile di lavoro temporanea) sono:

mx     =pow(M, (NU-NL));

A = ( UP - (mx*LP) ) / ( NU - (mx * NL) );

Oppure, nel caso che si voglia trovare A una volta specificato M, le equazioni per l'algoritmo (10) sono:

mx = log( ( UP - (A * NU) ) / ( LP - (A * NL) ) )

M = exp( mx / (NU - NL) )

e in entrambi i casi si risolve in f(0):

```
f0 = LP;
if (NL != 0.0) {
     div = pow(M,NL);
     f0 = (LP - (A * NL) )/ div;
     }
```

Per (11): dato M trovare A; le equazioni (ancora una volta è utile usare le variabili di lavoro temporanee *uxpn* e *lxpn*) sono:

```
uxpn = pow(M, NU);
lxpn = pow(M, NL);
A = ( (UP / uxpn) - (LP / lxpn) ) / (NU - NL);
```

Nel caso che si voglia trovare M una volta specificato A, le equazioni possono essere risolte solo se LP viene dichiarata come frequenza f(0), in queste equazioni NL = 0:

```
mx = log( UP / ( LP + (A * NU) ) );
M =  exp(mx/NU);
```

e in entrambi i casi si risolve in f(0):

```
f0 = LP;
```

```
if (NL != 0.0)  /* vero solo nella modalità "dato M trova A" */
f0 = (LP / lxpn) - (A * NL);
```

Come esempio finale, ecco un'altra equazione che si è dimostrata estremamente flessibile:

$$f(N) = M * f(N-1)^{\wedge}2 / f(N-2) \quad [12]$$

Cioè: la frequenza corrente N dello spettro è il prodotto di un moltiplicatore, o fattore scalare, M per la frequenza precedente dello spettro, elevata al quadrato e divisa per la frequenza ancora precedente (N-2). Se M = 1, il rapporto fra la prima e la seconda frequenza, f(0) e f(1), determina il rapporto fra tutte le frequenze successive. Per esempio, se il rapporto è 1.0594631 si ottiene la scala cromatica temperata.

Se M è minore di 1, allora i rapporti fra le frequenze diminuiscono precisamente del valore M per ogni frequenza, si ottiene cioè una scala in cui gli intervalli si contraggono. Se M è maggiore di 1, però, avviene esattamente l'opposto, e si ottiene una scala in cui gli intervalli si espandono, fenomeno inusuale, e molto utile per la creazione di varie famiglie timbriche diverse. In effetti, anche con M>1, se NU e NL sono a metà dello spettro, diciamo al V e III posto, è facile generare un insieme frequenziale nel quale le frequenze più basse hanno intervalli che si compattano man mano che ci si avvicina alla frequenza più grave della diade generatrice, LP, e poi si espandono quando superano la frequenza più alta della diade. In breve, il fattore M determina il carattere del modello intervallare, e questo offre al compositore un controllo sull'evoluzione dell'insieme frequenziale maggiore che in molti altri algoritmi.

Il programma è un po' più complesso, perché le prime due frequenze, f(1) e f(2), devono essere calcolate in base alla diade generatrice e al fattore M. Si noti che in questo caso non usiamo f(0), o NL = 0; la frequenza più grave dell'insieme è N = 1.

```
mx = NU - NL;
lxpn = mx - 1.0;
if (lxpn == 0.0)
flp1 = UP;  /*in Csound si userà il costrutto if/goto */
else {
expM = pow(M, (mx*lxpn*0.5));
lpxp = pow(LP, lxpn);

/* flp1 è la f(NL+1) */
flp1 = pow( (lpxp*UP/expM), (1.0/mx) );
    }
/* ora troviamo le prime due frequenze, , f1 e f2  */
if ( NL == 1.0) {  /* se la condizione è vera, LP è la frequenza più grave
f1 */ f1 = LP; f2 = flp1;
    }
else {
/* percorriamo un ciclo discendente fno a ottenere f1, in cui */
/* ciascun  f(L-1) = M * LP^2/flp1 */
MmU = LP;   /* inizializziamo un'altra variabile ausiliaria  */
f2 = flp1;
for ( j = NL-1; j > 0; j—) {
f1 = M*MmU*MmU/f2;
f2 = MmU;
MmU = f1;
} /* fine del loop for */
} /* fine di else */
```

Quando si arriva qui, si sono ottenuti i valori di f1 e f2, che sono le prime due frequenze, f(1) e f(2), dello spettro; successivamente si calcolano le frequenze da f(3) fino alla frequenza desiderata usando l'equazione (12). I calcoli iniziali saranno:

```
f(3) = M * f(2)^2/f(1);
f(4) = M * f(3)^2/f(2);
```

$f(5) = M * f(4)^2/f(3);$   etc.

Altre versioni di "moltiplicazione/addizione" e "addizione/moltiplicazione" escono quasi da sole. Sperimentando con diverse diadi, ho trovato che molte possiedono una vasta gamma di possibilità, mentre altre sono più "capricciose", e funzionano meglio con determinati intervalli e specifiche gamme di frequenza e condizioni (posizioni molto strette o molto larghe di NU e NL, fattori M molto piccoli, fattori A molto grandi, etc.)

Alcune di queste equazioni non hanno soluzioni per "dato A trova M", mentre altre, come la (11) vista sopra, hanno soluzioni per "dato A trova M" solo se f(0) coincide con LP, cioè se la frequenza iniziale è anche la frequenza inferiore della diade generatrice, nel qual caso si elimina di fatto una delle variabili. Si veda la lista riportata più avanti.

Ho anche trovato estremamente utili scrivere un programma separato (in linguaggio C), indipendente da Csound, che visualizza a schermo le f(N) frequenze prodotte da questi algoritmi. Questo aiuta a verificare se la f(0) è un valore subsonico, diciamo 0.003 Hz (ma comunque l'algoritmo genera frequenze interessanti nella gamma da f(2) a f(7)), o se alcuni dei valori generati diventano troppo grandi (ultrasuoni). Per questa ragione i parametri *p11* e *p12* dello strumento Csound permettono di evitare valori di frequenza inutili, che spesso sono i primi o gli ultimi.

Il programma in C compilato per PC e i suoi sorgenti (*inhntrvl.c*, *inhntrvl.exe* e *inhmenu.man*) possono essere scaricati dal sito *web* dell'autore (www.jamesdashow.net). Questi programmi contengono le equazioni delle diadi generatrici per quegli algoritmi che possono essere facilmente adattate allo strumento Csound visto in precedenza.

*MOLTIPLICAZIONE/ADDIZIONE*
   f(N) = f(N-1)*M^N + A*N -> SOLO per la modalità "dato M trova A";
(la versione addizione/moltiplicazione,  f(N) = f(N-1)*(M^N + A*N), produce spettri virtualmente identici)

   f(N) = f(0)*N^M + A*N  -> fattore di compressione, senza restrizioni;
questi due funzionano correttamente SOLO con NL > 1 e xx & yy > 0;
   xx & yy possono essere frazionari
   f(N) = f(0)*M^N + A*X    -> X = N+xx/N+yy

   f(N) = f(0)*M^N + A*N^X   -> X = N+xx/N+yy

   f(N) = f(0)*M^N + A*N^M   -> SOLO per la modalità "dato M trova A";

*ADDIZIONE/MOLTIPLICAZIONE*

Per i prossimi due, per la modalità "dato A trova N", NL può SOLO essere 1 (cioè f(0) = LP). Per evitare errori di *overflow*, le *routine* di inizializzazione devono porre NL = 1. Non vi sono invece restrizioni per la modalità "dato M trova A".

$f(N) = M^N*(f(0) + A*N)$

$f(N) = N^M*(f(0) + A*N)$   -> fattore di compressione

$f(N) = f(0)*(M + A*N)$ -> tutto OK, ma attenzione ai valori di M e A per LP piccolo e NU grande, A può diventare negativo e generare frequenze inutili.

$f(N) = f(N-1)*(M + A*N)$ spesso genera un insieme di intervalli che si espandono andando verso l'acuto...

Questo algoritmo è limitato a NU = NL + 1 SEMPRE, cioè 2 e 3, 4 e 5, 5 e 6. L'uso della modalità "dato A trova M" produce valori di frequenza grandissimi; usate A MOLTO piccolo e intervalli piccoli. È anche molto efficace con M piuttosto piccolo (nella gamma da 1.1 a 1.8). Qui funzionano bene anche intervalli piccoli nelal diade generatrice.

$f(N) = M^N*(f(0) + A*N^M)$ -> SOLO per la modalità "dato M trova A"

Questi funzionano correttamente SOLO se NL > 1 e xx & yy > 0,

xx e yy possono essere frazionari. Possono esser usati solo per la modalità "dato M trova A".

$f(N) = M^N*(f(0) + A*N^X)$  -> X = N+xx/N+yy
$f(N) = M^N*(f(0) + A*X)$      -> X = N+xx/N+yy
$f(N) = M^N*(f(0) + A^X)$      -> X = N+xx/N+yy
$f(N) = N^M*(f(0) + A^X)$      -> X = N+xx/N+yy

Ce ne sono molti altri.

# LA SINTESI DEL SUONO MEDIANTE ITERAZIONE DI FUNZIONI NON LINEARI

**di Agostino Di Scipio**

## 1. INTRODUZIONE

L'iterazione di funzioni non lineari è parte della teoria matematica del caos deterministico (*chaos theory*). Nel 1991 iniziai a studiare la possibilità di utilizzare questo tipo di procedimenti per la sintesi del suono. Mi accorsi allora che questo approccio era particolarmente adatto a sintetizzare suoni di proprietà acustiche e percettive dinamiche assai particolari, talvolta uditi come tessiture sonore ricche di turbolenze e transienti di rumore (aperiodicità), talvolta percepite come immagini sonore di spettro quasi armonico (periodicità).

Questa lettura si limita a fornire alcuni esempi di realizzazione con Csound (per approfondimenti scientifici e teorici si rimanda alle indicazioni incluse in bibliografia). Si tratta di esempi molto semplici, facilmente modificabili ed estendibili da parte del lettore. Si deve tener presente che il modo più costruttivo di affrontare questo tipo di sintesi è di carattere esplorativo e sperimentale, dal momento che piccoli mutamenti nei valori dei parametri causano cambiamenti anche assai radicali nei risultati ottenuti, in maniera spesso imprevedibile.

Infine bisogna sottolineare che stiamo qui trattando di una tecnica di sintesi "non-standard", ovvero di un processo che non ha alla base alcun modello propriamente acustico ma un modello procedurale arbitrario, un processo di composizione del suono capace di dar luogo a sequenze numeriche che, se considerate come campioni sonori, possono avere qualità interessanti a fini musicali e di *sound-design*.

## 2. DESCRIZIONE GENERALE

Iterare una funzione significa applicare una trasformazione $f$ ad un valore iniziale, $x(0)$, e nel ripetere poi l'applicazione della stessa trasformazione al risultato ottenuto, e così di seguito per n volte:

**$x(n) = f(x(n-1))$**

Indicheremo $x(n)$ come la n-esima "iterata" ottenuta dall'applicazione di $f$ a $x(0)$. Se $f$ è nonlineare (per esempio una sinusoide, una spezzata, un polinomio di grado elevato, etc.), l'andamento del processo varia sensibilmente al variare di $x(0)$ e degli eventuali parametri di $f$ e in alcuni casi rende il risultato dell'iterazione del tutto imprevedibile.

Per utilizzare questo processo come tecnica di sintesi del suono, possiamo ricorrere al seguente schema di istruzioni:

a - inizializza $x(0)$ e i parametri di $f$

b - calcola la n-esima iterata, $x(n)$, ottenendo così il campione in uscita

c - aggiorna $x(0)$ e i parametri di $f$

d - ripeti da $b$

In altre parole la successione dei campioni sarà la successione delle n-esime iterate della funzione $f$ al variare di $f$ e $x(0)$. Se $i$ è l'indice di successione dei campioni, la sequenza sarà formulata sinteticamente come:

**x(n,i) = f(i) (x(n-1,i))**

Questo metodo è assolutamente generale, e definisce in effetti una classe di possibili forme di sintesi del suono. Il principio costante sta nel fatto che la forma d'onda del suono che viene generato è la successione delle n-esime iterate di una determinata funzione. Per effettuare una implementazione del processo, si tratta allora di scegliere la particolare funzione nonlineare.

Si pensi ad esempio alla tecnica nota come *waveshaping* o distorsione non lineare (DNL): abbiamo appunto una funzione distorcente (ad esempio un polinomio di Chebishev, o una sinusoide) che trasforma un segnale in ingresso (una successione di valori). Se il risultato lo sottoponiamo di nuovo alla trasformazione dalla quale è stato ottenuto, avremo allora una forma particolare di iterazione di funzione nonlineare.

Naturalmente la scelta di $f$ è decisiva e determina il tipo di risultati sonori raggiunti. Tuttavia in ambito scientifico è stato sottolineato che le successioni numeriche ottenute con questo tipo di processo dipendono nelle loro caratteristiche morfologiche tempo-varianti dal semplice fatto che si tratta di un processo iterativo: è l'operazione di iterazione che permette di fare emergere forme coerenti, siano esse ordinate e regolari, siano esse caotiche e apparentemente prive di regolarità.

## 3. IMPLEMENTAZIONE

Negli esempi Csound che ora commenteremo, abbiamo scelto la seguente iterazione:

**x(n) = sin (r\*x(n-1))**

che consiste nell'iterazione della funzione seno mappata nell'intervallo [-1,1]. I parametri in gioco sono: $r$ (o parametro di controllo) e $x(0)$ (o valore iniziale). In linea generale i valori utili di *r* possono andare da 0 a 4, anche se in pratica i risultati più interessanti si ottengono con *r* che va da 3.14 a 4 (se *r* è inferiore a 3.14, il processo va a fissarsi su un punto fisso, mentre oltre quel valore esso determina situazioni periodiche o caotiche). Il valore iniziale *x(0)* può essere scelto tra -1 e 1.

È importante segnalare che *r* determina la dinamicità del segnale risultante (nel dominio del tempo), e la larghezza dello spettro (nel dominio della frequenza). Invece *x(0)*, se teniamo *r* inalterato, determina successioni di campioni diverse ma qualitativamente simili. Si può pensare a *x(0)* come al "seme" di una generazione casuale, e a *r* come ad un "indice" della larghezza spettrale. In effetti si può vedere questo modello come un generatore di rumore strutturato e controllabile dinamicamente. I risultati che si ottengono non si riducono, però, a quelli di un generatore di rumore (come, in Csound, *rand* o *randh*), e sono assai più vari e caratteristici, come vedremo subito.

Per far suonare il modello in questione dobbiamo controllare nel tempo o *x(0)* o *r*. Se mutiamo (attraverso un controllo dinamico) solo *x(0)* avremo suoni diversi ma delle stesse proprietà timbriche determinate da *r*. Viceversa se sottoponiamo *r* ad un controllo dinamico, avremo evoluzioni timbriche diverse a partire dalle stesse condizioni iniziali date da *x(0)*. Se modifichiamo nel tempo entrambi i parametri, avremo suoni di spettro continuamente dinamico.

Altro elemento-chiave è costituito dalla particolare iterata presa in considerazione, cioè dal numero di iterazioni effettuate per produrre un campione. A parità di *x(0)* e *r*, più alto è questo numero e più largo sarà lo spettro del suono risultante.

Se variamo linearmente *x(0)* o *r* (o entrambi) nel tempo, otterremo suoni caotici, simili a turbolenze, a suoni del vento e dell'acqua. Se si visualizza la forma d'onda di questi suoni, si nota che essi sono costituiti da rapidissime modulazioni di fase a bassa frequenza, e che spesso ciò determina oggetti sonori con una loro articolazione interna; talvolta il segnale acustico non oscilla, rimanendo per qualche tempo solo positivo o solo negativo, soprattutto se si usano poche iterazioni o se *r* è molto basso. Questo tipo di sonorità è lo "stato naturale" del modello descritto. Gli esempi Csound forniti qui sotto (da "*Ex1.sco*" a "*Ex6.sco*", abbinati a "*IFS1.orc*") sono esempi di questo tipo, e mostrano la dipendenza del suono ottenuto dai vari parametri citati (e dalla durata: infatti durate diverse implicano processi di iterazione più o meno quantizzati, e dunque maggiore o minore larghezza di banda).

Con gli esempi rimanenti (da "*Ex7.sco*" a "*Ex10.sco*"), invece, si introduce la possibilità di controllare *x(0)* con funzioni cicliche, forzando così il modello a un comportamento periodico, sia in frequenza sub-audio che in frequenza audio, ottenendo suoni periodici di spettro dinamico. In questi casi all'ascolto l'influenza di *r* sul timbro, come il lettore noterà, può ricordare l'influenza dell' "indice di modulazione" nei suoni generati in FM. D'altra parte, almeno in linea teorica, è possibile ricondurre la FM "controreazionata" (il risultato della modulazione modula se stesso, o *feedback*) ad una forma particolare di iterazione di funzioni nonlineari.

Nell'orchestra "*IFS1.ORC*" abbiamo incluso 3 differenti strumenti, che offrono, come indicato nei commenti, altrettante differenti applicazioni della sintesi per iterazione di funzioni nonlineari. Gli esempi di partitura dal numero 1 al numero 8 (da "*Ex1.sco*" a "*Ex8.sco*") sono da abbinare appunto a questa orchestra. L'orchestra "*IFS2.ORC*" contiene invece alcune leggere modifiche, importanti solo da un punto di vista matematico. Gli esempi abbinati ad essa sono gli ultimi due, "*Ex9.sco*" e "*Ex10.sco*".

```
; IFS1.orc
; sintesi sonora mediante iterazione di funzioni
; sin(r*x) [sin map]
;
; la tecnica base è in instr 3, instr 1 e instr 2 offrono una struttura di
; controllo più sofisticata, sfruttando il comportamento deterministico
; del processo per introdurre gradi di periodicità nel segnale
;
; instr 1 tecnica base con possibilità di controllo periodico lineare di x(0)
; instr 2 tecnica base con controllo periodico di x(0) da tabella
; instr 3  tecnica base; incremento lineare di x(0)
; - - - - - - - - - - - - - - - - - - - - - - - - - - - - - - - - - - - - - - - - - - - - -
    sr        =   22050
    kr        =   22050
    ksmp s    =   1
    nchnls    =   2

; n.b. sr necessariamente = kr. In effetti tutto avviene ad audio rate
; (e qualcosa anche a "superaudio" rate, e cioè sr*p7) ma _ necessario
; utilizzare kvariabili per certi tipi di istruzioni (p.e. program control
; statements e alcuni value converters).

    instr 1

; p4 = start parametro di controllo
; p5 = end parametro di controllo
; p6 = x(0)
; p7 = iterata
; p8 = stereo location (0,1)
; p9 = step incremento per lo stato iniziale - durata periodo di x(0)
; p10 = ampiezza globale in uscita
```

```
ar        init    p4                      ; inizializza parametro controllo
irstp     init    (p5-p4)/(sr*p3)         ; inizializza step del param controllo
ixstp     init    p9                      ; inizializza step stato iniziale
asam      init    0                       ; inizializza il vettore campione
kcnt      init    0                       ; inizializza il contatore
ax        init    frac(p6)                ; inizializza lo stato iniziale
kaxnew    init    frac(p6)                ; variabile d'appoggio

label:
kcnt    =   kcnt+1                        ; incrementa il contatore
ax      =   sin(ar*ax)                    ; iterata della funzione

        if kcnt < p7 kgoto label ; loop iterazione

asam    =           ax                    ; iterata p7-esima
kcnt    =           0                     ; reset del contatore
ar      =           ar + irstp            ; aggiorna il parametro di controllo
kaxnew  =           frac(kaxnew+ixstp)    ; aggiorna stato iniziale, k a causa di frac
ax      =           kaxnew                ; reset dello stato iniziale

asig    =           p10*asam              ; riscalamento ampiezza
asig    linen   asig, .05, p3, .05        ; evita discontinuità attacco e decay
        outs    asig*p8, asig*(1-p8)      ; campione posizionato stereo

        endin

        instr 2

;  pfields come sopra

ar        init    p4                      ; inizializza parametro controllo
irstp     init    (p5-p4)/(sr*p3)         ; inizializza step del param controllo
asam      init    0                       ; inizializza il vettore campione
kcnt      init    0                       ; inizializza il contatore

aph       oscili  1,p9,1
ax        =       (p6*2)*((aph+1)/2)      ; aggiorna stato iniziale
label:
kcnt      =       kcnt+1                  ; incrementa il contatore
```

```
ax        =     sin(ar*ax)                          ; iterata della funzione

if kcnt < p7 kgoto label                            ; loop iterazione

asam      =     ax                                  ; iterata p7-esima
kcnt      =     0                                   ; reset del contatore
ar        =     ar + irstp                          ; aggiorna il parametro di controllo

;asam   areson  asam,11000,1500,1
;asam   areson  asam,0,500,1

asig      =     p10*asam                            ; riscalamento ampiezza
asig      linen asig, .05, p3, .05                  ; evita discontinuità attarco e decay
          outs  asig*p8, asig*(1-p8)                ; campione posizionato stereo

          endin

          instr 3

; p9 non utilizzato

ar        init  p4                                  ; inizializza parametro controllo
irstp     init  (p5-p4)/(sr*p3)                     ; inizializza step del param controllo
ixstp     init  (1-p6)/(sr*p3)                      ; inizializza step stato iniziale
asam      init  0                                   ; inizializza il vettore campione
kcnt      init  0                                   ; inizializza il contatore
ax        init  p6                                  ; inizializza lo stato iniziale
axnew     init  p6                                  ; variabile appoggio

label:
kcnt      =     kcnt+1                              ; incrementa il contatore
ax        =     sin(ar*ax)                          ; iterata della funzione

    if kcnt < p7 kgoto label                        ; loop iterazione

asam      =     ax                                  ; iterata p7-esima
kcnt      =     0                                   ; reset del contatore
ar        =     ar + irstp                          ; aggiorna il parametro di controllo
axnew     =     axnew+ixstp
```

```
ax          =       axnew

aasig       =       p10*asam                        ; riscalamento ampiezza
asig        linen   asig,.05,p3,.05                 ; evita discontinuità attarco e decay
            outs    asig*p8,asig*(1-p8)             ; campione posizionato stereo

            endin
```

```
;IFS1.SCO
;
; P4 rstart = valore di r all'inizio della sintesi (0-4)
; P5 rend = valore di r alla fine della sintesi (0-4)
; P6 x(0) = valore iniziale della iterazione  (-1,1)
; P7 iter = iterata (numero delle iterazioni per campione)
; P8 stereo = posizione stereo (0=des, 1= sin)
; P9 xstep = incremento di x(0) di campione in campione
; P10 ampl = ampiezza
;
; EX1.SCO
; esempio sensibilità alle condizioni iniziali x(0)
; a parità di tutti gli altri parametri, dur, r, iter
;
```

| ; start | dur | rstart | rend | x(0) | iter | stereo | xstep | ampl |
|---------|-----|--------|------|------|------|--------|-------|-------|
| i1 0 | 1 | 4 | 3.9 | .1 | 10 | .5 | 0 | 30000 |
| i1 2 | 1 | 4 | 3.9 | .11 | 10 | .5 | 0 | 30000 |
| i1 4 | 1 | 4 | 3.9 | .2 | 10 | .5 | 0 | 30000 |
| i1 6 | 1 | 4 | 3.9 | .3 | 10 | .5 | 0 | 30000 |
| i1 8 | 1 | 4 | 3.9 | .4 | 10 | .5 | 0 | 30000 |
| i1 10 | 1 | 4 | 3.9 | .6 | 10 | .5 | 0 | 30000 |
| i1 12 | 1 | 4 | 3.9 | .8 | 10 | .5 | 0 | 30000 |
| i1 14 | 1 | 4 | 3.9 | .9 | 10 | .5 | 0 | 30000 |

```
s
; EX2.SCO
; due processi simultanei che partono da uno stadio iniziale
; appena differente e divergono nel tempo
;
```

| ; start | dur | rstart | rend | x(0) | iter | stereo | xstep | ampl |
|---------|-----|--------|------|------|------|--------|-------|-------|
| i1 0 | 10 | 4 | 3 | .3 | 10 | 0 | 0 | 30000 |
| i1 0 | 10 | 4 | 3 | .305 | 10 | 1 | 0 | 30000 |

s
; EX3.SCO
; esempio dipendenza dello spettro da r a parità di tutti gli altri
; parametri, dur, x, iter
;

| ; start | dur | rstart | rend | x(0) | iter | stereo | xstep | ampl |
|---------|-----|--------|------|------|------|--------|-------|-------|
| i3 0 | 1 | 2.5 | 2.5 | .3 | 10 | .5 | 0 | 30000 |
| i3 2 | 1 | 2.6 | 2.6 | .3 | 10 | .5 | 0 | 30000 |
| i3 4 | 1 | 2.7 | 2.7 | .3 | 10 | .5 | 0 | 30000 |
| i3 6 | 1 | 2.8 | 2.8 | .3 | 10 | .5 | 0 | 30000 |
| i3 8 | 1 | 2.9 | 2.9 | .3 | 10 | .5 | 0 | 30000 |
| i3 10 | 1 | 3.0 | 3.0 | .3 | 10 | .5 | 0 | 30000 |
| i3 12 | 1 | 3.1 | 3.1 | .3 | 10 | .5 | 0 | 30000 |
| i3 14 | 1 | 3.2 | 3,2 | .3 | 10 | .5 | 0 | 30000 |
| i3 16 | 1 | 3.3 | 3,3 | .3 | 10 | .5 | 0 | 30000 |
| i3 18 | 1 | 3.4 | 3.4 | .3 | 10 | .5 | 0 | 30000 |
| i3 20 | 1 | 3.5 | 3.5 | .3 | 10 | .5 | 0 | 30000 |
| i3 22 | 1 | 3.6 | 3.6 | .3 | 10 | .5 | 0 | 30000 |
| i3 24 | 1 | 3.7 | 3.7 | .3 | 10 | .5 | 0 | 30000 |
| i3 26 | 1 | 3.8 | 3.8 | .3 | 10 | .5 | 0 | 30000 |
| i3 28 | 1 | 3.9 | 3.9 | .3 | 10 | .5 | 0 | 30000 |
| i3 30 | 1 | 4.0 | 4.0 | .3 | 10 | .5 | 0 | 30000 |

s
; EX4.SCO
; come EX3.SCO, ma diverso x(0)
;

| ; start | dur | rstart | rend | x(0) | itcr | stereo | xstep | ampl |
|---------|-----|--------|------|------|------|--------|-------|-------|
| i3 0 | 1 | 2.5 | 2.5 | .1 | 10 | .5 | 0 | 30000 |
| i3 2 | 1 | 2.6 | . | . | . | . | . | 30000 |
| i3 4 | 1 | 2.7 | . | . | . | . | . | 30000 |
| i3 6 | 1 | 2.8 | . | . | . | . | . | 30000 |
| i3 8 | 1 | 2.9 | . | . | . | . | . | 30000 |
| i3 10 | 1 | 3.0 | . | . | . | . | . | 30000 |
| i3 12 | 1 | 3.1 | . | . | . | . | . | 30000 |
| i3 14 | 1 | 3.2 | . | . | . | . | . | 30000 |
| i3 16 | 1 | 3.3 | . | . | . | . | . | 30000 |
| i3 18 | 1 | 3.4 | . | . | . | . | . | 30000 |
| i3 20 | 1 | 3.5 | . | . | . | . | . | 30000 |
| i3 22 | 1 | 3.6 | . | . | . | . | . | 30000 |

```
i3 24   1    3.7   .    .    .    .    .    30000
i3 26   1    3.7   .    .    .    .    .    30000
i3 28   1    3.9   .    .    .    .    .    30000
i3 30   1    4.0   .    .    .    .    .    30000
s
; EX5.SCO
; esempio di dipendenza dello spettro dalla durata, ovvero
; dalla risoluzione nell'incremento di r
;
; start dur   rstart  rend  x(0)  iter  stereo  xstep  ampl
i3 0    1    3.5    3     .1    10    .5      0      30000
i3 2    2    3.5    3     .1    10    .5      0      30000
i3 5    3    3.5    3     .1    10    .5      0      30000
i3 9    4    3.5    3     .1    10    .5      0      30000
i3 14   5    3.5    3     .1    10    .5      0      30000
i3 20   6    3.5    3     .1    10    .5      0      30000
i3 27   7    3.5    3     .1    10    .5      0      30000
i3 35   8    3.5    3     .1    10    .5      0      30000
s
; EX6.SCO
; esempio di dipendenza dello spettro dal numero di iterazioni per campione
; a parità di tutti gli altri parametri
;
; start dur   rstart  rend  x(0)  iter  stereo  xstep  ampl
i3 0    1    3.5    3     .1    12    .5      0      30000
i3 2    1    3.5    3     .1    11    .5      0      30000
i3 4    1    3.5    3     .1    10    .5      0      30000
i3 6    1    3.5    3     .1    9     .5      0      30000
i3 8    1    3.5    3     .1    8     .5      0      30000
i3 10   1    3.5    3     .1    7     .5      0      30000
i3 12   1    3.5    3     .1    6     .5      0      30000
i3 14   1    3.5    3     .1    5     .5      0      30000
i3 16   1    3.5    3     .1    4     .5      0      30000
s
; EX7.SCO
; introduzione periodicità controllando x(0) con una sinusoide
;
f 1 0 512 10 1
;
```

; r fisso

| ; start | dur | rstart | rend | x(0) | iter | stereo | xfreq | ampl |
|---|---|---|---|---|---|---|---|---|
| i2 0 | 4 | 3.2 | 3.2 | .1 | 6 | .5 | 2 | 30000 |
| i2 + | . | 3.2 | 3.2 | .1 | 6 | .5 | 4 | 30000 |
| i2 + | . | 3.2 | 3.2 | .1 | 6 | .5 | 8 | 30000 |
| i. + | . | . | . | . | . | . | 16 | 30000 |

i0 16 2

s

;r decrescente (spettro variabile, dal complesso al semplice)

| i2 0 | 1 | 3.2 | 1 | .1 | 6 | .5 | 32 | 30000 |
|---|---|---|---|---|---|---|---|---|
| i. + | . | . | . | . | . | . | 64 | . |
| i. + | . | . | . | . | . | . | 128 | . |
| i. + | . | . | . | . | . | . | 256 | . |
| i. + | . | . | . | . | . | . | 512 | . |

s

| i2 0 | .25 | 3.2 | 1 | .1 | 6 | .5 | 755 | 30000 |
|---|---|---|---|---|---|---|---|---|
| i. + | . | . | . | . | . | . | 713 | . |
| i. + | . | . | . | . | . | . | 663 | . |
| i. + | . | . | . | . | . | . | 626 | . |
| i. + | . | . | . | . | . | . | 591 | . |
| i. + | . | . | . | . | . | . | 558 | . |
| i. + | . | . | . | . | . | . | 527 | . |
| i. + | . | . | . | . | . | . | 498 | . |
| i. + | . | . | . | . | . | . | 470 | . |
| i. + | . | . | . | . | . | . | 444 | . |
| i. + | . | . | . | . | . | . | 419 | . |
| i. + | . | . | . | . | . | . | 400 | . |

s

; EX8.SCO
; comparazione tra la periodicità introdotta con instr 1
; e quella introdotta con instr 2
;

f 1 0 512 10 1
;

| i1 0 | 10 | 3.2 | 2 | .1 | 8 | .2 | .0008 | 30000 |
|---|---|---|---|---|---|---|---|---|
| i1 0 | 10 | 3.2 | 2 | .21 | 8 | .8 | .000803 | 30000 |
| i2 10 | 10 | 3.2 | 2 | .1 | 8 | .2 | 20 | 30000 |
| i2 10 | 10 | 3.2 | 2 | .21 | 8 | .8 | 20.01 | 30000 |

```
e
****************************************************
; IFS2.orc
; synthesis of sound by functional iterations
; sin map [x=sin(rx)]
;
      sr        =    22000
      kr        =    5500
      ksmps     =    4
      nchnls    =    2

      instr 2

; variazione di instr2 di IFS1.orc apportata per studiare
; escursioni ottimali di x(0) [-3.14,+3.14]
asam      init   0
kcnt      init   0
ifrq      init   1/p3                      ; ciclo per durata
kar       oscili p4-p5,ifrq,p12,0          ; inviluppo di r
kar       =      kar + p5
ampx      line   p11,p3,p6                 ; segmento di retta per controllo di ax
aph       oscili ampx,p9,1,0               ; oscillazione periodica di ax
ax        =      (aph+1)/2                 ; aggiorna stato iniziale
label:
kcnt      =      kcnt+1                     ; incrementa il contatore
ax        =      sin(kar*ax)                ; iterata della funzione

      if kcnt < p7 kgoto label            ; loop iterazione

asam      =      ax                         ; iterata p7 osima
kcnt      =      0                          ; reset del contatore

asig      =      p10*asam                   ; riscalamento ampiezza
asig      linen  asig,.05,p3,.05            ; evita discontinuità attarco e decay

      outs asig*p8, asig*(1-p8)

      endin
```

```
; IFS2.SCO
;  p4 = start parametro di controllo
;  p5 = end parametro di controllo
;  p6 = start ampiezza oscillazione x(0)
;  p7 = iterazioni
;  p8 = stereo location
;  p9 = freq dell'oscillatore che controlla x(0)
;  p10 = ampiezza
;  p11 = end ampiezza oscillazione di x(0)
;  p12 = funzione inviluppo  di r
;
; EX9.SCO
; controllo dinamico x(0) (cicli di ampiezza variabile tra p11 e p6)
; inviluppo r
;
f    1    0    2048    10   1
f    2    0    2048    5    .01    250    1    1900    .001
;
; x(0) variabile e r fisso
;
;                    xstart         xend
i2   0    3    3    3    0    5    .5    50    30000    .2    2
i2   +    .    3    3    0    5    .5    50    30000    .4    2
i2   +    .    3    3    0    5    .5    50    30000    .6    2
i2   +    .    3    3    0    5    .5    50    30000    .8    2
i2   +    .    3    3    0    5    .5    50    30000    1     2
s
;
; x(0) fisso e r variabile
;
i2   0    3    3    2   .3    5    .5    50    30000    .3    2
i2   +    .    3.2  2   .3    5    .5    50    30000    .3    2
i2   +    .    3.4  2   .3    5    .5    50    30000    .3    2
i2   +    .    3.6  2   .3    5    .5    50    30000    .3    2
i2   +    .    3.8  2   .3    5    .5    50    30000    .3    2
s
; EX10.SCO
; simile a EX9.SCO
;
```

```
i2  0    2  3     3    0   5   .19  50     10000  .2   2
i2  1    .  3     3    0   5   .95  51     10000  .21  2
i2  1.1  .  3     3    0   5   .25  50.1   10000  .23  2
i2  1.9  .  3     3    0   5   .75  50     10000  .38  2
i2  2.1  .  3     3    0   5   .15  49.3   10000  .4   2
i2  3    .  3     3    0   5   .85  50.1   10000  .46  2
i2  3.2  .  3     3    0   5   .15  50     10000  .48  2
i2  4    .  3     3    0   5   .95  49.3   10000  .56  2
s
i2  0    2  3     2    .2  5   .45  50     10000  .2   2
i2  1    .  3.2   2    .2  5   .55  50     10000  .2   2
i2  1.1  .  3.24  2    .2  5   .15  50     10000  .2   2
i2  1.8  .  3.3   2    .2  5   .85  50     10000  .2   2
i2  3.1  .  3.4   2    .2  5   .35  50     10000  .2   2
i2  3.4  .  3.6   2    .2  5   .65  50     10000  .2   2
i2  4    .  3.68  2    .2  5   .55  50     10000  .2   2
i2  4.9  .  3.75  2    .2  5   .45  50     10000  .2   2
e
```

## RIFERIMENTI BIBLIOGRAFICI

A. Di Scipio "Caos deterministico, composizione e sintesi del suono", in *Atti del IX Colloquio di Informatica Musicale*, AIMI/DIST, 1991

A.Di Scipio & I.Prignano "Functional iteration synthesis. A revitalization of non-standard synthesis", in *Journal of New Music Research,* vol.25, 1996

I.Prignano "Sintesi di eventi sonori complessi per mezzo di Iterazioni Funzionali", in *Atti del XI Colloquio di Informatica Musicale*, AIMI/DAMS, 1995

# GSC4: SINTESI GRANULARE PER CSOUND

**di Eugenio Giordani**

## 1. INTRODUZIONE

L'idea di scrivere un programma per la sintesi granulare in ambiente Csound è nata quasi come una sfida verso una tipica idiosincrasia dei linguaggi *Music-n* (Music V, Music 11, Cmusic, Csound etc.) relativa alla loro impostazione basata sul dualismo orchestra-partitura. In generale questa filosofia di fondo riproduce, sebbene con evidenti differenze, un concetto di costruzione musicale legato alle note (*note-oriented*) e per questo lineare. Nei linguaggi *Music-n*, sebbene una nota possa sottendere algoritmi molto elaborati, viene impiegata generalmente una relazione paritetica tra orchestra e *score*: una riga di partitura (nota) produce un oggetto sonoro, complesso a piacere, ma un solo oggetto. Se l'algoritmo è molto complesso, le linee di partitura possono essere poche e molto rarefatte, anche se ciò non rappresenta di certo una regola..

Nella sintesi granulare, che come è noto necessita di una grandissima quantità di frammenti sonori (grani o *quanta acustici*) per unità di tempo, sarebbe impensabile demandare alla *score* la generazione dei singoli grani, sia per evidenti questioni di praticità sia perché non sarebbe agevole governare i parametri della sintesi ad alto livello. L'obiettivo è stato quindi quello di automatizzare il più possibile la generazione dei singoli grani, e di lasciare quindi al musicista la possibilità di controllare globalmente gli andamenti di tutti i parametri della sintesi. Per fare questo è stato necessario pensare ad una struttura algoritmica dell'orchestra in grado di generare all'interno di una singola nota, un numero molto grande di "sub-note", intendendo con questo termine microeventi acustici di durata generalmente molto limitata. Lasciando al lettore la facoltà di approfondire l'organizzazione progettuale e i dettagli di programmazione relativi all'orchestra, viene data di seguito una descrizione della sola utilizzazione del programma in termini di programmazione della *score* così che sia possibile la sperimentazione immediata dell'algoritmo.

## 2. STRUTTURA GENERALE DELL'ALGORITMO E DESCRIZIONE DEI PARAMETRI DELLA SINTESI

GSC4 è in grado di generare 4 flussi indipendenti (voci) di grani sonori su un fronte stereofonico, ma è possibile per l'utente l'estensione dell'algoritmo ad un numero maggiore di voci e di canali. La ragione per cui la versione base è a 4 voci dipende dal fatto che questa configurazione consente alla *score* di essere eseguita in tempo reale con le versioni recenti di Csound.

Seguendo questa configurazione di base, l'orchestra è costituita da 4 strumenti di generazione, uno strumento per le funzioni di controllo (come a tutti gli strumenti di generazione) e infine uno strumento per il missaggio e l'uscita e precisamente:

| instr 1, 2, 3, 4 | : | strumenti di generazione |
| instr 11 | : | strumento per il controllo |
| instr 21 | : | strumento per il missaggio e l'uscita |

Dato questo schema, per generare un evento completo occorre quindi attivare contemporaneamente 6 strumenti ed attribuire ad essi lo stesso *action-time* (p2) e la stessa durata (p3).

Il maggior numero di parametri (fino a p13) è concentrato nello strumento per il controllo, mentre gli altri strumenti contengono solo 4 parametri (da p1 a p4). Il controllo del processo di granulazione avviene attraverso la specificazione da parte dell'utente di un certo numero di funzioni che descrivono l'andamento nel tempo dei parametri di sintesi così definiti ed associati allo strumento 11 (controllo):

| | | |
|---|---|---|
| 1) | durata media dei grani in millisecondi | p4 |
| 2) | variazione *random* della durata dei grani in millisecondi | p5 |
| 3) | *delay* medio dei grani in millisecondi | p6 |
| 4) | variazione *random* del *delay* dei grani in millisecondi | p7 |
| 5) | proporzione di rampa in unità adimensionali | p8 |
| 6) | frequenza centrale della forma d'onda audio in Hz | p9 |
| 7) | variazione random della frequenza della forma d'onda in Hz | p10 |
| 8) | fase centrale della forma d'onda (normalizzata) | p11 |
| 9) | variazione *random* della fase della forma d'onda (normalizzata) | p12 |
| 10) | ampiezza complessiva (normalizzata) | p13 |

Ciascuno di questi valori indica il numero di funzione assegnata per il controllo del parametro associato per cui, durante l'attivazione dello strumento, devono esistere all'interno della *score* 10 funzioni tabulate con uno dei metodi di generazione disponibili (GEN). Se ci riferiamo al listato relativo alla *score* riportato in Appendice, possiamo osservare le funzioni di controllo dei vari parametri della sintesi.

*f11* :
la durata media dei grani è definita da una funzione lineare (GEN07) con valore iniziale di 10 millisecondi che dopo 256/512 di p3 (durata complessiva dell'evento) raggiunge il valore di 20 millisecondi, rimane costante per 128/512 e tende al valore finale di 16 millisecondi dopo 128/512.

*f12*:
il valore massimo della variazione *random* della durata dei grani è definito da una funzione lineare (GEN07) con valore iniziale di 4 millisecondi che dopo 256/512 di p3 si riduce a 1 millisecondo e dopo 256/512 tende al valore finale di 0 millisecondi (nessuna variazione *random*).

*f13*:
il *delay* dei grani è definito da una funzione lineare (GEN07) con valore iniziale di 10 millisecondi che dopo 256/512 di p3 aumenta a 20 millisecondi e dopo 256/512 tende al valore finale di 5 millisecondi.

*f14:*
il valore massimo della variazione *random* del *delay* dei grani è definito da una funzione lineare (GEN07) con valore iniziale di 0 millisecondi (nessuna variazione *random*) che per 128/512 di p3 rimane costante a 0 millisecondi; dopo 256/512 sale a valore a 2 millisecondi e dopo 128/512 tende al valore finale 0 millisecondi (nessuna variazione *random*).

*f15*:
la proporzione di rampa dei grani è definita da una funzione lineare (GEN07) con valore iniziale di 2 che dopo 256/512 di p3 aumenta a 4 e dopo 256/512 tende al valore finale di 2. In pratica, la forma dell'inviluppo dei grani si trasforma gradualmente da un triangolo iniziale verso un trapezio e di nuovo un triangolo. Nel triangolo, la rampa di salita è esattamente pari alla metà della durata dell'inviluppo mentre la seconda metà dell'inviluppo è pari alla rampa di discesa (la fase di *sustain* è nulla). Nel trapezio si arriva ad una rampa di salita (e discesa) pari ad 1/4 della durata dell'inviluppo (la fase di *sustain* non è nulla e vale 2/4 la durata dell'inviluppo).

*f16*:
la frequenza della funzione audio è definita da una funzione lineare (GEN07) con valore iniziale di 220 Hz che rimane costante per l'intero evento. Nella *score* è riportata una linea (commentata) relativa all'andamento di valori di controllo per la frequenza (da 1.345 a 3.345) quando venga impiegato come materiale audio il *file* esterno *sample.wav* (vedi *f1*) di lunghezza 32768 campioni. In tal caso il valore iniziale 1.345 deriva proprio dal rapporto 44100/32768 e rappresenta la frequenza originale del campione.

*f17*:
il valore massimo della variazione *random* della frequenza della funzione audio è definito da una funzione lineare (GEN07) con valore iniziale 0 Hz (nessuna variazione) e che tende dopo p3 al valore finale 110 Hz (equivale al 50 % di modulazione)

*f18*:
la fase della funzione audio è definita da una funzione lineare (GEN07) con valore iniziale di 0 che rimane costante per tutto l'intero evento.

*f19*:
il valore massimo della variazione *random* della fase della funzione audio è definito da una funzione lineare (GEN07) con valore iniziale 0 (nessuna variazione) e che rimane costante per tutto l'intero evento.

*f20*:
l'ampiezza complessiva è definita da una funzione lineare (GEN07) con valore iniziale di 0 che dopo 128/512 di p3 sale a 1, rimane costante per 256/512 e tende a 0 dopo 128/512.

*f1*:
la forma d'onda audio è definita da una funzione somma di seni (GEN10) con un contenuto spettrale definito dai coefficienti di ampiezza delle singole componenti

È opportuno notare che, ad eccezione delle funzioni *f1* ed *f20*, il parametro p4 è sempre negativo (-7) poiché i *breakpoints* devono esprimere i valori dei vari parametri in una scala assoluta.

Per i quattro strumenti di generazione a cui si riferiscono *i1, i2, i3, i4*, è sufficiente specificare oltre ai 3 parametri obbligatori p1, p2 e p3, il numero della funzione audio (*f1* in questo esempio) e per lo strumento 21 il fattore di scala all'uscita.

La funzione audio può essere indifferentemente un prototipo di forma d'onda periodica o un segnale campionato importato con la funzione GEN01. Nel primo caso il valore del parametro p4 dello strumento 21 deve contenere l'ampiezza massima all'uscita (da 0 a 32767), mentre nel secondo il valore è definito nell'ambito da 0 a 1. Ciò dipende dal fatto che generalmente il segnale audio campionato non viene rinormalizzato in sede di lettura (GEN-1).

Come già accennato, è opportuno evidenziare che il segnale audio può essere sia un ciclo di una funzione periodica sia un vero e proprio segnale campionato. Benché non vi sia nessuna differenza funzionale nell'uno o nell'altro caso, occorre fare attenzione nella specifica degli ambiti frequenziali.

Nel primo caso il valore della frequenza e le eventuali variazioni *random* sono esplicitamente quelli desiderati. Nel secondo caso il valore nominale della frequenza naturale dell'oscillatore (ovvero quel valore per cui il segnale audio viene riprodotto alla sua frequenza originale) si può calcolare dal rapporto tra la frequenza di campionamento (*sr*) e la lunghezza della tabella che contiene la forma d'onda (*Fn = sr* / lunghezza della tabella).

Ad esempio se il segnale audio campionato a 44.1 kHz ha una lunghezza di 65536 campioni (circa 1.486 secondi), la frequenza naturale sarà pari a 44100 / 65536 = 0.672 Hz.

Dal momento che quasi mai si verifica che la durata del segnale audio corrisponde esattamente alla lunghezza di tabella potenza di 2 è sufficiente prevedere una lunghezza di tabella che approssima per eccesso tale valore. Rispetto all'esempio precedente, se la durata del segnale audio a 44.1 kHz fosse di 1.2 secondi l'effettiva lunghezza di tabella dovrebbe essere 44.1 x 1.2 = 52920 campioni e quindi approssimabile per eccesso con una lunghezza di 65536. La frequenza naturale sarebbe comunque sempre 0.672 Hz poiché gli oscillatori di Csound sono pensati per indirizzare aree di memoria che abbiano come dimensione una potenza di due. La differenza sostanziale è che l'indice di fase in questo caso deve essere compreso tra 0 e 0.807, valore quest'ultimo che si ottiene dal rapporto 52920/65536.

Anche le variazioni *random* di frequenza dovranno essere di ordine di grandezza congruente con i valori deterministici impostati. Sempre riferendoci all'esempio precedente, con un valore di frequenza naturale pari a 0.672 Hz, una variazione pari al 10 % vale circa 0.06 Hz.

Dal momento che la variazione è assoluta e non percentuale, l'ambito di variabilità non è simmetrico rispetto al valore centrale (o medio), e quindi per grandi variazioni sarebbe più opportuno che i valori fossero espressi percentualmente o convertiti in unità *octave*.

Scendendo nei dettagli pratici, e immaginando che l'uso più frequente della Sintesi Granulare sia quello di applicare tale processo a forme d'onda campionate, le considerazioni seguenti dovrebbero chiarire il concetto di frequenza naturale e di come i relativi controlli si relazionano con essa.

Dal punto di vista dell'utente, come si è accennato sopra, le cose assumono una prospettiva diversa a seconda che la forma d'onda da granulare sia un solo ciclo di segnale o un intero *soundfile*. Vale la pena di ricordare che, in generale, un oscillatore "non ha modo di sapere" quando si verifica un caso piuttosto che l'altro: la generazione del segnale da parte di un oscillatore è legata meramente ad un processo di lettura ciclica dei campioni con un determinato passo di incremento (intero o frazionario) all'interno della tabella che li contiene; quando l'incremento è unitario allora il segnale viene riprodotto alla frequenza naturale. In ogni caso vale sempre la relazione :

**Fn = I x SR/ L**

dove :

Fn  = frequenza naturale dell'oscillatore
SR = frequenza di campionamento
I    = passo di lettura in tabella
L   = lunghezza della tabella

Riferendoci all'esempio già citato, se si vuole granulare un *file* di durata 1.2 s campionato a 44.1 kHz e lo si vuole riprodurre alla sua frequenza naturale, occorrerà specificare una funzione per il controllo della frequenza del tipo :

```
f16   0   512  -7   0.672   512   0.672
```

dove 0.672 è il valore in Hz della frequenza naturale del segnale che si ottiene dal rapporto *sr*/lunghezza tabella ovvero 44100/65536 (essendo 65536 la lunghezza che approssima per eccesso il numero di campioni corrispondenti ad 1.2 s di suono, cioè 44100 x 1.2 = 52920). Quando si prevede di utilizzare sempre e solo la granulazione dei segnali campionati , il valore della variabile *ifreq* va modificato nell'orchestra e cioè sempre moltiplicato per l'espressione *sr/ftlen(ifun)*. In questo modo la linea di *score* che controlla la frequenza si trasforma nel modo seguente:

```
f16   0   512  -7   1   512   1
```

In questo modo la frequenza viene gestita come rapporto rispetto alla frequenza naturale, evitando così di dover calcolare volta per volta i valori reali della frequenza. Se ad esempio si vuole eseguire un glissato continuo del segnale granulato dalla frequenza naturale ad una quinta naturale sopra (rapporto intervallare 3:2=1.5) la linea di controllo diviene:

```
f16   0   512  -7   1   512   1.5
```

Un discorso analogo può essere fatto per la variazione randomica.

Se la funzione audio è un prototipo di funzione periodica, il valore della fase dell'oscillatore non ha praticamente influenza sul risultato acustico finale mentre diventa di vitale importanza se la funzione audio è un segnale campionato. In questo caso infatti, la fase dell'oscillatore assume la funzione di puntatore alla tabella e permette di "granulare" punti ben precisi all'interno del segnale audio.

L'impiego più semplice ed immediato di questo parametro si realizza attraverso la definizione di una funzione lineare (GEN07) con valore iniziale 0 e valore finale 0.999 :

```
f18   0   512  -7   0   512   0.999
```

In questo caso la forma d'onda viene letta mantenendo la direzione temporale originale. Se i valori 0 e 0.999 vengono scambiati di posto,  la forma d'onda viene letta in modo retrogrado. Seguendo questo principio si possono ottenere risultati molto diversi ed interessanti.

Per esempio la seguente funzione realizza nella prima metà dell'evento la retrogradazione della prima metà della forma d'onda, mentre nella seconda metà realizza la compressione relativa temporale dell'intera forma d'onda, questa volta ripercorsa in modo diretto:

f18   0   512   -7   0.5   256   0   256   0.999

Naturalmente la durata dell'evento (p3) può essere mantenuta identica alla durata reale della forma d'onda o viceversa aumentata o ridotta. In questi due ultimi casi si avrà rispettivamente una dilatazione o una compressione assoluta del tempo.

Altre possibilità si aprono impiegando funzioni di controllo non lineari e di forma più complessa, eventualmente aggiungendo una variazione *random* della fase attraverso la funzione f19

## 3. DESCRIZIONE DELL'ALGORITMO DI SINTESI

L'algoritmo implementato per la sintesi granulare segue l'approccio indicato da B.Truax [2] e benché quest'ultimo sia stato realizzato in tempo reale attraverso il processore DMX-1000 controllato da un *host computer* (DEC PDP-11) si è tentato di riprodurne la sua filosofia di fondo. In sostanza si trattava di realizzare un banco di generatori di inviluppi controllati da un insieme di parametri che nel caso originale venivano aggiornati ad un *rate* di 1 kHz (1 millisecondo) dall'*host* (fig.1).

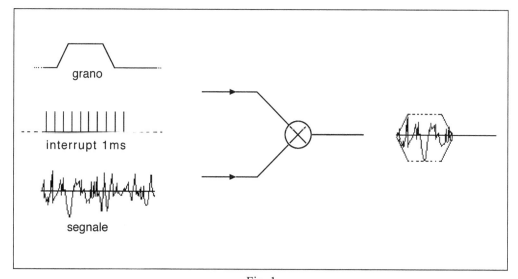

Fig. 1

Nell'implementazione di Truax questa condizione veniva raggiunta attraverso due programmi concorrenti, uno sul DSP e l'altro sullo *host*. Mentre il primo aveva il compito di generare gli inviluppi, le relative letture del materiale audio (registrato o attraverso sintesi diretta FM o a *table look-up*) e le moltiplicazioni e riscalamenti necessari al processo, il secondo doveva provvedere all'aggiornamento dei parametri della sintesi con un meccanismo, probabilmente basato su una procedura a *interrupt*.

La genesi di questa implementazione Csound risale al 1989 e quindi in un periodo in cui la sintesi in tempo reale era esclusivo appannaggio dei DSP. D'altra parte, essendo i programmi della famiglia *Music-n* (Music V, Music 11, Cmusic, Csound etc.) lo strumento più diffuso e più economico impiegato dai compositori, poteva essere utile realizzare uno strumento di sintesi granulare con tali mezzi, anche se in tempo differito.

Data la necessità di generare una grande quantità di micro-eventi per unità di tempo, non era ragionevole seguire un approccio un evento/una nota. In tal modo il problema sarebbe stato spostato a un eventuale programma di *front-end* (interfaccia di utilizzazione) per la preparazione della partitura indipendente dalla sintassi di Csound. A tale scopo sarebbe stato sufficiente utilizzare Cscore o altri pre-processori.

## 4. L'IMPLEMENTAZIONE CSOUND

GSC4 è basato sull'idea di generare sequenze di grani all'interno di macro-eventi di durata definita che nei linguaggi *Music-n* corrispondono ad uno *statement nota* sulla partitura (*score*). La difficoltà maggiore era rappresentata dalla necessità di produrre una attività di microlivello (generazione degli inviluppi ed elaborazione) e al tempo stesso di controllo all'interno di un unico contesto di programmazione. Occorreva quindi un meccanismo che in maniera asincrona potesse gestire questi due processi contemporanei. Tra i moduli primitivi disponibili nella libreria di Csound, si è ricorso all'*opcode timout* come generatore asincrono e attorno ad esso si è sviluppato l'intero algoritmo.

L'*opcode* fa parte dei *program control statement,* e la sua sintassi, lo ricordiamo, è:

**timout**          istrt, idur, label

*istr* è il tempo di attivazione di un *timer* precaricato con un valore definito dall'utente, *idur* tale valore in secondi e *label* un'etichetta di programma che indica la direzione del flusso di programma, dall'istante iniziale *istrt* e durante tutto il periodo di tempo *idur*. Alla fine del conteggio è possibile, all'interno della stessa nota (macro-evento) reinizializzare il *timer* ed in generale aggiornare, se necessario e opportuno, un insieme di variabili di tipo *i*.

Il nucleo del programma è quindi costituito da tale struttura di controllo che consente da un lato di generare l'inviluppo corrente (grano) parametrizzato e dall'altro di controllare al macrolivello l'andamento di tali parametri.

```
;---------- Sezione di simulazione dell'interrupt (interruzione) ----------
;
;L'opcode timout lavora come un generatore di interrupt. Timout è caricato
;con la durata corrente del grano e decrementato in modo automatico fino a zero
timout 0, igrain, cont                    ;se il valore del contatore è diverso da zero vai a con
reinit loop                               ;altrimenti salta alla reinizializzazione
cont:
k1 linseg 0, irise, iamp,isus, iamp, irise,0,idel,0    ;genera l'inviluppo dei grani
```

La variabile *igrain* contiene, a ogni reinizializzazione, il valore corrente di durata del nuovo grano. Fino a che tale durata non è esaurita, il flusso del programma non viene interrotto e passa sempre per l'etichetta *cont*. Quando il conteggio è terminato, il flusso viene interrotto e portato, attraverso l'*opcode reinit* ad una sezione di reinizializzazione individuata dalla etichetta *loop*. La struttura base dell'algoritmo (e quindi dell'orchestra) è costituita da tre blocchi fondamentali:

1) *il generatore dei grani* è uno strumento che contiene, oltre ovviamente alla procedura *timout-reinit*, anche la parte di inizializzazione e aggiornamento dei parametri dell'inviluppo e la parte di generazione;

2) *il controllo dei grani* è un secondo strumento che provvede alla generazione di tutte le funzioni di controllo dei parametri della sintesi esclusa la somma, il missaggio e l'uscita che sono demandati ad un terzo strumento

3) *riscala, mix & out* così come mostrato in Fig. 2.

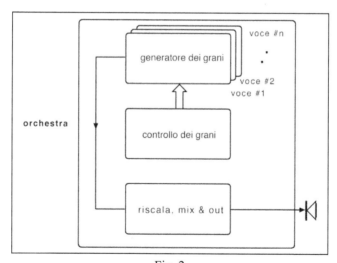

Fig. 2

I tre blocchi fondamentali costituiscono la base dell'algoritmo che può così essere espanso ad un numero di voci indipendenti decise dall'utente.

Seguendo il diagramma di flusso della figura 2 si possono notare due collegamenti fra tre blocchi che indicano un flusso di variabili globali che devono essere poi trasmesse tra i vari strumenti.

I parametri di ogni grano vengono aggiornati ad ogni fine conteggio dell'*opcode* *timout* e per tale ragione le variabili che contengono tali parametri sono del tipo *i-rate* (Aggiornamento dei parametri dei grani).

```
instr 1
;===================== GENERATORE DEI GRANI (VOCE #1)======================

ifun   = p4           ;funzione audio
;
;Aggiornamento dei parametri dei grani (ri-inizializzazione)
;    _____
loop:
idu    = i(gkdur)              ;il valore corrente di gkdur è campionato dal generatore
                               ;corrispondente nell' instr 11 e convertito in variabile di tipo i

idurr  = i(gkrnd1)             ;il valore corrente di gkrnd1 è ......

itrpz  = abs(0.001* (idur + idurr))   ;calcola la durata del trapezoide

iramp  = i(gkramp)+ 0.1        ;il valore corrente di gkramp (più un numero magico)è ..

idel   = i(gkdel)              ;il valore corrente di gkdel....
idelr  = i(gkrnd1y)            ;il valore corrente di gkrnd1y....
idely  = abs(0.001 * (idel + idelr))  ;calcola il delay complessivo

ifreq  = i(gkfreq)             ;il valore corrente di gkfreq è ....
ifreqr = i(gkran)              ;il valore corrente di gkran è ....
iphase = i(gkphase)            ;il valore corrente di gkphase è ....
iphaser = i(gkrnd1p)           ;il valore corrente di gkrnd1p è ....
iamp   = i(gkamp)              ;il valore corrente di gkamp è ....
```

Ogni grano è costituito da un inviluppo a trapezoide e da un ritardo. Il trapezoide a sua volta comprende una rampa di salita, una fase stazionaria e una rampa di discesa come mostrato in Fig. 3.

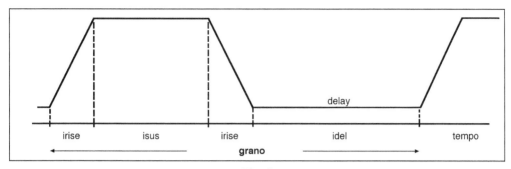

Fig. 3

La somma di tali valori costituisce la durata complessiva del grano, e tale valore è correntemente contenuto nella variabile *i-grain*. Le due rampe (simmetriche) sono calcolate come frazione della durata del trapezoide attraverso la variabile *iramp*. Se ad esempio *iramp* = 5 significa che il tempo di salita (discesa) delle due rampe sarà pari ad 1/5 della durata del trapezoide. Quando *iramp* = 2 il trapezoide degenera in un triangolo che rappresenta il limite minimo di tale variabile. Ciò implica che la durata della fase stazionaria (*isus*) è pari alla differenza tra il valore corrente della durata del trapezoide meno la durata delle due rampe. L'effettiva durata di ogni grano viene poi calcolata tenendo conto delle variazioni statistiche introdotte da un *opcode rand* incluso nel modulo *grain control* attraverso la variabile *idurr*.

```
irise   = itrpz/iramp          ;calcola il tempo di salita del trapezoide
isus    = itrpz - (2 * irise)  ;calcola la durata di sustain del trapezoide
igrain  = itrpz + idely        ;calcola la durata trapezoide+delay
iph     = abs(iphase + iphaser) ;calcola la fase complessiva
ifq     = ifreq + ifreqr       ;calcola la frequenza complessiva
```

In sostanza, durata, *delay*, fase e frequenza istantanei vengono calcolati come somma di due contributi: uno deterministico e uno aleatorio.

Il collegamento tra il modulo di controllo e quello di effettiva generazione è stato realizzato impiegando la funzione *i(x)* che permette ad un valore *k-time* di essere letto ad *init-time* (o *reinit-time*) quando è consentito.

I parametri di controllo del grano, sia quelli deterministici che quelli aleatori, sono aggiornati continuamente (a *k-time*) nello strumento di controllo e quindi per così dire campionati dallo strumento di generazione ad ogni fine conteggio di *timout*. I due processi, generazione e controllo avvengono in modo asincrono e consentono all'utilizzatore di specificare ad alto livello (*macro-level*) gli andamenti delle variabili di controllo, in maniera direttamente correlata al rispettivo significato acustico.

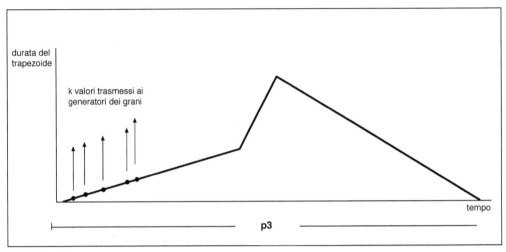

Fig. 4

In figura 4 è riportato un possibile andamento di una funzione di controllo per la durata del trapezoide distribuita sulla durata complessiva del macro-evento p3.

Nello strumento 11 (controllo) sono concentrati il maggior numero di *opcode oscil1* e *rand* rispettivamente per la generazione delle funzioni di controllo dei parametri deterministici e aleatori (randomici) della sintesi.

```
;================================ CONTROLLO DEI GRANI ========================
instr 11
;NOTE: tutte le variabili globali sono trasmesse agli instr 1,2,3,4
;
gkdur      oscil1    0, 1, p3, p4    ;generatore di controllo per    idur
gkdurr     oscil1    0, 1, p3, p5    ;                                idurr
gkdel      oscil1    0, 1, p3, p6    ;                                idel
gkdelr     oscil1    0, 1, p3, p7    ;                                idelr
gkramp     oscil1    0, 1, p3, p8    ;                                iramp
gkfreq     oscil1    0, 1, p3, p9    ;                                ifreq
gkfreqr    oscil1    0, 1, p3, p10   ;                                ifreqr
gkphase    oscil1    0, 1, p3, p11   ;                                iphase
gkphaser   oscil1    0, 1, p3, p12   ;                                iphaser
gkamp      oscil1    0, 1, p3, p13   ;                                iamp

krnd1   rand 1 , 0.1              ;generatore random (VOCE #1)
krnd2   rand   1 , 0.9           ;                  (VOCE #2)
```

```
krnd3   rand    1 , 0.5             ;              (VOCE #3)
krnd4   rand    1 , 0.3             ;              (VOCE #4)
```

;I valori istantanei dei generatori random sono riscalati per ottenere i valori ;opportuni di frequenza, durata, delay e fase

```
gkran   = krnd1 * gkfreqr/2        ;riscalatura per la frequenza random (VOCE #1,2,3,4)
gkrnd1 = krnd1 * gkdurr/2          ;riscalatura per la variaz.random di durata   (VOCE #1)
gkrnd2 = krnd2 * gkdurr/2          ;              (VOCE #2)
gkrnd3 = krnd3 * gkdurr/2          ;              (VOCE #3)
gkrnd4 = krnd4 * gkdurr/2          ;              (VOCE #4)

gkrnd1y = krnd1 * (0.05 + gkdelr /2)   ;riscalatura variaz. random delay   (VOCE #1)
gkrnd2y = krnd2 * (0.05 + gkdelr /2)   ;              (VOCE #2)
gkrnd3y = krnd3 * (0.05 + gkdelr /2)   ;              (VOCE #3)
gkrnd4y = krnd4 * (0.05 + gkdelr /2)   ;              (VOCE #4)

gkrnd1p = krnd1 * gkphaser/2       ;riscalatura variaz. random fase   (VOCE #1)
gkrnd2p = krnd2 * gkphaser/2       ;              (VOCE #2)
gkrnd3p = krnd3 * gkphaser/2       ;              (VOCE #3)
gkrnd4p = krnd4 * gkphaser/2       ;              (VOCE #4)
endin
```

Facendo riferimento al listato soprastante, ad esempio la variabile globale *gkdur* è generata da un oscillatore "*one-shot*" *oscill* il quale legge una funzione (il cui numero è indicato in p4) definita all'interno della *score*.

Sono stati utilizzati 4 generatori *random* indipendenti dai quali, tramite opportune scalature, sono stati ricavati tutti i valori *random* per i diversi parametri.

I parametri che prevedono sia una componente deterministica sia una componente aleatoria (*random*) producono funzioni di controllo complesse che possono a tutti gli effetti essere assimilate a maschere di tendenza (Fig.5b), anche se a rigore questo termine viene quasi sempre associato ad un tipo di rappresentazione grafica dell'andamento di una certa grandezza.

In questo caso, non essendo previsto alcun *input* grafico, le maschere di tendenza vengono a formarsi unicamente per come sono definiti gli andamenti numerici dei parametri che le compongono.

Se, in riferimento alla Fig. 4, l'andamento della variazione *random* della durata del trapezoide è rappresentata dalla funzione di Fig. 5a, il valore corrente della sua durata è situato entro una fascia di valori determinati dalla combinazione delle due funzioni di controllo (Fig. 5b).Se le variazioni *random* sono nulle, le maschere degenerano in funzioni semplici.

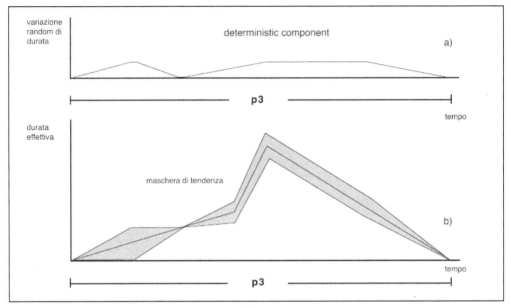

Fig. 5

Il programma prevede la definizione di maschere tendenziali per le seguenti variabili:

a) durata dei grani
b) *delay* dei grani
c) frequenza dei grani
d) fase dei grani

tenendo conto che le variazioni *random* per la frequenza sono uniche per tutti e quattro gli strumenti di generazione.

Una volta aggiornate tutte le variabili del grano corrente, viene generato l'effettivo inviluppo a trapezoide attraverso un *opcode linseg*, i cui argomenti sono appunto *irise, isus, idel, iamp* (fig. 3) :

```
cont:
k1 linseg 0, irise, iamp, isus, iamp, irise, 0, idel, 0   ;genera l'inviluppo dei grani
ga1 oscili k1, ifq, ifun, iph                             ;genera voce 1
endin
```

Successivamente lo stesso inviluppo viene utilizzato per modulare in ampiezza (*k1*) un oscillatore a interpolazione (*oscili*). La frequenza di tale oscillatore è controllata dalla variabile *ifq* che ingloba al suo interno le rispettive componenti deterministica e aleatoria. Come già detto in precedenza, la fase è controllata dalla variabile *iph* (anch'essa combinazione lineare di una parte deterministica ed una aleatoria) mentre *ifun* indirizza la funzione che contiene il segnale audio.

A questo proposito è opportuno evidenziare che il segnale audio può essere sia un prototipo di funzione periodica (1 ciclo di una forma d'onda qualunque) o un vero e proprio segnale campionato. Benché non vi sia nessuna differenza funzionale nell'uno o nell'altro caso, occorre fare attenzione nella specifica degli ambiti frequenziali.

Nel primo caso il valore della frequenza e gli eventuali scostamenti *random* sono esplicitamente quelli desiderati. Nel secondo caso il valore nominale della frequenza naturale dell'oscillatore (ovvero quel valore per cui il segnale audio viene riprodotto alla sua frequenza originale) si può calcolare dal rapporto tra la frequenza di campionamento (*sr*) e la lunghezza della funzione che contiene la forma d'onda.

L'algoritmo completo di GSC4 comprende infine l'aggiunta di altri 3 strumenti (instr 2, 3, 4) che provvedono alla generazione di voci addizionali al fine di creare una tessitura minima che possa conferire al suono un maggiore spessore timbrico e "volumetrico". I tre strumenti aggiuntivi sono praticamente identici allo strumento 1, ma si differenziano l'uno dall'altro per il contributo della componente aleatoria. Essi leggono dallo strumento 11 (*grain control*) tutti i parametri comuni, mentre ciascuno legge un valore differente di variazione aleatoria della durata, *delay*, frequenza e fase, tanti quanti sono i diversi generatori *random* contenuti in tale strumento:

```
krnd1  rand 1 , 0.1      ;generatore random   (VOCE #1)
krnd2  rand 1 , 0.9      ;                     (VOCE #2)
krnd3  rand 1 , 0.5      ;                     (VOCE #3)
krnd4  rand 1 , 0.3      ;                     (VOCE #4)
```

Come si vede, l'unica evidente differenza consiste nel diverso valore dell'innesco (*seed*) dei generatori *random* (nell'esempio 0.1, 0.9, 0.5, 0.3). Questo accorgimento consente di decorrelare temporalmente ogni singola voce e di produrre così un suono corale più ricco e interessante. Quando la variabile che controlla la quantità di variazione aleatoria della durata o del *delay* è nulla, le quattro voci sono sincronizzate. Si è comunque osservato che è conveniente lasciare un residuo di decorrelazione per mantenere un livello minimo di complessità del segnale risultante che può essere rimossa eliminando la costante 0.05 nei prodotti di riscalatura dei generatori *random*. Per ciò che riguarda la componente aleatoria della frequenza si è optato arbitrariamente per la condivisione di tale valore per tutti i 4 gli strumenti al fine di garantire la massima sincronizzazione laddove richiesto dalla partitura.

## 5. CONCLUSIONI E SVILUPPI

Si è descritta un'implementazione della sintesi granulare (GSC4) con il linguaggio Csound seguendo il modello proposto da Truax. La struttura del programma è demandata ad un gruppo base di 6 strumenti controllati da una partitura nella quale vengono specificati gli andamenti di tutti i parametri della sintesi. Il materiale audio di granulazione può essere sia un prototipo di funzione periodica che un segnale campionato. A partire da questo nucleo è relativamente semplice espandere l'algoritmo ad un numero qualsiasi di voci indipendenti, ad un numero superiore di canali e prevedere la possibilità di eseguire granulazioni da diverse forme d'onda, includendo anche la possibilità di utilizzare inviluppi per i grani di forma gaussiana e con simmetrie variabili. Gli ulteriori sviluppi, inclusi quelli appena accennati, sono in fase di sperimentazione e potranno essere richiesti direttamente all'autore.

# APPENDICE (GSC4 - ORCHESTRA )

```
;gsc4.orc
;
;
;                        SINTESI GRANULARE
;                        - - - - - - - - - - - - - - - -
;                              Ver 2.1
;                        Eugenio Giordani
;
;
;- - - - - - - - - - - - - - - - - - - - - - - - - - - - - - - - - - - - - - - - - - - - - -
;Questa orchestra implementa la Sintesi Granulare secondo il modello proposto da  B. Truax.
;
;- - - - - - - - - - - - - - - ORCHESTRA HEADER - - - - - - - - - - - - - - - -;
;NOTE: per una migliore qualità audio ksmps = 1
;
            sr     =   44100
            kr     =   22050
            ksmps  =   2
            nchnls =   2
;- - - - - - - - - - - - - - - - Inizializzazione delle variabili globali di controllo - - - - - - - - - - - - - - - - -
;
gkdur       init 0          ;durata media dei grani
gkdurr      init 0          ;variazione random della durata dei grani
gkdel       init 0          ;delay medio dei grani
gkdelr      init 0          ;variazione random del delay dei grani
gkramp      init 0          ;rapporto di rampa
gkfreq      init 0          ;frequenza media del segnale audio
gkfreqr     init 0          ;variazione random della frequenza del segnale audio
gkphase     init 0          ;fase del segnale audio
gkphaser    init 0          ;variazione random della fase del segnale audio
gkamp       init 0          ;ampiezza globale

gkran       init 0          ;frequenza random istantanea

gkrnd1      init 0          ;durata random istantanea dei grani      (VOCE #1)
gkrnd2      init 0          ;                                        (VOCE #2)
```

```
gkrnd3     init 0                    ;                              (VOCE #3)
gkrnd4     init 0                    ;                              (VOCE #4)


gkrnd1y    init 0                    ;delay random istantaneo dei grani  (VOCE #1)
gkrnd2y    init 0                    ;                              (VOCE #2)
gkrnd3y    init 0                    ;                              (VOCE #3)
gkrnd4y    init 0                    ;                              (VOCE #4)


gkrnd1p    init 0                    ;fase random istantanea        (VOCE #1)
gkrnd2p    init 0                    ;                              (VOCE #2)
gkrnd3p    init 0                    ;                              (VOCE #3)
gkrnd4p    init 0                    ;                              (VOCE #4)
;
;- - - - - - - - - - - - - - - - - - - - - - - - - - - - - - - - - - - - - - - -
instr 1
;===================== GENERATORE DEI GRANI (VOCE #1)=====================
ifun    = p4                         ;funzione audio
;


;Aggiornamento dei parametri dei grani (ri-inizializzazione)


;- - - - - - - - - - - - - - - - - - - - - - - - - - - - - - - - - - - - - - - -
loop:
idur    = i(gkdur)                   ;il valore corrente di gkdur è campionato
                                     ;dal generatore corrispondente nell' instr 11
                                     ;e convertito in variabile di tipo i

idurr   = i(gkrnd1)                  ;il valore corrente di gkrnd1 è ......

itrpz   = abs(0.001* (idur + idurr)) ;calcola la durata del trapezoide

iramp   = i(gkramp)+ 0.1             ;il valore corrente di gkramp (più un numero magico)è ..

idel    = i(gkdel)                   ;il valore corrente di gkdel....
idelr   = i(gkrnd1y)                 ;il valore corrente di gkrnd1y....
idely   = abs(0.001 * (idel + idelr)) ;calcola il delay complessivo

ifreq   = i(gkfreq)                  ;il valore corrente di gkfreq è ....
ifreqr  = i(gkran)                   ;il valore corrente di gkran è ....
```

```
iphase  = i(gkphase)              ;il valore corrente di gkphase è ....
iphaser = i(gkrnd1p)              ;il valore corrente di gkrn1p è ....
iamp    = i(gkamp)                ;il valore corrente di gkamp è ....


irise   = itrpz/iramp             ;calcola il tempo di salita del trapezoide
isus    = itrpz - (2 * irise)     ;calcola la durata di sustain del trapezoide
igrain  = itrpz + idely           ;calcola la durata trapezoide+delay
iph     = abs(iphase + iphaser)   ;calcola la fase complessiva
ifq     = ifreq + ifreqr          ;calcola la frequenza complessiva


;- - - - - - - - - - - - - - - - Sezione di simulazione dell' interrupt (interruzione) - - - - - - - - - - - - - - - -
;
;L'opcode timout lavora come un generatore di interrupt. Timout è caricato con la durata corrente del grano
;e decrementato in modo automatico fino a zero

timout  0, igrain, cont           ;se il valore del contatore è diverso da zero vai a cont
reinit loop                       ;altrimenti salta alla reinizializzazione

cont:
k1 linseg 0, irise, iamp, isus, iamp, irise, 0, idel, 0   ;genera l'inviluppo dei grani

ga1 oscili k1, ifq, ifun, iph     ;genera voce 1


endin

;- - - - - - - - - - - - - - - - - - - - - - - - - - - - - - - - - - - - - - - - - - - - - - - - - - -
instr 2
;==================== GENERATORE DEI GRANI (VOCE #2)=========================
ifun  = p4              ;funzione audio
;

;Aggiornamento dei parametri dei grani (ri-inizializzazione)

;- - - - - - - - - - - - - - - - - - - - - - - - - - - - - - - - - - - - - - - - - - - - - - -
loop:
idur    = i(gkdur)                ;il valore corrente di gkdur è campionato
                                  ;dal generatore corrispondente nell' instr 11
                                  ;e convertito in variabile di tipo i
```

```
idurr    = i(gkrnd2)                    ;il valore corrente di gkrnd2 è ......

itrpz    = abs(0.001* (idur + idurr))   ;calcola la durata del trapezoide

iramp    = i(gkramp)+ 0.1               ;il valore corrente di gkramp (più un numero magico)è ..

idel     = i(gkdel)                     ;il valore corrente di gkdel....
idelr    = i(gkrnd2y)                   ;il valore corrente di gkrnd2y....
idely    = abs(0.001 * (idel + idelr))  ;calcola il delay complessivo

ifreq    = i(gkfreq)                    ;il valore corrente di gkfreq è ....
ifreqr   = i(gkran)                     ;il valore corrente di gkran è ....
iphase   = i(gkphase)                   ;il valore corrente di gkphase è ....
iphaser  = i(gkrnd2p)                   ;il valore corrente di gkrn2p è ....
iamp     = i(gkamp)                     ;il valore corrente di gkamp è ....

irise    = itrpz/iramp                  ;calcola il tempo di salita del trapezoide
isus     = itrpz - (2 * irise)          ;calcola la durata di sustain del trapezoide
igrain   = itrpz + idely                ;calcola la durata trapezoide+delay
iph      = abs(iphase + iphaser)        ;calcola la fase complessiva
ifq      = ifreq + ifreqr               ;calcola la frequenza complessiva
```

; - - - - - - - - - - - - - - -Sezione di simulazione dell' interrupt (interruzione) - - - - - - - - - - - - - - - -
;
;L'opcode timout lavora come un generatore di interrupt. Timout è caricato con la durata corrente del grano
;e decrementato in modo automatico fino a zero

```
timout 0, igrain, cont                  ;se il valore del contatore è diverso da zero vai a cont

reinit loop                             ;altrimenti salta alla reinizializzazione


cont:
k1 linseg 0, irise, iamp, isus, iamp, irise, 0, idel, 0   ;genera l'inviluppo dei grani

ga2 oscili k1, ifq, ifun, iph           ;genera voce 2


endin
```

```
;- - - - - - - - - - - - - - - - - - - - - - - - - - - - - - - - - - - - - - - - - - - - - - - - -
instr 3
;===================== GENERATORE DEI GRANI (VOCE #3)==========================
ifun    = p4                           ;funzione audio
;

;Aggiornamento dei parametri dei grani (ri-inizializzazione)

;- - - - - - - - - - - - - - - - - - - - - - - - - - - - - - - - - - - - - - - - - - - - - - - - -
loop:
idur    = i(gkdur)                     ;il valore corrente di gkdur è campionato
                                       ;dal generatore corrispondente nell' instr 11
                                       ;e convertito in variabile di tipo i

idurr   = i(gkrnd3)                    ;il valore corrente di gkrnd3 è ......

itrpz   = abs(0.001* (idur + idurr))   ;calcola la durata del trapezoide

iramp   = i(gkramp)+ 0.1               ;il valore corrente di gkramp (più un numero magico)è ..

idel    = i(gkdel)                     ;il valore corrente di gkdel....
idelr   = i(gkrnd3y)                   ;il valore corrente di gkrnd3y....
idely   = abs(0.001 * (idel + idelr))  ;calcola il delay complessivo

ifreq   = i(gkfreq)                    ;il valore corrente di gkfreq è ....
ifreqr  = i(gkran)                     ;il valore corrente di gkran è ....
iphase  = i(gkphase)                   ;il valore corrente di gkphase è ....
iphaser = i(gkrnd3p)                   ;il valore corrente di gkrnd3p è ....
iamp    = i(gkamp)                     ;il valore corrente di gkamp è ....

irise   = itrpz/iramp                  ;calcola il tempo di salita del trapezoide
isus    = itrpz - (2 * irise)          ;calcola la durata di sustain del trapezoide
igrain  = itrpz + idely                ;calcola la durata trapezoide+delay
iph     = abs(iphase + iphaser)        ;calcola la fase complessiva
ifq     = ifreq + ifreqr               ;calcola la frequenza complessiva

;- - - - - - - - - - - - - - - Sezione di simulazione dell' interrupt (interruzione) - - - - - - - - - - - - - - - - - -
;
;L'opcode timout lavora come un generatore di interrupt.
```

;Timout è caricato con la durata corrente del grano e decrementato in modo automatico fino a zero

```
timout 0, igrain, cont          ;se il valore del contatore è diverso da zero vai a contr

reinit loop                     ;altrimenti salta alla reinizializzazione


cont:
k1 linseg 0, irise, iamp, isus, iamp, irise, 0, idel, 0   ;genera l'inviluppo dei grani

ga3 oscili k1, ifq, ifun, iph   ;genera voce 3

endin
;- - - - - - - - - - - - - - - - - - - - - - - - - - - - - - - - - - - - - - - -
instr 4
;===================== GENERATORE DEI GRANI  (VOCE #4)=========================
ifun    = p4                     ;funzione audio
;

;Aggiornamento dei parametri dei grani (ri-inizializzazione)

;- - - - - - - - - - - - - - - - - - - - - - - - - - - - - - - - - - - - - - - -
loop:
idur    = i(gkdur)              ;il valore corrente di gkdur è campionato
                                ;dal generatore corrispondente nell' instr 11
                                ;e convertito in variabile di tipo i

idurr   = i(gkrnd4)             ;il valore corrente di gkrnd4 è ......

itrpz   = abs(0.001* (idur + idurr))   ;calcola la durata del trapezoide

iramp   = i(gkramp)+ 0.1        ;il valore corrente di gkramp (più un numero magico)è ..

idel    = i(gkdel)              ;il valore corrente di gkdel....
idelr   = i(gkrnd4y)            ;il valore corrente di gkrnd4y....
idely   = abs(0.001 * (idel + idelr))  ;calcola il delay complessivo

ifreq   = i(gkfreq)             ;il valore corrente di gkfreq è ....
ifreqr  = i(gkran)              ;il valore corrente di gkran è ....
```

```
iphase  = i(gkphase)              ;il valore corrente di gkphase è ....
iphaser = i(gkrnd4p)              ;il valore corrente di gkrnd4p è ....
iamp    = i(gkamp)                ;il valore corrente di gkamp è ....


irise   = itrpz/iramp             ;calcola il tempo di salita del trapezoide
isus    = itrpz - (2 * irise)     ;calcola la durata di sustain del trapezoide
igrain  = itrpz + idely           ;calcola la durata trapezoide+delay
iph     = abs(iphase + iphaser)   ;calcola la fase complessiva
ifq     = ifreq + ifreqr          ;calcola la frequenza complessiva


;- - - - - - - - - - - - - - - Sezione di simulazione dell' interrupt (interruzione) - - - - - - - - - - - - - - - - - -
;
;L'opcode timout lavora come un generatore di interrupt. Timout è caricato
;con la durata corrente del grano e decrementato in modo automatico fino a zero


timout 0, igrain, cont            ;se il valore del contatore è diverso da zero vai a cont
reinit loop                       ;altrimenti salta alla reinizializzazione


cont:
k1 linseg 0, irise, iamp, isus, iamp, irise, 0, idel, 0   ;genera l'inviluppo dei grani

ga4 oscili k1, ifq, ifun, iph     ;genera voce 4


endin


;============================== CONTROLLO DEI GRANI ========================
instr 11
;NOTE: tutte le variabili globali sono trasmesse agli instr 1,2,3,4
;
gkdur     oscil1  0, 1, p3, p4    ;generatore di controllo per   idur
gkdurr    oscil1  0, 1, p3, p5    ;                               idurr
gkdel     oscil1  0, 1, p3, p6    ;                               idel
gkdelr    oscil1  0, 1, p3, p7    ;                               idelr
gkramp    oscil1  0, 1, p3, p8    ;                               iramp
gkfreq    oscil1  0, 1, p3, p9    ;                               ifreq
gkfreqr   oscil1  0, 1, p3, p10   ;                               ifreqr
gkphase   oscil1  0, 1, p3, p11   ;                               iphase
gkphaser  oscil1  0, 1, p3, p12   ;                               iphaser
gkamp     oscil1  0, 1, p3, p13   ;                               iamp
```

```
krnd1      rand 1 , 0.1         ;generatore random (VOCE #1)
krnd2      rand 1 , 0.9         ;                   (VOCE #2)
krnd3      rand 1 , 0.5         ;                   (VOCE #3)
krnd4      rand 1 , 0.3         ;                   (VOCE #4)
```

;I valori istantanei dei generatori random sono riscalati per ottenere i valori ;opportuni di frequenza, durata, delay e fase.

```
gkran      = krnd1 * gkfreqr/2     ;riscalatura per la frequenza random       (VOCE #1,2,3,4)
gkrnd1     = krnd1 * gkdurr/2      ;riscalatura per la variaz.random di durata (VOCE #1)
gkrnd2     = krnd2 * gkdurr/2      ;                                           (VOCE #2)
gkrnd3     = krnd3 * gkdurr/2      ;                                           (VOCE #3)
gkrnd4     = krnd4 * gkdurr/2      ;                                           (VOCE #4)


gkrnd1y    = krnd1 * (0.05 + gkdelr /2) ;riscalatura variaz. random delay      (VOCE #1)
gkrnd2y    = krnd2 * (0.05 + gkdelr /2) ;                                      (VOCE #2)
gkrnd3y    = krnd3 * (0.05 + gkdelr /2) ;                                      (VOCE #3)
gkrnd4y    = krnd4 * (0.05 + gkdelr /2) ;                                      (VOCE #4)


gkrnd1p    = krnd1 * gkphaser/2    ;riscalatura variaz. random fase  (VOCE #1)
gkrnd2p    = krnd2 * gkphaser/2    ;                                 (VOCE #2)
gkrnd3p    = krnd3 * gkphaser/2    ;                                 (VOCE #3)
gkrnd4p    = krnd4 * gkphaser/2    ;                                 (VOCE #4)
endin
```

;======================= RISCALATURA, MIX & OUT =======================

```
instr 21
iscale     = p4                   ;legge dalla score il fattore di scala
outs1 (ga1/2 + ga2/2 ) * iscale   ;manda in uscita left le voci 1 e 2
outs2 (ga3/2 + ga4/2 ) * iscale   ;manda in uscita right le voci 3 e 4
endin
```

## (GSC4 - score )

```
;gsc4.sco
;
;- - - - - - - - - - - - - - - Funzione di controllo per la durata dei grani - - - - - - - - - - - - - - - -
;
f11 0  512 -7 10 256 20  128 20 128 16
```

```
;- - - - - - - - - - - - - - - Funzione di controllo per la variazione random di durata - - - - - - - - - - - - -
;
f12 0 512 -7 4 256 1 256 0


;- - - - - - - - - - - - - - Funzione di controllo per il delay dei grani - - - - - - - - - - - - - - -
;
f13 0 512 -7 10 256 20 256 5


;- - - - - - - - - - - - - - Funzione di controllo per la variazione random del delay - - - - - - - - - - - -
;
f14 0 512  -7 0 128  0 256 2 128 0


;- - - - - - - - - - - - - - - Funzione di controllo per la proporzione di rampa - - - - - - - - - - - - - - - -
;
f15 0 512 -7 2 256 4 256 2


;- - - - - - - - - - - - - - - Funzione di controllo per la frequenza - - - - - - - - - - - - - - - -
;
;f16 0 512 -7 1.345 512 3.345
f16  0 512 -7 220 512 220


;- - - - - - - - - - - - - - - Funzione di controllo per la variazione random di frequenza - - - - - - - - - - -
;
f17 0 512 -7  0  512  110


;- - - - - - - - - - - - - - Funzione di controllo per la fase  (o Puntatore al file audio)  - - - - - - - - - - -
;
f18 0 512 -7 0 512 0


;- - - - - - - - - - - - - - Funzione di controllo per la variazione random di fase - -         - - - - - - - - - -
;
f19 0 512 -7 0 128 0 256 0 128  0


;- - - - - - - - - - - - - - Funzione di controllo per ampiezza complessiva - - - - - - - - - - - - - - - -
;
f20 0 512  7 0 128 1 256 1 128 0


;===================== Funzioni Audio    ============================;
;f1 0 32768 -1 "sample.wav" 0 0 0
```

```
f1 0 1024 10 0.6 0.8 1  0.5 0.3 0.5 0.7
;==================================================================
;p1 p2 p3  p4  p5   p6  p7   p8   p9   p10   p11   p12
;- - - - - - - - - - - - - - - - - - - - - - - - - - - - - - - - - - ;
;          ifun
i1  0   40  1
i2  0   40  1
i3  0   40  1
i4  0   40  1
;- - - - - - - - - - - - - - - - - - - - - - - - - - - - - - - - - - -
;                  dur   durr  del   delr   ramp  freq  freqr  phase    phaser  amp
i11    0      40    11    12    13    14     15    16    17     18       19      20
;- - - - - - - - - - - - - - - - - - - - - - - - - - - - - - - - - - -
;          scale
i21   0  40  20000
e
```

## BIBLIOGRAFIA

Gabor,D.    "Acoustical Quanta and the Theory of Hearing." in *Nature,* May 3,1947

Truax,B.    "Real-Time Granular Synthesis with a Digital Signal Processor." *Computer Music Journal* 12(2)

Truax,B.    "Real-Time Granular Synthesis with the DMX-1000" *ICMC 86 Proceedings*

Truax,B.    (a cura di), "Handbook for Acoustic Ecology" B.Truax Editor

Roads,C.    "Granular Synthesis" in *The Computer Music Tutorial* (MIT Press)

Roads,C.    "Granular Synthesis of Sound." in *Computer Music Journal* 2(2)

Roads,C.    "The Realization of *nscor*" in '"*The Computer Music and Digital Audio Series*'" C.Roads Editor

Vercoe,B.   "Csound User Manual" Media Lab MIT

# DA CSOUND A MAX - GENERAZIONE DI PARTITURE E SINTESI IN TEMPO REALE CON MACINTOSH

## di Maurizio Giri

### 1. CHE COS'È MAX

MAX, progettato originariamente all'IRCAM[1] da Miller Puckette per il controllo del sistema 4x, è un ambiente grafico interattivo completamente configurabile che gestisce ed elabora flussi di dati per il controllo di strumenti elettronici o di altri programmi.

La comunicazione tra computer e macchine da controllare avviene tramite il protocollo MIDI.

MAX dispone di un centinaio di funzioni primitive visualizzabili sullo schermo del computer come oggetti grafici muniti di ingressi e di uscite.

Questi oggetti sono collegabili tra loro ed i dati passano da un oggetto all'altro attraverso i collegamenti. Ogni oggetto esegue una qualche operazione sui dati che riceve, e passa il risultato dell'elaborazione agli oggetti a cui è collegato. Un insieme di oggetti collegati che svolge una determinata funzione si chiama "*patch*" (che significa, più o meno, "collegamento provvisorio", con chiaro riferimento ai vecchi sintetizzatori analogici modulari che venivano programmati con connessioni fisiche effettuate al volo tramite *patch cords*)

MAX si potrebbe quindi definire un linguaggio grafico di programmazione: si tratta infatti di un sistema completamente aperto che permette, se adeguatamente programmato, di risolvere la maggior parte dei problemi inerenti le esecuzioni *live-electronics*.

MAX è inoltre espandibile: un *patch* si può trasformare in un oggetto (*subpatch*) con ingressi e uscite e può essere utilizzato nello stesso modo di una funzione interna, oppure si può scrivere una funzione esterna in C e trasformarla in un oggetto MAX.

Proprio per questo la libreria degli oggetti continua ad espandersi grazie ai contributi degli utilizzatori del programma.

In questo breve tutorial esamineremo le principali funzioni di MAX e vedremo come sia possibile usarlo per creare partiture per Csound. Parleremo anche di MSP, una estensione di MAX che permette di fare sintesi ed elaborazione del suono in tempo reale. Verranno infine realizzate alcune traduzioni di orchestre Csound in *patch* Max/MSP.

Attenzione: per una migliore comprensione del testo è necessario lanciare il programma "Esempi Max Csound" ed aprire gli oggetti (le "scatolette") contenuti nella finestra "*Max-Csound mainpatch*" con un doppio click. Chi ha una copia di Max, o la versione runtime (MaxPlay) può usare i *file* che si trovano nella cartella "Esempi Max Csound Folder". Il contenuto verrà spiegato nel corso del tutorial.

---

[1] Attualmente Max è prodotto e distribuito da David Zicarelli e dalla sua società Cycling '74 (www.cycling74.com) per la piattaforma Macintosh. Esistono programmi simili a Max per altre piattaforme, a cui accenneremo alla fine di questa lettura.

## 2. ELEMENTI DI MAX

Cominciamo con il vedere com'è fatto un oggetto di Max:

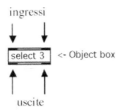

Questo è un *Object box* chiamato *select* che presenta due ingressi (*inlet*) e due uscite (*outlet*). I dati entrano negli *inlet*, subiscono una qualche elaborazione, ed escono dagli *outlet*.

Gli *Object box* svolgono la maggior parte delle funzioni di Max, ogni *Object box* ha un nome che ne definisce la funzione e un numero variabile di *inlet* e *outlet*.

Un *Object box*, a seconda delle funzioni che svolge può avere uno o più argomenti (da non confondere, ovviamente, con gli argomenti di Csound): nel nostro caso l'argomento è "3".

Vediamo di chiarire questi punti: l'oggetto *select* serve a confrontare i numeri che entrano nell'*inlet* di sinistra con l'argomento (che, nel nostro caso è il 3 che appare dopo la parola *select*). Quando il numero che entra nell'*inlet* di sinistra è 3, dall'*outlet* di sinistra esce un messaggio che ci indica che il numero corrisponde all'argomento, quando invece il numero è diverso da 3, quel numero esce, invariato, dall'*outlet* di destra (questo perché potrebbe servire per ulteriori confronti o elaborazioni). A cosa serve l'*inlet* di destra? A cambiare l'argomento: se ad un certo punto volessimo confrontare i numeri che entrano nell'*inlet* di sinistra con il 4 invece che con il 3, ci basterà inviare il numero 4 all'*inlet* di destra, e il termine di confronto cambierà.

Ecco alcuni esempi di oggetti disponibili in Max. Oggetti matematici:

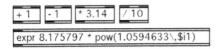

Oggetti per la comunicazione via MIDI:

Oggetti per la gestione degli eventi nel tempo:

Oltre agli *Object box* ci sono gli oggetti grafici (*User Interface Object*) che permettono all'utente di modificare i dati con il *mouse* o con la tastiera. Uno dei più semplici è il *Number box*:

▷ 0

che ha un *outlet* da cui emette numeri che possono essere modificati facendovi scorrere sopra il *mouse*.

Ecco un esempio (apri *objects-1*):

Qui abbiamo un *Number box* collegato all'*Object* + che ha l'argomento "5".

La funzione che svolge l'*Object* + è questa: a ogni numero che entra nell'*inlet* di sinistra viene sommato l'argomento e il risultato esce dall'*outlet*. Abbiamo collegato l'*outlet* con un altro *Number box*, così è possibile vedere il risultato dell'operazione. Se fate scorrere il *mouse* sul *Number box* in alto vedrete contemporaneamente modificarsi il numero presente nel *Number box* in basso.

Con questo sistema di collegamenti fra i diversi *Object* è possibile creare strutture di grande complessità.

Prima di vedere qualche altro esempio, diamo una rapida scorsa ai principali Object di Max cominciando con gli *User Interface Object* (apri objects-2):

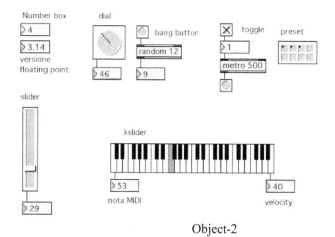

Object-2

Come si può vedere il *Number box* esiste in due versioni: quella in alto a sinistra serve ad emettere numeri interi (*integer*) e quella immediatamente sotto può emettere numeri che hanno anche una parte decimale (numeri *floating point*). C'è poi lo *slider* e il *dial*, che emettono numeri interi se vi si trascina sopra il *mouse*.

Un oggetto leggermente più complesso è il *kslider*, che raffigura una tastiera. Facendo clic con il *mouse* su uno dei tasti, dall'*outlet* di sinistra esce il numero corrispondente alla nota MIDI azionata, e dall'*outlet* di destra la *velocity*, che è tanto più alta quanto più in alto viene premuto il tasto (vedremo poi come inviare questi dati a uno strumento MIDI).

Il *bang button* emette un "*bang*" se si fa clic con il *mouse*. Cos'è un *bang*? E' uno dei messaggi più importanti dell'ambiente Max; significa "vai, agisci, comincia ad elaborare, emetti dati" e serve in genere a far produrre un *output* a un oggetto o iniziare un processo di elaborazione.

Nel nostro *patch* il *bang button* è stato collegato all'*Object random* che ogni volta che riceve un *bang* emette un numero *random* compreso tra zero e n-1 (n è l'argomento, in questo caso 12).

Il *toggle* è un altro *User Interface Object* che emette alternativamente un 1 e uno 0 facendo clic con il *mouse*. 1 e 0 significano, in ambiente Max, rispettivamente "on" e "off". Abbiamo collegato il *toggle* all'Object *metro* che quando riceve un "on" emette messaggi "bang" a intervalli regolari specificati nell'argomento (nel nostro caso ogni 500 millisecondi).

L'ultimo *Object* di questa serie è il *preset*, che ha la funzione di memorizzare lo stato degli altri *Object* del *patch*, cioè quali numeri sono presenti nel Number box, in che posizione sono lo *slider* e il *dial*, eccetera. Facendo clic su uno dei quadratini del *preset* è possibile richiamare una configurazione precedentemente memorizzata, con shift-click è possibile memorizzare una configurazione. Nel nostro caso sono state memorizzate tre configurazioni indicate dai tre puntini presenti nella griglia.

Vediamo ora come Max memorizza i dati (apri il patch objects-3):

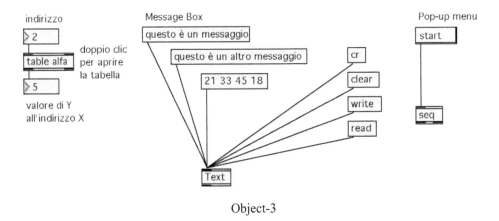

Object-3

L'oggetto *table* è un *array*, ovvero un "contenitore" dove possono essere memorizzati diversi numeri, ognuno dei quali ha un "indirizzo" che lo identifica. Gli indirizzi sono una serie di numeri interi consecutivi che partono da 0. Ad esempio se la *table* contiene una sequenza di tre elementi che sono 7, 4 e 5, significa che all'indirizzo 0 c'è il numero 7, all'indirizzo 1 il numero 4 e all'indirizzo 2 il numero 5. Per visualizzare un determinato numero bisogna fornire all'oggetto *table* l'indirizzo corrispondente nell'*inlet* di sinistra (vedi figura *objects-3*: all'indirizzo 2 corrisponde il numero 5). Facendo doppio clic sull'Object *table* si apre una tabella che può essere editata graficamente.

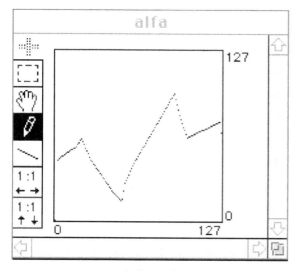

tabella grafica

Si può disegnare una qualunque curva all'interno della *table*. La rappresentazione grafica ci dà gli indirizzi lungo l'asse delle X (l'asse orizzontale) e le quantità corrispondenti lungo l'asse delle Y (verticale). Nella figura vediamo una *table* che può contenere 128 numeri (che avranno quindi l'indirizzo che varia da 0 a 127).

Per memorizzare e inviare messaggi arbitrari si può usare il *Message box*. Facendo clic su un *Message box* il suo contenuto viene inviato agli Object collegati. Nel nostro esempio abbiamo collegato diversi messaggi all'Object *Text*, un oggetto utilissimo per compilare partiture Csound. I messaggi ricevuti da *Text* vengono memorizzati in un *file* di testo nell'ordine in cui sono stati ricevuti. Inviando più volte i vari messaggi collegati e aprendo (con un doppio clic) l'Object *Text* si ottiene un risultato simile a questo:

Da notare che i Message box sulla destra non contengono testi da memorizzare ma comandi da eseguire: "cr" è un ritorno di carrello, "clear" cancella il testo memorizzato, "write" lo scrive su disco e "read" legge un file di testo dal disco.

Un altro modo per memorizzare e inviare i messaggi è quello di utilizzare un *Pop-up menu* Object (qui collegato ad un oggetto *sequencer* che, quando è collegato con i relativi oggetti MIDI, può leggere, scrivere, memorizzare ed eseguire eventi MIDI): facendo clic sopra l'oggetto si apre un menu che contiene i vari messaggi da inviare. I messaggi possono essere, naturalmente, modificati a piacere. E' possibile selezionare le voci di un *Pop-up* menu anche inviandogli un numero intero compreso tra 0 e (numerodellevoci-1). Ad ogni numero corrisponde una voce del menu.

Abbiamo ora abbastanza elementi per fare un esempio un po' più complesso. Aprite il *patch* "sentenziatore":

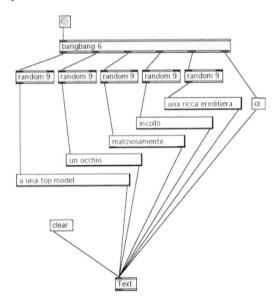

sentenziatore

Qui abbiamo un *bang button* che invia il suo *bang* ad un oggetto chiamato *bangbang*; quest'ultimo ha un numero di *outlet* pari al suo argomento (in questo caso 6) e invia un *bang* da ciascun *outlet*. Il *bang* attiva un generatore *random* che emette numeri tra 0 e 8, questi numeri sono gli indirizzi delle voci contenuti in 5 diversi *Pop-up menu* [2] , il cui contenuto viene inviato all'Object *Text* per formare una frase. Alla fine della frase c'è il comando "cr" che ci manda a capo per ricevere la prossima frase.

Per chi non avesse un Macintosh riportiamo alcune frasi ottenute dal *patch*:

*un pollo incollò pudicamente un ginocchio ad un ragazzino permaloso*
*una ragazza bagnò maliziosamente il vestito a un tecnico del suono*
*un pollo spezzò intenzionalmente i capelli a un povero diavolo*
*un'entità misteriosa baciò maliziosamente la casa a una vestale*
*un pollo mostrò con voluttà il naso a un tecnico del suono*
*un cane tirò nervosamente il naso a un povero diavolo*
*una fattucchiera rubò con voluttà un occhio a una vestale*
*un cane baciò svogliatamente il naso a una top model*
*un uomo morse coscienziosamente i capelli ad un ragazzino permaloso*

Per quanto assolutamente futile, l'esempio ci lascia intuire come sia possibile costruire partiture per Csound; ci arriveremo tra poco.

Anche le liste sono importanti in ambiente Max (apri patch objects-4):

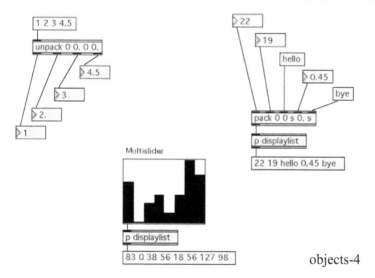

objects-4

---

[2] In ogni menù sono contenuti i diversi pezzi della frase, che combinandosi danno origine a sentenze sempre diverse (nella figura vediamo che la frase formata è "una ricca ereditiera incollò maliziosamente un occhio a una top model").

Una lista è un insieme di elementi (numeri interi, *floating*, caratteri alfanumerici) considerata come un'entità unica. Ci sono oggetti che assemblano elementi semplici in liste, come *pack* e altri oggetti che dividono la lista in elementi semplici, come *unpack*. Gli argomenti di *pack* e *unpack* determinano rispettivamente il numero di *inlet* e *outlet*, nonché il tipo di elemento semplice (intero, *floating*, alfanumerico etc.)

Un oggetto che utilizza le liste è il *Multislider* (un insieme di più *slider* che possono essere modificati contemporaneamente) che emette liste contenenti le posizioni dei suoi *slider*.

Altri oggetti molto utili sono quelli che svolgono funzioni matematiche, vediamone alcuni con qualche esempio (patch objects-5):

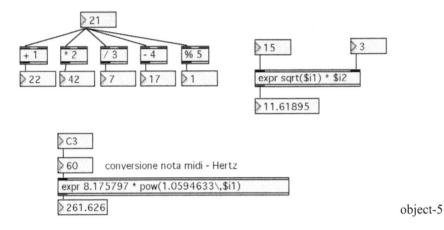

object-5

In altro a sinistra abbiamo oggetti semplici che svolgono le quattro operazioni e l'operazione modulo (Object %). A destra c'è un Object molto flessibile: expr. Con expr è possibile scrivere espressioni con una sintassi simile al C, inserendo variabili (contrassegnate dal simbolo $) che diventano inlet dell'oggetto: in pratica se l'espressione contiene ad esempio 3 simboli $, l'Object box avrà 3 inlet. Il simbolo $ è seguito da una i o una f che specifica se il numero è integer o floating point, e da un numero che specifica qual è il suo inlet di riferimento (1 è l'inlet più a sinistra, 2 è l'inlet alla destra del primo e così via). Nel primo esempio (sqrt($i1) * $i2), la radice quadrata (funzione sqrt) del numero che entra dall'inlet di sinistra ($i1) viene moltiplicata (operatore *) per il numero che entra dall'inlet di destra ($i2).Il secondo esempio fa la conversione della nota MIDI in Hertz. Da notare qui un'altra caratteristica del Number box: la possibilità di visualizzare i numeri interi come note MIDI (qui il Do centrale che equivale al numero 60)

E' arrivato il momento di un altro esempio un po' più complesso: un interpolatore di liste (apri interpolazioni)

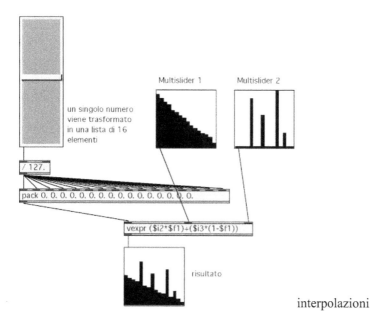

interpolazioni

In questo esempio usiamo l'Object *vexpr* che funziona come *expr* ma accetta liste oltre che singoli numeri (le liste in questo caso gli arrivano dal *Multislider*). Il risultato è un'interpolazione lineare del contenuto dei due *Multislider* in alto. Muovendo il cursore si stabilisce l'influenza che ciascuno dei due *Multislider* ha sul risultato finale. Nel nostro caso vediamo che il *Multislider* in basso è circa a metà strada tra la prima lista di valori e la seconda.

Qualcuno si starà chiedendo come fa Max a comunicare con le apparecchiature MIDI; naturalmente ci sono molti *Object* che svolgono questa funzione (apri patch objects-6):

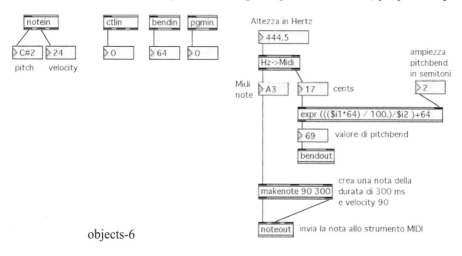

objects-6

Gli Object *notein, ctlin, bendin, pgmin*, ricevono rispettivamente i messaggi di nota, *controller, pitchbend* e *program change* da uno strumento MIDI collegato al computer. Per ognuno di questi oggetti c'è un oggetto "out" corrispondente. Con l'*Object* "Hz->Midi" (un *subpatch* creato dall'autore di questa lettura[3]) si può fare un esperimento interessante: rendere microtonale un qualunque strumento MIDI, cioè dargli la possibilità di suonare note a una frequenza qualsiasi e non solo a quelle della scala temperata.

L'*Object* "Hz->Midi" accetta in input un valore di frequenza in Hertz e restituisce la nota MIDI e un valore in cents da aggiungere alla nota per ottenere la frequenza in *input*. Con *expr* si possono trasformare i cents in un valore di *pitchbend*. La nota suonata verrà quindi alterata dal *pitchbend* per ottenere la frequenza desiderata. Se collegate uno strumento MIDI al computer e regolate nel *patch* la giusta ampiezza di *pitchbend*, lo strumento potrà emettere, con un certo grado di approssimazione, note a qualunque frequenza, anche non temperata.

## 3. MAX E CSOUND

E' arrivato il momento di vedere un'applicazione pratica di Max: un generatore di partiture per Csound. Per capire il funzionamento dell'applicazione ci sono nuovi *Object* da conoscere. (apri la patch objects-7)

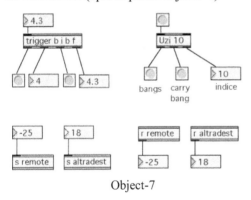

Object-7

Il primo è *trigger* che smista in diversi *outlet* l'*input* che riceve. Il numero degli *outlet* è variabile e ce n'è uno per ogni argomento del *trigger*. Nel nostro caso abbiamo quattro argomenti che indicano anche il tipo di dato che uscirà dall'*outlet* corrispondente: b significa *bang*, i *integer* e f *floating point*. Quindi il nostro *trigger* riceve un numero *floating* e restituisce un *floating*, un *bang*, un *integer* e un *bang*. Da notare che nell'ambiente Max c'è una priorità nell'ordine degli ingressi e delle uscite che va da

---

[3] Facendo doppio click sul *subpatch* si può vedere quali sono le sue componenti.

destra verso sinistra, quindi l'outlet *floating* che sta alla destra sarà il primo ad produrre un *output* e il *bang* che sta alla sinistra sarà l'ultimo. Questo è molto importante per capire il funzionamento dei *patch* più complessi.

Il secondo oggetto si chiama *Uzi* ed è un vero e proprio mitragliatore che serve a "sparare", in rapidissima successione, un numero arbitrario di *bang* (specificato dall'argomento, in questo caso 10). L'*outlet* sinistro di *Uzi* emette i *bang*, quello di destra emette una serie di numeri che vanno da 1 all'argomento (qui da 1 a 10) e quello centrale emette un *bang* quando *Uzi* ha finito di "sparare" (*carry bang*).

Quando i *patch* diventano molto complessi diventa difficile seguire l'intreccio dei collegamenti; in questo caso si rivelano molto utili gli oggetti *s* (*send*) e *r* (*receive*). Questi oggetti hanno come argomento un simbolo arbitrario, che serve ad accoppiare un oggetto *send* ad un oggetto *receive* che ha lo stesso argomento. Tutto ciò che entra in un Object *send* che ha un determinato argomento esce dall'oggetto *receive* che ha lo stesso argomento; è come se i due oggetti fossero collegati da un cavo invisibile. Ci possono essere più *receive* con lo stesso argomento, e da tutti usciranno gli stessi dati, così come ci possono essere più *send* con lo stesso argomento, che invieranno i dati agli stessi *receive*. Nel nostro *patch* abbiamo due oggetti *send* etichettati come 'remote' e 'altradest' e ciascuno trasmette i suoi dati al *receive* corrispondente.

Veniamo ora al *patch* che permette di generare partiture per una delle orchestre del *tutorial* di base del Csound (contenuto nel *Reference Manual*), e precisamente per l'orchestra toot3.orc che abbiamo ribattezzato experiment.orc e che riportiamo qui sotto:

```
;experiment.orc

sr     =  44100
kr     =  44100
ksmps  =  1
nchnls =  1
instr 3                      ; p3=durata della nota
 k1    linen   p4, p6, p3, p7    ; p4=ampiezza
 a1    oscil   k1, p5, 1         ; p5=frequenza
       out a1                    ; p6=tempo di attacco
endin                        ; p7=tempo di rilascio
```

L'orchestra è un semplicissimo programma che genera note di cui si deve specificare la durata, l'ampiezza, la frequenza in Hertz, il tempo d'attacco e quello di rilascio.

Aprite il *patch* genera-partiture1:

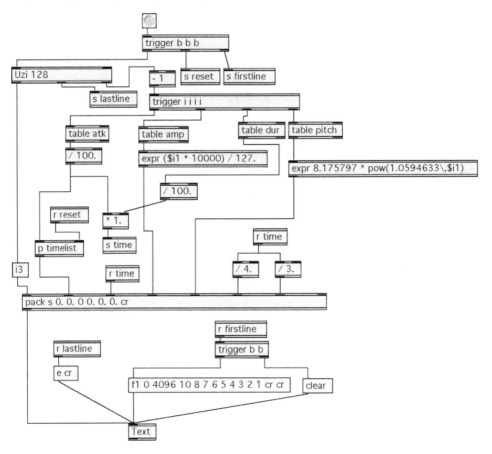

Genera-partiture 1

La funzione del *patch* è creare una partitura di 128 note di altezza, intensità e durata variabile. L'Object *Text* posto in fondo al *patch* si incarica di raccogliere la partitura che poi dovrà essere salvata su disco con il nome experiment.sco.

Notiamo che questo *patch* è molto più complesso di quelli visti in precedenza, cerchiamo di esaminare nel dettaglio come funziona.

La prima cosa da fare è inserire i dati corrispondenti alla partitura che vogliamo creare. Nel *patch* ci sono quattro tabelle tabelle (cioè quattro oggetti *table*) nelle quali è possibile inserire una serie di 128 eventi corrispondenti a tempo di attacco, ampiezza, durata (in percentuale tra due tempi d'attacco consecutivi) e frequenza. Apriamo quindi con un doppio click le tabelle "atk", "amp", "dur" e "pitch" e inseriamo con il *mouse* i dati relativi (o osserviamo quelli già inseriti). Da notare che i tempi d'attacco sono in centesimi di secondo, mentre la partitura dovrebbe specificarli in secondi, che le ampiezze variano tra 0 e 127, mentre per essere udibili dovrebbero arrivare almeno a 10.000 e che le frequenze sono specificate come MIDI-note, mentre dovrebbero essere in Hertz. Vedremo poi come vengono risolte queste discrepanze.

Vediamo ora passo passo il funzionamento del *patch*. In alto c'è un *bang button* che manda il suo *bang* ad un *trigger*. Questo *trigger* "moltiplica" per tre il *bang* e lo manda a tre diverse destinazioni. La prima destinazione è l'Object *s* (*send*) di destra (ricordiamo che la priorità dei messaggi in Max va da destra verso sinistra). Questo *send* ha come argomento "firstline"; in basso a destra troviamo il corrispondente "r firstline" che invia il *bang* ricevuto a un *trigger* che a sua volta attiva il messaggio "clear" che serve a cancellare il precedente contenuto dell'Object *Text* a cui è collegato. Oltre al messaggio "clear" questo *trigger* attiva il messaggio "f1 0 4096 10 8 7 6 5 4 3 2 1 cr cr" cioè la funzione della forma d'onda (i due "cr" finali sono due ritorni di carrello che rendono più leggibile il testo) che sarà quindi la prima riga della nostra partitura inserita nell'Object *Text*.

Osserviamo adesso l'Object *pack* che si trova nella parte medio-bassa del *patch*. La sua funzione è quella di assemblare i "note statement" che attiveranno lo strumento che genera la nota con gli opportuni parametri. Questi "note statement" verranno inviati, uno dopo l'altro, all'Object *Text*.

Torniamo al *trigger* nella parte alta e vediamo che il secondo "bang" viene inviato dall'Object "s reset" e ricevuto dal corrispettivo Object "r reset" che è collegato ad un *subpatch*, "timelist", che stabilisce i punti di *start* delle note[4]. La funzione di questo *bang* è di azzerare il punto di start, che sarà quindi associato alla prima nota. Dal *subpatch* "timelist" viene inviato quindi il punto di *start* della nota all'Object *pack* che si incarica di assemblare il "note statement".

L'ultimo "bang" del *trigger* in alto va all'Object *Uzi* che sparerà una serie di 128 *bang* e una serie di 128 numeri. Abbiamo visto che i numeri escono dall'outlet di destra e sono convogliati in un *trigger* che li smista poi alle quattro tabelle.

La *table* "pitch", che come sappiamo contiene i valori di MIDI note, è collegata ad un Object *expr* che converte le note MIDI in frequenze in Hertz. Ognuna di queste frequenze va poi a formare il p5 del "note statement" nell'Object *pack*.

La *table* "amp" è collegata ad un Object *expr* che trasforma i valori da 0 a 127 in valori da 0 a 10.000 (p4).

La *table* "dur" è collegata ad un Object che ne divide i valori per 100. Otteniamo così una serie di numeri in virgola mobile compresi tra 0 e 2 che serviranno a moltiplicare il tempo intercorso tra l'attacco di una nota e il successivo (vedi sotto): in questo modo un

---

[4] Non descriveremo il subpatch, è possibile comunque studiarne il contenuto aprendolo con un doppio click.

valore uguale a 1 rappresenta una durata pari allo spazio tra i due attacchi, un valore uguale a 0.5 rappresenta una durata pari alla metà e così via.

Il contenuto della *table* "atk", cioè i tempi d'attacco in centesimi di secondo, viene prima trasformato in secondi e poi inviato a due diversi Object. Il primo è un moltiplicatore che calcola il prodotto tra "atk" e "dur" (trasformato come sappiamo): questo prodotto viene inviato all'Object "s time" che manda i valori a due diversi "r time", uno per il valore di durata della nota (p3) e l'altro per le durate di attacco e rilascio dell'inviluppo (p6 e p7), che corrispondono rispettivamente a un quarto e un terzo della durata totale. Il secondo *Object* che riceve i valori della tabella "atk" è il già noto "timelist" che calcola i tempi di inizio delle note.

Oltre alla serie di numeri l'*Uzi* spara anche una serie di *bang* (dall'*outlet* di sinistra) che attivano il messaggio "i3" (il nome dello strumento Csound) e inviano il "note statement" completo all'Object *Text*.

L'ultimo *bang* emesso dall'*Uzi* è il *carry bang* (*outlet* centrale) che viene inviato all'*Object* "r lastline" collegato al messaggio "e" che chiude la partitura.

Facendo click sul *bang button* in alto e poi aprendo (con un doppio click) l'Object *Text* possiamo vedere la nostra partitura (ne riportiamo solo una parte):

```
f1   0     4096   10   8    7    6     5     4      3     2    1
i3   0.000   0.012   8976      261.626    0.003      0.004
i3   0.050   0.015   9685      261.626    0.004      0.005
i3   0.110   0.018   6299      261.626    0.005      0.006
i3   0.180   0.022   6299      261.626    0.005      0.007
i3   0.260   0.022   6299      523.251    0.006      0.007
i3   0.340   0.026   6299      261.626    0.007      0.009
i3   0.430   0.383   9685      261.626    0.096      0.128
i3   1.590   0.033   6299      61.735     0.008      0.011
i3   1.690   0.035   6299      261.626    0.009      0.012
...
...
e
```

Naturalmente modificando il contenuto delle quattro tabelle "atk", "amp", "dur" e "pitch" si otterranno partiture diverse.

Con la finestra *Text* aperta e in primo piano possiamo salvare il contenuto dell'Object (tramite il menu *file*, oppure con *command-s*) con il nome "experiment.sco" e utilizzarlo come partitura per l'orchestra Csound.

La cosa da notare è che essendo Max un sistema totalmente aperto è possibile creare *patch* che generino orchestre seguendo qualunque criterio possa interessare il compositore.

Vediamo ad esempio una variazione del *patch* precedente (apri genera-partiture5):

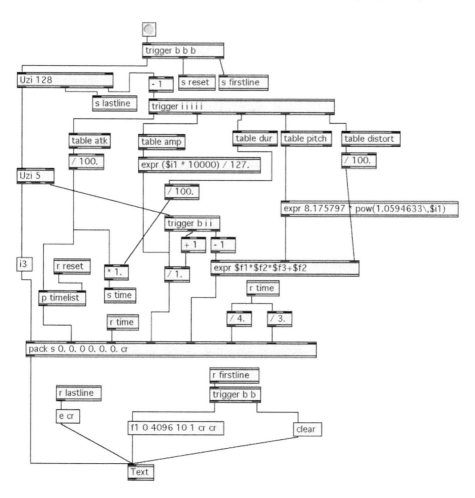

Genera-partiture 5

Questo *patch* genera per ogni nota 5 componenti sinusoidali (notate che la funzione f1 ora è cambiata e contiene solo una sinusoide). Il rapporto armonico/inarmonico delle componenti viene calcolato in base ad una nuova *table* "distort" che stabilisce appunto la distorsione armonica di ogni nota. I valori della tabella possono variare fra 0 e 300, e al valore 100 corrisponde un rapporto perfettamente armonico (le frequenze delle 5 componenti sono f, 2f, 3f, 4f, 5f), valori inferiori o superiori creano componenti inarmoniche più vicine o più lontane.

Un *patch* di questo tipo è ancora comprensibile nel suo insieme, ma siamo al limite: algoritmi più complessi dovrebbero essere divisi in più *subpatch* collegati fra loro.

Il *patch* funziona praticamente come il precedente, solo che per ogni nota vengono generate 5 componenti. Vediamo che l'*Uzi* che produce 128 *bang* è collegato ad un secondo *Uzi* che ne produce 5 per ognuno che ne riceve. Questi 5 *bang* servono a calcolare le singole componenti: infatti la frequenza viene "intercettata" da un Object *expr* che, utilizzando il secondo *Uzi* come indice, la moltiplica per il fattore di distorsione armonica. Anche l'ampiezza viene intercettata e divisa per n (con n = numero della componente). Lasciamo al lettore, come esercizio, il compito di decifrare tutti i passaggi che sono stati aggiunti in questo *patch* rispetto al precedente.

Le partiture generate da questi *patch* sono disponibili nella pagina di supporto e si chiamano experiment.sco e experiment5.sco

## 4. MAX E MSP

MSP è un'estensione di Max che permette la sintesi e l'elaborazione del suono in tempo reale. Dal momento che sfrutta lo stesso ambiente, le sue componenti sono visualizzate come elementi grafici da connettere tra loro, esattamente come gli oggetti di Max. Gli oggetti MSP svolgono tutte le funzioni tipiche dei linguaggi di sintesi: ci sono oscillatori, inviluppi, filtri, *delay*, operatori matematici etc. Questo ci dà la possibilità di ricreare graficamente le diverse tecniche di sintesi ed elaborazione del suono di cui si parla in questo libro.

Vediamo prima di tutto alcuni elementi di MSP (apri patch objects-8):

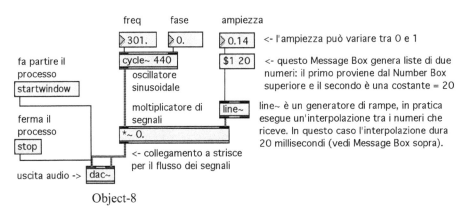

Object-8

Qui abbiamo alcuni oggetti MSP collegati tra loro e con oggetti Max. Notiamo che gli oggetti MSP hanno collegamenti a strisce gialle e nere (è una convenzione per indicare che trasmettono segnali audio, non dati MIDI o di controllo) e che il loro nome finisce sempre con il simbolo "~".

L'oggetto *cycle~* è un oscillatore che legge una tabella contenente una forma d'onda, di *default* questa tabella contiene una sinusoide, ma può essere qualunque onda definita dall'utente, anche un suono registrato.

L'inlet di sinistra di *cycle~* riceve la frequenza, quello di destra la fase. I valori (campioni digitali) in uscita variano tra -1 e +1 (e non tra -32768 e +32767 come in Csound). Per modificare l'ampiezza del suono bisogna collegare l'uscita di *cycle~* con il moltiplicatore di segnali *~*. Vediamo che nell'esempio al moltiplicatore è collegato da una parte l'oscillatore e dall'altra l'Object *line~* che serve ad interpolare linearmente i diversi valori ricevuti (in questo caso la durata dell'interpolazione è di 20 millisecondi). L'Object *line~* viene usato qui per evitare lo *zipper noise*, cioè il rumore indesiderato dovuto ad improvvisi cambiamenti di ampiezza.

L'oggetto in basso a sinistra (*dac~*) è un covertitore digitale-analogico ed è collegato alla porta (o scheda) audio del computer. Per sentire il suono bisogna fare click sul messaggio "startwindow" e portare l'ampiezza a 0.1 o più. Sentiremo di *default* una sinusoide alla frequenza di 440 Hz, ma agendo sul Number box di sinistra possiamo variare la frequenza. Per interrompere il suono faremo click sul messaggio "stop".

Abbiamo già abbastanza elementi per riprodurre alcune tecniche di sintesi di cui si è parlato nei precedenti capitoli. Vediamo quindi come è possibile realizzare un *patch* per la modulazione d'ampiezza così come è stata illustrata nel paragrafo 11.2 (cfr.). Rivediamo innanzitutto il diagramma di flusso relativo:

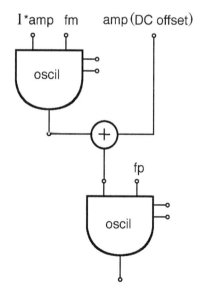

e poi vediamo il patch corrispondente in Max/MSP (apri patch "Modulazione d'ampiezza")

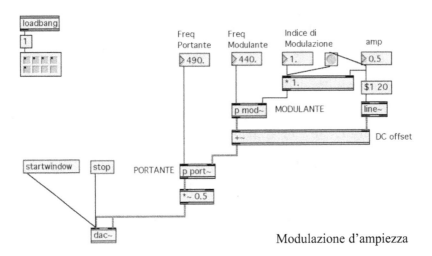

Modulazione d'ampiezza

Vediamo che ci sono dei *Number box* in cui possiamo impostare la frequenza della portante, quella della modulante, l'indice di modulazione (che può variare tra 0 e 1) e la variabile "amp", che serve ad impostare il *DC offset* e l'ampiezza della modulante (che si ottiene moltiplicando "amp" per l'indice di modulazione[5] ); anche "amp" può variare tra 0 e 1. Notiamo anche che ci sono due oggetti apparentemente nuovi: "p mod~" e "p port~", in realtà si tratta di *subpatch*, cioè piccoli moduli costituiti da oggetti Max/MSP che svolgono una determinata funzione. Apriamo con un doppio click il *subpatch* "p mod~" (ovvero la modulante):

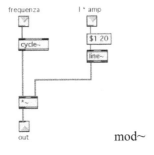

mod~

---

[5] Come vedete è stato necessario collegare il *Number box* corrispondente alla variabile "amp" ad un *Bang button* che va all'ingresso dell'indice di modulazione. Questo perché l'oggetto "*", come la maggior parte degli oggetti Max, agisce solo quando riceve un messaggio nell'*inlet* di sinistra: se il messaggio è un numero verrà utilizzato per la moltiplicazione, se invece è un "bang" verrà utilizzato l'ultimo numero ricevuto. Quindi ogni volta che variamo "amp" (nell'*inlet* di destra), il "bang" (nell'*inlet* di sinistra) ci permette di effettuare la moltiplicazione. Con gli oggetti MSP che elaborano i segnali (come ad esempio "*~") non è necessario questo "trucco", perché il segnale è un flusso di dati che viene aggiornato continuamente.

Quello che vediamo è l'interno del modulatore: i due oggetti che si trovano sotto le scritte "frequenza" e "I * amp" sono gli *inlet* del *subpatch*, mentre l'oggetto che si trova sopra la scritta "out" è l'*outlet*, da cui esce il segnale del modulatore. Il segnale che esce dall'oscillatore (cycle~) viene moltiplicato per l'ampiezza (I * amp) che può variare tra 0 e 1, avremo quindi in uscita una sinusoide che oscilla (al massimo) tra -1 e +1. La presenza dell'Object *line~* nel percorso di "I * amp" ha lo scopo di interpolare le variazioni dell'ampiezza per evitare lo *zipper noise*.

Il segnale che esce dal subpatch *mod~* diventa unipolare con l'aggiunta del *DC offset* (vedi il *patch* principale) che vale "amp": dal momento che questo valore può essere al massimo 1, sommando la modulante otterremo un'oscillazione unipolare (massima) tra 0 e 2, che è fuori dal *range* di valori ammesso. Per normalizzare i valori c'è un oggetto "*~" che moltiplica il segnale per 0.5 (cioè lo divide per 2) e ci garantisce che l'oscillazione unipolare non supererà il valore 1.

Il *subpatch* "p port~" (ovvero la portante) è simile a "p mod~":

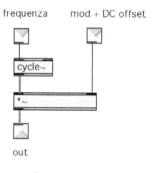

        Port~

C'è da notare che, essendo l'ampiezza collegata ad un segnale audio (il modulatore) non è necessario inserire nel percorso l'interpolatore *line~*.

Tornando al *patch* principale vediamo che in alto a sinistra c'è un Object *preset* in cui sono memorizzate delle configurazioni da provare. Come al solito per ascoltare il suono si fa click sul messaggio "startwindow" e per interromperlo si fa click su "stop".

Vediamo ora la traduzione dell'orchestra che troviamo nel paragrafo 11.3 (apri patch "Modulazione ad anello"):

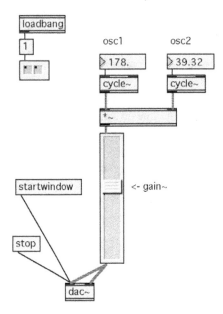

Modulazione ad anello

Dal momento che nella modulazione ad anello non viene fatto uso del *DC offset*, qui vengono semplicemente moltiplicate le uscite di due oscillatori *cycle~*. Rispetto al *patch* precedente troviamo un nuovo elemento: l'ampiezza infatti viene regolata con l'Object *gain~* che è un *fader* per i segnali audio. Non c'è molto altro da dire su questo *patch* che è piuttosto semplice.

La modulazione di frequenza pone qualche problema in più, come sappiamo dal paragrafo 12.1 è necessario infatti calcolare l'ampiezza della modulante in termini di indice di modulazione:

**ampiezza = indice di modulazione * frequenza della modulante**

(apri la patch "FM semplice")

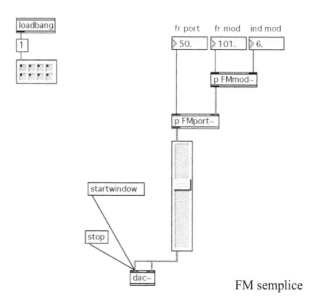

FM semplice

Qui abbiamo due *subpatch*, uno per la portante e l'altro per la modulante. Apriamo la modulante (doppio click su "p FMmod~"):

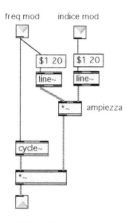

FMmod~

Vediamo che la frequenza della modulante e l'indice di modulazione vengono moltiplicate tra loro e il risultato viene impiegato come ampiezza della modulante, ovvero come quantità di deviazione che subisce la frequenza della portante (cfr. paragrafo 12.1 e 12.2). Il resto del *patch* è semplice da analizzare e lo lasciamo come esercizio al lettore (osservate il contenuto del subpatch "p FMPort~" aprendolo con un doppio click).

Nel paragrafo 12.3 si parla di famiglie spettrali e di rapporti portante/modulante; il *patch* "Famiglie Spettrali" ci permette di impostare la frequenza modulante in rapporto alla portante:

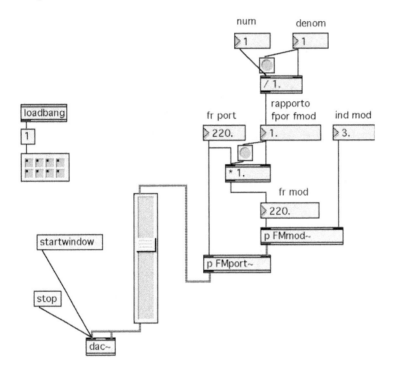

Famiglie spettrali

Come si vede nei due Number box in alto si possono variare il numeratore e il denominatore di una frazione che servirà da moltiplicatore per la frequenza portante, il risultato dell'operazione viene usato come frequenza modulante[6]. Sarà così possibile sperimentare diversi rapporti portante/modulante generando varie famiglie spettrali. Abbiamo detto che la frequenza della modulante varia in rapporto alla portante, questo significa che variando la frequenza della portante non avremo un cambiamento timbrico, ma una variazione di altezza.

---

[6] Anche qui è stato necessario collegare il Number box corrispondente al denominatore ad un Bang button che va all'ingresso del numeratore e la stessa cosa avviene per l'Object box * più sotto. Per una spiegazione cfr. la nota 5.

Sono possibili configurazioni di qualunque livello di complessità (se la potenza della macchina che si ha a disposizione lo permette, naturalmente), vediamo ad esempio un patch per realizzare la FM con portanti multiple (apri patch "FM con port. multiple":

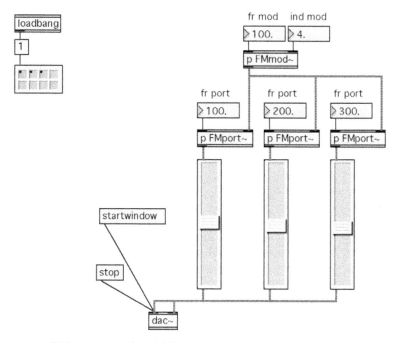

FM con portanti multiple

Ogni portante ha la sua frequenza e la sua intensità (che può essere impostata con l'Object *gain~*): notiamo che per sommare dei segnali audio è sufficiente collegarli ad una stessa uscita, MSP provvederà a generare un segnale che è la somma dei segnali prodotti.

Concludiamo con un *patch* che ci permette di impostare gli inviluppi di una FM semplice (apri patch "FM con inviluppi"):

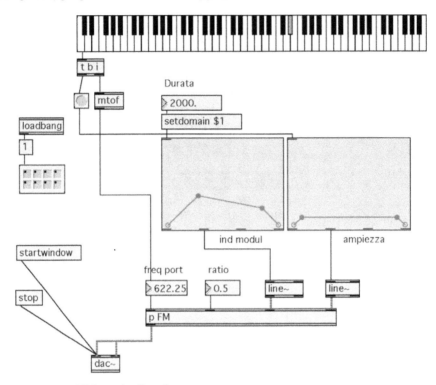

FM con inviluppi

Al centro del *patch* ci sono due Object *function*, con cui si può tracciare graficamente un inviluppo. *Function* emette liste di valori che possono essere utilizzate da *line~* per creare gli inviluppi. Al modulo FM è stato applicato un *kslider* che come sappiamo ci permette di suonare note temperate. *Kslider* emette valori MIDI, mentre il *subpatch* FM vuole frequenze in Hertz, per questo l'uscita di *kslider* è collegata all'Object MSP *mtof*, che fa la conversione da MIDI a Hertz.

Oltre a Max/MSP per Macintosh, esistono altri programmi simili (di pubblico dominio, a differenza di Max che è commerciale), per diverse piattaforme.

Ricordiamo:

**Pd**, un *software* per la sintesi in tempo reale creato da Miller Puckette (il primo sviluppatore di Max). E' molto simile a Max/MSP ed esiste per IRIX, NT, e Linux (sito web: http://crca.ucsd.edu/~msp/software.html).

Un altro *software* molto simile a Max è **jMax,** sviluppato all'IRCAM di Parigi per Mac OS X, Linux e SGI. Realizzato in Java e C, punta molto sulla portabilità multipiattaforma. Il sorgente è liberamente disponibile sotto GNU General Public License (vedi: http://www.ircam.fr, http://www.gnu.org/directory/jMax.html).

In questa breve introduzione abbiamo solo scalfito la superficie di quello che è possibile fare con Max e MSP, chi volesse approfondire l'argomento può consultare i siti internet elencati qua sotto.

## SITI INTERNET IN CUI E' POSSIBILE REPERIRE ALTRE INFORMAZIONI SU MAX/MSP

Sito ufficiale di Max/MSP, dove ci si può anche iscrivere alla *mailing list.*
http://www.cycling74.com/index.html

Estensione Max/MSP per realizzare *plug-in* VST 2.
http://www.pluggo.com

Oggetti, *Patch* e Applicazioni Max/MSP
ftp://ftp.ircam.fr/pub/forumnet/max/

Risorse, *Links* e *Tutorial* per Max
http://www.geocities.com/CapeCanaveral/Lab/7055/

Max, MSP, Nato Externals e *Patches*
http://maxmsp.tripod.com/Software/

sito Max "non ufficiale", contiene oggetti e molti *link* utili
http://node.net/unmax/

sintesi per modelli fisici Max/MSP
http://www.music.columbia.edu/PeRColate/

Altri oggetti Max, *Tutorial* etc.
http://cnmat.CNMAT.Berkeley.EDU/Max/

Nel novembre del 2001, Matt Ingalls, compositore e programmatore (è lui che cura la versione Mac di Csound), ha creato un Object che si chiama csound~. Questo oggetto legge ed esegue in tempo reale Orchestre e Score di Csound all'interno dell'ambiente

Max/MSP, ed è ovviamente in grado di comunicare con gli altri Object Max/MSP. E' inoltre possibile avere contemporaneamente più oggetti csound~ che eseguono orchestre diverse. Si tratta quindi di una vera e propria rivoluzione per la sintesi ed elaborazione del suono su Mac, perché diventa possibile controllare la sintesi di Csound con le potenti funzioni di Max, e mescolare le capacità di elaborazione di Csound con quelle di MSP. Csound~ può essere scaricato da questa pagina
http://music.columbia.edu/~matt

# DIRECTCSOUND E VMCI:
# IL PARADIGMA DELL' INTERATTIVITÀ

di Gabriel Maldonado

## 1. INTRODUZIONE

La filosofia con cui venne inizialmente progettato Csound era quella dei linguaggi di sintesi in tempo differito, come MUSIC V; filosofia che è rimasta sostanzialmente immutata fin dagli inizi degli anni '60.

Nonostante questo paradigma continui a soddisfare buona parte delle necessità compositive di oggi, e, sebbene questo approccio conservi ancora parecchi vantaggi, non si può negare che il tempo differito in qualche modo ostacola i compositori che richiedono un contatto diretto e immediato col materiale sonoro.

Inizialmente Csound non poteva essere usato nelle performance dal vivo, perché i limiti di velocità dei computer di quell'epoca non consentivano il tempo reale. Di conseguenza non includeva nessuna funzionalità orientata al tempo reale. All'inizio degli anni '90, Barry Vercoe (l'inventore di Csound) aggiunse alcuni *opcode* (cioè i moduli di Csound) per il supporto MIDI da usarsi nel tempo reale. A quell'epoca le macchine in grado di permettere il tempo reale con Csound erano soltanto le Silicon Graphics e qualche altra costosa *workstation* UNIX.

Oggi qualunque PC è sufficientemente veloce da permettere a Csound il tempo reale. DirectCsound, una versione di Csound orientata in modo specifico al tempo reale, colma tutte le lacune riguardanti sia il controllo dal vivo dei parametri di sintesi che la mancanza di interattività di cui Csound soffriva inizialmente. In questa versione sono state implementate molte novità, come il supporto degli ingressi e delle uscite MIDI (che permettono a Csound la comunicazione col mondo esterno), e la riduzione del ritardo dovuto alla latenza; ponendo fine a problemi che apparivano irrisolvibili nelle prime versioni di Csound.

Le nuove funzionalità permettono un controllo totale dei parametri, che possono essere definiti dall'utente in modo estremamente flessibile. Questa flessibilità, unita alla potenza di sintesi, rendono DirectCsound superiore a qualunque sintetizzatore MIDI, in tutti i campi di impiego possibili. Solo qualche anno fa, avere una *workstation* di tale potenza a casa propria, era un sogno. Quella potenza era dominio esclusivo di macchine del costo di centinaia di migliaia di dollari. Essendo DirectCsound gratuito, è sufficiente disporre di un economico PC dotato di scheda audio per essere in grado sia di comporre musica interattivamente, sia di fare performance dal vivo. E' oggi possibile pensare a Csound come ad uno strumento musicale universale.

Le nuove caratteristiche di questa versione di Csound saranno presentate nelle sezioni seguenti, insieme a diversi esempi. Nell'ultima sezione saranno presentate anche alcune funzionalità di VMCI (*Virtual Midi Control Interface*, un programma che emula diversi tipi di controller MIDI). VMCI è stato progettato al fine di fornire un mezzo per controllare DirectCsound in tempo reale, ma può essere usato anche con qualunque altro strumento MIDI.

## 2. CARATTERISTICHE SPECIFICHE DI DIRECTCSOUND

### 2.1 *Inputs* e *Outputs*

Con DirectCsound, si possono usare entrambe le porte MIDI IN e MIDI OUT per trasmettere o ricevere dati: questa funzionalità permette il controllo in tempo reale di qualsiasi parametro di sintesi.

Riguardo alle uscite audio, l'utente può scegliere due tipi diversi di *driver*:

1. i vecchi *driver* MME (*Multi Media Extensions*), che sono stati introdotti con Windows 3.1 e
2. i nuovi *driver* DirectX (*DirectSound API*), che permettono tempi di latenza molto bassi. Ciò permette di suonare DirectCsound con una tastiera MIDI, e di avere lo stesso grado di interattività di un sintetizzatore MIDI *hardware*.

DirectCsound riconosce automaticamente tutte le porte MIDI installate, così come le porte audio DirectX e MME. Inoltre è in grado di attivare sia le uscite audio che la scrittura su disco dei campioni sintetizzati, permettendo lo *hard-disk recording* delle sessioni in tempo reale.

Per quanto riguarda il numero di canali audio, al momento si possono usare in tempo reale il mono e lo stereo, mentre i nuovi *opcode* della famiglia *fout* permettono di scrivere *file* con qualunque numero di canali. Notare che *fout* è totalmente indipendente dall'*opcode out*, in tal modo è possibile registrare una sessione in tempo reale sull'*hard-disk* in quadrifonia, ottofonia, esadecifonia ecc. su di un *file* multi-traccia (ovviamente ciò è possibile solo se l'*hard-disk* è sufficientemente veloce, altrimenti è possibile usare un *RAM-disk*, copiando poi il file generato nello *hard-disk*, alla fine della sessione). Così, anche se al momento attuale è possibile monitorare una sessione in tempo reale solo in stereo o in mono, c'è sempre la possibilità di riascoltare il *file* multi-traccia così generato al termine della sessione.

La versione console di DirectCsound permette di avere una consolle con 2050 linee di testo (mentre le finestre DOS standard permettono al massimo 25 righe); ciò rende più facile trovare gli errori dell'orchestra o dello *score*.

Inoltre esiste una versione con interfaccia grafica che rende più agevole l'avvio di orchestre e partiture. Questa figura illustra le finestre di tale versione.

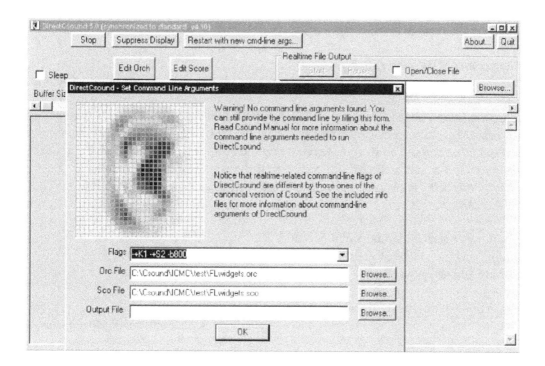

## 2.2 *OPCODES* DELL'ORCHESTRA

DirectCsound ha diversi nuovi *opcode* rispetto alla versione standard (al momento attuale molti di essi sono stati già portati alla versione canonica di Csound, ed altri lo saranno in futuro). Segue una lista degli *opcode* da me sinora implementati. Per maggiori informazioni, consultare il manuale aggiuntivo dedicato ai miei *opcode* (è disponibile in formato HTML ed è scaricabile dal mio sito *web*).

**Controller MIDI**
*midic7, midic14, midic21, ctrl7, ctrl14, ctrl21*
*initc7, initc14, initc21*
*slider8, slider16, slider32, slider64, slider8f, slider16f, slider32f, slider64f, s16b14, s32b14*
restituiscono un segnale o un banco di segnali in risposta dei messaggi MIDI di *control-change*

## Micro-intervalli

*cpstmid* - permette di definire scale micro-tonali. Questo *opcode* è stato progettato per essere usato unitamente ai messaggi MIDI di *note-on/off*
*cpstun, cpstuni* - permettono di definire scale micro-tonali. Simili a *cpstmid*, non necessitano del MIDI per essere usati.

## Generatori MIDI generators

*noteon, noteoff, ondur, ondur2* - inviano messaggi MIDI di *note-on* seguiti dai relativi *note-off* all'uscita MIDI
*moscil, midion* - inviano flussi di messaggi MIDI di *note-on* seguiti dai relativi *note-off* all'uscita MIDI. Il processo di generazione è controllabile mediante gli argomenti di ingresso.
*outic, outkc, outic14, outkc14, outipb, outkpb, outiat, outkat, outipc, outkpc, outpiat, outkpat* - inviano all'uscita MIDI i corrispondenti messaggi MIDI di canale.
*mclock, mrtmsg* - inviano all'uscita MIDI i corrispondenti messaggi MIDI di *SYSTEM REALTIME*.

## Gestione generica dei messaggi MIDI

*midiin, midiout, midion2, nrpn* - gestiscono i messaggi MIDI a livello di *byte*.
*mdelay* - un *delay* MIDI

## Estensione della durata delle note MIDI

*xtratim, release* - permettono di estendere la durata delle note attivate dal MIDI oltre il messaggio di *note-off*.

## Chiamata a *subroutine*

*call, calld, callm, callmd* - permettono di attivare uno strumento da un altro strumento. Equivalenti alle *subroutine* disponibili in altri linguaggi di programmazione, come il Basic o il C.
*parmck, parmtk, parmca, parmta, rtrnck, rtrntk, rtrnca, rtrnta* - permettono di passare argomenti alle *subroutine* chiamate e di ricevere argomenti di ritorno, come possono fare i linguaggi di programmazione strutturata.

## *Wrapping* dei segnali

*wrap, mirror* - effettuano il *wrapping* di segnali in ingresso in due modi differenti (vedi manuale).

## Interpolatori

*ntrpol* - interpola linearmente e in modo pesato due segnali.

## Algoritmi *WaveGuide*

*wguide1, wguide2* - modelli fisici di corda pizzicata e di piastra percossa.
*flanger* - un *flanger* completamente configurabile dall'utente.

## Generatori di inviluppo

*expsega* - simile ad *expseg*, ma più preciso con i segnali audio.
*loopseg, lpshold* - generano un segnale consistente in segmenti delimitati da uno o più punti specificati. L'intero inviluppo viene reiterato in un *loop*. I parametri relativi a ciascun segmento possono essere variati a *k-rate*.
*lineto, tlineto* - generano un glissando lineare (differente dall'*opcode port*) a partire da un segnale discreto (a scalini).

## Opcode relativi a tabelle a 16-bit (per salvare metà dello spazio in RAM)

*loscil2* - simile ad *loscil*, ma supporta tabelle con campioni a 16-bit (generate dalla GEN22), dimezzando la quantità di memoria RAM necessaria.
*fof3* - simile a *fof2*, ma supporta tabelle a 16-bit e fornisce una migliore qualità audio perché usa l'interpolazione lineare
*lposcint* - oscillatore che permette di variare i punti di inizio e fine della tabella a *k-rate* durante le operazioni di lettura. Ottimizzato per tabelle a 16-bit.

## Monitoraggio dei segnali

*printk2* - visualizza i valori di un segnale di controllo, solo quando variano (utile per monitorare i valori di *slider* ecc.)

## Oscillatori ad alta precisione frequenziale

*poscil* - simile ad *oscili*, ma permette una risoluzione frequenziale molto maggiore.
*lposcil* - oscillatore che permette di variare i punti di inizio e fine della tabella a *k-rate* durante le operazioni di lettura (vedi anche *lposcint*).

## Oscillatore FM

*foscili2* - simile ad *foscili*, ma permette tabelle differenti per la portante e la modulante.

## Filtri

*lowres* - filtro passa-basso risonante.
*lowresx, tonex, atonex, resonx* - banchi di filtri connessi serialmente per ottenere una curva di risposta più ripida.
*vlowres* - banco di filtri passa-basso risonanti, connessi in serie.
*resony* - banco di filtri passa-banda variabili del secondo ordine, connessi in parallelo.

**Potenze di due veloci e convertitori di unità di misura impiegate in musica**

*powoftwo, logbtwo* - potenza di due o logaritmo base due (più veloci dell'*opcode pow*).
*octave( ), semitone( ), cent( ), db( )* - convertono unità musicali logaritmiche in moltiplicatori. Utili per gestire le unità di misura musicali relative.

**Informazioni sulle tabelle contenenti campionamenti**

*ftlen2* - restituisce la lunghezza della tabella generata dalle GEN01 e GEN22, usando l'allocazione differita.
*nsamp* - restituisce il numero di campioni effettivamente letti di una tabella da un *file* audio.
*ftsr* - restituisce la frequenza di campionamento di un *file* caricato in una tabella.

**Nuove routine GEN**

*GEN22* - carica un *file* di campioni in una tabella, simile a GEN01, ma usa il formato a 16-bit per la memorizzazione, dimezzando la richiesta di RAM.
*GEN23* - legge valori numerici da *file* di testo e li deposita in una tabella.
*GEN24* - legge i valori da un'altra tabella e li riscala in accordo a un minimo/massimo definiti dall'utente.
GEN 40 - genera una funzione contenente una distribuzione *random* continua, partendo dalla forma di un istogramma della distribuzione *random* definito dall'utente.
GEN 41 - genera una distribuzione *random* discreta partendo da una lista di coppie numeriche fornite dall'utente
GEN 42 - genera una distribuzione *random* di intervalli di valori discreti partendo da una lista di gruppi di tre valori forniti dall'utente

**Trigger**

*trigger* - genera un valore booleano, **vero** (1 = vero), quando un segnale incontra una soglia definita dall'utente. Negli altri casi genera **falso** (0 = falso). Il valore 1 (vero) può essere usato da altri *opcode* per far partire eventi di qualunque tipo.

**Scrittura di file multi-traccia**

*f fout* - scrive un numero arbitrario di segnali audio su di un *file* multi-traccia.
*foutk* - come sopra, ma a *k-rate*.
*fouti* - come sopra, ma a *i-rate*.
*foutir* - come sopra, ma prende in considerazione la durata della nota corrispondente.
*fiopen* - crea un *file* e lo abilita per le operazioni di lettura e scrittura.
*vincr* - accumulatore, incrementa una variabile audio di un valore arbitrario.
*clear* - azzera una o più variabili audio.

**Lettura di file multi-traccia**

*fin* - legge segnali ad *a-rate* da un *file* audio multi-traccia.

*fink* - **come sopra,** ma a *k-rate*

*fini* - **come sopra,** ma a *i-rate*

**Foldover artificiale**

*fold* - genera *foldover* artificiale a partire da un segnale in ingresso.

**Supporto delle API DirectSound3D per il suono in 3 dimensioni su quattro diffusori**

*Init3dAudio, Out3d, DsListenerPosition, DsListenerOrientation, DsListenerRolloffFactor, DsListenerDistanceFactor, DsListenerSetAll, DsMode, DsPosition, DsMinDistance, DsMaxDistance, DsConeAngles, DsConeOrientation, DsConeOutsideVolume, DsSetAll, DsEaxSetDeferredFlag, DsCommitDeferredSettings* - vedi manuale

**Supporto delle estensioni Creative EAX per il suono ambientale in 3 dimensioni su quattro diffusori**

*EaxListenerEnvironment, EaxListenerEnvSize, EaxListenerRoomHF, EaxListenerDecayTime, EaxListenerDecayTimeHfRatio, EaxListenerReflections, EaxListenerReflectionsDelay, EaxListenerReverb, EaxListenerReverbDelay, EaxListenerRoomRolloff, EaxListenerAir Absorption, EaxListenerFlags, EaxListenerAll, EaxSourceDirect, EaxSourceDirectHF, EaxSourceRoom, EaxSourceRoomHF, EaxSourceObstruction, EaxSourceObstruction Ratio, EaxSourceOcclusion, EaxSourceOcclusionRatio, EaxSourceOcclusionRoom Ratio, EaxSourceRoomRolloff, EaxSourceAirAbsorption, EaxSourceOutsideVolumeHF, EaxSourceFlags, EaxsourceAll-* vedi manuale

**Supporto dello standard SoundFont 2.0 per i *file* contenenti campionamenti**

*sfload, sfplist, sfilist, sfpassign, sfpreset, sfplay, sfplaym, sfinstr* e *sfinstrm* - vedi manuale

**Generatori *random***

*random, randomi, randomh* - vedi manuale

**Distribuzioni *random* definite dall'utente**

*Dusrnd, urd, Cusrnd* - vedi manuale

**Curve *random***

*jspline, rspline* - vedi manuale

**Generatori di vibrato "naturale" e "analogico"**

*vibrato, vibr* - vedi manuale

**Accesso in lettura e scrittura a tabelle di vettori**
*vtable, vtab, vtablew, vtabw* - vedi manuale

**Convertitori di unità di misura musicali di uso comune**
*octave( ), semitone( ), cent( ), db( )* - vedi manuale

**Sequencer**
*seqtime, trigseq* - vedi manuale

**Supporto di immagini bitmap per generare segnali di controllo**
*bmopen, bmtable, bmtablei, bmoscil, bmoscili, rgb2hsvl, rgb2hsvl_i, bmscan, bmscani* - vedi manuale

**Frattali**
*mandel* - vedi manuale

**Operatori vettoriali**
*vadd, vmult, vpow, vexp, vaddv, vsubv, vmultv, vdivv, vpowv, vexpv, vcopy, vmap, vlimit, vwrap, vmirror* - vedi manuale

**Modificatori di segnali vettoriali**
*vport, vecdelay* - vedi manuale

***Delay* variabile a *k-rate***
*vdelayk* - vedi manuale

**Automi cellulari**
*vcella* - vedi manuale

**Banco di oscillatori per la sintesi additiva**
*adsynt2* - vedi manuale

**Generatori di glissando**
*lineto, tlineto* - vedi manuale

**Metronomo per il "*trigger*" di eventi**
*metro* - vedi manuale

**Costruzione di GUI (interfacce grafiche per il controllo dei parametri)**

*FLpanel, FLscroll, FLtabs, FLgroup, FLslider, FLroller, FLvalue, Flcolor, Flbutton, FLbutBank, FLsetFont, FLsetTextSize, Flknob, Flkeyb* - vedi manuale

## 2.3 *Opcode* e operatori relativi alla partitura

### Nuovi *opcode* di partitura
*{ }* - abilita i *loop* con possibilità di annidamento
*F* - tabelle dello *score*

### Macro annidabili
La nuova sintassi permette di annidare le macro (ossia di avere macro che ne contengono altre)

L'annidamento consente di avere più di un *loop*, uno dentro l'altro. Per esempio, se abbiamo quattro sezioni compositive chiamate A,B,C,D, e vogliamo ripetere 4 volte la prima sezione, 3 la seconda, 2 la terza, mentre la quarta non ha ripetizioni, avremo una sequenza del seguente tipo:

A-A-A-A-B-B-B-C-C-D.

Le prime quattro ripetizioni del blocco A possono essere generate da un *loop* di 4 iterazioni; idem per le 3 ripetizioni di B e le 2 di C. Supponiamo di voler ripetere l'intero costrutto per 4 volte, avremo la sequenza seguente:

A-A-A-A-B-B-B-C-C-D-A-A-A-A-B-B-B-C-C-D-A-A-A-A-B-B-B-C-C-D-A-A-A-A-B-B-B-C-C-D.

Questa sequenza può essere facilmente generata da un *loop* esterno di 4 iterazioni, che contiene i 3 *loop* interni. Può darsi che non convenga usare un *loop* nidificato per una ripetizione testuale, per via delle difficoltà di apprendimento da parte dell'utente della tecnica dei *loop*. Comunque si possono presentare esigenze compositive secondo cui i parametri di ciascuna iterazione devono essere variati in accordo ad un algoritmo definito dall'utente stesso. In questo caso i parametri devono essere diversi per ogni iterazione, e calcolare ciascun parametro a mano risulterebbe complesso e noioso, specialmente quando si a che fare con migliaia di eventi. In questo caso è molto più conveniente usare i *loop* annidati, perché, tra l'altro, permettono di mantenere della partitura più sintetica e leggibile.

### Nuovi operatori di macro della partitura
*T* - restituisce un elemento di una tabella di partitura, fornendo il rispettivo indice.
*R* - restituisce un numero casuale.

^ - eleva a potenza

% - effettua l'operazione di modulo

## 3. USIAMO DIRECTCSOUND IN TEMPO REALE

In questa sezione saranno analizzati alcuni esempi di orchestre controllate via MIDI.

Per usare DirectCsound in tempo reale, è necessario avviarlo con alcuni *flag* particolari, non presenti nella versione canonica. DirectCsound è in grado di gestire sia l'ingresso che l'uscita MIDI. Per quanto riguarda l'audio, è possibile usare sia i vecchi *driver* MME che i *driver* DirectX a bassa latenza. Comunque, i rispettivi *flag* non possono essere usati contemporaneamente (ossia, o si usa l'MME o il DirectX). Il *buffer* audio del DirectX è unico, mentre è possibile abilitare più *buffer* quando si usano i *driver* MME. Notare che i *flag* non standard hanno il prefisso '-+' mentre quelli standard hanno soltanto '-'.

L'utente deve usare i seguenti *flag* per avviare gli esempi:

| | |
|---|---|
| **-b <numero>** | imposta la lunghezza del *buffer* (*flag* standard) |
| **-+p < numero >** | imposta il numero di *buffer* del *driver* MME (da **NON** usare insieme a -+X o a -+S) |
| **-+X** | attiva il *buffer* primario del DirectX (da **NON** usare insieme a -+q o a -+S) |
| **-+S** | attiva un *buffer* secondario del DirectX (da **NON** usare insieme a -+q o a -+X) |
| **-+C** | attiva il *driver* DirectX per l'ingresso audio (da **NON** usare insieme a -i) |
| **-+q** | attiva il *driver* MME per l'uscita audio (da **NON** usare insieme a -+X o a -+S) |
| **-+i** | attiva il *driver* MME per l'ingresso audio (da **NON** usare insieme a -i) |
| **-+K** | attiva la porta MIDI IN |
| **-+Q** | attiva la porta MIDI OUT |

Nel caso siano disponibili diverse porte audio o MIDI, DirectCsound mostrerà una lista contenente i nomi delle porte installate, chiedendo all'utente di selezionarne una.

Nei seguenti esempi viene data per scontata una conoscenza di base del protocollo MIDI da parte dell'utente.

### 3.1 Un semplice esempio: sine.orc

Questo è il più semplice esempio che possa essere scritto. Consiste in un oscillatore la cui frequenza viene controllata dal numero di nota MIDI inviato da una *master-keyboard* MIDI.

```
; sine.orc
        sr      =   44100
        kr      =   441
        ksmps   =   100
        nchnls  =   1
gi1     ftgen       1, 0, 1024, 10, 1

        instr       1
ifreq   cpsmidi
iamp    ampmidi     10000
a1      oscili  iamp, ifreq, 1
        out     a1
        endin
```

questa è la partitura

```
; sine.sco
f0 3600
```

Questo esempio deve essere avviato con la seguente linea di comando, se l'utente ha i *drivers* DirectX già installati nel suo computer:

**csound.exe -+X  -+K -b200  sine.orc sine.sco**

...altrimenti deve usare i vecchi *driver* MME con la seguente linea di comando:

**csound.exe  -+q -b500 -+p8 -+K  sine.orc sine.sco**

DirectCsound partirà chiedendo all'utente di digitare il numero di porta audio e quello della porta MIDI che vuole attivare in una finestra di dialogo.

Dopo che l'utente ha digitato questi dati, è possibile suonare delle note in una *master-keyboard* connessa alla porta MIDI IN che è stata scelta precedentemente, e ascoltare le sinusoidi prodotte, che avranno una frequenza corrispondente al tasto premuto. Il timbro non sarà certo eclatante, ma questa orchestra risulterà utile per verificare che tutto stia a posto. Se ci sono interruzioni del flusso sonoro, sarà necessario aumentare la lunghezza del *buffer*, cambiando il numero abbinato al *flag -b*.

In questo caso gli *opcode* che gestiscono il MIDI sono quelli *standard*: *cpsmidi* che restituisce la frequenza *ampmidi*, che restituisce l'ampiezza.

Notare che la partitura contiene solo la linea *f0 3600*, che permette di suonare Csound in tempo reale per 3600 secondi (ossia un'ora). In effetti, in questo caso la tabella audio contenente la sinusoide viene generata direttamente all'interno dell'orchestra, con l'*opcode ftgen*. E' possibile terminare la sessione in tempo reale in qualunque momento, premendo *CONTROL-C* nel caso della versione *CONSOLE* di DirectCsound, o cliccando sul bottone *STOP* per quella con la *GUI* integrata.

## 3.2 Aggiungiamo un inviluppo di ampiezza a sine.orc

Ora modificheremo lo strumento 1 della precedente orchestra come segue:

```
        instr   1
ifreq   cpsmidi
iamp    ampmidi   10000
kenv    linsegr   0, .1, 1, .3, .5, .2, 0
a1      oscili    iamp, ifreq, 1
        out       1*kenv
        endin
```

Come si può notare, viene usato l'*opcode linsegr*. Questo *opcode* permette di gestire lo stadio di rilascio quando la nota corrente riceve un messaggio MIDI di *note-off*. L'effetto risultante sarà quello di estendere la durata normale della nota per il tempo che l'utente ha assegnato al parametro corrispondente (cioè il penultimo argomento della linea contenente *linsegr*; l'ultimo argomento contiene il livello che la nota avrà al termine della fase di rilascio, che normalmente deve essere posto a zero).

*linsegr* estende automaticamente la durata della nota e la fase di rilascio consiste soltanto di un segmento. Notare che *linsegr* deve essere usato soltanto negli strumenti attivati dal MIDI, altrimenti non produrrà l'effetto desiderato.

Che cosa occorre fare quando serve un inviluppo complesso nella fase di rilascio, formata da più segmenti (per esempio un crescendo seguito da un diminuendo)?

Il prossimo esempio mostrerà come ottenere ciò usando due nuovi *opcode*: *xtratim* e *release*.

## 3.3 Estendiamo la vita di una nota attivata dal MIDI: *xtratim* e *release*

In questo esempio supponiamo che l'utente voglia un inviluppo più complesso nella fase di rilascio di una nota attivata dal MIDI.

A questo punto è necessario fare una distinzione tra due tipi diversi di strumenti: quelli che vengono attivati dalla partitura e quella che vengono attivati da un messaggio MIDI di *note-on*. Il motivo di questa distinzione è che ci sono alcuni *opcode* che operano correttamente solo con uno strumento attivato dal MIDI, sebbene la maggioranza degli *opcode* funzionano altrettanto bene sia col MIDI che con la partitura.

In effetti, estendere una nota di uno strumento attivato dallo *score* è molto facile: siccome la sua durata viene definita dal parametro *p3* dell'*opcode i* dello *score*, per estenderlo è sufficiente assegnare alla variabile *p3* la somma tra il suo valore attuale ed il valore relativo all'estensione della durata stessa, espressa in secondi:

```
p3     =   p3+1    ;aggiunge 1 secondo alla durata della nota corrente
```

Questo è vero per gli strumenti attivati dallo *score*.

Negli strumenti attivati dal MIDI, *p3* è privo di significato, perché la nota corrispondente rimane in realtà attiva fino a che un messaggio MIDI di *note-off* non viene ricevuto.

I soli modi di estendere la durata di questo tipo di note sono:

• usando un *opcode* relativo all'inviluppo delle note MIDI (quelli che terminano con la "r", *linenr*, *linsegr*, *expsegr*, la "r" sta per *"release"*), or
• usando due *opcode*, progettati specificamente per questo scopo: *xtratim* e *release*.

Osserviamo il seguente esempio:

```
        instr   1
inum    notnum
icps    cpsmidi
iamp    ampmidi    4000
;############# inviluppo MIDI complesso ################
        xtratim 1               ; tempo extra, cioè la durata del rilascio
krel    init    0
krel    release                 ; restituisce il flag relativo allo stato di rilascio (0 o 1)
if      (krel > .5) kgoto  rel; se si è nella fase di rilascio salta alla sezione relativa
;*********** sezione attack e sustain ***********
kmp1    linseg  0, .03, 1, .05, 1, .07, 0, .08, .5, 1, .2, 50, .2
kmp     =       kmp1*iamp
        kgoto   done
;*********** sezione di rilascio *******************
rel:
kmp2    linseg  1, .05, 4, .7, 0
```

```
kmp    =     kmp1*kmp2*iamp
done:
;################################################

a1     oscili  kmp, icps, 1
       out    a1
       endin
```

Anche se questo strumento può apparire complesso, in realtà non lo è. Lo scopo dell'*opcode xtratim* è di aggiungere una durata addizionale allo strumento 1. La quantità di tempo extra viene definita dall'argomento di ingresso (che nell'esempio è di un secondo). Notare che *xtratim* non ha *output*. Lo scopo dell'*opcode release* è quello di informare lo strumento su quando la nota corrispondente si trova nello stadio normale e quando invece passa allo stadio di rilascio. In questo caso ci sono due inviluppi, eseguiti in successione. Da notare un importante dettaglio: nella maggior parte dei casi l'inviluppo di *sustain* non viene eseguito completamente perché è impossibile prevedere in anticipo per quanto tempo l'esecutore lascia premuto il tasto, così l'ultimo valore della variabile *kmp1* potrebbe non essere uguale al valore iniziale di *kmp2*. Per evitare discontinuità nel suono prodotto (che disturberebbero l'ascolto con dei *click*), è necessario moltiplicare l'ultimo valore di *kmp1* per *kmp2* (*kmp2* deve essere posto ad 1 all'inizio, per lasciare il valore iniziale dell'uscita di *linseg* inalterato). In questo caso, l'inviluppo della fase di rilascio funziona da moltiplicatore per l'ultimo valore che è stato raggiunto dall'inviluppo nello stadio precedente. Nell'esempio, inizialmente abbiamo un rilascio in crescendo, che successivamente discende a zero.

### 3.4 *Controllers* continui: variamo l'ampiezza e la frequenza del vibrato mentre suoniamo le note.

```
;vibrato.orc
          instr  1
ifreq     cpsmidi
iamp      ampmidi   10000
kfrqvib   midic7    1, 0, 1
kampvib   midic7    2, 0, 1
kvib      oscili    kampvib, kfrqvib, 1
kenv      linsegr   0, .1, 1, .3, .5, .2, 0
a1        oscili    iamp, ifreq*powoftwo(kvib), 1
          out       a1*kenv
          endin
```

Questo esempio permette di suonare una nota sulla *master-keyboard* variando sia la frequenza che l'ampiezza del vibrato allo stesso tempo. Il vibrato è generato da un ulteriore oscillatore (operante a *k-rate*), che genera un segnale di controllo che viene moltiplicato per la frequenza base dell'oscillatore audio. La frequenza e l'ampiezza dell'oscillatore che genera il vibrato possono essere variate in modo continuo per mezzo di messaggi MIDI di *control-change*.

Gli argomenti di ingresso di *midic7* sono tre (più uno opzionale) cioè: il numero di *controller* MIDI (per esempio, 1 corrisponde alla *modulation-wheel*, 2 al *breath-control* ecc.) e i valori di minimo e massimo, usati per riscalare l'uscita.

Notare l'uso della funzione *powoftwo( )* che restituisce un moltiplicatore che varia esponenzialmente anziché linearmente: se avessimo usato direttamente una somma tra il segnale di vibrato e la frequenza base della nota, il vibrato avrebbe prodotto grandi variazioni frequenziali nella gamma grave e piccole variazioni nella gamma acuta. Nel nostro caso, moltiplicare la frequenza base per una potenza permette di esprimere la variazione in ottave anziché in Hertz. Sebbene la trattazione matematica di questo concetto non sia eccessivamente complicata, va comunque oltre gli scopi di questa lettura. Diamo semplicemente per scontato che l'intervallo della seconda istanza dell'*opcode midic7* (che controlla l'ampiezza del vibrato) viene espressa in ottave e che varia tra 0 e 1.

## 3.5 Un vibrato più complesso, con *delay* e tremolo controllabili in tempo reale

L'esempio precedente non è stato ottimizzato per la velocità: se l'esecutore suonasse più di una nota contemporaneamente, verrebbero attivate istanze differenti dell'*opcode midic7* che generano lo stesso identico segnale: questo sarebbe un inutile spreco di tempo di calcolo da parte del processore. Per spiegare come risolvere questo inconveniente, è necessario riflettere un po' sul funzionamento degli strumenti e degli *opcode* di Csound.

Uno strumento è un modello (un *template* in inglese) usato come schema di base da Csound quando deve attivare la nota corrispondente. Quando questo accade, viene creata una istanza di quello strumento, insieme con i suoi dati.

Gli strumenti di Csound sono polifonici, così è possibile attivare allo stesso tempo più di una nota dello stesso strumento con parametri differenti. Ognuna di queste note è in effetti una istanza dello strumento a cui si riferisce.

In maniera simile, diverse istanze dello stesso *opcode* possono essere contenute nello stesso strumento (in effetti ciò accadeva nel precedente esempio con l'*opcode midic7*). Così abbiamo una gerarchia di istanze: note diverse dello stesso strumento attivano istanze diverse di quello strumento, ognuna delle può contenere più istanze dello stesso *opcode*. Le variabili di Csound rappresentano segnali, che possono essere segnali di controllo, segnali audio o parametri di inizializzazione (questi ultimi rimangono costanti per tutta la durata della nota corrispondente).

E' importante notare che le variabili contenute in uno strumento sono in genere locali, questo significa che variabili con lo stesso nome, situate in strumenti diversi sono variabili differenti in tutti i sensi. In più, anche considerando lo stesso strumento, variabili con lo stesso nome sono differenti in ciascuna nota (o istanza) dello strumento stesso, e contengono valori differenti e indipendenti, in accordo ai parametri con cui la nota corrispondente viene attivata.

Ritornando all'esempio precedente, quando l'esecutore attiva un accordo consistente di 3 note, le 2 istanze di *midic7* contenute nello strumento 1 sono in effetti moltiplicate per 3, per un totale di 6 istanze contemporanee di *midic7*, che sono un'inutile spreco di tempo di calcolo perché producono tutte gli stessi identici valori. E' meglio usare *midic7* in uno strumento separato che viene attivato una sola volta, e che rimane attivo per tutta la durata della sessione corrente. Questo strumento verrà attivato dallo *score*, invece che dal MIDI.

Per permettere che il segnale prodotto da tale strumento sia visibile dall'esterno (e in particolare dallo strumento attivato dal MIDI che necessita di accedere ai valori generati dai *controller*), è necessario usare le **variabili globali**.

Le variabili globali hanno visibilità a livello di orchestra, non di strumento; questo significa che esse sono condivise e visibili da tutti gli strumenti dell'orchestra. In più, a differenza dalle variabili locali, esse sono uniche e comuni a tutte le istanze di tutti gli strumenti correntemente attive.

Diamo un'occhiata allo strumento seguente:

```
;orchestra


    sr    =   44100
    kr    =   441
    ksmps =   100
    nchnls =  1


gi1 ftgen 1, 0, 1024, 10, 1, .2, 0, 0, .1, 0, 0, .05        ; tabella audio
gi1 ftgen 2, 0, 129, 7, 0, 4, -1, 64, -1, 4, 0, 56, 0       ; tabella del tremolo


;## tabelle del vibrato
gi1 ftgen    50, 0, 513, 10, 1 ;sine
gi1 ftgen    51, 0, 513, 7,  1, 511, -1                     ; dente di sega discendente
gi1 ftgen    52, 0, 513, 7,  -1, 511, 1                     ; dente di sega ascendente
gi1 ftgen    53, 0, 513, 7,  0, 128, 1, 256, -1, 128, 0     ; triangolare
```

```
gi1 ftgen    54, 0, 513, 7,  1, 256, -1, 255, 0                                        ;square
gi1 ftgen    55, 0, 513, 7,  0, 170, 0, 0, 1, 170, 1,  0, -1, 170, -1, 0, 0            ;a 3 gradini
gi1 ftgen    56, 0, 513, 7,  0, 128, 0, 0, 1, 128, 1, 0, 0, 128, 0, 0, -1, 128, -1, 0, 0   ;4 gradini
gi1 ftgen    57, 0, 513, 7,  1, 128, 1, 0, 0, 128, 0, 0, -1, 128, -1, 0, 0, 128, 0     ;4 gradini 2
gi1 ftgen    58, 0, 513, 7,  -1, 128, -1, 0, 0, 128, 0, 0, 1, 128, 1, 0, 0, 128, 0     ;4 gradini 3
; quarta, quinta e ottava
gi1 ftgen    59, 0, 513, 7, 0, 128, 0, 0, 5, 128, 5, 0, 7, 128, 7, 0, 12, 128, 12
; ottava, quarta, quinta ed unisono
gi1 ftgen    60, 0, 513, 7, 12, 128, 12, 0, 5, 128, 5, 0, 7, 128, 7, 0, 0, 128, 0
;4 glissando
gi1 ftgen    61, 0, 513, 7,  -1, 90, -1, 38, 0, 90, 0, 38, 1, 90, 1, 38, 0, 90, 0, 38, -1

gi1 ftgen 100, 0, 8193, 5, .001, 8193, 1    ; curva esponenziale per il mapping dello slider

gk1    init    0
gk2    init    0
gk3    init    0
gk4    init    0
gk5    init    0
gk6    init    0
gk7    init    0
gk8    init    0
gaout  init    0

;//////////////////////////
       instr    1
;//////////////////////////
kvib   oscili   gk1, gk2, i(gk3)+.5
atrem  oscili   gk4, gk5, 2
ifreq  cpsmidi
iamp   ampmidi  10000
aenv   linsegr  0, .05, 1, .2, .2, 10, .2, .2, 0
a1     oscili   aenv*iamp*(1+atrem), ifreq*powoftwo(kvib),1
       vincr    gaout, a1
       endin

;//////////////////////////
       instr    100
;//////////////////////////
```

```
        initc7      1, 3, (50-50)/(61.5-50)
gk1     ctrl7       1, 1, 0, 1                  ; ampiezza del vibrato
gk2     ctrl7       1, 2, .5, 20, 100          ; frequenza del vibrato
gk3     ctrl7       1, 3, 50, 61.5             ; tabella del vibrato
gk4     ctrl7       1, 4, 0, 1                  ; profondità del tremolo
gk5     ctrl7       1, 5, 2, 20, 100           ; frequenza del tremolo
gk6     ctrl7       1, 6, 0, 1                  ; rapporto wet/dry
gk7     ctrl7       1, 7, 0, 1                  ; feedback del delay
gk8     ctrl7       1, 8, 1, 1000              ; tempo di delay
gk8     tonek       gk8,2
a8      interp      gk8
a1      init        0
a1      vdelay      gaout+a1*gk7,a8,1000
        out         a1*gk6+gaout*(1-gk6)
        clear       gaout
        endin


;score
i100 0 3600
```

Come potete vedere, lo *score* non necessita dell'*opcode f0*, perché la durata della sessione in tempo reale viene già portata a 3600 secondi dall'unica nota che attiva lo strumento "globale" 100. Vedremo lo scopo dello strumento 100 più avanti.

Lo strumento 1 ha tre oscillatori. Il primo e il secondo oscillatore generano il vibrato e il tremolo, mentre il terzo genera il segnale audio. Seguono alcune osservazioni circa lo strumento 1:

1. l'ampiezza del vibrato viene definita esternamente dallo strumento 1, così come la frequenza del vibrato, il numero di tabella del vibrato, la profondità del tremolo e la frequenza del tremolo. Questi parametri vengono forniti agli oscillatori dalle variabili globali *gk1, gk2, gk3, gk4* e *gk5*. Più avanti vedremo il punto in cui tali variabili vengono riempite.

2. l'*opcode out* non è presente all'interno dello strumento 1, invece l'uscita viene assegnata alla variabile globale *gaout*. Il motivo per cui si usa la variabile globale, invece di mandare il segnale audio direttamente all'*opcode out*, è che questo segnale deve essere riutilizzato da un altro strumento, per aggiungere un effetto (un *delay* in questo caso) e occorre bilanciare il rapporto *wet/dry* (bagnato/secco ossia con o senza effetto) prima di assegnarlo all'*opcode out*. Per abbinare un segnale alla variabile globale *gaout* una semplice assegnazione non è sufficiente, perché tale variabile è in comune con tutte le istanze dello strumento 1, quindi se tale

strumento venisse usato polifonicamente e la sua uscita fosse semplicemente assegnata a *gaout*, il segnale generato da altre istanze concorrenti dello strumento 1 sarebbe semplicemente rimpiazzato da quella relativa all'istanza presente. In questo caso, quando *gaout* venisse connessa all'*opcode out* dello strumento 100, il segnale sarebbe monofonico e non polifonico, perché conterrebbe soltanto l'uscita dell'ultima istanza dello strumento 1 (ossia l'ultima voce suonata della polifonia). Per evitare questo inconveniente, dobbiamo missare l'uscita dello strumento 1 con il contenuto precedente di *gaout*, invece che assegnare direttamente il valore. Nel nostro caso questa operazione viene fatta con l'*opcode vincr*, che fa la stessa cosa della linea seguente:

    gaout = gaout + a1

...ma è più veloce. E' un accumulatore, progettato specificamente per sommare un segnale ad una linea di missaggio. Dopo aver connesso *gaout* all'*opcode out* (situato nello strumento 100), è necessario azzerare la variabile *gaout*, altrimenti potrebbe 'esplodere' perché i valori continuerebbero ad accumularsi indefinitamente.

Per porre la variabile *gaout* a zero, sarebbe sufficiente la seguente linea:

    gaout = 0

...ma viene usato l'*opcode clear*, perché è stato progettato apposta per svolgere questo compito in maniera più veloce (in questo caso particolare l'incremento di velocità non è così evidente, ma quando ci sono diverse variabili a dover essere azzerate nella stessa linea, lo diventa. Vedere il manuale).

Lo strumento 100 viene attivato dallo *score* solo una volta per ogni sessione in tempo reale. Questo strumento si occupa di tre cose:

1. gestisce i messaggi MIDI di *control-change*, riempiendo le variabili globali, che hanno il seguente scopo:

   *gk1* - ampiezza del vibrato

   *gk2* - frequenza del vibrato

   *gk3* - numero di tabella del vibrato

   *gk4* - profondità del tremolo

   *gk5* - frequenza del tremolo

   *gk6* - rapporto *wet/dry* del *delay*

   *gk7* - *feedback* del *delay* (per supportare l'eco)

   *gk8* - tempo del *delay*

2. genera l'effetto di *delay* (che è unico per tutte le note di tutti gli strumenti)

3. gestisce l'uscita master.

Osserviamo questo strumento. Sicuramente avrete notato che non c'è nessuna istanza di *midic7* nello strumento 1, infatti in questo caso i messaggi MIDI di *control-change* sono gestiti da diverse istanze di *ctrl7*, che è un *opcode* simile a *midic7*, ma che permette di definire il canale MIDI. Di conseguenza *ctrl7* può essere usato anche negli strumenti attivati dallo *score*, mentre se si assegna *midic7* ad uno strumento attivato dallo *score*, Csound si bloccherà, dal momento che in *midic7* il canale MIDI è implicitamente lo stesso dello strumento con cui viene attivato.

Notare che le variabili globali devono essere inizializzate prima di ogni strumento, nella sezione dello *header* dell'orchestra, altrimenti verrebbero prodotti degli errori dovuti all'uso di variabili senza inizializzazione.

Lo scopo di *initc7* è quello di inizializzare il primo valore in uscita del corrispettivo *opcode* che gestisce i messaggi MIDI di *control-change* (funziona sia con *midic7* che con *ctrl7*, vedi il manuale).

### 3.6 Distorsione Non Lineare, Microintervalli e Banchi di *Slider*

Osserviamo la seguente coppia di *orc/sco*:

```
;**** distorsione.orc
        sr    =  44100
        kr    =  441
        ksmps =  100
        nchnls =  2


ga1    init      0
gk12e4 init      882
;////////////////////////////////////////////
        instr     1
;////////////////////////////////////////////
kbend  pchbend    -1,1
i1     cpstmid    i(gk12e4)
k2     linsegr    0, 1.5, 1, 6, .15, 1, .15, 1.2, 0
a1     oscili     k2, i1*powoftwo(kbend), 1
       vincr      ga1, a1
       endin


;////////////////////////////////////////////
        instr     2
;////////////////////////////////////////////
```

```
gk12e1,gk12e2,gk12e3,gk12e4,gk12e5,gk12e6,gk12e7,gk12e8   slider8f 1,\
\;      ctl     min     max     init    func    icutoff
        1,      .1,     5,      .1,     0,      5,      \;1- distorsione
        2,      2,      500,    20,     92,     5,      \;2- taglio del filtro
        3,      .05,    8,      1,      92,     5,      \;3- risonanza del filtro
        4,      880,    888.5,882,      0,      10000, \;4- tabella dei microintervalli
        5,      0,      8,      0,      0,      5,      \;5- amp. modulaz. distorsione
        6,      .1,     10,     1,      92,     5,      \;6- freq. dist.modul.
        7,      0,      200,    0,      0,      5,      \;7- amp. modul. del filtro
        8,      .1,     10,     1,      92,     5       ;8- freq. Modul. del filtro
gk12e9 ctrl7   1, 9,   870,    878.5                   ;9- tabella della distorsione


kosc    oscili      gk12e5,gk12e6,879
kosc    tonek       gk12e1+kosc,5
aosc    interp      kosc


amod    tableikt    ga1*aosc, int(gk12e9),1, .5, 0


kfilt   oscili      gk12e7, gk12e8, 879
kfilt   tonek       gk12e2+kfilt, 5
kres    tonek       gk12e3, 1.5


amod    lowres      amod, kfilt, kres
amod    =           amod*6400
adel    delay       amod,.3
        outs        amod, adel
        clear       ga1
        endin
;/////////////////////////////////////////////
;***** distorsione.sco

;## audio table ##
f1 0 1024 10 1 ;sinusoide

;## mapping esponenziale per gli slider ##
f92  0  4097  5  .01 4096 100

;## tabelle distorcenti ##
f870 0 4097 9 .5 1 90 ;sigmoide
```

```
f871 0 4097 8 8 2032 1 32 -1 2032 -8 ; spline cubica 1
f872 0 4097 8 0.3 1024 1 2048 -1 1024 -0.3 ; spline cubica 2
f873 0 4097 8 0 256  1 3584 -1 256  0 ; spline cubica 3
f874 0 4097 8 -1 512 1 512 -1 2048 -1 512 1 512 -1
f875 0 4097 8 -1 512 1 512 -1 2048 1 512 -1 512 1
f876 0 4097 8 -1 512 6 512 -4 2048 1 512 -1 512 1
f877 0 4097 8 7 128 8 128 6 128 7 128 5 128 6 128 4 128 5 128 3
        128 4 128 2 128 3 128 1 128 2 128 0 128 1 128 0
        128 -1 128 0 128 -2 128 -1 128 -3 128 -2 128 -4 128 -3
        128 -5 128 -4 128 -6 128 -5 128 -7 128 -6 128 -8 128 -7
f878 0 4097 8 12 128 8 128 6 128 7 128 5 128 6 128 4 128 5 128 3
        128 4 128 2 128 11 128 1 128 2 128 0 128 6 128 0
        128 -6 128 0 128 -2 128 -1 128 -3 128 -2 128 -4 128 -3
        128 -5 128 -4 128 -6 128 -5 128 -7 128 -13 128 -8 128 -12

;## sinusoide positiva ##
f879 0 1024 19 1 1 0 1

;## tabelle di intonazione  ##
;# temperamento equabile  #
;       numgrades       freqbase        scaleRatio (eq.temp.)
;               interval        basekeymidi
f880 0 16 -2   12    2     261     60
            1                     1.059463094359      1.122462048309      1.189207115003
            1.259921049895        1.33483985417       1.414213562373      1.498307076877
            1.587401051968        1.681792830507      1.781797436281      1.887748625363
;# diatonic pure #
f881 0 16 -2   12     2     261.62   60  1 1.04166667 1.125 1.171875 1.25 1.3333 1.40625 1.5
1.5625 1.66666  1.777777777777  1.875

# progressione armonica   1( 36 gradini ) #
f882 0 64 -2   36    2   30.5    24   1 2  3 4  5 6 7  8  9   10 11  12 13 14  15 16  17 18 19 20 21
22 23  24 25 26  27 28  29 30 31  32 33   34 35  36

;# progressione armonica 2( 24 gradini) #
f883 0 32 -2   24 2    30.5   24   2 3  4 5  6 7 8  9   10  11 12  13 14 15  16 17  18 19 20  21  22  23 24 25

;# progressione armonica 3( 24 gradini) #
f884 0 32 -2   24 2    15.25   24   4 5  6 7  8 9 10  11  12   13 14  15 16 17  18 19  20 21 22  23  24  25 26 27
```

```
;# progressione armonica 4( 12 gradini) #
f885 0 16 -2  12   2   61   60   4 5  6 7  8 9  10  11  12  13 14  15

;# progressione armonica 5( 12 gradini) #
f886 0 16 -2  12   2   61   60   8 9  10 11  12 13 14  15  16  17 18  19

;# progressione armonica 6( 24 gradini) #
f887 0 16 -2  12 2   61   60   16 17  18 19  20 21 22  23  24  25 26  27 28 29  30 31  32 33 34  35  36  37 38  39

;#  scala 'scordata' #
f888 0 16 -2  12   2   261.62   60   1  1.111111111 1.142857143 1.25 1.285714286 1.388888889
1.428571429 1.5 1.607142857 1.666666667 1.714285714 1.928571429

;## nota ##
i2 0 3600
e
```

Questo è un esempio di distorsione non lineare, con una tabella distorcente unica per tutte le voci della polifonia. Ciò produce un effetto simile alla distorsione di una chitarra elettrica, quando si attivano più note contemporaneamente.

Analizziamo lo strumento 1:

L'*opcode pchbend* gestisce il messaggi MIDI di *pitch-bend*. In questo caso, i valori dell'uscita di questo *opcode* coprono un intervallo da -1 ad 1 (questi valori sono poi interpretati come una ottava sopra e una ottava sotto per mezzo della funzione *powoftwo( )* ).

L'*opcode cpstmid* permette di definire tabelle contenenti sistemi di intonazione definiti dall'utente. *cpstmid* è simile a *cpsmidi*, perché è stato progettato per essere usato con gli strumenti attivati dal MIDI, e richiede un numero di tabella come argomento di ingresso. In questo caso diversi sistemi di intonazione possono essere selezionati per mezzo di messaggi MIDI di *control-change* durante la performance stessa. Infatti il valore contenuto nella variabile globale *gk12e4* viene catturato durante la fase di inizializzazione (con la funzione *i( )* ) e trasformato in un parametro ad *i-rate* in modo che possa essere usato come argomento di *cpstmid*, e possa essere cambiato in note differenti (rimanendo costante all'interno di ogni singola nota). Notare che la variabile *gk12e4* deve essere inizializzata nello *header* dell'orchestra, altrimenti si otterrebbe un errore di variabile usata prima di essere definita.

L'*opcode linsegr* genera l'inviluppo d'ampiezza di un oscillatore sinusoidale e l'uscita di tale oscillatore viene poi distorta nello strumento 2. L'uscita dell'oscillatore incrementa la variabile globale audio *ga1*, che viene poi riutilizzata dallo strumento 2. *ga1* era stata già definita nello *header* prima di essere usata.

Lo strumento 2 inizia con l'*opcode slider8f*, che gestisce un banco di 8 *controller*, dando la possibilità di scegliere il canale MIDI (un canale unico per tutti i *controller*), i numeri di *controller* MIDI, i valori minimi e massimi, i valori iniziali, una tabella opzionale da usare per il *mapping* (quando non si desidera usare tale funzione basta porre l'argomento corrispondente a zero), e la frequenza di taglio di un filtro passa-basso posto prima dell'uscita, per levigare le discontinuità dovute alla bassa risoluzione dei dati a 7-bit. Questi parametri devono essere definiti per ogni *controller*, e questo è il motivo per cui l'*opcode slider8f* viene diviso in otto linee di testo usando il carattere '\', che viene interpretato da Csound come continuazione della stessa linea. Notare che dopo il carattere '\' è possibile porre commenti che iniziano col carattere ';'.

Siccome i controller richiesti da questa orchestra sono nove, e l'*opcode slider8f* ne gestisce solo otto, è stata aggiunta un'altra linea contenente l'*opcode ctrl7*.

Le variabili che interpretano i messaggi MIDI di *control-change* sono:

*gk12e1* -  quantità di distorsione (corrispondente all'ampiezza del segnale generato dall'oscillatore)

*gk12e2* -  frequenza di taglio del filtro passa-basso risonante, usato per rendere musicalmente più gradevole il segnale distorto, altrimenti molto aspro all'ascolto

*gk12e3* -  risonanza del filtro

*gk12e4* -  seleziona il numero di tabella contenente i micro-intervalli (letta dallo strumento 1)

*gk12e5* -  ampiezza dell'oscillatore che modula la quantità di distorsione

*gk12e6* -  frequenza dell'oscillatore che modula la quantità di distorsione

*gk12e7* -  ampiezza dell'oscillatore che modula la frequenza di taglio del filtro, connesso al filtro passa-basso risonante

*gk12e8* -  frequenza dell'oscillatore che modula la frequenza di taglio del filtro, connesso al filtro passa-basso risonante

*gk12e9* -  seleziona il numero della tabella contenente la funzione distorcente

Lo scopo del prossimo oscillatore è di modulare in ampiezza il segnale *ga1* (generato dallo strumento 1), che poi è la stessa cosa di modulare la quantità di distorsione. L'uscita dell'oscillatore viene sommata all'uscita dello *slider* controllante la quantità assoluta di distorsione (*gk12e1*). Il valore risultante viene poi filtrato per levigare l'uscita a gradini dovuta alla bassa risoluzione del MIDI, al fine di evitare i "tic".

L'uscita così filtrata (che è un segnale a *k-rate*) viene poi convertita ad *a-rate* (variabile *aosc*) per mezzo dell'*opcode interp*, che interpola linearmente tra il valore corrente di *kosc* ed quello precedente, levigando ulteriormente il segnale.

Poi possiamo vedere l'*opcode tableikt*, che è simile a *tablei* (lettura di tabella interpolata linearmente), ma permette di variare il numero di tabella a *k-rate*. Lo scopo di questo *opcode* è di distorcere il segnale di ingresso (in questo caso *ga1*), secondo la tabella distorcente corrispondente. Nel nostro caso questa tabella può essere cambiata durante la vita stessa di una singola nota. Questo ci permette di ascoltare le variazioni timbriche prodotte dall'uso di tabelle distorcenti differenti. Notare che la quantità di distorsione viene modulata dal segnale *aosc* che moltiplica il segnale *ga1*.

Il prossimo oscillatore modula la frequenza di taglio del filtro passa-basso risonante (effetto *wah-wah*). Il segnale *kfilt*, generato da questo oscillatore, viene poi sommato ad un *offset* (il segnale *gk12e2*, controllato da uno *slider*), e filtrato da un filtro passa-basso per evitare i tic. Il segnale che controlla la quantità di *resonance* (*gk12e3*) viene anch'esso filtrato.

Poi l'uscita della funzione distorcente (segnale *amod*) viene inviata al filtro passa-basso (*opcode lowres*) che viene controllato in frequenza ed in quantità di *resonance* da *kfilt* e *kres*. Infine, il segnale del canale destro viene ritardato di 0.3 secondi, per arricchire il suono in uscita.

L'*opcode clear* azzera la variabile *ga1* per evitare che nuovi valori continuino ad accumularsi indefinitamente.

## 3.7 Sintesi Granulare

In questa sezione viene presentato un esempio di sintesi granulare in cui è possibile controllare molti parametri di sintesi in tempo reale

```
; granulare.orc
sr     =  32000
kr     =  320
ksmps  =  100
nchnls =  2


garev1 init 0
gaout1 init 0
gaout2 init 0
;- - - - - - -
```

```
;//////////////////////////////////
        instr   100
;//////////////////////////////////


gk_1, gk_2, gk_3, gk_4, gk_5, gk_6, gk_7, gk_8,\
gk_9, gk_10, gk_11, gk_12, gk_13, gk_14, gk_15, gk_16   slider161,\
\;      ctl     min     max     init    func
        1,      1,      20.5,   1,      0,      \;1 numero di tabella audio
        2,      0,      13.5,   1,      0,      \;2 velocità di lettura del campione
        3,      .5,     5,      3,      0,      \;3 velocità di ripetizione dei grani
        4,      0,      2,      1,      0,      \;4 veloc. di spostamento di fase nella granulazione
        5,      0,      1,      0,      0,      \;5 frequenza finale dei glissandi
        6,      .005,   4,      .5,     100,    \;6 durata totale del grano
        7,      1/15,   1,      .3,     0,      \;7 durata dell'attacco del grano
        8,      1/15,   1,      .3,     0,      \;8 tempo di decay del grano
        9,      0,      .12,    0,      0,      \;9 livello della mandata a riverbero
        10,     300,    8000,   3200,   0,      \;10 filtro passabasso del riverbero
        11,     0,      2,      0,      0,      \;11 quantità random della frequenza del grano
        12,     0,      3,      0,      0,      \;12 quantità random della durata del grano
        13,     0,      .2,     .05,    0,      \;13 differenza di fase tra canale destro e sinistro
        14,     0,      .5,     0,      0,      \;14 quant. random fase dell'inizio di un grano
        15,     0,      3,      0,      0,      \;15 fattore di ottavizzazione
        16,     .05,    2,      1,      0       ;16 volume globale


gk_17, gk_18, gk_19, gk_20, gk_21, gk_22, gk_23, gk_24 slider8  1,\
\;      ctl     min     max     init    func
        17,     102,    105.5,  102,    0,      \;17 numero tabella di intonazione armonica
        18,     0,      8.5,    0,      0,      \;18 quantità di variaz. random nella micro-intonazione
        19,     1,      1.5,    1,      0,      \;19 diff. velocità di ripetiz. tra can. destro e sinistro
        20,     0,      1,      0,      0,      \;20 offset della fase iniziale dei grani
        21,     0,      15,     0,      0,      \;21 quantità random del tempo di inizio dei grani
        22,     0,      1,      0,      0,      \
        23,     0,      1,      0,      0,      \
        24,     0,      1,      0,      0


;*********** REVERB and OUTPUT *************
;
arevb   tonex   garev1, gk_10,3
arev    reverb2 arevb, 9, .05
        outs    gaout1 + arev, gaout2 + arev
```

```
        clear    gaout1, gaout2, garev1
        endin


;//////////////////////////////////////
        instr    1
;//////////////////////////////////////
ifmidi  cpsmidi
iamp    ampmidi   1


ifna      =    int(i(gk_1))        ;** tabella contenente il campione del canale sinistro
ifna2     =    ifna                ;** tabella contentente il campione del canale destro
imemlen   =    ftlen(ifna)         ;** lunghezza della tabella allocata
ilen      =    nsamp(ifna          ;** numero di campioni contenuti nelle tabelle
ilnDmem   =    ilen/imemlen        ;** rapp. tra lunghezza del campione e dimensione della tabella
ifsr      =    ftsr(ifna)/sr       ;** rapporto tra la freq.di campionamento del campione e sr
isrDmem   =    sr/imemlen          ;** operazione necessaria per calcolare la frequenza effettiva
isrDdur   =    ftsr(ifna)/ilen     ;** frequenza di campionamento sul numero di campioni


krdharm        linrand gk_18       ;** quantità random della variazione armonica
krdharm2       linrand gk_18
krdharm        table    krdharm, i(gk_17)
krdharm2       table    krdharm2, i(gk_17)
kform          table    gk_2, 151
kform     =    (ifmidi/127*.98) *kform*isrDmem*ifsr
krndpch        trirand gk_11       ;** quantità random della variazione di altezza dei grani
krndpch2       trirand gk_11
kform1    =    kform*powoftwo(krndpch)*krdharm     ;** freq. canale sinistro
kform2    =    kform*powoftwo(krndpch2)*krdharm2   ;** freq. canale destro
krnd           trirand gk_21
kfund     =    2^(gk_3+krnd)                       ;** velocità di ripetizione dei grani


kphsrate  =    gk_4*isrDdur


krndphs        linrand gk_14                       ;** quantità di variazione random della fase


kphs      init    0
kphs      phasor kphsrate
kphs          =    (kphs+krndphs+gk_20) * ilnDmem
kphs      wrap    kphs, 0, ilnDmem
```

```
kphs2      init    0
kphs2      phasor  kphsrate, i(gk_13)    ;** la fase del canale sinistro può essere variata per ottenere un effetto stereo
kphs2        =     (kphs2+krndphs+gk_20)*ilnDmem
kphs2      wrap    kphs2, 0, ilnDmem


kgliss       =     gk_5            ;** glissando dei grani
krnddur    linrand gk_12           ;** variazione random della durata del grano
kdur         =     (1+krnddur) * gk_6
kris         =     kdur * gk_7
kdec         =     kdur * gk_8
iolaps       =     10


kampenv    linenr  iamp*gk_16, 0,.1,.03
```

```
;**                      xfund          koct    kris      kdec      ifna       itotdur kgliss
;**            xamp              xform      kband   kdur   iolaps   ifnb    kphs
;**
;       --------------------------------------------------------------------------------
a1    fof3   kampenv, kfund,        kform1, gk_15, 0, kris, kdur, kdec, iolaps, ifna,  101, 3600, kphs,    kgliss
a2    fof3   kampenv, kfund*gk_19, kform2, gk_15, 0, kris, kdur, kdec, iolaps, ifna2, 101, 3600, kphs2,   kgliss


      vincr  gaout1, a1 * (1 - gk_9)    ;** uscita principale sinistra
      vincr  gaout2, a2 * (1 - gk_9)    ;** uscita principale destra
      vincr  garev1, (a1 + a2) * gk_9   ;** mandata a riverbero
      endin


;*********** Granulare.sco ***************
;
f1  0 262144  -22  "c:\csound\icmc\voceGabEng.aif" 0 0 1
f2  0 524288  -22  "c:\csound\icmc\aiff\fm15 a(tema 2).aif" 0 0 1
f3  0 524288  -22  "c:\csound\icmc\aiff\fm15 m(arrich spett arm acute).aif" 0 0 1
f4  0 524288  -22  "c:\csound\icmc\aiff\fm15 t(arricchimento spettrale).aif" 0 0 1
f5  0 1048576 -22  "c:\csound\icmc\aiff\fm15 z(grave con arr spettr).aif" 0 0 1
f6  0 524288  -22  "c:\csound\icmc\aiff\fm15-f(iperarmonici).aif" 0 0 1
f7  0 131072  -22  "c:\csound\icmc\aiff\Gest9 (ottava gliss bassa).aif" 0 0 1
f8  0 524288  -22  "c:\csound\icmc\aiff\GestB (trilli glissati).aif" 0 0 1
f9  0 65536   -22  "c:\csound\icmc\aiff\GestD (batterie glissate).aif" 0 0 1
f10 0 65536   -22  "c:\csound\icmc\aiff\GestF (acciaccature).aif" 0 0 1
f11 0 524288  -22  "c:\csound\icmc\aiff\gyuto1 flang2 (pizzicati e raschiati).aif" 0 0 1
f12 0 262144  -22  "c:\csound\icmc\aiff\gyuto1 uuuamiu.aif" 0 0 1
f13 0 524288  -22  "c:\csound\icmc\aiff\Pigmei A(voce e flauto).aif" 0 0 1
```

```
f14  0 524288  -22  "c:\csound\icmc\aiff\Vid Nooo (E3).aif" 0 0 1
f15  0 262144  -22  "c:\csound\icmc\aiff\Vid uuuu(dissonanza).aif" 0 0 1
f16  0 262144  -22  "c:\csound\icmc\aiff\Clar PigmeiTema alto.aif" 0 0 1
f17  0 262144  -22  "c:\csound\icmc\aiff\Clar coppia temi paralleli3.aif" 0 0 1
f18  0 262144  -22  "c:\csound\icmc\aiff\Clar Tema2 retrogrado.aif" 0 0 1
f19  0 262144  -22  "c:\csound\icmc\aiff\Clar coppia temi veloce4.aif" 0 0 1
f20  0 131072  -22  "c:\csound\icmc\aiff\Clar coppia temi veloce6 cromatica2.aif" 0 0 1


f100 0 8192    5 .001 8192 1      ;** curva esponenziale per il mapping degli slider
f101 0 8192    19 .5 1 270 1      ;** curva sigmoide


;**           unis / terza / quinta/ 7a min./ottava / ott+3a / ott+5a  /  ott+7a / doppia ottava
f102 0 32  -2  1    1.25    1.5    1.75    2     2.5      3       3.5       4


;**           unis / -4 / 5  / -8  / 8  / -8 -4  / 8 +5  / -2ott / 2ott
f103 0 32  -2  1   .75  1.5  .5   2   .375    3     .25     4


;**           scala maggiore naturale
f104 0 32  -2  1   1.125  1.25  1.33333  1.5 1.66666  1.875  2 2


;**           progressione armonica
f105 0 32  -2  1   1.125  1.25 1.375 1.5 1.625 1.75 1.875 2


;**           tabella delle frequenze
f151   0 32 -2 .5  1 .625 .75 .875 1 1.125 1.25  1.375  1.5  1.625  1.75  1.875 2
i100 0 3600
e
```

L'orchestra è piuttosto complessa, quindi procederemo a ritroso, partendo dall'uscita audio, situata alla fine dello strumento, per arrivare agli ingressi degli *slider*, situati all'inizio.

*NOTA: si consiglia di analizzare le orchestre di una certa dimensione e complessità in questo modo, perché normalmente l'uscita audio consiste in una variabile (o due variabili, nel caso della stereofonia) facile da localizzare, mentre gli ingressi dei controlli possono essere molti (in questo caso sono costituiti da 21* controller *continui, più il* note-number *MIDI e la* velocity *per ogni nota), e distinguere a colpo d'occhio le variabili degli ingressi iniziali da quelle intermedie è piuttosto difficoltoso. In questi casi l'uscita audio può essere considerata come la radice di un albero, mentre i* controller *degli ingressi come i rami o le foglie*

L'orchestra consiste di due strumenti:
- lo strumento 100, contenente gli *opcode* relativi al controllo MIDI (*slider8* e *slider16*), l'uscita audio principale e la linea di riverbero;
- lo strumento 1, contenente il codice relativo alla sintesi granulare.

Lo strumento 100 è facile da leggere. Partendo dalla fine verso l'inizio dell'orchestra (cioè dalla radice verso i rami) si può notare che:

le variabili audio globali contenenti i canali destro e sinistro (*gaout1* e *gaout2*), così come l'uscita del riverbero (*arev*) sono inviate all'uscita stereo, poi vengono azzerate (insieme con la linea di riverbero *garev1*) per mezzo dell'*opcode clear*. Il segnale *arev* viene generato dall'*opcode reverb2*. *garev1* (cioè la linea globale di riverbero) è connessa al riverbero dopo essere stata filtrata da un filtro passa-basso (*tonex*) per rendere il riverbero più gradevole all'ascolto. La frequenza di taglio di tale filtro viene regolata dallo *slider 10* (che genera la variabile globale *gk_10*). Notare che l'*opcode tonex* consiste in un banco di filtri del primo ordine connessi in serie. Questo tipo di connessione produce una curva di taglio più ripida, che genera un suono più caldo.

Gli argomenti degli *opcode slider8* e *slider16* vengono divisi in diverse linee di testo per permettere una leggibilità migliore (ricordiamo che il carattere '\' permette di dividere una singola istruzione di Csound in più linee di testo). Siccome nell'orchestra viene usato un totale di 20 segnali (regolati da *controller* MIDI), abbiamo usato due *opcode*, il primo contenente 16 *slider*, il secondo 8 *slider*. Così 4 *slider* rimangono inutilizzati, e rimane possibile aggiungere la regolazione di ulteriori parametri modificando l'orchestra.

Segue un elenco delle variabili globali relative ai parametri regolabili dagli *slider* MIDI:

| | |
|---|---|
| *gk_1* | seleziona la tabella contenente i campioni (questa orchestra può usare diversi campioni allo stesso tempo); |
| *gk_2* | *offset* del *pitch*, che può essere selezionato cambiando l'indice di una tabella contenente una serie di rapporti frequenziali; |
| *gk_3* | velocità di ripetizione dei grani, cioè numero di grani al secondo; |
| *gk_4* | velocità di scansione del campione corrente. Questo parametro permette di cambiare la durata del campione corrente senza cambiarne l'altezza e viceversa; |
| *gk_5* | frequenza finale del glissando, possibile per ogni grano (vedi *fof2* e *fof3* nel manuale); |
| *gk_6* | durata totale di ogni grano, scalata in accordo alla velocità di ripetizione dei grani; |
| *gk_7* | tempo di attacco dei grani, scalato in accordo alla loro durata totale; |
| *gk_8* | tempo di decadimento dei grani, scalato in accordo alla loro durata totale; |

| *gk_9* | livello della mandata a riverbero; |
|---|---|
| *gk_10* | frequenza di taglio del filtro passa-basso usato per l'uscita del riverbero; |
| *gk_11* | quantità di variazione *random* della frequenza dei grani; |
| *gk_12* | quantità di variazione *random* della durata dei grani; |
| *gk_13* | differenza della fase di scansione tra canale destro e sinistro; |
| *gk_14* | quantità di variazione *random* della fase di scansione iniziale; |
| *gk_15* | fattore di ottavizzazione (vedi *fof*, *fof2* e *fof3* nel manuale); |
| *gk_16* | controllo generale del volume; |
| *gk_17* | numero di tabella contenente la scala armonica micro-tonale; |
| *gk_18* | quantità *random* delle variazioni nella tabella contenente la scala armonica micro-tonale; |
| *gk_19* | differenza di velocità di ripetizione dei grani tra canale destro e sinistro; |
| *gk_20* | *offset* della fase iniziale dei grani. Se la velocità di scansione del campione corrente è posta a zero (*slider gk_4*), questo parametro permette un effetto di congelamento del suono campionato, una specie di effetto moviola. |
| *gk_21* | quantità di variazione *random* del tempo di inizio dei grani; |
| *gk_22* | non assegnato; |
| *gk_23* | non assegnato; |
| *gk_24* | non assegnato; |

Ora, iniziamo a leggere lo strumento 1, partendo dalla fine.

Le tre linee di codice contenenti l'*opcode vincr*, assegnano i canali sinistro e destro, e la linea di riverbero alle variabili globali corrispondenti (*gaout1,gaout2,grev1*), che saranno usate come argomenti dell'uscita audio principale situata nello strumento 100.

Notare che la linea di riverbero (*garev1*) è ottenuta missando i canali sinistro e destro, e moltiplicando il risultato per il valore corrente dello *slider 9* (*gk_9*), regolando anche il rapporto *wet/dry*; lo *slider 9* modifica anche il livello del segnale diretto (*a1* e *a2*), situato nelle variabili globali *gaout1* e *gaout2*.

Le variabili *a1* e *a2* vengono riempite dagli *opcode fof3*, che sono il vero motore della sintesi granulare. Le chiamate a *fof3* sono due al fine di processare un *file* stereo con la tecnica della sintesi granulare; comunque risulta possibile usare i due moduli *fof3* anche con un campione mono, usando parametri leggermente differenti per produrre un effetto stereo.

L'*opcode fof3* deriva da *fof2*, che a sua volta deriva da *fof* (vedi il manuale).

Inizialmente *fof* non era stato progettato per la sintesi granulare, bensì per la sintesi vocale a formanti, essendo una implementazione del programma *Chant* dell'IRCAM (Xavier Rodet et al.).

Grazie alla loro struttura interna, *fof*, *fof2* e *fof3* possono essere usati anche per la sintesi granulare, con moltissime possibilità. Comparandolo con *fof* e *fof2*, l'*opcode fof3* usa campioni interi a 16-bit posti in una tabella di Csound, mentre *fof* e *fof2* supportano solo i campioni in virgola mobile a 32-bit; per questo motivo *fof3* è più efficiente e consuma meno memoria, permettendo di caricare una doppia quantità di campioni nella stessa quantità di RAM. In più, *fof3* usa l'interpolazione lineare per leggere i campioni, mentre *fof* e *fof2* no, quindi la qualità audio di *fof3* è migliore.

Analizziamo ora gli argomenti di ingresso della prima linea di codice contenente l'*opcode fof3* (gli argomenti della seconda linea sono più o meno gli stessi):

a1      fof3    kampenv, kfund, kform, gk_15, 0, kris, kdur, kdec, iolaps, ifna, 101, 3600, kphs, kgliss

*kampenv*   Inviluppo d'ampiezza. In questo caso il segnale viene generato dalla linea precedente, contenente l'*opcode linenr*. In questo strumento l'ampiezza varia in accordo alla *velocity* MIDI ricevuta dai messaggi di *note-on* (vedi la linea di codice contenente l'*opcode ampmidi*).

*kfund*     Quando si usa *fof3* per la sintesi granulare (invece che per la sintesi vocale), questo parametro contiene la velocità di ripetizione dei grani. Durante l'elaborazione *kfund* può variare, permettendo di controllare la distanza temporale di un grano dall'altro. Se *kfund* non varia, o varia molto lentamente, avremo a che fare con la sintesi granulare sincrona; se *kfund* varia caoticamente, avremo a che fare con la sintesi granulare asincrona. In questa orchestra la velocità base di ripetizione dei grani può essere modificata per mezzo dello *slider 3* (variabile *gk_3*); mentre la variazione *random* di questa velocità viene modificata dallo *slider 21* (variabile *gk_21*).

*kform*     Quando *fof3* viene usato per la sintesi granulare invece che per la sintesi vocale, questo parametro contiene la trasposizione in altezza del grano corrente. Il valore di *kform* viene catturato all'inizio di un grano e rimane costante per tutta la durata del grano stesso, anche se nel frattempo *kform* varia. E' lo stesso concetto dei parametri ad *i-rate*, che vengono "campionati" all'inizio di una nota e rimangono costanti per tutta la durata della nota; la sola differenza è che in questo caso, *kform* rimane costante solo all'interno dello stesso grano, quindi, se tale variabile nel frattempo varia, il prossimo grano userà il nuovo valore, mentre il grano corrente continuerà ad usare il valore vecchio. *kform* è espresso in Hertz, che indicano il numero di volte al secondo con cui l'intera tabella audio viene scandita. Dovrebbe esser chiaro che pensare a questo parametro come ad una frequenza espressa in Hertz, risulta comodo soltanto quando nella tabella è contenuto un singolo ciclo della forma d'onda (per esempio una sinusoide); quando la tabella contiene un campionamento complesso (ossia, per esempio, contenente tutta l'evoluzione di una nota di uno strumento acustico), è meglio riferirsi al periodo del ciclo (il periodo è l'inverso della frequenza). Nel nostro caso il periodo corrisponde alla durata del suono contenuto nella tabella. Supponiamo di avere un campionamento di un secondo, contenente un suono con frequenza di 440 Hz. Se vogliamo riprodurre questo campionamento alla frequenza di 880 Hz, dobbiamo leggere la tabella al doppio della velocità, assegnando 2 a *kform*; se vogliamo riprodurlo a 220 Hz, dobbiamo assegnare 0.5 ecc. Se il nostro campionamento ha una frequenza originaria sempre di 440 Hz e una durata di 1.5 secondi, e intendiamo riprodurlo sempre a 440 Hz, dobbiamo considerare un periodo di 1.5 secondi (cioè la sua durata originale), ma, dal momento che questo valore deve essere assegnato a *kform* esprimendolo in Hertz (una unità di frequenza, non di durata), occorrerà ottenere l'inverso di quel periodo (ossia $1/1.5 = 0.6666...$ che non è più un periodo ma una frequenza); se vogliamo trasporlo un'ottava sopra, *kform* va posto a $1/(1.5/2) = 2/1.5 = 1.3333$ (cioè l'inverso della metà del periodo, ossia il doppio della frequenza), e così via. Quindi è importante considerare la durata totale del campionamento contenuto nella tabella, così come la sua frequenza originaria. Inoltre dovremo considerare se il suono è stato campionato frequenza diversa da *sr*. Nella nostra orchestra, la trasposizione in altezza dei grani può essere modificata dallo *slider 2* (la variabile *gk_2*) e dal messaggio MIDI di *note-on* (*opcode cpsmidi*), mentre la quantità *random* di variazione di altezza dei grani può essere modificata dagli *slider 11* e *18* (variabili *gk_11* e *gk_18*). Lo *slider 18* permette di usare una tabella contenente rapporti micro-intervallari per variare la frequenza dei grani in modo *random*. Quindi ogni grano assumerà un valore frequenziale corrispondente al rapporto contenuto nella tabella di micro-intonazione corrente.

*gk_15* nella sintesi vocale questo argomento contiene l'indice di ottavizzazione, che attenua il livello dei grani dispari. Ciò produce un effetto di abbassamento di ottava. Nella sintesi granulare sincrona, viene prodotto un effetto ritmico quando questo indice è maggiore di zero. Nella nostra orchestra questo parametro può essere controllato dallo *slider 15*.

*0* questo argomento non viene usato nella sintesi granulare di questa orchestra. Nella sintesi vocale esprime la larghezza di banda della formante, espressa in Hertz

*kris* tempo di attacco dell'inviluppo trapezoidale dei grani. Può essere modificato in differenti grani. Nella nostra orchestra la regolazione del tempo di attacco avviene con lo *slider 7* (variabile *gk_7*).

*kdur* durata totale del grano, che può essere variata in grani differenti. Nella nostra orchestra questo parametro può essere regolato dallo *slider 6* (variabile *gk_6*); inoltre è possibile modificare la variazione *random* della durata dei grani con lo *slider 12* (variabile *gk_12*).

*kdec*     tempo di decadimento dell'inviluppo trapezoidale dei grani. Può essere variato in grani differenti. Nella nostra orchestra viene regolato dallo *slider 8* (variabile *gk_8*).

*iolaps*   numero massimo di grani sovrapposti. Se la durata dei grani eccede l'intervallo temporale relativo alla partenza del grano successivo, vi sarà un periodo di tempo in cui i grani risultano sovrapposti. Questo parametro definisce il numero massimo consentito di grani sovrapposti. Se la sovrapposizione supera questo valore, Csound si bloccherà. Nella nostra orchestra il numero di sovrapposizioni è stato posto a 10.

*ifna*     nella sintesi granulare questo parametro esprime il numero della tabella contenente il suono campionato. Di solito in *fof* e *fof2* questa tabella viene riempita usando GEN01 (per la sintesi granulare), mentre in *fof3* (cioè nel nostro caso), viene riempita usando GEN22 (che è una GEN identica a GEN01, eccetto che per il fatto che vengono impiegati campioni a 16-bit). Nella nostra orchestra è possibile selezionare una tabella diversa per ogni nota, variando lo *slider 1* (variabile *gk_1*).

*101*      numero di tabella contenente la forma dei segmenti di attacco e decadimento. Di solito si usa una linea retta o una sigmoide. La sigmoide viene ottenuta usando un ciclo di sinusoide positiva in cui vene tolto il primo quarto e l'ultimo quarto (usando la GEN19).

*3600*     durata massima della nota (non dei grani). In questa orchestra è stata posta a 3600 secondi.

*kphs*     questo parametro tiene traccia della fase della tabella contenente il suono campionato. La fase inizia col valore 0 e termina con 1, in riferimento all'inizio e alla fine della tabella. Per ottenere questo risultato si usa normalmente l'*opcode phasor*, che genera la fase di una tabella, in cui il periodo (cioè l'inverso della frequenza) coincide con la durata della tabella scansionata. Variando la frequenza dell'*opcode phasor*, possiamo ottenere diverse velocità di lettura, rendendo possibile il *time-stretching* senza variare l'altezza del suono campionato. Se la frequenza del *phasor* viene posta a zero, cioè, se il parametro *kphs* rimane costante, si avrà un "congelamento" del suono campionato in un punto, una specie di fermo immagine applicato al suono. Nella nostra orchestra la frequenza del *phasor* (cioè la velocità dello scansionamento della tabella) può essere regolata dallo *slider 3* (variabile *gk_3*). E' possibile regolare anche un *offset* che rappresenta il punto iniziale dello scansionamento della tabella. Variando questo parametro e ponendo la frequenza del *phasor* a zero, è possibile effettuare uno "*scrub*" manuale muovendo il relativo *slider*. Nella nostra orchestra questo valore può venire regolato dallo *slider 20* (variabile *gk_20*).

*kgliss* -     In *fof2* e in *fof3*, è possibile avere un glissando all'interno di ciascun grano. Questo parametro indica la trasposizione finale dei grani, espressa per mezzo di un fattore moltiplicativo. Di conseguenza, assegnare 1 a questo parametro significa lasciare la frequenza del grano costante; assegnare 2 significa raddoppiare la frequenza alla fine del grano; assegnare 0.5 significa dimezzare la frequenza alla fine del grano (ossia trasporlo un'ottava più in basso), ecc. Se la durata del grano è molto breve, il glissando produrrà un effetto timbrico, o una specie di scordatura. Nella nostra orchestra questo parametro viene regolato dallo *slider 5* (variabile *gk_5*).

Il segnale *ampenv*, contenente l'inviluppo di ampiezza, viene generato da *linenr*; l'ampiezza assoluta può essere regolata dallo *slider 16* (*gk_16*), che è il controllo principale di volume. *iolaps* viene posto a 10. *kris* e *kdec* (attacco e decadimento del grano) vengono calcolati come frazioni di *kdur*; che vengono a loro volta regolate dagli *slider 7* e *8* (*gk_7* e *gk_8*).

La durata del grano *kdur* è controllata dallo *slider 6* (*gk_6*) e la quantità di variazione *random* viene regolata dallo *slider 12* (*gk_12*).

La frequenza di *kgliss* (glissando del grano) viene regolata dallo *slider 5* (*gk_5*).

La tabella contenente il suono campionato viene scansionata separatamente nei canali destro e sinistro (*kphs* e *kphs2*), per mezzo delle due linee di codice contenenti l'*opcode phasor*.

L'argomento di entrata di *phasor* controlla la velocità di scansionamento del suono campionato. Questo argomento (*kphsrate*) può essere modificato con lo *slider 4* (*gk_4*). Quando *kphsrate* assume il valore 0, il suono campionato viene congelato e tutti i grani vengono letti in un singolo punto. In questo caso è possibile modificare lo scansionamento manualmente, per mezzo dello *slider 20* (*gk_20*), che aggiunge un *offset* al punto corrente di scansione. E' possibile porre una differenza di fase tra i canali destro e sinistro, regolabile dallo *slider 13* (*gk_13*).

Il posizionamento dei punti di lettura del suono campionato può essere effettuato a salti, per mezzo di un *offset* che varia in modo *random*. Questo *offset* (*krndphs*) viene generato dall'*opcode linrand* e la sua influenza casuale sulla lettura del suono campionato è regolabile dallo *slider 14* (*gk_14*). In effetti, *phasor* genera un segnale muovendosi da 0 a 1, due numeri che rappresentano la fase iniziale e finale del suono campionato. Ma, dal momento che la lunghezza di tabella deve essere una potenza di due (una nota: con DirectCsound è in realtà possibile creare tabelle la cui lunghezza non è una potenza di due, assegnando un numero negativo al parametro indicante la lunghezza, durante la creazione della tabella, ma questa caratteristica è supportata solo da alcuni *opcode*, non da *fof3*), il numero dei campioni del suono potrebbe non coincidere con la lunghezza della tabella, è anzi quasi sicuro che sia così, perché il contrario sarebbe una coincidenza eccezionale. Per questa ragione viene usata la funzione *nsamp( )*. Questa funzione restituisce il numero di campioni effettivamente letti dal file contenente il campionamento.

L'ultima parte della tabella, che rimane inutilizzata, viene riempita con degli zeri. Così se venisse scansionata tutta la tabella, udremmo il suono solo nella prima parte, mentre per la porzione rimanente non ci sarebbe nulla da ascoltare. Per tale motivo la fase della tabella non deve arrivare fino ad 1, ma solo fino al punto in cui il suono campionato termina, cioè un numero situato tra 0.5 (metà tabella) e 1 (fine tabella). Per questo scopo viene usato il moltiplicatore *ilnDmem*, che contiene il rapporto tra la lunghezza del suono campionato e la lunghezza della tabella.

Nel nostro caso *phasor* opera a *k-rate*, mentre le variabili *kphs* e *kphs2* devono contenere anche un valore durante lo stadio di inizializzazione, perché *fof3* lo richiede. Per questo motivo le due variabili vengono inizializzate a zero. La frequenza di *phasor (kphsrate)* è ottenuta dal prodotto tra l'uscita dello *slider 4* per *isrDdur*, che è un fattore di riscalamento.

La frequenza di ripetizione dei grani (*kfund*) è ottenuta dallo *slider 3* (*gk_3*) insieme con un *offset random* (generato dall'*opcode trirand*). Il valore di questo *offset* viene regolato dallo *slider 21*. Quando è diverso da zero ci sarà una variazione del ritmo dei grani.

La frequenza di ogni grano è ottenuta dalle due variabili *kform1* (canale sinistro) e *kform2* (canale destro).

I valori frequenziali sono influenzati da diversi fattori: il numero di nota MIDI, lo *slider 2* (*gk_2*, che genera una trasposizione), generatori *random* che variano la frequenza di ogni grano, regolabili dallo *slider 11* (*gk_11*), generatori *random* che scelgono un rapporto intervallare in una tabella contenente una scala, regolabile dallo *slider 18* (*gk_18*).

*imemlen, ilen, ilnDmem, ifsr, isrDmem* e *isrDdur* sono fattori di riscalamento che influenzano vari parametri. Eviteremo di entrare in dettagli matematici, il lettore potrà studiarsi egli stesso la loro funzione.

*ifna* e *ifna2* sono i numeri delle tabelle contenenti il suono campionato (canali destro e sinistro). Questi numeri possono essere cambiati con lo *slider 1* (*gk_1*).

*iamp* regola l'ampiezza delle note, che dipende dalla velocity MIDI.

*ifmidi* influenza la frequenza dei grani (insieme ad altri fattori). Viene prodotto dal numero di nota MIDI.

All'inizio della partitura, diverse tabelle (dalla 1 alla 20) vengono riempite con suoni campionati per mezzo della GEN22.

La tabella 101 contiene una curva sigmoide. Il suo scopo è di modellare i segmenti di attacco e di *decay* di ciascun grano. La curva sigmoide viene ricavata da una sinusoide positiva sfasata di 180 gradi a cui viene tolto il primo e l'ultimo quarto di periodo.

Le tabelle 102, 103, 104 e 105 contengono rapporti frequenziali per le scale micro-tonali.

La tabella 151 contiene fattori di trasposizione.

Infine, lo strumento 100 viene attivato per 3600 secondi, per permettere una sessione di Csound in tempo reale della durata di un'ora.

Qui termina la sezione riguardante gli esempi di DirectCsound in tempo reale.

Ora il lettore si chiederà come si possano controllare tutti quei parametri MIDI in tempo reale. Si può collegare un dispositivo *hardware* munito di *fader* MIDI (ce ne sono diversi in commercio) all'ingresso MIDI del computer, fornendo all'utente gli *slider* MIDI fisici (non virtuali) che trasmetteranno messaggi MIDI di *control-change* quando vengono mossi. Normalmente i dispositivi che dispongono di *fader* MIDI non dispongono di più di 16 *sliders*, mentre i parametri di questa orchestra sono ben 21.

Un'alternativa a dispositivi MIDI *hardware* è VMCI, un programma progettato per essere usato insieme a DirectCsound sotto Windows, che risulta più comodo sotto diversi aspetti, come vedremo nella seguente sezione.

## 4. VMCI (VIRTUAL MIDI CONTROL INTERFACE)

*VMCI* è un programma con interfaccia grafica che permette di inviare quasi tutti i tipi di messaggi a qualsiasi porta MIDI installata nel computer MIDI (supporta tutti i messaggi di canale: *note-on, note-off, after-touch* polifonico e *after-touch* di canale, *control-change, program-change* e *pitch-bend*). VMCI è totalmente configurabile e permette un controllo totale nella definizione dei messaggi MIDI. VMCI può essere usato al posto di una *master-keyboard* MIDI o di qualsiasi controller MIDI esterno; è possibile controllare DirectCsound via MIDI anche senza che nel computer sia installata alcuna interfaccia MIDI.

Questo programma è stato ideato per controllare DirectCsound, ma può essere usato anche per controllare qualunque altro strumento MIDI, sia *hardware* che *software*.

### 4.1 Versioni di VMCI.

Ci sono due versioni di VMCI:

1.  *VMCI (freeware)*
2.  *VMCI Plus (*versione *shareware* che include il supporto della *Hyper-Vectorial Synhtesis* e di altre funzionalità avanzate*).*

La versione *freeware* può essere usata in due modalità:

*   modo *Lite*
*   modo *Pro*

La modalità LITE è completamente *freeware*, quindi può essere usata gratis, è possibile dare copie agli amici ecc.

La modalità PRO è *donationware*. Questa modalità può essere attivata per mezzo di un codice segreto che viene fornito alle persone che fanno una donazione di qualunque entità all'autore del *software*.

Per controllare DirectCsound con VMCI, è necessario installare il *software* "*Hubi's LoopBack device*", che consiste in una porta MIDI virtuale. Il pacchetto "*Hubi's LoopBack*" è *freeware*. Con questo pacchetto è possibile connettere diversi dispositivi MIDI *software* alla stessa porta MIDI, rendendo possibile il controllo di DirectCsound sia con VMCI, sia con una *master-keyboard hardware*, sia con entrambi i dispositivi contemporaneamente.

La modalità Pro fornisce le seguenti funzionalità:

- quattro pannelli contenenti *slider* a 7-bit, per un totale di 256 *slider* configurabili per trasmettere qualunque messaggio MIDI di *control-change*;
- due pannelli contenenti *slider* a 14-bit, per un totale di 64 *slider* configurabili che trasmettono messaggi a risoluzione doppia (supportata da DirectCsound);
- due pannelli contenenti *joystick* virtuali, per un totale di 16 aree di *joystick* configurabili, ciascuna delle quali in grado di controllare due parametri alla volta;
- una tastiera virtuale capace di gestire fino ad un totale di 960 messaggi MIDI differenti; questi messaggi possono essere di qualunque tipo, completamente configurabili dall'utente. E' possibile assegnare alla tastiera alfanumerica del computer ciascuno di questi messaggi;
- bottoni per avviare Csound o editare al volo un'orchestra o uno *score*, che rendono le operazioni relative a Csound più veloci;
- un pannello di *copia*, che permette di copiare e incollare i valori dei parametri da VMCI ad una orchestra o partitura di Csound.

## 4.2 Il pannello di attivazione

Quando si avvia VMCI, appare il pannello di attivazione:
Il **pannello di attivazione** è la finestra principale del programma e permette le seguenti operazioni:

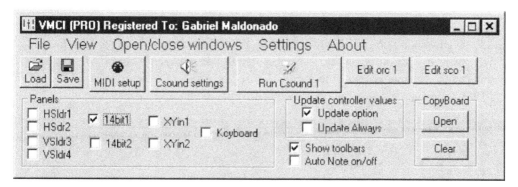

Fig1 - Pannello di attivazione

- Aprire e salvare *file* di *Setup* (con estensione *.stp*). I *file* di *Setup* contengono le impostazioni fatte dall'utente durante le sessioni di lavoro. Le impostazioni principali consistono nelle posizioni degli *slider* e dei *joystick* (vedi sotto), le etichette contenenti testi per ricordare i parametri impostati, e la configurazione della tastiera virtuale.

- Mostrare e nascondere i pannelli (contenenti *sliders, joysticks,* e la tastiera virtuale), cliccando le caselle corrispondenti.
- Aprire la finestra di dialogo "*MIDI Setup*", che permette di selezionare la porta MIDI OUT (nella versione "Plus" è possibile attivare anche la porta MIDI IN).
- Mostrare e nascondere le barre degli strumenti dei pannelli, per guadagnare spazio ed allargare la lunghezza degli *slider* verticali.
- Abilitare/disabilitare l'invio automatico di messaggi di *note-on* e *note-off* ogni volta che viene mosso uno *slider*, per inizializzare uno "strumento globale" (cioè uno strumento di Csound che gestisce variabili globali usate poi in un altro strumento).
- Abilitare/disabilitare la visualizzazione dei valori dei parametri mentre cambiano. Siccome l'aggiornamento della visualizzazione dei parametri sottrae molto tempo di calcolo alla CPU, questa opzione è utile per migliorare la performance in tempo reale di Csound, liberando risorse preziose di calcolo.
- Visualizzare e pulire la "*Copy Board*" che contiene i valori relativi alle posizione correnti degli *slider*.
- Bottoni relativi a Csound ("*Csound settings*", "*Run Csound*", "*Edit orc*" e "*Edit sco*" che permettono di avviare fino a due istanze di Csound allo stesso tempo, e di editare le corrispondenti coppie di orchestra/partitura. Il bottone "*Csound Settings*" permette di impostare tutti i parametri corrispondenti all'avvio di Csound da VMCI).

## 4.3 I pannelli degli *Slider*

I pannelli degli *Slider* contengono un banco di *slider* (il numero di *slider* disponibili è differente nei modi LITE e PRO). Muovendo questi *slider* vengono inviati messaggi MIDI di *control-change* alla porta MIDI OUT. Ciascun pannello emula le funzionalità di un "*fader-box*" *hardware* o di un *mixer* MIDI. Sono possibili due diverse risoluzioni per i valori dei parametri che vengono inviati: i messaggi a 7-bit, che coprono un intervallo da 0 a 127, e quelli a 14-bit (consistenti in una coppia di messaggi a 7-bit), che coprono un intervallo da 0 a 16383.

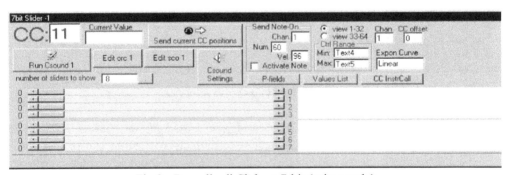

Fig.2 - Pannello di *Slider* a 7-bit (orizzontale)

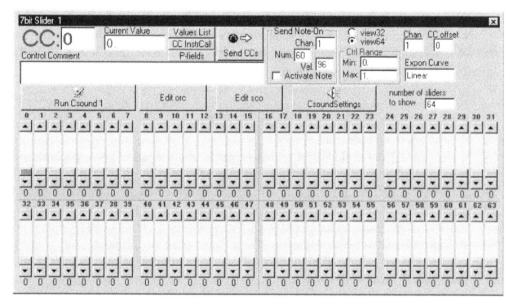

Fig.3 - Pannello di *Slider* a 7-bit (verticale)

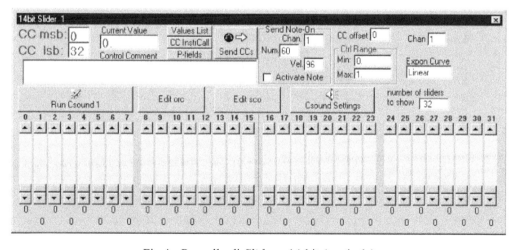

Fig.4 - Pannello di *Slider* a 14-bit (verticale)

La modalità Pro permette di usare fino a 6 pannelli di *slider* allo stesso tempo: due pannelli orizzontali a 7-bit (fig.2), due verticali a 7-bit (fig.3) e due a 14-bit (fig.4).

Ciascun pannello a 7-bit contiene un totale di 64 *sliders*; di cui, quelli orizzontali possono visualizzarne fino a 32 alla volta, mentre quelli verticali possono visualizzare tutti i 64 *slider*; d'altra parte quelli orizzontali permettono la visualizzazione di etichette contenenti commenti forniti dall'utente.

Quando si trascina uno *slider* col *mouse*, viene inviato un flusso di messaggi MIDI di *control-change*, e vengono visualizzate le seguenti informazioni, in accordo alla posizione dello *slider* su cui si sta operando:

- il numero del controllo MIDI, corrispondente alla sua effettiva configurazione corrente (che può essere modificata dall'utente);
- il valore dei dati dei messaggi di *control-change* che vengono inviati alla porta MIDI OUT;
- i dati riscalati nel modo in cui vengono interpretati da Csound (l'intervallo standard di riscalamento è da 0 a 1, ma può essere riconfigurato dall'utente). Questo valore è utile per monitorare ciò che effettivamente succede nello strumento di Csound corrispondente;
- un'etichetta di commento che può essere definita dall'utente per ogni *slider*.

VMCI permette di salvare tutte le posizioni correnti degli *slider* di tutti i pannelli in un *file* di *setup*, e di inviare tutti i messaggi relativi allo stato corrente dei pannelli, cliccando sul bottone *"Send current CC positions"*. Questo permette di ripristinare la stessa situazione sonora (contenente le impostazioni di parecchi parametri) in sessioni di Csound differenti. Questa funzionalità è normalmente assente nei *"fader-box"* hardware.

## 4.4 Pannelli di *Joystick* virtuali

VMCI permette di aprire fino a due pannelli, ciascuno dei quali contenente otto aree quadrate che emulano *joystick* analogici. Trascinando il *mouse* in queste aree, vengono inviati due diversi messaggi MIDI allo stesso tempo, il primo relativo alla posizione orizzontale del *mouse*, il secondo a quella verticale. E' così possibile controllare due parametri con un singolo movimento del *mouse*, azione che risulta impossibile con gli *slider* (fig.5).

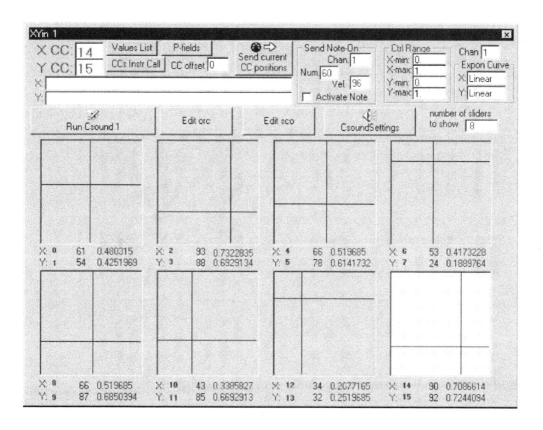

FIG.5   Pannelli *Joystick* Virtuali

## 4.5 Pannello della Tastiera Virtuale

Il pannello della Tastiera Virtuale (fig.6) permette di inviare qualunque tipo di messaggio MIDI di canale, non soltanto *note-on* e *note-off*.

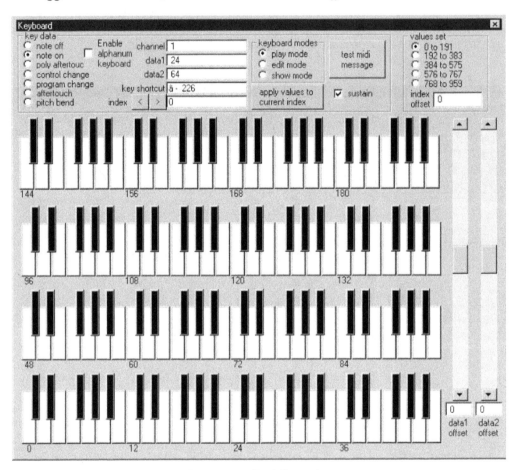

Fig.6 - Pannello della tastiera

Ciascun bottone è simile ad un tasto di pianoforte, e può generare un messaggio MIDI di *note-on/off*, così come *program-change*, *pitch-bend*, *control-change* o *aftertouch*, ossia, è totalmente configurabile. In più è possibile assegnare a ciascun tasto virtuale di pianoforte un tasto fisico della tastiera alfanumerica del computer, rendendo possibile suonare su quest'ultima. E possibile assegnare fino a 959 messaggi MIDI ai tasti virtuali di pianoforte, e la configurazione corrente può essere salvata in *file .stp*. Inoltre è possibile sommare (o sottrarre) un *offset* a tutti i byte di dati trasmessi dalla configurazione corrente per mezzo dei due *slider* situati alla destra dei tasti di pianoforte.

## 4.6 La *Hyper-vectorial synthesis*

La versione Plus di VMCI, supporta uno speciale metodo di controllo, denominato *"Hyper-Vectorial Synthesis"* (Sintesi Iper-vettoriale), o più brevemente **HVS**. Fondamentalmente, il pannello dedicato alla HVS permette di variare molti parametri allo stesso tempo con un semplice movimento del *mouse*.

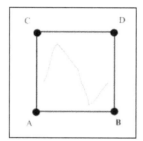

Fig.7 - la sintesi vettoriale
secondo la Korg

Il nome è stato suggerito dalla cosiddetta "sintesi vettoriale" usata da sintetizzatori MIDI commerciali come la *Wavestation* della Korg. Il termine "vettoriale" si riferisce al percorso tracciato da un *joystick* in un'area quadrata limitata da quattro punti (A-B-C-D), ciascuno dei quali rappresenta una configurazione timbrica differente (fig.7).

Con il termine "configurazione timbrica" si intende un insieme di valori dei parametri di sintesi che producono un determinato timbro. Quando il *joystick* tocca uno di questi punti, il timbro risultante sarà uguale a quello della configurazione timbrica corrispondente a quel dato punto. Quando il percorso del *joystick* tocca una qualsiasi altra posizione all'interno dell'area, viene prodotto un timbro corrispondente ad una combinazione pesata dei timbri abbinati ai quattro punti A-B-C-D; in effetti il timbro dipende dalla distanza istantanea del punto corrente del percorso da ciascuno dei punti A-B-C-D.

Nel caso della Korg Wavestation, la sintesi vettoriale viene attuata per mezzo di un semplice *crossfade* dell'ampiezza di quattro timbri generati in una fase anteriore (corrispondenti ai punti A-B-C-D); in questo caso i soli parametri ad essere modulati sono quindi le ampiezze dei quattro suoni stessi.

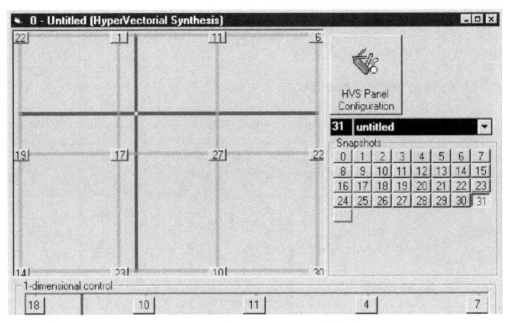

Fig.8 - pannello della *Hyper-Vectorial Synthesis*

Questo concetto viene enormemente esteso nella HVS. Primo, viene introdotta un'area vettoriale che può contenere più di quattro configurazioni timbriche (vedi fig.8); i punti corrispondenti a ciascuna configurazione timbrica vengono denominati "*breakpoint*". Secondo, ogni *breakpoint* corrisponde ad uno "*snapshot*" (cioè ad una istantanea) contenente tutte le posizioni degli *slider* di un pannello. Di conseguenza, ogni *breakpoint* contiene i valori di molti parametri (in teoria in VMCI Plus sono possibili fino a 2048 parametri a 7-bit oppure 1024 parametri a 14-bit); ciascuna delle posizioni dei controlli contenuti in un *breakpoint* può essere abbinata a qualunque parametro di sintesi (non solo al *crossfade* dell'ampiezza come nel caso della Korg) dello strumento di Csound corrispondente. Quindi una gran quantità di parametri può essere controllata con una semplice azione del *mouse*; i soli limiti sono la potenza del computer e l'ampiezza di banda del MIDI.

## 4.7 Considerazioni sulla multi dimensionalità della *Hyper-Vectorial Synthesis*

Se consideriamo un parametro di sintesi come la dimensione di uno spazio ad $N$-dimensioni, possiamo considerare un timbro sintetizzato come un punto di tale spazio. Se un suono sintetizzato cambia il suo timbro in modo continuo, possiamo considerare quel suono come un punto mobile all'interno del corrispondente spazio ad $N$-dimensioni.

Il numero di dimensioni di tale spazio è determinato dal numero dei parametri di sintesi variabili. Per esempio, una nota generata da uno strumento di Csound, in cui ci sono solo due parametri che possono variare sotto il controllo dell'utente (mettiamo l'altezza e l'ampiezza), può essere considerata come un punto di uno spazio a due dimensioni, cioè il punto di un piano.

Fino ad oggi la musica occidentale si è sostanzialmente basata su un piano bidimensionale, dal momento che solo l'altezza e il tempo possono essere rappresentati su di una partitura tradizionale (l'ampiezza delle note potrebbe essere considerata una terza dimensione, ma il sistema di notazione standard non permette di definire tale parametro con precisione, risultando all'atto pratico lasciato alla sensibilità e al gusto dell'esecutore).

La *computer music* offre la possibilità di comporre con un numero arbitrario di parametri musicali, e in particolare Csound fornisce due modi di agire con essi: [1] i parametri discreti di inizializzazione (per esempio i *p-fields* dello *score*) e [2] i parametri continui, che possono essere pilotati da funzioni matematiche oppure da un'azione gestuale in tempo reale per mezzo del MIDI o di altri controlli (come per esempio il *mouse* o la tavoletta grafica). Nella versione Plus di VMCI è possibile usare il *mouse* per muovere un punto entro uno spazio timbrico fino a 2048 dimensioni. (ovviamente questo è un limite teorico, la larghezza di banda reale del MIDI ridimensiona questo valore). Apparentemente il movimento del punto nello spazio multidimensionale è soggetto a dei vincoli (che poi sono le configurazioni dei *break-point* preventivamente definite), ma siccome le configurazioni di ciascun *break-point* vengono definite dallo stesso compositore, questo vincolo non può essere considerato una limitazione, ma una caratteristica compositiva.

Ora occorre chiarire un concetto: ci sono due diversi tipi di spazio con cui operare usando VMCI:

- lo spazio di moto del dispositivo di puntamento (*user-pointer-motion space*)
- lo spazio parametrico del timbro (*sonic-variant-parameter space*)

Lo spazio di moto del dispositivo di puntamento è lo spazio in cui l'utente muove il puntatore del *mouse* (effettuando un percorso gestuale). Nel pannello della HVS di VMCI ci sono due aree relative a questo tipo di spazio: un'area bidimensionale ed una uni-dimensionale. L'utente può usare fino a 128 *break-point* in ciascuna di queste aree (il limite reale è costituito dalla risoluzione dello schermo). Le prossime implementazioni della HVS supporteranno spazi di moto del dispositivo di puntamento con tre dimensioni.

Lo spazio parametrico del timbro è uno spazio teorico in cui ogni parametro di sintesi rappresenta una dimensione. Per esempio, nel caso di uno strumento di

Csound che importa otto *p-fields* dallo *score* (oltre all'*action-time* e la durata della nota) tale spazio sarà di otto dimensioni. Allo stesso modo, nel caso uno strumento che contiene, poniamo, 11 *opcode* che restituiscono numeri corrispondenti alle posizioni di *slider* MIDI, il timbro corrispondente può considerarsi appartenente ad uno spazio ad 11 dimensioni.

Uno spazio di moto del dispositivo di puntamento può considerarsi anche come una proiezione, o una sezione (intesa nel senso di taglio) di uno spazio parametrico del timbro dal momento che quest'ultimo ha un numero maggiore di dimensioni.

## 5 Conclusioni

In questa lettura sono state presentate due cose: l'impiego di DirectCsound per la sintesi in tempo reale e le enormi potenzialità interattive che vengono fornite abbinando DirectCsound al programma VMCI. In particolare la *Hyper-Vectorial-Synthesis* fornisce un nuovo metodo di controllo per gestire la complessità della manipolazione dei parametri di sintesi. Sperando che tutto ciò allarghi la veduta compositiva dei lettori, incoraggio a sperimentare e a proporre nuovi paradigmi, precisando che per approfondire e padroneggiare questi potentissimi strumenti di lavoro sarà necessaria un'applicazione assidua e la pratica concreta.

Ricordo che è possibile scaricare le versioni più recenti dei programmi al sito web:

*http://web.tiscalinet.it/G-Maldonado*

# LISTA DEGLI *OPCODE*

## ISTRUZIONI DELLO *HEADER*

|       |        |
|-------|--------|
| sr    | = iarg |
| kr    | = iarg |
| ksmps | = iarg |
| nchnls| = iarg |

iafn   ftgen     ifn, itime, isize, igen, iarga[,...iargz]

massign   ichnl, insnum
strset      iarg, "stringtext"

## PREPROCESSORE DI ORCHESTRA

#include  "filename"
#define NAME # replacement text #
#define NAME(a' b ' c...) # replacement text #
$NAME.
$NAME.( a ' b ' c...)
#undef NAME

## DEFINIZIONE E ATTIVAZIONE DEGLI STRUMENTI

instr     insnum [, insnum2...]
endin

turnon    insnum [,itime]
schedule   insnum, iwhen, idur, ....
schedwhen    ktrigger, kinsnum, kwhen, kdur, ....
schedkwhen   ktrigger, kmintime, kmaxinst, kinsnum, kwhen, kdur [,kp4,...,kpN]

## ASSEGNAZIONE A VARIABILI

     pset    const1, const2, const3, ...
xr    =      xarg
xr    init    iarg
ir    tival

## REINIZIALIZZAZIONE

  **reinit  label**
  **rigoto label**
  **rireturn**

## CONTROLLO DI DURATA

  **ihold**
  **turnoff**

## MODIFICA DEL FLUSSO DEL PROGRAMMA - SALTI

  **igoto**  **label**
  **tigoto**  **label**
  **kgoto**  **label**
  **goto**  **label**

  **if  ia  R ib  igoto  label**
  **if  ka R kb  kgoto label**
  **if  ia  R  ib  goto  label**
  **(R: >, <, >=, <=, ==, =, !=, <, >)**
  **timout  istrt, idur, label**

## ASSEGNAZIONE CONDIZIONALE

**(a R b ? v1 : v2) (R: >, <, >=, <=, ==, =, !=, <, >; a, b not a-rate)**

## CONTROLLO DELL'ESECUZIONE IN TEMPO REALE

**inum active  insnum**
  **cpuprc  insnum, ipercent**
  **maxalloc insnum, icount**
  **prealloc  insnum, icount**

## TEMPO

**nr  timek**
**nr  times**

kr      timeinstk
kr      timeinsts
kr      rtclock

        clockon   inum
        clockoff  inum
ival    readclock inum

## CONTROLLO

ktrig   trigger    ksig, kthreshold, kmode
ktrig   seqtime    ktime_unit, kstart, kloop, initndx, kfn_times
        trigseq    ktrig_in, kstart, kloop, initndx, kfn_values, kout1 [,kout2, kout3, ...., koutN]
kpeak   peak       nsig
ar      follow     asig, idelt
ar      follow2    asig, katt, krel
ktemp   tempest    kin, iprd, imindur, imemdur, ihp, ithresh, ihtim, ixfdbak, istartempo, ifn [,idisprd, itweek]
koct,kamp pitch    asig, iupdte, ilo, ihi, idbthresh [,ifrqs, iconf, istrt, iocts, iq, inptls, irolloff, iskip]
kcps,krms pitchamdf    asig, imincps, imaxcps [,icps] [,imedian] [,idowns] [,iexcps] [,irmsmedi]
tempo ktempo, istartempo

## CONTROLLI DELL'INTERFACCIA GRAFICA

ksig    sensekey
kx,     ky xyin    iprd, ixmin, ixmax, iymin, iymax [,ixinit, iyinit]
        setctrl    islidernum, kvalue, itype [,"label"]
kout    control    kslidernum
kans    buttoni num
kans    checkbox inum

## MIDI

massign  ichnl, insnum
ival    notnum
ival    veloc [imin, imax]
icps    cpsmidi
ncps    cpsmidib [irange]
ival    cpstmid   ifn
ioct    octmidi

noct    octmidib [irange]

ipch    pchmidi

npch    pchmidib [irange]

iamp    ampmidi iscal [,ifn]

kaft    aftouch  [imin, imax]

xbend pchbend  [imin, imax]

nval    midictrl  inum [,imin, imax]

initc7/14/21    ichan, ictlno, (ictlno2, ictlno3,) ivalue

          ctrlinit    ichnkm, ictlno1, ival1 [,ictlno2, ival2 [,ictlno3, ival3[,..ival32]]


ndest  midic7/14/21 ictlno, (ictlno2, ictlno3,) nmin, nmax [,ifn]

ndest  ctrl7/14/21    ichan, ictlno, (ictlno2, ictlno3,) nmin, nmax [,ifn]

nval    chanctrl  ichan, ictlno [,ilow,ihigh]


k1,...,kN  sliderN    ichan, ictlnum1, imin1, imax1, init1, ifn1, ....,ictlnumN, iminN, imaxN,
initN, ifnN

k1,...,kN  sliderNf  ichan, ictlnum1, imin1, imax1, init1, ifn1, icutoff1, ....,ictlnumN,
iminN, imaxN, initN, ifnN, icutoffN

i1,...,iN    sliderN    ichan, ictlnum1, imin1, imax1, ifn1, ....,ictlnumN, iminN, imaxN, ifnN


k1,...,kN  sNb14      ichan, ictlno_msb1, ictlno_lsb1, imin1, imax1, initvalue1, ifn1, ....,
ictlno_msbN, ictlno_lsbN, iminN, imaxN, initvalueN, ifnN

i1,...,iN    sNb14        ichan, ictlno_msb1, ictlno_lsb1, imin1, imax1, ifn1, ...., ictlno_msbN,
ictlno_lsbN, iminN, imaxN, ifnN


kstatus, kchan, kdata1, kdata2 midiin

          midiout    kstatus, kchan, kdata1, kdata2


          noteon        ichn, inum, ivel

          noteoff        ichn, inum, ivel

          noteondur    ichn, inum, ivel, idur

          noteondur2 ichn, inum, ivel, idur


          moscil kchn, knum, kvel, kdur, kpause

          midion            kchn, knum, kvel

          midion2          kchn, knum, kvel, ktrig


          outic            ichn, inum, ivalue, imin, imax

          outkc          kchn, knum, kvalue, kmin, kmax

```
outic14    ichn, imsb, ilsb, ivalue, imin, imax
outkc14    kchn, kmsb, klsb, kvalue, kmin, kmax

outipb     ichn,  ivalue, imin, imax
outkpb     kchn, kvalue, kmin, kmax
outiat     ichn,  ivalue, imin, imax
outkat     kchn, kvalue, kmin, kmax

outipc     ichn,  iprog, imin, imax
outkpc     kchn, kprog, kmin, kmax

outipat    ichn, inotenum, ivalue, imin, imax
outkpat    kchn, knotenum, kvalue, kmin, kmax

nrpn       kchan, kparmnum, kparmvalu
mdelay     kstatus, kchan, kdata1, kdata2, kdelay

mclock     ifreq
mrtmsg     imsgtype

xtratim    iextradur
kflag  release
```

## FUNZIONI

```
iafn    ftgen  ifn, itime, isize, igen, iarga[,...iargz]

        ftlen(ifn)      (init-time args only)
        ftlptim(ifn)    (init-time args only)
        ftsr(ifn)       (init-time args only)
        nsamp(ifn)      (init-time args only)
nr      tableng    nfn
        tableicopy    idfn, isfn
        tablecopy     kdfn, ksfn

        tableiw       isig, indx, ifn [,ixmode] [,ixoff] [,iwgmode]
        tablewxsig,   xndx, ifn [,ixmode] [,ixoff] [,iwgmode]
        tablewkt      xsig, xndx, kfn [,ixmode] [,ixoff] [,iwgmode]
        tableigpw     ifn
```

```
          tablegpw  kfn
ar        tablera   kfn, kstart, koff
kstart    tablewa   kfn, asig, koff
```

```
          tablemix         kdfn, kdoff, klen, ks1fn, ks1off, ks1g, ks2fn, ks2off, ks2g
                  tableimix idfn, idoff, ilen, is1fn, is1off, is1g, is2fn, is2off, is2g
```

## OPERAZIONI MATEMATICHE

**Operatori aritmetici e logici (&&, ||, +, -, \*, /, %, ^)**
        i(x)       (control-rate args only)
        int(x)     (init- or control-rate args only)
        frac(x)    (init- or control-rate args only)
        abs(x)     (no rate restriction)

        sqrt(x)    (no rate restriction)
        exp(x)     (no rate restriction)
        log(x)     (init- or control-rate args only)
        log10(x)   (init- or control-rate args only)
        logbtwo(x)    (no rate restriction)
        powoftwo(x)  (no rate restriction)
        sin(x)     (no rate restriction)
        sininv(x)  (no rate restriction)
        sinh(x)    (no rate restriction)
        cos(x)     (no rate restriction)
        cosinv(x)  (no rate restriction)
        cosh(x)    (no rate restriction)
        tan(x)     (no rate restriction)
        taninv(x)  (no rate restriction)
        tanh(x)    (no rate restriction)
xr      taninv2    xa, xb
        ampdb(x)(no rate restriction)
        dbamp(x)(init- or control-rate args only)
        ampdbfs(x)  (no rate restriction)
        dbfsamp(x)  (init- or control-rate args only)

**Generatori di numeri casuali**
        rnd(x)
        birnd(x)

Opcode Equivalenti degli operatori aritmetici

| xr | add | xa, xb |
| --- | --- | --- |
| xr | sub | xa, xb |
| xr | mul | xa, xb |
| xr | div | xa, xb |
| xr | mod | xa, xb |
| xr | divz | xa, xb, nsubst |
| xr | pow | xarg, xpow [,inorm] |
| ar | sum | a1, a2, a3, ... |
| ar | product | a1, a2, a3, ... |
| ar | mac | ksig1, asig2, ksig3, asig4, ... |
| ar | maca | asig1, asig2, asig3, asig4, ... |

## CONVERTITORI DI ALTEZZA

| octpch(pch) | (init- or control-rate args only) |
| --- | --- |
| pchoct(oct) | (init- or control-rate args only) |
| cpspch(pch) | (init- or control-rate args only) |
| octcps(cps) | (init- or control-rate args only) |
| cpsoct(oct) | (no rate restriction) |

| icps | cps2pch | ipch, iequal |
| --- | --- | --- |
| icps | cpsxpch | ipch, iequal, irepeat, ibase |

## GENERATORI

| nr | line | ia, idur1, ib |
| --- | --- | --- |
| nr | expon | ia, idur1, ib |
| nr | linseg | ia, idur1, ib [,idur2, ic[...]] |
| nr | expseg | ia, idur1, ib [,idur2, ic[...]] |
| ar | expsega | ia, idur1, ib [,idur2, ic[...]] |
| nr | transeg | ia, idur, itype, ib, [idur2, itype, ic[...]] |
| | | |
| nr | linsegr | ia, idur1, ib [,idur2, ic[...]], irel, iz |
| nr | expsegr | ia, idur1, ib [,idur2, ic[...]], irel, iz |
| | | |
| nr | adsr | iatt, idec, islev, irel [,idel] |
| nr | xadsr | iatt, idec, islev, irel [,idel] |
| nr | madsr | iatt, idec, islev, irel [,idel] [,ireltim] |

| | | |
|---|---|---|
| nr | mxadsr | iatt, idec, islev, irel [,idel] [,ireltim] |
| | | |
| xr | table | xndx, ifn [,ixmode] [,ixoff] [,iwrap] |
| xr | tablei | xndx, ifn [,ixmode] [,ixoff] [,iwrap] |
| xr | table3 | xndx, ifn [,ixmode] [,ixoff] [,iwrap] |
| kr | tablekt | xndx, kfn [,ixmode] [,ixoff] [,iwrap] |
| ar | tableikt | xndx, kfn [,ixmode] [,ixoff] [,iwrap] |
| | | |
| kr | oscil1 | idel, kamp, idur, ifn |
| kr | oscil1i | idel, kamp, idur, ifn |
| ar | osciln | kamp, ifrq, ifn, itimes |
| | | |
| nr | phasor | xcps [,iphs] |
| nr | phasorbnk | xcps, kndx, icnt [, iphs] |
| | | |
| nr | oscil | xamp, xcps, ifn [,iphs] |
| nr | oscili | xamp, xcps, ifn [,iphs] |
| nr | oscil3 | xamp, xcps, ifn [,iphs] |
| | | |
| nr | poscil | kamp, kcps, ifn [,iphs] |
| nr | poscil3 | kamp, kcps, ifn [,iphs] |
| | | |
| nr | lfo | kamp, kcps [,itype] |
| ar | mpulse | kamp, kfreq [,ioffset] |
| | | |
| ar | buzz | xamp, xcps, knh, ifn [,iphs] |
| ar | gbuzz | xamp, xcps, knh, kih, kr, ifn [,iphs] |
| | | |
| ar | vco | kamp, kcps [,iwave] [,kpw] [,isine] [,imaxd] |
| | | |
| ar | adsynt | kamp, kcps, iwfn, ifreqfn, iampfn, icnt[, iphs] |
| ar | hsboscil | kamp, ktone, kbrite, ibasfreq, iwfn, ioctfn[, ioctcnt[, iphs]] |
| | | |
| ar | adsyn | kamod, kfmod, ksmod, ifilcod |
| | | |
| ar | foscil | xamp, kcps, xcar, xmod, kndx, ifn [,iphs] |
| ar | foscili | xamp, kcps, xcar, xmod, kndx, ifn [,iphs] |
| | | |
| ar | fmvoice | kamp, kfreq, kvowel, ktilt, kvibamt, kvibrate, ifn1, ifn2, ifn3, ifn4, ivibfn |

```
ar      fmbell     kamp, kfreq, kc1, kc2, kvdepth, kvrate, ifn1, ifn2, ifn3, ifn4, ivfn
ar      fmrhode    kamp, kfreq, kc1, kc2, kvdepth, kvrate, ifn1, ifn2, ifn3, ifn4, ivfn
ar      fmwurlie   kamp, kfreq, kc1, kc2, kvdepth, kvrate, ifn1, ifn2, ifn3, ifn4, ivfn

ar      fmmetal    kamp, kfreq, kc1, kc2, kvdepth, kvrate, ifn1, ifn2, ifn3, ifn4, ivfn
ar      fmb3       kamp, kfreq, kc1, kc2, kvdepth, kvrate, ifn1, ifn2, ifn3, ifn4, ivfn
ar      fmpercfl   kamp, kfreq, kc1, kc2, kvdepth, kvrate, ifn1, ifn2, ifn3, ifn4, ivfn

ar1[,ar2] loscil  xamp, kcps, ifn [,ibas] [,imod1, ibeg1, iend1] [,imod2, ibeg2, iend2]
ar1[,ar2] loscil3 xamp, kcps, ifn [,ibas] [,imod1, ibeg1, iend1] [,imod2, ibeg2, iend2]

ar      lposcil    kamp, kfreqratio, kloop, kend, ifn [,iphs]
ar      lposcil3   kamp, kfreqratio, kloop, kend, ifn [,iphs]

ar      fof        xamp, xfund, xform, koct, kband, kris, kdur, kdec, iolaps, ifna, ifnb,
itotdur [,iphs] [,ifmode]
ar      fof2       xamp, xfund, xform, koct, kband, kris, kdur, kdec, iolaps, ifna, ifnb,
itotdur, kphs, kgliss
ar      fog        xamp, xdens, xtrans, aphs, koct, kband, kris, kdur, kdec, iolaps, ifna,
ifnb, itotdur [,iphs] [,itmode]

ar      grain      xamp, xcps, xdens, kampoff, kcpsoff, kgdur, igfn, iwfn, imgdur [,igrnd]

ar      granule    xamp, ivoice, iratio, imode, ithd, ifn, ipshift, igskip, igskip_os, ilength, kgap,
igap_os, kgsize, igsize_os, iatt, idec [,iseed] [,ipitch1] [,ipitch2] [,ipitch3] [,ipitch4] [,ifnenv]

ar[,acmp]sndwarp xamp, xtimewarp, xresample, ifn1, ibeg, iwsize, irandw, ioverlap, ifn2,
itimemode

ar1, ar2[, acmp1, acmp2]      sndwarpst  xamp, xtimewarp, xresample, ifn1, ibeg,
iwsize, irandw, ioverlap, ifn2, itimemode

ar      pluck      kamp, kcps, icps, ifn, imeth [,iparm1, iparm2]
ar      wgpluck    ifreq, iamp, kpick, iplk, idamp, ifilt, axcite
ar      wgpluck2   iplk, kamp, ifreq, kpick, kabsor
ar      repluck    iplk, kamp, ifreq, kpick, kabsor, axcite

ar      wgbow      kamp, kfreq, kpres, kratio, kvibf, kvamp, ifn [,iminfreq]
ar      wgbrass    kamp, kfreq, kliptens, idetk, kvibf, kvamp, ifn [,iminfreq]
```

ar    wgclar    kamp, kfreq, kstiff, iatt, idetk, kngain, kvibf, kvamp, ifn [,iminfreq]

ar    wgflute    kamp, kfreq, kjet, iatt, idetk, kngain, kvibf, kvamp, ifn [,iminfreq] [,ijetrefl] [,iendrefl]

ar    wgbowedbar  kamp, kfreq, kpos, kbowpres, kgain[, kconst, ktVel, ibowpos, ilow]

ar    voice    kamp, kfreq, kphoneme, kform, kvibf, kvamp, ifn, ivfn

ar    mandol    kamp, kfreq, kpluck, kdetune, kgain, ksize, ifn [,iminfreq]

ar    moog    kamp, kfreq, kfiltq, kfiltrate, kvibf, kvamp, iafn, iwfn, ivfn

ax,ay,az    planet    kmass1, kmass2, ksep, ix, iy, iz, ivx, ivy, ivz, idelta [,ifriction]

ax,ay,az    lorenz    ks, kr, kb, kh, ix, iy, iz, iskip

scanu init, irate, ifnvel, ifnmass, ifnstif, ifncentr, ifndamp, kmass, kstif, kcentr, kdamp, ileft, iright, kx, ky, ain, idisp, id

ar    scans    kamp, kfreq, ifntraj, id [, korder]

ar    vibes    kamp, kfreq, ihrd, ipos, imp, kvibf, kvamp, ivibfn, idec

ar    marimba  kamp, kfreq, ihrd, ipos, imp, kvibf, kvamp, ivibfn, idec [,idoubles] [,itriples]

ar    gogobel  kamp, kfreq, ihrd, ipos, imp, kvibf, kvamp, ivibfn

ar    shaker    kamp, kfreq, kbeans, kdamp, knum, ktimes [,idecay]

ar    cabasa    iamp, idettack[, knum, kdamp, kmaxshake]

ar    crunch    iamp, idettack[, knum, kdamp, kmaxshake]

ar    sekere iamp, idettack[, knum, kdamp, kmaxshake]

ar    sandpaper    iamp, idettack[, knum, kdamp, kmaxshake]

ar    stix    iamp, idettack[, knum, kdamp, kmaxshake]

ar    guiro    iamp, idettack[, knum, kdamp, kmaxshake, kfreq, kfreq1]

ar    tambourine  iamp, idettack[, knum, kdamp, kmaxshake, kfreq, kfreq1, kfreq2]

ar    bamboo  iamp, idettack[, knum, kdamp, kmaxshake, kfreq, kfreq1, kfreq2]

ar    dripwater    iamp, idettack[, knum, kdamp, kmaxshake, kfreq, kfreq1, kfreq2]

ar    sleighbells    iamp, idettack[, knum, kdamp, kmaxshake, kfreq, kfreq1, kfreq2]

## GENERATORI RANDOM

nr    rand    xamp [,iseed] [,iuse31]

nr    randh    xamp, xcps [,iseed] [,iuse31]

nr    randi    xamp, xcps [,iseed] [,iuse31]

|      |          |                                       |
|------|----------|---------------------------------------|
|      | **rnd(x)**   |                                       |
|      | **birnd(x)** |                                       |
| ar   | **pinkish**  | **xin[, imethod, inumbands, iseed, iskip]** |
| ar   | **noise**    | **xamp, kbeta**                       |
|      |          |                                       |
| xr   | **linrand**  | **krange**                            |
| xr   | **trirand**  | **krange**                            |
| xr   | **exprand**  | **krange**                            |
| xr   | **bexprnd**  | **krange**                            |
| xr   | **cauchy**   | **kalpha**                            |
| xr   | **pcauchy**  | **kalpha**                            |
| xr   | **poisson**  | **klambda**                           |
| xr   | **gauss**    | **krange**                            |
| xr   | **weibull**  | **ksigma, ktau**                      |
| xr   | **betarand** | **krange, kalpha, kbeta**             |
| xr   | **unirand**  | **krange**                            |
|      | **seed**     | **ival**                              |

## MODIFICATORI DI SEGNALE

**SRCONV - Convert soundfile sample rate.**
**DNOISE - Denoise soundfiles.**

|      |              |                                   |
|------|--------------|-----------------------------------|
| kr   | **downsamp**     | **asig [,iwlen]**                 |
| ar   | **upsamp**       | **ksig**                          |
| ar   | **interp ksig**  | **[,iskip]**                      |
| nr   | **samphold** | **xsig, xgate [,ival, ivskip]**   |
|      |              |                                   |
| nr   | **integ**        | **xsig [,iskip]**                 |
| nr   | **diff**         | **xsig [,iskip]**                 |
|      |              |                                   |
| xr   | **ntrpol**       | **xsig1, xsig2, npoint [,imin, imax]** |
|      |              |                                   |
| ar   | **fold**         | **asig, kincr**                   |
|      |              |                                   |
| kr   | **portk**        | **ksig, khtim [,isig]**           |
| kr   | **port**         | **ksig, ihtim [,isig]**           |
|      |              |                                   |
| kr   | **tonek**        | **ksig, khp [,iskip]**            |

```
ar    tone     asig, khp [,iskip]
ar    tonex    asig, khp [,inumlayer, iskip]

kr    atonek   ksig, khp [,iskip]
ar    atone    asig, khp [,iskip]
ar    atonexasig, khp [,inumlayer, iskip]

kr    resonk   ksig, kcf, kbw [,iscl, iskip]
ar    reson    asig, kcf, kbw [,iscl, iskip]

ar    resonxasig, kcf, kbw [,inumlayer, iscl, iskip]
ar    resonyasig, kbf, kbw, inumlayer, ksep [,iscl, iskip]

kr    aresonk  ksig, kcf, kbw [,iscl, iskip]
ar    aresonasig, kcf, kbw [,iscl, iskip]

ar    resonrasig, kcf, kbw [,iscl, iskip]
ar    resonzasig, kcf, kbw [,iscl, iskip]

ar    butterhp asig, kfreq [,iskip]
ar    butterlp asig, kfreq [,iskip]
ar    butterbp asig, kfreq, kband [,iskip]
ar    butterbr asig, kfreq, kband [,iskip]

ar    lowpass2 asig, kcutoff, kq [,iskip]
ar    lowresasig, kcutoff, kresonance [,iskip]
ar    lowresx  asig, kcutoff, kresonance [,inumlayer, iskip]
ar    vlowres  asig, kcutoff, kresonance, iord, ksep

ar    biquad   asig, kb0, kb1, kb2, ka0, ka1, ka2 [,iskip]
ar    moogvcf  asig, xfco, xres [,iscale]
ar    lpf18    asig, kfco, kres, kdist
ar    rezzy    asig, xfco, xres [,imode]

ar    tbvcf    asig, xfco, xres, kdist, kasym

nr    filter2 nsig, iM,iN,ib0,ib1,..., ibM,ia1,ia2,...,iaN
ar    zfilter2   asig, kdamp,kfreq,iM,iN,ib0,ib1,...,ibM,ia1,ia2,...,iaN
```

alo,ahi,abnd     svfilter    asig, kcf, kq[, iscl]

ar     pinkish    xin[, imethod, inumbands, iseed, iskip]

ar     nlalp     ain, klfact, knfact [, iskip]
ar     nlfilt     ain, ka, kb, kd, kL, kC
ar     pareq     asig, kc, kv, kq [,imode]

are, aim     hilbert    asig

ar     delayr idlt [,iskip]
      delayw    asig
ar     delay     asig, idlt [,iskip]
ar     delay1    asig [,iskip]

ar     deltap    kdlt
ar     deltapi    xdlt
ar     deltap3    xdlt
ar     deltapn    xnumsamps
ar     multitap   asig, itime1, igain1, itime2, igain2 . . .
ar     vdelay asig, xdel, imaxdel [,iskip]
ar     vdelay3    asig, xdel, imaxdel [,iskip]

ar     comb     asig, krvt, ilpt [,iskip] [,insmps]
ar     alpass    asig, krvt, ilpt [,iskip] [,insmps]
ar     reverb    asig, krvt [,iskip]
ar     reverb2    asig, ktime, khdif [,iskip]
ar     nreverb   asig, ktime, khdif [,iskip] [,inumCombs, ifnCombs] [,inumAlpas, ifnAlpas]
ar     nestedap asig, imode, imaxdel, idel1, igain1 [,idel2, igain2 [,idel3, igain3]]
ar, al   babo     asig, ksrcx, ksrcy, ksrcz, irx, iry, irz [,idiff [,ifno]]

ar     wguide1 asig, xfreq, kcutoff, kfeedback
ar     wguide2 asig, xfreq1, xfreq2, kcutoff1, kcutoff2, kfeedback1, kfeedback2

ar     streson   asig, kfr, ifdbgain

ar     cross2 ain1, ain2, ilen, iovl, iwin, kbias

ar     phaser1   asig, kfreq, iord, kfeedback[, iskip]

ar      phaser2   asig, kfreq, kq, iord, imode, ksep, kfeedback
ar      flanger   asig, adel, kfeedback [,imaxd]

ar      harmon    asig, kestfrq, kmaxvar, kgenfrq1, kgenfrq2, imode, iminfrq, iprd
ar      distort1  asig [,kpregain, kpostgain, kshape1, kshape2 ]

## AMPIEZZA E SPAZIALIZZAZIONE

kr      rms       asig [,ihp, iskip]
ar      gain      asig, krms [,ihp, iskip]
ar      balance   asig, acomp [,ihp, iskip]

ar      dam       ain, kthresh, icomp1, icomp2, irtime, iftime

ar      dcblock   asig [,igain]
xr      limit     xsig, nlow, nhigh
xr      wrap      xsig, nlow, nhigh
xr      mirror    xsig, nlow, nhigh
ar      clip      ain, imethod, ilimit[, iarg]

nr      linen     xamp, irise, idur, idec
nr      linenr    xamp, irise, idec, iatdec
nr      envlpx    xamp, irise, idur, idec, ifn, iatss, iatdec [,ixmod]
nr      envlpxr   xamp, irise, idur, idec, ifn, iatss, iatdec [,ixmod] [,irind]

a1,...,a4   pan   asig, kx, ky, ifn [,imode] [,ioffset]

a1,a2[,a3,a4] locsig asig, kdegree, kdistance, kreverbsend

a1,a2[,a3,a4] locsend

a1,..., a4  space  asig, ifn, ktime, kreverbsend [,kx, ky]

a1,..., a4  spsend

kr spdist ifn, ktime [,kx, ky]

aL, aR    hrtfer asig, kAz, kElev, "HRTFcompact"

vbaplsinitidim, ils_amount, idir1, idir2,...

(N = 4, 8, or 16)
a1,...,aN   vbapNasig, iazi, iele, ispread
a1,...,aN   vbapNmove  asig, ispread, ifld_amount, ifld1, ifld2, ...

vbapz      inumchans, indx, asig, iazi, iele, ispread
           vbapzmove  inumchans, indx, asig, ispread, ifld_amount, ifld1, ifld2, ...

## OPERAZIONI SU DATI DI ANALISI

**HETRO** - Fourier analysis for adsyn generator.

ar      adsyn      kamod, kfmod, ksmod, ifilcod

**PVANAL** - Fourier analysis for phase vocoder generators.
**PVLOOK** - Read and print out PVANAL file content info.
ar      pvoc       ktimpnt, kfmod, ifilcod [, ispecwp, iextractmode, ifreqlim, igatefun]
ar      pvadd      ktimpnt, kfmod, ifile, ifn, ibins [,ibinoffset, ibinincr, iextractmode, ifreqlim, igatefun]
kfrq,kamp          pvread     ktimpnt, ifile, ibin
pvbufread          ktimpnt, ifile
ar      pvinterp ktimpnt, kfmod, ifile, kfreqscale1, kfreqscale2, kampscale1, kampscale2, kfreqinterp, kampinterp
ar      pvcross    ktimpnt, kfmod, ifile, kamp1, kamp2, [ispecwp]

tableseg           ifn1, idur1, ifn2 [,idur2, ifn3[...]]
       tablexseg ifn1, idur1, ifn2 [,idur2, ifn3[...]]
ar      vpvoc ktimpnt, kfmod, ifilcod[, ispecwp][, ifnmagctrl]

**LPANAL** - Linear predictive analysis for lpread/lpreson generators
krmsr, krmso, kerr, kcps  lpread ktimpnt, ifilcod [,inpoles] [,ifrmrate]
ar      lpreson    asig
ar      lpfreson asig, kfrqratio
lpslot islot
       lpinterp   islot1,islot2,kmix

**CVANAL** - Impulse response Fourier analysis for convolve operator

ar1[,...[,ar4]]]    convolve ain, ifilcod [,ichan]

## IL SISTEMA DI PATCHING ZAK

**zakinit isizea, isizek**

| | | |
|---|---|---|
| **ir** | **zir** | **indx** |
| **kr** | **zkr** | **kndx** |
| **ar** | **zar** | **kndx** |
| **ar** | **zarg** | **kndx, kgain** |
| | **ziw** | **isig, indx** |
| | **zkw** | **ksig, kndx** |
| | **zaw** | **asig, kndx** |
| | **zkcl** | **kfirst, klast** |
| | **zacl** | **kfirst, klast** |

**ziwm isig, indx [,imix]**

| | | |
|---|---|---|
| | **zkwm** | **ksig, kndx [,imix]** |
| | **zawm** | **asig, kndx [,imix]** |

| | | |
|---|---|---|
| **kr** | **zkmod** | **ksig, kzkmod** |
| **ar** | **zamodasig, kzamod** | |

## INGRESSO E USCITA

| | | |
|---|---|---|
| **a1** | | **in** |
| **a1,** | **a2** | **ins** |
| **a1,...,a4** | | **inq** |
| **a1,...,a6** | | **inh** |
| **a1,...,a8** | | **ino** |
| **a1,...,a16** | | **inx** |
| **a1,...,a32** | | **in32** |
| **a1** | **inch** | **kchannel** |
| | **inz** | **kZA_indx** |
| **a1** | **soundin** | **ifilcod [,iskptim] [,iformat]** |

a1, a2 soundin   ifilcod [,iskptim] [,iformat]

a1,...,a4   soundin   ifilcod [,iskptim] [,iformat]

a1[,a2[,a3,a4]]   diskin ifilcod, kratio [,iskiptim] [,iwraparound] [,iformat]

outasig
      outs        asig1, asig2
      outs1/2    asig
      outq       asig1, asig2, asig3, asig4
      outq1/2/3/4   asig
      outh       asig1, asig2, asig3, asig4, asig5, asig6
      outo       asig1, ..., asig8
      outx       asig1, ..., asig16
      out32     asig1, ..., asig32
      outc       asig1[, asig2,....]
      outch      kch1, asig1, kch2, asig2, ....

outz   kZA_indx

      soundout asig, "soundfilename" [,iformat]

## SOUNDFONTS

ifilhandle sfload "filename"

sfplist ifilhandle
      sfilist      ifilhandle
      sfpassign istartindex, ifilhandle

ipreindex      sfpreset   iprog, ibank, ifilhandle, ipreindex

a1, a2 sfplay    ivel, inotnum, xamp, xfreq, ipreindex [, iflag]
a1     sfplaym   ivel, inotnum, xamp, xfreq, ipreindex [, iflag]

a1, a2 sfinstr    ivel, inotnum, xamp, xfreq, instrNum, ifilhandle [, iflag]
a1     sfinstrm   ivel, inotnum, xamp, xfreq, instrNum, ifilhandle [, iflag]

## ACCESSO AI FILE

| | | |
|---|---|---|
| ihandle | fiopen | "ifilename",imode |
| | fout | "ifilename", iformat, aout1 [, aout2, aout3,.... ,aoutN] |
| | foutk | "ifilename", iformat, kout1 [, kout2, kout3,.....,koutN] |
| | fouti | ihandle, iformat, iflag, iout1 [, iout2, iout3,.....,ioutN] |
| | foutir | ihandle, iformat, iflag, iout1 [, iout2, iout3,.....,ioutN] |
| | | |
| | fin | "ifilename", iskipframes, iformat, ain1 [, ain2, ain3,.... ,ainN] |
| | fink | "ifilename", iskipframes, iformat, kin1 [, kin2, kin3,.... ,kinN] |

fini    "ifilename", iskipframes, iformat, in1 [, in2, in3,.... ,inN]

| | | |
|---|---|---|
| | vincr | asig, aincr |
| | clear | avar1 [,avar2, avar3,...,avarN] |

| | | |
|---|---|---|
| ilen | filelen | ifilcod |
| isr | filesr | ifilcod |
| ichnls | filenchnls | ifilcod |
| ipeak | filepeak | ifilcod, [ichnl] |

| | | |
|---|---|---|
| | display | nsig, iprd [,inprds] [,iwtflg] |
| | dispfft | nsig, iprd, iwsiz [,iwtyp] [,idbouti] [,wtflg] |

| | | |
|---|---|---|
| | print | iarg [,iarg,...] |
| | printk | itime, kval [,ispace] |
| | printk2 | kval [,ispace] |
| | printks | "txtstring", itime, kval1, kval2, kval3, kval4 |

| | | |
|---|---|---|
| k1 | readk | "ifilname", iformat, iprd [,interp] |
| k1,k2 | readk2 | "ifilname", iformat, iprd [,interp] |
| | | |
| k1,k2,k3 | readk3 | "ifilname", iformat, iprd [,interp] |
| k1,..., k4 | readk4 | "ifilname", iformat, iprd [,interp] |

| | | |
|---|---|---|
| | dumpk | ksig, "ifilname", iformat, iprd |
| | dumpk2 | ksig1, ksig2, "ifilname", iformat, iprd |
| | dumpk3 | ksig1, ksig2, ksig3, "ifilname", iformat, iprd |
| | dumpk4 | ksig1, ksig2, ksig3, ksig4, "ifilname", iformat, iprd |

# I MESSAGGI DI ERRORE E DI AVVERTIMENTO DI CSOUND

Csound può visualizzare numerosissimi messaggi: alcuni di errore (e l'esecuzione spesso verrà interrotta), altri di avvertimento (*Warning*), altri che sono semplici comunicazioni. Non è possibile trattare tutti i casi, ma la tabella seguente può aiutare l'utilizzatore di Csound a comprendere ciò che sta accadendo e a prendere le misure opportune.

Nella tabella si usano i seguenti simboli:

<NOME>, <NOME1> sono parole o frasi
<NOMEFILE> è il nome di un file che viene letto o scritto
<X>, <N>, <M> sono numeri

| Messaggio | Traduzione | Spiegazione e rimedi |
|---|---|---|
| /dev/audio: cannot do AUDIO_GETINFO | /dev/audio: impossibile reperire AUDIO_GETINFO | *Problema probabilmente dovuto ai driver della scheda audio* |
| /dev/audio: could not write all bytes requested | /dev/audio: impossibile scrivere tutti i byte richiesti | *Problema probabilmente dovuto ai driver della scheda audio, o a un guasto hardware* |
| /dev/dsp: could not write all bytes requested | /dev/dsp: impossibile scrivere tutti i byte richiesti | *Problema probabilmente dovuto ai driver della scheda audio, o a un guasto hardware* |
| ADSYN cannot load <NOME> | ADSYN non può caricare <NOMEFILE> | *Controllare percorso e nome del file hetro* |
| adsyn: not initialised | adsyn; non inizalizzato | *Mancano argomenti? Controllare percorso e nome del file hetro* |
| adsynt: freqtable not found | adsynt: tabella delle frequenze non trovata | *Creare la tabella, o controllarne la validità* |
| adsynt: wavetable not found | adsynt: tabella non trovata | *Creare la tabella, o controllarne la validità* |
| AIFF 3-byte samples not supported | I campioni di suono a 3 byte non sono supportati da AIFF | *Csound non supporta audio a 24 bit per i file AIFF* |
| AIFF does not support <NOME> encoding | AIFF non supporta la codifica <NOME> | *Csound non supporta la codifica richiesta per i file AIFF* |
| AIFF-C 3-byte samples not supported | I campioni di suono a 3 byte non sono supportati da AIFF-C | *Csound non supporta audio a 24 bit per i file AIFF-C* |
| alaw and ulaw not implemented here | alaw e ulaw non implementati | *Non richiedere sistemi di compressione alaw e ulaw* |

| | | |
|---|---|---|
| *alaw audio_in not yet implemented* | ingresso audio alaw non implementato | *Non richiedere sistemi di compressione alaw e ulaw* |
| *alaw not yet implemented* | law non implementato | *Non richiedere sistema di compressione alaw* |
| *Application Signature not pErF* | La firma dell'applicazione non è pErF | *???* |
| *-b <N> probably too large, suggest <= 2048* | Il valore <N> del buffer è probabilmente troppo grande, si suggerisce <= 2048 | *Ridurre le dimensioni del buffer software* |
| *-B <N> probably too large, suggest 1024* | Il valore <N> del buffer è probabilmente troppo grande, si suggerisce 1024 | *Ridurre le dimensioni del buffer* |
| *-B <N> probably too small, suggest <N>* | Il valore <N> del buffer è probabilmente troppo piccolo, si suggerisce <M> | *Aumentare le dimensioni del buffer* |
| *-B <N> probably too small, suggest 1024* | Il valore <N> del buffer è probabilmente troppo grande, si suggerisce 1024 | *Aumentare le dimensioni del buffer* |
| *bad size for PEAK chunk in AIFF file* | Dimensione di PEAK errata nel file AIFF | *Correggere il file AIFF* |
| *Buffer memory not allocated!* | Memoria del buffer non allocata! | *Problema hardware o flag –b errato* |
| *buzz: not initialised* | buzz: non inizializzato | *Questo e analoghi messaggi d errore possono nascere da errate impostazioni degli argomenti* |
| *cannot allocate last note because it exceeds 100% of cpu time* | impossibile allocare l'ultima nota perché eccede il 100% di tempo della CPU | |
| *cannot allocate last note because it exceeds instr maxalloc* | impossibile allocare l'ultima nota perché eccede il massimo spazio di allocazione dello strumento | *Troppe copie di uno stesso strumento sono attive. Ridurre la polifonia* |
| *cannot find <NOME>* | Impossibile trovare <NOMEFILE> | *Controllare percorso e nome del file richiesto* |
| *Cannot get capabilities* | Impossibile reperire le informazioni sulle caratteristiche | *Problema probabilmente dovuto ai driver della scheda audio* |
| *Cannot handle uneven pole count yet* | Non è ancora possibile trattare un numero di poli dispari | *Ripetere l'analisi LPC* |
| *cannot load <NOME>* | Impossibile caricare <NOMEFILE> | *Controllare percorso e nome del file richiesto* |
| *cannot load <NOME>, or SADIR undefined* | Impossibile caricare <NOMEFILE>, oppure SADIR non è definita | *Controllare percorso e nome del file richiesto* |

| | | |
|---|---|---|
| Cannot open #include'd file <NOME> | Impossibile aprire il file di #include <NOMEFILE> | *Controllare percorso e nome del file richiesto* |
| Cannot open <NOME> | Impossibile aprire <NOMEFILE> | *Controllare percorso e nome del file richiesto* |
| cannot open '<NOME>' | Impossibile aprire <NOME> | *Controllare percorso e nome del file richiesto* |
| cannot open <NOME> for read/write, SFDIR undefined | Impossibile aprire <NOMEFILE> in lettura/scrittura, SFDIR non è definita | *Controllare percorso e nome del file richiesto* |
| cannot open <NOME> for writing | Impossibile aprire <NOMEFILE> in scrittura | *Controllare percorso e nome del file richiesto. Controllare che il fle non sia già aperto da un'altra applicazione* |
| cannot open <NOME>, errno = <N> | Impossibile aprire <NOMEFILE>, errore numero = <N> | *Controllare percorso e nome del file richiesto. Controllare che il fle non sia già aperto da un'altra applicazione* |
| cannot open <NOME>. Not in cur dir, SSDIR or SFDIR as defined | Impossibile aprire <NOMEFILE>. Non si trova nelal directory corrente, né in SSDIR o SFDIR | *Controllare percorso e nome del file richiesto. Controllare che il fle non sia già aperto da un'altra applicazione* |
| cannot open <NOMEFILE>. Not in cur dir, INCDIR, SSDIR or SFDIR as defined | Impossibile aprire <NOMEFILE>. Non è nella directory corrente, né in SSDIR o in SFDIR. | *Controllare percorso e nome del file richiesto. Controllare che il fle non sia già aperto da un'altra applicazione* |
| Cannot open input file <NOME> | Impossibile aprire il file di ingresso <NOMEFILE> | *Controllare percorso e nome del file richiesto. Controllare che il fle non sia già aperto da un'altra applicazione* |
| Cannot open MIDI device | Impossibile aprire il device MIDI | *Controllare che il device MIDI richiesto esista e non sia già impegnato da un'altra applicazione* |
| cannot open orch file <NOME> | Impossibile aprire il file orchestra <NOMEFILE> | *Controllare percorso e nome del file richiesto* |
| Cannot open output file <NOME> | Impossibile aprire il file di uscita <NOMEFILE> | *Controllare che il fle non sia già aperto da un'altra applicazione* |
| Cannot open output hetro file <NOME> | Impossibile aprire il file hetro <NOMEFILE> | *Controllare che il fle non sia già aperto da un'altra applicazione* |

| | | |
|---|---|---|
| *Cannot open PV file* | Impossibile aprire il file PV | *Controllare che il fle non sia già aperto da un'altra applicazione* |
| *cannot open scorefile <NOME>* | Impossibile aprire il file partitura <NOMEFILE> | *Controllare percorso e nome del file richiesto* |
| *\*cannot read <NOME>* | Impossibile leggere <NOMEFILE> | *Controllare percorso e nome del file richiesto* |
| *cannot write AIFF/WAV soundfile with no header* | Impossibile scrivere un file AIFF/WAV senza intestazione | *I file AIFF e WAV richiedono obbligatoriamente l'intestazione. Controllare i flag* |
| *cannot write header* | Impossibile scrivere l'intestazione | *???* |
| *Cannot write to MIDI device* | Impossibile scrivere sul device MIDI | *Controllare che il device MIDI richiesto esista e non sia già impegnato da un'altra applicazione* |
| *cannot write WAV soundfile with no header* | Impossibile scrivere un file audio WAV senza header | *I file WAV richiedono obbligatoriamente l'intestazione. Controllare i flag* |
| *Circular note list* | Lista di note circolare | *In una macro si è involntariamente realizzata una lista di note che fa riferimento a se stessa. Controllare le macro di partitura* |
| *Closing bracket not allowed in context []* | Parentesi quadra di chiusura non ammessa in questo contesto | *Errore di sintassi* |
| *command-line srate / krate not integral* | sr/kr non è intero nella linea di comando | *Controllare che sr sia un multiplo intero di kr* |
| *CONVOLVE cannot load <NOME>* | CONVOLVE non può caricare <NOMEFILE> | *Controllare percorso e nome del file richiesto* |
| *CONVOLVE: channel number greater than number of channels in source* | CONVOLVE: numero di canali maggiore del numero di canali nella sorgente | *Controllare il numero di canali di uscita di convolve* |
| *CONVOLVE: output channels not equal to number of channels in source* | CONVOLVE: numer di canali di uscita diverso dal numero di canali della sorgente | *Controllare il numero di canali di uscita di convolve* |
| *<NOMEFILE>: could not find* | <NOMEFILE>: non trovato | *Controllare percorso e nome del file richiesto* |
| *Could not get audio information* | Impossibile reperire informazioni audio | *Problema probabilmente dovuto ai driver della scheda audio* |
| *Could not open /dev/audio for reading* | Impossibile aprire /dev/audio in lettura | *Problema probabilmente dovuto ai driver della scheda audio* |

| | | |
|---|---|---|
| Could not open /dev/audio for writing | Impossibile aprire /dev/audio in scrittura | *Problema probabilmente dovuto ai driver della scheda audio* |
| could not open file | Impossibile aprire il file | *Controllare percorso e nome del file richiesto* |
| could not write the outfile header | Impossibile scrivere l'intestazione sul file | |
| Csound Command ERROR: <NOME> | Errore nel comando Csound: <NOME> | |
| Decode failed....stopping | Errore durate la decodifica ... stop | |
| deferred size for GEN1 only | L'allocazione differita si applica solo a GEN1 | *Tutte le GEN (a parte GEN1) richiedono una potenza di 2 (+1) come lunghezza* |
| deferred size, but filesize unknown | Allocazione differita, ma la dimensione del file è sconosciuta | |
| deferred-size ftable <N> illegal here | L'allocazione differita della tabella <N> qui è illegale | *Usare una lungheza che sia diversa da zero* |
| Deferred-size ftable <N> load not available at perf time. | Il caricamento della tabella <N> di dimensione differita non è disponibile durante l'esecuzione | *Una tabella a dimensione differita può essere creata soltanto in partitura, non in orchestra* |
| Deprecated -- use round brackets instead of curly | Sconsigliato – usare parentesi tonde invece che graffe | |
| diskin read error – during backwards playback | Errore di lettura di diskin durante la lettura a ritroso | *Provare a modificare, anche di pochissimo, la velocità di lettura* |
| Division by zero | Divisione per zero | |
| duplicate label | Etichetta duplicata | *Cambiare nome all'etichetta* |
| duration < zero | Durata minore di zero | *Controllare la durata* |
| Error code: <NOME> | Codice di errore: <N> | |
| Error creating <NOMEFILE> | Errore nella creazione di <NOMEFILE> | *Controllare percorso e nome del file richiesto. Controllare che il fle non sia già aperto da un'ultra applicazione* |
| error in score. illegal opcode <N> (ASCII <N>) | Errore in partitura: opcode illegale <N> | *Correggere la partitura* |
| error line <N>. unknown label: | Errore alla riga <N>: etichetta sconosciuta | *Correggere i riferimenti all'etichetta inesistente* |
| error reading audio_filehdr | Errore nella lettura dell'intestazione del file audio | |
| Error reading PV header: <NOME> | Errore durante la lettura dell'intestazione di PV: <NOME> | *Ripetere l'analisi con PVOC* |
| Error reading PVOC file | Errore durante la lettura del file PVOC | *Ripetere l'analisi con PVOC* |

| | | |
|---|---|---|
| *error reading unknown chunk in WAV file* | Errore nella lettura di un blocco sconosciuto nel file WAV | *Editare il file WAV con un editor di file audio omettendo tutti i commenti, i markers etc. Creare un file WAV "pulito"* |
| *error skipping unknown chunk in WAV file* | Errore nel salto di un blocco sconosciuto nel file WAV | *Editare il file WAV con un editor di file audio omettendo tutti i commenti, i markers etc. Creare un file WAV "pulito"* |
| *<NOME>: error while opening <NOME> (disk may be full... closing the file ...) (wait)* | <NOMEFILE>: errore in apertura del file (il disco potrebbe esssre pieno... chiusura file) (attendere) | *Controllare lo spazio disponibile su disco.* *Controllare percorso e nome del file richiesto. Controllare che il fle non sia già aperto da un'altra applicazione* |
| *Error writing PVOC file* | Errore durante la scrittura del file PVOC | *Controllare percorso e nome del file. Controllare che il fle non sia già aperto da un'altra applicazione* |
| *error writing WAV header* | Errore nella scrittura dell'intestazione di un file WAV | |
| *ERROR: illegal character <N>(<M>) in scoreline:* | ERRORE: carattere illegale <N> in partitura | *Correggere la partitura. Attenzione ai caratteri non stampabili* |
| *Error: linseg not initialised (krate)* | Errore: linseg non inizializzato | |
| *ERROR: too many pfields:* | ERRORE: troppi p-fields (parametri) | *Ridurre il numero dei parametri* |
| *<N> errors in performance* | <N> errori durante l'esecuzione | - |
| *Expected =* | Si attendeva = | |
| *Expected score or functions section* | Si attendeva una partitura o una definizione di tabella | |
| *Expression got lost* | L'espressione è andata perduta | *Espressione troppo complessa o errata: correggere* |
| *Failed to create* | Errore nella creazione | |
| *Failed to find <NOME>* | Errore nella ricerca di <NOME> | |
| *Failed to open dac* | Errore nell'apertura di DAC | |
| *Failed to open MIDI OUT due to <NOME>* | Errore nell'apertura di MIDI OUT dovuto a <NOME> | |
| *Failed to open text file* | Errore nell'apertura del file di testo | |
| *Failed to read LPC header* | Errore nella lettura dell'intestazione del file LPC | *Ripetere l'analisi con LPANAL* |

| | | |
|---|---|---|
| *file <NOMEFILE> bytes are in wrong order* | I byte del file <NOMEFILE> sono nell'ordine sbagliato | *Le macchine basate su processori Intel e i Macintosh usano ordini diversi per i byte. Correggere con un editor di file audio* |
| *Filter not inited, cannot set* | Filtro non inizializzato, impossibile proseguire | |
| *FOF needs more overlaps* | FOF necessita di più sovrapposizioni (overlaps) | |
| *Found only <N> poles...sorry* | Trovati solo <N> poli... spiacente | |
| *ftable does not exist* | La tabella non esiste | *Creare la tabella richiesta* |
| *FTERROR, ftable <N>: <NOME>* | FTERROR: tabella <N>: <NOME> | *Creare o correggere la tabella richiesta* |
| *GEN1 early end-of-file* | Fine del file inattesa in GEN1 | *Il file audio che si sta leggendo è probabilmente danneggiato* |
| *GEN1 read error* | Errore di lettura in GEN1 | *Il file audio che si sta leggendo è probabilmente danneggiato* |
| *GEN1: aiff file truncated by ftable size* | GEN1: file AIFF troncato dalla dimensione della tabella | *Di solito non è un errore, ma un avvertimento* |
| *GEN1: input file truncated by ftable size* | GEN1: file di ingresso troncato dalla dimensione della tabella | *Di solito non è un errore, ma un avvertimento* |
| *<NOME> has no soundfile header, assuming <NOME>* | <NOMEFILE> non ha intestazione, si suppone che sia <NOMEFILE> | *Controllare il tipo del file audio* |
| *<NOME> has no soundfile header, reading as <NOME>, <N> chnl<NOME>* | <NOMEFILE> non ha intestazione, viene letto come <NOMEFILE>, <X> canali | *Controllare il tipo del file audio* |
| *High frequency diffusion not in (0, 1)* | La diffusione delle alte frequenze non è nella gamma (0, 1) | |
| *ID is out of range* | ID fuori gamma | |
| *illegal channel* | Canale illegale | |
| *illegal channel number* | Numero di canale illegale | |
| *illegal character <N>* | Carattere illegale <N> | |
| *illegal code <N> encountered* | E' stato incontrato il codice <N> illegale | |
| *illegal controller number* | Numero di controller illegale | |
| *illegal delay time* | Tempo di ritardo illegale | |
| *illegal ftable number* | Numero di tabella illegale | *Creare o correggere la tabella richiesta* |
| *illegal gen number* | Numero di GEN illegale | *Creare o correggere la tabella richiesta* |

| | | |
|---|---|---|
| illegal input vals for gen call, beginning: | Valori di ingresso illegali nella chiamata della GEN | *Creare o correggere la tabella richiesta* |
| illegal instr number | Numero di strumento illegale | |
| illegal midi channel | Canale midi illegale | |
| illegal no of output args | Numero di argomenti di uscita illegale | |
| illegal RT scoreline: <NOME> | Linea di partitura in tempo reale illegale: <NOME> | |
| illegal table length | Lunghezza di tabella illegale | *Creare o correggere la tabella richiesta* |
| illegal tempo | Tempo illegale | |
| Improper \ | Carattere \ errato | |
| Improper tie | Legatura errata | |
| Incompatible sample/channel/width | Frequenza di campionamento o numero di canali incompatibile | *Correggere l'intestazione dell'orchestra* |
| inconsistent AIFF sizes | Dimensione di AIFF inconsistenti | |
| inconsistent AIFF-C sizes | Dimensione di AIFF-C inconsistenti | |
| inconsistent sr, kr, ksmps | sr, kr, ksmps inconsistenti | *Correggere l'intestazione dell'orchestra* |
| <NOME> inconsistent with global nchnls (<N>); replaced with <NOME> | out in contraddizione con nchnls (<N>); sostituito con <M> | *Correggere l'intestazione dell'orchestra* |
| inconsistent WAV size | Dimensione di WAV inconsistenti | |
| Index out of range | Indice fuori gamma | |
| INFILE ERROR: illegal <NOME> info in aiff file <NOME> | ERRORE DI LETTURA FILE: informazione <NOME> illegale nel file AIFF <NOME1> | |
| INFILE ERROR: illegal <NOME> info in AIFF-C file <NOME> | ERRORE DI LETTURA FILE: informazione <NOME> illegale nel file AIFF-C <NOME1> | |
| INIT ERROR in instr <N>: <NOME> | ERRORE DI INIZIALIZZAZIONE nello strumento <N>: <NOME> | |
| INIT ERROR: <NOME> | ERRORE DI INIZIALIZZAZIONE: <NOME> | |
| INIT ERROR: <NOME> | ERRORE DI INIZIALIZZAZIONE: <NOME> | |
| instr <N> does not exit. Cannot assign it to chan <M> | Lo strumento <N> non esiste. Impossibile assegnarlo al canale <M> | |
| instr <N> expects midi event data, cannot run from score | Lo strumento <N> si aspetta dati midi, impossibile chiamarlo dalla partitura | |

| | | |
|---|---|---|
| *instr <N> had <M> init errors* | Lo strumento <N> ha <M> errori di inizializzazione | |
| *instr <N> pmax = <M>, note pcnt = <X>* | Strumento <N> pmax = <M>, p-field della nota = <X> | *Nello strumento vengono usati più o meno parametri rispetto a quelli specificati nella nota* |
| *instr <N> redefined* | Strumento <N> ridefinito | |
| *instr blks cannot be nested (missing 'endin'?)* | Gli strumenti non possono essere annidati ('endin' mancante?) | *Correggere l'orchestra* |
| *Instrument not defined* | Strumento non definito | *Definire lo strumento o modificare la partitura* |
| *insufficient args, insufficient arguments* | Argomenti insufficienti | |
| *insufficient gen arguments* | Argomenti insufficienti perla GEN | *Correggere la tabella* |
| *Insufficient memory* | Memoria insufficiente | *Si è richiesta una quantità di memoria eccessiva: controllare le dimensionei delle tabelle, specialmente quelle generate con GEN1* |
| *Internal error op=<N>* | Errore interno op=<N> | |
| *Interpolation failed* | Errore nell'interpolazione | |
| *Invalid field* | Campo non valido | |
| *Invalid ftable no. <N>* | Tabella numero <N> non valida | *Creare o correggere la tabella* |
| *Invalid pitch class* | Altezza non valida | *Correggere il pitch* |
| *Invalid time signature* | Indicazione di tempo non valida | |
| *<NOME> is a soundfile with bytes in the wrong order* | <NOMEFILE> è un file audio con i byte nell'ordine sbagliato | *Le macchine basate su processori Intel e i Macintosh usano ordini diversi per i byte. Correggere con un editor di file audio* |
| *label list is full* | La lista delle etichette è piena | |
| *Legal flags are:* | I flag legali sono: | |
| *Linux sound driver does not support floating-point samples* | Il driver di Linux non supporta campioni in formato flottante | *Specificare nei flag solo campion interi a 16 bit* |
| *Linux sound driver does not support long integer samples* | Il driver di Linux non supporta campioni in formato lungo | *Specificare nei flag solo campion interi a 16 bit* |
| *locscil: sustain defers to non-looping source* | loscil: il sustain si riferisce a una sorgente senza loop | |
| *Lost previous note: not written* | La nota precedente è andata perduta e non è stata scritta | |

| | | |
|---|---|---|
| *LPREAD cannot load <NOME>* | LPREAD non riesc a caricare <NOMEFILE> | *Controllare percorso e nome del file.* |
| *macro error* | Errore di macro | *Correggere la macro* |
| *Macro expansion too long -- circular macros?* | Espansione della macro troppo lunga – macro circolare? | *Correggere la macro* |
| *MidiFile Console input not implemented* | L'ingresso di un MidiFile da console non è implementata | |
| *<NOME>: Midifile format <N> not supported* | <NOMEFILE>: formato di Midifile <N> non supportato | *Csound può leggere solo Midifile di tipo 0* |
| *Minimum frequency too low* | Frequenza minima troppo bassa | |
| *misplaced comma* | Virgola al posto sbagliato | |
| *misplaced opcode* | Opcode al posto sbagliato | |
| *Missing endin* | endin mancante | |
| *mono loscil cannot read from stereo ftable* | Un loscil monofonico non può leggere una tabella stereofonica | |
| *Name not found* | Nome non trovato | |
| *<NOME> nchnls = <N>, soundin reading as if nchnls = <N>* | canali di <NOMEFILE> = <N>, soundin li legge come se nchnls fosse = <M> | |
| *need quoted filename* | Il nome di file va delimitato da virgolette | |
| *<NOME> Nested LOOP section (<N>) Level:<M>* | <NOME> Sezione di LOOP annidate (<N>) Livello; <M> | |
| *No base frequency for brass -- assumed to be 50Hz* | Frequenza di base mancante in brass – si suppone 50 Hz | |
| *No base frequency for clarinet -- assuming 50Hz* | Frequenza di base mancante in clarinet – si suppone 50 Hz | |
| *No base frequency for flute -- assumed to be 50Hz* | Frequenza di base mancante in flute – si suppone 50 Hz | |
| *No base frequency for mandolin* | Frequenza di base mancante in mandolin | |
| *no end sample* | campione finale mancante | |
| *No instrument specified* | Non è stato specificato alcuno strumento | |
| *No instruments declared* | Non è stato dicharato alcuno strumento | |
| *no legal base frequency* | Frequenza di base illegale | |
| *No memory for PVOC* | Memoria insufficiente per PVOC | |
| *No MIDI device available* | Nessun device MIDI disponibile | *Installare device* |

| no MIDI output device | Device di uscita MIDI mancante | *Installare device o specificare un device esistente* |
|---|---|---|
| no orchestra name | Nome di orchestra mancante | *Aggiugere il nome dell'orchestra nella riga di comando* |
| no outfilename | Nome del file di uscita mancante | *Aggiugere il nome della partitura nella riga di comando* |
| <NOME>: no recognisable soundfile header | <NOMEFILE>: intestazione non riconoscibile come file audio | |
| No sound capabilities | Non vi è alcuna capacità audio | *Installare il sistema audio* |
| No sound input capabilities | Non vi è alcuna capacità audio in entrata | *Installare il sistema audio* |
| No table for <NOME> | Tabella mancante per <NOME> | |
| Non-positive reverb time | Tempo di riverberazione non positivo | |
| <NOME> not a CONVOLVE file (magic <N>) | <NOMEFILE> non è un file CONVOLVE (numero magico <N>) | *Utilizzare un file CONVOLVE valido* |
| <NOME> not a PVOC file (magic <N>) | <NOMEFILE> non è un file PVOC (numero magico <N>) | *Utilizzare un file PVOC valido* |
| Not #define | #define mancante | *Correggere* |
| Not #include | #include mancante | *Correggere* |
| Not #undef | #undef mancante | *Correggere* |
| note aborted | nota scartata | |
| note deleted. <N> had <N> init errors | nota cancellata. Conteneva <X> errori di inizializzazione | *Correggere* |
| note deleted. instr <N>(<N>) undefined | nota cancellata. Strumento <X> non definito | *Correggere il numero di strumento in partitura, o definire lo strumento in orchestra* |
| Number not allowed in context | Numero non ammesso in questo contesto | |
| -o cannot be stdin | -o non può essere stdin | |
| Offset <N> < 0 or > tablelength | Spiazzamento <N> minore di zero o maggiore della lunghezza della tabella | |
| Open bracket not allowed in context [] | Apertura di parentesi non ammessa in questo contesto | |
| Operator <N> not allowed in context [] | operatore <N> non ammesso in questo contesto | |
| Orchestra sampling rate is not compatible with HRTF. | La frequenza di campionamento dell' orchestra non è compatibile con HRTF | *Utilizzare solamente sr=44100 con HRTF* |
| overall samples out of range: | Campioni complessivi fuori gamma: | |
| Parameter number out of range | Numero di parametro fuori gamma | |

| | | |
|---|---|---|
| *PERF ERROR in instr <N>: <NOME>* | ERRORE di PERF nello strumento <N>: <NOME> | |
| *PERF ERROR: <NOME>* | ERRORE DI ESECUZIONE: <NOME> | |
| *PMAX exceeded, string event truncated.* | E' stato ecceduto il massimo numero di p-fields, l'evento è stato troncato | *Diminuire il numero di parametri in partitura* |
| *** Warning ** PostScript file <NOME> cannot be opened* | ** Attenzione ** Impossibile aprire il file PostScript <NOMEFILE> | |
| *PVADD cannot load <NOME>* | PVADD non può caricare <NOMEFILE> | *Controllare percorso e nome del file.* |
| *PVADD timpnt < 0* | Il timpt di PVADD è minore di zero | *Correggere* |
| *PVOC transpose too high* | PVOC: trasposizione troppo alta | *Correggere* |
| *PVOC transpose too low* | PVOC: trasposizione troppo bassa | *Correggere* |
| *PVREAD cannot load <NOME>* | PVREAD: trasposizione troppo alta | *Correggere* |
| *Read error on <NOME>* | Errore di lettura su <NOME> | *Controllare percorso e nome del file.* |
| *remainder of line flushed* | il resto della riga non è stato letto | |
| *remainder of line flushed* | Il resto della linea è stato scartatato | |
| *rtevent: T<N> TT<M> M:* | evento in tempo reale: | |
| *<N> samples <NOME> out of range* | <N> campioni fuori gamma | |
| *score error: <NOME> on line <N> position <M>* | Errore in partitura <NOME> alla riga <N> posizione <M> | *Correggere* |
| *SFDIR undefined. using current directory* | SFDIR non definita, si usa la directory corrente | |
| *soundcard does not support the requested sample format* | La scheda audio non supporta il formato richiesto | *Correggere sr nell'intestazione* |
| *Specified device is out of range* | Il device specificato è fuori gamma | |
| *<NOME> sr = <N>, orch sr = <M>* | sr di <NOMEFILE> = <N>, sr dell'orchestra = <M> | *Correggere sr nell'intestazione dell'orchestra* |
| *Syntax error in macro call* | Errore di sintassi nella chiamata della macro | *Correggere* |
| *Syntax error: no {* | Errore di sintassi: manca ( | *Correggere* |
| *Syntax error: no =* | Errore di sintassi: manca = | *Correggere* |
| *Syntax error: no number* | Errore di sintassi: manca il numero | *Correggere* |
| *T<N> - note deleted.* | Nota cancellaa al tempo <N> | |
| *Table <N> not found* | Tabella <N> non trovata | *Definire la tabella* |
| *table size too large* | Dimensione della tabella troppo grandi | *Correggere la tabella* |
| *Table write offset <N> < 0 or > tablelength* | Lo spiazzamento nella scrittura della tabella è minore di zero o maggiore della lunghezza della tabella | |

| | | |
|---|---|---|
| *target label '<NOME>' not found* | Etichetta <NOME> non trovata | *Correggere* |
| *Tempo must be specified* | Il tempo deve essere specificato | |
| *Tie between different pitches* | Legatura fra altezze diverse | *Correggere* |
| *Time values must be in increasing order* | I valori di tempo devono essere in ordine crescente | *Correggere* |
| *Too many arguments to macro* | Troppi argomenti per la macro | *Correggere la macro* |
| *-U <NOME> not a valid UTIL name* | -U <NOME> non è una UTIL valida | *Controllare la linea di comando ("Csound –U ...")* |
| *unable to allocate or lock memory* | impossibile allocare memoria | |
| *Unable to configure MIDI port* | Impossibile configurare la porta MIDI | *Controllare che la porta MIDI non sia impegnata da un'altra applicazione* |
| *Unable to open Midi Port <NOME>* | Impossibile aprire la porta MIDI <N> | *Controllare che la porta MIDI esista* |
| *unbalanced parens* | Parentesi sbilanciate | *Correggere* |
| *Undefined macro* | Macro non definita | *Definire la macro* |
| *Unexpected end of file* | Fine file inattesa | |
| *-unknown audio_in format* | Formato audio di ingresso sconosciuto | |
| *unknown audio_out format* | Formato audio di uscita sconosciuto | |
| *unknown chunk <NOME> of size <N>* | Blocco <NOME> di dimensioni <N> sconosciuto | |
| *unknown command :<NOME>* | Comamndo sconosciuto: <NOME> | |
| *unknown GEN number* | Numero di GEN sconosciuto | *Correggere la definizione della tabella* |
| *unknown instr* | Strumento sconosciuto | *Correggere* |
| *unknown opcode* | Opcode sconosciuto | *Correggere* |
| *unknown PEAK chunk version in AIFF file* | Versione del blocco di PEAK sconosciuta nel file AIFF | |
| *Unmatched comment* | Commento senza chiusura | *Correggere* |
| *unmatched quotes* | Virgolette scbilanciate | *Correggere* |
| *unrecognised flag -<N>* | Flag -<N> sconosciuto | |
| *Unrecognised keyword* | Parola chiave non riconosciuta | *Correggere* |
| *unsupported wave format* | Formato wave non supportato | *Correggere i flag* |
| *WARNING: <NOME> encoding information cannot be contained in the header...* | ATTENZIONE: le informazioni <NOME> non possono essere contenute nell'intestazione | |
| *WAV does not support <NOME> encoding* | WAV non supporta la codifica <NOME> | |

| | | |
|---|---|---|
| *<N> WAVE IN devices found* | <X> device trovati per l'ingresso audio | |
| *-->WAVE IN DEV.#<N> ENABLED ( <NOME> )* | -->ABILITATO IL DEVICE WAVE DI INGRESSO numero <N> | |
| *<N> WAVE OUT devices found* | <X> device trovati per l'uscita audio | |
| *-->WAVE OUT DEV.#<N> ENABLED ( <NOME> )* | -->ABILITATO IL DEVICE WAVE DI USCITA numero <N> | |
| *WAVE OUT unknown wave format* | Formato di uscita sconosciuto | *Correggere la linea di comando* |
| *Wrong input count in multitap* | Numero degli ingressi errato in multitap | *Correggere* |
| *Wrong number of input arguments* | Numero degli argomenti di ingrerrato | *Correggere* |

# BIBLIOGRAFIA ESSENZIALE

AA.VV., *MIDI Specifications*, MIDI International User's Group, Los Altos, CA., USA, 1983

Backus, J. *The Acoustical Foundation of Music*. New York, New York: Norton

Balena F., De Poli, Giovanni, "Un modello semplificato del clarinetto mediante oscillatore non lineare", in *Musica e tecnologia: industria e cultura per lo sviluppo del Mezzogiorno*, Quaderni di Musica/Realtà - UNICOPLI, 1987, Milano

Berry, R.W., "Experiments in Computer Controlled Acoustical Modelling (A Step Backwards?)", in *Proceedings of the 14th Computer Music Conference*, Feedback Papers, 1988, Köln, Germania

Bianchini, R. 1987. 'Composizione automatica di strutture musicali', in *I profili del suono*. Musica Verticale-Galzerano, 1987, Salerno

Bianchini, R. 1996. 'WCShell e i suoi software tools per la generazione e la modifica di partiture in formato Csound', in *La terra fertile, Atti del Convegno*. L'Aquila 1996

Boulanger, Richard (a cura di), *The Csound Book*, 2000, M.I.T. Press, Cambridge, Massachusetts, USA

Chadabe, Joel, *Electric Sound - The Past and Promise of Electronic Music,* Prentice Hall, 1997 Up.Saddle River, New Jersey

Chamberlin, Hal, *Musical Applications of Microprocessors,* Hayden Book Company, 1980, Hasbrouck Heights, NJ, USA

Chowning, John, "La sintesi di spettri acustici complessi mediante tecniche di modulazione di frequenza", in Henri Pousseur (a cura di), *La musica elettronica*, Milano 1975

Cott, J. 1973. *Stockhausen. Conversations with the Composer.* New York, NY, 1973

De Poli, Giovanni, "Tecniche numeriche di sintesi della musica", in *Bollettino LIMB n.1,* La Biennale di Venezia, 1981, Venezia

Dodge, Charles e Jerse, Thomas A., *Computer Music*, Schirmer Books, 1985, New York, NY, USA

Forin, Alessandro, "Spettri dinamici prodotti mediante distorsione con polinomi equivalenti in un punto", in *Bollettino LIMB n.2*, La Biennale di Venezia, 1981, Venezia

Gabor, D. (1947) "Acoustical Quanta and the Theory of Hearing", in *Nature*, Vol 159, N°4044

Holman, Tomlinson *Surround Sound 5.1 - Up and Running,* Focal Press - Butterworth-Heinemann, 2000, Boston, U.S.A.

Huber, David M. e Runstein, Robert E., *Manuale della registrazione sonora*, Hoepli, 1999, Mlano

Moles, A.(1969) "The Sonic Object", in *Information Theory And Esthetic Perception*, University. of Illinois Press, Urbana

Moorer, J.A., "Signal Processing Aspects of Computer Music", in J.Strawn (a cura di), *Digital Audio Signal Processing. An Anthology,* William Kaufmann Inc., Los Altos, Ca., 1985

Morresi, Nello, *Dispense di acustica applicata,* inedito

Pousseur, Henri (a cura di), *La musica elettronica*, Feltrinelli, 1976, Milano

Prieberg, Fred K. 1963. *Musica ex machina,* , Einaudi, 1963, Torino

Risset, Jean Claude, "Tecniche digitali del suono: influenza attuale e prospettive future in campo musicale", in *Bollettino LIMB n.2*, La Biennale di Venezia, 1981, Venezia

Risset, Jean Claude e Wessel, David, "Indagine sul timbro mediante analisi e sintesi", in *Bollettino LIMB n.2*, La Biennale di Venezia, 1981, Venezia

Roads, Curtis, "Automated Granular Synthesis of Sound", in *Computer Music Journal*, 2(2), pagg. 61-62, 1978, M.I.T. Press, Cambridge, Massachusetts, USA

Roads, Curtis, "Granular Synthesis of Sound", in Roads, Curtis e Strawn, John (a cura di), *Foundations of Computer Music*, The MIT Press, 1985, Cambridge, Massachusetts, USA

Roads, Curtis, *The Computer Music Tutorial*, The MIT Press, 1995, Cambridge, Massachusetts, USA

Roads, C., and Strawn, J. (ed.). 1985. *Foundations of Computer Music*. Cambridge, Massachusetts: The MIT Press

Seto, William W., *Teoria ed applicazioni di Acustica*, ETAS Libri, 1978, Milano

Spiegel, Murray R., *Manuale di matematica*, ETAS Libri, 1974, Milano

Smith, Julius O. III, "Discrete-Time Modeling of Acoustic Systems with Applications to Sound Synthesis of Musical In-struments", in *Proceedings of the Nordic Acoustical Meeting*, Helsinki, 1996

Strawn, John (a cura di), *Digital Audio Signal Processing*, William Kaufmann Inc., 1985, Los Altos, CA, USA

Tisato, Graziano, "Sintesi dei suoni vocali e del canto in modulazione di frequenza", in *Musica e tecnologia: industria e cultura per lo sviluppo del Mezzogiorno*, Quaderni di Musica/Realtà - UNICOPLI, 1987, Milano

Truax, Barry, *Handbook for Acoustic Ecology*, 2nd edition (CD-ROM version CSR-CDR9901), version 1.1, Cambridge Street Publishing, 1999, Burnaby, B.C., Canada

Truax, Barry, "Real-Time Granular Synthesis with a Digital Signal Processor", in *Computer Music Journal*, Vol.12, N°2, Summer M.I.T Press, 1988, Cambridge, Mass. pp.14-26

Vercoe, Barry, Media Lab MIT & Contributors, (John ffitch, Richard Boulanger, Jean Piché, & David Boothe, a cura di), *Csound Manual (Canonical Version 4.10)*, Media Lab - MIT, 1986-1992-2001, Cambridge, Massachusetts, USA

Wiener, N.(1964) "Spatio-Temporal Continuity, Quantum Theory, and Music", in *The Concepts Of Space And Time*, Boston Studies XXII, M.Capek (Ed.), D.Riedel, 1975, (1975), Boston, Mass., USA

Xenakis, Iannis, *Formalized Music*, Indiana U.Press, 1971, Bloomington, IN, USA

# SITI INTERNET

## 1. SITI PRINCIPALI

Home page di Csound presso il MIT, luogo di nascita di Csound, curata da Richard Boulanger:
http://www.csound.org

Altre *home page* di Csound:
http://www.csounds.com
http://music.dartmouth.edu/~dupras/wCsound/csoundpage.html

Le FAQ (*Frequently Asked Questions*) su Csound si trovano:
http://mitpress2.mit.edu/e-books/csound/fpage/FAQml/faq/faq.html
http://music.dartmouth.edu/~dupras/wCsound/Csound.faq.html

Il sito ftp semiufficiale alla Bath University (Gran Bretagna), gestito da John Fitch, dove trovare le ultime *release* di Csound:
ftp://ftp.maths.bath.ac.uk/pub/dream

Il nuovo Csound per Mac:
http://music.columbia.edu/~matt/

Manuale di Csound in versione HTML, di Rasmus Ekman:
http://hem.passagen.se/rasmuse/Csound.htm

Manuale di Csound in versione Acrobat e in HTML (.zip), di David Boothe:
http://www.lakewoodsound.com/csound/

Il sito di EDISON STUDIO (Roma), dove trovare WCShell per Windows di Riccardo Bianchini:
http://www.edisonstudio.it/

Il sito web di ConTempoNet, casa editrice de "Il Suono Virtuale":
http://www.contemponet.com/

Csound Magazine di Hans Mikelson:
http://www.csounds.com/ezine/

DirectCsound per Windows di Gabriel Maldonado, con *in/out* in tempo reale e supporto MIDI, e VMCI, un programma per il controllo di Csound e altri strumenti Midi in tempo reale e realizzare patch di configurazione :
http://web.tiscali.it/G-Maldonado/download.htm

Per iscriversi alla *Mailing List* di Csound:
Inviate una e-mail a csound-request@maths.ex.ac.uk
Nella prima riga del messaggio, inserite: subscribe your@email
Dopo aver inviato la e-mail (circa 5 minuti), riceverete una e-mail di conferma da csoundrequest@maths.ex.ac.uk con alcune istruzioni. Seguite queste poche istruzioni, e il vostro indirizzo e-mail verrà aggiunta alla Mailing list di Csound.

Per inviare un messaggio alla lista, indirizzate il messaggio a
csound@maths.ex.ac.uk
Il messaggio spedito alla lista sarà diffuso a tutti i membri della lista.

Altri (ma non gli unici) newsgroups su Csound:
comp.music
comp.dsp
alt.music.makers

## 2. SOFTWARE

Contiene orchestre che simulano lo Yamaha DX7
http://www.parnasse.com/dx72csnd.shtml

*Csound Tutorial* di Dave Phillips
http://www.bright.net/~dlphilp/dp_csound.html

Contiene lo *Amsterdam Catalogue of Csound Computer Instruments* (ACCCI)
http://wings.buffalo.edu/academic/department/AandL/music/pub/accci/index.html

La collezione di strumenti Csound di Eric Lyon's
http://ringo.sfc.keio.ac.jp/~eric

La home page di Richard Boulanger
http://home.earthlink.net/~radiobaton/

Da questo sito si può scaricare Cmask, un generatore di partiture Csound, per Mac, SGI IRIX e Windows
http://www.kgw.tu-berlin.de/~abart/CMaskMan/CMask-Download.htm

*Cecilia* per Mac, Irix and Linux
http://www.musique.umontreal.ca/electro/CEC/index.html

Midi2CS, un convertitore MIDI-to-Csound per DOS/Linux/SunOS
http://www.snafu.de/~rubo/songlab/midi2cs

MCC, un generatore di partiture Csound per DOS.
http://webland.panservice.it/musica/pavan/mccs.html

In questo sito, le FAQ (*Frequently Asked Questions*) sui formati dei *file* audio
http://home.sprynet.com/~cbagwell/AudioFormats.html

La bibliogradia di Piet van Oostrum sulla Computer Music
http://ftp.cs.ruu.nl/pub/MIDI/DOC/bibliography.html

SoundHack, un programma per il trattamento e la conversione di *file* audio per Mac
http://www.soundhack.com

MiXViews, un *editor* di *file* audio per NeXT, Sun, Linux, e SGI
http://www.ccmrc.ucsb.edu/~doug/htmls/MiXViews.html

## 3. UNIVERSITA', CENTRI DI RICERCA E ASSOCIAZIONI

*Home page* del *Center for Computer Research in Music and Acoustics* (CCRMA), Stanford.
http://ccrma-www.stanford.edu/

IRCAM: Institut de Recherche et Coordination Acoustique/Musique, Paris
http://www.ircam.fr/

La Facoltà di Musica della Princeton University
http://www.music.princeton.edu

*Home page* del Conservatorio di Musica "S.Cecilia" (Roma)
http://web.tiscalinet.it/santacecilia

*Home page* della Audio Engineering Society
http://www.aes.org/index.html

*Home page* del Computer Music Journal
http://addendum.mit.edu/e-journals/Computer-Music-Journal/Documents/index.html

*Home page* della International Computer Music Association
http://www.computermusic.org/

Contiene un elenco di corsi sulla Computer music
http://www.acm.org/sigsound/schools/courses.html

**Riccardo Bianchini**
Milano, 1946 - Roma, 2003

Riccardo Bianchini ha studiato pianoforte, composizione e musica elettronica, e ingegneria al Politecnico di Milano. Dal 1974 ha insegnato Musica Elettronica nei Conservatori di Pescara e Milano, e dal 1987 è titolare della stessa cattedra al Conservatorio "Santa Cecilia" di Roma.

Ha tradotto in italiano molti importanti testi sulla musica, fra i quali *Lo stile classico* e *Le forme sonata* di C. Rosen.

Ha collaborato con numerose riviste (Rivista IB, Perspectives of New Music etc.).

Dal 1995 tiene corsi presso diverse Università e centri di Uruguay, Argentina e Cile.

È autore di diversi *software* musicali, fra i quali *Hypermusic* e *WCShell*.

Dal 1983 al 1991 ha collaborato con RAI-Radiotre per l'organizzazione e la presentazione di concerti e programmi di musica contemporanea.

Nel 1977 ha fondato a Milano l'*ensemble edgar varèse*, un gruppo da camera il cui repertorio spaziava dal Cinquecento veneziano alla musica contemporanea, e lo ha diretto in oltre venti concerti. Nel 1993 ha fondato un gruppo analogo, *Farfensemble*, tuttora in attività.

Le sue composizioni (orchestrali, vocali, strumentali, elettroacustiche, per TV e teatro) sono pubblicate e registrate da Edipan e BMG Ariola, e sono state eseguite e/o radiotrasmesse in Europa, USA, Cuba, Argentina, Uruguay, Cile e Australia.

BIBLIOGRAFIA

Bianchini,R. 1973. "La nuova musica in Italia", in *Storia della musica Oxford-Feltrinelli, Vol.X.* Milano: Feltrinelli
Bianchini, R. 1976. "La musica elettronica", in *Rivista IBM*, 12. Milano
Bianchini, R. 1976. "Musica e letteratura (II)", in *Enciclopedia Feltrinelli Fischer.* Milano: Feltrinelli

Bianchini, R. 1976. "La musica contemporanea", in *Musica 1,2,3,4,5*. Milano

Bianchini, R. 1976. "La musica informatica", in *Musica Domani, 22*. Milano

Bianchini, R. 1985. *Computer Music: manuale di informatica musicale*. Inedito

Bianchini, R. 1987. "Composizione automatica di strutture musicali", in *I profili del suono*. Salerno: Galzerano

Bianchini, R. 1996. "WCShell e i suoi *software tools* per la generazione e la modifica di partiture in formato Csound", in *La terra fertile, Proceedings*. L'Aquila

Bianchini, R, a cura di Cristiano, C. *I territori di Montopoli e Bocchignano*. Montopoli di Sabina.

Bianchini, R. 1999. "La musica elettronica in Italia", in *Azzurra, 4*. Córdoba: Istituto Italiano di Cultura

## TRADUZIONI

1973. *Storia della musica Oxford-Feltrinelli, Vol.X*. Milano: Feltrinelli (traduzione di *The Oxford History of Music*)

Pousseur H., a cura di. 1975. *La musica elettronica*. Milano: Feltrinelli ( traduzione)

Rosen, C. 1979. *Lo stile classico*. Milano: Feltrinelli (traduzione di *The Classical Style*)

Dick, R. 1979. *L'altro flauto*. Milano: Ricordi (traduzione di *The Other Flute*)

Rosen, C. 1984. *Le forme sonata*. Milano: Feltrinelli (traduzione di *Sonata Forms*)

## DISCOGRAFIA

*10 storie Zen*, per flauto, clarinetto, vibrafono, viola, violoncello e pianoforte.
WNC Ensemble. PAN PRC S2062

*Roèn*, per flauto, clarinetto, fagotto, corno, violino, viola, violoncello e pianoforte
L'Artisanat Furieux Ensemble, dir. T. Battista. PAN CDC 3010

*Klimt*, per flauto, oboe, clarinetto, violino, viola, violoncello, pianoforte e nastro.
Romensemble, dir. F.E.Scogna RCA CCD 3001

*Machu Picchu*, per flauto, oboe, clarinetto, fagotto, 2 trombe, corno, trombone e nastro
Farfensemble, dir. R.Bianchini. ED0009

## COMPOSIZIONI

*haiku,* (1976, 10:00), pianoforte e nastro

*Mirror,* (1976, 05:00), flauto e pianoforte

*Collettivo II,* (1976, 05:00), flauto, oboe, clarinetto, fagotto, violino, violoncello e pianoforte. EDIPAN

*Due racconti,* (1979, 05:00), 2 flauti, 2 clarinetti, fagotto, viola e pianoforte. EDIPAN

*La nave bianca* (Preludio), (1980, 05:00), orchestra da camera. EDIPAN

*La nave bianca* (musiche di scena), (1980, 25:00), orchestra da camera e coro maschile

*Roèn*, (1982, 05:00), flauto, clarinetto, fagotto, corno, violino, viola, violoncello e pianoforte. EDIPAN

*Riyàr*, (1982, 05:00), ottavino, flauto in DO, flauto in SOL, flauto basso (1 flautista) EDIPAN

*Sedrùna*, (1982, 5:00), pianoforte a quattro mani. EDIPAN

*Tre quadri immaginari*, (1983, 10:00), arpa. EDIPAN

*Quattro canti:* 1. "Di più cupi sentieri" (D.Villatico), 2. "La tierra que era mía" (J.G,.Durán), 3. "I have done" (J.London), 4. "Im wunderschönen Monat Mai" (R.M.Rilke), (1980-1988, 12:00), soprano e pianoforte. EDIPAN

*6 Preludi*, (1980-1984, 11:00), pianoforte. EDIPAN

*Due fogli d'album*, (1985, 02:00), flauto e pianoforte

*Foglio d'album*, (1985, 1:30), violino e pianoforte

*La principessa senza tempo*, (1985, 14:10), flauto e nastro. EDIPAN

*Alias*, (1985, 5:00), 2 oboi e fagotto

*Chanson d'aube*, (1986, 6:00), 4 trombe, 4 corni, 4 tromboni

*Rosengarten*, (1986, 05:00) violino e orchestra

*Our Faust,* (1986, 17:00), clarinetto, trombone, contrabbasso e live electronics BMG-Ariola

*Arsól*, (1987, 10:00), computer in tempo reale e nastro quadrifonico

*Divertimento*, (1988, 8:20), 13 strumenti e nastro quadrifonico. EDIPAN

*Somanón*, (1989, 8:00), 11 archi. EDIPAN

*Preuss* (1989, 16:20), violino, violoncello e nastro. BMG-Ariola

*Fànes* (1989, 8:00), flauto e flauto in SOL (1 flautista)

*Alberei* (1990, 6:00), quartetto di saxofoni. BMG-Ariola

*Saluto a Pablo* (1990, 2:00), soprano, flauto e clarinetto

*Cuando sonó la trompeta* (1990, 7:30), soprano e nastro. BMG-Ariola

*Klimt* (1991,10:50), flauto, oboe, clarinetto, violino, viola, violoncello, pianoforte e nastro. BMG-Ariola

*Chanson d'aube II* (1991,5:00), 2 oboi, 2 clarinetti, 2 corni e 2 fagotti

*Tre ricercari* (1993, 5:00), 2 trombe, corno e trombone

*Machu Picchu* (1993, 14:00), flauto, oboe, clarinetto, fagotto, 2 trombe, corno, trombone e nastro

*Poche note… per Enzo Porta*, (1994, 2:00), violino

*6 Preludi* (II quaderno), (1994, 11:00), pianoforte

*Il contrabbasso poteva non esserci,* (1995, 2:30), 2 flauti, oboe, pianoforte e quartetto d'archi

*Naste*, (1995, 2:00), flauto e violoncello

*Howl,* (1995, 6:30), voce femminile o maschile e nastro

*I dannati della terra,* (1996, 28:00), attore, soprano, flauto, percussioni, nastro e proiezioni di immagini

*Ghe Xe,* (1997, 5:00), flauto in SOL e pianoforte

*Aria di Albertine* (da "Doppio sogno"), (1997, 4:30), soprano, flauto, oboe, clarinetto, fagotto, pianoforte e quartetto d'archi

*Canciones para las estrellas,* (1997, 6:30), nastro

*Canciones para las estrellas,* (1997, 8:00), pianoforte e nastro

*Los pájaros del sueño,* (1998, 9:00), clarinetto e nastro

*Montevideana,* (1999, 5:00), nastro (paesaggio sonoro)

*How Deep the Sea,* (1999, 5:30), *Jazz Band* (4 sax, 3 trombe, 2 tromboni, pianoforte, basso e batteria)

*Alle Menschen werden Brüder,* (1999, 7:40), recitante, violino e nastro quadrifonico

*Sottovoce,* (2000), nastro

*Para parar las aguas del olvido,* (2001, 5:30), flauto, clarinetto (anche clarinetto basso), trombone e pianoforte

*L'homme armé,* (2001, 20:00), coro a 8 voci, *live electronics* e nastro

## TRASCRIZIONI E REVISIONI

A.Gabrieli, *Ricercar nel duodecimo tono,* (1977), flauto, oboe, clarinetto, fagotto, tromba, corno e trombone

G.Gabrieli, *Quattro canzoni per sonar a quattro,* (1977), flauto, oboe, clarinetto, fagotto, tromba, corno e trombone

A.Willaert, *Ricercar X,* (1977), flauto, oboe, clarinetto, fagotto, tromba, corno e trombone

J. da Modena, *Ricercar III,* (1977), tromba, corno e trombone

Anonimi Francesi, *Suite di danze,* (1977), flauto, oboe, clarinetto, fagotto, tromba, corno e trombone

H.Pousseur, *Icare apprenti,* (1977), flauto, oboe, clarinetto, fagotto, tromba, corno e trombone

F.Schubert, *4 Ländler,* (1993), quintetto di fiati

F.Schubert, *4 Ländler,* (1994), flauto, oboe, clarinetto, fagotto e quartetto d'archi

F.Schubert, *Deutsche Tänze,* (1994), flauto, oboe, clarinetto, fagotto, tromba, corno e trombone

W.A.Mozart, *Musiche di palcoscenico da "Don Giovanni",* (1994), flauto, oboe, clarinetto, fagotto, tromba, corno e trombone

H.Purcell, *Suite,* (1995), tromba solista, flauto, oboe, clarinetto, fagotto, corno e trombone

J.Lennon, P.McCartney, *Eleanor Rigby,* (1995), flauto, corno inglese, clarinetto, fagotto, tromba, corno e trombone

J.Lennon, P.McCartney, *Penny Lane,* (1995), flauto, oboe, clarinetto, fagotto, tromba, corno e trombone

J.Lennon, P.McCartney, *Yesterday*, (1995), flauto, oboe, clarinetto, fagotto, tromba, corno e trombone

J.Lennon, P.McCartney, *Girl*, (1995), flauto, oboe, clarinetto, fagotto, tromba, corno e trombone

J.Lennon, P.McCartney, *Lady Madonna*, (1995), flauto, oboe, clarinetto, fagotto, tromba, corno e trombone

Bela Bartók, *Danze Rumene*, (1993), quintetto di fiati

Bela Bartók, *Danze Rumene*, (1994), flauto, oboe, clarinetto, fagotto e quartetto d'archi

K.Weill, *Songs* (1996), soprano, flauto, oboe, clarinetto, fagotto e quartetto d'archi

photo by Chris Bitten

**Alessandro Cipriani**
Tivoli (Rm), 1959

e-mail a.cipriani@edisonstudio.it
www.edisonstudio.it
www.cnimusic.it

Diplomato in Composizione (G.Bizzi) e in Musica elettronica (R.Bianchini) al Conservatorio S.Cecilia di Roma, ha approfondito i suoi studi con Barry Truax in Canada presso la Simon Fraser University.

Ha collaborato per dieci anni con l'artista visiva Alba D'Urbano realizzando la parte musicale di 4 video e 4 videoistallazioni sonore. Si è dedicato successivamente alla produzione di pezzi per strumenti e nastro interessandosi al rapporto fra presenza ed assenza del corpo nel rito dell'esecuzione, dal 1994 ha cominciato a lavorare su pezzi intermediali (musica, video, poesia) e dal 1999 si dedica ad un progetto su canti di tradizione orale e musica elettroacustica documentato nel suo nuovo cd per la CNI "Al Nur". Recentemente ha realizzato alcune colonne sonore per film-documentari in cui il senso viene veicolato in maniera consistente anche attraverso il suono e in cui ambienti sonori e musica, elaborati al computer, si fondono e si scambiano di ruolo.

Alcuni dei suoi lavori sono stati selezionati e menzionati nei concorsi di Bourges (Fr) e Newcomp (USA), all'International Computer Music Conference '94 e '95 e '99 (Danimarca ,Canada., Cina), Discoveries (U.K.), Colloquio di Informatica Musicale, International Symposium on Electronic Arts '95 (Quèbec, Can.) etc. Suoi pezzi sono stati diffusi da numerose radio nazionali e sono stati eseguiti in numerosi festival in Europa, Nordamerica, Sudamerica e Cina, fra cui Inventionen (Berlino), EMS Stoccolma) Synthèse (Bourges ), Engine 27 (New York), Festival di Ravenna etc..

Alcuni brani sono pubblicati su 2 Compact Disk dell'ICMC '95 e '99 e dell'Edipan. Ha vinto il 'Government of Canada Award 1995-96' e il Main Prize al Concorso "Musica Nova" (Praga). Cipriani è titolare della Cattedra di Musica Elettronica all'Istituto Musicale Pareggiato 'V.Bellini' di Catania da vari anni. Ha tenuto corsi e conferenze presso l'Accademia di Santa Cecilia a Roma e in varie Università italiane , canadesi e degli Stati Uniti.

Ha pubblicato articoli di analisi musicale e teoria sviluppando un'ipotesi sulla nascita di una tradizione elettroacustica (Musica/Realtà, Bollettino GATM, atti ICMC, Colloquio di Informatica Musicale, La Terra Fertile, Aperture, etc.). E' uno dei soci fondatori di Edison Studio (Roma).

BIBLIOGRAFIA

Cipriani, A. 1993 "Visibili..." in *Atti del X Colloquio di Informatica Musicale*, LIM-DSI Univ. degli Studi di Milano, Milano, pp.404-6

Cipriani A. 1993 *Due tesi complementari sulle due versioni di Kontakte di K.Stockhausen* - Tesi di Diploma in Musica Elettronica - Conservatorio di Musica S.Cecilia - Roma

Cipriani A. 1995 "Towards an electroacoustic tradition?" in *Proceedings of the International Computer Music Conference*, ICMA, Banff, pp. 5-8

Cipriani A. 1995 "Problems of methodology: the analysis of *Kontakte*" in *Atti del X Colloquio di Informatica Musicale*, AIMI , Bologna, pp. 41-44

Cipriani A.   1996 "Verso una tradizione elettroacustica? Appunti per una ricerca" in *Musica/Realtà* N°49 Marzo  LIM Lucca pp.18-24

Cipriani A. 1996 "Tradizione orale, tradizione scritta, tradizione elettroacustica" in *Atti del II Convegno La Terra Fertile - Incontro Nazionale di Musica Elettronica -* Conservatorio di Musica "A.Casella", L'Aquila

Bianchini R.- Cipriani A. 1998 *Il Suono Virtuale*, Contempo, Roma

Cipriani A. 1998 "*Kontakte* (Elektronische Musik) di K.Stockhausen: genesi, metodi, forma" in *Bollettino G.A.T.M.* anno V, n.1 GATM Univ. Studi Bologna

Cipriani A. 1998 "Musica e Internet: arte come esperienza, arte come codice" in *Aperture* n.5, Roma

Bianchini R.- Cipriani A. 2000 *Virtual Sound*, Contempo, Roma

Cipriani A. "Energie Elettroniche" in  QsQs anno III numero 16, CNI , Roma 2001

DISCOGRAFIA

A.Cipriani
*QUADRO*
per quartetto d'archi e nastro
Incluso nel CD
International Computer Music Conference '95 – PRCD1600

A.Cipriani-S.Taglietti
*IL PENSIERO MAGMATICO*
per nastro, piano, percussione e coro misto
EDIPAN – PAN CD 3059

A.Cipriani
*AL NUR (La Luce)*
per canto islamico, zarb, daf e nastro
Incluso nel CD
International Computer Music Conference '99 – PRCD2000

A.Cipriani
*AL NUR*
CD monografico
Compagnia Nuove Indye - CNDL 13172

CATALOGO DELLE OPERE

#1, #2, #3
**Kreis**
(1987-1991)
tre opere video di Alba D'Urbano
con musica originale di Alessandro Cipriani
(finalista al Video Festival di Locarno)
(1987-1991)

#4
**Kreis: la piazza**
video installazione sonora
(in collaborazione con Alba D'Urbano)
realizzata all' EASA - Berlin Kulturstadt Europas - Esplanade Berlino Ago 1988

#5
**Circolo Vizioso**
video installazione sonora
(in collaborazione con Alba D'Urbano)
realizzata per la prima volta all' Internationaal Audio Visueel Experimenteel Festival
1989

#6
**Circoscritto**
video installazione sonora
(in collaborazione con Alba D'Urbano) realizzata
al Centro di Video Arte (palazzo dei Diamanti) di Ferrara nella mostra "POLISET"
Dic.1991

#7
**Luce di due soli**
per pianoforte, vibrafono e nastro  (25'25")
(1991)
(in collaborazione con Giovanni Bietti)
Finalista al 1991 NEWCOMP COMPUTER MUSIC COMPETITION (USA) -
Prima Esecuzione 29° Festival di Nuova Consonanza - Roma
(Pf. G.Bietti - Vib. F.Cecilia)

#8
**Visibili**
per due violini e nastro  (8'30")
(1992)
Menzione al "21e CONCOURS INTERNATIONAL DE MUSIQUE
ELECTROACOUSTIQUE" di BOURGES (Francia) 1993
Selezionato all'INTERNATIONAL COMPUTER MUSIC CONFERENCE 1994
(Aarhus - Danimarca) e al X Colloquio di Informatica Musicale - Milano
Prima Esecuzione  XV Festival Musica Verticale - Roma (D.Conti- A.Scolletta)

#9
**Quadro**
per quartetto d'archi e nastro  (10'30")
(1993)
Prima esecuzione 18° Cantiere Internazionale d'Arte di Montepulciano (Quartetto Arianna)
CD INTERNATIONAL COMPUTER MUSIC CONFERENCE 1995

#10
**Terra Fluida**
(1991 - 1994)
Video di Alba D'Urbano con musica originale di Alessandro Cipriani
Main Prize al Concorso Internazionale di Musica Elettroacustica "Musica Nova"
della Radio-Televisione della Repubblica Ceca (Praga)
Prima Esecuzione - Musica Nova
Praga, 19 Dic. 1996

#11
**Recordare**
per flauto a becco basso e contrabbasso e nastro (12'24") (1994)
Prima esecuzione   3 Nov '94 - Musica Verticale/Progetto Musica '94
Goethe Institut - Roma (flauti a becco Antonio Politano)
Finalista al 25eCONCOURS INTERNATIONAL DE MUSIQUE
ELECTROACOUSTIQUE" di BOURGES (Francia) 1997
Selezionato all' XI Colloquio di Informatica Musicale - Bologna 95

#12
**L'Acqua, il Musico, Lo Specchio**
dialogo scenico musicale di Alessandro
Cipriani e Giovanni Bietti per due attori, 6 musicisti, video e nastro magnetico (1'00"ca.)
(1993-94)
Prima Esecuzione 3 Dicembre '94 - Progetto Musica '94 (Spazi Aperti)  Acquario - Roma

#13
**In Memory of a Recorder**
per nastro magnetico (15' 45") (1994)
Selezionato all'International Symposium on Electronic Arts 95
(Montreal) e "Discoveries '96" (Aberdeen - Scozia)
Prima Esecuzione Festival Animato/Progetto Musica '95 Sala Uno - Roma

#14
**Il Pensiero Magmatico**
per nastro magnetico, pf. , percussioni e coro    misto (dur. 53 minuti) (1995-96)
(in collaborazione con Stefano Taglietti, testi di Bizhan Bassiri)
Prima Esecuzione 18 Ottobre 1996 Musée FRC Le Creux de l'Enfer Centre d'Art
Contemporain Thiers Francia
CD Edipan (PAN CD 3059)

#15
**Still Blue**
(1996)
Homage to Derek Jarman
per nastro magnetico, pianoforte, violoncello e sax
Prima Esecuzione Freon Ensemble - Progetto Dyonisos
29 Novembre '96 - Acquario Romano - Progetto Musica '96

#16
**Pensiero Magmatico**
(1997)
per video e nastro magnetico
Video di Bizhan Bassiri
Musica Alessandro Cipriani
Prima esecuzione Galleria Miscetti
Marzo 1997 Roma

#17
**Quem quaeritis non est hic**
(1997)
Istallazione sonora per nastro magnetico in quadrifonia
prima esecuzione Istallazione Alba D'Urbano "Quem quaeritis..."
Kassel Luglio 1997

#18
**Still Blue**
(Homage to Derek Jarman)
**The Video**
(1998)
Video di A.Cipriani, S. Di Domenico e G.Latini
Musica di Alessandro Cipriani
Prima esecuzione Nuova Consonanza - Rome
Selezionato a "CORTO CIRCUITO '98 " European Festival of Audio-Visual
Communication - Napoli

## TRILOGIA DEL CANTO RELIGIOSO

#19
**Aqua Sapientiae / Angelus Domini**
(1996-2000)
per due cantori di canto gregoriano e nastro magnetico
prima esecuzione Musica Verticale/Progetto Musica '96
9 Dicembre '96

#20
**Al Nur (La Luce)**
(1997-2000)
per un cantore di canto islamico, percussioni persiane nastro magnetico e video
prima esecuzione 12 Novembre 1997
Musica e Scienza /Progetto Musica '97 Goethe Institut - Roma
Pubblicato su: CD INTERNATIONAL COMPUTER MUSIC CONFERENCE 99

#21
**Mimahamakim**
(1999)
per canto ebraico (4 voci femminili )e nastro

--------------------------------------------------------

#.22
**Net**
per nastro
(2000)

#23
**Reflection of the Moon over two Springs / Into the Light**
per Er-hu, Gu Zheng e nastro
(2000)

#24
Colonna sonora per il Film Documentario
**Al Nur (La Luce)**
Regia di S.Di Domenico,G.Latini, M.Rovetto
(Tilak Film 2000)

Selezione "Elettroshock -30 anni di video in Italia"
Edizioni musicali CNI

#.25
Colonna sonora per il Film Documentario
**Il Ritorno di Tuuli**
Regia di S.Di Domenico,G.Latini, M.Rovetto
(Navert-Lang-Tilak 2001)
Edizioni musicali CNI

#.26
Colonna sonora e co-sceneggiatura sonora per il Film Documentario
**Lorenza - In the World of Silence**
Regia di G.Latini
(Forma Digitale-Videodream 2001)
in collaborazione con il British Film Institute di Londra
Edizioni musicali CNI

(I pezzi n.19-20-21-22-23 sono pubblicati sul CD "Al Nur" - CNI CNDL13172)

# INDICE ANALITICO

www.ingramcontent.com/pod-product-compliance
Lightning Source LLC
LaVergne TN
LVHW062258060326
832902LV00013B/1945